Politische Säuberung in Europa
Die Abrechnung mit Faschismus und Kollaboration nach dem
Zweiten Weltkrieg

Herausgegeben von Klaus-Dietmar Henke und Hans Woller

Deutscher
Taschenbuch
Verlag

Der Beitrag von Henry Rousso wurde aus dem Französischen
übersetzt von Christiane Landgrebe.

Originalausgabe
Dezember 1991
© Deutscher Taschenbuch Verlag GmbH & Co. KG,
München
Umschlaggestaltung: Celestino Piatti
Umschlagentwurf: Michael Berwanger, München
Gesamtherstellung: C.H. Beck'sche Buchdruckerei,
Nördlingen
Printed in Germany · ISBN 3-423-04561-2

Das Buch

Politische Säuberungen begleiten Umwälzungen von Staat und Gesellschaft seit jeher. Nach Ausmaß, Intensität und ihren Folgen war die Abrechnung mit Faschismus und Kollaboration in Europa von 1943 bis 1948 freilich singulär. Hunderttausende wurden erschossen und gelyncht, Hunderttausende verurteilt und viele Millionen anderswie zur Rechenschaft gezogen in »wilden«, justitiellen, bürokratischen und instrumentalisierten politischen Säuberungen. Die acht Länderstudien dieses Bandes machen den Leser mit den jeweiligen historischen Besonderheiten vertraut; es werden aber zugleich die schwierigen Grundfragen jeglicher Säuberung diskutiert, wie sie sich auch gegenwärtig, nach dem Zusammenbruch der kommunistischen Staaten Osteuropas, wieder stellen.

Gewiß, nach dem Zweiten Weltkrieg ist vieles unterblieben, was moralisch geboten und politisch möglich gewesen wäre. Trotzdem ist es ungerecht und unhistorisch, die Auseinandersetzungen mit der Hinterlassenschaft von Nationalsozialismus und Faschismus für gescheitert zu erklären. Ein angemessenes Verständnis davon gewinnt nur, wer sich auf die politische, soziale und psychologische Komplexität des Säuberungsprozesses im Europa nach Hitler einläßt; mit historiographischen Schauprozessen jedenfalls ist der geschichtlichen Wirklichkeit nicht beizukommen.

Die Herausgeber

Klaus-Dietmar Henke und Hans Woller sind wissenschaftliche Mitarbeiter im Institut für Zeitgeschichte in München.

Inhalt

Politische Säuberungen gehören zur Geschichte wie Gewitter zum Wetter. Sie begleiten Umwälzungen von Staat und Gesellschaft, nicht nur des Alten Kontinents, seit jeher. Am Ende der Ära von Faschismus und Nationalsozialismus in Europa gewann dieses Phänomen freilich eine ganz neue Dimension, und zwar nicht allein deshalb, weil sich in der modernen Welt seit der Französischen Revolution zuerst die Nation und nach und nach auch die Gesellschaft zu politischen Willensträgern gewandelt haben und weil infolge der »Vergesellschaftung« der Politik ein viel größerer Kreis von Menschen – von Objekten zu mitverantwortlichen Subjekten geworden – in die Politik eingebunden wurde als vordem. Die Abrechnung mit Faschismus und Kollaboration nach dem Zweiten Weltkrieg erreichte ihr gigantisches Ausmaß mit Hunderttausenden von Erschossenen und Gelynchten, mit Hunderttausenden von Verurteilten und vielen Millionen in anderer Weise zur Rechenschaft Gezogener vor allem deswegen, weil im Faschismus und vollends im Nationalsozialismus die Ideologisierung der Politik und die Mobilisierung der Gesellschaft, die in eine Brutalisierung der Politik und eine umfassende Indienstnahme der Gesellschaft für doktrinäre Zielsetzungen umgeschlagen waren, ihre – lassen wir die kommunistische Welt hier einmal außer acht – bislang äußerste, »totalitäre«, Stufe erreicht hatten.

Doch nicht nur mit nach innen beispiellos aggressiven Systemen, ihren Wegbereitern, Repräsentanten, Nutznießern und Mitläufern war nach deren Niederwerfung abzurechnen. Beispiellos aggressiv auch nach außen, hatten Italien und wieder um vor allem das von Rassehybris und Eroberungswut getriebene Deutschland die Länder Europas mit Terror und Verwüstung überzogen und damit fast die ganze Welt gegen sich aufgebracht; erst der Versammlung aller Kräfte der Vereinten Nationen gelang es, den Moloch zu zerschlagen. Bei ihren inneren Feinden weckte die schockierende Machtentfaltung der faschistischen Staaten und der auf den Bajonetten der Wehrmacht errichteten Kollaborationsregime ein elementares Bedürfnis nach Abrechnung. Die äußeren Feinde der »Achse« standen vor der Erkenntnis, daß die herkömmlichen Zähmungsmittel nicht ausreichen würden, um solchen aggressiven Expansionsdrang auf immer unschädlich zu machen. Auf die neue Qualität der Herausforderung mußte innenpolitisch wie außenpolitisch eine neue Art von Generalabrechnung und Generalprävention antworten. Konnte unter den Faschismus, unter totalen Staat und totalen Krieg anders ein Schlußstrich gezogen werden als in einer totalen Abrechnung? Wieweit das elementare Verlangen der Gegner und Opfer des Faschismus nach politischer Sicherheit und historischer Gerechtigkeit damals in Europa Befriedigung fand und Befriedigung finden konnte, versuchen die hier versammelten Studien zu zeigen.

Unser Buch beschränkt sich auf die Umbruchs- und Formierungsjahre in Europa zwischen dem Niedergang des Faschismus und der Redemokratisierung im Westen bzw. der Volksdemokratisierung im Osten im einstigen Machtbereich von Wehrmacht und Gestapo, also auf die Zeitspanne zwischen 1943, als sich Italien Mussolinis entledigte, und 1948, als sich die Säuberungsenergien in den meisten Ländern erschöpft hatten. Ohne die Beschränkung auf diese fünf Jahre hätte der uns fruchtbar erscheinende Ansatz des Buches – tatsächlich sein Hauptanliegen – nicht gewählt werden können, nämlich Parallelen zu ziehen zwischen dem Ablauf, den Ergebnissen und den Grenzen der Säuberung in den einzelnen Ländern des nach-faschistischen Europa, ohne dabei deren politische, juristische, nationale und soziale Besonderheiten zu vernachlässigen, kurz: Gemeinsamkeiten wie Besonderheiten der politischen Abrechnung in Europa zu bieten. Denn nur im Vergleich läßt sich herausfinden, ob jene Recht haben – und gerecht urteilen –, die dieses Kapitel leichthin als »Scheitern« abbuchen und die Schuld dafür den Zeitgenossen, die es mit nichts Geringerem als der Erblast einer katastrophalen Epoche zu tun hatten, als Versagen und Verdrängen aufs Konto schreiben.

Der angestrebte Vergleich verbot es, außerhalb der Ära des Umbruchs von 1943 bis 1948 angewandte, ganz anderen Bedingungen unterworfene Säuberungsformen mit in Betracht zu ziehen, beispielsweise die seit den dreißiger Jahren mit äußerster Bedenkenlosigkeit durchgeführten stalinistischen Säuberungen oder die in den siebziger Jahren mit allzu großer Behutsamkeit angepackte Auseinandersetzung mit der personellen Hinterlassenschaft des Franco-Regimes in Spanien. Der Leser wird trotzdem einer Reihe von unabhängig vom spezifischen historischen Kontext immer wieder auftauchenden Phänomenen und Grundfragen der Säuberung begegnen, die sich auch nach dem

Bankrott der kommunistischen Idee und dem Zusammenbruch des so apostrophierten real existierenden Sozialismus in dem nach 1945 geschaffenen sowjetischen Glacis in Europa Anfang der neunziger Jahre wieder stellen; erneut zeigt sich, daß Rechtsstaatlichkeit und Rechtssicherheit des Verfahrens bei der politischen Säuberung zwar unverzichtbar, aber hemmend sind; wieder erhebt sich etwa die Frage, wer in welchen Schlüsselsektoren und Elitegruppen auf Dauer, und wer nach dem Zusammenbruch eines ohnehin gründlich delegitimierten Systems lediglich vorübergehend von wichtigen Positionen fernzuhalten ist; und wie damals ist es ein Problem, daß zahlreiche im Unrechtsstaat begangene Untaten mit dem herkömmlichen Strafrecht nur sehr unzureichend geahndet werden können.

Ungeachtet solcher »zeitloser Konstanten« zeigt ein Vergleich der Möglichkeiten und Grenzen der politischen Säuberung in verschiedenen europäischen Ländern nach dem Zweiten Weltkrieg – in West- und Ostdeutschland sowie in Österreich, in Italien, Frankreich, Norwegen, Holland, Ungarn und Kroatien – aber auch, daß Verlauf, Intensität und Dynamik bei der Reinigung des öffentlichen Lebens und bei der justitiellen Ahndung faschistischer Verbrechen von Land zu Land erheblich variierten. Das hat viele Gründe. Zum einen war natürlich das Abrechnungsbedürfnis nicht überall gleich stark; es bemaß sich nach der Schärfe der Konflikte bei der Durchsetzung und Machtbehauptung von Faschismus und Nationalsozialismus, nach der Dauer und dem totalitären Gleichschaltungsdruck ihrer Herrschaft, der kriminellen Energie, die in den einzelnen Bewegungen steckte, und nicht zuletzt auch danach, ob den faschistischen Systemen und Kollaborations-Regimen vornehmlich von außen, von den Armeen der Anti-Hitler-Koalition, ein Ende bereitet wurde oder ob sie auch von innen, von nationalen Befreiungsbewegungen in blutigem Partisanen- und Bürgerkrieg unterhöhlt worden waren.

Der Verlauf der Säuberung hing zum anderen von der Stärke und dem ideologischen Zuschnitt der Opposition ab, die nach dem Fall ihrer Feinde an die Macht gelangte. Hatten die faschistischen Regime und Bewegungen breite gesellschaftliche Akzeptanz gefunden, so hatte es die neue Elite der NS-Gegner und Antifaschisten besonders schwer. Moralisch und vor der Geschichte hatten sie zwar recht behalten, doch moralische und historische Legitimation ließen sich nicht umstandslos auch sofort in politische Stärke ummünzen, ohne die wiederum eine gründliche Säuberung nur schwer ins Werk zu setzen war. Anders lagen die Dinge dort, wo Kollaborations-Regierungen und faschistische Regime aufoktroyiert und stets als Fremdherrschaft empfunden worden waren, zumal dann, wenn deutsche bzw. italienische Okkupanten bestimmte ethnische Gruppen privilegiert hatten. Hier formierte sich – als die Achsenmächte militärisch ihren Zenit überschritten hatten – normalerweise eine breite *levée en masse,* die Abrechnung und Säuberung zu ihrem Kardinalanliegen machte; im Zeichen eines sozialrevolutionären Antifaschismus mißbrauchten die Widerstandsbewegungen gelegentlich aber auch die Energien, die im Sturz des Faschismus frei wurden, als Mittel zur radikalen Umgestaltung von Staat und Gesellschaft oder aber – in welchem Zeichen auch immer – zur Bereinigung traditioneller ethnischer Konflikte.

Erheblichen Einfluß auf die politische Säuberung nach dem Zweiten Weltkrieg nahmen schließlich auch die Führungsmächte der Anti-Hitler-Koalition. Als Befreier oder Besatzungsmächte sprachen sie ein gewichtiges Wort mit, wenn es darum ging, was unter gesellschaftlicher Überwindung von Faschismus und Nationalsozialismus im einzelnen zu verstehen sei. Die Siegermächte hatten ihre eigenen, keineswegs auf einen gemeinsamen Nenner zu bringenden säuberungspolitischen Ziele, die von bloßem, eng umgrenzten Personalaustausch bis hin zur revolutionären Umwälzung reichten. Autochthonen Säuberungsinitiativen ließen sie nur dann freie Hand, wenn deren Zielsetzung die eigene nicht über Gebühr tangierte. War dies aber der Fall, so scheuten die Alliierten nicht davor zurück, den säuberungspolitischen Anstrengungen der neuen politischen Kräfte und Eliten enge Grenzen zu ziehen oder sie wenigstens in genehmere Bahnen zu zwingen.

Die Abrechnung mit Faschismus und Kollaboration in Europa war also ein vielgestaltiger Prozeß. Dennoch lassen sich in dieser Vielfalt vier Grundformen politischer Säuberung erkennen, die beinahe überall angelegt waren, phasenweise da und dort auch in idealtypischer Reinform, meist aber in enger Verquickung miteinander auftraten.

Die erste dieser Grundformen ist der Typus der *»wilden«* *Säuberung* (im Sinne von »bestialisch-elementar«, »ungeregelt«), wie er etwa in Frankreich, Norditalien und auf dem Balkan zu beobachten war, wo 1944/45 gewissermaßen drei Kriege gleichzeitig ausgefochten wurden: der Zweite Weltkrieg, ein blutiger Bürgerkrieg zwischen Faschisten und Nichtfaschisten und ein Klassenkrieg proletarischer und kleinbäuerlicher Schichten gegen Besitzbürgertum und Großagrarier. In diesen außer Rand und Band geratenen Verhältnissen des dreifachen Krieges brach sich ein elementares, von moralischen, juristischen und humanen Rücksichten kaum gedämpftes Abrechnungsbedürfnis Bahn, das mit einem aus dem Gefühl jahrzehntelanger Unterdrückung und Frustration gespeisten klassenkämpferischen Umsturzwillen und rein kriminellen Beweggründen zu einem Rache- und Vergeltungsfuror verschmolz, dem neben vielen Mitläufern und Verführten derart viele Belastete zum Opfer fielen, daß an eine Renaissance des ohnehin stark delegitimierten Faschismus nicht mehr zu denken war. Der politischen Säuberung im engeren Sinne, der Reinigung des öffentlichen Lebens und der Strafverfolgung Belasteter, haben diese »wilden« Säuberungen von vornherein viel Wind aus den Segeln genommen, denn nach dem jakobinischen Terror der Befreiungsphase war die Idee der politischen Säuberung vor allem bei den bürgerlichen und ländlichen Schichten so sehr diskreditiert, daß diese darin nur noch die blutigen Vorboten einer revolutionären Umwälzung erblickten und sich deshalb bald jeglicher Form der Säuberung widersetzten.

Als typische Erscheinungen einer Übergangszeit, in der die Macht gewissermaßen auf der Straße lag, hörten die »wilden« Säuberungen nach einer ersten Konsolidierung der staatlichen Verhältnisse normalerweise bald auf. Sowohl dort, wo es zu solchen unkontrollierten Säuberungsaktionen gekommen war, als auch in jenen Ländern, wo derartige Eruptionen nicht stattgefunden hatten, begannen nunmehr Anstrengungen, die politische Säuberung in reguläre Bahnen zu lenken. Die Initiative dazu ging von den Trägern der antifaschistischen Opposition, der neuen politischen Elite oder den Besatzungsmächten aus, manchmal auch – wie in Deutschland – in kompliziertem Mit- und Gegeneinander von beiden. Damit rückten überall die zweite und dritte Grundform der politischen Säuberung, der Typus der *justitiellen Säuberung* und der Typus der *bürokratischen Säuberung*, in den Vordergrund, die den Gesamtvorgang der Abrechnung mit Faschismus und Kollaboration nach dem Zweiten Weltkrieg hauptsächlich, jedenfalls was die Breite der Anlage und seine Dauer angeht, geprägt haben.

Die *justitielle Säuberung,* also die gerichtliche Ahndung auf der Grundlage des Strafrechts, stand dort im Zentrum, wo faschistische Bewegungen in den zwanziger und dreißiger Jahren Splittergruppen geblieben und erst von den deutschen Besatzern als willfährige Instrumente der Kollaboration eingesetzt und benützt worden waren, wo mithin der Kreis der Betroffenen (anders als in Deutschland und Italien) einigermaßen überschaubar und klar definierbar blieb, in Norwegen und Holland etwa. Moralisch gesehen mußte die gerichtliche Ahndung von Kollaborations- und »Kriegsverbrechen«, unter denen sich die grauenvollsten Untaten der Geschichte fanden, allerdings wirken wie hilfloses Scharren an einem Gebirge geschichtlicher Schuld. Zwischen Schuld und Sühne klaffte – wie oft, wenn Verbrechen vom Staat begangen oder geduldet werden und erhebliche Teile der Gesellschaft darin verwickelt sind – ein Abgrund, der sich auch dadurch nicht schließen ließ, daß die neue Elite nicht zögerte, bewußt gegen die abendländische Rechtstradition des »nullum crimen, nulla poena sine lege« zu verstoßen und rückwirkende Sondergesetze zu schaffen. Bei der Abrechnung mit Faschismus und Kollaboration erwiesen sich diese Sondergesetze in der singulären historischen und politischen Situation nach dem Sturz Hitlers und seiner Satelliten aber doch als wirksames Sanktionsinstrument; mit dem herkömmlichen Strafrecht hätte sich nur ein Teil der begangenen Verbrechen ahnden lassen.

Eine gewisse Ohnmacht der Gerichte – jedenfalls solange sie sich am Recht und an rechtlichen Verfahren orientierten – resultierte freilich nicht allein aus der bitteren Einsicht, daß der Sühnung von Staatsverbrechen modernen Typs enge Grenzen gezogen sind. Ihr Aktionsradius war auch deshalb eingeschränkt, weil viele Verbrechen zum Zeitpunkt der Gerichtsverhandlung häufig schon Jahre zurücklagen, größter Geheimhaltung unterlegen waren und – zumal im Falle Deutschlands und Italiens – vielfach fern der Landesgrenzen begangen worden waren. Selbst bei offenkundigen Schandtaten war die Beweisnot der Gerichte zuweilen groß, und mit der Aufklärung des Tatbestandes war die Schuld des Täters noch längst nicht erwiesen. Hinzu kam, daß untergeordneten, »kleinstbeteiligten« Chargen juristisch manchmal einfacher beizukommen war als den eigentlichen Verantwortlichen, die sich die Hände fast nie selbst schmutzig gemacht hatten. Häufig waren die Spuren der Verbrechen auch sorgfältig verwischt worden. Manchmal kristallisierte sich ein Verbrechenskomplex erst nach jahrelanger intensiver historischer Forschung in der Deutlichkeit heraus, die es erlaubte, den Anteil des Einzelnen daran präzise zu bestimmen. Die in Deutschland, Italien und Frankreich zu Recht beklagte Zurückhaltung bei der Strafverfolgung von faschistischen und nationalsozialistischen Verbrechen Ende der vierziger, Anfang der fünfziger Jahre war so nicht allein die Folge einer niemals vollzogenen Selbstprüfung und Selbstreinigung der Justiz, sondern sie hatte ihre Ursache auch in solchen objektiven Schwierigkeiten.

Die *bürokratische Säuberung* entsprang vor allem dem Willen der neuen politischen Elite (in Deutschland und Italien stark auch dem der Besatzungsmächte), alle Personen aus Wirtschaft und Gesellschaft auszuschalten, von denen nach ihrer Vergangenheit anzunehmen war, daß sie sich mit den Grundprinzipien der nach-faschistischen Ordnung kaum aussöhnen, sie vielleicht sogar bekämpfen, bei der Demokratisierung der Gesellschaft jedenfalls bremsend wirken würden. Diese Art bürokratischer Säuberung trat vor allem in Deutschland und Italien auf. In diesen beiden Ländern waren Nationalsozialismus und Faschismus aus eigener Kraft an die Macht gelangt und hatten sich – anders als ihre schwächlichen Brüder etwa in Ungarn, Kroatien und Norwegen, wo faschistische Regime Erscheinungen zweier, dreier Kriegsjahre waren – über lange Zeit hinweg behauptet. Nirgendwo sonst war der Grad ideologischer Kontamination und totalitärer Durchdringung so stark, nirgendwo sonst der Kreis der Straftäter so groß, und nirgendwo sonst lag der Verdacht so nahe, daß ein erheblicher Teil der Bevölkerung für leitende Funktionen im demokratischen Staat nicht mehr in Frage kam. Es lag deshalb ebenso nahe, neuartige außerjustitielle Prüfungsinstanzen mit Sanktionskompetenz zu schaffen. Daß aber schließlich Hunderte von Spruchkammern und *epura-zione*-Kommissionen installiert wurden, die sich dann auch noch der Aufgabe verschreiben mußten, einen Großteil der Gesellschaft – und nicht nur diejenigen, die in führender Position tätig sein wollten – zu überprüfen, lag vor allem an den alliierten Besatzungsbehörden. Nicht aus Einsicht in Wesen, Wirklichkeit und gesellschaftliche Verankerung der Regime in Deutschland und Italien, sondern in erster Linie zur Beschwichtigung der öffentlichen Meinung in den Vereinigten Staaten, drängten vor allem die USA darauf – im besetzten Deutschland stärker als in Italien –, die formalen Belastungskriterien immer weiter auszudehnen, bis schließlich beinahe jeder unter Faschismus-Verdacht stand und sich genötigt sah, vor irgendwelchen Ausschüssen das Gegenteil zu beweisen.

Diese unsinnige Ausweitung von »Entnazifizierung« und *epurazione* hat in Deutschland und Italien einigen hunderttausend Beamten und Angestellten die berufliche Stellung gekostet und einen partiellen Elitenwechsel bewirkt. Andererseits aber haben solche Globalverfahren wegen der ihnen innewohnenden krassen Ungerechtigkeiten und Ungereimtheiten die Idee der Säuberung und die Autorität der Säuberungsinstanzen nicht weniger in Mitleidenschaft gezogen als die blutigen »wilden« Säuberungen im Zuge der Befreiung. Selbst überzeugte Gegner von Faschismus und Nationalsozialismus, die eigentlichen Träger der bürokratischen Variante der Säuberung, verloren schließlich den Glauben an den Sinn dieser Art von »Vergangenheitsbewältigung«.

Generalabrechnung und Generalprävention standen in den von den Westalliierten besetzten und befreiten Ländern, in denen überall die Demokratie wiedererrichtet werden sollte, ganz im Zeichen der Wiedergeburt rechtsstaatlicher Prinzipien und Gepflogenheiten. Dabei war der Gedanke, rechtsstaatliche Garantien auch denen einzuräumen, die zuvor Recht und Gesetz mit Füßen getreten und allein dem von ihnen selbst geschriebenen »Gesetz der Geschichte« gehorcht hatten, keineswegs unumstritten. Manche hielten ihn für legalistisch, andere sahen darin eine Grundvoraussetzung für die Wiederaufrichtung des Rechts. Doch selbst da, wo man sich für die Schaffung rückwirkender Straftatbestände entschied, geschah es in dem Bewußtsein, daß es sich dabei um zeitlich begrenzte Ausnahmeregelungen in exzeptioneller historischer Situation handele. Und es geschah immer unter den Augen einer kritischen Öffentlichkeit, die nach der Erfahrung mit der Justiz im Unrechtsstaat sehr sensibel auf jeglichen Versuch von neuerlicher politischer Indienstnahme reagierte.

Ganz anders lagen die Dinge im Einflußbereich der Roten Armee, wo die vierte Grundform, die der *instrumentalisierten politischen Säuberung,* früher oder später überall Platz griff. Östlich des Eisernen Vorhangs ging es der Sowjetunion und den von ihr geführten kommunistischen Parteien nicht um die Wiederanknüpfung an demokratisch-rechtsstaatliche Traditionen (die in manchen Regionen ohnehin wenig Gewicht besessen hatten), sondern um die Implantierung eines Gesellschaftsmodells nach sowjetischem Vorbild. Die ursprünglichen Motive der politischen Säuberung, Abrechnung mit Nationalsozialismus und Faschismus sowie die Bannung ähnlicher Gefahren, gingen in Ländern wie Ungarn und Jugoslawien selbstverständlich nicht verloren, sie wurden in der praktischen Politik aber doch schnell grau und traten mehr und mehr zugunsten der ideologisch motivierten und bemäntelten Absicht zurück, ganze gesellschaftliche Gruppen umstandslos unter Faschismus-Verdacht zu stellen und so an den Rand drängen oder entmachten zu können. Im Zuge der Sowjetisierung dieser Staaten verloren die alten aristokratischen und bürgerlichen Führungsschichten ebenso Einfluß und Privilegien wie die traditionellen Funktionseliten in Verwaltung, Kultur und Justiz. Diese von einem tiefgreifenden Elitenwechsel in zentralen gesellschaftlichen Bereichen begleitete revolutionäre Umwälzung ging einher, ja war zum Teil identisch mit einer brachialen ethnischen Flurbereinigung. Denn so wie sich der Faschismus-Verdacht als politische Waffe gegen die alten Eliten richten ließ, ließ er sich auch gegen unbequeme nationale Minoritäten, namentlich die deutschsprachigen Bevölkerungsgruppen, wenden, die in Südosteuropa im Zuge des »antifaschistisch«-revolutionären Umbaus vielfach ihre Existenz verloren und zu Hunderttausenden zur Flucht gezwungen wurden – und zwar ganz gleich, ob sie (was häufig der Fall war) tatsächlich mit den deutschen Invasoren kollaboriert hatten oder nicht. Dieser Art des »Antifaschismus« war keiner gewachsen, selbst Antifaschisten nicht.

Der exzeptionelle Charakter der überwundenen Regime und Bewegungen und die nicht weniger exzeptionellen Besonderheiten der historischen Situation, in der die Säuberung begann, brachten es fast zwangsläufig mit sich, daß namentlich die justitielle und bürokratische Variante der gesellschaftlichen Überwindung des Faschismus auf enorme Hemmnisse traf, welche die Dynamik, Intensität und Dauer der politischen Säuberung stark beeinträchtigten. Zu nennen sind hier an erster Stelle die Erschütterungen dieser Not- und Katastrophenzeit, die millionenfachen Menschenverluste, der Verlust von Hab und Gut sowie die Reduzierung des Lebens auf den Stand primitiver Daseinssicherung. Diese Erschütterungen ließen bei vielen Trägern und Mitläufern der gestürzten Regime recht bald das Gefühl aufkommen, für ihre zurückliegenden Fehler und Verbrechen hinreichend gebüßt zu haben; nicht die Bewältigung der Vergangenheit, sondern die Bewältigung der Gegenwart und die Gewinnung der Zukunft erschienen als erstes Gebot der Stunde.

Diese Einstellung war weit verbreitet, waren von der politischen Säuberung – entsprechend dem Massencharakter von Nationalsozialismus und Faschismus – doch breite Bevölkerungsschichten betroffen. Hunderttausende von belasteten Bürgern dauerhaft oder auch nur für längere Zeit unter Quarantäne zu stellen, wäre zwar vielleicht moralisch vertretbar gewesen, ob die Ausgrenzung eines Teiles der Gesellschaft durch den anderen aber den Geboten politischer Klugheit, wirtschaftlicher Vernunft und humaner Gesittung entsprochen hätte, ist doch sehr zweifelhaft; eine neue politische Ordnung ließ sich ebensowenig gegen erhebliche Teile der Gesellschaft errichten, wie der materielle Wiederaufbau ohne die Mitwirkung auch belasteter Experten bewerkstelligt werden konnte.

Nicht weniger hemmend als solche im nachhinein gern weggewischten politischen und wirtschaftlichen Sachzwänge wirkte es, daß die der politischen Säuberung inhärente Drohung, tief in das Netzwerk der Gesellschaft zu schneiden, sofort erhebliche Widerstände weckte. Diese bezogen ihre hemmende, ja oft lähmende Wirkung nur partiell aus einer allgemeinen Taubheit gegenüber der Forderung, die Verantwortlichen zur Rechenschaft zu ziehen. Ausschlaggebend für deren Formierung war vielmehr die mit der politischen Säuberung gegebene Gefährdung oder wenigstens erhebliche Störung vielfältiger gesellschaftlicher, kultureller und wirtschaftlicher Bindungen und Verpflichtungen. Namentlich die bürokratische Variante der Säuberung war ja kein anonymer Prozeß. In den deutschen Spruchkammern und den italienischen *epurazione*-Kommissionen sollten Nachbarn Nachbarn belasten, Kollegen über Kollegen zu Gericht sitzen. Fatal daran war nicht nur, daß die Richter und Ankläger nur einen unsicheren oder gar keinen Rückhalt in der Gesellschaft hatten, sie mußten sich auch wie mit tausend unsichtbaren Stricken gefesselt fühlen, weil sie die Beschuldigten meist seit Jahren kannten, auch nach der Säuberung mit ihnen zusammenleben mußten und weil sie die nun vor den Ausschüssen Stehenden tatsächlich oft nur als harmlose Nachbarn, Familienväter und Kollegen, selten aber als Denunzianten und Schikaneure erlebt hatten. Das Ergebnis war jedenfalls, daß sich schnell eine schwer durchdringbare Dämmschicht aufzubauen begann, die einen subtil wirkenden, aber hochwirksamen Schutzmantel um die politische Säuberung legte und nur wenige radikale und bleibende Schnitte in das örtliche Sozialgeflecht zuließ.

Gleichermaßen Hemmnis und Katalysator der Säuberung war die angespannte politische Großwetterlage, namentlich die Verschärfung des Kalten Krieges, die westlich des Eisernen Vorhangs den anfänglichen politischen und moralischen Rigorismus bei der Aufklärung und Ahndung von Verbrechen sowie die Entschlossenheit zur Personalsäuberung dämpfte und einer Tendenz Vorschub leistete, den Blick nicht so sehr zurück, auf die eigene Vergangenheit, als vielmehr zur Seite, auf die Unterdrückung und die Verbrechen in den neuen »Volksdemokratien« des angrenzenden Osteuropa zu richten. Östlich des Eisernen Vorhangs hingegen erfuhr die politische Säuberung, die nun ihr Wesen zu verändern begann, im Zuge der sogenannten antifaschistisch-demokratischen Umwälzung im Kalten Krieg eine neuerliche Steigerung. Der Faschismus-Verdacht konnte nun pauschal jeden treffen, der sich der stalinistischen Ausrichtung der Gesellschaft widersetzte. Auch die ethnische Bereinigung erhielt in der Zuspitzung des Kalten Krieges noch einmal Auftrieb.

Die Macht der Sachzwänge, der Widerstand des Heeres der Betroffenen, gesellschaftliche Rücksichtnahmen, Fehler in den Verfahren, justitielle Schwerfälligkeiten, die faktische Kraft übergeordneter politischer Interessen, internationale Konflikte: Die Abrechnung mit Faschismus und Kollaboration nach dem Zweiten Weltkrieg war trotz ihrer emotionalen Implikationen und ihres ungeheuren politisch-moralischen Gewichts schnell zu einem pragmatischen politischen Prozeß wie viele andere auch geworden, dessen Ablauf, innere Gesetze und Ergebnisse alle diejenigen enttäuschen mußten, die geglaubt hatten, auf das schlechthin Böse müsse das moralisch Richtige und Gute so selbstverständlich folgen wie der Tag auf die Nacht. Doch das Rad der Geschichte stand selbst nach den beispiellosen Verbrechen des Faschismus nicht still, es tat sich kein politikferner Raum auf, in dem die Vergangenheit sich fernab des ja nicht suspendierten Interessenkampfes gleichsam metapolitisch hätte »bewältigen« lassen. In der Konkurrenz partikularer Interessen und mit wachsendem zeitlichen Abstand von Faschismus und Nationalsozialismus schwächte sich der ursprüngliche Säuberungsdrang unweigerlich ab. Die politische Säuberung in Europa rutschte so zwischen 1943 und 1948 auf der Prioritätenskala brennender gesellschaftlicher Anliegen immer weiter nach unten, und ihre allmähliche Liquidierung trug gewöhnlich den gleichen Stempel mühseligen Interessenausgleichs, der die politische Säuberung eigentlich stets geprägt hatte.

Niemand wird jemals den genauen Umfang und noch weniger die Wirkung dieser Abrechnung nach Kriegsende, der Morde, Verurteilungen, Entlassungen und Diskreditierungen bestimmen können, von denen trotz der beschriebenen Hemmnisse politisch Kompromittierte und Verbrecher getroffen wurden – auch dann nicht, wenn sich der vielfach noch unbefriedigende Stand der Forschung (namentlich in Ländern wie Ungarn und Jugoslawien, wo das Thema lange Zeit tabu war) gebessert haben wird. Die Schwierigkeiten der Bilanzierung beginnen damit, daß die Abrechnung vielfach so massiv instrumentalisiert worden ist, daß sich oft nicht mehr unterscheiden läßt, ob die Maßnahmen gegen Belastete dem Willen zur Säuberung entsprangen, der Beschleunigung der revolutionären Umwälzungen in Ost- und Südosteuropa dienten oder einfach – wie es bei den »wilden« Säuberungen oft genug vorkam – kriminell motiviert waren. Mit der gebotenen Vorsicht wird man aber immerhin sagen können, daß die Welle der »wilden« Säuberungen in den acht im vorliegenden Band behandelten Ländern an die 100 000 Todesopfer gefordert haben dürfte. Im Rahmen der justitiellen Abrechnung mit den diversen Erscheinungsformen von Faschismus und Kollaboration kam es zu Hunderttausenden von Gerichtsverfahren. Dabei dürften wohl fast 15 000 Todesurteile und noch sehr viel mehr lebenslängliche Haftstrafen verhängt worden sein. Die Zahl der übrigen gerichtlichen Strafen, von langjähriger Haft bis zur Geldstrafe und zum Berufsverbot, geht ebenfalls weit in die Hunderttausende. Einen noch größeren Kreis traf die bürokratische Variante der politischen Säuberung. Millionen von Mitgliedern der ehemaligen faschistischen Parteien und Kollaborateuren waren in Säuberungsverfahren verwickelt, verloren ihre beruflichen Stellungen und standen oft jahrelang auf der Straße. Die gesellschaftliche Reintegration nach der üblicherweise in gemessenem Abstand folgenden formellen Rehabilitierung gelang insbesondere den wirklich belasteten Nationalsozialisten und Faschisten – zumal deren politischer Elite – nur schwer. Es war eher die Regel als die Ausnahme, daß sie für den Rest ihres Lebens am Rande der Gesellschaft blieben.

Nicht eingerechnet in diese Bilanz ist die ebenfalls in die Abertausende gehende Zahl derjenigen, die bei Kriegsende verhaftet, auf Jahre in Arbeitslagern interniert oder verschleppt wurden. Unberücksichtigt blieben ferner die Sanktionen gegen Nationalsozialisten und Faschisten, die an die Sowjetunion, Polen, Jugoslawien und andere Staaten ausgeliefert und dort als Kriegsverbrecher vor Gericht gestellt wurden. Außer acht gelassen sind außerdem alle die nicht-institutionellen Abrechnungsmaßnahmen, Drangsalierungen und Einschüchterungen, die oft nicht weniger einschneidend waren als die regulär verhängten Sühneleistungen. Gar nicht zu bilanzieren sind schließlich die in einzelnen Beiträgen behandelten Langzeitwirkungen, die sich aus der Kollektiverfahrung von Lynchjustiz, Kriegsverbrecherprozessen und Massenentlassungen ergaben, sowie die heilsamen Lerneffekte gesellschaftlicher Gewissenserforschung, die in Millionen von Säuberungs- und Gerichtsverfahren ja doch auch geleistet wurde; Hunderttausende waren von diesem singulären Prozeß der Ermittlung einer Gesellschaft gegen sich selbst unmittelbar berührt und gewannen dabei erstmals eine wirkliche Vorstellung von den Verbrechen und vom Wesen des überwundenen Regimes.

Zwar kein Novum in der Geschichte, waren Art und Ausmaß der politischen Säuberungen in Europa nach dem Zweiten Weltkrieg doch historisch beispiellos. Insofern entsprach die Abrechnung mit dem Faschismus dessen totalitärer und singulär verbrecherischer Ausprägung. Gewiß, die Säuberungsbemühungen der Nachkriegszeit blieben zu weit hinter dem zurück, was nach den nationalsozialistischen und faschistischen Verbrechen erwartet werden durfte, zu weit hinter den Hoffnungen der geschundenen und ins Exil getriebenen Gegner des Faschismus und auch zu weit hinter den Zielen der Anti-Hitler-Koalition. Vieles unterblieb, was moralisch geboten und politisch möglich gewesen wäre, manches wurde nur halbherzig begonnen und, als sich Widerstände erhoben, schnell wieder beendet. So richtig das ist, so falsch und auch arrogant wäre es – wie die folgenden Studien erahnen lassen mögen –, die Säuberungsanstrengungen der überlebenden Gegner von Nationalsozialismus und Faschismus als marginal abzutun, die Auseinandersetzung mit deren personeller Hinterlassenschaft für gescheitert zu erklären, wie das – sogar in der Geschichtswissenschaft – schnellzufriedene Autoren tun, die sich nicht auf die politische, soziale und psychologische Komplexität des politischen Säuberungsprozesses im Europa nach Hitler einlassen mögen und vielleicht meinen, aus den abstrakten Kategorien von Moral und sittlicher

Verantwortung gewonnene Soll- und Wunschvorstellungen genügten bereits, um zu einem gerechten Urteil zu gelangen; über Verurteilungen in absentia und historiographische Schauprozesse ist damit aber nicht hinauszukommen.

Die Herausgeber trugen sich seit längerem mit dem Gedanken, ausgewiesene Kenner für eine vergleichende Analyse der politischen Säuberung in Europa nach dem Zweiten Weltkrieg zu gewinnen. Es wäre vielleicht beim bloßen Gedanken geblieben, hätte uns nicht der Vorsitzende des Verbandes der Historiker Deutschlands, Wolfgang J. Mommsen, eingeladen, für den 38. Historikertag in Bochum am 27. September 1990 eine Sektion zum Thema »Abrechnung mit Faschismus und Kollaboration in Europa« vorzubereiten. Mit den für den Druck freilich ganz neu erarbeiteten Referaten von Margit Szöllösi-Janze (Universität München), Henry Rousso (Institut d'histoire du temps présent, Paris), Stein U. Larsen (Universität Bergen) und den Vorträgen der beiden Herausgeber – Ludolf Herbst (Institut für Zeitgeschichte, München) leitete die Sektion – war der Grundstock dieses Bandes gelegt. Helga A. Welsh (Universität Tuscon), Gerhard Hirschfeld (Bibliothek für Zeitgeschichte, Stuttgart), Peter Romijn (Rijksinstituut voor Oorlogsdocumentatie, Amsterdam), Dieter Stiefel (Wirtschaftsuniversität Wien) und Ekkehard Völkl (Universität Regensburg) steuerten dann vier weitere Originalstudien bei. Entstanden ist so ein Band, der in vergleichender Absicht Grundfragen und typische Erscheinungsformen der politischen Säuberung im Europa der Umbruchsepoche zwischen 1943 und 1948 behandelt. Mehr war nicht beabsichtigt und auch kaum erreichbar, denn die historische Forschung dazu steht in manchen Ländern erst in den Anfängen. Vielleicht kann das Buch zu einer Intensivierung der Forschung und zu einer Nuancierung der Fragestellungen anregen, damit die einfachen Antworten von heute auf einen komplizierten Sachverhalt von gestern künftig ein bißchen weniger einfach ausfallen.

Klaus-Dietmar Henke   Hans Woller

KLAUS-DIETMAR HENKE
Die Trennung vom Nationalsozialismus
Selbstzerstörung, politische Säuberung, »Entnazifizierung«.
Strafverfolgung

Nachdem am 8. Mai 1945 der von Deutschland gelegte Groß-
brand gelöscht und das Regime Adolf Hitlers samt seiner
Kriegsmaschinerie endlich zertrümmert war, ging die Sieger-
koalition der Vereinten Nationen daran, die anscheinend von
kaum bezähmbarer Aggressivität getränkte deutsche Gesellschaft unter Quarantäne zu stellen. Erstes Ziel der Alliierten
war es, die zivilisierte Welt für immer vor einem Moloch mitten
in Europa zu schützen, der nicht bloß als besiegter Feindstaat,
sondern als Menschenfeind schlechthin gelten konnte. Ein ver-
wüsteter Kontinent, Abermillionen toter Soldaten, Zivilisten
und von deutscher Hand Gemordeter verlangten neben solcher
Generalprävention aber auch die Generalabrechnung. Die *Generalprävention* erforderte neben Umbau und Umerziehung
der Gesellschaft, neben der Zähmung des Machtstaates und der
Kontrolle der Wirtschaft die Kaltstellung aller Personen von
Einfluß, die den Verdacht nahelegten, den Aufbau eines anderen Deutschland zu stören. Dabei war der Blick vornehmlich in
die Zukunft zu richten. Bei der *Generalabrechnung* mit den
nationalsozialistischen Tätern und Ideologen dagegen war der
Blick vornehmlich zurückzuwenden. Beides, der Schutz des
Entstehenden wie die Auseinandersetzung mit dem Vergangenen, war politisch notwendig, beides gleichermaßen moralisch
geboten, beides weitgehend ineinander verschränkt. Es waren
aber dennoch nicht zuerst die Gebote der Moral, sondern ganz
überwiegend die Erfordernisse des Tages, die beim Umgang mit
dem Erbe des untergegangenen Regimes den Ausschlag gaben.
  Den Zeitgenossen war es nach 1945 noch bewußt, daß selbst
auf diesem sensiblen Terrain die Gesetze des gewöhnlichen politischen Kampfes galten, daß Generalprävention und Generalabrechnung trotz der hohen Töne, die von den Beteiligten dabei
normalerweise im Munde geführt wurden, letztlich auch nichts
anderes waren als die ganz gewöhnliche Austragung eines gesellschaftlichen Interessenkonfliktes. Diese an sich banale Erkenntnis verlor sich mit den Jahren, wie ihre Wiederentdeckung
1988 beweist. Hans Magnus Enzensberger kam nicht nur zu

dem Urteil, die sogenannte Vergangenheitsbewältigung sei »über alle Erwartungen hinaus gelungen«, ein bißchen ernüchtert befand er außerdem, diese sei mitnichten ein »moralischer, sondern ein rein pragmatischer Akt« gewesen[1]. An sich ist die Kluft zwischen Politik und Moral ein normales Phänomen des Politischen, doch bei der Auseinandersetzung mit der jüngsten Vergangenheit, die das Selbstverständnis der zweiten deutschen Demokratie im Innersten berührt, gilt die offenbare Diskrepanz zwischen Moral und Politik als exzeptionell anstößig, als unverzeihlich. Vor den Kategorien sittlicher Verantwortung und historischer Moral, die im Falle des einzigartig verbrecherischen deutschen Regimes fraglos in besonderer Weise in Anschlag zu bringen sind, mußten alle Versuche zur Sühnung und Wiedergutmachung in der Tat nur wirken wie hilfloses Schaben an einem Gebirge geschichtlicher Schuld.

Aber es war nicht in erster Linie diese prinzipielle Aporie, es waren auch kaum die tatsächlichen Mängel der »Entnazifizierung«, der Strafverfolgung von NS-Verbrechen oder der Wiedergutmachung, die bald immer schärfere Verdikte über die sogenannte Vergangenheitsbewältigung provozierten. In manchem dem schwierigen Umgang mit der Vorgeschichte der Nachkriegszeit (der NS-Zeit selbst) vergleichbar, rückte mit wachsendem Abstand zu den vielfältigen Bemühungen Westdeutschlands, mit jenem Erbe fertigzuwerden, auch hier der moralische Gehalt dieses Geschehens immer eindeutiger und »in lupenreiner Direktheit« an das »konstruierende Bewußtsein« heran[2]. Unvermeidlich blieb dabei die komplizierte alltägliche politische Wirklichkeit nach 1945, die »›unreine‹ Mischung«[3] der Realgeschichte auf der Strecke. Dem eindimensionalen Geschichtsbild von der NS-Zeit traten so die ebenso einfachen, vorwiegend aus dem moralischen Gehalt des Geschehens geschöpften stereotypen Geschichtsbilder von der »zweiten Schuld«[4], der unterbliebenen, gescheiterten oder verhinder-

---

[1] Hans Magnus Enzensberger, Mittelmaß und Wahn. Ein Vorschlag zur Güte. In: ders., Mittelmaß und Wahn. Gesammelte Zerstreuungen. Frankfurt 1988, S. 259.

[2] Jürgen Busche in einem Leitartikel der Frankfurter Allgemeinen Zeitung vom 26. Januar 1980.

[3] Martin Broszat, Eine Insel in der Geschichte. Der Historiker in der Spannung zwischen Verstehen und Bewerten der Hitler-Zeit. In: Nach Hitler. Der schwierige Umgang mit unserer Geschichte. Beiträge von Martin Broszat. Herausgegeben von Hermann Graml und Klaus-Dietmar Henke. München 1986, S. 117.

[4] Ralph Giordano, Die zweite Schuld oder Von der Last ein Deutscher zu sein. Hamburg 1987.

ten »Vergangenheitsbewältigung« an die Seite. Das führte und führt zwischen den Instanzen der Geschichtsvermittlung und der Zeitgeschichtsforschung, aber auch innerhalb der Geschichtswissenschaft selbst, zu allerlei Reizbarkeiten, die bis zum Vorwurf der Simplifikation bzw. der Apologetik gehen. Solche Polarisierungen bringen mitunter »ärgerniserregende«[5] Druckwerke »zweckbezogener«[6] und »ritualisierter«[7] Auseinandersetzung mit der Vergangenheit hervor. Manche Autoren glaubten auch, sich mit psychologisierenden Formeln (»Verdrängung«) begnügen und das programmatische Adorno-Wort von 1959 ignorieren zu können, nach dem »aus der *allgemeinen gesellschaftlichen Situation* weit eher als aus der Psychopathologie ... das Vergessen des Nationalsozialismus zu begreifen« sei[8]. Die erwähnte Polarisierung, die Anfang der neunziger Jahre ihren Höhepunkt allerdings überschritten zu haben scheint, ist freilich nicht nur unvermeidlich, sondern in manchem sogar nützlich gewesen, förderte sie zugleich doch auch jene unbestreitbar fruchtbare Spannung zwischen politisch-moralischer Bewertung und historischem Verstehen des Dritten Reiches wie des Umgangs mit dessen Hinterlassenschaft in Westdeutschland.

Pläne vor 1945

In den zwölf Jahren zwischen der Machtergreifung Hitlers und der Kapitulation des Dritten Reiches versuchten die deutschen Widersacher der NS-Diktatur immer auch schon zu Vorstellungen darüber zu gelangen, nach welchen Staats- und Gesellschaftsentwürfen ein neues Deutschland zu gestalten sei. Bei diesen Erörterungen spielte die Frage, mit welchem Personenkreis nach dem Sturz oder Zusammenbruch des Regimes abzurechnen sei, nur eine untergeordnete Rolle. Die bis 1944/45 in

[5] Bernhard Diestelkamp, Die Justiz nach 1945 und ihr Umgang mit der eigenen Vergangenheit. In: ders., Michael Stolleis (Hrsg.), Justizalltag im Dritten Reich. Frankfurt 1988, S. 164, Anm. 12.

[6] Arno Plack, Wie oft wird Hitler noch besiegt? Düsseldorf 1982, S. 80.

[7] So Thomas Nipperdey in einem Diskussionsbeitrag. In: Martin Broszat u. a. (Hrsg.), Deutschlands Weg in die Diktatur. Internationale Konferenz zur nationalsozialistischen Machtübernahme im Reichstagsgebäude zu Berlin. Referate und Diskussionen. Ein Protokoll. Berlin 1983, S. 369.

[8] Theodor W. Adorno, Was bedeutet: Aufarbeitung der Vergangenheit. In: ders., Eingriffe. Neun kritische Modelle. Frankfurt 1963, S. 128; Hervorhebung von mir.

vielerlei Programme und Proklamationen gefaßten Überlegungen zeigen aber, wie selbstverständlich die politische Säuberung
als direktes Korrelat der allgemeinen politischen Programmatik
für die Zeit nach Hitler angesehen wurde; das ist vermutlich der
tiefere Grund für den vergleichsweise geringen theoretischen
Aufwand in diesem Punkte[9].

Der Widerstand des 20. Juli, der sich nach geglücktem Attentat hauptsächlich gegen die seinem Verständnis nach schmale
Schicht nationalsozialistischer Usurpatoren zu wenden gedachte, war zuversichtlich, daß »die innere Reinigung Deutschlands
von Korruption und Verbrechen, die Wiederherstellung von
Recht und Anstand«, so eine vorbereitete Rundfunkansprache,
»nach den stolzen Überlieferungen unseres Volkes sehr schnell
und sehr einfach vollzogen« werden könne[10]. Die konservativen
Verschwörer sahen in der fälligen Säuberung in erster Linie eine
flankierende Maßnahme zur unmittelbaren Machtdurchsetzung
nach der Beseitigung Hitlers. Bemerkenswert ist die in der von
den Verschwörern vorbereiteten Ansprache enthaltene Auffassung, es gehe nicht um die Frage »Parteigenosse oder Volksgenosse, ... SS, SA oder welche Organisationen auch immer. Es
geht um die Frage: anständig oder unanständig!« Die weitere
Entwicklung bewies, daß die konservativen Hitler-Gegner damit schon das ausschlaggebende Prinzip der politischen Säuberung formuliert hatten. Denn tatsächlich verlief vor wie nach
1945 im allgemeinen Verständnis die Hauptscheidelinie zwischen den »anständigen« und den »unanständigen« Nationalsozialisten: auf der einen Seite die Masse derjenigen, die sich innerhalb des »strukturbedingten«[11] oder auch des ganz gewöhnlichen Opportunismus bewegt hatten; auf der anderen Seite die
ungleich geringere Zahl jener politischen Exzeßtäter, die sich in
ihrem beruflichen oder privaten Umkreis im Sinne des Regimes
und zum Schaden der Kollegen als gefährliche Hundertfünfzigprozentige hervorgetan hatten. Aufmerksame amerikanische

[9] Vgl. hierzu Lutz Niethammer, Die Mitläuferfabrik. Die Entnazifizierung am Beispiel Bayerns (zuerst erschienen unter dem Titel: Entnazifizierung in Bayern. Säuberung und Rehabilitierung unter amerikanischer Besatzung. Frankfurt 1972). Berlin
1982, S. 68 ff.
[10] Zit. nach Wilhelm Ritter von Schramm (Hrsg.), Beck und Goerdeler. Gemeinschaftsdokumente für den Frieden 1941–1944. München 1965, S. 250; das folgende
Zitat ebenda, S. 249.
[11] Hans Buchheim, Die Lebensbedingungen unter totalitärer Herrschaft. In: Karl
Forster (Hrsg.), Möglichkeiten und Grenzen für die Bewältigung historischer und
politischer Schuld in Strafprozessen. Würzburg 1962, S. 95.

24

Beobachter nahmen diese Grundeinstellung in der Bevölkerung bereits zu Beginn der Besetzung wahr: »Unter die Kategorie ›Nazi‹ fällt in deutschen Augen nicht derjenige, der in die Partei ging, um seinen Job zu behalten oder seine Stellung zu verbessern, sondern ein Mann, der seine Stellung dazu ausnutzte, um Lebensmittelkarten zu entziehen, irgendwelche Beiträge einzutreiben, die Leute zum Besuch von Versammlungen zu zwingen oder sie ins Konzentrationslager zu stecken.«[12] Bei den Stäben der Militärregierung stießen solche Expertisen freilich auf taube Ohren.

Bei der sozialistischen Linken des Exils, die gegen Kriegsende keine wirklich gute Kenntnis der deutschen Verhältnisse mehr hatte, war der bei den Konservativen nur schwach vertretene Gedanke einer Verknüpfung von rascher Machtsicherung und langfristiger politischer Strategie viel ausgeprägter. Die Sozialisten gedachten mit einer breit angelegten Abrechnung, die nicht nur die Spitzen des Partei- und Terrorapparates, sondern genauso die »Hintermänner und Helfershelfer der Naziherrschaft«[13] im Visier hatte, die großbürgerlichen Führungsschichten bereits so nachhaltig zu erschüttern, daß der Boden für eine kommende Umgestaltung von Wirtschaft und Gesellschaft schon bereitet sein würde. Die »Union deutscher sozialistischer Organisationen in Großbritannien« etwa, die bedeutendste Exilgruppe, hatte hierfür mit schärfsten Ahndungsrechten ausgestattete »Politische Volkstribunale« als Instrumente »politischer Maßnahmen außerhalb der Rechtspflege« vorgesehen. Im berühmten ›Buchenwalder Manifest‹ vom 13. April 1945 war der Zusammenhang zwischen der als »unmittelbare Gegenwartsaufgabe« verstandenen Verwirklichung des Sozialismus und der Vernichtung »aller gesellschaftlichen Erscheinungen« des Faschismus von eben aus dem Konzentrationslager bereiten demokratischen Sozialisten am unmittelbarsten hergestellt[14]. Strategien dieser Art waren erklärlicherweise freilich

[12] Supreme Headquarters, Allied Expeditionary Force, Weekly Intelligence Summary of Psychological Warfare Nr. 16 vom 13. Januar 1945; National Archives, Washington, Record Group 331, SHAEF, PWD, Executive Section, Entry 87.

[13] Richtlinien der Union deutscher sozialistischer Organisationen in Großbritannien für Straf- und Sicherheitsmaßnahmen gegen Nationalsozialisten von Anfang 1945, zit. nach Entnazifizierung. Politische Säuberung und Rehabilitierung in den vier Besatzungszonen 1945–1949. Herausgegeben von Clemens Vollnhals in Zusammenarbeit mit Thomas Schlemmer. München 1991, S. 75.

[14] Hermann Brill, Gegen den Strom. In: Wege zum Sozialismus, I, Heft (1946), S. 97 und S. 101.

mehr von Wille und Vorstellung als von der Abwägung ihrer Verwirklichungschance bestimmt.

Lagen im Gesamtspektrum von Widerstand und Emigration auch Welten zwischen den einzelnen Zukunftsentwürfen, so hätten sich die meisten Hitler-Gegner doch leicht über einige Grundprinzipien verständigen können, denen eine vernünftige politische Säuberung zu folgen hatte: Konzentration auf die Inhaber einflußreicher politischer und gesellschaftlicher Positionen sowie die Angehörigen des Spitzel- und Terrorapparates; Untauglichkeit des Kriteriums einfacher Zugehörigkeit zur NSDAP oder zu anderen nationalsozialistischen Organisationen als Merkmal politischer Belastung; Durchführung des Verfahrens durch erprobte NS-Gegner, die in das tatsächliche Verhalten des Überprüften Einblick hatten; Ablehnung einer detaillierten Rekonstruktion von »innerer Tatseite« und Gesamtmotivation, die den Belasteten zu seinem nationalsozialistischen Engagement geführt hatten; schneller Start und rasche Abwicklung des am besten nur mit eingeschränkter Revisionsmöglichkeit ausgestatteten Verfahrens. Von der politischen Säuberung getrennt wurde die gerichtliche Verfolgung von Straftätern, die nicht nur als Selbstverständlichkeit, sondern geradezu als Vorbedingung einer »Wiederherstellung der vollkommenen Majestät des Rechts« (Punkt 1 der »Regierungserklärung« der Verschwörer des 20. Juli) und eines »deutschen Rechtsstaates« (so der Emigrant Willy Brandt)[15] angesehen wurde.

Vor dem Hintergrund ihres Wissens um die maßlosen Gewaltverbrechen des nationalsozialistischen Unrechtsstaates kreisten die Erörterungen der Oppositionellen immer auch schon um die politisch-psychologisch wie rechtstheoretisch sensible Problematik der Schöpfung neuen Rechts mit rückwirkenden Straftatbeständen. Die einen schoben dabei angesichts der einzigartigen kriminellen Dimension des Hitler-Regimes Bedenken als unerheblich beiseite, andere pochten gerade im Hinblick auf die Willkürherrschaft und Unrechtsqualität des nationalsozialistischen Maßnahmenstaates auf die Unantastbarkeit des Rechtsprinzips »nullum crimen, nulla poena sine lege«. Einen Weg aus diesem Dilemma wollte Helmuth James Graf von Moltke in den Entwürfen des Kreisauer Kreises mit dem Vorschlag einer nur deklaratorischen Verurteilung, der Äch-

[15] Schramm, Beck, S. 233, und Willy Brandt, Draußen. Schriften während der Emigration. München 1966, S. 130.

tung von »Rechtsschändern«, weisen[16]. Doch auch dieser Gedanke enthielt keine gangbare Lösung, er rückte die temporäre Unversöhnlichkeit einer durchgreifenden Abrechnung und der raschen Wiedergewinnung vertrauter Rechtsstaatlichkeit lediglich besonders grell ins Licht. Eine gewisse Entlastung fanden die vornehmlich christlich-konservativen Oppositionellen in der Annahme, zur Ahndung der meisten nationalsozialistischen Verbrechen würden die Bestimmungen des Strafgesetzbuches von 1871 wohl genügen.

Einhelligkeit bestand bei den oppositionellen Kräften aber darüber, daß, wenn schon die Durchbrechung des Rückwirkungsverbotes aus übergeordneten Erwägungen unumgänglich war, mindestens die Rechtsförmigkeit künftiger Verfahren gewahrt bleiben müsse; die Beseitigung des Nationalsozialismus mittels nationalsozialistischer Methoden war für alle unmöglich. Werde die fällige Abrechnung, hieß es in einem Dokument der Kreisauer, »rein praktisch politisch vorgenommen, so wird Unrecht mit Unrecht beantwortet, und die Gewalt steht wieder drohend am Beginn des künftigen Weges«[17].

Nicht alle, insbesondere nicht diejenigen, denen das Regime unheilbare Wunden geschlagen hatte, waren imstande oder willens, sich ebenso skrupulös in den Bahnen wohlerwogener Selbstbeschränkung zu bewegen. Einem Thomas Mann, Prophet der Toleranz und des Humanismus, lag der Gedanke an eine brachiale Abrechnung mit den »höllischen Amokläufern«[18] in Deutschland gar nicht fern. Nach einer bei Kriegsende mit seiner Tochter Erika geführten Diskussion über die Bestrafung von NS-Verbrechern schrieb er in sein Tagebuch, es sei zwar nicht möglich, »eine Million Menschen hinzurichten, ohne die Methoden der Nazis nachzuahmen. Es sind aber rund eine Million, die ausgemerzt« – ausgemerzt – »werden müßten«[19]. Überhaupt scheint es so, als seien die Vorstellungen von der Abrechnung bei jenen am radikalsten gewesen, die frei von der Perspektive oder

[16] Siehe die Entwürfe Moltkes vom 24. Juli 1943. In: Ger van Roon, Neuordnung im Widerstand. Der Kreisauer Kreis innerhalb der deutschen Widerstandsbewegung. München 1967. S. 556 ff.
[17] Ausarbeitung Paulus van Husens vom 14. Juni 1943. In: Van Roon, Neuordnung, S. 553 ff.; Zitat S. 556.
[18] Brief Thomas Manns an Agnes F. Meyer vom 12. Januar 1943. In: Thomas Mann, Briefe 1937–1947. Hrsg. von Erika Mann. Band 2, Frankfurt 1979, S. 290 f.; Zitat S. 291.
[19] Eintragung vom 4. Mai 1945. In: Thomas Mann, Tagebücher 1944 – 1. 4. 1946. Hrsg. v. Inge Jens. Frankfurt 1986, S. 199.

dem Zwang waren, unmittelbare politische Verantwortung schultern und dabei dafür sorgen zu müssen, daß Neuanfang und Neubesinnung nicht sofort in einer Blutorgie erstickten.

Bis 1945 wußte niemand zu sagen, wie sich die Beseitigung des Regimes und die Abrechnung mit seinen Protagonisten vollziehen würde. Bürgerliche wie sozialistische Emigranten hielten es bis in die Endphase des Krieges hinein für möglich, daß den nationalsozialistischen »Verderbern« im Zuge eines revolutionären Umwälzungsprozesses »erbarmungslos« die Rechnung präsentiert würde[20]. Die deutschen Sozialisten in London rechneten noch im Sommer 1944 mit revolutionären Turbulenzen bei Kriegsende[21], die Verfasser einer Programmschrift der Sozialistischen Arbeiterpartei Deutschlands sahen eine »unbändige Raserei gegen Naziführer und Gestapoleute« voraus[22]. Ähnlich dachten Regimegegner in Deutschland. Wie die politisch konspirativen Buchenwalder Häftlinge erwarteten etwa auch der über sechs Jahre lang durch Zuchthäuser und Lager getriebene linke Sozialdemokrat Fritz Erler und seine Leidensgenossen im Moment des Zusammenbruchs des Reiches Ausbrüche von Lynchjustiz und »unter Umständen einen Blutstrom«, demgegenüber »die französische Revolution nur ein Kinderspiel gewesen« wäre[23].

Worin immer sich die Zukunftsentwürfe und Erwartungen des »Widerstands von innen« und des »Widerstands von außen« unterscheiden mochten, vor einem dramatischen politischen und moralischen Dilemma standen alle deutschen Regimegegner. Es ließ sich in zwei einfache rhetorische Fragen kleiden: Konnten die Bastionen des Unrechtsstaates überhaupt anders geschleift werden als durch eine reinigende Revolution, der wenigstens nicht schon zu Beginn das Korsett von Rechtsstaatlichkeit und Rechtsförmigkeit angelegt war? War nicht alle Anstrengung vergeblich, in Deutschland endlich ein wirklich befriedetes und friedvolles, konstitutionell und rechtsstaatlich gesichertes Gemeinwesen aufzubauen, wenn dessen Grundstein

[20] Brief Thomas Manns an Bertolt Brecht vom 10. Dezember 1943. In: Thomas Mann, Briefe, Band 2, S. 341.

[21] Vgl. Werner Röder, Die deutschen Exilgruppen in Großbritannien 1940–1945. Bonn 1973, S. 216 ff.

[22] SAP-Programmschrift ›Zur Nachkriegspolitik deutscher Sozialisten‹ von Juli 1944; zit. nach Helga Grebing (Hrsg.), Entscheidung für die SPD. Briefe und Aufzeichnungen linker Sozialisten 1944–1948. München 1984, S. 14.

[23] 6. Sitzung der Beratenden Landesversammlung von Württemberg-Hohenzollern am 9. Januar 1947.

in Mord und Brand gelegt wurde und seine Grundmauern Tausende von Erschlagenen umschlossen?

Selbstzerstörung

Die deutschen Hitler-Gegner warteten vergeblich auf ihre Chance, diese Fragen in der politischen Praxis zu beantworten. Mit dem Scheitern des 20. Juli war die Chance dahin, das Regime von innen heraus zu stürzen, und bald danach trennten sich sowohl die Alliierten als auch der fürchterlich dezimierte deutsche Widerstand von der gängigen Vorstellung, der Krieg werde gewissermaßen auf herkömmliche Weise, nämlich durch rechtzeitige deutsche Kapitulation in militärisch aussichtsloser Lage, zu Ende gehen. Die totale Kriegführung der Nationalsozialisten, der spezifische Wahnsinn des Kriegsendes – ein spätestens seit Januar 1945 mutwillig angesteuerter Untergang[24] – und schließlich die Besetzung des Landes Zug um Zug schufen nun aber Fakten und Voraussetzungen, die den Jahre währenden Prozeß der politischen Säuberung entscheidend vorprägten. Die Abrechnung mit den Nationalsozialisten begann so nicht als skrupulöser Versuch der Umsetzung tiefgründiger Konzepte durch die Regimegegner, sondern durch den Machtspruch der neuen Herren. Dank der unumschränkten Verfügungsgewalt der Siegermächte waren die »guten Deutschen« erst einmal aller Verantwortung für die heikle Entscheidung enthoben, wie weit sie bei der Abrechnung mit dem weniger guten Teil ihrer Landsleute gehen sollten.

Als die Alliierten ihr Aufräumungswerk begannen, hatten Hitler-Staat und deutsche Gesellschaft keine Ähnlichkeit mehr mit dem Bild, das sich die Planungsstäbe in Washington und London davon gemacht hatten. Nachdem sich bereits 1941/42, als die Kosten des vordem »eleganten« Krieges[25] für jedermann fühlbar wurden, die Friedenssehnsucht »zum absolut beherrschenden Element der Volksstimmung«[26] entwickelt hatte, war

---

[24] Siehe Joachim Fest, Hitlers Krieg. In: Vierteljahrshefte für Zeitgeschichte 38 (1990), S. 359 ff.

[25] Vgl. den von Marlis Steinert, Hitlers Krieg und die Deutschen. Stimmung und Haltung der deutschen Bevölkerung im Zweiten Weltkrieg. Düsseldorf 1970, S. 446, zitierten SD-Bericht vom 23. März 1944.

[26] Martin Broszat, Grundzüge der gesellschaftlichen Verfassung des Dritten Reiches. In: Martin Broszat und Horst Möller (Hrsg.), Das Dritte Reich. Herrschaftsstruktur und Geschichte. München 1983, S. 62; dort auch das folgende Zitat.

nach dem Stalingrad-Desaster das Ende der »Mobilisationsfä-
higkeit« des Regimes erreicht. Dem nationalsozialistischen
Rausch folgten Ernüchterung und Erniedrigung. Erst verloren
die Partei und deren Bonzen ihren restlichen Kredit bei der
Bevölkerung, dann schwand auch die Integrationskraft des Hit-
ler-Mythos dahin. Mit dem Scheitern der Ardennen-Offensive
Ende 1944 waren die letzten materiellen und psychologischen
Reserven des Reiches erschöpft. Und als Ende Januar 1945 die
Rote Armee in der Nähe von Berlin stand, konnten selbst glü-
hende Hitler-Anhänger schwerlich noch verdrängen, daß sich
die nationalsozialistische Erfolgsideologie durch beispiellose
Erfolglosigkeit fulminant und definitiv selbst widerlegt hatte[27].
Da sich auch die Staatspartei des Dritten Reiches aus einem
Kern von Weltanschauungstätern und einem Millionenheer von
mehr oder weniger opportunistisch bestimmten Konjunkturrit-
tern zusammensetzte, müssen es Millionen gewesen sein, die
nach Stalingrad vorsichtig auf Distanz zu den Staatsbankrotteu-
ren gingen. In einigen Bereichen der Gesellschaft (in der Wirtschaft etwa[28]) hatten Verantwortliche längst behutsam damit
begonnen, durch verstärkte Wahrung ihres Eigeninteresses, das
immer weniger mit den proklamierten nationalen Interessen in
Einklang zu bringen war, die Weichen für die Zeit nach Hitler
zu stellen. Freilich, noch stand die Nation im Krieg, erschien es
der Masse der Deutschen in der Wehrmacht und an der »Heimatfront« als patriotische Pflichterfüllung, »auszuhalten« und
»weiterzumachen«, sich ins Unweigerliche zu schicken. Doch
diese Art des Fatalismus war zugleich unterlegt mit der bitteren
Entschlossenheit, in der Endphase des Krieges nichts mehr zu
riskieren. »Bleib übrig!«[29] lautete jetzt der Vorsatz der von nationalsozialistischer Propaganda längst nicht mehr erreichbaren
Massen. Ganz anders als Joseph Goebbels es in »radikaler End-
zeitprosa«[30] forderte, waren die sogenannten Volksgenossen
weder bereit, den »Ballast der Zivilisation« abzuwerfen noch
gar sich selbst zu opfern.

[27] »Das Regime hatte sich widerlegt.« So Christian Graf von Krockow, Die Deutschen in ihrem Jahrhundert 1890–1990. Reinbek 1990, S. 268f.
[28] Vgl. vor allem die Studie von Ludolf Herbst, Der Totale Krieg und die Ordnung
der Wirtschaft. Die Kriegswirtschaft im Spannungsfeld von Politik, Ideologie und
Propaganda. Stuttgart 1982.
[29] Wolfgang Franz Werner, »Bleib übrig«. Deutsche Arbeiter in der nationalsozialistischen Kriegswirtschaft. Düsseldorf 1983.
[30] Norbert Frei, Der totale Krieg und die Deutschen. In: Norbert Frei und Hermann Kling (Hrsg.), Der nationalsozialistische Krieg. Frankfurt 1990, S. 295.

Unerhört dick und blutig geriet der Trennungsstrich, den das Regime im letzten Vierteljahr seiner Existenz zwischen sich und der Bevölkerung zog. Obgleich die militärische Lage seit Ende Januar 1945 niemandem mehr zu Hoffnungen Anlaß geben und dem rapiden Legitimationsschwund der deutschen Führung jetzt durch nichts mehr gesteuert werden konnte, verschärfte die herrschende Clique den gegen die eigenen Bürger und Soldaten rasenden Staatsterrorismus noch einmal brutal; jeder in Deutschland fand sich im Verlaufe der alliierten Besetzung wenigstens einen Moment lang dieser unwirklichen, zugleich aber sehr realen Atmosphäre des »Aufhängens und Totschießens«[31] ausgesetzt. Für die Bevölkerung, die der Nation bis zum Schluß ungeheure Opfer gebracht hatte, war das ein fortwirkender, gewissermaßen »entnazifizierender« Erfahrungsschock und ein heilsames Lehrstück über den wirklichen Charakter des Regimes[32].

Dieser Schock wurde noch verstärkt durch das abstoßende Schauspiel der feigen Massenflucht einer Unzahl von »Goldfasanen« der NSDAP. Eben noch voll des rhetorischen Heroismus und gnadenlos mit allen sogenannten Defätisten am Ort, stürzten sich die Herren von gestern bei erster Annäherung feindlicher Truppen gewöhnlich in ein haltloses Rette-sich-wer-Kann. Durch diese Demonstration erbärmlicher Unwahrhaftigkeit widerlegte die politische Elite des Nationalsozialismus die eigene Ideologie vor aller Augen nicht nur ein weiteres Mal[33], sie gab ihre unablässig Opfermut und Härte predigende »Weltanschauung« in einem Maße der Verachtung, ja Lächerlichkeit preis, die sie im Volk für immer ruiniert hat. Zu dieser definitiven Desillusionierung, die bei sehr vielen gewiß erst durch eigenen Augenschein zuwege gebracht wurde, kam noch die Selbstausschaltung vieler Stützen des Regimes in einer dem Einmarsch der Alliierten vorausgehenden breiten Selbstmordwelle. Neben manchem aus der NS-Prominenz (Hitler selbst etwa, Himmler und Goebbels) oder der zweiten Garnitur (z. B. die Gauleiter Paul Giesler, Wilhelm Murr, Bernhard Rust, Gu-

[31] So ein württembergischer Gemeindebericht ›Die letzten Kriegstage von Aalen‹ vom 9. Oktober 1948; Hauptstaatsarchiv Stuttgart, J 170, Büschel 1.
[32] Hierzu und zum folgenden das Kapitel VII meiner demnächst erscheinenden Studie ›Die amerikanische Besetzung Deutschlands‹.
[33] Treffende Reflexionen hierüber bei Herfried Münkler, Machtzerfall. Die letzten Tage des Dritten Reiches, dargestellt am Beispiel der hessischen Kreisstadt Friedberg. Berlin 1985, S. 10, S. 96 und S. 204.

stav Simon oder Josef Terboven), hohen SS-Führern, Wehrmachtsoffizieren und Beamten setzte auch eine Anzahl namenloser Funktionäre der mittleren und unteren Ebene des Partei-, Verwaltungs- und Terrorapparates ihrem Leben im Frühjahr 1945 ein gewaltsames Ende. Die Zahl derer, die bei dieser höchst wirkungsvollen Art der »Selbstentnazifizierung« aus eigenem Antrieb die Konsequenzen zogen, ging in die Tausende[34].

Ohne es sich recht bewußt zu machen oder gar das eigene Vorgehen danach einzurichten, hatten die Alliierten durch den Sieg ihrer Armeen und die Besetzung Deutschlands bereits Entscheidendes zur Vernichtung der Ideologie des Nationalsozialismus, zur Zerschlagung des Terrorsystems, zur Diskreditierung der Garde der Vorkämpfer des Hitler-Regimes und zur Trennung der Deutschen vom Nationalsozialismus getan, als sie dann daran gingen, im Sinne der im Februar 1945 veröffentlichten Erklärung von Jalta »den deutschen Militarismus und Nazismus zu vernichten«[35]. Erklärlich, aber paradox war es, daß der Ansatzpunkt der Besatzungsmächte bei der Abrechnung mit dem Nationalsozialismus (ebenso wie in anderen Bereichen ihrer Politik auch) viel stärker von der über Jahre hin gewachsenen Vorstellung eines totalitären Terrorstaates bestimmt wurde als von einer realistischen Bestandsaufnahme im ausgebrannten Deutschland.

Politische Säuberung und »Entnazifizierung«

Als die alliierten Militärverwaltungen ihre Arbeit aufnahmen, bestimmte zunächst die Sorge um die Sicherheit der Truppe und nicht der Ehrgeiz, eine vernünftige Säuberungspolitik zu machen, ihr Handeln, denn die Sieger hatten lange in der sicheren Erwartung gelebt, sich im eroberten »Transsylvanien«[36] mit ei-

---

[34] Neben zahlreichen Hinweisen in Quellen und Literatur eigene Berechnungen auf der Basis einer Rundfrage an oberbayerische Städte vom Mai 1990. Einzelheiten dazu in meiner Studie über die amerikanische Besetzung Deutschlands 1944/45.

[35] Ernst Deuerlein, Die Einheit Deutschlands. Ihre Erörterung und Behandlung auf den Kriegs- und Nachkriegskonferenzen 1941–1949. Frankfurt 1957, S. 61 ff.

[36] So titulierte der Stab des Alliierten Oberkommandos Deutschland in einem Feindlagebericht vom September 1944 (SHAEF, G–2, Weekly Intelligence Summary Nr. 25); National Archives, Washington, Record Group 331, General Staff, Intelligence Reports 1942–45, Entry 13.

ner entschlossenen nationalsozialistischen Guerilla herumschlagen zu müssen. Nach einem detaillierten Verhaftungskatalog wurden deshalb sofort Abertausende von potentiell gefährlichen Personen (vom Reichsleiter bis zum Blockleiter der NSDAP, vom Reichsminister zum Bürgermeister, vom Höheren SS- und Polizeiführer bis zum Unterführer der Waffen-SS) in »Automatischen Arrest« genommen. Kamen manche von ihnen auch bald wieder frei, so brachte die Masse der aufgrund ihrer Funktion im Dritten Reich pauschal Sistierten doch viele Monate in der Sicherungsverwahrung der Internierungslager zu. Erst über zwei Jahre nach der Kapitulation begannen sich diese allmählich wieder zu leeren[37].

Für viele der Betroffenen war die Lagerhaft mit ihrer brennenden Ungewißheit, der persönlichen Demütigung und temporären Deklassierung der Tiefpunkt ihres Lebens, oft auch eine Erfahrung, die ihnen die Dimension des nationalsozialistischen Bankrotts – Hitler hatte kurz vor seinem Selbstmord selber gesagt, die nationalsozialistische Weltanschauung werde niemals mehr zu beleben sein[38]–, ihre eigene Rolle dabei sowie die Allmacht der neuen Herren erst vollends vor Augen führte. An die 200000 Personen haben sich insgesamt in der Internierungshaft der Westmächte befunden; in der amerikanischen Zone allein belief sich deren Zahl Ende 1945 auf ungefähr 100000[39]. So schwer erträglich und mitunter bitter ungerecht das einzelne Schicksal der Internierten in den westlichen Lagern auch gewesen ist, politisch gesehen war diese riesige Ausschaltungsaktion qua Siegerrecht eine höchst effektive flankierende Maßnahme der alliierten Demokratisierungsbestrebungen in den unruhigen ersten zwei, drei Nachkriegsjahren, in denen nicht nur schädliche Ideologien und kompromittierte Institutionen, sondern gerade auch unerwünschte Personen unter Quarantäne zu halten waren. Neben die zunächst von Sicherheitserwägungen geleitete Internierungspraxis traten bald nach der Konsolidierung der Militärregierungen im Sommer und Herbst 1945 die ebenfalls frei verfügten Entlassungen Kompro-

[37] Vgl. Christa Schick, Die Internierungslager. In: Martin Broszat, Klaus-Dietmar Henke und Hans Woller (Hrsg.), Von Stalingrad zur Währungsreform. Zur Sozialgeschichte des Umbruchs in Deutschland. München 1988, S. 301 ff.
[38] Joachim C. Fest, Hitler. Eine Biographie. Frankfurt 1973. S. 1016.
[39] Die Zahlen nach Schick, Internierungslager, S. 304. Die weiter unten zitierte Kontrollratsstatistik mit Stichtag 30. Juni 1946 bei Vollnhals (Hrsg.), Entnazifizierung, S. 164 f.

mitticrter vor allem aus dem öffentlichen Dienst. Diese politische Personalsäuberung wurde in den drei Westzonen von Anfang an unterschiedlich scharf betrieben, es waren insgesamt jedoch wiederum Zehntausende, die wegen ihrer Stellung vor 1945 nunmehr ihre »wohlerworbene« berufliche und gesellschaftliche Position verloren – für immer und ohne Versorgungsanspruch, wie es schien. Nach einer Statistik des Alliierten Kontrollrats sollen in den drei Westzonen allein im ersten Halbjahr 1946 aus dem öffentlichen Dienst insgesamt ziemlich genau 150 000, aus dem Sektor Industrie und Handel ungefähr weitere 73 000 Personen ausgeschaltet worden sein.

Wie verläßlich diese Erfolgsstatistiken, die die drei Militärregierungen nach Berlin gaben, auch gewesen sein mögen, gemeinsamer Bezugspunkt dieser Daten war die Kontrollrats-Direktive Nr. 24 vom 12. Januar 1946, in der die Entlassungskriterien festgelegt waren[40]. Auch diese Direktive konnte zwar keinen Anstoß zu einer einheitlichen Säuberungspolitik im besetzten Deutschland geben, als gemeinsames Dokument der vier Siegermächte war sie aber dennoch von einiger Bedeutung. Die Direktive war auf Initiative der Amerikaner zustande gekommen, die sich im Kreise der Westmächte beinahe drei Jahre lang als die wahren Verfechter und der eigentliche Motor einer gründlichen »Entnazifizierung« verstanden. Tatsächlich prägten sie den Stil der politischen Säuberung.

So wertvoll der Beitrag der Besatzungsmächte und insbesondere der der Amerikaner für die Austilgung der NS-Ideologie, für die Abrechnung mit dem Regimepersonal und vor allem für den Aufbau einer funktionsfähigen Demokratie in Westdeutschland gewesen ist, die spezielle amerikanische Entnazifizierungspolitik hat letztlich mehr Verwirrung als Nutzen gestiftet[41]. Noch vor Ankunft der ersten Military Government

[40] ›Erfassung von Nationalsozialisten und Personen, die den Alliierten feindlich gegenüberstehen, aus Ämtern und verantwortlichen Stellungen‹. In: R. Hemken (Hrsg.), Sammlung der vom alliierten Kontrollrat und der amerikanischen Militärregierung erlassenen Proklamationen, Gesetze, Verordnungen, Befehle. Band 1: Kontrollrat. Stuttgart o. J.
[41] Die Grundlage für das Verständnis von Konzeption und Praxis der amerikanischen Säuberungspolitik haben vor allem das große Werk von Niethammer, Mitläuferfabrik, und die am Beispiel einer Region durchgeführte Detailanalyse in der Studie von Hans Woller, Gesellschaft und Politik in der amerikanischen Besatzungszone. Die Region Ansbach und Fürth. München 1986, gelegt. Wichtig weiterhin die Darstellungen zweier Beteiligter: William E. Griffith, The Denazification Program in the United States Zone of Germany. Diss. Harvard 1950; Walter L. Dorn, The Unfinished Purge. New York 1961 (Manuskript); Archiv des Instituts für Zeitgeschichte, ED 127.

Detachments im Besatzungsgebiet hatten sich die Amerikaner verrannt, und sie verrannten sich zwischen Frühjahr und Herbst 1945 immer weiter. Zum schieren Entsetzen selbst kompromißloser Antifaschisten verfehlten sie kraß die Lebenswirklichkeit der Hitler-Diktatur und mißachteten sträflich das politische Erfordernis einer strikt auf herausgehobene Positionen in Schlüsselsektoren von Gesellschaft und politisch-administrativem System zu begrenzenden Personalsäuberung; so legte die amerikanische Militärregierung derart ausufernde und extrem schematisierte Säuberungskriterien an – und setzte deren Anwendung auch durch! –, daß es eine Tragödie genannt werden muß, mit welcher Verve die westliche Vormacht gleich zu Beginn dieses sensiblen Prozesses gewissermaßen den ersten Knopf ins zweite Knopfloch schob. Die ganze weitere Geschichte der »Entnazifizierung« könnte geradezu als verstohlener Versuch bezeichnet werden, diesen frühen Lapsus wieder ungeschehen zu machen.

Aber es waren natürlich in erster Linie weder Leichtsinn noch Inkompetenz, sondern politische Rücksichten, die die Amerikaner bei der »Entnazifizierung« so verkehrt starten ließen. Die sukzessive Verschärfung und uferlose Ausweitung der Entlassungsrichtlinien geschah im Gefolge des den Winter 1944/45 über hohe Wellen schlagenden interministeriellen Streits in Washington um den künftigen Besatzungskurs und immer wieder auch nach sensationell aufgemachten, die Substanz der Probleme freilich so gut wie immer verfehlenden Presseberichten über die Irrungen und Wirrungen eines angeblich total überforderten Military Government – Sensationsreportagen aus dem besetzten Deutschland, die letztlich auf die dumme Behauptung hinausliefen, die Militärverwaltung kungele mit eingefleischten Nazis und verspiele so leichtfertig den mit dem Tod Zehntausender amerikanischer »boys« erkauften Sieg über Hitler. Das wirksamste Mittel gegen solche Anwürfe erblickte die aufgescheuchte Spitze der Besatzungsverwaltung regelmäßig in spektakulären Verschärfungen ihrer Entnazifizierungsdirektiven. Das führte schließlich unter anderem so weit, daß jeder, der vor dem 1. Mai 1937 der NSDAP beigetreten war, seinen Schreibtisch räumen mußte oder in der freien Wirtschaft nur noch »gewöhnliche Arbeit« verrichten dürfen sollte. Auch die entsprechenden Passagen der Potsdamer Erklärung der Großen Drei (2. August 1945) und die erwähnte Kontrollratsdirektive vom Januar 1946 waren von dem Furor der Amerikaner geprägt, auch wenn sich die Militärgouverneure der anderen Besatzungsmächte Schlupflöcher offenhalten und so ihr säuberungspolitisches Selbstbestimmungsrecht leidlich behaupten konnten. Auch im britischen und französischen Okkupationsgebiet waren Entlassungen 1945/46 an der Tagesordnung, doch von der rigorosen Konsequenz und dem Perfektionismus in der amerikanischen Zone – hier waren vor allem die Direktive vom 7. Juli und das Military Government Law Nr. 8 vom 26. September 1945 maßgebend[42] – ließen sich weder die Briten noch gar die Franzosen anstecken[43].

Im Frühjahr 1946 waren die Amerikaner am Ende der Sackgasse angekommen. Auf dem Wege dorthin hatten sie die innere Legitimation der politischen Säuberung ausgehöhlt und ihr einen Schlag versetzt, von dem sie nicht mehr gesunden sollte. Binnen weniger Monate war zugleich mit dem Ansehen der Säuberung die Funktionsfähigkeit der Verwaltung und in Ansätzen auch des Wirtschaftslebens ruiniert worden. Sage und schreibe 1,4 Millionen der berüchtigten »Fragebögen« hatte die Militärregierung geprüft, über 330 000 Entlassungen oder Einsprüche gegen eine Einstellung verfügt, die allerdings nicht sämtlich wirksam wurden. Das geschah auf der Basis von Kategorisierungen mit weit über hundert Einzelqualifizierungen (bis hinab zur einfachen Mitgliedschaft in der NSDAP oder dem ehemaligen Stahlhelm), die der Besatzungsmacht die Handhabe zur Entfernung tatsächlich oder vermeintlich politisch Kompromittierter gaben. Zwischen einem und zwei Dritteln der Beamten und Angestellten, in einigen Orten und Verwaltungsbereichen sogar noch mehr, mußten während dieses beispiellosen Kahlschlags ihren Dienst quittieren[44].

Binnen weniger Wochen war eine »völlig unhaltbare Lage« entstanden[45] – völlig unhaltbar aus praktischen Gründen in ei-

[42] Zu Entstehung und Inhalt dieser und weiterer ›Entnazifizierungsdirektiven des Sommers 1945‹ siehe Niethammer, Mitläuferfabrik, S. 147 ff. und S. 240 ff.

[43] Eine prägnante und mit Zahlenmaterial gut untermauerte Zusammenfassung der Entwicklung der politischen Säuberung in den einzelnen Besatzungszonen gibt die Einleitung von Vollnhals (Hrsg.), Entnazifizierung, S. 7 ff.; dort auch die folgenden Zahlenangaben.

[44] Die Folgen der Entlassungswelle beschreibt am Beispiel der Region Ansbach und Fürth Woller, Gesellschaft und Politik, S. 95 ff.

[45] So der sozialdemokratische Innenminister von Württemberg-Baden bereits Ende August 1945 in einem für General Eisenhower bestimmten Schreiben; Akten des Innenministeriums von Württemberg-Baden (Bund I, 1211^1/95) im baden-württembergischen Innenministerium, Stuttgart.

nem Land, in dem Hunger, Elend und Zerstörung herrschten, aber beinahe mehr noch aus politischen Gründen. Die Besatzungsmacht mußte einsehen, daß sie mit diesem »Monsterverfahren«[46], von dem sich beinahe jeder erwachsene Deutsche bedroht fühlen konnte, gerade nicht die Böcke von den Schafen trennte, sondern im Begriffe war, die bei Kriegsende längst vollzogene Trennung von Volk und Führung künstlich wieder rückgängig zu machen und prekäre Solidarisierungen zu stiften. An sich war es richtig gewesen, durch ein reines Disqualifizierungsverfahren *die Gesellschaft* zu säubern und nicht wie in dem bald eingeführten berühmten Spruchkammer-Verfahren *den einzelnen Bürger* zu »entnazifizieren«. Man hatte dieses Prinzip jedoch ad absurdum geführt, indem man anstatt auf eine »chirurgische« auf eine Rundum-Entlassungspolitik gesetzt hatte. Bei diesem Fehlschlag war der Militärregierung im übrigen klargeworden, daß die Deutschen, die sich ganz und gar nicht als gefährliche Partisanen, sondern als nachgerade unwirklich kooperationsgeneigt erwiesen hatten, nolens volens an der politischen Säuberung zu beteiligen waren. Denn sie allein, jeder einzelne in seinem Wirkungsfeld, waren letztlich in der Lage zu beurteilen, wer für eine Mitwirkung an der politischen und gesellschaftlichen Neugestaltung in Frage kam und wer nicht.

Die Beteiligung der Deutschen an der politischen Säuberung der Gesellschaft, an die bei Kriegsende kaum zu denken gewesen war, bot zwar die Chance einer realistischeren, aber nicht automatisch auch gerechteren »Entnazifizierung«. Denn zur Gerechtigkeit gehört die Rechtsgleichheit, und die war im Vier-Zonen-Deutschland trotz der Anläufe der Amerikaner im Kontrollrat nicht herzustellen. Mit zunehmender Dauer der Okkupation fiel das schwerer ins Gewicht. Im britischen und französischen Besatzungsgebiet gelang es nicht einmal, *innerhalb* dieser Zonen einheitliche Maßstäbe, geschweige denn eine einheitliche Praxis zu etablieren. Dieser großen Uneinheitlichkeit der politischen Säuberung in Westdeutschland war ganz unabhängig von den unterschiedlichen Entnazifizierungsansätzen der drei Besatzungsmächte von Anfang an eine unwiderstehliche Tendenz zur Nivellierung der Säuberungsresultate auf niedrigstem Niveau eigen. Sobald sich das politisch-gesellschaftliche

---

[46] Otto Bachof, Die »Entnazifizierung«. In: Andreas Flitner (Hrsg.), Deutsches Geistesleben und Nationalsozialismus. Tübingen 1965, S. 195.

Leben normalisierte und in einem neuen deutschen Staat einheitliche Lebensverhältnisse herzustellen waren, würde dieser Mechanismus zu arbeiten beginnen.

Eine kopernikanische Wende der Säuberungspolitik (mit der zunächst einmal die Entnazifizierung in der amerikanischen Zone aus der Sackgasse manövriert werden sollte) brachte die Einführung des Spruchkammer-Verfahrens durch das »Gesetz zur Befreiung von Nationalsozialismus und Militarismus« vom 5. März 1946[47]. Es war eine Wende weg von dem der Idee nach richtigen Ausschlußverfahren kraft politischen Ermessens und hin zu einer die politische Verantwortung faktisch atomisierende, auf quasigerichtliche Klassifizierung des Verantwortungsgrades und Verhaltens des Einzelnen zielende »Individualisierung des Verfahrens«. Aus den von schweren Auseinandersetzungen begleiteten Gesetzesverhandlungen zwischen der amerikanischen Militärregierung und dem Länderrat ging ein Zwitter hervor. Er sollte den Interessen beider Seiten gerecht werden und verknüpfte beide – miteinander unvereinbare – Entnazifizierungsprinzipien zu einem Formalkompromiß: das Prinzip der Disqualifizierung per Verwaltungsakt, wie es in der kurz zuvor verabschiedeten Kontrollrats-Direktive Nr. 24 mit ihren Pflichtentlassungs-Bestimmungen zum Ausdruck kam, und das Prinzip der in freiem richterlichen Ermessen gefundenen Bestimmung des individuellen Belastungsgrades; letzteres fand in den neu geschaffenen, mit entsprechenden »Sühnemaßnahmen« korrespondierenden Gruppen der Verantwortlichkeit (»Hauptschuldige«, »Belastete«, »Minderbelastete«, »Mitläufer«, »Entlastete«) seinen Niederschlag. Diese wertende Eingruppierung war in erster Instanz Aufgabe der in gerichtsähnlicher Unabhängigkeit urteilenden, von einem starken, durch die Parteien und die verschiedenen Berufsgruppen rekrutierten Laienelement geprägten deutschen Spruchkammern. Auch eine Revisionsinstanz war vorgesehen.

Diese (innerhalb der Militärregierung heftig umstrittene) Neuordnung der »Entnazifizierung« in der amerikanischen Zone ging infolge des umfassenden Sühne- und Formalbelastungs-Kataloges zur Genugtuung der Besatzungsmacht – die nach wie vor darauf zu achten hatte, nicht als »soft« gegenüber Nazis zu gelten – einerseits »im Gewande einer großen antifaschistischen

---

[47] Das folgende stützt sich auf Niethammer, Mitläuferfabrik; Zitat ebenda, S. 658.

Abrechnung«[48] einher und konnte andererseits von den Deutschen trotz mancher Kröte, die sie hatten schlucken müssen, als
politischer Fortschritt gefeiert werden, nämlich als ein erheblicher Zugewinn an Rechtsstaatlichkeit, als Zeichen amerikanischen Vertrauens und als großer Schritt auf dem Wege zu einer
Selbstreinigung. Die Auswirkungen des neuen Verfahrens waren zwar im einzelnen nicht recht abzuschätzen, doch beide
Seiten wußten mehr als sie es aussprachen, daß nur diese Art der
»unpolitischen« Individualisierung des Säuberungsverfahrens
ohne Gesichtsverlust eine Liquidierung der bisherigen unhalt-
baren Resultate ermöglichen und damit die Bahn zu einer funktionsfähigen Verwaltung und zu einer Normalisierung des wirtschaftlichen Lebens ebnen würde.

Eine Vielzahl von Ungereimtheiten, prekären Verfahrensregeln und nur als weltfern einzustufende Bestimmungen des
»Befreiungsgesetzes« führten neben anderen, aus der praktischen Durchführung erwachsenden Problemen zu einem Mam-
mutunternehmen, bei dem politische Durchschlagskraft und
bürokratischer Aufwand zunehmend in ein erschütterndes
Mißverhältnis gerieten. So fiel beispielsweise auf sämtliche Parteimitglieder, die vor dem 1. Mai 1937 der NSDAP beigetreten
waren, auf die Amtsträger der Deutschen Jägerschaft oder jed-
weden Bürgermeister durch öffentliche Anklage zunächst einmal die Schuldvermutung, »Belasteter« zu sein, also jemand,
der – um nur eine der 29 Definitionen zu zitieren – durch
»Stellung oder Tätigkeit die Gewaltherrschaft der NSDAP wesentlich gefördert« hatte; als »Sühnemaßnahme« drohten bis zu
fünf Jahren Arbeitslager, Vermögenseinzug, Berufsverbot sogar Führerscheinentzug. Keiner, der nach seiner Formalbela-
stung »Hauptschuldiger« oder »Belasteter« war, durfte bis zur
Entscheidung im Spruchkammer-Verfahren »in anderer Weise
als in gewöhnlicher Arbeit« tätig sein[49]. In dieser Verfahrens-
vorschrift und nicht in dem eigentlichen »Spruch« der Kammer,
der in den allermeisten Fällen die (ohne dauerhafte nachteilige
Folgen bleibende) politische Qualifizierung als »Mitläufer«

[48] So der Herausgeber in: Walter L. Dorn, Inspektionsreisen in der US-Zone Notizen, Denkschriften und Erinnerungen aus dem Nachlaß, übersetzt und herausgegeben
von Lutz Niethammer. Stuttgart 1973, S. 93.
[49] Art. 7, Art. 16 und Art. 58 des »Befreiungsgesetzes«. Vgl. den Kommentar von
Erich Schullze, Gesetz zur Befreiung von Nationalsozialismus und Militarismus mit
den Ausführungsvorschriften und Formularen, München 1947.

feststellte, lag für die Masse der Betroffenen die eigentliche Schärfe des Säuberungsgesetzes.

Völlig verständlich also, daß die Spruchkammern die »Entnazifizierung« zuallererst dazu benutzten, durch Vorziehen der Bagatellfälle diese objektiv unbillige Härte zu beseitigen und so Hunderttausenden die Rückkehr in den Beruf zu ermöglichen. Binnen kurzem waren die Kammern derart verstopft, daß das Verfahren nur noch durch dubiose Massenamnestierungen vor dem bürokratischen Kollaps bewahrt werden konnte. Hauptgewinner dieses Papierkrieges waren die vergleichsweise dünn gesäten schweren Kaliber, die sich zumeist relativ spät, 1948, vor den Kammern zu verantworten hatten – zu einem Zeitpunkt, als diese Art der Säuberung keinen Kredit mehr genoß, als die stärker nach juristischen als nach politischen Kriterien urteilenden Berufungskammern ihre eigene Entlastungsroutine gefunden hatten, und vor allem zu einem Zeitpunkt, als die Amerikaner aus übergeordnetem Kalkül Anfang 1948 in einer für die Deutschen schockierenden Kehrtwendung darauf bestanden, die überständig gewordene Prozedur unter Inkaufnahme selbst gröbster Ungleichbehandlung schleunigst zu liquidieren.

Als Ergebnis dieses – nach seinen eigenen politischen Prämissen beurteilt – in der Tat »ergebnislosen Verfahrens«[50] fanden sich am Ende Zehntausende wirklich Kompromittierter mit einer kleinen Geldstrafe in derselben mehr oder minder folgenlosen »Mitläufer«-Kategorie wie die Millionen tatsächlicher Mitläufer des Nationalsozialismus, die niemals Gegenstand einer politischen Säuberung hätten werden dürfen – das war das Resultat der verfehlten personalen »Entnazifizierung« auf dem Wege der Individual-Kategorisierung, die sich nach Erlaß der Kontrollrats-Direktive Nr. 38 vom Oktober 1946 auch in den beiden anderen Westzonen durchzusetzen begann und bei der letzten Endes »Säuberung und Rehabilitierung zu ein und demselben Vorgang verschmolzen«[51].

Die Zahlenbilanz des Spruchkammer-Verfahrens in der amerikanischen Zone[52] führt die Sinnverkehrung der politischen

[50] So Niethammer in Dorn, Inspektionsreisen, S. 91.
[51] Niethammer, Mitläuferfabrik, S. 653. Vgl. auch Lutz Niethammer, Entnazifizierung. Nachfragen eines Historikers. In: Hajo Funke (Hrsg.), Von der Gnade der geschenkten Nation. Zur politischen Moral der Bonner Republik. Berlin 1988, S. 115 ff.
[52] Die Bilanz basiert auf der Statistik im Monatsbericht des amerikanischen Militärgouverneurs von Juni 1949, Statistischer Anhang, S. 263 (Archiv des Instituts für

Säuberung in der »Entnazifizierung« vollends vor Augen: 13 180 300 Bürger hatten bei Gründung der Bundesrepublik den »Meldebogen« ausgefüllt, drei Viertel von ihnen waren vom Befreiungsgesetz nicht betroffen, sondern »lediglich« 3 441 800 Personen. Von diesen wurden wiederum drei Viertel amnestiert, oder das Verfahren wurde ohne Klageerhebung eingestellt. Übrig blieben ungefähr 945 000 Fälle, die weiterverfolgt wurden, wobei es in nur etwa zehn Prozent überhaupt zu einer mündlichen Verhandlung kam. Unterm Strich blieben in der Zone ganze 1654 vom Säuberungsverfahren ermittelte Personen übrig, die in die Gruppe I (»Hauptschuldige«) eingereiht wurden; das entspricht 0,05 Prozent aller vom Befreiungsgesetz Betroffenen. In die Gruppe II (»Belastete«) fielen 22 122 Personen oder 0,6 Prozent. Die meisten von ihnen wurden bald darauf aus diesen beiden einzigen mit wirksamen Sanktionen gekoppelten Kategorien »herabgestuft«.

Im Unterschied zum amerikanischen entwickelte sich im französischen und britischen Besatzungsgebiet eine von Land zu Land, manchmal von Regierungsbezirk zu Regierungsbezirk zersplitterte politische Säuberung. Das hatte seine Ursache auch darin, daß die Besatzungsmächte diese Prozedur dort nie an die Spitze ihrer politischen Prioritätenliste gesetzt hatten. Wichtigere Ziele – die notdürftige Stabilisierung der Zusammenbruchsgesellschaft, die Ausbeutung deutscher Ressourcen, die Senkung der Besatzungskosten oder die Durchsetzung territorialer Ansprüche etwa – milderten hier, gepaart mit einer ohnehin pragmatischeren Grundeinstellung, den Säuberungsimpetus der beiden europäischen Siegermächte.

In der französisch besetzten Zone in Südwestdeutschland, wo die Militärverwaltung ihre Arbeit unter schwierigsten Verhältnissen mehr oder weniger unvorbereitet aufzunehmen hatte, bestimmten bis zum Herbst 1945 Improvisation und Notbehelfe das Bild[53]. Entsprechend disparat fielen die ersten Resultate

Zeitgeschichte, Dk 101006), sowie auf den Zahlen, die bei Fürstenau, Entnazifizierung, S. 228, und Niethammer, Mitläuferfabrik, S. 540 ff., angegeben sind.

[53] Zur Entnazifizierung in der französischen Zone vgl. Volker Rödel, Die Entnazifizierung im Nordteil der französischen Zone. In: Franz-Josef Heyen (Hrsg.), Rheinland-Pfalz entsteht. Beiträge zu den Anfängen des Landes Rheinland-Pfalz und in Koblenz 1945–1951. Boppard 1984, S. 261 ff., und Klaus-Dietmar Henke, Politische Säuberung unter französischer Besatzung. Die Entnazifizierung in Württemberg-Hohenzollern. Stuttgart 1981. Siehe auch Ulrich Springorum, Entstehung und Aufbau der Verwaltung in Rheinland-Pfalz nach dem Zweiten Weltkrieg (1945–1947). Berlin 1982.

aus. Hatten manche Behörden schon in dieser Phase einen erheblichen personellen Aderlaß zu verkraften, so waren andere über Monate hin fast unbehelligt geblieben. Wurde deutschen Stellen mancherorts noch kaum eigener Spielraum gegeben, hatten sie anderswo von Anfang an faktisch ein weitreichendes Mitentscheidungsrecht. Obgleich es sich die Franzosen noch weniger als die Engländer leisten konnten, den von den Amerikanern für Recht und Gesetz erkannten Weg der politischen Säuberung allzu weit zu verfehlen, so waren sie doch klug genug, die von der U.S. Army noch zu Zeiten des gemeinsamen Alliierten Oberkommandos eingeleitete sachfremde Eskalation nicht mitzumachen, und obendrein clever genug, diese Tatsache zu verdecken.

Diese im ganzen pragmatische Linie verfolgte das Gouvernement Militaire de la Zone Française d'Occupation auch weiter, als es den Deutschen im Oktober 1945 formell die Zuständigkeit für die Säuberung der öffentlichen Verwaltung und bald auch der Wirtschaft übertrug. Die Militärregierung behielt sich zwar das Plazet zu den Entscheidungen vor, aber tonangebend waren nun für mehr als ein Jahr deutsche Ausschüsse. Die in allen Landkreisen eingerichteten, mit Nicht-Nationalsozialisten besetzten »Kreisuntersuchungsausschüsse« und die ihnen übergeordneten Kommissionen bei den einzelnen Verwaltungszügen entschieden trotz der imposanten Pflichtentlassungs- und Sanktionskataloge der Militärregierung letztlich meist in eigenem Ermessen, und zwar normalerweise durchaus mit dem Segen der Besatzungsbehörden.

Hauptwaffe dieses Verfahrens, das allerdings im Bereich der Wirtschaft und der freien Berufe weniger gut griff, war die Entlassung aus dem öffentlichen Dienst. Von dieser Sanktion wurde 1946/47 in der französischen Zone dank deutscher Beteiligung und flexibler Handhabung in einer vergleichsweise vernünftigen Größenordnung Gebrauch gemacht. Insgesamt sollen bis zum 1. November 1946 36 216 Personen entlassen bzw. aus dem öffentlichen Dienst ausgeschlossen worden sein[54]. Eine bessere Vorstellung vom Wirkungsgrad der Säuberung gibt der Prozentsatz der Entlassungen, der freilich von Land zu Land und von Verwaltungszweig zu Verwaltungszweig erheblich schwankte, sich bis 1947 aber um die 10-Prozent-Marke herum

---

[54] La France en Allemagne, Nr. 3 (Oktober, November, Dezember 1946), S. 51; Archiv des Instituts für Zeitgeschichte, Dk 305 0001.

einpendelte[55]. Das war ein wirklich fühlbarer Einschnitt bei gleichzeitiger Vermeidung der verhängnisvollen Fehler des pauschalisierenden Ausschluß- wie des individualisierenden Kategorisierungsverfahrens. Diese 1947 erreichte durchschnittliche Entlassungsquote bedeutete, daß im französischen Besatzungsgebiet sehr viel weniger Beamte und Angestellte ihren Dienst quittieren mußten als im Zuge der Kahlschlag-Aktion der Amerikaner 1945, andererseits aber wesentlich mehr belastete Personen aus ihren Funktionen auszuscheiden hatten als im Zuge des späteren Spruchkammer- bzw. des ab 1947 in der britischen Zone praktizierten Eingruppierungs-Verfahrens, durch die so gut wie niemand wirklich auf Dauer – und das ist schließlich das Hauptziel einer politischen Säuberung – ausgeschaltet wurde.

Das »Verwaltungsverfahren«, bei dem die neue politisch-administrative Elite in eigenem Ermessen selbst darüber befinden konnte, wem aus Gründen der politischen Generalprävention der Einfluß im neuen Staat entzogen werden sollte, war für seine Zwecke vorzüglich geeignet; ein Mann wie der Kölner Historiker Peter Rassow, der davor gewarnt hatte, politische Fragen mit Rechtsfragen zu verwechseln, trat deshalb auch für eine Säuberung in Form eines »rein politischen Hoheits-Akts« ein[56]. Die Säuberung per Verwaltungserlaß (selbst in ihrer 1946 von Carlo Schmid in Württemberg-Hohenzollern entwickelten Ausprägung), bei der es gerade nicht um eine quasi-justitielle Prüfung des politischen Verhaltens und damit auch die hochnotpeinliche, tollste Verrenkungen und Selbstverleugnungen herausfordernde Darlegung der »inneren Tatseite« ging, war freilich mit der schwer vermeidlichen Schwäche der Uneinheitlichkeit behaftet. Entscheidungen in gleichgelagerten Fällen wichen zu oft zu weit voneinander ab. Das schuf böses Blut. Doch nicht bloß der Grundsatz der Gleichbehandlung wurde verletzt, auch im Einzelfall gab es bei dieser politischen Form der »Entnazifizierung« naturgemäß wenig Rechtssicherheit im klassischen Verständnis. Dadurch geriet das Verwaltungsverfahren, das die nach 1945 als politischer Wert ganz zuoberst rangierende Rechtsstaatlichkeit über Gebühr zu mißachten schien und außerdem quer zu den weitergeltenden Ordnungs-

[55] Vgl. Henke, Politische Säuberung, S. 120, und Springorum, Entstehung, S. 132, Anm. 46.
[56] Brief Rassows an das nordrhein-westfälische Kulturministerium vom Oktober 1948, zit. nach: Frank Golczewski, Kölner Universitätslehrer und der Nationalsozialismus. Personengeschichtliche Ansätze. Köln 1988, S. 401.

prinzipien des öffentlichen Dienstrechts stand, rasch in den Ruch der Willkür. Es bot der Kritik viel breitere Angriffsflächen als ein gerichtsähnliches Verfahren und geriet deshalb noch schneller als jenes in den Parteienstreit. Und je lauter sich der Unmut über die Säuberung in der Öffentlichkeit äußerte, desto größer war die Versuchung, dieses Terrain zu billigem Stimmenfang zu nutzen. Trotzdem war es eine durchaus zweifelhafte Errungenschaft, als im Frühjahr 1947 auf Befehl des Gouvernement Militaire das Spruchkammer-Verfahren eingeführt werden mußte. Es vermied im französischen Besatzungsgebiet zwar die ärgsten Schwächen der amerikanischen Variante, aber auf eine Generalrevision der seit 1945 getroffenen Entscheidungen lief es ganz genauso hinaus. Eine Statistik von Anfang 1950 zeigt, daß bei 669068 bearbeiteten Fällen letztlich ganze 13 Personen als »Hauptschuldige« (0,002 Prozent) und 938 als »Belastete« (0,16 Prozent) eingestuft waren[57].

Auch in der britischen Zone, wo auf der Besatzungsmacht die Verantwortung für das Ruhrrevier, die verwüsteten Ballungszentren und eine hungernde Bevölkerung lastete, begann die Militärregierung 1947 eine Umstellung des Verfahrens in die Wege zu leiten. Um die seit 1945 aufgelaufenen Mängel zu beheben, war es freilich auch hier zu spät. Neben den unvermeidlichen Schwächen des »Verwaltungsverfahrens« waren es im britischen Besatzungsgebiet vor allem die strikt behauptete Letztzuständigkeit der Public Safety (Special Branch), PSSB, und die extreme Zersplitterung der Entnazifizierung, die die Kritik herausforderten. In der *rugh-and-tumble-period* zwischen deutscher Kapitulation und der allmählichen Verstetigung der Besatzungspolitik der Control Commission for Germany (British Element), CCG/BE, Ende 1945 boten sich deutschen Stellen noch einige Freiräume und Mitwirkungsmöglichkeiten, die mancherorts fast wie eine Chance zur »Selbstreinigung«[58] empfunden wurden. Ebenso wie die Franzosen hatten auch die Engländer die von den Amerikanern noch unter dem gemeinsamen Dach des Alliierten Oberkommandos begonnene »schleichende Intensivierung«[59] der Entnazifizierung

---

[57] Vgl. die Aufstellung bei Fürstenau, Entnazifizierung, S. 228.
[58] So Ulrich Schneider, Niedersachsen 1945/46. Kontinuität und Wandel unter britischer Besatzung. Hannover 1984, S. 58.
[59] Ian Turner, Denazification in the British Zone. In: ders. (Hrsg.), Reconstruction in Post-War-Germany. British Occupation Policy and the Western Zones, 1945–55.

zwar nicht mitgemacht, verfügten aber auch über kein Alternativprogramm. So konnte in der bis Anfang 1946 währenden ersten Phase der Entnazifizierung, die »hier so und dort ganz anders« ablief[60], eine Anweisung der Finanzabteilung der Militärregierung vom Frühjahr 1945 eine gewisse Bedeutung erlangen. Auch sie kam zwar nicht konsequent und nicht überall in gleicher Weise zur Anwendung, sie betraf aber neben dem Banken- und Versicherungsgewerbe immerhin auch den öffentlichen Dienst, dessen Beamte und Angestellte einen vom Behördenleiter zu verifizierenden Fragebogen auszufüllen hatten. Auf dieser Grundlage fällte die Militärregierung autonom ihre Entscheidung. Ähnlich wie in der französischen Zone folgte diese Art der Säuberung per PSSB-Erlaß Disqualifikationskriterien, wie sie den Alliierten und alles in allem auch den Deutschen vor den amerikanischen Verschärfungsmaßnahmen vernünftig erschienen waren (Mitgliedschaft in der NSDAP vor dem 1. April 1933, Parteifunktionär, Mitglied von Gestapo und SD).

Diese erste Säuberungswelle, bei der bis Ende 1945 538306 Fragebogen geprüft wurden (43288 Personen wurden in die Kategorie der *compulsory removals* eingereiht[51]), zeitigte in den verschiedenen Regionen der Zone extrem disparate Ergebnisse. Dabei dürften gewiß nicht nur im Lande Oldenburg politisch ausgesprochen fragwürdige Resultate zu verzeichnen gewesen sein. Dort nämlich wurden die Ernährungsverwaltung (41 Prozent Entlassene) und die Reichsbahn (33 Prozent) offenbar ungleich schärfer angefaßt als etwa die Lehrerschaft (9 Prozent) und die Polizei (8 Prozent)[62]. Zufälligkeiten, Opportunitätsgesichtspunkte, »Laxheit statt Strenge«[63] regierten das Feld, als CCG/BE um die Jahreswende 1945/46 eine Neuordnung der Entnazifizierung vornahm.

Oxford 1989, S. 246. Zur Entnazifizierung in der britischen Zone vgl. Fürstenau, Entnazifizierung, S. 20ff. und S. 103ff.; Irmgard Lange (Hrsg.), Entnazifizierung in Nordrhein-Westfalen. Richtlinien, Anweisungen, Organisation. Siegburg 1976; Wolfgang Krüger, Entnazifiziert! Zur Praxis der politischen Säuberung in Nordrhein-Westfalen. Wuppertal 1982; Jill Jones, Eradicating Nazism from the British Zone of Germany. Early Policy and Practice. In: German History 8 (1990), S. 145ff., sowie Joachim Gödde, Entnazifizierung unter britischer Besatzung. Problemskizze zu einem vernachlässigten Kapitel der Nachkriegsgeschichte. In: Geschichte im Westen 6 (1991), S. 62ff.

[60] Lange (Hrsg.), Entnazifizierug, S. 22; die Anweisung Nr. 3 ebenda, S. 66f.

[61] Zahlen nach Turner, Denazification, S. 263.

[62] Diese Quoten nennt Schneider, Niedersachsen 1945/46, S. 60. Vgl. aber auch Krüger, Entnazifiziert!, S. 24ff.

[63] Jones, Eradicating Nazism, S. 161.

Es war die schon erwähnte Kontrollrats-Direktive Nr. 24 vom Januar 1946, mit der die Amerikaner die politische Säuberung in Deutschland hatten vereinheitlichen und an ihre eigenen Standards binden wollen, die jetzt für beinahe zwei Jahre zur Grundlage der »Entnazifizierung« in der britischen Zone wurde. Wie in der französischen Zone geschah dies in Nordwestdeutschland weniger aus innerer Überzeugung und mehr als ein politisches Zugeständnis an die amerikanische Vormacht sowie an den ohnehin mühselig genug zu erreichenden Konsens im Alliierten Kontrollrat. Intern war auf britischer Seite, wo einige Experten die »Entnazifizierung« gerne schon früh in deutsche Hände gelegt hätten, denn auch drastische Kritik zu vernehmen. Im German Department des Foreign Office etwa wurde die neue Politik als »reine Verrücktheit« bezeichnet: »Ein Beispiel systematischer und pingeliger Idiotie, die kaum zu übertreffen ist.« Der Militärregierung bleibe in Wirklichkeit nur die Wahl, den Buchstaben der Direktive zu ignorieren und im Geiste eines vernünftigen *common sense* zu handeln[64]. Die ›British Zone Review‹ sprach im März 1946 ganz offen aus, daß eine allzu strikte Anwendung der neu geltenden Säuberungsbestimmungen in ein »Chaos« führen müsse, »das nicht nur Tod und Seuchen für diesen Winter bringt, sondern auch eine dauernde Malaise und den Nährboden für den Bürgerkrieg schafft«[65].

Zur Durchführung der Kontrollrats-Direktive Nr. 24 über die Entlassung belasteter Personen wurde ein kompliziertes System von deutschen Prüfungsausschüssen geschaffen, die im Laufe der ersten Jahreshälfte 1946 ihre Arbeit aufnahmen; in einer Stadt wie Essen existierten allein 271 solcher Ausschüsse[66]. Diese breite Mitwirkung erweiterte den faktischen deutschen Einfluß auf die »Entnazifizierung« zwar, die letzte Entscheidung über Ausschluß oder Weiterbeschäftigung aber verblieb weiterhin bei den Organen der Besatzungsmacht. Den wohl härtesten Schlag versetzten die Briten der Neuordnung und dem moralischen Ansehen des Säuberungsverfahrens gleich selbst, denn unmißverständlich gaben sie zu erkennen, daß in ihrer besonders schwer in Mitleidenschaft gezogenen Zone Sta-

---

[64] Stellungnahmen eines hohen Beamten im German Department des Foreign Office vom 1. Dezember 1945 und 20. Januar 1946, zit. nach Turner, Denazification, S. 252. Vgl. auch ebenda, S. 253.

[65] Zit. nach Fürstenau, Entnazifizierung, S. 44.

[66] Lange (Hrsg.), Entnazifizierung, S. 271. Dort auch Einzelheiten zu Zusammensetzung, Aufgaben und Funktion der Ausschüsse.

bilisierung im Zweifel vor »Entnazifizierung« rangiere[67]. Nicht unähnlich mancher Praktiken in der französischen Zone, nahm die Militärregierung von dem Verfahren oftmals einfach Personen aus, die in Schlüsselsektoren von Wirtschaft und Verwaltung unabkömmlich waren. Auf dem Ernährungssektor und im Bergbau war diese Praxis besonders häufig. Neben dieser Durchlöcherung und der weiterhin bestehenden Zersplitterung tat das fortwährende, stark an der Entwicklung in der amerikanischen Zone und den Entschließungen des Kontrollrats orientierte Nachbessern, Hinausgeben und Widerrufen von Anweisungen ein weiteres zum Ruin der Glaubwürdigkeit der politischen Säuberung. Die stolzen Globalzahlen dieses Verfahrens (347 667 Entlassungs- bzw. Ausschlußverfügungen[68]) konnten nicht verdecken, ja sie führten es wie in den anderen Zonen erst drastisch vor Augen, daß die Prozedur der »Entnazifizierung« auch in der britischen Zone jeden Anspruch darauf verwirkt hatte, als angemessenes Instrument zur Sicherung der politisch-gesellschaftlichen Neuordnung angesehen zu werden.

Es würde zu weit führen, den Windungen der britischen Säuberungspolitik zwischen Mitte 1946 und Mitte 1947 im einzelnen zu folgen. Zur kompletten Verwirrung der deutschen Ausschüsse, die eben ihre Arbeit aufgenommen hatten, wurde beispielsweise im August 1946 angeordnet, neben dem gerade in Gang kommenden Entlassungsverfahren auf dem exekutiven Wege auch schon die (an das Spruchkammer-System angelehnte) individuelle Einstufung von Betroffenen nach Belastungsgruppen vorzunehmen. Als kurze Zeit später aber klar wurde, daß dazu in Bälde eine Direktive des Kontrollrats erlassen würde, setzte CCG/BE ihren Befehl kurzerhand wieder aus. Nach Verabschiedung dieser Kontrollrats-Direktive – Nr. 38 vom 12. Oktober 1946 –, in der nach amerikanischem Vorbild die bekannten fünf Belastungsgruppen mit den jeweils korrespondierenden Sanktionen niedergelegt waren, dauerte es noch über ein halbes Jahr, ehe die Direktive durch die entsprechenden britischen Zonen-Exekutiv-Anweisungen und Verordnungen[69] Mitte April 1947 in Kraft gesetzt wurde.

Nunmehr trat parallel zu dem Verfahren der Entlassung qua Entscheidung der Militärregierung die Einstufung der über-

---

[67] Vgl. Turner, Denazification, S. 257. Zum folgenden auch S. 258 und die Tabelle auf S. 260.
[68] Vgl. ebenda, S. 263.
[69] Im einzelnen hierzu Lange (Hrsg.), Entnazifizierung, S. 25 f.

prüften Einzelfälle in die Kategorien der Kontrollrats-Direktive Nr. 38, die vor allem den Sinn hatte, eine Vergleichbarkeit der Säuberungsentscheidungen in den drei Westzonen zu erreichen. Die Übertragung der Verantwortung für diese nachträglichen Einstufungen nach dem Muster der amerikanischen und französischen Zone war zwar ein Fortschritt bei der »schrittweisen Einbeziehung der Deutschen in die Verantwortung für die Entnazifizierung«[70], letztlich aber doch nur ein bescheidener Kompetenzzuwachs, da die Briten bis Ende 1947 nicht nur die materielle Entscheidungsbefugnis behielten, sondern sich nach wie vor das Recht reservierten, die Kategorisierung der eigentlich bedeutsamen Fälle, also jene der Gruppen I und II (»Kriegsverbrecher« bzw. »Übeltäter«) sowie der Internierten, selbst vorzunehmen.

Die politische Säuberung in der nach wirtschaftlicher Bedeutung und Einwohnerzahl wichtigsten Besatzungszone war 1947 noch immer ein prestigefressendes Verwirrspiel mit hohen politischen Kosten. Die Briten steckten in einer ähnlichen Sackgasse wie über ein Jahr zuvor die Amerikaner, und längst schon konnte die »Entnazifizierung« nicht mehr auf ihren politischen Kern reduziert, sondern nur noch liquidiert werden. Wie in Säuberungsfragen üblich, kam auch hier ein amerikanisches Rezept zur Anwendung: »Turn it over to the Germans.« Im Unterausschuß für Entnazifizierungsfragen des Zonenbeirats sagte ein prominenter CDU-Politiker im Sommer 1947 dazu ein bißchen forciert selbstbewußt und beinahe irreführend, aber mit einem gewissen Recht: »Es ist immer wieder dasselbe: Wenn die Karre völlig im Dreck ist, sind plötzlich die deutschen Stellen gut genug, daß sie die Verantwortung übernehmen.«[71]

Der wichtigste Impuls zur Übertragung der Hauptverantwortung für die »Entnazifizierung« an die Deutschen war von der Konferenz der Außenminister Großbritanniens, Frankreichs, der Sowjetunion und der Vereinigten Staaten im März und April 1947 in Moskau ausgegangen, zu der die Alliierte Kontrollrat eine Bilanz der bisherigen Säuberungsanstrengungen vorgelegt hatte[72]. Dabei nahm sich niemand geringerer als

[70] Krüger, Entnazifiziert!, S. 51.
[71] Protokoll der Ausschußsitzung am 21. August 1947, zit. nach Fürstenau, Entnazifizierung, S. 117.
[72] Vgl. den Bericht des Alliierten Kontrollrats vom 27. Februar 1947. In: National Archives Washington, Record Group 260, 2/102-3/4 (auf Microfiche im Archiv des Instituts für Zeitgeschichte).

Secretary of State George C. Marshall nicht nur die Freiheit zu der Bemerkung, in der amerikanischen Zone sei die politische Säuberung »strenger und umfassender« als in den anderen, er ließ ihr oberdrein die kaum verklausulierte, keineswegs allein der Sowjetunion zugedachte Botschaft folgen, es bestehe »unter den Besatzungsmächten Mißtrauen über die Aufrichtigkeit der Entnazifizierungsbemühungen der anderen Partner«[73]. Diese Intervention führte zur Übereinkunft der Vier Mächte, die Militärgouverneure ihrer Zonen mit der Beschleunigung und Vereinheitlichung der »Entnazifizierung« zu beauftragen; Details sollte die deutsche Seite regeln[74]. Wie wenig selbstverständlich eine deutsche Beteiligung an der Säuberung des eigenen Landes 1947 immer noch war, zeigt ein der Außenminister-Konferenz vorgelegtes Memorandum der niederländischen Regierung, in dem es hieß, es sei »gefährlich, die Entnazifizierung den Deutschen zu überlassen«[75].

Am wenigsten Federlesens bei der Durchführung der Moskauer Beschlüsse machten, wie das ihre Art war, die Franzosen. Zur Einführung des Spruchkammer-Systems oktroyierten sie den Ländern ihrer Zone kurzerhand einen Gesetzentwurf des Gouvernement Militaire und zwangen diese, ihn als deutsches Recht zu verabschieden[76]. Zu solcher Brachialität konnten sich die Briten nicht verstehen. Bereits auf der Moskauer Konferenz hatte Außenminister Bevin (der im übrigen die Ansicht vertrat, die politische Säuberung sei »eine der schwierigsten Aufgaben, die eine siegreiche Macht jemals zu bewältigen hatte«) auf die Problematik einer Vereinheitlichung der Entnazifizierungsstandards in diesem späten Stadium aufmerksam gemacht[77]. Hinzu kam, daß es nicht Stil der Briten war, eigene Vorstellungen praktisch unverändert als deutsche Ländergesetze verabschieden zu lassen. Das Äußerste war Nichtzustimmung, die sie im Laufe der bald einsetzenden zähen Verhandlungen zwischen den verschiedenen deutschen und britischen Stellen verschie-

[73] Ausführungen Marshalls am 13. März 1947 in Moskau, zit. nach: Europa-Archiv (Juli 1947), S. 676. Hierzu auch: Foreign Relations of the United States 1947. Diplomatic Papers, Band 2. Washington 1972, S. 249 ff.
[74] Report by the Deputies for Germany to the Council of Foreign Ministers vom 23. April 1947. In: Foreign Relations of the United States 1947, Band 2, S. 462.
[75] Memorandum der niederländischen Regierung vom 14. Januar 1947, ebenda, S. 75.
[76] Im einzelnen dazu Henke, Politische Säuberung, S. 136 ff.
[77] Vgl. die Ausführungen Bevins auf der Moskauer Außenminister-Konferenz am 13. März 1947, zit. nach: Europa-Archiv (Juli 1947), S. 678; Zitat ebenda.

dentlich auch erklärten. So wurde aus der Revision der Entnazifizierungspolitik in Nordwestdeutschland, bei der auch das Prestige einer Besatzungsmacht involviert war, die in einem fehlgelaufenen Verfahren zwei Jahre lang ein hohes Maß an direkter Verantwortung behauptet hatte, ein quälendes Ringen. Es hielt beide Seiten ein ganzes Jahr lang in Atem und schuf ein schädliches »Entnazifizierungsvakuum«[78].

Angesichts der komplizierten Beziehungen der Siegermächte untereinander, der vehementen Auseinandersetzung in den Landesparlamenten, Beiräten und Ausschüssen sowie der Konfrontation zwischen der deutschen und der alliierten Seite hatte sich die Suche nach dem besten Weg einer gründlichen politischen Säuberung inzwischen unendlich weit von der Sache selbst entfernt. Diese Diskrepanz zwischen Anspruch und Praxis kommt anschaulich in einigen präzisen und in sich schlüssigen Empfehlungen des Unterausschusses für Entnazifizierungsfragen beim Zonenbeirat von Ende August 1947 zum Ausdruck. Der sprach sich nämlich dafür aus, bei den notwendigen Säuberungsmaßnahmen strikt zwischen »Strafe«, »Maßnahmen gegen Nutznießer« und »politischen Sicherungsmaßnahmen«[79] zu trennen – ziemlich genau die Konzeption, die drei, vier Jahre zuvor auch dem Widerstand des 20. Juli als Grundlage einer raschen Abrechnung mit dem Nationalsozialismus vorgeschwebt hatte. So gerechtfertigt die Forderung nach einer Rückbesinnung auf die eigentlichen Zwecke der Säuberung war, eine echte Revision – ein Neuanfang – war 1947 politisch unmöglich. Die Engländer dachten gar nicht daran, den von deutscher Seite ins Spiel gebrachten Gedanken einer Annullierung der unter britischer Regie zustande gekommenen Säuberungsresultate ernstlich in Erwägung zu ziehen.

Den Deutschen, die mit guten Argumenten am liebsten ganz von einem Säuberungsverfahren nach den Direktiven des Kontrollrats Abstand genommen hätten, wurde es von der Besatzungsmacht selbstverständlich nicht erlaubt, die Plattform der

---

[78] Fürstenau, Entnazifizierung, S. 132.

[79] Memorandum des Ausschusses vom 21. August 1947. Klassisch definiert sind hierin »politische Sicherungsmaßnahmen«: »Diese Maßnahmen sind zu beschränken auf die Führungsfunktionen und Schlüsselstellungen in der öffentlichen Verwaltung und der Wirtschaft. Sie können nicht Aufgabe öffentlicher Ausschüsse oder Spruchkammern sein, sondern müssen im demokratischen Staat Sache der öffentlichen Verwaltung sein und parlamentarischer Kontrolle unterliegen.« Zit. nach Fürstenau, Entnazifizierung, S. 119; dort auch zum folgenden.

alliierten Entnazifizierungspolitik zu verlassen. Vor allem bestanden die Briten – schon mit Rücksicht auf die Moskauer Erfahrungen und Beschlüsse und mit Blick auf die immer dringlicher werdende Vergleichbarkeit der Säuberungsergebnisse in den drei Westzonen – auf der auch in der amerikanischen und französischen Zone üblichen Individualkategorisierung der Betroffenen nach Belastungsgruppen, wie sie in der Kontrollrats-Direktive Nr. 38 vorgesehen war.

Als Ende 1947 die Landesregierungen die Verantwortung für die wenigen noch zu treffenden Neuentscheidungen zu übernehmen hatten, waren sie zu »Konkursverwaltern einer gescheiterten Politik«[80] geworden. Das vermochten einige wesentliche Fortschritte, wie etwa die Öffentlichkeit der Verfahren, nicht zu überdecken[81]. Wie überall in Deutschland, standen 1948, als sich das Land in seinen beiden Teilen vom einstigen Feind zum künftigen Bundesgenossen der östlichen und der westlichen Führungsmacht zu wandeln begann, auch in der britischen Zone die Signale auf hastiger Liquidierung der politischen Säuberung. Ab Mai durften keine Entlassungen mehr ausgesprochen werden, und bald darauf gestand die Militärregierung den deutschen Ausschüssen das hart umkämpfte Recht der Wiederaufnahme aller jener Verfahren zu, die in den Vorjahren von der Besatzungsmacht entschieden worden waren. Die Grundwelle der Rehabilitierung und Nivellierung, die die Amerikaner zwei Jahre zuvor im Süden ausgelöst hatten, erreichte jetzt Nordwestdeutschland. Als sie über die britische Zone hinweggegangen war, fanden sich im Ergebnis auch hier, grob gesprochen, Gleiche und Ungleiche in derselben Unbedenklichkeits-Kategorie des bloßen »Mitläufers« oder einfachen »Anhängers« wieder.

Wegen der Besonderheiten des Einstufungsverfahrens, insbesondere weil sich die Militärregierung hier die Einreihung in Gruppe I und II bis zum Schluß selbst vorbehalten hatte (und dabei offenbar außerordentlich milde verfuhr[82]), ist ein direkter

[80] Vollnhals (Hrsg.), Entnazifizierung, S. 32.
[81] Die hier nicht näher zu schildernden Verfahren vor den deutschen »Spruchgerichten« seit Anfang 1947 waren Teil der strafrechtlichen Belangung von NS-Tätern und von der politischen Überprüfung durch die Entnazifizierungsausschüsse strikt getrennt. Vgl. Krüger, Entnazifiziert!, S. 72 ff.
[82] In Nordrhein-Westfalen waren es ganze 90 Personen, die in Gruppe I und II eingereiht wurden, das entsprach etwa 0,01 Prozent der dort von der Entnazifizierung tangierten Fälle. Vgl. Lange (Hrsg.), Entnazifizierung, S. 59.

Vergleich der Resultate im britischen Besatzungsgebiet mit den Ergebnissen in der amerikanischen und französischen Zone nur begrenzt möglich. Immerhin bleibt festzuhalten, daß von den bis Anfang 1950 bearbeiteten 2 041 454 Fällen 2 014 277 letztlich mehr oder weniger unbehelligt aus der »Entnazifizierung« hervorgingen[83]. Auch in Norddeutschland hatte sich die politische Säuberung der Gesellschaft nach und nach in die individuelle »Entnazifizierung« Hunderttausender verwandelt. Es waren die seltsamsten »Mitläufer«, die – gewissermaßen dekontaminiert – aus dieser Säuberungsprozedur hervorkamen: Alfred Hugenberg zum Beispiel, ferner der erste Präsident der Reichsschrifttumskammer oder der letzte Stabschef der SA, dazu massenhaft ehemalige Mitglieder der in Nürnberg als verbrecherisch verurteilten Organisationen, also des Korps der Politischen Leiter der NSDAP sowie der SS, der Gestapo und des SD. Zwar stellte es für den Aufbau der neuen Demokratie keine Gefährdung dar, wenn dem sattsam diskreditierten deutschnationalen Steigbügelhalter Hitlers politische Harmlosigkeit bescheinigt wurde, aber den zweifelsfreien Bankrott dieser Art von Säuberung signalisierten und symbolisierten solche Ergebnisse sehr wohl.

In den folgenden Jahren kam es immer wieder zu peinlichen Entdeckungen, wer auf dem Wege der »Entnazifizierung« alles »mit frischer weißer Weste«[84] in Stellungen eingerückt war, für die er sich durch seine Haltung, aber auch durch seine Taten im Dritten Reich disqualifiziert hatte. Welche bösen Verhältnisse bei der »stillen, allmählichen, schleichenden, unaufhaltsamen Wiederkehr der Gestrigen« (Eugen Kogon)[85] zutage treten konnten, zeigte sich Ende der fünfziger Jahre, als die Strafverfolgung von NS-Verbrechern nach einer mehrjährigen Flaute einen Wiederaufschwung zu nehmen begann. Jetzt flogen Hunderte von wohlentnazifizierten oder durch die Maschen des Verfahrens geschlüpften Polizeibeamten auf und wurden als Mörder oder dringend Tatverdächtige aus ihrer Nachkriegskarriere gerissen: 1959 beispielsweise der Chef des Landeskriminalamtes von Rheinland-Pfalz, der wegen Beihilfe zum Mord an über 30 000 Menschen 15 Jahre Zuchthaus erhielt; der ehemals im Reichssicherheitshauptamt tätige Leiter der Polizeiab-

[83] Zahlen nach der Statistik bei Fürstenau, Entnazifizierung, S. 288.
[84] Niethammer, Mitläuferfabrik, S. 13.
[85] Eugen Kogon, Beinahe mit dem Rücken an der Wand. In: Frankfurter Hefte 9 (1954), S. 641 ff.

teilung beim Regierungspräsidenten von Hannover wurde wegen Beteiligung an den Gaswagen-Morden angeklagt; der Leiter der Kriminalpolizei Flensburg wegen des dringenden Verdachts verhaftet, an führender Stelle an den Mordorgien der Einsatzgruppen in der Sowjetunion beteiligt gewesen zu sein[86]. Die Liste solcher und ähnlicher Polizeibediensteter, die sich tatsächlich über regelrechte Seilschaften wieder eingenistet hatten, war erschreckend lang[87]; zehn Prozent der vor allem in den sechziger Jahren als Mörder und Mordgehilfen Verurteilten waren Polizisten des neuen Staates[88].

Viel weniger dramatisch und politisch anstößig war der bereits 1947/48 einsetzende, Mitte der fünfziger Jahre vollendete Rückstrom von Beamten und Angestellten in ihr Dienstverhältnis, aus dem sie im Zuge der frühen Säuberungsmaßnahmen hatten ausscheiden müssen[89]. Diese auch in anderen gesellschaftlichen Bereichen zu beobachtende Reintegration der Masse der »Ehemaligen«, der vermeintlichen und tatsächlichen Mitläufer, hatte gewiß spürbare Veränderungen des innenpolitischen Klimas, einen »gewissen Ruck nach rechts«[90], im Gefolge, aber eine Renazifizierung, wie der oberflächliche Kampfbegriff jetzt lautete, war das nicht – es sei denn, man umschriebe

---

[86] Angaben nach Reinhard Henkys, Die nationalsozialistischen Gewaltverbrechen. Geschichte und Gericht. Stuttgart 1964, S. 210f.

[87] Vgl. hierzu vor allem das Referat des Leiters der Zentralen Stelle der Landesjustizverwaltungen zur Aufklärung nationalsozialistischer Verbrechen in Ludwigsburg, Oberstaatsanwalt Erwin Schüle, auf der internen Tagung mit Generalstaatsanwälten am 16. Mai 1961 in Bremen; ich danke dem Leiter der Zentralen Stelle, Herrn Oberstaatsanwalt Alfred Streim, für die Überlassung des Textes. Siehe auch die Protokolle der Beratungen des Ständigen Ausschusses des baden-württembergischen Landtages zu diesem Themenkomplex am 22. Juni und 5. Juli 1962; der Landtagsverwaltung danke ich für die Genehmigung zur Einsichtnahme. Ebenfalls hierzu Barbara Just-Dahlmann und Helmut Just, Die Gehilfen. NS-Verbrechen und Justiz nach 1945. Frankfurt 1988.

[88] Ulrich-Dieter Oppitz, Strafverfahren und Strafvollstreckung bei NS-Gewaltverbrechen. Dargestellt an Hand von 542 rechtskräftigen Urteilen deutscher Gerichte aus der Zeit von 1946–1975. Ulm 1979, S. 347.

[89] Vgl. hierzu Udo Wengst, Beamtentum zwischen Reform und Tradition. Beamtengesetzgebung in der Gründungsphase der Bundesrepublik Deutschland 1948–1953. Düsseldorf 1988. Die Bediensteten von Bundesbahn und Bundespost nicht gerechnet, wurden danach zwischen 1945 und März 1953 158000 »Verdrängte« wieder im öffentlichen Dienst untergebracht, zwischen Juli 1951 und September 1952 allein 51000; ebenda, S. 252. 1950 hatte man im Bundesgebiet 57386 im Zuge der Entnazifizierung aus ihrem Amt entfernte Beamte gezählt; Statistisches Bundesamt, Wirtschaft und Statistik 2 (1959), S. 39.

[90] Hans-Peter Schwarz, Die Ära Adenauer. Gründerjahre der Republik 1949–1957. Stuttgart 1981, S. 134.

mit diesem Analogie-Terminus ein politisch weitgehend entkerntes Resultat, wie es ähnlich nach dem Wandel der politischen Säuberung zur »Entnazifizierung« vorzufinden war. Zum Impresario im Satyrspiel zur »Entnazifizierung« wurde ein ehemaliger Münchener Rechtsprofessor, der 1954, als die politische Säuberung faktisch längst begraben war, mahnte, ohne deren »restlose Beseitigung« gebe es »keine politische Geschlossenheit gegen den Osten«[91].

So unerläßlich eine genaue Kenntnis von Charakter und Ergebnissen des »Entnazifizierungs«-Verfahrens ist, eine Reduzierung der Perspektive auf die Verfahrensanalyse birgt die Gefahr in sich, allzu viele hochwirksame Faktoren jenseits von Spruchkammer und Schwurgericht – von der prägenden Erfahrung des Krieges und Kriegsendes war eingangs die Rede – zu vernachlässigen und mit der politischen Säuberung auch gleich das ganze Spektrum der Auseinandersetzung mit der personellen Hinterlassenschaft des Nationalsozialismus, ja die sogenannte Aufarbeitung der Vergangenheit überhaupt für gescheitert zu erklären. Dabei wurden (da die Erfahrungs- und Wirkungsgeschichte der Abrechnung mit dem Nationalsozialismus ein schwieriges Terrain ist, auf das die Forschung erst nach und nach vordringt) manchmal die Grenzen der politischen Säuberung in Deutschland nach 1945 nicht recht wahrgenommen oder in Rechnung gestellt[92], wurden Statistiken für Resultate genommen, wird dem Verfahren mehr Gewicht beigelegt als den Erfahrungen der Betroffenen, das Massenheer der Mitläufer intensiver in Augenschein genommen als die viel wichtigeren Zirkel der gesellschaftlichen Funktionselite.

Sehr bald nach Kriegsende wurde es in Deutschland Mode, wieder und wieder die groben Schnitzer der Besatzungsmächte bei der »Entnazifizierung« anzuprangern, jedoch kaum zu bedenken, daß die Säuberungsbereitschaft der aus dem Nationalsozialismus entlassenen deutschen Gesellschaft im ganzen nur gering war und ohne den von den Siegermächten ausgehenden Druck wohl bald erstorben wäre. Denn ganz entgegen der legitimatorischen Rhetorik der neuen politischen Elite hatte die

---

[91] Otto Koellreutter, Die Entnazifizierung – eine Sünde wider Recht und Ehre. Vortrag gehalten am 5. September 1954 auf dem 2. Internierten-Treffen in Landau/Pfalz. Landau o.J. (1954), S. 5.

[92] Hierzu Klaus-Dietmar Henke, Die Grenzen der politischen Säuberung in Deutschland nach 1945. In: Ludolf Herbst (Hrsg.), Westdeutschland 1945–1955. Unterwerfung, Kontrolle, Integration. München 1986, S. 127 ff.

Masse der Deutschen die Hitler-Zeit keineswegs als Vergewaltigung erfahren, auf dem Höhepunkt der politischen und militärischen Erfolge des Regimes schienen Nation und Nationalsozialismus vielmehr identisch geworden zu sein. Nach 1945 konnten nur sehr wenige in dieser ehemals durch und durch nationalsozialistisch kontaminierten Gesellschaft von sich behaupten, sich zwölf Jahre lang strikt von allen Zugeständnissen an das Regime freigehalten zu haben. Außerdem hatten die meisten Menschen jetzt näherliegende, existentielle Sorgen oder sie hegten die Überzeugung, daß mit den entsetzlichen Opfern, die sie im Krieg gebracht hatten, ihre Mitverantwortung für den Nationalsozialismus mehr als reichlich abgegolten war.

Da die Integration der Arbeiterschaft in den Nationalsozialismus bzw. die »soziale Kompromittierung der Arbeiterklasse im Faschismus«[93] ebenfalls ungleich viel weiter gegangen war als ihre politischen Vertreter aus erklärlichen Gründen einräumen wollten (oder überhaupt wußten), gab es in der deutschen Zusammenbruchsgesellschaft auch keine mächtige antifaschistische Front – politisch motivierte oder bemäntelte Lynchjustiz unter Deutschen kam praktisch nicht vor. Ein kleines Fähnlein stets aufrecht Gebliebener ließ es sich vielmehr angelegen sein, die undankbare und von Jahr zu Jahr unpopulärer werdende Sache der »Entnazifizierung« eine Zeit lang hochzuhalten. Eine allgemeine anti-nationalsozialistische Mobilisierung, ohne die eine gründliche Selbstreinigung undurchführbar bleiben mußte, war 1945 erst recht Utopie. Sogar in industriellen Großbetrieben erwies sich eine säuberungspolitische Mobilisierung – von punktuellen Ausnahmen abgesehen, in denen es zumeist um den Ausschluß »unanständiger« Nazis ging – als unmöglich[94].

Noch deutlicher zeigten sich die Grenzen der »Entnazifizierung« in der tagtäglichen Arbeit der Spruchkammern und Säuberungsausschüsse, wenn es darum ging, daß Nachbarn über Nachbarn zu Gericht sitzen, Kollegen Kollegen belasten soll-

[93] Lutz Niethammer (Hrsg.), »Hinterher merkt man, daß es richtig war, daß es schiefgegangen ist«. Nachkriegserfahrungen im Ruhrgebiet. Berlin 1983, S. 3. Vgl. auch Ulrich Herbert, Arbeiterschaft im »Dritten Reich«. Zwischenbilanz und offene Fragen. In: Geschichte und Gesellschaft 15 (1989), S. 320 ff.
[94] Vgl. hierzu vor allem Martin Rüther, Zwischen Zusammenbruch und Wirtschaftswunder. Betriebsratstätigkeit und Arbeiterverhalten in Köln 1945–1952. Bonn 1991, S. 289 ff., sowie Paul Erker, Die Arbeiter bei MAN 1945–1950. In: Klaus Tenfelde (Hrsg.), Arbeiter im 20. Jahrhundert. Stuttgart 1991, S. 548 ff.

ten[95]. Sehr schnell wurde nämlich offenbar, daß die vielen gegenseitigen lokalen und kollegialen Bindungen und Verpflichtungen eine nahezu undurchdringliche Dämmschicht um die politische Säuberung legten. Dies dicht gewebte soziale Geflecht, dem Belastete wie NS-Gegner, Ankläger wie Angeklagte gewissermaßen unabhängig von ihrer spezifischen NS-Vergangenheit gemeinsam angehörten und dem alle auch nach dem Ende der politischen Säuberung weiterhin angehören wollten, war ein subtil wirkender, aber wirksamer Schutz vor einer tiefgehenden politischen Personalsäuberung, und zwar ganz besonders dann, wenn sich jemand als »anständiger« und nicht als »unanständiger« Nazi gezeigt hatte. Karl Jaspers wies bereits Mitte der sechziger Jahre auf dieses »unausgesprochene Zusammenhalten« hin und sprach von einer niemals formulierten, aber sehr effektiven »Interessenpolitik« all derer, die »sich irgendwie möglicherweise angreifbar fühlen, weil irgend etwas in ihrer Vergangenheit ist, das sie wegwünschen«[96]. An dem berühmten »Persilschein«-Unwesen waren denn auch praktisch alle örtlichen Gruppen von Gewicht, von den Gewerkschaften bis zur Geistlichkeit, in frappierender Eintracht beteiligt; auch diese routinierte Geste von Verständnis und Mitgefühl war ein Indiz dafür, wie weit sich die deutsche Gesellschaft mit dem Nationalsozialismus eingelassen hatte.

Ungeachtet der aus den Unzulänglichkeiten des Verfahrens und der aus den psychologischen und gesellschaftlichen Hemmnissen resultierenden bescheidenen *unmittelbaren* Wirksamkeit der Entnazifizierungsorgane, hatte die breit angelegte Säuberungsprozedur andererseits aber doch eine *mittelbare* Wirkung, die höher einzuschätzen ist als das in nackter Statistik belegbare Resultat. Da jetzt in jeder Stadt und in jedem Landkreis über Monate hinweg die schmutzige Wäsche der kleinen Hitler, der Bonzen, Drangsalierer und Denunzianten gewaschen wurde, in der örtlichen Presse und im Tagesgespräch die Verbrechen, Bosheiten, Peinlichkeiten und Lächerlichkeiten des Personals dieser vermeintlich heldischen Ära noch einmal Revue passieren konnten, kam in einem »beispiellosen Prozeß der Ermittlung einer Gesellschaft gegen sich selbst« eine »Art von gesellschaftlicher Gewissenserforschung mittels Aufklä-

---

[95] Grundlegend die Analyse der Wirkung psychologischer und gesellschaftlicher Hemmnisse bei der politischen Säuberung in: Woller, Gesellschaft und Politik, S. 119 ff. Die folgende Passage ist aus Henke, Grenzen, S. 130 f., übernommen.
[96] Karl Jaspers, Wohin treibt die Bundesrepublik? München 1966, S. 183.

rung«[97] in Gang, deren Vorzug darin lag, daß der wahre Charakter des Regimes für jedermann unmittelbar anschaulich und beurteilbar wurde. Das war eine weitere Lektion des unerbittlichen, zur Trennung vom Nationalsozialismus führenden Anschauungsunterrichts, der an der Kriegswende von Stalingrad begonnen hatte, in einem langen Kriegsende fortgesetzt und in den Lagern und vor den Tribunalen der Siegermächte weiter vertieft wurde.

Auf den Schulbänken dieser wirkungsvollsten Form der Umerziehung, deren Lektion sich niemand wirklich entziehen konnte, saßen neben dem einfachen Bürger auch die Funktionseliten einer Nation, die im Frühjahr 1945 am Tiefpunkt ihrer jüngeren Geschichte angekommen war. Noch ist sehr wenig über Erfahrungsbildung und Transformation dieser Gruppen bekannt, bei denen die wirtschaftliche und gesellschaftliche Macht liegt. Doch nichts spricht dafür, daß die deutsche Führungsschicht von dem unerhörten Veränderungsdruck jener Jahre weniger tangiert worden wäre als andere gesellschaftliche Gruppen. Für die politische Elite des Nationalsozialismus ist der Befund eindeutig. Soweit die NS-Prominenz und die zweite und dritte Garnitur bei Kriegsende nicht Selbstmord begangen hatte, verlor sie mit dem Untergang des Regimes jeglichen Einfluß. Die allermeisten aus dem in Nürnberg für verbrecherisch erklärten Korps der Politischen Leiter der NSDAP gingen zermürbenden Jahren des Lebens unter falschem Namen[98], der Internierung, Strafverfolgung und der Haft entgegen[99]. Der Charakter der Anfang der fünfziger Jahre Aufsehen erregenden »Gauleiter-Verschwörung« zur Unterwanderung der FDP in Nordrhein-Westfalen, als deren Kopf die britische Militärregierung Werner Naumann (den bedenkenlosen Staatssekretär im Propagandaministerium und für wenige Tage Nachfolger von Joseph Goebbels als Minister) ausgemacht hatte, zeigte denn auch weniger, wie gefährlich die Nazi-Elite noch immer war, sondern eher, welchem Anpassungsdruck diese in der feindli-

[97] Vgl. den Beitrag von Hans Woller in diesem Band.
[98] Die Anzahl der Untergetauchten dürfte sich auf einige Zehntausend belaufen haben. Vgl. Karl Wilhelm Böttcher, Menschen unter falschem Namen. In: Frankfurter Hefte 4 (1949), S. 492 ff., sowie Kurt P. Tauber, Beyond Eagle and Swastika. German Nationalism Since 1945. Middletown 1967, S. 239 ff.
[99] Eine der wenigen Untersuchungen hierzu ist die Studie von Barbara Fait, Die Kreisleiter der NSDAP – nach 1945. In: Broszat, Henke, Woller (Hrsg.), Von Stalingrad zur Währungsreform, S. 213 ff.

chen Umwelt der jungen Demokratie ausgesetzt war[100]. Und es ist zweifelhaft, ob diese »Verschwörung« mehr war als die Aktion eines angepaßten Faschismus, der sichtlich ein hilfloser Faschismus und damit überhaupt keiner mehr war.

Viel komplizierter verhält es sich bei den gesellschaftlichen Eliten, bei den Richtern oder Ärzten, den hohen Beamten, Hochschullehrern und Industriellen, unter denen sich einige der skrupellosesten Schergen und Handlanger des Regimes befanden. Als Gruppe sahen sich diese Funktionseliten nach 1945 normalerweise mit vehementen pauschalisierenden Schuldzuweisungen konfrontiert. Solche Angriffe von außen führten in der Regel zu einer ebenso pauschalen Solidarisierung und zu einem engeren Zusammenrücken dieser Gruppen. Um der Geschlossenheit nach außen willen wiesen die Elite-Gruppen mit den unberechtigten und oft genug auch ungerechten Vorwürfen dann zumeist gleich auch alle höchst berechtigten Vorwürfe von sich. Diese Interessenpolitik, die von der üblichen Gruppensolidarität über unbillige Kumpanei bis zur gemeinschaftlichen Verdunkelung reichte, hat eine offene Kommunikation über die Grenzen von Status und Milieu hinweg lange Jahre sehr erschwert. Dem angestrengten »Rechtfertigungspathos«[101] wie der demonstrativen solidarischen Verschwiegenheit nach außen hin entsprach aber durchaus kein unkritisches Einvernehmen oder eine bedingungslose Solidarität im Innern dieser Elite-Zirkel[102].

In der privatindustriellen Führungsschicht beispielsweise, die nach außen hin vor allem ihre Hilflosigkeit gegenüber den Vergewaltigungen des Regimes und ihre unpolitisch-fachmännische Haltung zu betonen bemüht war, hat die Auseinandersetzung über die eigene Rolle im NS-System und den Kurs nach dem Untergang des Dritten Reiches lange vor der Kapitulation begonnen, als Branchen- bzw. Betriebsinteresse und das von der nationalsozialistischen Führungsclique definierte sogenannte nationale Interesse immer weiter auseinanderzuklaffen begannen[103]. Dabei achteten die Industriellen genau darauf, wer

[100] Tauber, Beyond Eagle and Swastika, S. 132 ff. und S. 891 ff.

[101] Diestelkamp, Justiz nach 1945, S. 135.

[102] Zum »relativen Schweigen« in der Öffentlichkeit bei lebhaftem inneren Meinungsaustausch, wie es bei Gruppen von Überlebenden der NS-Verfolgung beobachtet wurde, vgl. Saul Friedländer, Die Last der Vergangenheit. In: Wolfgang Wippermann, Der konsequente Wahn. Ideologie und Politik Adolf Hitlers. Gütersloh 1989, S. 242 ff.

[103] Im einzelnen dazu Herbst, Der Totale Krieg.

von ihnen im Kosmos der Speerschen Kriegsproduktion den Raubbau an der industriellen Substanz unsinnig lange mitgemacht, wer im Dienste der nationalsozialistischen Parteiwirtschaft Standeskomment und Belange der Privatindustrie verletzt und sich damit für immer unmöglich gemacht hatte. Ein Mann wie Walter Rohland etwa, Generaldirektor des Riesenkonzerns der Vereinigten Stahlwerke, Vorsitzender der Nordwestgruppe der Eisenschaffenden Industrie und Motor des »Ruhrstabes«, brachte sich auf diese Weise selbst um die Chance, auch nach Hitler weiterhin dem Ruhr-Establishment zuzugehören[104]; für andere Bereiche und Positionen wären Manager wie Hans Kehrl, Karl Otto Saur, Paul Pleiger oder Willy Schlieker zu nennen, die ähnliche Erfahrungen der Abstoßung und Ausgrenzung machen mußten. Sie waren meist wirklich die »bêtes noires« ihres Standes gewesen und hatten zur Entlastung der manchmal nur geringfügig weniger Kompromittierten dieses Stigma bis an ihr Lebensende zu tragen.

Für den Bereich des besonders belasteten Journalismus läßt sich das übliche demonstrative »Beschweigen der Vergangenheit des eigenen Berufsstandes«[105] und jener Rechtfertigungsdrang der ehemaligen Mitläufer und Meinungsführer ebenfalls feststellen, wobei sich in dieser sehr viel weniger geschlossenen Gruppe interne Selbstkritik und Prozesse der Selbstreinigung offenbar weniger entfalten konnten als in staatsferneren, über mehr Autonomie verfügenden und weniger gründlich »ausgerichteten« Sektoren. Doch auch hier wären die Karrieren der vor und hinter den Kulissen wirkenden Stars des Goebbelsschen Imperiums nach dem Untergang des Regimes mit Sicherheit selbst dann für immer beendet gewesen, wenn Besatzungsmächte und Spruchkammern ein weniger scharfes Auge auf Männer wie Otto Dietrich, Hans Fritzsche, Hans Schwarz van Berk, Gunter d'Alquen oder Wilhelm Weiß, den Hauptschriftleiter des ›Völkischen Beobachters‹, und manche andere weniger exponierte Protagonisten gehabt hätten. Sie waren die schwarzen Schafe des Standes und wurden als solche auch her-

---

[104] Vgl. hierzu vor allem Volker Berghahn, Unternehmer und Politik in der Bundesrepublik. Frankfurt 1985, insbes. S. 40ff.
[105] Norbert Frei, Starrer Blick nach vorn. Journalisten und Journalismus nach 1945. In: Der schwierige Weg zur Demokratie. Die Bundesrepublik vor 40 Jahren. Düsseldorf 1990, S. 162; auch zum folgenden. Vgl. auch Norbert Frei und Johannes Schmitz, Journalismus im Dritten Reich. München 1989, insbes. S. 136ff. und S. 18 ff.; das folgende Zitat ebenda, S. 188.

ausgestellt. Für die Masse der Grauen und Lauen, die innerhalb des von Verlagskonzentration, Berufsüberwachung und Presselenkung gesteckten Rahmens mehr oder weniger eifrig oder widerwillig gearbeitet hatte wie für die kleine Schar der »zwischen den Zeilen Schreibenden« wurde die Distanzierung von den wenigen definitiv Kompromittierten geradezu zur Voraussetzung für die Relativierung der eigenen Mitverantwortung für die Stabilisierung des NS-Staates. Wer »anständig« geblieben war und den stillen Gruppenkomment nicht politisch überstrapaziert hatte, konnte üblicherweise auch hier damit rechnen, früher oder später in seinen Beruf zurückzukehren. Und ebenso wie in anderen Elite-Gruppen verschaffte sich auch hier rasch das für die Normalbevölkerung wie für die Funktionseliten anwendbare soziale Grundgesetz der politischen Säuberung in Deutschland Geltung, nach dem eine verschwindend kleine Minderheit nicht gegen die große Mehrheit ihrer Kollegen und Mitbürger ankommen konnte und bald auch nicht mehr angehen wollte, die sich von den Zumutungen und Verlockungen des Nationalsozialismus nicht so strikt freigehalten hatte. Die »Vergangenheit« blieb zwar noch sehr lange eine Waffe, die bei passender Gelegenheit und beliebigen Anlässen hervorgeholt werden konnte, aber typisch war schon wenige Jahre nach dem Zusammenbruch etwas anderes, nämlich »die Bereitschaft von Individuen und Personengruppen zur Zusammenarbeit über sehr unterschiedliche, ja konträre politische Erfahrungen und ›Vergangenheiten‹ hinweg«.

Das war bei den Professoren und Dozenten der Universitäten nicht anders. Der im Vergleich zu den Journalisten geradezu hermetische Zirkel der Hochschullehrer für Geschichte[106], von denen bis 1933 zwar kein Ordinarius Mitglied der NSDAP gewesen war, die als Zunft 1945 aber keineswegs für sich in Anspruch nehmen konnten, den Charakter des nationalsozialistischen Regimes früher und schärfer erkannt und weniger zu dessen Stabilisierung beigetragen zu haben als die meisten anderen Funktionseliten im Dritten Reich, ist nach dem Zusammenbruch zunächst durch eine »starke moralische Besinnungsphase« gegangen. In der ersten Welle der von eigens geschaffenen universitären Säuberungsausschüssen durchgeführten »Entna-

---

[106] Das Folgende stützt sich auf die instruktive Studie von Winfried Schulze, Deutsche Geschichtswissenschaft nach 1945. München 1989; Angabe zur Parteizugehörigkeit S. 34, das folgende Zitat S. 304.

zifizierung« hat er vorübergehend auch einen beträchtlichen personellen Aderlaß erlitten. Bis zur Gründung der Bundesrepublik, spätestens aber im Zuge der Anwendung des Gesetzes zu Art. 131 Grundgesetz in der ersten Hälfte der fünfziger Jahre, war im allgemeinen auch hier die »schnelle Reintegration« selbst jener nach 1945 entlassenen oder suspendierten Gelehrten vollzogen, die »mit dem Nationalsozialismus kooperiert« oder sich »in verschiedener Form dem NS-System zur Verfügung gestellt hatten«[107].

Wer es über sich brachte oder es für opportun hielt, Irrtümer einzugestehen, vorsichtig ein Zeichen von Reue zu geben oder sich wenigstens nachträglich vom Nationalsozialismus zu distanzieren, konnte gewöhnlich damit rechnen, pardonniert zu werden und wieder Eingang in den Kreis der Kollegenschaft zu finden. Obgleich die Selbstkritik des Faches Ende der vierziger, Anfang der fünfziger Jahre schon beinahe verstummt war, erstreckte sich die »pauschale Begnadigung« freilich nicht auch auf solche Kollegen, die als politisch-ideologische Instrumente des Regimes, fachlich ungenügend qualifizierte Konjunkturritter oder als persönlich gehässige Zunftgenossen galten. Es dürften etwa zwei Dutzend Historiker gewesen sein[108], die sich nach der Überzeugung ihrer Kollegen durch ihr Verhalten in der Vergangenheit definitiv disqualifiziert hatten – darunter Gelehrte wie Theodor Mayer (Präsident der Monumenta Germaniae Historica), Karl Alexander von Müller (seit 1935 Herausgeber der ›Historischen Zeitschrift‹), Heinrich Ritter von Srbik (Präsident der Historischen Kommission bei der Bayerischen Akademie der Wissenschaften) oder Gustav Adolf Rein (1933–1938 Rektor der Universität Hamburg, 1950 Gründer der Ranke-Gesellschaft). Die »Türhüter«[109] der Zunft verstanden es, dank ihres persönlichen und wissenschaftlichen Prestiges und ihrer vielfältigen Verbindungen zur Politik und zur Ministerialbürokratie diskret dafür zu sorgen, daß der relativ kleinen Zahl der wirklich schwarzen Schafe die Rückkehr auf die Lehrstühle meist auch dann verbaut blieb, wenn sie einen »Mitläufer«-Bescheid vorzuweisen hatten. So gab etwa Hans Rothfels, der einflußreiche »Initiator der Zeitgeschichte in

---

[107] Ebenda, S. 107; vgl. auch S. 127. Das folgende Zitat ebenda, S. 129.
[108] Ebenda, S. 127. Neben den Namen der Betroffenen hier auch Überlegungen zur Problematik, die genaue Zahl der auf Dauer Ausgeschalteten zu ermitteln.
[109] So Berghahn, Unternehmer und Politik, S. 58, in Anlehnung an Samuel P. Huntington.

Deutschland«[110], noch Mitte der fünfziger Jahre einmal einem bayerischen Ministerialbeamten die unzweideutige Empfehlung, man solle Kollegen, die sich im Dritten Reich stark exponiert hätten, nach Möglichkeit »in fruchtbarer Arbeit«, nicht aber pädagogisch verwenden[111].

Es scheint, als seien bei der insgesamt recht zurückhaltenden Selbstreinigung der deutschen Elite ganz ähnliche Kriterien zur Anwendung gekommen, wie sie im *common sense* der breiten Bevölkerung entstanden waren, der zwischen »anständigen« und »unanständigen« Nazis unterschied. Auch in den Zirkeln der Funktionseliten wurde die interne Sanktionierung normalerweise erst dann in Gang gesetzt, wenn ein Mitglied zum Schaden der Gruppe offen gegen den jeweils geltenden Komment und den überkommenen, zwischen 1933 und 1945 nur selten gänzlich zerstörten Normenkodex verstoßen, wenn es seine Legitimation vorwiegend von außen bezogen und diesen überwiegend geborgten Einfluß allzu rücksichtslos kapitalisiert hatte. Selbstverständlich galten bei den verschiedenen Funktionseliten verschiedene, sich zudem (insbesondere im Krieg) wandelnde Standards und damit auch je verschiedene Kriterien der Selbstreinigung. Das alles ist noch weithin unerforscht, aber es ließe sich hier gewiß ein beträchtlicher Unterschied zwischen den staatsnäheren und den staatsferneren, zwischen den Sinn- und den Warenproduzenten, zwischen den im Rampenlicht und den vorwiegend nicht-öffentlich wirkenden Elite-Gruppierungen nachweisen[112] und sich daraus dann wohl auch eine Hierarchie der Selbstreinigungs-Intensität ableiten. Was die Zeitgeschichtsforschung hier im einzelnen auch zutage fördern mag, manche Karriere fand nach 1945 jedenfalls in zentralen gesellschaftlichen Bereichen ganz ohne das Zutun von Besatzungsmacht und Säuberungsausschüssen ihr gleichsam natürliches Ende.

---

[110] Waldemar Besson, Zur gegenwärtigen Krise der deutschen Geschichtswissenschaft. In: Gesellschaft, Staat, Erziehung 8 (1963), S. 168.

[111] Zit. nach Schulze, Deutsche Geschichtswissenschaft, S. 129.

[112] Weiterführend sind hier zwei Studien, von denen eine der Artikulation und inneren Organisation einer staatlichen, nach der Kapitulation gewissermaßen überflüssig gewordenen Funktionselite nachgeht, die andere einen vor wie nach 1945 vergleichsweise wenig tangierten gesellschaftlichen Großverband und dessen Führungsspitze untersucht: Georg Meyer, Soldaten ohne Armee. Berufssoldaten im Kampf um Standesehre und Versorgung. In: Broszat, Henke, Woller (Hrsg.), Von Stalingrad zur Währungsreform, S. 683 ff., und Clemens Vollnhals, Evangelische Kirche und Entnazifizierung 1945–1949. Die Last der nationalsozialistischen Vergangenheit. München 1989.

Im Vergleich zu den insgesamt wohl nur nach Hunderten zählenden Funktionseliten, die als schwarze Schafe für immer aus der Gnade ihrer Gruppe fielen, verlor eine ungleich größere Zahl von leitenden Persönlichkeiten in den ersten zwei, drei Jahren nach dem Krieg lediglich vorübergehend Status und Einfluß, wie sich mit Branchenhandbüchern und Gelehrtenkalendern leicht belegen ließe. Bei dieser temporären Ausschaltung handelte es sich nun keineswegs um ein mehr oder weniger folgenloses Zwischenspiel. Das Gegenteil war der Fall. Für die deutsche schwerindustrielle Elite beispielsweise, die im Herbst 1945 samt und sonders von ihren Kommandohöhen gejagt, interniert und persönlich gedemütigt wurde, waren die Jahre ihrer zeitweiligen Deklassierung Schlüsselerfahrungen. Auf der Talsohle ihrer Existenz[113] kam den meisten von ihnen überhaupt erst zu Bewußtsein, daß die Siegermächte 1945 nicht nur einige Galionsfiguren wie Krupp oder Flick, sondern die gesamte großindustrielle Führungsschicht als eine gesellschaftliche Gruppe betrachteten, die erhebliche Mitverantwortung für die NS-Herrschaft in Deutschland und Europa hatte. Bei manchen von ihnen beförderte diese Schocktherapie den bereits während des Krieges einsetzenden Prozeß der Trennung vom Nationalsozialismus und eines politischen, sozialen, ökonomischen Umdenkens. Bei vielen beschränkte sich diese Erfahrung auch nur darauf, sich bewußt zu machen, daß es jetzt geraten bzw. unumgänglich sein würde, sich mit den von den Siegermächten bestimmten Vorgaben abzufinden und sich diesen anzupassen. Es mußten erst Jahre vergehen, mußte erst wieder eine Festigung der eigenen Stellung eingetreten sein, ehe sich bei den Funktionseliten eine stärkere Bereitschaft und eine größere innere Freiheit zur Verarbeitung kritischer Auffassungen zur NS-Zeit und der eigenen Rolle in ihr einstellte. Viele noch aus der Kaiserzeit stammende oder in der Hitler-Zeit erworbene Orientierungen verblaßten freilich nur langsam, manche überhaupt erst nach dem Wechsel der Generationen und dem Wandel des Zeitklimas seit Anfang der sechziger Jahre[114].

[113] Vgl. hierzu beispielsweise die Erinnerungen von Schwerindustriellen wie Walter Rohland, Bewegte Zeiten. Erinnerungen eines Eisenhüttenmannes. Stuttgart 1978, S. 123 ff.; Hans-Günther Sohl, Notizen. Bochum 1985, S. 98 ff.; Günter Henle, Weggenosse des Jahrhunderts. Als Diplomat, Industrieller, Politiker und Freund der Musik. Stuttgart 1968 S. 80 ff.
[114] Siehe hierzu die Befunde bei Berghahn, Unternehmer und Politik, sowie bei Schulze, Deutsche Geschichtswissenschaft.

Solchen Spekulationen über neues Denken bei alten Eliten sind beim derzeitigen Forschungsstand zwar enge Grenzen gezogen, sie zeigen aber jedenfalls, daß mit Statistiken und einfachen *quantifizierenden* Antworten die Frage nach der Kontinuität der Eliten, eine der Hauptfragen der politischen Säuberung, nicht zu klären ist. Nur *qualifizierende* Aussagen können wirklich Auskunft geben über die Diskontinuitätselemente innerhalb einer äußerlich ungebrochen scheinenden Elite. Erst die Analyse des »Erfahrungsgepäcks« der kleinen Schar ausgesonderter schwarzer Schafe, des »Hintergrunds« der aus Emigranten, Oppositionellen und *newcomern* rekrutierten dünnen Schicht neuer Eliten sowie insbesondere der nur temporär deklassierten »Masse der Eliten« dazwischen kann einige wesentliche Impulse der Wandlung in jenen, vielen Beobachtern so starr und »restaurativ« erschienenen Gründerjahren, der nachnationalsozialistischen deutschen Gesellschaft ausmachen – ganz im Sinne des für die Geschichtswissenschaft gemachten Befundes, die bei starker personeller Kontinuität unter dem *Erfahrungsschub* des Nationalsozialismus und seines Zusammenbruchs eine inhaltlich wie methodisch qualitativ andere geworden sei[115].

Das erwähnte Umdenken zeitigte nach 1945 freilich nur sehr allmählich erkennbare Resultate. Es ist vielleicht überhaupt nur bei einem kleinen Teil der deutschen Elite innere Umkehr gewesen, bei den meisten viel eher wohl die pragmatische oder opportunistische Anpassung an die Normen, die jetzt von den Besatzungsmächten im Zusammenspiel mit ihren überaus verdienstvollen deutschen »Kollaborateuren« aufgerichtet und unbeirrt hochgehalten wurden. Dieses in Anbetracht der ursprünglichen Befürchtungen segensreich erscheinende Konglomerat von Umkehr, Wandlung, Anpassung und Opportunismus[116] konnte das politische Klima zwar konservativ prägen, nicht aber den von den Siegermächten vorgegebenen Werterahmen sprengen. Das nach 1933 entstandene partielle Bündnis der »alten« Eliten mit dem Nationalsozialismus hatte sich teilweise bereits vor dem 1. September 1939 und im Krieg dann

---

[115] Winfried Schulze, Wissenschaft zwischen Demokratie und Diktatur. Die Entwicklung der Geschichtswissenschaft nach 1945. In: Der schwierige Weg zur Demokratie, S. 187ff.
[116] Vgl. Peter Graf Kielmansegg, Lange Schatten. Vom Umgang der Deutschen mit der nationalsozialistischen Vergangenheit. Berlin 1989, S. 14.

gänzlich aufgelöst. 1945 war es tot, 1949 längst zu Staub zerfallen.

Gleichwohl, Westdeutschland konnte noch lange Jahre nach der Gründung der Bundesrepulik nicht zur Republik der Gegner und Verfolgten des überwundenen Regimes werden. Und zwar unter anderem deshalb nicht, weil es von niederschmetternder Symbolkraft war, daß nicht wenigstens hohe und höchste Ämter in Politik, Verwaltung und Justiz zu Residuen einer wirklich neuen Elite geworden waren, einer Elite, die schon der erste Augenschein und nicht erst eine hochnotpeinliche Ausbreitung der sogenannten inneren Tatseite als zweifelsfrei unbefleckt auswies, und daß es ferner nicht einmal gelungen war, unabhängig vom Verfahren der »Entnazifizierung« wenigstens zentrale Bereiche des Staatswesens absolut rein zu halten.

Für die Integration der Masse der »Ehemaligen«, über deren Unvermeidlichkeit inzwischen (trotz unterschiedlicher Akzente[117]) kein Streit mehr besteht, waren hohe moralische und politische Kosten zu entrichten. In einer durch und durch nationalsozialistisch kontaminierten Gesellschaft wie der deutschen, war diese Integration freilich überhaupt nicht anders denkbar als ein mit Skandalen gepflasterter Prozeß der Amalgamierung. Nach dem Rückstrom der letzten durch die politische Säuberung »verdrängten« Beamten begannen solche Skandale ab etwa Mitte der fünfziger Jahre sogar eine zunehmende Sensibilisierung der Öffentlichkeit auszulösen, die sich von Enthüllung zu Enthüllung verstärkte und nach und nach gewissermaßen die Produktion der körpereigenen Abwehrstoffe dieser Nachkriegsgesellschaft erhöhte. Dennoch sahen sich viele trotz der auf normativer Ebene von Anfang an erfolgten Distanzierung vom Nationalsozialismus durch diese Art Wiederkehr des Vergangenen an der Zustimmung zu diesem Staat gehindert. Einer viel größeren Zahl von Bürgern hat dieser Prozeß der Amalgamierung allerdings das Arrangement mit und schließlich die Zustimmung zu diesem Staat ermöglicht: Überall saßen ja jetzt solche großen und kleinen Mitläufer wie sie selbst.

Die in allen ihren Umwegen und Ambivalenzen letztlich ge-

---

[117] Vgl. etwa Hermann Lübbe, Der Nationalsozialismus im politischen Bewußtsein der Gegenwart In: Broszat u.a. (Hrsg.), Deutschlands Weg in die Diktatur, S. 329ff., oder Jürgen Kocka, Hitler sollte nicht durch Stalin und Pol Pot verdrängt werden. In: »Historikerstreit«. Die Dokumentation der Kontroverse um die Einzigartigkeit der nationalsozialistischen Judenvernichtung. Texte von Rudolf Augstein u.a. München 1987, S. 132ff.

lungene Auseinandersetzung mit dem personellen NS-Erbe und die letztlich ebenso geglückte Integration der »Ehemaligen« in die neue Demokratie ist verschiedentlich als erstaunlicher sozialer Prozeß gewertet worden. Daß dies gelang und die gleichermaßen auferlegte wie selbstgewählte Trennung vom Nationalsozialismus Bestand haben konnte, wäre ohne den ebenfalls glücklichen Verlauf zweier anderer großer historischer Prozesse der deutschen Nachkriegsgeschichte, dem wirtschaftlichen Wiederaufstieg Westdeutschlands und der Integration der zweiten deutschen Demokratie in den Verband der demokratischen Weststaaten, schwerlich möglich gewesen.

Strafverfolgung

Vielleicht trifft die Beobachtung zu, durch die Erfahrung der massenhaften »Entnazifizierung« sei in der Bevölkerung allmählich die Fähigkeit geschwunden, zwischen politischer und krimineller Schuld zu unterscheiden[118]. Darauf spekulierten vermutlich so wohlfeile populistische Tiraden, wie sie in den Debatten über die Verjährung von NS-Gewaltverbrechen gelegentlich von prominenten Politikern geschwungen wurden: Eine »zweite Entnazifizierung« sei unbedingt zu vermeiden. Ende 1945, als die zwei Dutzend deutscher »Hauptkriegsverbrecher« vor dem Internationalen Militärgerichtshof in Nürnberg ihre Anklageschrift entgegenzunehmen hatten, war es dem Mann auf der Straße durchaus noch geläufig, daß eine politische Säuberung unabhängig von den Motiven des Betroffenen allein auf deren Funktion zu zielen hatte, die strafrechtliche Verfolgung vor alliierten und deutschen Gerichten sich dagegen um den ·akribischen Nachweis der persönlichen Schuld jedes einzelnen Angeklagten bemühen mußte.

Angesichts der Dimension des Unrechts, das den Opfern von Deutschen zugefügt worden war, und in Anbetracht der Verwüstungen, die der nationalsozialistische Krieg in Europa angerichtet hatte, konnten Gerichte individuelle und historische Gerechtigkeit allenfalls symbolisch wiederherstellen. Die Justiz war auch deshalb prinzipiell überfordert, weil jetzt nicht in

---

[118] Peter Steinbach, Zur Auseinandersetzung mit nationalsozialistischen Gewaltverbrechen in der Bundesrepublik Deutschland. Ein Beitrag zur deutschen politischen Kultur nach 1945. In: Geschichte in Wissenschaft und Unterricht 35 (1984), S. 66.

erster Linie die individuell gewollte Tat, sondern das Funktionieren der Beschuldigten innerhalb einer Unrechtsordnung, die »Kleinstbeteiligung«[119] am staatlich organisierten Massenverbrechen, zu erfassen war. Mit der schwierig genug zu bewerkstelligenden Rekonstruktion des Tatkomplexes und des Beteiligtenkreises war nicht zugleich auch die Individualschuld des Täters bewiesen; oftmals blieb sie trotz überwältigenden Verdachts unbeweisbar und deshalb ungesühnt. Solche Schranken der justitiellen Abrechnung mit nationalsozialistischen Straftätern mußten das Gerechtigkeitsgefühl und das Rechtsempfinden herausfordern und manchen dazu verleiten, schlicht die notgedrungen »groben Normen des Strafgesetzes beim Strafurteil durch die feineren Normen des Sittengesetzes zu ergänzen oder zu ersetzen«[120].

Um diese beiden Pole war schon die Diskussion im deutschen Widerstand gekreist. Sie hatte zu der Erkenntnis geführt, daß der aus einer peniblen Anwendung rechtsstaatlicher Normen und Verfahren bei der Abrechnung mit dem Personal der Diktatur zu ziehende Gewinn nur mit einem Verlust an gerechtfertigter Sühne und historischer Gerechtigkeit erkauft werden konnte. Im besonderen wegen der bei den bürgerlichen deutschen Hitler-Gegner verbreiteten Scheu, nun selbst fundamentale Rechtsprinzipien zu verletzen und rückwirkende Straftatbestände zu schaffen, schienen nach dem Sturz des Regimes ausgerechnet jene Politiker, Ideologen, Beamte, Soldaten und Schreibtischtäter aller Ebenen die Früchte dieses neuen Rechtsbewußtseins zu ernten, die den Unrechtsstaat geschaffen und getragen, Recht durch Macht ersetzt und letztlich nur noch das selbst geschriebene sogenannte »Gesetz der Geschichte« als Richtschnur des Handelns anerkannt hatten.

Man muß sich die skrupulösen konservativen und die wesentlich freier mit Volkstribunalen und Sondergesetzen operierenden sozialistischen Vorarbeiten für ein Strafgericht nach dem Fall des Regimes nur kurz vor Augen halten, um zu erkennen, welcher Segen es letztlich gewesen ist, daß die Hauptlast der strafrechtlichen Verfolgung von NS-Verbrechen in den ersten Jahren nach dem Krieg von den Alliierten übernommen wurde.

[119] Dietrich Goldschmidt, Ein Volk und seine Mörder. In: Reinhard Henkys (Hrsg.), Die nationalsozialistischen Gewaltverbrechen. Geschichte und Gericht. Stuttgart 1964, S. 353.
[120] Jürgen Baumann, Die strafrechtliche Problematik der nationalsozialistischen Gewaltverbrechen. In: Henkys (Hrsg.), Nationalsozialistische Gewaltverbrechen, S. 273.

Indem sie aus dem Recht des Siegers die Normen setzten und die Schlüsselprozesse führten, taten sie einerseits das Notwendige und entlasteten andererseits die neuen politischen Kräfte in Deutschland von einer odiösen Aufgabe höchster Brisanz. Damit entzogen sie die hochpolitische Streitfrage, aufgrund welcher Normen ein Volk seine Führung und seine »Staatsmörder« auf die Anklagebank setzen und aburteilen sollte[121], weitgehend einer gefährlichen innenpolitischen Debatte, deren Folgen für das neue Staatswesen unabsehbar waren. Das war trotz der bald einsetzenden vielfältigen Detailkritik an den Nachkriegsprozessen der Siegermächte der eminente Effekt der alliierten Entschlossenheit, selbst über die »Nazi War Criminals« zu Gericht zu sitzen.

Der deutschen politisch-militärischen Führung war von den Vereinten Nationen der Anti-Hitler-Koalition seit Ende 1941 wiederholt klargemacht worden, daß sich nach dem Krieg alle, die sich »Grausamkeiten«, »Kriegsverbrechen sowie anderer, örtlich nicht begrenzbarer Taten« schuldig machten, auf eine gerichtliche Verfolgung einstellen mußten[122]; bereits im Herbst 1943 konstituierte sich die »United Nations War Crimes Commission«, die Kriegsverbrecherlisten zusammenzustellen und Verfahrensvorschläge zu machen begann. Ähnlich wie die deutsche Opposition wurde sich auch das Lager der Siegermächte lange nicht darüber einig, auf welche Weise – summarische Liquidierung, standrechtliche Massenerschießungen oder Verurteilung in ordentlichen Strafprozessen – mit den deutschen Verbrechern verfahren werden sollte. Im Spätsommer 1944 kristallisierte sich unter maßgeblicher Mitwirkung des amerikanischen Kriegsministers Stimson und des späteren Hohen Kommissars in Deutschland John J. McCloy die Entscheidung der Alliierten heraus, für die Verfolgung von NS-Tätern und Kriegsverbrechern eine solide rechtliche Basis zu schaffen[123]. Diese von den

---

[121] Vgl. hierzu Albert Mösl, Das Problem der prozessualen Behandlung politischer Mordtaten. In: Forster (Hrsg.), Möglichkeiten und Grenzen für die Bewältigung historischer und politischer Schuld, S. 39 ff.

[122] Die wichtigste war die von Roosevelt, Stalin und Churchill gezeichnete Moskauer ›Declaration of German Atrocities‹ vom 1. November 1943, abgedruckt in: Foreign Relations of the United States 1943, I, S. 768 f. Eine über 500 Seiten umfassende Bibliographie zum Komplex der Strafverfolgung von Kriegsverbrechen allgemein sowie der NS-Verbrechen und deutschen Kriegsverbrechen im besonderen stammt von Norman E. Tutorow, War Crimes, War Criminals and War Crimes Trials. New York 1986.

[123] Zu diesem Entscheidungsprozeß Bradley F. Smith, The American Road to Nuremberg. The Documentary Record 1944–1945. Standford 1982.

Amerikanern hartnäckig verfochtene Position setzte sich auf der Sonderkonferenz in der britischen Hauptstadt durch, die parallel zum Potsdamer Treffen der Großen Drei tagte. Am 8. August 1945 lag das »Londoner Viermächteabkommen über die Verfolgung und Bestrafung der Hauptkriegsverbrecher der Europäischen Achse« und das »Statut für den Internationalen Militärgerichtshof« in Nürnberg vor[124].

In den Verfahren vor dem »International Military Tribunal«, die am 20. November 1945 begannen und am 1. Oktober 1946 endeten, ging es den vier Siegermächten nicht allein darum, den überlebenden Galionsfiguren des Regimes schuldhaftes Verhalten nachzuweisen, sondern um einen »historischen Prozeß« und »die geistige Auseinandersetzung und Abrechnung«[125] mit einem in seiner Menschenfeindlichkeit und Aggressivität einzigartigen politischen System. Entsprechend der im Londoner Statut festgelegten Straftatbestände (1) Vorbereitung zum Angriffskrieg, (2) Verbrechen gegen den Frieden, (3) Kriegsverbrechen und (4) Verbrechen gegen die Menschlichkeit wurden 24 »Hauptkriegsverbrecher« angeklagt, deren Taten sich nicht von geographisch eingrenzbaren Tatorten her fassen ließen. 21 Beschuldigte erschienen vor Gericht und nahmen die »auf beachtlichem forensischen Niveau stehenden« Urteile[126] entgegen. Neben Freisprüchen (Fritzsche, Papen, Schacht) und Haftstrafen (Dönitz, Funk, Hess, Neurath, Raeder, Schirach, Speer) erging gegen zwölf von ihnen die Todesstrafe (Frank, Frick, Göring, Jodl, Kaltenbrunner, Keitel, Ribbentrop, Rosenberg,

---

[124] Londoner Viermächte-Abkommen vom 8. August 1945. In: Der Prozeß gegen die Hauptkriegsverbrecher vor dem Internationalen Militärgerichtshof, Nürnberg 14. November 1945–1. Oktober 1946, Band 1: Einführungsband. Nürnberg 1947, S. 7 ff.; Statut für den Internationalen Militärgerichtshof. Ebenda, S. 10 ff. Von den zahlreichen Studien zu den Nürnberger Prozessen sei als älterer analytischer Überblick erwähnt: Jürgen Weber, Sinn und Problematik der Nürnberger Kriegsverbrecherprozesse. In: Aus Politik und Zeitgeschichte 1968, B 48, ferner der gedrängte Abriß bei Adalbert Rückerl, NS-Verbrechen vor Gericht. Versuch einer Vergangenheitsbewältigung. Heidelberg 1984, S. 88 ff., der Konferenzband von Martin Hirsch, Norman Paech und Gerhard Stuby (Hrsg.), Politik als Verbrechen. 40 Jahre »Nürnberger Prozesse«. Hamburg 1986, die Darstellung von Bradley F. Smith, Der Jahrhundert-Prozeß. Die Motive der Richter von Nürnberg – Anatomie einer Urteilsfindung. Frankfurt 1977 sowie das auf ein breites Publikum zielende Buch von Joe J. Heydecker und Johannes Leeb, Der Nürnberger Prozeß. Bilanz der Tausend Jahre. Köln 1958 (veränd. und erw. Ausgabe 1979); weitere 629 Titel bei Tutorow, War Crimes, S. 283 ff.
[125] Rückerl, NS-Verbrechen, S. 90.
[126] Meyer, Soldaten ohne Armee, S. 706.

Sauckel, Seyß-Inquart, Streicher; Bormann in Abwesenheit) – keine jedoch ausschließlich aufgrund der beiden problematischen und deshalb am heftigsten umstrittenen Tatbestände (1) und (2)[127].

Trotzdem gab es in diesem Verfahren mehr als genug schwache Punkte in Anklage und Durchführung, an denen sich alsbald eine ausgedehnte, bis heute von »nationaler« Seite immer wieder gern belebte Kritik entzünden konnte. Herausgegriffen aus der Fülle berechtigter Einwände und rechtstheoretischer Bedenken sei hier nur die Verletzung des Prinzips der Gewaltenteilung (vier Richter bzw. Anklagevertreter waren Miturheber des Londoner Statuts); das Versäumnis, Richter aus neutralen Staaten in das Verfahren einzubeziehen; die zum Teil willkürliche Auswahl der Angeklagten; die klare Benachteiligung der Verteidigung gegenüber der Anklagebehörde; die auf sehr schwachen Füßen stehenden Straftatbestände (1) und (2), deren ex-post-facto-Qualität (die nach angelsächsischem Strafrechtsverständnis freilich weniger anstößig ist als nach kontinentalem[128]); die fragwürdige moralische Legitimation eines Gerichts, in dem ein Vertreter der Sowjetunion saß, die selber schwerste Verbrechen gegen den Frieden sowie gegen die Menschlichkeit und Kriegsverbrechen auf dem Kerbholz hatte; erst später wurde zudem deutlich, daß »Nürnberg« – entgegen der erklärten Absicht der Initiatoren – keine Revolutionierung des Völkerrechts bedeutete und erst recht kein qualitativ neues Kapitel der Beziehungen der Staaten untereinander aufzuschlagen vermochte. Dies alles hinderte zwar ein Heer von Kritikern, nicht aber die Masse der deutschen Bevölkerung, die hier einen ersten tiefen Einblick in die Natur des NS-Regimes erhielt, an der Erkenntnis, daß die Sieger Recht gesprochen und nicht Siegerjustiz geübt hatten. 55 Prozent der deutschen Bevölkerung empfanden die Urteile des Tribunals damals als gerecht, 21 Prozent als noch zu mild; knapp 80 Prozent der Befragten hielten das Verfahren für fair[129]. Jenseits aller juristischen Überlegungen war unübersehbar, daß in Nürnberg

---

[127] Das Führerkorps der NSDAP, Gestapo, SD und SS wurden zu »verbrecherischen Organisationen« erklärt, allerdings mit der wichtigen, eine strafrechtliche Kollektivschuld ausdrücklich verneinenden Maßgabe, daß Mitgliedschaft allein zu einer Verurteilung nicht hinreiche.

[128] Weber, Sinn und Problematik, S. 14.

[129] Anna J. Merrit und Richard L. Merrit (Hrsg.), Public Opinion in Occupied Germany. The OMGUS Surveys, 1945–1949. Urbana 1970, S. 35.

»Recht geschehen«[130], das Tribunal ein »Akt historischer Gerechtigkeit«[131] gewesen war.

Die damaligen und späteren Kritiker des Tribunals sind ihrem Auditorium in der Regel die Auskunft darüber schuldig geblieben, welche der beiden einzigen Alternativen zu dem Prozeß sie 1945 denn vorgezogen hätten: nichts zu tun und einfach zur Tagesordnung überzugehen oder die dem militärischen Sieger jederzeit mögliche »verfahrens- und urteilslose Exekution einer willkürlichen Anzahl von Mitgliedern der nationalsozialistischen Führungsschicht«[132]. Daß die Alliierten sich in diesem historisch einzigartigen »Vakuum zwischen Unrechtsstaat und neu zu errichtendem Rechtsstaat« und im Konflikt zwischen willkürlicher Abrechnung und Jurisdiktion für letztere entschieden, gewann eine über das unmittelbare Prozeßziel hinausgehende Bedeutung. »Nürnberg« wie auch die übrigen Strafverfahren vor alliierten und deutschen Gerichten waren der überzeugende und dauerhaft wirksame Versuch, das organisierte Staatsverbrechen zwar als »ein kollektives, aber doch individuell zurechenbares Geschehen zu begreifen und zu behandeln«[133]. Auch wenn seit 1945 längst nicht alle Schuldigen gefunden, angeklagt, verurteilt oder gar gerecht bestraft worden sind, ist nach der gerichtlichen Abrechnung mit dem NS-Regime ein für allemal klar, daß Staatsmord kein Naturereignis und kein »transpersonales Geschehen«[134] ist und daß sich Täter nicht hinter den Staat oder hinter einen in den allermeisten Fällen nicht wirklich gegebenen »Befehlsnotstand« zurückziehen können. Durch die akribische Arbeit in Tausenden von NS-Prozessen seit dem Militärtribunal in Nürnberg wurde überdies das Geschehen unmittelbar anschaulich rekonstruiert und so das vordem »leere, anonyme Bild der totalitären Vergangenheit mit Gestalten bevölkert, die aus ihm nicht wieder zu verbannen sind«. Diese unwiderlegliche Aufdeckung der deut-

[130] So Karl Dietrich Erdmann, Die Zeit der Weltkriege. Stuttgart 1976, S. 645 (Gebhardt, Handbuch der deutschen Geschichte, 9. Auflage, Band 4/2).

[131] Lothar Gruchmann, Das Urteil von Nürnberg nach 22 Jahren. In: Vierteljahrshefte für Zeitgeschichte 16 (1968), S. 385.

[132] Herbert Jäger, Zur »Kriminalität der Mächtigen«. In: Hirsch, Paech, Stuby (Hrsg.), Politik als Verbrechen, S. 37; das folgende Zitat ebenda. Das Folgende stützt sich auf die Auffassung Jägers, die er vor allem in seinem Werk: Verbrechen unter totalitärer Herrschaft. Studien zur nationalsozialistischen Gewaltkriminalität. Olten 1967, subtil und überzeugend dargetan hat.

[133] Jäger, »Kriminalität der Mächtigen«, S. 36.

[134] Jäger, Verbrechen, S. 14; das folgende Zitat ebenda.

schen Untaten hat es letztlich unmöglich gemacht, daß eine »nachträgliche Bemäntelung oder Beschönigung«[135] des Ausmaßes und des Charakters des nationalsozialistischen Verbrechertums unter ernst zu nehmenden Menschen hoffähig wurde. So hat man ebenso wie bei der politischen auch bei der strafrechtlichen Abrechnung mit dem Regime-Personal den unmittelbaren Resultaten die weiter reichenden mittelbaren Auswirkungen an die Seite zu stellen.

Der Prozeß gegen die prominenten »Kriegsverbrecher« (eine bis in die sechziger Jahre hinein gebrauchte irreführende und verharmlosende Bezeichnung, denn die allermeisten deutschen Verbrechen hatten nichts mit dem militärischen Kriegsgeschehen zu tun) war der Paukenschlag zum Auftakt der anschließenden Prozeßwelle gegen NS-Verbrecher vor Militärgerichten der vier Besatzungsmächte. Grundlage der Verfahren, in denen sich nach der Führungsspitze zunächst das hochgestellte Personal, die prominenten Helfer und Nutznießer des Systems und dann das einfache Mordpersonal zu verantworten hatten, war das auf dem Londoner Statut basierende Kontrollratsgesetz Nr. 10 vom 20. Dezember 1945[136]. Zunächst sollten die gesellschaftlichen und politischen Funktionseliten des Dritten Reiches ebenfalls vor ein internationales Tribunal gestellt werden. Aber schon im Frühjahr 1946 waren den Westmächten wegen der dubiosen Usancen ihres sowjetischen Partners im Nürnberger Hauptprozeß solche Zweifel gekommen, daß sie es vorzogen, diese Verfahren in eigener Regie zu führen[137].

Am bedeutendsten waren die zwölf »Nachfolgeprozesse« vor den amerikanischen »Nuremberg Military Tribunals«, in denen Dutzende von exemplarisch gewissenlosen und grausamen Ärzten, Juristen, Diplomaten, Ministern, Militärs, Industriellen, Bankiers und SS-Offizieren angeklagt waren. Auch hier ging es neben dem Nachweis individueller Schuld darum, vor aller Welt im Detail zu zeigen, wie maßgebende gesellschaftliche Gruppen in das Regime eingebunden waren und mit ihm gemeinsame Sache gemacht hatten, wo (besonders eindringlich im Fall des Staatssekretärs im Auswärtigen Amt Ernst von Weizsäcker) die Grenzen zwischen politischer Verantwortung, mo-

---

[135] Weber, Sinn und Problematik, S. 28 f.
[136] Abgedruckt bei Telford Taylor, Die Nürnberger Prozesse. Kriegsverbrechen und Völkerrecht. Zürich 1951 (ergänzte Sonderausgabe).
[137] Frank M. Buscher, The U.S. War Crimes Trial Program in Germany, 1946 to 1955. New York 1989, S. 30 f.

ralischer und strafrechtlicher Schuld verliefen. Die Prozeßserie, in der gegen insgesamt 177 Personen verhandelt wurde und die in der zweiten Jahreshälfte 1947 ihren Höhepunkt erreichte, begann am 25. Oktober 1946 mit dem »Ärzte-Prozeß« (Fall I) und endete mit der Verkündung des Strafmaßes im »Wilhelm-straßen-Prozeß« (Fall XI) am 14. April 1949[138]. Insgesamt ergingen 35 Freisprüche, 98 begrenzte und 20 lebenslange Freiheitsstrafen[139]. Zum Tode verurteilt wurden sieben Ärzte wegen mörderischer Experimente und heimtückischer Tötung »nutzloser Esser«, drei leitende Funktionäre des SS-Wirtschaftsverwaltungshauptamtes, das die unmittelbare Verantwortung für die Konzentrationslager hatte (Fall IV), sowie 14 Angehörige der Einsatzgruppen der Sicherheitspolizei und des SD, der Ausrottungstruppe im Osten (Fall IX); zwölf Todesstrafen wurden vollstreckt.

Die zwölf Urteile der Nürnberger »Nachfolgeprozesse« gingen in ihren Begründungen teilweise weit über das Übliche und Erforderliche hinaus und nahmen in großem Ernst zur Verantwortlichkeit in totalitären Systemen und zu Grundfragen beruflicher Ethik Stellung; so im Juristen-Prozeß (Fall III) und hinsichtlich der Geisel-Behandlung im Verfahren gegen die Südost-Generale (Fall VII). Die im Ärzte-Urteil aufgestellten zehn allgemeinen Verhaltensregeln für wissenschaftliche Experimente an Menschen (»Nürnberger Kodex«) gelten heute als »Eckstein der Humanisierung des Gesundheitswesens«[140]. Die Urteile in den sehr viel komplizierter liegenden Fällen führender Industrieller des Flick-Konzerns (Fall V), der I. G. Farben (Fall VI) und von Krupp (Fall X), von denen 15 freigesprochen und die übrigen 26 Angeklagten lediglich wegen Zwangsarbeiter-Einsatzes und wirtschaftlicher Ausraubung besetzter Länder verurteilt wurden, waren freilich stark umstritten, weil dabei die politische Dimension auf der Strecke geblieben war. Der amerikanische Hauptankläger Telford Taylor nannte das Flick-

[138] Die zwölf Nürnberger »Nachfolgeprozesse« sind dokumentiert in der Serie: Trials of War Criminals before the Nuremberg Military Tribunals under Control Council Law No. 10, Nuremberg, October 1946 – April 1949. 15 Bände, Washington 1949–1955.

[139] Vgl. die Aufstellung von Robert M. W. Kempner in: Taylor, Nürnberger Prozesse, S. 160 ff.

[140] Hans Mausbach, Der Nürnberger Ärzteprozeß. Anstoß zur Erneuerung der medizinischen Ethik und zur Überwindung sozialdarwinistischer Tendenzen in Medizin und Psychiatrie. In: Hirsch, Paech, Stuby (Hrsg.), Politik als Verbrechen, S. 65. Vgl. Taylor, Nürnberger Prozesse, S. 58 ff.; das folgende Zitat ebenda, S. 81.

Urteil schon bald nach dessen Verkündung »äußerst, um nicht zu sagen übertrieben milde und versöhnlich«.

Auf einer niedrigeren Ebene politischen und gesellschaftlichen Einflusses aktiv, aber häufig von derselben Vernichtungsmentalität und Verbrechensenergie waren die 1941 angeklagten Henker und Schergen, die sich zwischen November 1945 und Oktober 1947 vor den Militärgerichten der U.S. Army (zumeist in Dachau, aber auch in den Lagern Darmstadt und Ludwigsburg) verantworten mußten. In diesen Prozessen wurde vor allem gegen das Personal der Konzentrationslager Buchenwald, Dachau, Flossenbürg, Mauthausen, Dora-Mittelbau, die Mitarbeiter der »Euthanasie«-Anstalt Hadamar, die Mörder von beinahe 1200 notgelandeten amerikanischen Fliegern, die am Malmédy-Massaker während der Ardennen-Offensive beteiligten SS-Männer[141] sowie eine Reihe weiterer Angeklagter verhandelt. 1517 von ihnen wurden verurteilt, davon 324 zum Tode, 247 zu lebenslanger Freiheitsstrafe; britische Militärgerichte führten Verfahren gegen insgesamt 1085 Personen durch, 240 erhielten die Todesstrafe; französische Besatzungsgerichte verurteilten 2107 Angeklagte, 104 von ihnen zum Tode[142]. Für die sowjetisch besetzte Zone liegt die Zahl der oftmals in Schein- und Schnellverfahren Verurteilten um ein Mehrfaches höher als in den drei Westzonen zusammengenommen. 13 532 Verurteilte sollen sich noch im Mai 1950 in sowjetischen Lagern befunden haben, im Januar 1950 waren an die deutschen Behörden der DDR 10 513 von sowjetischen Militärtribunalen Verurteilte übergeben worden; hinzuzurechnen ist eine unbekannte Zahl in den Jahren davor exekutierter Todes-»Urteile«. Tausende in den ersten Jahren nach dem Krieg und später in westlichen, aber insbesondere in Polen (bis 1977 5358 Verurteilte) und den übrigen Ländern Ost-Mitteleuropas und Südosteuropas verurteilter deutscher »Kriegsverbrecher« kommen zu dieser Bilanz

---

[141] Vorfall und Verfahren sind überzeugend beschrieben bei James F. Weingartner, Crossroads of Death. The Story of the Malmédy Massacre and Trial. Berkeley 1979.

[142] Zahlen nach dem ›Bericht über die Verfolgung nationalsozialistischer Straftaten‹ des Bundesjustizministeriums vom 26. Februar 1965 (Deutscher Bundestag, 4. Wahlperiode, Drucksache IV/3124, S. 9ff.). Die Zahlen schwanken freilich in Literatur und Quellen. Der Bericht des amerikanischen Deputy Judge Advocate for War Crimes vom August 1948, S. 160, etwa spricht von 426 Todesurteilen und 199 lebenslangen Freiheitsstrafen, was wohl darauf zurückzuführen ist, daß hierin spätere Umwandlungen von Todesurteilen noch nicht enthalten sein können; Archiv des Instituts für Zeitgeschichte, Fg 16.

hinzu[143]. 1946/47 lieferten allein die Amerikaner 3914 als Kriegsverbrecher gesuchte Personen aus ihrer Zone an 16 europäische Länder aus, zwei Drittel davon an Frankreich und Polen[144].

Auch wenn die in der Anti-Hitler-Koalition zusammengeschlossenen Vereinten Nationen nach der deutschen Kapitulation selbstverständlich nicht sämtlicher etwa 150 000 Verdächtigter habhaft werden konnten, die die Alliierten in einem zentralen Fahndungsregister erfaßt hatten[145], so führten sie zwischen 1945 und 1948, als der Strafwille am stärksten war, doch einen unerhört massiven Schlag gegen die nationalsozialistische Gewaltkriminalität, und zwar gegen die Mörder der unteren *und* oberen Etagen; 50 000 bis 60 000 Personen dürften von Gerichten der Siegermächte innerhalb und außerhalb Deutschlands insgesamt verurteilt worden sein[146]. In den westlichen Besatzungszonen und den westlichen Ländern erhielten die Angeklagten im allgemeinen ein geordnetes Verfahren, die Zahl der gefällten, erst recht der vollstreckten Todesurteile blieb niedrig. Vergleiche mit der Willkür-Justiz der NS-Zeit, wie sie nach 1945 zunächst vorsichtig insinuiert, später ganz offen gezogen wurden, verrieten bestenfalls Unkenntnis der NS-Justiz. Weil diese Prozesse normalerweise fair geführt wurden und weil die in deren Verlauf zutage tretenden, in der Öffentlichkeit wieder und wieder diskutierten Greuel und Armseligkeiten (»Ich war nur ein kleiner Generalfeldmarschall!«) eine zu deutliche Sprache sprachen, kam es nicht wirklich dazu, daß – wie Theodor Heuss bei Kriegsende fürchtete – aus »abgeurteilten Opfern der Fremdjustiz Märtyrer« wurden[147]. Dennoch ging die Bevölkerung nach anfänglicher Zustimmung nach und nach auf Distanz zu den Verfahren der Alliierten. Obgleich Anfang der fünfziger Jahre nur ganze 8 Prozent der Deutschen in den »Kriegsverbrecher«-Prozessen »den größten Fehler« der Besat-

---

[143] Rückerl, NS-Verbrechen, S. 101.

[144] Bericht des Deputy Judge Advocate, S. 249.

[145] Vgl. Earl F. Ziemke, The U. S. Army in the Occupation of Germany 1944–1946. Washington 1975, S. 392.

[146] Erdmann, Zeit der Weltkriege, S. 648.

[147] Theodor Heuss, Aufzeichnungen 1945–1947. Aus dem Nachlaß herausgegeben und mit einer Einleitung versehen von Eberhard Pikart. Tübingen 1966, S. 76. In dieser Aufzeichnung vom 17. Mai 1945 bezieht sich Heuss auf fremde Aburteilung von Taten, die Deutsche an Deutschen verübt hatten.

zungsmächte sehen wollten[148], äußerten jetzt bloß noch etwa 10 Prozent Zustimmung zu den Nürnberger Prozessen[149].

Dieser Stimmungswandel in der Bevölkerung signalisierte weniger, daß die massive justitielle Abrechnung nachträglich verworfen wurde, sondern daß nach der Besatzungsära mit »Fremdjustiz« Schluß sein sollte. Schon während der Okkupationsjahre waren beträchtliche Energien in die vor Sentimentalität und Larmoyanz strotzende Kompensierung der nationalen Kränkung durch die Justiz der Sieger geflossen. Mit dem raschen Wandel von Besatzungsmächten zu potentiellen Verbündeten mußte auch die Ablehnung der alliierten »Kriegsverbrecher«-Prozesse wachsen. Nach der Verhärtung des Ost-West-Verhältnisses wurden die Gegner der Strafverfolgung von NS-Verbrechen im In- und Ausland mutig. Sie beschränkten sich jetzt nicht mehr darauf, beispielsweise das Fehlen einer Berufungsmöglichkeit zu monieren oder die Motive bei der Auswahl mancher Angeklagter insbesondere aus den Bereichen der Industrie und des Militärs zu kritisieren, sondern sie griffen kritikwürdige Verfahren und Urteile auf, um das ganze Programm in Mißkredit zu bringen.

Besonders gut eignete sich hierzu der 1946 abgeschlossene Dachauer Malmédy-Prozeß. Tatsächlich hatten sich einige Amerikaner bei den Ermittlungen zu den Kriegsgefangenen-Morden, die Anfang 1945 in den USA einen Aufschrei der Empörung und bei vielen Soldaten der U.S. Army Erbitterung und Rachebereitschaft ausgelöst hatten, zu Mißhandlungen und Einschüchterungen hinreißen lassen. Das stellte nicht nur den Wahrheitsgehalt der Untersuchungsergebnisse, sondern auch die Rechtmäßigkeit des sehr harten Urteils – von den 73 Angeklagten erhielten 43 die Todesstrafe – in Frage[150]. Das bürokratische, politische und publizistische Nachspiel, in dessen Verlauf sämtliche Todesurteile aufgehoben wurden, war zunächst von einigen aufmerksamen amerikanischen Staatsbürgern innerhalb und außerhalb der Army eingeleitet worden, die auf einer einwandfreien Klärung unfairer Machenschaften und

[148] Elisabeth Noelle und Erich Peter Neumann (Hrsg.), Jahrbuch der öffentlichen Meinung 1947–1955. Allensbach 1956, S. 140; Umfrage von 1951.

[149] Vgl. Thomas Alan Schwartz, Die Begnadigung deutscher Kriegsverbrecher. John J. McCloy und die Häftlinge von Landsberg. In: Vierteljahrshefte für Zeitgeschichte 38 (1990), S. 383.

[150] Zum Malmédy-Prozeß und seinem politischen Nachspiel Weingartner, Crossroads of Death, S. 121 ff.

Rechtsverstöße insistierten. Dieses vornehmlich bürgerrechtlich motivierte Engagement wurde dann von rechtsgerichteten politischen Kreisen in den USA begierig aufgegriffen. Sie nutzten das Thema, um generell gegen die »Strafpolitik« der Besatzungsbehörden und gegen eine »angeblich fehlgeleitete, ja von Kommunisten inspirierte Politik der Regierung Truman«[151] Front zu machen; ein Mann wie Senator Joseph McCarthy aus Wisconsin begann mit der sorglosen Ausbeutung des Malmédy-Themas seine Karriere.

Für die amerikanische Regierung, die das Gros prominenter deutscher Delinquenten in Verwahrung hatte, kam es einer Quadratur des Kreises gleich, mit der Entscheidung über deren weiteres Schicksal die lautstarken Gegner wie die Befürworter des Strafverfolgungsprogrammes (letztere hatten in den USA wie im übrigen Ausland immer eine breite Mehrheit) gleichermaßen zufriedenzustellen. Einerseits durfte Washington dem Druck des Gnadenlobbyismus, dem es letztlich um eine moralische und tatsächliche Annullierung der »Kriegsverbrecher«-Prozesse ging, nicht nachgeben, nicht selbst die Nürnberger Prinzipien desavouieren und so fünf Jahre nach der deutschen Kapitulation der Verhöhnung der Opfer des Nationalsozialismus Tür und Tor öffnen. Andererseits verlangte das neue Verhältnis, das die Amerikaner und ihre Verbündeten im Kalten Krieg zum deutschen Weststaat gefunden hatten, und die neue Rolle, die der jungen Bundesrepublik im Wirtschafts- und Militärverbund des Westens zugedacht war, eine kompromißbereitere Haltung gegenüber den hauptsächlich 1946 und 1947 verurteilten deutschen »Kriegsverbrechern«. Dies konnte auch zu einer Entlastung des deutschen Kanzlers von der aggressiv-nationalsentimentalen Agitation der rechtslastigen Koalitionsparteien FDP und DP beitragen.

Es waren aber keineswegs nur die nationale Rechte, die Betroffenengruppen und ihre Strafverteidiger, die nach anfangs vorsichtiger Taxierung der prinzipiell rechtlich denkenden westlichen Besatzungsmächte allmählich kecker wurden und ab 1948 dann ungeniert gegen die alliierten Strafurteile angingen. Die wohl unrühmlichste Rolle spielten dabei neben einigen prominenten Juristen katholische und evangelische Kirchenführer wie Kardinal Frings, der Münchner Weihbischof Neuhäusler und die

---

[151] Schwartz, Begnadigung, S. 380.

Bischöfe Wurm, Meiser und Dibelius[152]. Sie führten letztlich eine Lobbyismus-Kampagne zur historisch gar nicht möglichen »Ehrenrettung des nationalkonservativen, besseren Deutschland« und zur »Verteidigung der alten Machteliten«, die von der amerikanischen Militärregierung völlig zu Recht zurückgewiesen wurde, die aber nicht ohne Wirkung bleiben konnte. Nach Gründung der Bundesrepublik und erst recht nach der im September 1950 gefallenen Entscheidung, Westdeutschland wiederzubewaffnen, wurde die Kampagne, bei der wiederum die Kirchenführer durch peinliche Fühllosigkeit gegenüber den NS-Opfern auffielen und auch mit schlimmsten Fehlleistungen nicht geizten[153], immer lärmender. Am Schluß war es soweit, daß sogar die zunächst immer betonte Differenzierung zwischen den verschiedenen Kategorien der NS-Verbrechen hinter der Forderung nach einer Totalrevision verschwand[154].

Eine Wiederaufnahme der Prozesse lehnten die Alliierten strikt ab. Sie ließen sich lediglich auf einen Gnadenerweis in geprüften Einzelfällen ein. Das war trotzdem ein eminent politischer Schritt, den die Amerikaner durchaus auch als »Geste der Versöhnung« verstanden wissen wollten. Nach skrupulöser Prüfung verkündete der amerikanische Hohe Kommissar John J. McCloy am 31. Januar 1951 seine Entscheidung: In 79 von 89 »Nürnberger« Fällen reduzierte er die Haftstrafen zum Teil so drastisch, daß 30 Gefangene sofort aus dem Gefängnis Landsberg freikamen. 10 von 15 Todesurteilen wurden in Haftstrafen umgewandelt. Nur fünf der übelsten Einsatzgruppen-Mörder wurden Anfang Juni 1951 zusammen mit zwei »Dachauer« Delinquenten hingerichtet; es waren die letzten Hinrichtungen auf dem Territorium der Bundesrepublik. Im Mai 1958 wurden die letzten von alliierten Gerichten verurteilten »Kriegsverbrecher« freie Leute.

Nach dem Begnadigungsakt von Anfang 1951 erstarb die mit kunstloser Stimmungsmache am Leben erhaltene Aufregung recht bald. Eine Art Schlußpunkt schien damit unter ein letztes und besonders unzeitgemäßes Kapitel der überwundenen, im

---

[152] Vgl. hierzu Clemens Vollnhals, Die Hypothek des Nationalprotestantismus. Entnazifizierung und Strafverfolgung von NS-Verbrechen nach 1945. In: Geschichte und Gesellschaft 18 (1992); folgende Zitate ebenda.

[153] In einem Privatbrief an einen Pfarrer vom 11. Oktober 1949 schrieb Bischof Theophil Wurm: »Man kann jeder deutschen Scheußlichkeit eine englische, französische, amerikanische oder russische entgegenhalten.« Zit. nach Vollnhals, Hypothek.

[154] Schwartz, Begnadigung, S. 396; das folgende Zitat ebenda, S. 375.

Rückblick für viele mit einem Übermaß verordneter und deshalb um so demütigenderen Selbstquälerei und »Fremdbestimmung«[155] gepflasterten Besatzungsära gesetzt. Vielleicht hatten die Amerikaner und ihre Alliierten jetzt ja endlich selbst ein schlechtes Gewissen bekommen bei der »Bestrafung« der Deutschen und der Verfolgung der »Kriegsverbrecher«, mochte sich mancher fragen. Weshalb sollten die Deutschen, die jetzt die freie Welt mitverteidigen und Aufnahme in die westliche Gemeinschaft finden sollten, weiter in der Vergangenheit herumbohren, wo selbst die ehemaligen Siegermächte nach fünf Jahren scharfer Maßnahmen ihren Frieden damit zu machen schienen? Auch die »Entnazifizierung« war längst beendet, und den letzten von ihr aus dem öffentlichen Dienst »Verdrängten« ebnete das im Mai 1951 verabschiedete Ausführungsgesetz zu Artikel 131 GG den Weg zurück in die Normalität. Ein »eigentümliches Verstummen des deutschen Volkes« über die in den Besatzungsjahren beharrlich ans Licht gezogenen deutschen Schandtaten zwischen 1933 und 1945, deren Kenntnisnahme weder die gesellschaftlichen Eliten noch der Mann auf der Straße in Wirklichkeit hatten ausweichen können[156], fiel empfindsamen Beobachtern wie Romano Guardini bereits Anfang der fünfziger Jahre auf[157]. Andere boten später Begriffe wie »trügerische Ruhe«[158] oder »gewisse Stille«[159] zur Kennzeichnung dieses offenbar weithin verspürten Phänomens an, einer Erscheinung, die in ähnlicher Weise auch im Frankreich der Vierten Republik etwa zur selben Zeit zu beobachten war; Krieg und Vergangenheit schienen definitiv bewältigt[160].

Diesen Eindruck rief inzwischen auch die Strafverfolgung von NS-Verbrechen durch deutsche Gerichte hervor, die 1952 »na-

---

[155] Martin Broszat, Siegerjustiz oder strafrechtliche »Selbstreinigung«. Aspekte der Vergangenheitsbewältigung der deutschen Justiz während der Besatzungszeit 1945–1949. In: Vierteljahrshefte für Zeitgeschichte 29 (1981), S. 543.
[156] So überzeugend Hermann Graml, Die verdrängte Auseinandersetzung mit dem Nationalsozialismus. In: Martin Broszat (Hrsg.), Zäsuren nach 1945. Essays zur Periodisierung der Nachkriegsgeschichte, München 1990, S. 169ff.
[157] Romano Guardini in einer im Frühjahr 1952 vor der Tübinger Studentenschaft gehaltenen Rede, abgedruckt in: Romano Guardini, Verantwortung. Gedanken zur jüdischen Frage. 3. durchges. Aufl. München 1954, S. 31.
[158] Peter Steinbach, Nationalsozialistische Gewaltverbrechen. Die Diskussion in der deutschen Öffentlichkeit nach 1945. Berlin 1981, S. 48.
[159] Lübbe, Nationalsozialismus, S. 334.
[160] Henry Rousso, Le syndrome de Vichy 1944 à nos jours. Paris 1990, S. 221.

hezu zum Stillstand«[161] kam, nachdem die Justiz in den Westzonen zuvor einen ansehnlichen Beitrag zur strafrechtlichen
Abrechnung mit dem Nationalsozialismus geleistet hatte. In
ihrer inneren und äußeren Freiheit waren die deutschen Gerichte freilich von Anfang an viel stärker eingeschränkt als die alliierten Tribunale. Die »Entnazifizierung« der Richter war im
Westen nicht entfernt so einschneidend verlaufen wie in der
sowjetischen Besatzungszone, so daß die richterliche »Verfil-
zung mit dem vergangenen Unrecht«[162] von vornherein ein ern-
stes Hindernis der Strafverfolgung war. Eine Vielzahl praktischer und rechtsdogmatischer Probleme trat hinzu. Die deutsche Strafjustiz, die im Herbst 1945 ihre Tätigkeit wieder aufzunehmen begann, war von den Alliierten mit guten Gründen
lediglich dazu autorisiert worden, solche Straftaten zu verfolgen, »die deutsche Staatsbürger oder Staatsangehörige gegen
andere deutsche Staatsbürger oder Staatsangehörige« verübt
hatten[163]. Als Grundlage sollte neben deutschem Recht das
Kontrollratsgesetz Nr. 10 dienen, das von vielen deutschen
Richtern wegen seines rückwirkenden Charakters nur zögernd
oder überhaupt nicht zur Anwendung gebracht wurde[164]. Keineswegs alle mochten die klare Erkenntnis Gustav Radbruchs
teilen, daß mit den deutschen Untaten in der Regel durchaus
»das Bewußtsein der Strafwürdigkeit, einer nur durch völlig
abnorme Verhältnisse aufgehobenen Strafbarkeit verbunden«
gewesen sei. Der »ganze Rechtsboden, auf dem der Nationalsozialismus zu stehen vorgab«, sei überhaupt kein Rechtsboden
gewesen, und deshalb könne »das nullum crimen sine lege nur
in sehr formalistischem Sinn auf das gesetzliche Unrecht jener
Zeit Anwendung finden«[165].

Obgleich die Mehrzahl der brutalsten Massenverbrechen des
Nationalsozialismus dem deutschen Zugriff bis Anfang der
fünfziger Jahre entzogen blieb, begann Ende 1945 eine energi-
sche Strafverfolgung. Sie erreichte 1948/49 ihren Höhepunkt

[161] Broszat, Siegerjustiz, S. 541.
[162] Beitrag von Ernst Müller-Meiningen jr., Gespenstische Vergangenheit vor Gericht zitiert, aus dem Jahre 1958. In: ders., Das Jahr Tausendundeins. Eine deutsche
Wende? Basel 1987, S. 36.
[163] Zit. nach Rückerl, NS-Verbrechen, S. 108.
[164] Ausführlich behandelt ist diese lähmende Kontroverse bei Broszat, Siegerjustiz,
insbes. S. 516ff.
[165] Gustav Radbruch in der Süddeutschen Juristenzeitung 1947, zit. nach Broszat,
Siegerjustiz, S. 526f.

und richtete sich vor allem auf die Tatkomplexe der KZ-Verbrechen, des »Röhmputsches«, auf die »Reichskristallnacht«, die »Euthanasie«-Morde und die in der Endphase des Krieges zur Hebung des Durchhaltewillens begangenen Tötungsverbrechen und Justizmorde. Bis Ende 1950 wurden 5228 Personen verurteilt, die meisten davon in der britischen Zone[166].

Die neuartige Verbrechensqualität stellte die deutsche Justiz vor ganz ungewohnte Herausforderungen, zumal sich die Öffentlichkeit lange nicht von dem verengten, im Einzelmord kulminierenden Verbrechensbegriff lösen konnte[167]. Was darüber hinausging, galt und gilt oftmals noch heute »als ›Geschichte‹, ›Politik‹, ›Krieg‹«. Und weniges war so mühselig zu vermitteln wie die Tatsache, daß der Staat selbst pervertiert und zum Unrechtsstaat geworden war, der Millionen Staatsmorde dekretiert hatte und Zehntausende von Staatsdienern zu Staatsmördern mit oftmals bestem Gewissen hatte werden lassen. Und solange auf dem Höhepunkt der Erfolge an der Stabilität des NS-Staates und am sogenannten »Gesetz der Geschichte« nicht zu zweifeln war, brauchten die vom Regime wohlgeschützten Täter dem Strafgesetzbuch von 1871 auch »keine wesentliche Bedeutung mehr beizumessen«. Der nicht-exzessive Täter konnte zudem beruhigt in dem Glauben handeln, mit Staat und Gesellschaft konform zu gehen. Das »verdunkelte« nicht nur vor, sondern auch nach 1945 das Rechtsbewußtsein der meisten Angeklagten und der teilnehmenden Öffentlichkeit[168]. Wer war in seiner »Kleinstbeteiligung« an der »großbetrieblichen Organisation des Massenmordes«[169] nach traditionellem strafrechtlichen Verständnis überhaupt noch Täter? Das nationalsozialistische Verbrechensarkanum atomisierte und parzellierte in eine Vielzahl individueller Verfahren[170], und sehr viele Täter profitierten da-

[166] Übersicht bei Rückerl, NS-Verbrechen, S. 329, Zahlenangabe S. 121. Vgl. Broszat, Siegerjustiz, S. 539f.; zum folgenden ebenda, S. 534f.

[167] Von bahnbrechender Bedeutung hierzu die Studie von Jäger, Verbrechen unter totalitärer Herrschaft; Zitate ebenda, S. 12 und S. 187.

[168] Luzide dazu Konrad Redeker, Individualschuld und Mitverantwortung von Staat und Gesellschaft. In: Probleme der Verfolgung und Ahndung von nationalsozialistischen Gewaltverbrechen. Sonderveranstaltung des 46. Deutschen Juristentages in Essen. Entschließungen der Königsteiner Klausurtagung. Bericht, Referate und Schlußwort. München 1967, S. 45ff.

[169] Goldschmidt, Ein Volk und seine Mörder, S. 333.

[170] Vgl. Bernd Hey, Die NS-Prozesse – Versuch einer juristischen Vergangenheitsbewältigung. In: Geschichte in Wissenschaft und Unterricht 32 (1981), S. 331ff., insbes. S. 334.

von. Diese oft beklagte »Kluft«[171] zwischen Taten und Urteilen war der Preis für die bewußte politische Entscheidung, nach der Gründung der Bundesrepublik Verbrechen des 20. mit dem Strafrecht des 19. Jahrhunderts zu ahnden.

Anfang der fünfziger Jahre erlahmte der respektable Verfolgungs- und Sühnewillen zusehends. Daran änderte es auch nichts, daß die deutschen Gerichte ab Januar 1950 die Kompetenz erhielten, auch bei Straftaten gegen Ausländer tätig zu werden. Ab August 1951 brauchten sie sich nur noch deutschen Rechts zu bedienen[172]. Die Mehrzahl der Richter hat das als erfreuliches Ende der Überfremdung deutschen Rechtsdenkens empfunden. Das Strafgesetzbuch von 1871 und die Strafprozeßordnung erwiesen sich jedoch schnell als viel stumpfere Instrumente als die alliierten Normen, um das neue Phänomen des ideologischen Staatsverbrechens adäquat zu erfassen. Der Bundestag seinerseits, in dessen Reihen einige der unversöhnlichsten Gegner nicht nur der von den Alliierten eingeführten Straftatbestände, sondern der Strafverfolgung von »Kriegsverbrechen« überhaupt saßen, dachte nicht daran, den Justizorganen mit einer »tapferen Tat« an die Seite zu springen[173]. Die Zeit des Sonderrechts, die eine Zeit des Besatzungsrechts gewesen war, sollte nun ebenso der Vergangenheit angehören wie die Vormundschaft der Siegermächte.

Der folgende Stillstand der Strafverfolgung, der einige Jahre später dank einer Handvoll unermüdlicher Kritiker gegen eine breite Mehrheitsmeinung wieder durchbrochen werden konnte, war nur ein Phänomen von wenigen Jahren. Das genügte aber, daß der ab Ende der fünfziger Jahre gemachte und bis heute fortdauernde zweite Anlauf, dem Recht Genüge zu tun, »im Zeichen des ›Zu spät‹«[174] stand – auch wenn in Westdeutschland bis 1990 insgesamt 98 042 Ermittlungs- und Strafverfahren eingeleitet und dabei 6486 Personen verurteilt wurden[175].

[171] Steinbach, Zur Auseinandersetzung, S. 65; Zitat S. 80.

[172] Rückerl, NS-Verbrechen, S. 123 f.

[173] So ein Strafrichter Mitte der sechziger Jahre; zit. nach Broszat, Siegerjustiz, S. 540. Vgl. auch Gotthard Jasper, Wiedergutmachung und Westintegration. Die halbherzige justizielle Aufarbeitung der NS-Vergangenheit in der frühen Bundesrepublik. In: Herbst (Hrsg.), Westdeutschland 1945–1955, S. 183 ff., insbes. S. 199.

[174] Broszat, Siegerjustiz, S. 541.

[175] Zwischen dem 8. Mai 1945 und dem 31. Dezember 1989 wurden gegen insgesamt 98 042 Personen Ermittlungs- oder Strafverfahren wegen NS-Verbrechen eingeleitet. Davon wurden 6486 verurteilt, zwölf zum Tode, 162 zu lebenslänglicher, 6197 zu zeitiger Freiheitsstrafe, 114 zu Geldstrafen. Im März 1991 waren bei Staatsanwalt-

Wahrscheinlich wäre es tatsächlich unrealisierbar gewesen, nach dem Wegfall der alliierten Einschränkungen 1950/51 die Strafverfolgung von NS-Tätern mit einem neuen, vom deutschen Gesetzgeber zu verabschiedenden Sonderrecht fortzuführen. Ob das eine kluge Grundentscheidung war[176], bleibe dahingestellt, dem Odium, politische Justiz zu betreiben und dem Zwang zur Durchführung Hunderter von inzwischen weniger willkommenen NS-Prozessen entging der junge Staat, der gerade einen kräftigen Schlußstrich unter seine Vorgeschichte ziehen wollte, mit dieser Entscheidung gewiß. Um so höher ist die nach 1945 von den Deutschen nolens volens zu duldende Großtat der Alliierten zu veranschlagen, die die Antwort auf die Jahrhundertverbrechen des Dritten Reiches einfach diktierten. Sie wischten schon wegen der Gerechtigkeit gegenüber den Opfern manche berechtigten Zweifel und allerhand vorgeschobene rechtsdogmatische Bedenken einfach beiseite. Das ist der deutschen Trennung vom Nationalsozialismus, der freiwilligen wie der erzwungenen, sehr zugute gekommen. Das Gebirge geschichtlicher Schuld, das die Deutschen in nur zwölf Jahren aufgetürmt hatten, war freilich weder mit dem Kontrollratsgesetz Nr. 10 von 1945 noch gar mit dem Strafgesetzbuch von 1871 abzutragen. Trotzdem, neben den alliierten Tribunalen haben auch die deutschen Gerichte mit zu dem Versuch beigetragen, den Schmutz aus dem deutschen Nest zu entfernen[177], der Bevölkerung unerbittlich die NS-Greuel vor Augen zu führen und jedermann darüber zu belehren, wie eng politische Verantwortung und persönliche Schuld in der Hitler-Zeit miteinander verknüpft sein konnten.

schaften und Gerichten noch Verfahren gegen 10 269 Personen anhängig. (Dankenswerte Mitteilung des Leiters der Zentralen Stelle in Ludwigsburg, Oberstaatsanwalt Dr. Streim.) In der SBZ lag die Hauptaktivität bei der Verfolgung von NS-Verbrechen im gleichen Zeitraum wie in den Westzonen. Vgl. den ›Bericht über die Verfolgung nationalsozialistischer Straftaten‹ des Bundesministers der Justiz vom 26. Februar 1965, S. 13ff. Die maßgebliche Dokumentation der deutschen Strafurteile in NS-Verfahren ist die sogenannte »Amsterdamer Serie«: Justiz und NS-Verbrechen. Sammlung deutscher Strafurteile wegen nationalsozialistischer Tötungsverbrechen 1945–1966. Bearbeitet von Adelheid Rüter-Ehlermann u.a., 22 Bände, Amsterdam 1968–1981.

[176] In diesem Sinne Steinbach, Zur Auseinandersetzung, S. 69.
[177] Vgl. die Einleitung bei Rückerl, NS-Verbrechen, S. 13ff.

Helga A. Welsh
»Antifaschistisch-demokratische Umwälzung« und politische
Säuberung in der sowjetischen Besatzungszone Deutschlands

Politische Säuberungen kehren in der Geschichte immer wieder. Sie begleiten revolutionäre Umbrüche, in denen diskredi-
tierte politische Systeme durch neue ersetzt werden. Auch
wenn das doppelte Ziel der Entfernung politisch Belasteter aus
Funktionen in Staat, Wirtschaft und Gesellschaft und ihre Ersetzung durch Kräfte, die dem neuen System loyal gegenüberstehen, generell als Hauptmerkmal solcher Säuberungen gelten
muß, so unterscheiden sich beide Etappen doch wesentlich voneinander. Dies wird nach dem politischen Umschwung in der
DDR 1989/90 wieder besonders deutlich, da auf die Frage nach
der adäquaten Behandlung beispielsweise ehemaliger Richter,
Wirtschaftsfunktionäre und Lehrer sowie dem richtigen Umgang mit den politischen Trägern der ehemaligen SED-Herr-
schaft vom vereinigten Deutschland eine rasche Antwort gefunden werden muß.

Eine ganz andere Säuberung, nämlich die »Ausrottung des
Faschismus«, hatte für Ostdeutschland schon einmal größte Relevanz, da sie ein wesentlicher Faktor der Legitimierung des
1949 gegründeten Staatswesens der DDR zu sein hatte. Deswegen wurde es dann auch eine wichtige Aufgabe der offiziellen
DDR-Geschichtsschreibung, Methoden und Ergebnisse der
Personalsäuberung nach 1945 als besondere Erfolge – gerade
auch in Abgrenzung zur Bundesrepublik Deutschland – heraus-
zustellen. Gleichzeitig wurden jedoch die bloße Tatsache, das
Ausmaß und die Folgen der unmittelbar daran anschließenden
stalinistischen Parteisäuberungen von den Historikern der
Deutschen Demokratischen Republik pflichtgemäß ignoriert.
Während also die Geschichte der Entnazifizierung zur legitimatorischen Mythenbildung beitragen mußte, gehörte die mit der
Errichtung eines stalinistischen Systems verbundene Säuberung
bis zum Sturz des SED-Regimes 40 Jahre später zu den zahlreichen weißen Flecken dieser Art von Geschichtsschreibung.

Der Prozeß der Entnazifizierung war ein wesentlicher Beitrag
zur Überwindung des Nationalsozialismus und umfaßte die
geistig-kulturelle Erneuerung ebenso wie Strukturreformen im
Bereich von Justiz, Verwaltung und Schule und auch der Indu-

strie. Die Grenzen sind fließend, da gerade in der sowjetischen Besatzungszone alle Energien darauf gerichtet waren, Politik und Wirtschaft nicht nur als Einheit zu sehen, sondern sie auch so zu behandeln. Die Entnazifizierung wurde mithin zu einem Grundpfeiler der »antifaschistisch-demokratischen Umwälzung«, die gemäß der offiziellen Periodisierung der DDR-Geschichte zwischen 1945 und 1949 stattfand und in der die Grundlagen für den Übergang vom Kapitalismus zum Sozialismus gelegt wurden. Ob Entnazifizierung, ob Enteignung, ob Verfolgung – alles geschah unter dem Schutzmantel antifaschistischen Konsenses.

In Anknüpfung an das Volksfrontkonzept der KPD von 1935 wurde der Begriff des Antifaschismus unmittelbar nach Kriegsende vor allem dazu benutzt, die Tätigkeit von deutschen politischen Gruppen und Parteien zu legitimieren und eine breite, überparteiliche Zusammenarbeit aller Hitlergegner zu institutionalisieren. Die Bildung des sogenannten Blocks der antifaschistisch-demokratischen Parteien ist ein beredtes Zeugnis dafür. Im Laufe der Jahre wurde dieser Begriff freilich mehr und mehr seines ursprünglichen Sinns entleert und diente bald nur noch zur Absicherung des Herrschaftsanspruchs der SED, die, organisatorisch abgesichert durch den »demokratischen Zentralismus«, auf die Nivellierung der zunächst durchaus noch vorhandenen politischen Meinungsvielfalt zielte und diese dann gewaltsam bis auf marginale Restgrößen reduzieren konnte.

Als Teil ihrer politischen und ideologischen Abgrenzung von der Bundesrepublik erhob die politische Führung der DDR immer den Anspruch, ihr Staat verkörpere die besten Traditionen der deutschen Geschichte; die Bauernkriege der frühen Neuzeit mußten dazu ebenso herhalten wie die Geschichte der deutschen Arbeiterbewegung und des kommunistischen Widerstands gegen den Nationalsozialismus. Auch wenn in der DDR seit Ende der siebziger Jahre deutsche Geschichte mehr und mehr als kontinuierlicher Kampf zwischen reaktionären und progressiven Tendenzen dargestellt wurde, so blieb nach amtlicher Lesart doch kein Zweifel daran, daß in der DDR die positiven und fortschrittlichen Elemente der deutschen Geschichte ihre Fortsetzung fanden, während auf dem kapitalistischen Nährboden der Bundesrepublik die negativen und reaktionären deutschen Traditionen gediehen. Dieser Anspruch wurde auch mit dem dogmatisierten Geschichtsbild untermauert, einzig in der sowjetischen Besatzungszone sei die Entnazifizierung gerecht und konsequent durchgeführt worden und nur die DDR habe den »Antifaschismus als Tradition und Aufgabe«[1] begriffen.

Vier Phasen der Entnazifizierung

Im Vergleich zu Westdeutschland wurde die Entnazifizierung in der sowjetischen Besatzungszone tatsächlich politisch wesentlich radikaler durchgeführt; sie konnte sich deshalb auch auf einen kürzeren Zeitraum beschränken. Zwischen Kriegsende und dem offiziellen Abschluß der Entnazifizierung im März 1948 lagen weniger als drei Jahre politischer Säuberung, die insgesamt vier klar voneinander abgrenzbare Phasen durchlief.

1. Spontan wie auch auf Initiativen der sowjetischen Besatzungsmacht hin, die – wie die anderen Alliierten – Entnazifizierung, Entmilitarisierung und Demokratisierung zu Schwerpunkten ihrer Besatzungspolitik erklärt hatte, wurde unmittelbar nach Kriegsende eine Reihe von politischen Gruppen bewährter Hitlergegner aktiv. Mit den örtlichen Verhältnissen vertraut, konnten sie aus persönlicher Kenntnis jene Mitglieder der NSDAP benennen, die sich während der nationalsozialistischen Herrschaft besonders hervorgetan hatten. Die ersten Entlassungen und Verhaftungen von ehemaligen Mitgliedern der NSDAP konzentrierten sich auf wichtige Funktionsträger, Denunzianten und auf die »alten Kämpfer«. Viele Hitlergegner taten sich in sogenannten antifaschistischen Ausschüssen zusammen, denen Vertreter unterschiedlicher parteipolitischer Orientierungen angehörten. Anscheinend lag der Vorsitz dieser Ausschüsse jedoch fast immer in den Händen eines KPD- oder SPD-Mitglieds, jener Parteien also, die am meisten unter der Hitler-Diktatur zu leiden gehabt hatten und denen eine zügige Abrechnung mit den Trägern des verhaßten alten Regimes besonders am Herzen lag[2].

[1] Zur Reorientierung der DDR-Geschichtswissenschaft und der ihr folgenden Diskussion siehe Helmut Meier und Walter Schmidt (Hrsg.), Erbe und Tradition. Geschichtsdebatte in der DDR. Köln 1989. Zur Anwendung der Antifaschismus-Doktrin siehe u. a. Rolf Richter, Antifaschismus als Tradition und als Aufgabe. In: Beiträge zur Geschichte der Arbeiterbewegung 31 (1989), S. 313 ff.; Walter Wimmer, Geschichtliche Wurzeln des Werdens und Wachsens unserer Republik. In: Einheit 39 (1984), S. 105 ff.

[2] Zur Tätigkeit der antifaschistischen Ausschüsse auf dem Gebiet der sowjetischen Besatzungszone siehe u. a. Günter Benser, Antifa-Ausschüsse – Staatsorgane – Partei-

Die ersten Entlassungen waren noch unsystematisch und beruhten auf vielerlei Zufälligkeiten. Sie kamen in der Anfangszeit im Bereich der Verwaltung und der Industrie über erste Ansätze kaum hinaus und dürften sich in Stoßrichtung und Ausmaß kaum vom Vorgehen in den westlichen Besatzungszonen unterschieden haben. Allerdings begannen sich Ende Juni 1945 Verschärfungen in der Entnazifizierungspolitik abzuzeichnen, die von manchen Zeitgenossen nicht so sehr der sowjetischen Besatzungsmacht als dem Wunsch vieler KPD-Mitglieder zugeschrieben wurden, ihr Parteiprogramm, das die restlose Säuberung aller öffentlichen Ämter von aktiven Nationalsozialisten verlangte, nun auch in die Tat umzusetzen. Anscheinend traten zu diesem Zeitpunkt auch Meinungsverschiedenheiten mit den sowjetischen Besatzungsoffizieren zutage, die mangels einheitlicher Richtlinien von Ort zu Ort unterschiedlich vorgingen.

Amerikanische und englische Beobachter gewannen früh den Eindruck, daß die sowjetische Besatzungsmacht in der Frage der Entnazifizierung weniger rigoros vorging, als viele Deutsche befürchtet hatten, waren sich jedoch durchaus darüber im klaren, daß ihr Alliierter alle Mittel einsetzen würde, um seine deutschland- und gesellschaftspolitischen Ziele zu erreichen. Pragmatische Gründe wie das Bemühen, der weitverbreiteten »Russenangst« entgegenzuwirken, aber auch mangelnde Vorbereitung auf die Besatzungsaufgaben in Deutschland, dürften das anfängliche uneinheitliche Verhalten der sowjetischen Besatzungsoffiziere erklären.

In den Teilen der sowjetischen Besatzungszone, die bis Anfang Juli 1945 von Truppen der anglo-amerikanischen Streitkräfte okkupiert waren, ging die Entlassung belasteter Personen eher noch langsamer voran[3]. General Lucius D. Clay meinte durchaus selbstkritisch, die Ergebnisse der Entnazifizierung in

organisation. In: Zeitschrift für Geschichtswissenschaft 26 (1978), S. 785 ff. Zur geographischen Verteilung der Ausschüsse siehe ders., Aufruf der KPD vom 11. Juni 1945. In: Illustrierte historische Hefte, Heft 19, 1980, S. 13.

[3] Vorübergehend von den Truppen der Westalliierten besetzt waren Thüringen, das Land Anhalt, die Provinz Sachsen sowie die Westteile der Länder Sachsen und Mecklenburg. Gemäß den alliierten Kriegsvereinbarungen zogen sich diese Truppen Anfang Juli aus dem Gebiet der sowjetischen Besatzungszone zurück. Als Beispiel unter vielen für die negative Beurteilung der Entnazifizierungspolitik in dieser Phase durch Historiker der DDR siehe Robert Büchner und Hannelore Freundlich, Zur Situation in den zeitweilig englisch oder amerikanisch besetzten Gebieten der sowjetischen Besatzungszone (April bis Anfang Juli 1945). In: Beiträge zur Geschichte der Arbeiterbewegung 14 (1972), S. 992 ff.

den vorübergehend von US-Truppen besetzten Gebieten blieben hinter denen der amerikanischen Zone zurück[4]. Das hatte seine Ursache vor allem in der ungenügenden personellen Ausstattung in den Besatzungsgebieten, die von Amerikanern und Briten nur wenige Wochen gehalten wurden, und in einer Politik, die deutschen Initiativen anfangs relativ wenig Spielraum ließ. Schließlich waren gerade in den ersten Nachkriegswochen die Aufrechterhaltung der Ordnung und die Wiederingangsetzung des öffentlichen Dienstes und des Wirtschaftslebens vorrangig.

2. Erst nach dem Abzug der amerikanischen und britischen Truppen und der Etablierung sowjetischer Militärkommandanturen Anfang Juli 1945 erfuhr die Behandlung der ehemaligen Mitglieder der NSDAP eine gewisse Systematisierung. Die deutschen Landes- und Provinzialverwaltungen erließen bereits im Juli und August 1945 eine Reihe von Gesetzen und Verordnungen, die aber noch unterschiedliche Schwerpunkte setzten. Konfusion über die Reichweite der Entnazifizierung, d.h. über den zu erfassenden Personenkreis, war deshalb in den ersten Monaten nach der Konsolidierung von deutscher Verwaltung und sowjetischer Besatzungsmacht an der Tagesordnung; das galt für deutsche wie sowjetische Anweisungen. Während zum Beispiel die Reinigungsgesetze in Thüringen vor allem die Entlassung ehemals aktiver Mitglieder der NSDAP forderten, wurde im Nachbarland Sachsen festgelegt, daß überhaupt kein Mitglied der NSDAP oder deren Gliederungen im öffentlichen Dienst eingestellt, übernommen oder weiterbeschäftigt werden durfte[5]. In den folgenden Wochen und Monaten korrigierten und ergänzten Anordnungen der Besatzungsmacht die Regelungen in den einzelnen Ländern.

Die mangelnde Detailliertheit vieler sowjetischer Anordnungen sei exemplarisch am Beispiel der Säuberung des Lehrkörpers aufgezeigt. Nach Befehl Nr. 40 der Sowjetischen Militäradministration in Deutschland (SMAD) vom 25. August 1945, der die Wiedereröffnung der Schulen regelte, sollten beispielsweise nur jene Lehrer übernommen werden, die keinen »aktiven Anteil an faschistischen Organisationen und Gesellschaften

[4] Schreiben von General Lucius D. Clay an General Hilldring, War Department, vom 5. Juli 1945. In: Jean Edward Smith (Hrsg.), The Papers of General Lucius D. Clay. Bd. 1, Bloomington 1974, S. 46.
[5] Regierungsblatt (RegBl.) Thüringen, I, 1945, S. 6, und Amtliche Nachrichten der Landesverwaltung Sachsen, 1945, S. 1.

genommen haben«: eine Qualifizierung des Begriffs »aktiv« fehlte. Die Ergebnisse der daraufhin eingeleiteten Säuberung entsprachen jedoch offensichtlich nicht den sowjetischen Erwartungen, und die Besatzungsmacht zog die Zügel an. Ab Mitte September galt dann die Richtlinie, wonach ehemalige Mitglieder der NSDAP nur in besonders gelagerten Einzelfällen in den Schuldienst übernommen werden durften[6].

Mit den ersten breit angelegten Entnazifizierungsmaßnahmen traten auch die ersten Probleme auf. Der Aufbau eines geordneten Verwaltungsbetriebes war angesichts der Kriegszerstörungen ohnehin schwierig, aber wie sollte diese Aufgabe gemeistert werden, wenn auch noch die Mehrzahl der ehemaligen NSDAP-Mitglieder – in manchen Behörden bis zu 90 Prozent der Verwaltungsangehörigen – ersetzt werden sollte? In allen Ländern und Provinzen der sowjetischen Besatzungszone gab es deshalb für Fachkräfte Ausnahmeregelungen, und sie wurden anfangs auch großzügig genutzt. Dabei scheint der Entscheidungsspielraum deutscher wie sowjetischer Stellen ziemlich groß gewesen zu sein. Schwieriger als erwartet erwies sich die praktische Anwendung formaler Kriterien zur Beurteilung ehemaliger Parteimitglieder, wobei die Dinge auch deshalb im Zeichen einer gewissen Zerfahrenheit standen, weil sich landes- und zonenspezifische Anordnungen oft widersprachen und die Landesregierungen Interventionen der neugebildeten deutschen Zentralverwaltungen in Berlin anfangs unter Hinweis auf die föderalen Länderrechte noch häufig abwiesen[7].

Langsamer als erwartet leerten sich also die Amtsstuben, Lehrerzimmer und Führungsetagen der Industriebetriebe von ehemaligen NSDAP-Mitgliedern. Das war angesichts der Fülle der praktischen Probleme und der Reserve weiter Bevölkerungskreise gegenüber einer umfassenden Entnazifizierung nicht überraschend. Im November 1945 kam es zu einer Verschärfung der Entnazifizierungspolitik, die gewiß auch auf das so-

---

[6] Der Befehl Nr. 40 ist abgedruckt in: Siegfried Baske und Martha Engelbrecht (Hrsg.), Zwei Jahrzehnte Bildungspolitik in der Sowjetzone Deutschlands. Dokumente. Erster Teil: 1945 bis 1958. Berlin (West) 1966, S. 4f. Zur Revision der sowjetischen Anordnung siehe Befehle des Obersten Chefs der Sowjetischen Militärverwaltung in Deutschland. Aus dem Stab der Sowjetischen Militärverwaltung in Deutschland. Sammelheft 1: 1945. Berlin (Ost) 1946, S. 35f.

[7] Zur Rolle der Zentralverwaltungen siehe die einschlägigen Kapitel in: SBZ-Handbuch. Staatliche Verwaltungen, Parteien, gesellschaftliche Organisationen und ihre Führungskräfte in der Sowjetischen Besatzungszone Deutschlands 1945–1949. Hrsg von Martin Broszat und Hermann Weber. München 1990.

wjetische Bestreben zurückging, nicht hinter dem Säuberungselan der Amerikaner zurückzufallen und westliche Kritik möglichst nicht zu provozieren, die vor allem aber dem genuinen
Interesse all jener politischen Kräfte entsprach, die die Entnazifizierung als Chance einer umfassenden politischen und sozialen Umstrukturierung begriffen. Zunehmend schälte sich eine
Politik heraus, die ganz gezielt die Parteimitglieder in leitender
Stellung von Staat, Wirtschaft und Gesellschaft sowie die sogenannten aktiven Nazis ins Auge faßte. Otto Buchwitz, der Lan-
desvorsitzende der SPD in Sachsen, vertrat eine verbreitete Ansicht, als er im Herbst 1945 sagte, daß 1918 mit der Beibehal-
tung der Fachleute »die Eroberung der Machtpositionen durch
die Reaktion« begonnen habe und dieser Fehler nicht wiederholt werden dürfe[8]. Gleichzeitig gewann aber auch eine Politik
Konturen, die vor allem im Bereich der Justiz, der Erziehung
und im Verwaltungsapparat, also in politisch relevanten Sektoren, auf die Entfernung sämtlicher ehemaliger Parteimitglieder
zielte. Unter dem Vorwand, aktive Nationalsozialisten zu bestrafen, regierte oft die reine Willkür; Wohnungen, Häuser und
Betriebe wurden in Einzelfällen auch dann beschlagnahmt (und
später enteignet), wenn die »Schuld« des Betroffenen keineswegs feststand. Diese Rechtsunsicherheit wurde noch dadurch
gesteigert, daß die Unterscheidung zwischen »aktiven« und
»nominellen« NSDAP-Mitgliedern zwar immer wieder hervor-
gehoben wurde, die Anwendung solcher differenzierenden Kriterien in der Praxis aber schwierig war.

Trotzdem ging die Tendenz dahin, zwischen aktiven und nominellen Mitgliedern der NSDAP deutlich zu unterscheiden.
Unter aktiven Nationalsozialisten wurden bestimmte Funktionäre und Amtsträger in Verwaltung, Wirtschaft, Partei und Gesellschaft sowie Personen verstanden, die vor 1933, nach Erlaß
der Kontrollrats-Direktive Nr. 24 vom 12. Januar 1946[9], vor
1937 der NSDAP beigetreten waren. Als »Nominelle« hingegen

[8] Stenographischer Bericht über die Verhandlungen des Landesparteitages, abgehalten am 7., 8. und 9. Oktober 1945 in Dresden (Freital). Protokoll vom Parteitag der
Sozialdemokratischen Partei Deutschlands. Landesgruppe Sachsen. Dresden 1945,
S. 21. Christoph Kleßmann kommt zu dem Schluß, daß in der sowjetischen Besatzungszone die Entnazifizierung »insgesamt formal als nachgeholte Revolution von
1918« zu verstehen sei. Christoph Kleßmann, Die doppelte Staatsgründung. Deutsche
Geschichte 1945–1955. Göttingen 1982, S. 80.
[9] Die Kontrollrats-Direktive Nr. 24 vom 12. Januar 1946 wurde offiziell erst Ende
1946 der Entnazifizierung in der sowjetischen Besatzungszone zugrundegelegt. Die
Direktive ist veröffentlicht in: Zentrales Verordnungsblatt (ZVOBl.) 1947, S. 194 ff.

galten Personen, die sich aus unterschiedlichen Gründen (politischer Druck, Opportunismus, Angst um den Arbeitsplatz) der NSDAP oder einer ihrer Gliederungen angeschlossen, keine Parteiämter bekleidet und sich auch sonst nicht aktiv für die Ziele der NSDAP eingesetzt hatten.

3. Ende 1946 wurde in der sowjetischen Besatzungszone eine neue Phase der Entnazifizierung eingeleitet. Basierend auf der erst kürzlich ins Werk gesetzten Kontrollrats-Direktive Nr. 24, wurden landesspezifische Regelungen erlassen, die zu einer Vereinheitlichung des Säuberungsverfahrens in ganz Deutschland führen und auch den unterschiedlichen Stand der Entnazifizierung in den Ländern der sowjetischen Besatzungszone beseitigen sollten. Insbesondere in Thüringen und Sachsen-Anhalt habe »ein gewisser Nachholbedarf in der Entnazifizierung« bestanden[10]. Bis zu diesem Wendepunkt der Säuberung sollen 390478 ehemalige Mitglieder der NSDAP entlassen bzw. nicht wieder eingestellt worden sein. Das Säuberungsverfahren wurde nun nochmals aufgerollt, viele Fälle, die schon abgeschlossen waren, mußten erneut verhandelt werden.

Insgesamt wurden daraufhin in der SBZ 262 Entnazifizierungskommissionen neu gebildet, in denen die aus SPD und KPD zu Beginn des Jahres zwangsvereinigte SED das Übergewicht besaß. Das wurde nicht zuletzt durch die Aufnahme von Mitgliedern verschiedener SED-gestützter Massenorganisationen wie des FDGB und des Kulturbundes erreicht. Von der nochmaligen Überprüfung wurden bis April 1947 über 850000 ehemalige Parteimitglieder erfaßt, von denen bis August 1947 jedoch nur etwa 65000 mit Zwangsmaßnahmen belegt wurden[11]. Die große Zahl der Entnazifizierungsverfahren stellte nicht nur die überlasteten Reinigungskommissionen, sondern wegen der Entlassung wichtiger Fachkräfte auch Wirtschaft und Verwaltung vor Probleme. Außerdem wirkten sie sich nachteilig auf das ohnehin angespannte politische Klima aus, weil es zu vielen Entlassungen gekommen war und weil die auf Grund der Kontrollrats-Direktive Nr. 24 erlassenen Länderregelungen recht unterschiedlich ausgefallen waren. Bereits im

---

[10] Wolfgang Meinicke, Die Entnazifizierung in der sowjetischen Besatzungszone 1945–1948. In: Zeitschrift für Geschichtswissenschaft 32 (1984), S. 968ff., Zitat S. 974f.

[11] Wolfgang Meinicke, Zur Entnazifizierung in der sowjetischen Besatzungszone unter Berücksichtigung von Aspekten politischer und sozialer Veränderungen (1945 bis 1948). Diss. Humboldt-Universität Berlin 1983, S. 47.

Februar 1947 wandten sich deshalb die Parteileitungen von SED, CDU und LDP an die SMAD, um Durchführungsbestimmungen zur alliierten Kontrollrats-Direktive zu erwirken, die nicht nur eine einheitliche Anwendung auf dem Gebiet der sowjetischen Besatzungszone sicherstellen, sondern auch einer schematischen Anwendung der Direktive entgegenwirken sollten[12].

4. Die vierte und letzte Phase der Entnazifizierung begann im August 1947 mit der Veröffentlichung des SMAD-Befehls Nr. 201[13], als die sowjetische Besatzungsmacht den Zeitpunkt für gekommen hielt, einen Schlußstrich unter die politische Säuberung zu ziehen. In diesem Befehl wurde nicht nur erstmals die Behandlung der ehemaligen NSDAP-Mitglieder auf eine für alle Länder der Zone einheitliche gesetzliche Grundlage gestellt, gleichzeitig wurden auch politische und rechtliche Sanktionen aufgehoben, die bisher über die nominellen Mitglieder verhängt waren.

Die Tätigkeit der Entnazifizierungskommissionen sollte sich von nun an nur noch auf sogenannte aktive Mitglieder der NSDAP konzentrieren. Reinigungskommissionen durften lediglich am »Sitz der zentralen Verwaltungen der Länder und Kreise sowie in den kreisfreien Städten« gebildet werden. Diese Zentralisierung der Entscheidungsbefugnisse war mit einer deutlichen Kritik an der Arbeit der dezentralen Reinigungsorgane verbunden, die nach Meinung der Besatzungsmacht häufig nur dazu gedient hatten, »alte persönliche Rechnungen zu begleichen«[14]. Ursprünglich hatte die SMAD den deutschen Verwaltungsorganen drei Monate zugestanden, um die Überprüfung der verbliebenen Fälle abzuschließen. Der Termin wurde zwar verlängert, doch mit Befehl Nr. 35 vom 26. Februar 1948 leitete die SMAD den endgültigen Abschluß der Entnazifizierung in ihrer Besatzungszone ein. Bis zum 10. März 1948 waren alle Entnazifizierungsverfahren zu beenden, ausgenommen solche, die NS-Verbrecher betrafen[15].

Die Behandlung von NS-Verbrechern, die der Befehl Nr. 35 erwähnte, war bis zum Erlaß des sowjetischen Befehls Nr. 201 (August 1947) vor allem eine Sache von sowjetischen Militärtri-

---

[12] Siehe Helga A. Welsh, Revolutionärer Wandel auf Befehl? Entnazifizierungs- und Personalpolitik in Thüringen und Sachsen (1945–1948). München 1989, S. 74.
[13] ZVOBl., 1947, S. 185 f.
[14] Tägliche Rundschau vom 17. August 1947, S. 1.
[15] ZVOBl., 1948, S. 88.

bunalen, die insgesamt 436 Todesurteile verhängt haben sollen. Während diese bis Januar 1947 bereits 17 886 Personen verurteilt hatten, waren vor deutschen Gerichten im gleichen Zeitraum lediglich 129 »Kriegsverbrecher« zur Verantwortung gezogen worden. Durch Befehl Nr. 201 wurden politische Sonderstrafkammern an deutschen Gerichten geschaffen, vor deren Schranken sich bis 1950 mehr als 12 500 NS- und Kriegsverbrecher zu verantworten hatten; 200 bis 300 davon erhielten eine lebenslängliche Freiheitsstrafe, über 100 wurden zum Tode verurteilt. Die relativ hohe Zahl von Verurteilten in der sowjetischen Zone beruhte nicht zuletzt auf einer großzügigen Interpretation der einschlägigen Kontrollrats-Direktiven. Artikel III der Kontrollratsdirektive Nr. 38 vom 12. Oktober 1946 eröffnete beispielsweise unter anderem die Möglichkeit, jeden zur Verantwortung zu ziehen, der nach dem 8. Mai 1945 »durch Propaganda für den Nationalsozialismus oder Militarismus oder durch Erfindung und Verbreitung tendenziöser Gerüchte den Frieden des deutschen Volkes oder den Frieden der Welt gefährdet hat oder möglicherweise noch gefährdet«, d. h. er ließ sich auch auf Gegner des kommunistischen Regimes anwenden. Der Befehl Nr. 201 wurde denn auch frühzeitig zur Sicherung der neuen Ordnung herangezogen[16].

Den 1947 eingerichteten Sonderstrafkammern wurden unter anderem auch jene Häftlinge übergeben, die bis dahin in sowjetischen Internierungslagern eingesessen hatten. Zwischen 1945 und 1950 gab es nach sowjetischen Angaben insgesamt zehn solcher Lager, in denen insgesamt 122 671 Deutsche interniert waren. Davon wurden 14 202 Häftlinge dem Ministerium des Innern und damit der deutschen Gerichtsbarkeit übergeben. Weitere 12 770 Personen wurden in die UdSSR gebracht und 6680 in Kriegsgefangenenlager überführt[17]. Mehr als ein Drittel der Internierten verstarb in den Lagern.

Da auch Deutsche interniert werden konnten, die, wie es

[16] Karl Wilhelm Fricke, Politik und Justiz in der DDR. Zur Geschichte der politischen Verfolgung 1945–1968. Bericht und Dokumentation. Köln 1979, S. 47 und S. 135 (Die Zahl der von sowjetischen Militärtribunalen verhängten Todesurteile dürfte viel zu niedrig angesetzt sein.) siehe auch Karl Guski, Rechtsfragen zum Befehl Nr. 201. In: Neue Justiz (1947), S. 172 ff. Zur Frage der Bestrafung siehe auch Wolfgang Meinicke, Die Verfolgung der Nazi- und Kriegsverbrecher auf dem Territorium der Deutschen Demokratischen Republik. In: Deutscher Faschismus-Terror und Widerstand. Berlin (Ost) 1989, S. 71–85.
[17] Denkschrift des Innenministeriums der UdSSR. In: Deutschland-Archiv 23 (1990), S. 1804 ff.

hieß, den Besatzungszielen der Siegermächte feindlich gegenüberstanden, war der Auslegungsspielraum für die Besatzungsmächte denkbar weit. In der sowjetischen Besatzungszone
führte dies dazu, daß der Anteil der Internierten, die nach
rechtlichen Normen als schuldig im Sinne etwa der Nürnberger
Statuten oder der Kontrollrats-Direktive Nr. 10 angesehen werden konnten, wohl weitaus geringer war als der, denen keine
strafrechtliche Schuld nachgewiesen werden konnte. Dies belegt allein schon die Tatsache, daß ca. 37 Prozent aller Internierten ohne jegliche Verhandlung später auf freien Fuß gesetzt und
gleichzeitig einer strikten Schweigepflicht unterworfen wurden.
Der Bogen der Verhafteten spannte sich von angeblich dem
»Werwolf« angehörenden Jugendlichen bis zu ehemaligen Mitgliedern der SPD, die ebenfalls in den breiten Reigen der potentiellen Gegner der Besatzungsmacht eingereiht wurden[18].

Doch war auch der Anteil derer, die nicht von sowjetischen
Tribunalen, sondern von den neuen, politisch indoktrinierten
Juristen der DDR aus Gründen der politischen Abschreckung
wie der Untermauerung der Herrschaft der SED verurteilt wurden, ebenfalls hoch. Besonders eklatant trat dies in den »Waldheimer Prozessen« zutage[19], in denen nach Befehl Nr. 201 gebildete Strafkammern des Landgerichts Chemnitz über sogenannte Nazi- und Kriegsverbrecher zu Gericht saßen, die ihnen
im Jahre 1950 nach Schließung der letzten drei sowjetischen
Internierungslager übergeben worden waren und die nun im
Zuchthaus Waldheim ihrer Verurteilung harrten. Unter Miß-
achtung aller rechtsstaatlichen Normen sind diese im Schnellverfahren zu langjährigen Freiheitsstrafen verurteilt worden;
insgesamt wurden 26 Todesurteile vollstreckt. »Oft war eine
persönliche Schuld für eine verbrecherische Handlung weder
nachzuweisen noch gegeben. Am schlimmsten muß es für jene
Menschen gewesen sein, die nur wegen einer Denunziation
oder durch einen Zufall in die Lager des sowjetischen Geheimdienstes gekommen waren.«[20] In einer »Nacht- und Nebelak-
tion« wurde im Oktober 1952 nahezu die Hälfte der Verurteil-

---

[18] Vgl. hierzu vor allem Fricke, Politik und Justiz.
[19] Hierzu Adalbert Rückerl, NS-Verbrechen vor Gericht. Versuch einer Vergangenheitsbewältigung. Heidelberg 1982, S. 210f.
[20] Wolfgang Eisert, Licht bringen in die Waldheimer Prozesse. In: Märkische
Volksstimme vom 13. Juni 1990, zit. bei Karl Wilhelm Fricke, DDR-Historiker räumen Unrecht der »Waldheimer-Prozesse« ein. In: Deutschland-Archiv 23 (1990),
S. 1156ff.; Zitat S. 1156.

ten entlassen, während andere bis in die sechziger Jahre hinein ihre Haft verbüßen mußten und eine ungenannte Zahl von Verurteilten während der Haft verstarb.

Im April 1948, einen Monat nach dem offiziellen Abschluß der Entnazifizierung in der sowjetischen Besatzungszone, berichtete das »Neue Deutschland«, auf dem Gebiet der SBZ seien etwa 520 000 ehemalige Mitglieder der NSDAP aus ihren Positionen entlassen worden[21]. In Brandenburg, Sachsen, Sachsen-Anhalt und Thüringen hatten, nach Unterlagen der Staatlichen Zentralverwaltung für Statistik, vom Mai 1945 bis zum Februar 1948 insgesamt 408 569 »aktive Faschisten« aus den verschiedensten Verwaltungen und Unternehmen ihre Posten verloren bzw. nicht mehr dorthin zurückkehren können[22]. Da Zahlenangaben für Mecklenburg und Berlin nicht zu erhalten waren, muß diese Angabe unvollständig bleiben. Solche Ziffern weisen nun auf ein grundlegendes Problem der quantitativen Beurteilung der Entnazifizierung in der sowjetischen Besatzungszone hin. In den letzten Jahren haben Historiker aus der DDR die Zahl von 520 000 betroffenen Personen nämlich insofern relativiert, als sie sie nicht allein auf Entlassungen, sondern generell auf »Zwangsmaßnahmen« beziehen. Darin eingeschlossen ist dann beispielsweise auch der Entzug des Wahlrechts und von Gewerbeberechtigungen oder auch die Zurückstufung in niedrigere Positionen. Noch problematischer ist es natürlich, wenn auch mehrfache Verfahren gegen ein und denselben Belasteten in den Zahlenangaben jedesmal, also mehrfach, genannt werden. Dadurch wird die Gesamtzahl der von der Entnazifizierung Betroffenen erheblich aufgebläht. Auf der Basis der wohl überhöhten amtlichen Zahlen zur Entnazifizierung wird geschätzt, daß etwa 2,7 Prozent der Gesamtbevölkerung direkt von Entnazifizierungsmaßnahmen betroffen waren[23]. Stellt man in Rechnung, daß in den Entnazifizierungsstatistiken auch jene ehemaligen NSDAP-Mitglieder genannt sind, die in die Westzonen übersiedelten, zugleich aber jene unberücksichtigt blieben, die sich lediglich in niedereren Positionen befanden, so dürfte es nicht übertrieben sein anzunehmen, daß nur etwa jedes achte Mitglied der NSDAP oder ihrer Gliederungen zat-

---

[21] Neues Deutschland vom 21. April 1948, S. 1.
[22] Karl Urban, Die Rolle der staatlichen Organe bei der Entnazifizierung (1945–1948). In: Staat und Recht 28 (1979), S. 614 ff.
[23] Meinicke, Zur Entnazifizierung, S. 196. Zu einer Gesamteinschätzung der quantitativen Beurteilung siehe auch Welsh, Wandel, S. 81 f.

sächlich auch belangt wurde. Dennoch ist es der SED-Führung vorzüglich gelungen, das Bild von einer umfassenden und gezielten Entnazifizierung zu zeichnen und auch zu verbreiten.

Hauptmerkmale der Entnazifizierung in der sowjetischen Besatzungszone

Die sowjetische Besatzungsmacht räumte deutschen Gegnern des Nationalsozialismus von Anfang an einen größeren Spielraum bei der Entnazifizierung ein, als das etwa in der amerikanischen Besatzungszone der Fall war. Das lag einmal daran, daß die SMAD als Verwaltung einer Siegermacht fungierte, »der in den ersten Jahren eine klare Besatzungsstrategie fehlte«[24], die jedoch frühzeitig auf die Hilfe der in der Sowjetunion auf ihre Aufgabe vorbereiteten deutschen Kommunisten um Walter Ulbricht bauen konnte, jener Kräfte also, die in den unmittelbaren Nachkriegsjahren mit aktiver Unterstützung der Sowjetunion in Führungspositionen von Staat, Wirtschaft und Gesellschaft aufstiegen. Außerdem schuf die sowjetische Besatzungsmacht, auch mit Blick auf die westlichen Alliierten, schon frühzeitig deutsche Zentralverwaltungen in Berlin, die als verlängerter Arm der SMAD fungierten.

Nicht zuletzt wegen der mangelnden Vorbereitung auf ihre Aufgaben war die Politik der SMAD[25] ambivalent. Einerseits kristallisierten sich die Ziele ihrer Politik, die gerade auch mit Hilfe eines umfassenden Personalaustausches durchgesetzt werden sollten, erst nach und nach heraus, andererseits gab es offensichtlich abweichende Vorstellungen darüber, wie diese Ziele am besten zu erreichen seien. Viele Befehle und Anordnungen der sowjetischen Besatzungsmacht waren deshalb eher reaktiv. Bei der politischen Säuberung intervenierten Besatzungsoffiziere vor allem dann, wenn kommunistische Politikinitiativen in Gefahr zu geraten drohten oder auch, wenn alliierte Rücksichten eine Verschärfung der Entnazifizierung geboten. Im Wettstreit mit den westlichen Verbündeten wollte die so-

---

[24] Dietrich Staritz, Sozialismus in einem halben Lande. Zur Programmatik und Politik der KPD/SED in der Phase der antifaschistisch-demokratischen Umwälzung in der DDR. Berlin (West) 1976, S. 39.

[25] Zu Arbeitsweise und Struktur der SMAD siehe Jan Foitzik, Sowjetische Militäradministration in Deutschland (SMAD). In: Broszat u. Weber (Hrsg.), SBZ-Handbuch, S. 9 ff.

wjetische Besatzungsmacht nämlich auf keinen Fall hinter deren Anstrengungen zurückbleiben. So hatte die doch noch erfolgte Anwendung der Kontrollrats-Direktive Nr. 24 von Anfang 1946 seit Januar 1947 ihren Grund sicherlich vor allem in solchen Überlegungen. Zugleich aber ist die Entnazifizierung im Sommer 1946 aus wahltaktischen Gesichtspunkten abgeschwächt worden. Man hatte aus dem Debakel der kommunistischen Partei in Österreich gelernt, deren miserables Abschneiden bei den Nationalratswahlen im Herbst 1945 wesentlich ihrem Antinazismus zugeschrieben wurde[26].

Ein Schwerpunkt sowjetischer Besatzungsstrategie war die kollektive Ausschaltung bestimmter Personengruppen in gewissen Schlüsselbereichen. Das Interesse galt dabei »nicht so sehr Individuen, als vielmehr Institutionen. Ihr Ziel war es, die Machtbasis der vorher regierenden Gruppen aufzubrechen und Herrschaftsorgane für neue Gruppen zu schaffen, gegen die der individuelle Nazi wenig tun konnte«[27]. Wenn es der Sowjetunion vor allem um die Zerstörung überkommener sozialer und wirtschaftlicher Strukturen ging, so entsprach dem die selektive Personalsäuberung. Politisch wichtige Sektoren wie Justiz, Verwaltung oder Schule standen deshalb im Mittelpunkt der Entnazifizierung; hier sollte *kein* Nationalsozialist geduldet werden. In anderen Bereichen hingegen, im Privatsektor, in den Betrieben der Sowjetischen Aktiengesellschaften, im Gesundheitssektor, aber auch in jenen Bereichen des öffentlichen Dienstes, die für die Aufrechterhaltung der Infrastruktur von besonderer Bedeutung waren, Reichsbahn und Reichspost etwa, konzentrierte sich die politische Säuberung vor allem auf die *Ersetzung von Führungskräften*. Harmlose Mitläufer und kleine und mittlere Parteifunktionäre in nachgeordneter Position hatten hier eher eine Chance, bleiben zu können. Eine solche Priorität war an sich vernünftig und wurde auf deutscher Seite auch unterstützt, denn Justiz und Volksbildung hatten im Nationalsozialismus schließlich eine zentrale Rolle gespielt und diese Berufszweige denn auch weitgehend diskreditiert. Nicht die Säuberung als solche war fragwürdig, sondern die einseitige politische Ausrichtung der neu geschaffenen Institutionen im

---

[26] Dieter Stiefel, Entnazifizierung in Österreich. Wien 1981, S. 42.
[27] Leonhard Krieger, Das Interregnum in Deutschland, März 1945–August 1945. In: Wolf-Dieter Narr und Dietrich Thränhardt (Hrsg.), Die Bundesrepublik Deutschland. Entstehung, Entwicklung, Struktur. Königstein 1979, S. 26ff., Zitat S. 42.

Zuge der Entnazifizierung in der sowjetischen Besatzungszone, wie an den folgenden Beispielen zu illustrieren ist.

Über 70 Prozent der bei Kriegsende vorhandenen Lehrkräfte in der Ostzone hatten der NSDAP angehört, in manchen Regionen, wie in Thüringen, lag der Anteil noch weitaus höher. Nach Vorgaben der Zentralverwaltung für Volksbildung sollte die Anzahl der ehemaligen Parteigenossen in der Lehrerschaft 10 Prozent nicht übersteigen. Dieses Ziel dürfte im großen und ganzen wohl auch erreicht worden sein. Immerhin bestanden bereits im November 1948 annähernd 76 Prozent des Lehrpersonals an den Grundschulen aus sogenannten Neulehrern, die in Kurzlehrgängen von zwei- bis zwölfmonatiger Dauer auf ihre zukünftige Tätigkeit vorbereitet worden waren und überwiegend der SED nahestanden[28]. Diese Politik brachte überfüllte Klassenräume, überarbeitete und überforderte Neulehrer und auf Jahre hinaus Unterrichtsausfall mit sich. Wegen der überragenden Bedeutung, die die SED im Verein mit der Besatzungsmacht der ideologischen Neuorientierung des Lehrkörpers beimaß, wurden solche Mängel aber in Kauf genommen. Zugleich herrschte ein erheblicher Druck auf Neu- und Altlehrer sowie auf Schulfunktionäre, sich parteipolitisch zu engagieren; bereits 1947 gehörten 168 von 189 Schulräten der SED an, und 1949 trugen schon 47,7 Prozent aller Lehrer an den Grund- und Oberschulen das richtige Parteibuch in der Tasche. Der Volksbildungssektor war nach dem Ende des Zweiten Weltkrieges ein Hort der Sozialdemokratie gewesen, so daß die SED hier beträchtlich von der Zwangsvereinigung der beiden Arbeiterparteien im April 1946 profitierte[29].

Ähnliche Entwicklungen lassen sich im Justizwesen beobachten. Die politische Instrumentalisierung der Justiz während der NS-Zeit hatte alle Gegner des Nationalsozialismus in dem Bemühen vereint, den Justizapparat besonders gründlich zu säubern. Dies geschah mit aktiver Unterstützung sogenannter bürgerlicher Juristen, die aufgrund ihrer Fachkenntnis in den unmittelbaren Nachkriegsjahren noch eine Reihe von politischen Spitzenämtern in den Landes- und Zentralverwaltungen innehatten[30]. Meinungsunterschiede über das Ausmaß der Entnazi-

---

[28] Zur Entnazifizierung der Lehrerschaft siehe Welsh, Wandel, S. 87–129.

[29] Ebenda, S. 92.

[30] Siehe Helga A. Welsh, Deutsche Zentralverwaltung für Justiz. In: Broszat u. Weber (Hrsg.), SBZ-Handbuch, S. 218 ff.

fizierung und darüber, wie dem Juristenmangel abgeholfen werden könne, traten allerdings schon bald zutage. Während SED und Besatzungsmacht die in Kurzlehrgängen ausgebildeten »Volksrichter« gleichberechtigt neben die Volljuristen alten Schlags stellen wollten – und sich damit letztlich auch durchsetzten –, sprachen sich viele Sachverständige (namentlich in den Reihen der Deutschen Zentralverwaltung für Justiz) für eine Einengung der richterlichen Befugnisse dieser »Volksrichter« aus[31].

Die SMAD ließ von Anfang an keinen Zweifel an ihrem Willen, den Justizsektor gründlich zu reinigen. Auf der Grundlage des SMAD-Befehls Nr. 49 vom 4. September 1945 wurde die politische Säuberung der Gerichte begonnen[32]. Der Befehl machte unmißverständlich klar, daß »sämtliche Mitglieder der NSDAP und alle Personen, die unmittelbar an der Strafpolitik des Hitlerregimes teilgenommen« hatten, aus dem Justizdienst zu entlassen seien; das ging über die Richtlinien des Kontrollratsgesetzes Nr. 4 vom 10. Oktober 1945 noch hinaus. Nach Auslegung der Rechtsabteilung der SMAD waren nicht nur Mitglieder der NSDAP, sondern auch die Mitglieder sämtlicher NS-Organisationen zu entlassen. Dies betraf nicht nur Richter und Staatsanwälte, sondern den gesamten Justizbereich[33], auch wenn ab Mitte 1947 einige Lockerungen verfügt wurden[34].

Die Säuberung des Justizdienstes war mit dem Ende der Entnazifizierung 1948 noch nicht abgeschlossen. Die politische Ausrichtung des Justizapparates gewann für die kommunistischen Machthaber an Bedeutung und damit auch die Ausschaltung jener Kräfte, die »zwar politisch formell unbelastet, im Grunde aber reaktionär sind«[35]. Aktiv unterstützt von der Militäradministration, zielte diese Säuberung vor allem gegen Inhaber leitender Funktionen, die nicht bereit waren, sich den politischen Ansprüchen der Besatzungsmacht und ihrer deutschen

---

[31] Welsh, Wandel, S. 148f.

[32] Um ein antifaschistisch-demokratisches Deutschland. Dokumente aus den Jahren 1945–1949. Berlin (Ost) 1968, S. 142f.

[33] Bericht des thüringischen Justizministeriums vom 23. März 1949: Die personelle Erneuerung der Justiz in Thüringen (Bericht über die Entwicklung vom 8. Mai 1945 bis 31. Dezember 1948), Bl. 3. In: Bundesarchiv Koblenz, NL 185, Bd. 26.

[34] ZVOBl., 1947, S. 191.

[35] Aussage von Hilde Benjamin, Abteilungsleiterin für Personalwesen in der Deutschen Zentralverwaltung für Justiz, auf der Interzonalen Juristen-Konferenz des Rates der VVN vom 20. bis 22. März 1948 im Gästehaus der Stadt Frankfurt am Main. Kronberg 1948, S. 177.

Verbündeten in den Reihen der SED zu beugen. Nachdem die nationalsozialistische Pervertierung der Rechtsprechung gerade erst überwunden war, wurde die Justiz erneut in den Dienst einer Partei gestellt. Ende Dezember 1950 gehörten bereits 89 Prozent aller Staatsanwälte und 63 Prozent aller Richter der SED an; von ihnen waren etwa zwei Drittel als »Volksrichter« neu in den Justizdienst eingetreten[36].

Die Säuberung der Verwaltung erwies sich frühzeitig ebenfalls als ein Kernbereich der Entnazifizierung in der sowjetischen Besatzungszone. Sie zielte nicht nur auf die Abrechnung mit den großen und kleinen administrativen Stützen der nationalsozialistischen Herrschaft, sondern stellte auch schon die Weichen für den Aufbau eines neuen, zunächst noch pluralistisch zusammengesetzten, später jedoch mehr und mehr einseitig parteipolitisch orientierten neuen Verwaltungsapparats[37]. Die Zahlen zur Entnazifizierung der Verwaltung sind allerdings verwirrend, da sie je nach Land und Provinz nach unterschiedlichen Kriterien erhoben worden sind und sich auf verschiedene Zeiträume beziehen[38]. Generell galt, daß alle Mitglieder der NSDAP, ob aktiv oder nominell, aus dem Verwaltungsdienst auszuscheiden hätten. Praktisch setzte sich aber eine Politik durch, die sich zunächst auf leitende Funktionen in der Verwaltung und die Säuberung des Regierungsapparates am Sitz der Landes- und Provinzialregierung konzentrierte; im übrigen wurde der Kreis der zu Entlassenden anscheinend so weit wie möglich gezogen: Am 31. Mai 1947 sollen zum Beispiel in Sachsen-Anhalt nur noch 6,7 Prozent NSDAP-Mitglieder in der Verwaltung beschäftigt gewesen sein[39].

Im Vergleich zu Schule, Justiz und Verwaltung fiel die politische Säuberung in anderen Berufssparten wesentlich milder aus. Mediziner etwa konnten, anders als Lehrer oder auch Richter, nicht durch kurzfristig geschulte Kräfte ersetzt werden. Außerdem hatten sie für die politische Ausrichtung der Gesellschaft nur marginale, für die medizinische Versorgung der Bevölkerung dagegen größte Bedeutung[40]. Auch die Bereiche Industrie

---

[36] Zur personellen Umstrukturierung der Justiz siehe Welsh, Wandel, S. 146–165, insbes. S. 163 ff. sowie Zur Geschichte der Rechtspflege der DDR 1945–1949. Von einem Autorenkollektiv unter Leitung von Hilde Benjamin. Berlin (Ost) 1976, S. 90 ff.

[37] Siehe dazu z.B. die einschlägigen Kapitel zu den Landesverwaltungen im SBZ-Handbuch.

[38] Meinicke, Zur Entnazifizierung, Tabellenanhang.

[39] Ebenda, Tabelle Nr. 6.

[40] Siehe z.B. Heinz Domeinski, Die Entnazifizierung der Ärzteschaft im Lande

und Handwerk wurden nicht mit derselben Radikalität behandelt wie Schule und Justiz. Die Entnazifizierung konzentrierte sich hier vor allem auf die bereits im Herbst 1945 beschlagnahmten größeren Unternehmen, während Klein- und Mittelbetriebe nur sehr selektiv gesäubert wurden. Allerdings kam es in den Führungspositionen der Industrie zu einem weitgehenden Austausch des Personals. Dies war nicht nur ein Ergebnis der Entnazifizierung. Der Abzug von Spezialisten in die Sowjetunion, der Wechsel in die Westzonen, schließlich die politisch motivierten Entlassungen führten dazu, daß 1947 zum Beispiel nur noch ganze 6,2 Prozent aller Werksleiterposten mit den früheren Direktoren besetzt waren[41].

Entsprechend der kommunistischen Faschismusdefinition, wonach faschistische Entwicklungen in erster Linie ökonomische Ursachen haben, postulierte der sowjetische Befehl Nr. 201 von August 1947, der den Abschluß der Entnazifizierung einleitete, daß mit der Bodenreform und den in Gang gesetzten wirtschaftlichen Umstrukturierungen dem Wiederaufleben faschistischer und militaristischer Tendenzen der Boden entzogen und so eine Lockerung der Entnazifizierungsbestimmungen nunmehr möglich geworden sei. Die Aufteilung des Großgrundbesitzes im Rahmen der Bodenreform war bereits 1945 in Angriff genommen und ursprünglich auch von allen Parteien unterstützt worden. Im wesentlichen gleichlautende Gesetze und Verordnungen zur Bodenreform wurden von den Landes- und Provinzialverwaltungen Anfang September 1945 erlassen. Vor allem Vertreter der CDU und der LDP wandten sich jedoch zunehmend gegen die entschädigungslose Enteignung des Großgrundbesitzes und zogen sich wohl deshalb auch aus den »Bodenreformkommissionen« zurück; von den insgesamt über 52000 Mitgliedern dieser Kommissionen gehörten 24 Prozent der KPD, 18 Prozent der SPD, aber weniger als 2 Prozent der CDU und der LDP an[42].

Grundsätzlich wurde Landbesitz über 100 Hektar (unabhängig davon, ob es sich bei den Besitzern um Gegner oder Partei-

Thüringen. In: Achim Thom und Horst Spaar (Hrsg.), Medizin im Faschismus. Symposium über das Schicksal der Medizin in der Zeit des Faschismus 1933–1945. Berlin (Ost) 1985, S. 250ff.

[41] Wolfgang Zank, Wirtschaft und Arbeit in Ostdeutschland 1945–1949. Probleme des Wiederaufbaus in der Sowjetischen Besatzungszone Deutschlands. München 1987, S. 53.

[42] Zur Wirtschaftspolitik der SED. Bd. 1: 1945 bis 1949. Berlin (Ost) 1984, S. 71.

gänger der NSDAP handelte) enteignet. Güter und Bauernhöfe von »Naziaktivisten« waren von der Bodenreform ebenfalls betroffen. Im Gefolge der dadurch eingeleiteten Umverteilungen des Besitzes war bereits im Jahre 1946 der Anteil der bäuerlichen Betriebe bis zu 5 Hektar Größe von 35 Prozent im Jahre 1939 auf 26 Prozent gefallen; der Anteil der Betriebe von 5 bis 10 Hektar hatte sich nahezu verdoppelt. Gemessen an der Gesamtfläche des enteigneten Landbesitzes war der Anteil der 4500 Landwirtschaften, die wegen nationalsozialistischer Aktivitäten der Besitzer enteignet wurden, mit etwa vier Prozent sehr gering[43].

Die Beschlagnahme (»Sequestierung«) von Großbetrieben, Banken und Versicherungen wurde unmittelbar nach Kriegsende in Angriff genommen. Mit den Befehlen Nr. 124 und 126 vom Oktober 1945 wurde diese auch auf das Eigentum des Staates und von NS-Organisationen sowie von Kriegs- und NS-Verbrechern ausgedehnt. Die Verstaatlichung von Schlüsselindustrien war kaum umstritten, bei der Auslegung des Begriffs der »aktiven« Mitwirkung am nationalsozialistischen Regime gab es allerdings geteilte Meinungen, da die Enteignung nicht auf Betriebe von Kriegs- und NS-Verbrechern beschränkt bleiben, sondern auch auf solche Betriebe und Unternehmen ausgedehnt werden sollte, »die aktiv den Kriegsverbrechern gedient haben«. Formulierungen wie diese waren bewußt weit gefaßt und ließen die Enteignung wichtiger Betriebe auch dann zu, wenn nationalsozialistischer Aktivismus oder auch nur nominelle Mitgliedschaft in der NSDAP bei deren Eigentümern nicht ohne weiteres unterstellt werden konnte[44]. In einer großangelegten Kampagne wurde am 30. Juni 1946 in Sachsen ein Volksentscheid zur »Übergabe von Betrieben von Kriegs- und Naziverbrechern in das Eigentum des Volkes« durchgeführt, dessen positives Resultat zur Verabschiedung ähnlicher Gesetze und damit zur Rechtfertigung von Enteignungen in den anderen Ländern und Provinzen der sowjetischen Besatzungszone diente[45].

[43] Meinicke, Zur Entnazifizierung, S. 192; Zur Wirtschaftspolitik der SED, Bd. 1, S. 72.
[44] Siehe dazu die Ausführungen bei Günther Nollau, Das Amt. 50 Jahre Zeuge der Geschichte. München 1978, S. 102 f.
[45] Eine abgewogene Bewertung des Volksentscheids gibt Günter Braun, Wahlen und Abstimmungen. In: Broszat u. Weber (Hrsg.), SBZ-Handbuch, S. 381 ff.

Insgesamt wurden 1946 und 1947 9300 Betriebe verstaatlicht und »in Volkseigentum überführt«. Die Enteignungen waren von harten Auseinandersetzungen zwischen SED einerseits und CDU sowie LDP andererseits begleitet. Vertreter der bürgerlichen Parteien versuchten vor allem dann einzugreifen, wenn es um die Enteignung von Einzelhandelsunternehmen ging. Und tatsächlich wurde in den Jahren 1946 und 1947 eine Reihe von Klein- und Mittelbetrieben wieder an ihre Besitzer zurückgegeben, ohne daß auf der Basis der bisher vorliegenden Quellen die Gründe für diese Revision ausgemacht werden konnten[46].

Insgesamt war die Entnazifizierung in der sowjetischen Besatzungszone, im Vergleich zu den Westzonen, also zeitlich enger begrenzt und in ihrer politischen Zielsetzung eindeutiger. Gemäß des anfänglich noch gegebenen (Parteien-) Pluralismus wurde die Dimitroff-Formel vom Faschismus als »offener terroristischer Diktatur der reaktionärsten, am meisten chauvinistischen und imperialistischen Elemente des Finanzkapitals« erst nach und nach zur Rechtfertigung der wirtschaftlichen Umgestaltung der sowjetischen Zone herangezogen. Dennoch zeigte sich der Doppelcharakter der Entnazifizierung relativ früh. Stand zunächst in erster Linie die Abrechnung mit den Trägern des NS-Regimes im Vordergrund, so wurde Entnazifizierung doch zunehmend als Mittel der Systemveränderung gebraucht: System*auseinandersetzung* (mit dem Nationalsozialismus) und System*veränderung* (in Richtung einer kommunistischen Parteiherrschaft) gingen eine enge Fusion ein und waren in der Praxis kaum zu trennen. Doch haben wir damit nach wie vor noch keine klare Antwort auf die von Siegfried Suckut aufgeworfene Frage: »Ist davon auszugehen, daß sie [die Sowjetunion] sich zunächst (bis 1947) von keiner klaren besatzungspolitischen Konzeption leiten ließ und – analog ihres Faschismus- und Demokratieverständnisses – lediglich bestrebt war, auch die gesellschaftlichen und politischen Grundlagen des Nationalsozialismus aufzulösen, ohne dabei bereits an einen kommunistischen deutschen Staat wie die spätere DDR zu denken?«[47]

[46] Zur Wirtschaftspolitik der SED, Bd. 1, S. 122.
[47] Siegfried Suckut, »Entnazifizierung in der SBZ« (Rezension). In: Deutschland-Archiv 23 (1990), S. 1914ff., Zitat S. 1915.

Gemessen an ihrer eigenen doppelten Zielsetzung, der Ausschaltung ehemaliger Nationalsozialisten in leitenden Positionen und zentralen Bereichen der Gesellschaft und der Etablierung einer neuen politischen und gesellschaftlichen Elite, war die Entnazifizierung in der sowjetischen Besatzungszone durchaus erfolgreich. Sie hat, wie Peter Nettl treffend feststellte, eine »politische Krankheit mit rein politischen Mitteln« ausgerottet[48], dabei aber – so wird man gerechterweise hinzufügen müssen – zu vielen existentiellen Kränkungen und Verletzungen geführt und Existenzen vernichtet, obwohl in vielen Fällen keine NS-Belastung vorlag. Wird Erfolg oder Mißerfolg der Entnazifizierung auch daran gemessen, inwieweit sie eine Rückkehr ehemaliger Mitglieder der NSDAP in Führungspositionen von Staat und Gesellschaft verhinderte, so konnte die politische Führung der DDR mit Recht darauf verweisen, daß der Anteil ehemaliger Parteimitglieder in relevanten Stellungen des öffentlichen Lebens gering war, daß aber einstige Gegner des nationalsozialistischen Regimes in den Führungskadern der Partei und in Spitzenpositionen des Staates zahlreich vertreten waren; sie hat diese antifaschistischen Referenzen auch weidlich zu ihrer Legitimation genutzt[49]. In Fällen, wo NSDAP-Mitglieder erneut Eingang in Führungspositionen fanden, dürfte es sich ziemlich sicher ausschließlich um »Mitläufer« gehandelt haben. Eine Ausnahme mag bis zu einem gewissen Grad der militärische Bereich gewesen sein, wo ehemalige Offiziere der Wehrmacht maßgeblichen Anteil am Aufbau der Nationalen Volksarmee hatten. In jedem Fall waren »Braunbücher« über die DDR kaum geeignet, dem Faschismusvorwurf der DDR-Spitze an die Bundesrepublik zu begegnen. Mit einigem Recht wurde aber betont, daß die SED-Führung den »Antifaschismus« kraft politischer Deklaration einfach verordnete und gerade dadurch jede tiefergehende Auseinandersetzung mit dem Nationalsozialismus erschwerte[50].

Mit dem offiziellen Abschluß der Entnazifizierung in der sowjetischen Besatzungszone war das Kapitel politische Säube-

---

[48] J. Peter Nettl, Die deutsche Sowjetzone bis heute. Frankfurt 1953, S. 35.

[49] Siehe z. B. Der ausgeträumte DDR-Traum von Antifaschismus und Solidarität. Interview mit Günter Kunert. In: Deutschland-Archiv 23 (1990), S. 207 ff.

[50] Ralph Giordano, Die zweite Schuld oder Von der Last Deutscher zu sein. Hamburg 1987, S. 216 ff.

rung nicht abgeschlossen, es wurde lediglich eine neue Seite aufgeschlagen: Allein in den Jahren 1950 und 1951 gerieten 150000 Mitglieder der SED in die Mühlen der stalinistischen Parteisäuberung. Der »Kampf gegen den Sozialdemokratismus« führte bis 1953 zum Ausschluß von 200000 ehemaligen Sozialdemokraten aus der SED; Tausende davon verloren ihren Arbeitsplatz, wurden diskriminiert und an den Rand der Gesellschaft gedrückt oder flüchteten in den Westen. Etwa 5000 von ihnen wurden von ostdeutschen oder sowjetischen Gerichten verurteilt[51]. Der Stalinismus mit seinem Hauptmerkmal der permanenten Säuberung sollte bis weit in die fünfziger Jahre hinein das politische Klima der DDR nachhaltig beeinflussen.

Die Geschichte der Entnazifizierung ist noch längst nicht hinreichend erforscht, weil der bis zum Umbruch 1989/90 äußerst restriktiv gehandhabte Zugang zu Archivmaterialien und die Gängelung der Geschichtswissenschaft durch die Machthaber der SED dies nicht zuließ. Autoren aus der Bundesrepublik war der Einblick in Archive der DDR verwehrt, die Rekonstruktion historischer Vorgänge weitgehend auf westdeutsche Archivalien, zeitgenössische Aussagen, Berichte der Alliierten und auf Arbeiten von Historikern der DDR angewiesen, die vor allem auch dadurch gekennzeichnet sind, daß Entscheidungen mitgeteilt, Entscheidungsprozesse aber vernachlässigt werden. Die natürlich auch in der SBZ gegebene Meinungsvielfalt bei deutschen und sowjetischen Entscheidungsträgern auf zentraler wie lokaler Ebene blieb dadurch weitgehend im dunkeln. Hier ist noch sehr viel Detailforschung zu leisten.

Die Entnazifizierung in der sowjetischen Besatzungszone verlief regional unterschiedlich. Da in Thüringen und Sachsen-Anhalt die Entnazifizierungsbemühungen offensichtlich geringer waren als in den anderen Ländern und Provinzen, hat sich in der Geschichtswissenschaft der DDR die Interpretation eingebürgert, daß die dort nur kurz tätigen amerikanischen und britischen Besatzungsbehörden die Schuld an der schleppenden Durchführung der Entnazifizierung trügen. Da sich die Personalpolitik der Amerikaner von der der sowjetischen Stellen stark unterschied – erstere bevorzugten konservative Kräfte und Sozialdemokraten, letztere vertrauten vor allem kommuni-

[51] Hermann Weber, SED und Stalinismus. In: Die DDR im vierzigsten Jahr. Geschichte, Situation, Perspektiven. Zweiundzwanzigste Tagung zum Stand der DDR-Forschung in der Bundesrepublik Deutschland 16. bis 19. Mai 1989. Köln 1989, S. 3ff

stischen Genossen –, hatte die anfängliche Stellenbesetzung gewiß ihren Einfluß auf die praktische Politik. Dennoch versperrt eine solche einseitige und höchst unzureichende Ursachenanalyse den Blick auf bessere Erklärungen und auf lokale Unterschiede.

Aktiver wie passiver Widerstand gegen eine rigorose und schematische Säuberung breiter Bevölkerungsschichten zeigte sich in allen Besatzungszonen, auch in der sowjetischen. Dies traf vor allem dann zu, wenn deren Auswirkungen für alle sichtbar waren. Ein Stimmungsumschwung wurde spätestens ab 1947 spürbar, der auch dadurch belegt wird, daß die sogenannten Reinigungskommissionen immer größere Schwierigkeiten hatten, Belastungszeugen zu finden; Einsprüche gegen die Urteile der Reinigungskommissionen waren darüber hinaus an der Tagesordnung. Um so erstaunlicher ist es, daß über Binnenstruktur und Arbeitsweise der verschiedenen Säuberungsorgane bislang so gut wie nichts bekannt ist. Einige karge Hinweise deuten jedoch darauf hin, daß auch sie mit denselben Problemen zu kämpfen hatten wie ihre Pendants im Westen: Die als »Persilschein«-Unwesen bekannten Erscheinungen waren offenbar auch in der sowjetischen Besatzungszone weit verbreitet. Die kontinuierliche Zentralisierung der Entscheidungsbefugnisse sollte unter anderem diesem »Rehabilitierungsplunder«[52] vorbeugen, der nicht zuletzt durch die lokalen Parteiausschüsse gefördert worden war. Ebenso gab es Dissonanzen zwischen den Vertretern der einzelnen Parteien; die SED setzte mit Hilfe der Besatzungsmacht spätestens ab 1947 ihre absolute personelle Dominanz auch deswegen durch, weil die »bürgerlichen Kräfte« dem auf sie ausgeübten politischen Druck nicht mehr standzuhalten vermochten und sich weigerten, weiterhin an der Arbeit der Reinigungskommission mitzuwirken; hier dürfte die Öffnung der Archive interessante Tatsachen ans Licht bringen.

Mit der politischen Säuberung war natürlich auch in Ostdeutschland die Frage nach der Integration der »Ehemaligen« in den neuen Staat aufgeworfen. »Gegen Ideologie und Politik des Nationalsozialismus mußte der neue Staat eingerichtet werden. Gegen die Mehrheit des Volkes konnte er schwerlich eingerichtet werden.«[53] Das galt für Ost und West gleichermaßen. Wir

[52] Verhandlungen des Sächsischen Landtags sowie der Beratenden Versammlung des Landes Sachsen, I. Wahlperiode, 4. Sitzung am 16. Dezember 1946, S. 35.
[53] Hermann Lübbe, Der Nationalsozialismus im deutschen Nachkriegsbewußtsein. In: Historische Zeitschrift 236 (1983), S. 579 ff., Zitat S. 586.

wissen, daß der Großteil der ausgeschalteten Parteimitglieder der NSDAP in den manuellen Berufssektor ausweichen mußte, aber für wie lange? Es fehlt auch an Angaben darüber, wie viele ehemalige Parteigenossen in die Westzonen abwanderten, wievielen es im Laufe der Jahre gelang, in ihren erlernten Beruf zurückzukehren. Zu fragen ist ferner, für wie viele ehemalige Parteigenossen sich der Weg zurück in die Gesellschaft erst dann öffnete, als sie sich willens zeigten, den Zeichen der Zeit zu folgen und die Ziele der SED aktiv zu unterstützen oder der von ihr gegründeten Nationaldemokratischen Partei Deutschlands, die eigens als politisches Auffangbecken für ehemalige Nazis geschaffen wurde, beizutreten. Inwieweit fanden ehemalige Nazis in den übrigen Parteien der DDR, die SED miteingeschlossen, eine neue Heimat?

Politische Säuberung bedeutet nicht nur Abrechnung mit dem Alten, sondern auch Grundsteinlegung des Neuen. Da in der sowjetischen Besatzungszone die Diktatur des Nationalsozialismus von der Diktatur des Stalinismus abgelöst wurde, ist es fraglich, ob es der Geschichtswissenschaft möglich sein wird, die Abrechnung mit dem Nationalsozialismus und deren politische Inanspruchnahme durch die kommunistischen Machthaber nachträglich zu entwirren. Versucht werden sollte es allemal.

DIETER STIEFEL
Der Prozeß der Entnazifizierung in Österreich

»Das schier unvorstellbare Maß an Haß, das der Nationalsozialismus während des Krieges in der Bevölkerung angehäuft hatte, ließ nach der Niederwerfung der deutschen Wehrmacht eine gründliche persönliche Abrechnung mit allen Schuldigen voraussehen. Aber die in den Kampftagen und danach dräuende Gefahr für Heim, Gut und Menschen hat diese persönliche Abrechnung verhindert«, schrieb die Wiener ›Arbeiter-Zeitung‹ 1946[1]. Die Umstände der Befreiung haben die »volkstümliche Lösung«[2], die diese sonst vielleicht gefunden hätte, vereitelt. Die Alliierten waren schneller zur Stelle als eine »antifaschistische Revolution«, falls diese überhaupt im Bereich des Möglichen gelegen hat.

In Österreich gab es am Ende des Krieges wohl ein Chaos, aber kein Machtvakuum. Den deutschen Truppen folgten unmittelbar die alliierten Armeen. Bis zur Kapitulation im Mai 1945 wurde das vom Krieg bis dahin weitgehend verschont gebliebene Österreich völlig in die Kriegshandlungen einbezogen. Das Land war überflutet von Flüchtlingen und Soldaten, die zentrale Verwaltung war zusammengebrochen, die öffentliche Versorgung lag in totalem Durcheinander, die Industrie stand still. In dieser Situation wünschten die Alliierten nichts

---

[1] Arbeiter-Zeitung (Wien) vom 3. April 1946. Zur Entnazifizierung in Österreich vgl. u.a. Anton Pelinka und Erika Weinzierl (Hrsg.), Das große Tabu. Österreichs Umgang mit seiner Vergangenheit. Wien 1987; Anton Pelinka, Entnazifizierung. Administration statt Auseinandersetzung. In: Aufrisse 2, Nr. 3, Wien 1981; Robert Knight, Einige vergleichende Betrachtungen zur »Vergangenheitsbewältigung« in Österreich und Großbritannien. In: Zeitgeschichte 15 (1987/88), S. 63–71; vgl. auch die Beiträge von Robert Knight, Britische Entnazifizierungspolitik 1945–1949, und Oliver Rathkolb, U.S.-Entnazifizierung in Österreich zwischen kontrollierter Revolution und Elitenrestauration (1945–1949). In: Zeitgeschichte 11 (1983/84), S. 287–301 bzw. S. 302–325; Gerhard Botz, Österreich und die NS-Vergangenheit. Verdrängung, Pflichterfüllung, Geschichtsklitterung. In: Dan Diner (Hrsg.), Ist der Nationalsozialismus Geschichte? Zu Historisierung und Historikerstreit. Frankfurt 1987, S. 141–152. Eine thematisch und regional breit angelegte Studie bietet der Band von Sebastian Meissl, Klaus-Dieter Mulley und Oliver Rathkolb (Hrsg.), »Verdrängte Schuld, Verfehlte Sühne.« Entnazifizierung in Österreich, 1945–1955. Symposion des Instituts für Wissenschaft und Kunst Wien, März 1985. München 1986; einen allgemeinen Überblick bietet Dieter Stiefel, Entnazifizierung in Österreich. Wien 1981.

[2] Arbeiter-Zeitung vom 3. April 1946.

weniger als eine unkontrollierte Revolution. Die verantwortlichen Militärs waren vorerst weniger an einer Entnazifizierung interessiert als an geordneten Verhältnissen. Die politische Einstellung der Bevölkerung wurde weitgehend danach beurteilt, inwieweit sie bereit war, mit den Alliierten zusammenzuarbeiten. Die sofort einsetzende Verhaftung und Internierung bekannter Nationalsozialisten war eine Sicherheitsmaßnahme der Militärs. Nationalsozialisten in weniger exponierten Stellungen wurden auf ihren Posten belassen.

Diese vom militärischen Sicherheitsbedürfnis bestimmte Entnazifizierungsphase dauerte bis zum Juni 1945. Dann begannen die alliierten Militärregierungen ihre Nachkriegsplanungen für Österreich ins Werk zu setzen; vor allem Briten und Amerikaner hatten während des Krieges ihre eigenen Vorstellungen von der Überwindung des Nationalsozialismus entwickelt, die sie nun zu verwirklichen suchten. Zugleich erließ die provisorische österreichische Regierung als eine ihrer ersten Amtshandlungen ein Gesetz für eine »geordnete« Entnazifizierung. Die politische Säuberung in Österreich gliederte sich daher in mehrere Phasen, in denen verschiedene Stellen aktiv waren und ganz unterschiedliche Vorstellungen von der Entnazifizierung wirksam wurden:

1. Phase: April 1945 bis Juni 1945 – Militärische Sicherheitsphase, in der hauptsächlich Internierungen durch die Alliierten vorgenommen wurden.

2. Phase: Juni 1945 bis Februar 1946 – Phase der autonomen Entnazifizierung durch die Alliierten. In dieser Zeit versuchten fünf verschiedene Instanzen (die österreichische Regierung und die vier Besatzungsmächte) in vier verschiedenen Besatzungszonen die Entnazifizierung durchzuführen, was zu Überschneidungen und teilweise sogar zu einander widersprechenden Maßnahmen führte.

3. Phase: Februar 1946 bis Februar 1947 – Phase der österreichischen Entnazifizierung auf Grund der Gesetze von 1945 (»Verbotsgesetz« und »Kriegsverbrechergesetz«). Im Februar 1946 wurde der österreichischen Regierung die Entnazifizierungskompetenz für das ganze Land übertragen, die Alliierten zogen sich auf eine Kontrollfunktion zurück. Die Ergebnisse dieses autochthonen Säuberungsprozesses waren unbefriedigend; so kam es 1947 zu einem neuen Entnazifizierungsgesetz.

4. Phase: Februar 1947 bis Mai 1948 – Phase der österreichischen Entnazifizierung auf der Grundlage des Gesetzes von

1947. In dieser Zeitspanne wurde die Entnazifizierung durchgeführt und abgeschlossen.

5. Phase: 1948 bis 1957 – Die Zeit der Amnestien.

Ziele und Politik der Besatzungsmächte

Gemeinsames Ziel der Alliierten USA, Großbritannien und UdSSR im Zweiten Weltkrieg war es gewesen, »den deutschen Militarismus und Nationalsozialismus zu zerstören und dafür Sorge zu tragen, daß Deutschland nie wieder imstande ist, den Weltfrieden zu stören«[3]. Dieses Ziel war mit der Niederlage des Deutschen Reiches noch nicht erreicht, nach der Kapitulation galt es, diejenigen dauerhaft aus dem öffentlichen Leben auszuschalten, die sich zu weit mit dem NS-Regime eingelassen hatten. In der Konferenz von Jalta im Februar 1945 versuchten die »großen Drei«, ihre Vorstellungen von der Entnazifizierung zusammenzufassen: »Wir sind entschlossen, ... die nationalsozialistische Partei, die nationalsozialistischen Gesetze, Organisationen und Einrichtungen zu beseitigen, alle nationalsozialistischen und militärischen Einflüsse aus den öffentlichen Dienststellen sowie dem kulturellen und wirtschaftlichen Leben des deutschen Volkes auszuschalten ...«[4]. Ein halbes Jahr später trafen sich die drei Siegermächte in Potsdam, wo sie die Prinzipien der Entnazifizierung des nun besiegten Deutschland und damit auch des wiedererstandenen Österreich präzisierten[5]:

– Auflösung der NSDAP und aller sonstigen nationalsozialistischen Organisationen, Vorkehrungen, daß diese nicht in anderer Form wieder entstehen konnten, Verhinderung jeder nationalsozialistischen oder militärischen Aktivität und Propaganda.

– Entfernung aller Naziführer, aller einflußreichen Förderer des Systems, aller führenden Beamten und aller Personen, von denen eine Gefährdung der Besatzungsmächte oder ihrer Ziele ausgehen konnte, aus staatlichen Stellen und verantwortlichen Positionen der Privatwirtschaft.

[3] Auszüge aus dem Jalta-Abkommen vom 11. Februar 1945, zit. nach Gustav Stolper, Die deutsche Wirklichkeit. Hamburg 1949, S. 298.

[4] Ebenda.

[5] Vgl. Potsdamer Protokoll vom 2. August 1945. In: Ernst Deuerlein, Potsdam 1945. Quellen zur Konferenz der »Großen Drei«. München 1963, S. 354 ff.

– Aufhebung aller Nazigesetze sowie solcher Gesetze, die Diskriminierungen aufgrund der Rasse, der Religion oder der politischen Überzeugung enthielten.

– Kontrolle des gesamten Informationswesens und des kulturellen Bereichs, insbesondere Überwachung des Schulwesens, um nationalsozialistische oder militaristische Einflüsse zu eliminieren und so die erfolgreiche Entwicklung demokratischer Ideen zu ermöglichen.

Damit war die Grundlage der alliierten Entnazifizierungspolitik gelegt. Sie wurde allerdings dadurch beeinträchtigt, daß sie überwiegend aus Verboten bestand und so allgemein gehalten war, daß sie praktisch jede Art der Durchführung gestattete. Diese Entnazifizierungs-Grundsätze der Alliierten galten für das ganze Reich, die »Ostmark« eingeschlossen. Die Situation in Österreich unterschied sich von der in Deutschland jedoch in zweierlei Hinsicht ganz wesentlich. In Österreich bestand bereits seit April 1945 eine Zentralregierung mit eigenen Vorstellungen von der Entnazifizierung, auch wenn ihre Souveränität noch einige Zeit lang eingeschränkt blieb[6]. Deutschland hingegen erfuhr die »Behandlung eines ehemaligen Feindes, hat keine Zentralregierung, ist wirtschaftlich und auch sonst durch verschiedene Zonengrenzen geteilt und wird voraussichtlich für eine lange Zeit unter Kontrolle von außen stehen«[7], wie es in einem amerikanischen Bericht hieß. Außerdem wurde die Entnazifizierung nicht in der »Ostmark« (gewissermaßen als Bestandteil des Deutschen Reiches), sondern in der wiedererstandenen Republik Österreich durchgeführt. »Österreich ist kein ehemaliges Feindesland *(ex-enemy)*, sondern anerkannt als Hitlers erstes Opfer, dem die Alliierten die Befreiung versprochen haben.«[8] In der Moskauer Deklaration von 1943 war festgestellt worden, daß Österreich als erstes Land der Aggressionspolitik Hitlers zum Opfer gefallen sei[9].

Österreich war also ein besetztes, aber zugleich ein befreites Land. Für die Alliierten bedeutete hier Entnazifizierung nicht nur Befreiung vom nationalsozialistischen Geist, sondern auch »Entpreußung«. Das kam in einer Botschaft des Alliierten Rates

[6] Minutes of Evidence taken before Sub-Committee F, Wien, 7. September 1947, S. 1.
[7] A Review of Austria, American Legation, Vienna, 1. September 1947, S. 3. In: National Archives (NA), Washington, 260-USACA, Box 860.
[8] Ebenda.
[9] Vgl. Foreign Relations of the United States, 1943, I, S. 516, 632f., 724, 761.

an das österreichische Volk vom 11. September 1945 zum Ausdruck: »Alle Wurzeln des Nazismus, des gesamten deutschen Einflusses, alle Manifestationen des deutschen Militarismus müssen ausgerissen werden, um jede Grundlage für eine Wiederholung der deutschen Aggression zu vernichten.«[10] Entscheidend dabei war, welche Haltung die vier Alliierten Österreich gegenüber einnahmen und inwieweit sie sich bereit zeigten, dem Land die beschriebene Sonderstellung einzuräumen. Diese Bereitschaft war bei den einzelnen Besatzungsmächten unterschiedlich ausgeprägt.

Im großen und ganzen kam die für das Deutsche Reich konzipierte Entnazifizierungspolitik auch in Österreich zur Anwendung. Österreich war sozusagen Nebenkriegsschauplatz der alliierten Entnazifizierung, wobei die für Deutschland festgelegten Bestimmungen weitgehend übernommen wurden, ohne daß dies immer einen Sinn ergeben hätte. Die ersten Maßnahmen der Besatzungsmächte ähnelten einander stark, da sie nicht von politischen Programmen, sondern vom militärischen Sicherheitsbedürfnis diktiert waren.

Am systematischsten gingen hierbei Amerikaner und Briten vor. Sie hatten bereits während des Krieges ein Verhaftungsprogramm ausgearbeitet, das zwei Gruppen betraf[11]. Die erste Gruppe umfaßte jene, die wichtige Positionen in der NS-Bewegung oder in der Reichsregierung innegehabt hatten. Ihre Verhaftung erfolgte aufgrund der Stellung und nicht aufgrund individueller Schuld. Die zweite Gruppe umfaßte diejenigen, die auf einer schwarzen Liste (Londoner Liste) verzeichnet waren; viele Nationalsozialisten fielen in beide Gruppen. Insgesamt waren etwa 600 000 Personen im ganzen Deutschen Reich zur Verhaftung vorgesehen. Außer diesen *category arrests* stand es den Militärbehörden frei, *discretory arrests* durchzuführen, also Verhaftungen nach freiem Ermessen. Die Verhaftungswelle der Alliierten stieg in der ersten Besatzungsphase nicht allzu hoch. Bis Mai, Juni 1945 dürfte die Zahl der Verhaftungen 10 000 nicht überschritten haben, da diese ersten Maßnahmen durch die allgemein verworrene Situation bei Kriegsende schwer behindert waren. Erst nach Beruhigung der Lage und der Einset-

[10] Report on the Internal Affairs Directorate of the Progress of Denazification. In: NA, 66755-2/30.
[11] Elmer Plischke, Denazification Law and Procedure. In: The American Journal of International Law 41 (1947), S. 812.

zung der vier Militärregierungen konnten die Entnazifizierungsmaßnahmen der Alliierten in großem Stil beginnen.

Die Zeitspanne zwischen der Befreiung und Februar 1946 kann als eine Phase der autonomen alliierten Entnazifizierung bezeichnet werden, weil jede Besatzungsmacht ihre Pläne zur politischen Umerziehung der Österreicher selbständig und ohne die Koordination mit anderen zu suchen ins Werk setzte. Nimmt man die Zahl der im Zuge der Entnazifizierung Verhafteten als Gradmesser der Aktivität, so ergibt sich folgendes Bild: Die Alliierten hatten bis Februar 1946 etwa 18 000 Personen festgenommen, davon die Amerikaner 9462, die Briten 6413, die Franzosen etwa 2000 Personen[12]; etwa 90 Prozent davon entfielen auf *category arrests*. Für die sowjetische Zone gibt es keine genauen Daten. Dort war die Verhaftungstätigkeit jedoch äußerst gering und dürfte sicher weniger als 1000 Personen betroffen haben.

Die amerikanische Besatzungsmacht hatte detaillierte Vorschriften und Programme für die Entnazifizierung nach Österreich mitgebracht. Grundlinie ihres politischen Vorgehens war: Registrierung aufgrund eines Fragebogens, Entlassung aus wichtigeren Positionen in Staat und Wirtschaft, Verhaftung und Internierung[13]. Hauptinstrument hierbei war ein sechsseitiger Fragebogen, mittels dessen die Befragten nach ihrer Belastung und Gefährlichkeit kategorisiert wurden. Da im Fragebogen individuelle Informationen standardisiert wurden, war für die spezifische Entnazifizierungsproblematik Österreichs relativ wenig Raum. So gab es eine ganze Reihe von Fragen, die sich auf die Jahre 1932 und 1934 bezogen, die in Deutschland entscheidend für die Entwicklung des Nationalsozialismus gewesen waren, aber mehrere Jahre vor dem »Anschluß« lagen und deshalb für Österreich kaum sinnvoll waren. Andererseits wur-

---

[12] Nicholls an Bevin am 5. Februar 1946. In: Public Record Office, London (PRO), FO 371/55188.

[13] Directive to Commander in Chief of U.S. Forces of Occupation regarding the Military Government in Austria, 5. Denazification, 24. Juni 1945. In: NA, R 60-USACA-60258-2. Zur Nachkriegspolitik der USA gegenüber Österreich vgl. Josef Leidenfrost, Die amerikanische Besatzungsmacht und der Wiederbeginn des politischen Lebens in Österreich 1944–1947. Diss. Wien 1986; Rathkolb, US-Entnazifizierung in Österreich; ders., Gesellschaft und Politik am Beginn der Zweiten Republik. Vertrauliche Berichte der US-Militär-Administration aus Österreich 1945. Wien 1985; Günther Bischof, Between Responsability and Rehabilitation. Austria in International Politics 1940–1950. Cambridge 1990; Alfons Schilcher, Die Politik der provisorischen Regierung und der Alliierten Großmächte bei der Wiedererrichtung der Republik Österreich. Diss Wien 1985.

de die österreichische Entwicklung durchaus berücksichtigt, so etwa mit der Frage nach der Mitgliedschaft bei österreichischen Wehrorganisationen vor 1938, die nach amerikanischen Vorstellungen durchaus belastend war. Die Entnazifizierungsvorschriften der US-Militärregierung verlangten »die Entlassung und Ausschließung von wichtigen Positionen aller Personen, die einen aktiven und führenden Anteil an den undemokratischen Maßnahmen des faschistischen Regimes der Vor-Hitler-Zeit oder in deren paramilitärischen Organisationen wie Heimwehr und Ostmärkische Sturmscharen genommen haben«[14].

In der Praxis gingen die Amerikaner dann allerdings von diesen Grundsätzen ab, weil sie erkennen mußten, daß sie damit maßgebliche Persönlichkeiten vom Wiederaufbau ausgeschlossen hätten. Im Prinzip aber verfolgten sie in Österreich dieselbe Entnazifizierungspolitik wie in Deutschland. Sie hatten sich kein geringeres Ziel gesetzt als die Durchkämmung der Gesamtbevölkerung eines fremden Landes und sich damit ein Pensum auferlegt, das sie nicht bewältigen konnten. Je systematischer sie vorgingen, desto unvermeidlicher wurde die Schlußfolgerung, daß die ursprüngliche Absicht undurchführbar war, jeden zu entfernen, der in irgendeiner Weise mit der Nazipartei oder anderen Naziorganisationen zu tun gehabt hatte[15].

In Österreich trat das amerikanische Dilemma freilich nicht so offen zutage wie in Deutschland, da ab Februar 1946 die Entnazifizierung der österreichischen Regierung übertragen wurde und die Alliierten sich auf Kontrollfunktionen zurückzogen. Bis dahin hatten die Amerikaner 81 770 ausgefüllte Fragebögen in Händen, damit aber nur 8,5 Prozent der Bevölkerung ihrer Zone und nur etwa zwei Drittel derer erfaßt, die von den österreichischen Behörden bis Ende 1946 als Nationalsozialisten registriert wurden. Von den eingegangenen Fragebögen hatten die Amerikaner etwa ein Drittel bearbeitet, was zur Entlassung von 8000 Personen aus Positionen in Staat und Wirtschaft und zu 9738 Verhaftungen führte[16]. Trotz aller Einschränkungen ist zu konstatieren, daß die Amerikaner die Entnazifizierung am strengsten durchgeführt haben. Im Vergleich zur Zielsetzung und auch zu den Maßnahmen, die dann die österreichische Re-

---

[14] Directive to Commander in Chief of U.S. Forces (wie Anm. 13).
[15] Zum zahlenmäßigen Umfang der Entnazifizierungsmaßnahmen der Alliierten im ersten Jahr der Besatzung, vgl. Stiefel, Entnazifizierung, S. 34.
[16] Report of Denazification in US-Zone of Austria, 19. November 1946. In: NA, 60258-2/033.2.

gierung ergriff, war die Intensität der amerikanischen Säuberungsanstrengungen freilich ziemlich gering, wenn man nicht gar von einem Scheitern der amerikanischen Entnazifizierungspolitik sprechen muß. Von den etwas mehr als 80 000 Fragebögen übergaben die amerikanischen Behörden Anfang 1946 der österreichischen Regierung zwei Drittel unbearbeitet.

In den Grundlinien folgten die Briten der amerikanischen Entnazifizierungspolitik, allerdings mit weniger Überzeugung und größerer Konzessionsbereitschaft in der Praxis[17]. Sie setzten ebenfalls auf die Fragebögen und hatten in ihrer Zone bis zum Februar 1946 etwa 83 000 Personen (etwa 6 Prozent der Bevölkerung) erfaßt. Was die Engländer anstrebten, war die Zerschlagung des nationalsozialistischen Staates und seiner Grundlagen[18]. Sie sprachen deshalb Entlassungen und Beschäftigungsverbote aus, errichteten Internierungslager, von direkten politischen Strafmaßnahmen aber sahen sie ab. Dennoch war die britische Militärregierung spätestens 1946 davon überzeugt, daß diese Linie »völlig im Gegensatz zur britischen Geisteshaltung« stehe und nicht mit den politischen Traditionen ihres Landes in Einklang zu bringen sei[19]. Daß die britischen Militärs im ersten Nachkriegsjahr mit diesem System arbeiteten, ist auch auf das Bemühen zurückzuführen, eine gemeinsame alliierte Entnazifizierungslinie zu finden. Generell gilt, daß die Briten, die sich schon frühzeitig mit dem Gedanken einer Wiedererrichtung Österreichs beschäftigt hatten, zwischen »unverbesserlichen« und »heilbaren« Nationalsozialisten unterschieden[20] und einen unmittelbaren Zusammenhang zwischen der wirtschaftlichen Misere und der Anfälligkeit für den Nationalsozialismus vor 1938 herstellten: Wirtschaftliche Prosperität sei »für die Überwindung des Nationalsozialismus in Österreich die wesentlichste Voraussetzung«[21]. Folgerichtig sahen die Briten ihre Aufgabe darin, »den Nazi-Virus auszumerzen und Österreich wirtschaftlich und politisch zu befähigen, ein unabhängiges Leben mit einem akzeptablen Lebensstandard zu führen«.

[17] Zur britischen Nachkriegspolitik in Österreich vgl. Robert Knight, British Policy towards occupied Austria 1945–50. Diss. London 1986.
[18] Denazification of Austria, 1947, British Element, Allied Commission for Austria. In: PRO, FO 371/55192.
[19] Ebenda.
[20] Fourth Report from the Selected Committee on Estimates, Session 1945–46, British Expenditures in Austria. London 1946.
[21] Ebenda. Allgemein hierzu Dieter Stiefel, Arbeitslosigkeit in Österreich 1918–1938. Berlin 1978, S. 133.

Sie waren deshalb auch viel eher bereit, die Entnazifizierung flexibel zu handhaben, wenn es dem Wiederaufbau von Wirtschaft und Verwaltung zugute kam.

Frankreich hatte kein vorbereitetes Entnazifizierungsprogramm. Die französische Besatzungsmacht reagierte unmittelbar auf die gegebenen politischen und wirtschaftlichen Verhältnisse. Daraus ergab sich für die Militärregierung ein großer Spielraum. Dieses Vorgehen war vielleicht willkürlich und ungerecht, andererseits aber auch flexibel. Es gab zwar durchaus Entlassungen und Verhaftungen, aber um ihrer Funktionsfähigkeit willen war die französische Militärregierung oftmals geneigt, Verwaltungsbeamte mit besonderen Qualifikationen trotz zweifelhafter Aktenlage wieder einzustellen, vorausgesetzt allerdings, daß sie bereit waren, mit den Besatzungsbehörden zusammenzuarbeiten[22]. Dieser Pragmatismus war letztlich aus der politischen und wirtschaftlichen Lage Frankreichs zu erklären. Die lange Besetzung durch deutsche Truppen und der Krieg auf französischem Boden hatten eine langfristige französische Nachkriegsplanung behindert. Eine wesentliche Rolle spielte auch, daß Frankreich 1944 selbst eine politische Säuberung durchgeführt hatte und sich nach der Abrechnung mit den eigenen »Kollaborateuren« wenig Illusionen über die Zweckmäßigkeit solcher Maßnahmen in ihrem österreichischen Besatzungsgebiet machte.

Betrachtet man die sowjetische Entnazifizierungspolitik, so erscheint sie widersprüchlich, als ein Schwanken zwischen Gnade und Verfolgung, gekennzeichnet durch Amnestiebereitschaft und Mäßigung bei gleichzeitiger Willkür und Kritik an zu milden Entnazifizierungsmaßnahmen. Es war ein Grundzug sowjetischer Politik, zur Durchsetzung ihrer Ziele jeweils auch einheimische politische Kräfte heranzuziehen und selbst nur vereinzelte, zum Teil recht willkürliche Maßnahmen zu ergreifen. Dementsprechend förderten sie auch die Bildung einer österreichischen Regierung unter Führung Karl Renners, die in der russischen Zone von Anfang an in der Lage war, eigene Entnazifizierungsmaßnahmen durchzuführen. Entscheidend für die sowjetische Haltung in Österreich war aber, daß es mit der KPÖ eine einheimische politische Partei gab, die sich auf derselben ideologischen Grundlage bewegte und bereit war, mit

[22] Wolfgang G. Friedmann, The Allied Military Government of Germany. London 1947, S. 34.

der Besatzungsmacht zusammenzuarbeiten. Ihre Repräsentanten, die in der österreichischen provisorischen Regierung ein Drittel der Minister stellten, waren zum Teil im Exil in Moskau geschult worden. Karl Renner hat außerdem bestätigt, daß im Troß der Roten Armee eine beträchtliche Zahl kommunistischer Parteileute nach Österreich zurückkehrte, die vor oder während der NS-Zeit in die Sowjetunion geflohen waren[23].

Die Grundlinie der sowjetischen Entnazifizierungspolitik war die schnelle und umstandslose Reintegration der sogenannten »kleinen Parteigenossen«. Schon im Befehl Nr. 1 des russischen Kommandanten von Wien im April 1945 hieß es, einfache Mitglieder der NSDAP sollten wegen ihrer Parteizugehörigkeit nicht verfolgt werden: »Das von den Nazis verbreitete Gerücht, daß die Rote Armee angeblich alle Mitglieder der NSDAP vernichtet, ist Lüge. Die Nationalsozialistische Partei wird aufgelöst, doch die einfachen Mitglieder der Nationalsozialistischen Partei bleiben unbehelligt, wenn sie sich gegenüber den Sowjettruppen loyal verhalten.«[24] Die erste Phase der sowjetischen Entnazifizierungspolitik reichte bis zur österreichischen Nationalratswahl im November 1945, bei der die KPÖ nur vier der 165 Parlamentssitze erreichte und zur politischen Bedeutungslosigkeit herabsank. Daraufhin veränderte sich die sowjetische Haltung zur Entnazifizierung. Nach der verheerenden Wahlniederlage war die sowjetische Haltung von Verdächtigungen und Zweifel gekennzeichnet; die Entnazifizierung wurde nun ganz entschieden nach dem Grad des politischen Einflusses der örtlichen kommunistischen Partei bewertet[25].

Die Politik der Parteien

In der ersten Legislaturperiode nach dem Krieg waren im österreichischen Parlament nur drei Parteien vertreten: die Volkspartei, die Sozialdemokraten und die Kommunisten. Das waren jene Parteien, die aus der politischen Tradition der demokrati-

[23] Karl Renner, Österreich von der Ersten zur Zweiten Republik. Wien 1953, S. 232.

[24] Proklamation Marschall Tolbuchins an die Wiener Bevölkerung, zit. bei: Adolf Schärf, Österreichs Erneuerung, 1945–1955. Wien 1955, S. 140 f.

[25] Diese Meinung unterscheidet sich von der Wilfried Aichingers, Sowjetische Österreichpolitik 1943–1945. Wien 1977; ihr widerspricht auch Robert Knight, Kalter Krieg – Entnazifizierung in Österreich. In: Meissl, Mulley, Rathkolb, Verdrängte Schuld, S. 43.

schen Vorkriegszeit wiedererstanden waren. Nach einer Verfügung des Alliierten Rates vom 11. September 1945 wurde diesen drei »antifaschistischen, demokratischen Parteien Österreichs« erlaubt, ihre Tätigkeit auf alle Besatzungszonen auszudehnen. Das Prädikat »antifaschistisch« gestanden sich diese drei Parteien auch gegenseitig zu. Das ging vor allem auf die gemeinsam erlittene Verfolgung während der NS-Zeit zurück. Viele Parteipolitiker waren in der Emigration gewesen, viele hatten in den nationalsozialistischen Gefängnissen und Konzentrationslagern gelitten. Die gegenseitige antifaschistische, oder besser: antinationalsozialistische Anerkennung war die Basis für das gemeinsame politische Handeln in den schwierigen ersten Nachkriegsjahren.

Einig waren sich alle Parteien in der Betonung des Österreichertums als Antithese zum Nationalsozialismus. Diese Darstellung rührte an die Frage, inwieweit der Nationalsozialismus in Österreich eine bodenständige Bewegung gewesen war oder erst nach dem »Anschluß« Fuß gefaßt hatte. Sicherlich gab es in Österreich schon vor 1933 starke nationalsozialistische Strömungen, und es gibt Schätzungen, wonach nach 1933 bei freien Wahlen bis zu einem Drittel der Wähler nationalsozialistisch gestimmt hätten. Aber aus eigener Kraft war der Nationalsozialismus nicht an die Macht gekommen, sondern erst durch die politische und militärische Intervention des Deutschen Reiches. In der politischen Auseinandersetzung mit den Alliierten brachte die These, Österreich sei das »erste Opfer des Hitlerfaschismus« gewesen, nicht zu unterschätzende Vorteile: »Der Nationalsozialismus war in Österreich immer bloß ein Exportartikel Deutschlands«, konnte im Nationalrat beispielsweise gesagt werden, »er war eben immer eine Angelegenheit des Zwanges, der aus Deutschland nach Österreich gebracht wurde. Das österreichische Volk hat den Nationalsozialismus zum übergroßen Teil abgelehnt, es ist ihm innerlich immer fremd gegenübergestanden, geschweige denn, daß es in Österreich gelungen wäre, die Sache des Nationalsozialismus zu einer Herzenssache zu machen.«[26]

Von allen Parteien sahen sich die Sozialdemokraten im deutlichsten Kontrast zum Nationalsozialismus. Sie konnten sich auf eine ungebrochene demokratische Tradition berufen und

[26] So der Abgeordnete Zechtl, SPÖ, in der 76. Sitzung des Österreichischen Nationalrats am 18. Februar 1949. In: Stenographische Protokolle 1949, S. 2184.

nahmen für sich in Anspruch, »die kompromißlose Vorkämpferin und Kämpferin gegen den Faschismus jeder Couleur« gewesen zu sein. Hinter dieser Erklärung verbarg sich ein gewisser Vorwurf, der sich in erster Linie gegen die Volkspartei als Nachfolgerin der Christlichsozialen Partei richtete, die am Aufbau des autoritären Ständestaates ab 1933/34 beteiligt gewesen war. Für die Sozialdemokraten »gab es einen österreichischen Faschismus, ehe der deutsche Nazifaschismus bei uns einbrach«, wie die ›Arbeiter-Zeitung‹ 1948 schrieb: »Zwischen den Kleriko- und Heimwehrfaschisten auf der einen, den Nazi auf der anderen Seite gab es immer wieder Verhandlungen und Versöhnungsversuche, ehe es zu einem schwächlich geführten Kampf, zum verspäteten kläglichen Versuch eines Widerstands kam. Wir haben diese Überlebenden eines Verrats an der Demokratie und zweier Diktaturen, die heute wieder die Politik und die Verwaltung der Zweiten Republik bevölkern, die Weiterdienenden des Faschismus genannt. Sie bilden das Problem der ÖVP ... Wir verstehen nicht, wie die leitenden Männer der Volkspartei, die selbst in den Konzentrationslagern des deutschen Faschismus gelitten haben – und sie bilden heute die Mehrheit unter ihren Ministern –, jene Leute in Funktionen der eigenen Partei ertragen ... Aber wir Sozialisten verstehen den tieferen Grund dieser inneren Zwiespältigkeit der Volkspartei und wir haben ihn wiederholt offen ausgesprochen: Es ist die Tatsache, daß sie selbst geschichtlich einen Faschismus im Leibe hat.«[27] Die Volkspartei war allerdings von dieser Kritik kaum zu beeindrucken, mutete es sie doch geradezu »lächerlich an, wenn man den Satz hört, der Austrofaschismus sei der Wegbereiter des Nationalsozialismus gewesen«[28]. »Im Interesse der geschichtlichen Wahrheit«, so verlangte die bürgerliche Partei, darf »all das Positive, das besonders auch in den Jahren 1934 bis 1938 im Kampf gegen den Nationalsozialismus geleistet wurde, nicht einfach aus irgendwelchen parteipolitischen Abneigungen und aus Groll verschwiegen oder gar umgedeutet werden«, und sie stellte fest, »daß das kleine Österreich in den Jahren 1934 bis 1938 verhindert hat, daß Hitler schon einige Jahre früher seinen Raubzug gegen Europa beginnen konnte«[29]. Der Ständestaat habe vier Jahre lang »die Überrumpelung Österreichs durch

[27] Arbeiter-Zeitung vom 14. Januar 1948.
[28] So der Abgeordnete Frisch, ÖVP, in der 28. Sitzung des Österreichischen Nationalrats am 24. Juli 1946. In: Stenographische Protokolle 1946, S. 608.
[29] Wiener Zeitung vom 10. März 1946.

Hitler verhindert und den Westmächten die Möglichkeit geboten, Maßnahmen zur Einkreisung und Vernichtung des faschistischen Systems eingehend vorzubereiten«[30].

Den österreichischen Parteien war immer bewußt, daß »Nazi
nicht gleich Nazi« war, weshalb von Anfang an zwischen aktiven Nationalsozialisten und bloßen Mitläufern unterschieden
wurde. Am konsequentesten verhielt sich hier die Volkspartei,
die seit 1945 eine klare Unterscheidung traf zwischen den aktiv
tätigen, schuldigen Nationalsozialisten und »jenen Männern
und Frauen, die unter dem Zwang des Terrors zur NSDAP
gepreßt wurden..., brave und anständige Österreicher, denen
man höchstens eine gewisse Schwäche anlasten darf«[31]. Auch
die Sozialistische Partei bestand im Prinzip auf der Unterscheidung zwischen »Nazi« und »Halb-Nazi«. Allerdings wurde das
Mitläufertum bei der Sozialistischen Partei doch nicht ganz auf
die leichte Schulter genommen. Es wurden auch kritische Stimmen laut: »Und immer wieder wird darauf hingewiesen, daß
der geeichte Parteinazi, der Illegale, der aus seiner Gesinnung
kein Hehl machte, oft keineswegs schlimmer war als der cha-
rakterlose Mitläufer, der gestern nicht genug Heil Hitler! rufen
und von der Nazikorruption profitieren konnte, und der sich
heute als Demokrat oder gar als immer schon Kommunist, So-
zialist oder Volkspartei-Patriot gebärdet. Der kleine Nazi war
es oft, der die Menschen in seinem Haus, die Nachbarn in seiner
Gasse am schlimmsten schikaniert, tyrannisiert und denunziert
hat.«[32]

Was sollte mit denen geschehen, die als Mitläufer anzusehen
waren? Hier schieden sich die Geister, namentlich als es im
Herbst 1945 um die Frage des Wahlrechts für ehemalige Nationalsozialisten in der bevorstehenden Nationalratswahl ging.
Die Volkspartei zog sich auf ihren bekannten Standpunkt zurück und beantragte die Zuerkennung des Wahlrechtes für alle,
»die unter Zwang und Terror der NSDAP als Mitglied beigetreten waren, ohne sich jemals nationalsozialistisches Gedankengut angeeignet zu haben«[33]. Gegen diese Ansicht wandten sich
die Kommunisten und verlangten, bei den ersten demokratischen Wahlen dürften Nationalsozialisten kein Stimmrecht haben. Die Sozialisten, von denen manche die Auffassung der

---

[30] Das Kleine Volksblatt vom 14. September 1945.
[31] Ebenda vom 11. Oktober 1945.
[32] Arbeiter-Zeitung vom 5. Januar 1946.
[33] Das Kleine Volksblatt vom 11. Oktober 1945.

Kommunisten teilten, versuchten erfolglos zu vermitteln, schließlich entschieden sie sich für den Standpunkt, Nationalsozialisten nicht zur Wahl zuzulassen. Die ÖVP gab am Ende nach, um die Wahlen nicht zu verzögern und gegenüber den Alliierten den Eindruck von Uneinigkeit zu vermeiden: »Den ehemaligen Nationalsozialisten (Parteimitgliedern, Parteianwärtern, Angehörigen der Wehrverbände) wird das Wahlrecht entzogen«, lautete die einschlägige Bestimmung.

Der ÖVP wäre es freilich schon 1945 am liebsten gewesen, eine Generalamnestie für alle »kleinen« Nationalsozialisten zu erlassen, soweit sie sich keines Verbrechens schuldig gemacht hatten. Das Problem der Entnazifizierung hätte so Dimensionen angenommen, die noch zu bewältigen gewesen wären. Alle Schuldigen sollten bestraft werden, dann aber sollte gelten: »Reiner Tisch für alle Zukunft, und dann in geeinter Kraft an die Arbeit.« Den Grundsatz, den Nazis das Wahlrecht vorzuenthalten, den sie selbst mitbeschlossen hatte, bezeichnete die ÖVP schon wenig später als eine »papierene Formel« und forderte: »Schluß mit den Papierstrategen, die glauben, die politischen Gefahren eines Staates seien registrierungspflichtig und der einzige Schutz vor dem faschistischen Ungeheuer sei die Polizei!«[34]

Die härteste Haltung in der Frage des Wahlrechts für ehemalige Nationalsozialisten nahmen die Kommunisten ein. Die Kommunistische Partei denke nicht daran, so hieß es, »alle Mitglieder der NSDAP dauernd vom politischen Leben auszuschließen. Im gegenwärtigen Zeitpunkt aber wäre die Erteilung des Wahlrechtes gleichbedeutend mit dem Ende des Kampfes gegen den Nationalsozialismus.«[35] Aber selbst die radikale KPÖ schwankte in ihrer Haltung zur Entnazifizierung zwischen dem Habitus einer staatstragenden Partei und radikaler Opposition. Einerseits stellte sie »die gute Masse in Gegensatz zur korrupten, faschistischen, kapitalistischen Führungsschicht« und argumentierte, daß »der proletarische Anhang der NSDAP, enttäuscht durch die reaktionäre Politik Hitlers, den Anschluß an die KPÖ gefunden habe«[36]. Andererseits trat sie aber immer wieder für Härte gegenüber den ehemaligen Natio-

---

[34] Das erste Zitat stammt von Alfons Gorbach, ÖVP, 79. Sitzung des Österreichischen Nationalrats am 21. April 1948. In: Stenographische Protokolle 1948, S. 2246; das zweite aus Das Kleine Volksblatt vom 11. Oktober 1945.

[35] Neues Österreich, Wien, vom 11. Oktober 1945.

[36] Ludwig Reichhold, Geschichte der ÖVP. Graz 1975, S. 83.

nalsozialisten ein. Die Partei forderte Entlassung, Zwangsarbeit, Vermögensentzug für alle »Ehemaligen« und baute ihre
Wahlpropaganda stark auf Antinazi-Parolen auf. Nach der
schweren Wahlniederlage von 1945 schwenkten die Kommunisten ganz auf eine oppositionelle Linie ein, wobei sie das Problem der Entnazifizierung mit einer grundsätzlichen Kapitalis-
mus-Kritik verbanden und das bis dahin Geleistete pauschal
verurteilten.

In der Sozialistischen Partei gab es verwirrend viele Meinungen zur Behandlung der ehemaligen Nationalsozialisten. Dennoch bildete sich auch bei der SPÖ eine Grundlinie heraus:
»Jeder, der der nationalsozialistischen Propaganda erlegen ist,
hat politisch versagt und muß umlernen.«[37] Die Sozialisten sahen die Entnazifizierung als politische Umerziehung, um die
Betroffenen langsam an den demokratischen Staat heranzufüh-
ren. Deswegen war es zunächst notwendig, Nationalsozialisten
vom Wahlrecht auszuschließen, weil es nicht angehen könne,
daß »Nazistimmen mitentscheiden, wer die vielleicht noch notwendigen Gesetze gegen die Nazi beschließen soll«. Die Partei
wollte nicht nur Richter, sondern auch Erzieher sein, »gerechte
Richter und gute Erzieher, moderne Pädagogen ..., die dem
Geist der Prügelmethoden und dem Polizeigeist abhold sind«[38].
Andererseits sollte auch keine zu große Milde walten, da noch
gut in Erinnerung war, wie die Nationalsozialisten ihre Gegner
behandelt hatten, ganz zu schweigen davon, was bei einem
»Endsieg« des Nationalsozialismus zu gewärtigen gewesen
wäre.

In der sozialistischen Entnazifizierungspolitik spielte der
Faktor Zeit eine große Rolle. Im Unterschied zur Volkspartei,
die Mitläufertum von vornherein als entschuldbares Verhalten
verstanden wissen wollte, betrachtete die SPÖ es als politisches
Versagen und forderte Umerziehung. Die Entnazifizierung
sollte nicht als ständiges Problem präsent bleiben; irgendwann
mußte der politische Umerziehungsprozeß abgeschlossen sein.
Das kam schon 1945/46 deutlich zum Ausdruck: »Wir sind bei
denkbar schärfster und vorbehaltloser grundsätzlicher Ablehnung jeglicher Form des Faschismus unter allen Umständen
dafür, daß ein endgültiger Schlußstrich gesetzt werde ... Wir

[37] So der Abgeordnete Migsch, SPÖ, in der 28. Sitzung des Österreichischen Nationalrats am 24. Juli 1946. In: Stenographische Protokolle 1946, S. 585.
[38] So der Abgeordnete Koref, SPÖ, ebenda, S. 595.

wollen nicht Desperados in Schach halten oder großziehen, sondern wir rechnen damit, daß wir auf einsichtsvolle Menschen stoßen, die sühnen wollen und wieder gleichwertige Mitglieder der demokratischen Gemeinschaft zu werden wünschen. Niemandem, der guten Willens ist, soll der Weg verrammelt werden, es sei denn, er habe sich diesen selbst durch seine eigene Haltung für immer verschüttet.«[39]

Die Entnazifizierungsgesetze von 1945

Die politische Säuberung war eines der ersten Probleme, mit denen sich die Provisorische Staatsregierung zu beschäftigen hatte. Schon in den ersten Wochen ihrer Amtstätigkeit wurden die beiden grundlegenden Gesetze hierzu geschaffen, das »Kriegsverbrechergesetz« vom 26. Juni 1945 und das »Verfassungsgesetz über das Verbot der NSDAP« vom 8. Mai 1945, das sich auch mit der Behandlung der ehemaligen Nationalsozialisten befaßte. In diesem Gesetz, das wie das Kriegsverbrechergesetz bis Anfang 1946 nur in der sowjetischen Besatzungszone zur Anwendung kommen konnte, hieß es: »Wer weiterhin dieser Partei angehört oder sich für sie oder ihre Ziele betätigt, macht sich eines Verbrechens schuldig und wird hierfür mit dem Tode und dem Verfall des gesamten Vermögens bestraft.«[40]

Da hiermit ganze Teile der Bevölkerung unter Sonderrecht gestellt wurden, mußte das Verbotsgesetz als Verfassungsgesetz erlassen werden. Im einzelnen sah es die Registrierung der Nationalsozialisten, die Auferlegung der »Sühnefolge« und die »ausnahmsweise Nachsicht« von der »Sühnefolge« vor. Der Registrierung unterlagen »alle Personen mit dem ordentlichen Wohnsitz oder dem dauernden Aufenthalt im Gebiet der Republik Österreich, die zwischen dem 1. Juli 1933 und dem 27. April 1945 der NSDAP oder einer ihrer Wehrverbände (SS, SA, NSKK, NSFK) angehört haben, wenngleich diese Angehörigkeit nur eine zeitweise war, ferner alle Parteianwärter und Personen, die sich um die Aufnahme in die SS (Schutzstaffel) beworben haben«[41].

[39] Ebenda, S. 596.
[40] Wiener Zeitung vom 9. Mai 1945.
[41] Art. II § 4 des Verbotsgesetzes. – NSKK und NSFK = Nationalsozialistisches Kraftfahrer- bzw. Flieger-Korps.

Damit war der betroffene Personenkreis umschrieben. Jeder hatte seine Registrierung selbst durchzuführen, Unterlassungen oder falsche Angaben wurden bestraft. Die Behörden legten Listen an, die bei den Gemeinden und Arbeitsämtern auflagen. Die Durchführung der Entnazifizierung war Sache von Kommissionen bei den Arbeitsämtern und Behörden (Sonderkommissionen), der Berufungskommission beim Innenministerium und in der Wirtschaft von Kommissionen aus Arbeitgebern und Gewerkschaften. Diese Kommissionen entschieden je nach Aktenlage im Einzelfall über Entlassungen und die Verhängung von Berufsverboten. Weitere Sanktionsmöglichkeiten hatten sie nicht[42]. Allerdings knüpften andere Gesetze an die Registrierung und die Arbeit der Kommissionen an, außerdem ließ das »Verbotsgesetz« vom 8. Mai 1945 die Möglichkeit offen, durch Sondergesetze weitere Strafmaßnahmen gegen einzelne Gruppen der Registrierten einzuleiten. So sollte etwa die gesetzliche Strafandrohung bei den »Illegalen« (auf die noch einzugehen ist) erst dann wirksam werden, wenn eine neuerliche nationalsozialistische Betätigung oder eine sonstige gesetzwidrige Handlung vorlag. Bei »Rückfall« eines Nationalsozialisten trat die gesetzlich vorgesehene – im Grunde auf Bewährung verhängte – Strafe automatisch ein. Außerdem sah das Gesetz vor: »Die Verfolgung wegen dieses Tatbestandes findet jedenfalls statt, wenn sie die Staatsregierung im Falle des Überhandnehmens hochverräterischer Umtriebe allgemein anordnet.«[43] Die Regierung hatte es also in der Hand, bei Aufkommen einer neuerlichen nationalsozialistischen Gefahr den Kern der ehemaligen Nationalsozialisten kollektiv und en bloc bis zu fünf Jahre in den Kerker zu stecken. Das Damoklesschwert dieser Ungewißheit und Unsicherheit sollte über allen schweben, die einmal Nationalsozialisten gewesen waren, zugleich sollten alle gewarnt sein, die den Werwolf-Traum noch immer nicht ausgeträumt hatten.

Das »Kriegsverbrechergesetz« war ein Sondergesetz, um dem »Kollektivphänomen organisierter Kriminalität«[44] begegnen zu können, das im Rahmen des wiedereingeführten österreichischen Strafrechts nicht zu erfassen gewesen wäre. Es sollte die

---

[42] Ein zahlenmäßiger Überblick über die 1946 registrierten Nationalsozialisten findet sich in Stiefel, Entnazifizierung, S. 98f.
[43] Art. III § 10 des Verbotsgesetzes.
[44] Lutz Niethammer, Entnazifizierung in Bayern. Säuberung und Rehabilitierung unter amerikanischer Besatzung. Frankfurt 1972, S. 40.

Ahndung jener Verbrechen ermöglichen, die im Krieg, aus politischer Gehässigkeit oder in Ausübung dienstlicher Gewalt begangen worden waren. Die Zugehörigkeit des Kriegsverbrechergesetzes zum Entnazifizierungsprogramm zeigte sich darin, daß es aus dem nationalsozialistischen Führerkorps die höchsten Funktionäre herausgriff, um sie allein ihrer Funktion wegen zu bestrafen; zum anderen sah es zu seiner Durchführung die Bildung von Sondergerichten vor, von Volksgerichten, die sich aus zwei Berufsrichtern und drei Schöffen zusammensetzten. So waren die beiden Gesetze miteinander verzahnt und stellten die eigentliche Grundlage der Entnazifizierung dar.

Im Mittelpunkt des ersten Entnazifizierungsgesetzes, des »Verbotsgesetzes«, standen jene Parteigenossen, die allgemein als harter Kern des Nationalsozialismus in Österreich betrachtet wurden: die »Illegalen«. So wurden diejenigen bezeichnet, die schon in den dreißiger Jahren, als die Partei verboten gewesen war, für den Nationalsozialismus gearbeitet hatten: »Wer in der Zeit zwischen dem 1. Juli 1933 und dem 13. März 1938 ... jemals der NSDAP oder einem ihrer Wehrverbände (SS, SA, NSKK, NSFK) angehört hat (Illegaler), hat sich des Verbrechens des Hochverrates im Sinne des § 58 des österreichischen Strafgesetzes schuldig gemacht.«[45] Später wurde der Begriff des »Illegalen« noch auf alle ausgedehnt, die von der NSDAP aufgrund ihrer Verdienste während der Verbotszeit mit dem Titel »Altparteigenosse« oder »Alter Kämpfer« ausgezeichnet worden waren oder entsprechende Parteiauszeichnungen erhalten hatten.

Nach dem Anschluß 1938 hatte es einen *run* auf die Qualifizierung »Illegaler« gegeben. Viele Partei- und Noch-nicht-Parteigenossen hatten darauf gedrängt, als »Illegale« anerkannt zu werden, um damit eine niedrige, Privilegien versprechende Parteinummer zu erhalten. So erklärt sich auch, daß 1946 knapp 100 000 Illegale registriert wurden, obwohl die Zahl der illegalen Nationalsozialisten in Österreich bis 1938 sicherlich nicht über 70 000 lag. Es gab also ein zeitliches Raster zur Einteilung der Nationalsozialisten: hier die »Illegalen«, die Fanatiker, die wirklichen Nazi, die schon vor dem Anschluß tätig gewesen waren oder dies zumindest für sich in Anspruch nahmen, und dort die »Nach-Anschluß-Nazi«, die als weniger gefestigte Personen anzusehen waren, weil sie meist aus Opportunismus oder

---

[45] Art. III § 10 des Verbotsgesetzes.

unter sozialem und wirtschaftlichem Druck der Partei beigetreten waren.

Nach diesen Kriterien wären die Entnazifizierungsmaßnahmen auf 377 260 NSDAP-Mitglieder, davon 98 330 Illegale, anzuwenden gewesen. Es entsprach jedoch den Besonderheiten der österreichischen Verhältnisse, daß es eine große Zahl von verhinderten Pgs, von »Parteianwärtern« gab, die sich auf 122 543 Personen belief; diese fielen ebenfalls unter das Gesetz. »Die NSDAP war in dem Sinne eine selektive Organisation, als ihre Mitgliedschaft auf Hitlers Befehl im allgemeinen 10 Prozent der Einwohnerschaft nicht übersteigen durfte.«[46] Da der Andrang zur Aufnahme in die Partei in Österreich aber weit größer war, griff man zum Mittel der Aufnahmesperre, führte aber zugleich im November 1938 für Bewerber, die ihre positive Einstellung zum Nationalsozialismus durch Taten bewiesen oder Gliederungen der Partei angehört hatten, den Status des Parteianwärters (Parteimitgliedschaft mit beschränkten Mitgliedsrechten) ein.

Zur Vermeidung unbilliger Härten sah das Gesetz von 1945 die Ausnahmeregelung einer Nachprüfung der Registrierung und der Sühnefolge durch einen Gnadenakt des Staatsoberhauptes vor. Die Ausnahmebestimmung war das Loch im Gesetz, durch das die meisten Betroffenen zu entschlüpfen suchten. Dieser Artikel wurde bei der Durchführung der Entnazifizierung so wichtig, daß er wert ist, zitiert zu werden: Ausnahmen sind »im Einzelfalle zulässig, wenn der Betreffende seine Zugehörigkeit zur NSDAP oder einen ihrer Wehrverbände (SS, SA, NSKK, NSFK) niemals mißbraucht hat und aus seinem Verhalten noch vor der Befreiung Österreichs auf eine positive Einstellung zur unabhängigen Republik Österreich mit Sicherheit geschlossen werden kann«[47].

Das Scheitern der ersten Entnazifizierungsverfahren

Um die Problematik der Durchführung der Entnazifizierung zu ermessen, ist es notwendig, sich die politischen Verhältnisse Österreichs im Jahre 1945 vor Augen zu halten. Das Land war in vier Zonen geteilt, in jeder Zone galten andere Bestimmun-

[46] Gerhard Botz, Wien vom »Anschluß« zum Krieg. Wien 1978, S. 84.
[47] Art. VI § 27 des Verbotsgesetzes.

gen. Gesuchten Nationalsozialisten fiel es meist nicht schwer, sich der Verfolgung durch Überwechseln in eine andere Zone zu entziehen, wo sie Identität und Vorleben leichter verdecken konnten. Da die westlichen Alliierten die provisorische Regierung vorerst nicht anerkannten, hatten deren Gesetze und Bestimmungen nur in der russischen Zone Geltung. Aber selbst hier griff die sowjetische Besatzungsmacht immer wieder nach Gutdünken ein und beanspruchte für sich eine Art rechtsfreien Raum. In den anderen Zonen setzten die Militärregierungen autonom ihre eigenen Maßnahmen durch. In den Bereich der österreichischen Gesetzgebung fielen 1945 so nur 42 Prozent der vom Entnazifizierungsgesetz Betroffenen, 26 Prozent dieser Personen waren in der britischen, 20 Prozent in der amerikanischen und 12 Prozent in der französischen Zone ansässig. So war die Erfolgsbilanz des Jahres 1945 nicht sonderlich imponierend. Etwa 10 000 Personen waren verhaftet worden, von denen ein Teil bald wieder auf freien Fuß gesetzt wurde; die Volksgerichte begannen nur allmählich mit ihrer Arbeit, die Registrierung lief eher schleppend an.

Die Wende kam zwischen November 1945 und Februar 1946, zwischen den Nationalratswahlen und der Übertragung der Entnazifizierungskompetenz für das ganze Land auf die österreichische Regierung. Am 10. Januar 1946 genehmigte der Alliierte Rat das »Verbotsgesetz«, das am 5. Februar 1946 in ganz Österreich in Kraft trat, am 11. Februar 1946 wurde der österreichischen Regierung vom Rat die Durchführung der Entnazifizierung unter der Kontrolle eines alliierten Entnazifizierungsbüros übertragen – allerdings mit Einschränkungen, in denen das Mißtrauen der Besatzungsmächte zum Ausdruck kam. Der Alliierte Rat behielt sich das Recht vor, Personen aus Staat und Wirtschaft zu entfernen, die sich an Aktivitäten gegen die Alliierten oder die demokratischen Kräfte Österreichs beteiligt hatten, selbst wenn dies von den österreichischen Entnazifizierungsbestimmungen nicht abgedeckt war. Ganz in diesem Sinne hatte der Alliierte Rat das Alliierte Entnazifizierungsbüro noch kurz vor der Übertragung der politischen Säuberung auf die österreichische Regierung aufgefordert, selbst eine vollständige Entnazifizierung der staatlichen Verwaltung und (auf Vorschlag der Russen) auch der Wirtschaft durchzuführen. Alle Staatsbediensteten sollten einen Fragebogen ausfüllen; die Aktion war bis zum 15. Februar 1946 durchzuführen, verlief aber bald im Sande.

Um dieser alliierten Initiative zuvorzukommen, errichtete Bundeskanzler Figl ein ministerielles Komitee, das die Entnazifizierung der drei höchsten Dienstränge im Staatsdienst durchführen sollte. Das Komitee hatte keine gesetzliche Grundlage und sprach außer bei »Illegalen« auch keine Entlassungen aus, sondern gab die Fälle an die zuständigen Sonderkommissionen weiter, die gemäß Verbotsgesetz eingerichtet wurden. Das »Figl-Komitee« für die Entnazifizierung der drei höchsten Dienstklassen konnte recht zügig vorgehen, unter anderem auch deshalb, weil es viele Fälle behandelte, in denen ehemalige Nationalsozialisten ihre Positionen nur noch formal innehatten, seit Kriegsende aber nicht mehr zum Dienst erschienen waren. Die Alliierten waren nicht nur mit dem Figl-Komitee, sondern auch mit der Arbeit der Sonderkommissionen nicht zufrieden, weshalb ihr Entnazifizierungsbüro versuchte, diese unter Druck zu setzen. Es machte Stichproben und zögerte nicht, zusätzliche Entlassungen zu verlangen und die Kommissionen auf ihre Pflichten hinzuweisen. Vor allem warfen die Alliierten ihnen vor, die Entnazifizierung zu langsam durchzuführen, zu verzögern und die Gesetze nur halbherzig anzuwenden. Nach dem »Verbotsgesetz« hätten die österreichischen Sonderkommissionen ihre Tätigkeit bis zum 30. Juni 1946 beenden sollen. Zu diesem Zeitpunkt war aber gerade erst etwa die Hälfte der Fälle erledigt[48].

Angesichts der zunehmenden Bedeutung der Entnazifizierungsfrage verlegte sich die Regierung darauf, Erfolgsmeldungen vorzulegen. So schrieb Bundeskanzler Figl am 4. Juli 1946 an den Alliierten Rat: »Die Arbeit, welche von der österreichischen Bundesregierung und allen ihren Abteilungen seit April 1945 geleistet wurde, war erfolgreich. Österreich ist in allen Bereichen der Verwaltung frei von nationalsozialistischem Geist. Weitere Arbeit wird geleistet, diese Arbeit zu vervollständigen und zu sichern.«[49] Auf Nachfrage der Alliierten erklärte der Bundeskanzler, das Ministerkomitee habe 960 Personen aus führenden Stellungen in Staat und Wirtschaft entfernt, des weiteren seien 36000 Personen in der Privatwirtschaft entlassen, von 299420 Staatsbediensteten 70818 aus dem Dienst entfernt worden. Im ganzen hätten in Österreich seit Kriegsen-

<hr>

[48] Report of the United States High Commissioner, U.S. Element Allied Commission for Austria, Juni 1946, S. 148. In: NA, 60258-2/033.2.

[49] Bundeskanzler Figl an den Vorsitzenden des Alliierten Rates am 4. Juli 1946. In: PRO, FO 371/55191.

de 270 000 Nazis ihre Stellungen verloren. Daß die Entnazifizierung nicht noch weiter fortgeschritten oder sogar schon beendet sei, führte der Bundeskanzler auf den durch die Entnazifizierung verursachten Personalmangel im Justizbereich zurück.

Das Entnazifizierungsgesetz von 1947

Die Durchführungsprobleme ergaben sich aus der Konstruktion des »Verbotsgesetzes« selbst, das auf die individuelle Prüfung der über 500 000 registrierten Nationalsozialisten zielte. Die größte Schwierigkeit bereitete die Behandlung der Fälle, bei denen es um einen Ausschluß von den Folgen des Gesetzes ging, wenn also der Betroffene seine Zugehörigkeit zur NSDAP angeblich »niemals mißbraucht« hatte, wie es im Gesetz hieß, »und aus seinem Verhalten von vor der Befreiung Österreichs auf eine positive Einstellung zur unabhängigen Republik Österreich mit Sicherheit geschlossen werden« konnte. Das war eine so auslegungsfähige Definition, daß eine große Mehrheit der Registrierten – 85 bis 90 Prozent! – von der Möglichkeit eines Ausnahmeansuchens Gebrauch machte. Ehemalige Widerstandskämpfer und Opfer des Faschismus hatten alle Hände voll zu tun, um Bestätigungen über die Unbescholtenheit und Österreichfreundlichkeit der Registrierten auszustellen (»Persilscheine«). Die österreichische Verwaltung erstickte in Gnadengesuchen, das Gesetz war praktisch undurchführbar geworden.

Zur Prüfung der »Gnadengesuche« richtete die Regierung ein aus Vertretern aller drei Parteien zusammengesetztes Komitee ein, das bis November 1945 6000 Fälle bearbeitete. Dann weigerte sich das Mitglied der ÖVP, weiter daran teilzunehmen. Die drei Parteien traten zusammen, um zu beraten, welche Gruppen von Nationalsozialisten durch eine Novellierung des »Verbotsgesetzes« »entregistriert« werden sollten. Dabei kam man überein, ein ganz neues Gesetz auszuarbeiten, das zum einen die Fragen der Behandlung ehemaliger Nationalsozialisten in ganz Österreich einheitlich regeln sollte, und das zum anderen auch schon eine abschließende Bereinigung des Problems mit dem Ziel der politischen Rehabilitierung der nominellen oder »minderbelasteten« Nazis in Aussicht nahm.

Diese Drei-Parteien-Vereinbarung wurde am 30. März 1946 unter dem Titel »Grundsätze der Entnazifizierung aufgrund der

Parteienverhandlungen zwischen ÖVP, SPÖ und KPÖ« veröffentlicht. Kernpunkt war der Übergang von einem individuellen zu einem kollektiven Verfahren. Die Parteienvereinbarung ging auch vom »Illegalitätsprinzip« ab; Illegalität sollte nur noch im Strafrecht Bedeutung haben. Die neue Kategorisierung der Nationalsozialisten umfaßte folgende Gruppen:
– Personen, die unter das Strafrecht fielen, Kriegsverbrecher und bedingt auch die »Illegalen«;
– sühnepflichtige Personen, unterteilt in Belastete und Minderbelastete.

Bei Nationalsozialisten der zweiten Gruppe, deren Haltung also zu keiner Bestrafung im Sinne des Gesetzes Anlaß gab, sprach die neue Regelung bewußt nicht von Strafe, sondern von Sühne. Die Minderbelasteten sollten nach Bezahlung einer finanziellen Sühne freigehen, und auch für den Belasteten bestand »nach einem gewissen Zeitraum nach Ableistung der Sühne, die von ihm gefordert wird, die Möglichkeit, diese Schuld zu tilgen«[50]. Bei der Einteilung der ehemaligen Nationalsozialisten orientierte man sich nun nicht mehr an der »Illegalität«, sondern an der einstigen politischen Funktion des Betroffenen. Nicht, ob einer schon in der Verbotszeit für den Nationalsozialismus eingetreten war, sondern ob er eine bestimmte führende Stellung innerhalb der Nazibewegung erreicht hatte, war nun das entscheidende Kriterium. Diese waren die Schuldigen, die »Belasteten«, die anderen nur Mitläufer und »Minderbelastete«. »Belastete« waren daher »alle Hoheitsträger der NSDAP vom Zellenleiter aufwärts; ferner die Mitglieder der SS, die Offiziere der SA, des NSKK, des NSFK und die Funktionäre der sonstigen Gliederungen, Organisationen und angeschlossenen Verbände von dem einem Kreisleiter entsprechenden Rang aufwärts; ferner Personen, die für ihre illegale Betätigung für die NSDAP eine Auszeichnung erhalten haben ...« Das waren alle diejenigen, »die der dem Führer verschworenen Gemeinschaft angehörten. Sie haben die vom Gesetz vorgesehene Behandlung verdient, weil sie an dem Aufkommen des Faschismus und an allen von ihm begangenen Greueltaten mitschuldig sind.«[51]
Die »Sühnefolgen« umfaßten im wesentlichen Einkommenskürzungen und ein Verbot der Betätigung in bestimmten Beru-

[50] So der Abgeordnete Aichhorn in der 28. Sitzung des Österreichischen Nationalrats am 24. Juli 1946. In: Stenographische Protokolle 1946, S. 591.
[51] Alfred Migsch, Zur Lösung der Nazifrage. In: Arbeiter-Zeitung vom 24. Juli 1946.

fen, was dem Ziel »der Ausmerzung nazistischer Ideologie aus allen jenen Tätigkeiten, die das geistige und kulturelle Leben unseres Volkes gestalten, und andererseits der Ausmerzung des nazistischen Elements aus den Kommandostellen der öffentlichen Verwaltung und der Wirtschaft«[52] dienen sollte. Für Parteianwärter waren Berufsverbote nicht vorgesehen, Minderbelasteten konnte durch Bescheid einer Kommission die Ausübung »verbotener« Berufe erlaubt werden, »Belastete« hingegen konnten von vielen Berufen ausgeschlossen werden. Die Sühnefolgen sollten nach einer gewissen Zeit automatisch auslaufen, bei den Minderbelasteten nach drei Jahren – also 1948 – und bei Belasteten nach fünf Jahren. Die härteren Sühnefolgen für die Belasteten bestanden vor allem in der Entlassung aus dem öffentlichen Dienst ohne Versorgungsbezüge, außerdem hatten sie kein aktives und passives Wahlrecht. Da diese Bestimmungen für Minderbelastete nicht mehr galten, und die Sühnefolgen nach dem Willen der drei österreichischen Parteien bereits im April 1948 auslaufen sollten, kamen diese Bestrebungen einer Amnestierung der »kleinen« Nazis gleich. Zusätzlich gab es noch Gruppen, die von der Registrierung auszunehmen waren, nämlich Parteianwärter, deren Aufnahme aus politischen Gründen verweigert worden war; Parteimitglieder, wenn sie ausgetreten, ausgeschlossen oder politisch verfolgt worden waren; einfache Mitglieder von NSKK und NSFK sowie der Betriebs-SA und schließlich Personen, die mit der Waffe in der Hand gegen die Nationalsozialisten gekämpft hatten.

Vergleicht man das »Verbotsgesetz« von 1945 mit der Drei-Parteien-Einigung von 1946, so zeigt sich eine bemerkenswerte Entwicklung in der Haltung der österreichischen Parteien. Das von den Sozialisten eingeführte Kriterium der Illegalität hatte 1946 seine entscheidende Bedeutung verloren, die von der Volkspartei 1945 geforderte Miteinbeziehung der Parteianwärter wurde zumindest bei den Sühnefolgen wieder zurückgenommen, und die einfachen Mitglieder des NSKK und NSFK, die auf Betreiben der Kommunisten unter das »Verbotsgesetz« gefallen waren, waren nun nicht mehr betroffen. Die von der Volkspartei vertretene Meinung, Mitläufer weitgehend ungeschoren zu lassen, war nun Allgemeingut und fand ihren Ausdruck in der geplanten Beendigung der »Sühnefolgen« im April 1948. Der sozialistischen Vorstellung von der politischen Um-

---

[52] Ebenda.

erziehung entsprachen vor allem die finanziellen Sühnemaßnahmen, zum Teil auch die Berufsverbote. Der anfängliche Rigorismus im Umgang mit den ehemaligen Nationalsozialisten war also einer gemäßigt-pragmatischen Einstellung gewichen.

Im August 1946 wurde ein auf der Drei-Parteien-Einigung beruhender Gesetzentwurf zur Neuregelung der Entnazifizierung dem Alliierten Rat zur Genehmigung vorgelegt. Dort stieß die Vorlage jedoch auf Widerstand, denn die Alliierten fanden ihre Vorstellungen von einem neuen Entnazifizierungsgesetz, die sie der Bundesregierung übermittelt hatten, im Gesetzentwurf nicht genügend berücksichtigt. Der Rat gab deshalb am 13. Dezember 1946 das Gesetz mit fünfzig Änderungswünschen an den Nationalrat zurück. Die von den Alliierten verlangten Änderungen bezogen sich auf fünf Bereiche:

1. die Erweiterung des Kreises der registrierungspflichtigen Personen durch Einbeziehung von Angehörigen der Gestapo und des SD, der Autoren von nationalsozialistischen Druckwerken und Drehbüchern und der wirtschaftlichen Kollaborateure;

2. die Einengung der Befreiung von der Registrierungspflicht: Parteianwärter, deren Aufnahme in die NSDAP aus politischen Gründen abgelehnt worden war, sollten nur aufgrund eines individuellen Überprüfungsverfahrens von der Registrierungspflicht befreit werden;

3. die Einschränkung des Kreises der von der Sühnepflicht befreiten Personen;

4. die Angleichung der Sühnefolgen für Minderbelastete an die der Belasteten und die Ausdehnung der Sühnefolgen bis zum 30. April 1950;

5. die Verschärfung der Sühnefolgen durch Wiedereinführung der Vermögenssperre bis zur Bezahlung der Sühneabgabe, Einführung von Anhaltelagern für Belastete und eine Erhöhung der Sühneabgabe.

Der Nationalrat sparte nicht mit Kritik an den alliierten Forderungen. Die Einbeziehung der Kollaborateure hätte nach österreichischen Vorstellungen über das Kriegsverbrechergesetz erfolgen sollen, also durch ein Gerichtsverfahren und nicht durch ein Verwaltungsverfahren wie der Registrierung. Auch die individuelle Überprüfung von Parteianwärtern, denen aus politischen Gründen der Eintritt in die Partei verwehrt worden war, sah man als grundsätzlich falsch an. Nicht zufrieden, ja geradezu verbittert war man über die Einbeziehung der Jugendlichen in die Sühnemaßnahmen. Auch die Vermögenssperre für belastete Nationalsozialisten hatte man abschaffen wollen, da sie das wirtschaftliche Leben behinderte. Bei vielen wirtschaftlichen Tätigkeiten, vor allem bei Bankgeschäften, mußte jedermann eine Erklärung abgeben, nicht registrierungspflichtig zu sein. Das hatte bereits zu einer empfindlichen Beeinträchtigung der Wirtschaft geführt. Die Errichtung von Internierungs- oder Anhaltelagern, auch solchen, wie sie von den alliierten Militärbehörden unterhalten wurden, stieß bei den Parteien auf grundsätzliche Ablehnung. Der parlamentarische Berichterstatter faßte die scharfe Kritik der Parteien an den alliierten Forderungen in den Sätzen zusammen: »Diese Abänderungen und Ergänzungen bewegen sich formell durchwegs im Rahmen des von uns beschlossenen Gesetzes: sie betreffen Detailfragen. In ihrer Summe und Vielfältigkeit entfernen sie sich aber sehr weit von dem, was wir gewollt haben. Sie geben dem Nationalsozialistengesetz einen anderen Charakter.«[53]

Trotzdem wurde allen Änderungswünschen des Alliierten Rates Genüge getan und das Gesetz am 6. Februar 1947 einstimmig vom Nationalrat beschlossen. Dieser hatte damit ein Gesetz erlassen, mit dem er in wesentlichen Partien nicht einverstanden war, und zwar vor allem deshalb, weil die Entnazifizierung nicht für sich allein, sondern in engem Zusammenhang mit den Erfordernissen des politischen und wirtschaftlichen Wiederaufbaus gesehen werden mußte. Der Nationalrat fühlte sich »unter Druck gestellt«: »Die Erwirkung der vollen Souveränität Österreichs, die Aufhebung der alliierten Kontrolle, der Abzug der Besatzungstruppen aus Österreich werden von dieser Bereinigung abhängig gemacht. Um ein größeres Unheil zu vermeiden, hat man bewußt, weil man sich eben unter Druck gefühlt hat, kleinere Härten gegenüber einer Kategorie von Menschen hingenommen.«[54] Im Parlament war man aber der Meinung, daß dies kein österreichisches Gesetz sei. Die beiden großen politischen Parteien distanzierten sich daher später von diesem Entnazifizierungsgesetz. »Das NS-Gesetz, das niemand hier im Hause gewollt hat, ist uns von den Alliierten aufgezwungen worden«[55], sagte der sozialistische Abgeordnete

---

[53] So der Abgeordnete Migsch, SPÖ, in der 44. Sitzung des Österreichischen Nationalrats am 6. Februar 1947. In: Stenographische Protokolle 1947, S. 1211.
[54] So der Abgeordnete Eibegger in der 76. Sitzung des Österreichischen Nationalrats am 18. Februar 1948. In: Stenographische Protokolle 1948, S. 2178.
[55] Wiener Zeitung vom 19. Juli 1952.

Migsch, und der ÖVP-Abgeordnete Maletta erklärte: »Das im Jahre 1947 verabschiedete NS-Gesetz ist dem Buchstaben nach österreichisches Recht, doch es ist ein Gesetzeswerk gewesen, dem deutlich der Stempel der damaligen vierfachen Besetzung Österreichs, der fremden Kontrolle und Bevormundung unserer Gesetzgebung aufgedrückt war.«[56]

Die Durchführung des »NS-Gesetzes« von 1947

Die Durchführung des »NS-Gesetzes« von 1947 stand so unter keinem guten Stern. Die österreichische Regierung versuchte sogleich, den Alliierten jene Konzessionen abzuringen, die den ursprünglichen Intentionen des Nationalrates entsprachen. Das gelang in beträchtlichem Maße mit den Amnestien des Jahres 1948, die die Beendigung der Entnazifizierung für die Mehrheit der ehemaligen Nationalsozialisten mit sich brachten. Das »NS-Gesetz« fand so in vollem Umfang für ein gutes Jahr lang Anwendung, manche seiner Bestimmungen sind nie wirklich in Kraft getreten.

Im Februar 1947 änderte sich zunächst der Kreis der Betroffenen. Beibehalten wurde die Registrierungspflicht für Parteimitglieder und Parteianwärter, Angehörige der SS, der SA und Führer des NSKK und NSFK vom Untersturmführer aufwärts. Neu hinzu kamen – wie von den Alliierten verlangt – Angehörige des NS-Soldatenrings, des NS-Offizierbundes, leitende Funktionäre gewisser Organisationen der NSDAP, die Angehörigen von Gestapo und SD, Verfasser nationalsozialistischer Druckwerke und wirtschaftliche Kollaborateure. Nicht mehr registrierungspflichtig hingegen waren u. a. Personen, die sich vergeblich um die Aufnahme in die SS beworben hatten, und einfache Angehörige des NSKK und NSFK.

Auf ganz Österreich bezogen verringerte sich dadurch die Zahl der Betroffenen um mindestens 25 520 (etwa 5 Prozent). Wie groß die Veränderungen wirklich waren, läßt sich nicht genau feststellen. Nimmt man die Daten auf Länderebene, so lassen sich bei nicht weniger als 30 554 Personen Veränderungen feststellen. Die Zahl muß aber noch bedeutend größer gewesen sein, da sich innerhalb der Länder die Zahl der Hinzugekommenen und der Wegfallenden zum Teil gegenseitig aufhob. Die Veränderung war beachtlich: In Österreich gab es schlagartig

[56] Ebenda vom 3. März 1957.

mindestens 25 520 Nazis weniger. Diese Abnahme geht in erster Linie auf die 16 433 einfachen Mitglieder des NSFK und NSKK zurück und auf jene 10 370 Personen, die das Gesetz ausdrücklich von der Registrierung befreite. Ihre Zahl stieg bis 1949 noch beträchtlich an. Hinzu kamen auch die zwar nicht von der Registrierung, aber von den »Sühnefolgen« Ausgenommenen (Personen, die über siebzig Jahre alt waren, und Invalide). Das betraf 1948 mehr als 22 000 Personen. Von besonderem Interesse ist die Entwicklung der Zahl der belasteten Nationalsozialisten. Galt nach dem Gesetz von 1945 vor allem der »Illegale« als eingefleischter Nazi, so war es ab 1947 der »Belastete«, also derjenige, der eine Funktion in der Partei innegehabt hatte. Durch diese Neudefinition verringerte sich die Zahl der zum harten Kern der Nationalsozialisten zählenden Personen von 98 000 auf 43 000, also von 19 auf 8 Prozent der Registrierten. Lag die Zahl der »Illegalen« in den Ländern noch zwischen 7 und 29 Prozent, so lag die Zahl der »Belasteten« nur noch zwischen 6,6 und 9,9 Prozent.

Doch damit war die »stille Amnestie« noch nicht abgeschlossen. Die Registrierungslisten erfuhren im Lauf der Zeit noch weitere Veränderungen. Dabei erhöhte sich die Gesamtzahl der Registrierten von 1947 bis 1949 zwar um etwa 3 Prozent, die Zahl der »Belasteten« verringerte sich aber im gleichen Zeitraum um 7 Prozent. Bis 1952 ging sie gar um 18 Prozent zurück[57].

Ursprünglich hatte das Parlament mit etwa 70 000 bis 80 000 Belasteten gerechnet. Bei der Registrierung von 1945 kamen 61 000 Funktionäre der NSDAP oder ihrer Gliederungen zusammen, die als »Belastete« einzustufen gewesen wären. Aus Zahlen der Bundesregierung aus dem Jahre 1950 kann geschlossen werden, daß 1947 53 337 Personen als belastet anzusehen gewesen wären. Tatsächlich waren es im Mai 1947 aber nur 42 129, 1952 blieben gar nur noch 34 411 »Belastete« übrig. Damit waren nur noch 50 bis 65 Prozent der einst als schwerbelastet angesehenen Nationalsozialisten auch als solche registriert. Die anderen waren zum Teil von den im Gesetz vorgesehenen Kommissionen entlastet worden. So wurden bis zum 1. November 1950 15 186 »Belastete« als Minderbelastete eingestuft und 1425 überhaupt aus der Registrierung herausgenommen[58].

---

[57] Vgl. zu den Zahlen Stiefel, Entnazifizierung, S. 115–119.
[58] Ebenda.

Wo der Rest geblieben ist, bleibt unklar. Hier dürfte die Bevölkerungsentwicklung – beispielsweise die natürliche Abnahme durch Todesfälle – ebenso eine Rolle gespielt haben wie die Tatsache, daß einige flüchten oder untertauchen konnten.

Aus den Zahlen kann man das Ziel der Entnazifizierungspolitik seit 1946/47 deutlich ablesen, nämlich den Kreis der Betroffenen so klein wie möglich zu halten und auf die schwerbelasteten Nazis zu beschränken. Das hatte auch eine ständige Reduzierung der Zahl der Belasteten zur Folge. Denn die so Eingestuften ließen nichts unversucht, sich in eine andere Kategorie zu retten. Verständlicherweise, denn nur gegen »Belastete« wurden noch wirklich existenzbedrohende Maßnahmen in Form von Einkommensminderungen und Berufsverboten ergriffen. War einer in den Kreis der Minderbelasteten gelangt, so kam das faktisch einer Amnestierung gleich.

Von Ende 1947 und erst recht von 1948 an betrachtete die Regierung die Entnazifizierung als im großen und ganzen abgeschlossen. In einer Bilanz des Jahres 1947 wurde offiziell verkündet, man habe sich bemüht, »dieses Gesetz entsprechend seinem Wortlaut durchzuführen, und daß diese Bemühungen von Erfolg gekrönt« gewesen seien. Die »Entnazifizierung in Österreich kann somit im allgemeinen als abgeschlossen gelten. Die wenigen restlichen Fälle, in denen die Säuberung noch nicht ganz vollendet ist, werden in den ersten Wochen des Jahres 1948 ihren Abschluß finden. Österreich hat somit bewiesen, daß es entschlossen ist, sich selbst vom nationalsozialistischen Geist zu befreien.«[59]

Der Alliierte Rat war anderer Ansicht. Alle Besatzungsmächte beklagten einmütig Fehler des Gesetzes und eine angeblich zunehmende Tendenz der Behörden, die Entnazifizierungsmaßnahmen abzumildern und zu verschleppen. Zwar räumte man ein, daß die Frage, ob das Gesetz wirklich nach besten Kräften durchgeführt würde, nicht eindeutig zu beantworten sei; mittels des vorhandenen Zahlenmaterials ließen sich verschiedene Standpunkte belegen. Auch wurde der Regierung zugestanden, daß ein Vorgehen gegen 10 Prozent der eigenen Bevölkerung in der Tat einigermaßen problematisch sei. Obgleich sie den Stand der Entnazifizierung 1947/48 als nicht in allen Bereichen zufriedenstellend betrachteten, konnten die Besatzungsmächte nicht mehr allzuviel dagegen unternehmen. Die

[59] Österreichisches Jahrbuch 1947, S. 160.

ständigen Differenzen in beinahe allen Fragen der Entnazifizierung zwischen den Russen auf der einen und den Westalliierten
auf der anderen Seite führten dazu, daß der Alliierte Rat sich
kaum mehr auf konkrete Maßnahmen einigen konnte, und zwar
weder auf eine Verschärfung noch auf eine Amnestie. Die westlichen Alliierten zogen sich auf den Standpunkt zurück, die
Entnazifizierung sei Sache der Österreicher.

Die Volksgerichte

Bereits in ihrer ersten Regierungserklärung vom 27. April 1945
hatte die österreichische Regierung angekündigt, daß jene,
»welche aus Verachtung der Demokratie und der demokratischen Freiheiten ein Regime der Gewalttätigkeit, des Spitzel-
tums, der Verfolgung und Unterdrückung über unserem Volke
aufgerichtet und erhalten, welche das Land in diesen abenteuer-
lichen Krieg gestürzt und es der Verwüstung preisgegeben haben«, auf keine Milde rechnen könnten und unter Ausnahme-
recht gestellt würden[60]. Die Aburteilung von NS-Verbrechen
erfolgte nicht auf der Basis des gewöhnlichen Strafrechts, sondern durch Sondergesetze und Sondergerichte, wie sie im
»Kriegsverbrechergesetz« vom Juni 1945 vorgesehen waren.
Diese »Volksgerichte« waren mit zwei Berufsrichtern und drei
Schöffen besetzt, die auch über das Strafmaß mitbestimmen
konnten. Für die Volksgerichte galt die Strafprozeßordnung
nur partiell, abweichend von der üblichen Praxis war die in
erster Instanz und unter Ausschluß ordentlicher Rechtsmittel
gefällte Entscheidung rechtskräftig. Nur der Oberste Gerichtshof konnte ein Urteil aufheben. Die Volksgerichte hatten daher
den Charakter von »Ausnahmegerichten mit verkürztem Verfahren«[61].
Bereits das »Verbotsgesetz« hatte strafrechtliche Bestimmungen gegen nationalsozialistische Funktionäre, Förderer und Illegale vorgesehen, ursprünglich vom Rang des Gauleiters, mit
der Novellierung des »NS-Gesetzes« von 1947 vom Rang des
Kreisleiters aufwärts. Ferner sollte das Strafgesetz auch jene
Personen treffen, die in Verbindung mit ihrer nationalsozialistischen Betätigung »Handlungen aus besonders verwerflicher

[60] Ebenda 1945–1946, S. 13.
[61] Arbeiter-Zeitung vom 5. Dezember 1946.

Gesinnung, besonders schimpfliche Handlungen oder Handlungen, die den Gesetzen der Menschlichkeit gröblich widersprechen«, begangen hatten. Das »Kriegsverbrechergesetz« nun stellte im einzelnen unter Strafe: Kriegsverbrechen im engeren Sinne, Kriegshetze, Quälerei und Mißhandlungen, Verletzung der Menschlichkeit und der Menschenwürde, Vertreibung aus der Heimat, mißbräuchliche Bereicherung, Denunziation und Hochverrat am österreichischen Volk. Das Kriegsverbrechergesetz drohte Todesstrafe und Vermögenseinzug an, wobei jedoch »in besonders berücksichtigungswürdigen Fällen« anstelle der Todesstrafe lebenslängliche Haft oder mindestens zehn Jahre schweren Kerkers verhängt werden konnten.

Zwei Bestimmungen dieses Gesetzes zielten weniger auf die Ahndung von Kriegsverbrechen, sondern dienten eher der Entnazifizierung. Die erste besagte, daß alle Personen, die Hoheitsträger der NSDAP gewesen waren – vom Rang eines Kreisleiters bzw. bei der SS (einschließlich der Waffen-SS) vom Standartenführer aufwärts –, mit der Todesstrafe bedroht wurden. Ebenso galt – auch ohne nähere Nachweise – bei allen leitenden Funktionären der Konzentrationslager, der Gestapo und des SD sowie bei den Mitgliedern des nationalsozialistischen Volksgerichtshofs der Tatbestand der Quälerei und Mißhandlung als erfüllt. »Das Kriegsverbrechergesetz ging dabei von der Annahme aus, daß die Träger gewisser Funktionen im nationalsozialistischen Staat infolge der Gestaltung seiner Normen und seiner Verwaltung und Justiz notwendigerweise unmenschliche Handlungen gegen die der nationalsozialistischen Staatsgewalt unterworfenen Bürger setzten und setzen mußten.«[62]

Die zweite für die Entnazifizierung wesentliche Bestimmung war der § 8 des Kriegsverbrechergesetzes, in dem es hieß: »Wer für sich allein oder in Verbindung mit anderen in führender oder doch einflußreicher Stellung etwas unternommen hat, das die gewaltsame Änderung der Regierungsform in Österreich zugunsten der NSDAP oder die Machtergreifung durch diese vorbereitete oder förderte, es sei solches durch Anraten, Aneiferung oder Anleitung anderer oder durch persönlich tätiges Eingreifen durch Mittel der Propaganda oder durch was sonst immer für eine dahin abzielende Handlung«, habe sich des Verbrechens des Hochverrates schuldig gemacht. Diese Bestim-

---

[62] Bundesministerium für Justiz, Volksgerichtsbarkeit und Verfolgung von nationalsozialistischen Gewaltverbrechen in Österreich 1945–1972. Wien 1977, S. 13.

mung war an sich die logische Entsprechung der Einstufung der »Illegalen« als schwerbelastete Nationalsozialisten durch das Verbotsgesetz von 1945. Im Sinne dieser Entnazifizierungsgesetze hatten nicht nur kleine Parteigenossen Hochverrat begangen, wenn sie der NSDAP in der Verbotszeit angehört hatten, sondern auch führende Persönlichkeiten in Politik und Wirtschaft, wenn sie den Anschluß Österreichs an das nationalsozialistische Deutschland gefördert und betrieben hatten. Zur Erfüllung des Tatbestands war der Vorsatz erforderlich, »das Bewußtsein, daß eine konkrete Handlung oder Äußerung den nationalsozialistischen, auf die Machtergreifung in Österreich gerichteten Bestrebungen förderlich ist . . . Wer nur aus Mangel an politischer Einsicht es unterlassen hat, Vorkehrungen zu treffen und Maßnahmen zu ergreifen, um Österreichs Unabhängigkeit zu schützen, kann nicht zur Verantwortung gezogen werden.«[63] Das Gesetz richtete sich gegen jene Personen in leitenden Stellungen, »die wußten, um was es ging«, wie eine österreichische Zeitung im Mai 1945 schrieb[64].

Wie problematisch dieser Hochverratsparagraph allerdings war, zeigte sich im Volksgerichtsprozeß gegen den letzten Außenminister der österreichischen Republik, Dr. Guido Schmidt[65]. Ihm wurde von der Anklage vorgeworfen, er »habe in den Jahren 1936 bis 1938 in- und außerhalb Österreichs als Staatssekretär, zuletzt auch als Bundesminister für Auswärtige Angelegenheiten, somit in führender Stellung, im Zusammenspiel mit maßgeblichen Persönlichkeiten des Deutschen Reiches und der NSDAP ohne Wissen und unter Täuschung der österreichischen Bundesregierung, insbesondere des Bundeskanzlers Dr. Kurt Schuschnigg, in Verfolgung persönlicher politischer Ziele etwas unternommen, was die gewaltsame Änderung der Regierungsform in Österreich zugunsten der NSDAP und die Machtergreifung durch diese förderte«[66]. Zu diesem Prozeß lag eine 700 Seiten starke Dokumentation vor, 76 Zeugen waren geladen, die Zeugenliste las sich wie ein ›Who's who in Österreich‹. Der Angeklagte selbst verfaßte einen detaillierten Bericht über die österreichische Außenpolitik zwischen 1936 und 1938.

---

[63] Heller, Loebenstein und Werner, Das Nationalsozialistengesetz. Wien 1947. S. II/143.
[64] Neues Österreich vom 11. Mai 1945.
[65] Der Hochverratsprozeß gegen Dr. Guido Schmidt vor dem Wiener Volksgericht. Veröffentlichte gerichtliche Protokolle. Wien 1947.
[66] Ebenda, S. 2

Beinahe vier Monate lang befaßte sich ein Senat des Wiener Volksgerichtes allein mit diesem Prozeß – und mußte den ehemaligen österreichischen Außenminister schließlich von der Anklage des Hochverrats freisprechen.

Die Haupttätigkeit der Volksgerichte bestand in der Aburteilung von leitenden NS-Funktionären und Kriegsverbrechern. Dabei hatten die Volksgerichte bis 1947 mit erheblichen Schwierigkeiten zu kämpfen und waren kaum in der Lage, die Lawine der Fälle zu bewältigen. Es standen zu wenig Justizbeamte, Richter und öffentliche Ankläger zur Verfügung, unter anderem auch deshalb, weil die ordentlichen Strafgerichte wegen der außerordentlich hohen Kriminalität personell kaum zugunsten der Sondergerichte reduziert werden konnten. Zu einem nicht unwesentlichen Teil waren aber auch die Besatzungsmächte für die Verzögerungen verantwortlich. Während das Volksgericht in Wien bereits im August 1945 zu arbeiten beginnen konnte, wurden die Volksgerichte in den westlichen Zonen nicht vor Februar 1946 eingesetzt; sie nahmen erst im Sommer 1946 ihre Arbeit auf. So waren etwa vom Volksgericht Linz, dessen Einzugsgebiet sich mit der amerikanischen Zone deckte, am 1. August 1946 erst 37 Urteile gefällt worden, in Wien dagegen allein im Jahr 1945 bereits 130 Urteile, darunter sieben Todesurteile. Erst Anfang 1948 konnte die Krise der Volksgerichte überwunden werden. Von da an war die Zahl der Fälle, die zum Abschluß gelangten, höher als die Zahl der neueröffneten Verfahren.

Im ganzen behandelten die Volksgerichte bis 1955 nicht weniger als 136 829 Fälle. 23 477 oder 17 Prozent davon wurden mit einem Urteilsspruch abgeschlossen. Dieses Verhältnis stieß auf heftige Kritik, der vom Justizminister jedoch entgegengehalten werden konnte, daß auch zwischen 1925 und 1934 nur 19 bis 24 Prozent der bei den Staatsanwaltschaften eingegangenen Anzeigen zu einer Anklage geführt hatten. Von den 23 477 Urteilen lauteten 58 Prozent auf »schuldig«, 42 Prozent auf »nicht schuldig«. 43 Todesurteile wurden gefällt, 30 davon vollstreckt. Zwei Verurteilte begingen Selbstmord, ein Verfahren wurde wiederaufgenommen und endete mit Freispruch, zehn Todesstrafen wurden in Freiheitsstrafen umgewandelt. Von den 34 lebenslangen Haftstrafen wurden sechs zu zeitlich befristeten Freiheitsstrafen abgemildert. Der weitaus größte Teil der Verfahren endete mit Haftstrafen zwischen einem und fünf Jahren (61 Prozent); allerdings zeigten sich große Unterschiede in den

Jahren vor und nach 1947. Ab 1948 lag die Zahl der Freigesprochenen regelmäßig höher als die der Verurteilten, ab 1949 verlagerte sich das Schwergewicht der Urteile hin zu Strafen von höchstens einem Jahr. Verallgemeinernd kann man feststellen, daß das Strafmaß mit zunehmender Entfernung von Krieg und NS-Zeit abnahm[67].

Die Volksgerichte waren für den Sonderbereich der Entnazifizierung und der Ahndung von Kriegsverbrechen geschaffen worden: für Sonderrecht ein Sondergericht! Nach der Auffassung der beiden großen politischen Parteien war diese Aufgabe 1948 erfüllt. Da 1945 jedoch verabsäumt worden war, die Tätigkeit der Volksgerichte zeitlich zu begrenzen, dauerte es bis zum Staatsvertrag, der Wiederherstellung der vollen Souveränität Österreichs im Jahr 1955, bis man auch auf diesem Gebiet der Rechtsprechung zur ordentlichen Gerichtsbarkeit zurückkehren konnte. Danach wurden nur noch Delikte verfolgt, die unter das gewöhnliche Strafrecht fielen; die Verjährungsbestimmung wurde bei NS-Verbrechen in den sechziger Jahren allerdings aufgehoben. Bis 1972 wurde noch in 46 Fällen Anklage wegen nationalsozialistischer Straftaten erhoben; 18 Verfahren endeten mit Schuldsprüchen, darunter waren drei Verurteilungen zu lebenslanger Haft.

Amnestie

Anfang 1948 war der Höhepunkt der Entnazifizierung überschritten. Sie war nicht beendet, aber an einem Endpunkt angelangt. Zur selben Zeit wurde die Entnazifizierung auch in Deutschland wesentlich gemildert, eine Tatsache, die auf die Haltung der Besatzungsmächte in Österreich nicht ohne Auswirkungen bleiben konnte[68]. Nachdem in den Westzonen des besetzten Deutschland Amnestien, vor allem Jugendamnestien, erlassen worden waren, nahm Anfang 1948 auch der österreichische Nationalrat diese Frage auf. Da in der Regierung die übereinstimmende Auffassung bestand, daß eine Gesamtreform der Entnazifizierungsgesetze gegenüber dem Alliierten Rat nicht durchzusetzen war, versuchte sie, eine Jugendamnestie zu

[67] Zur Tätigkeit der Volksgerichte vgl. Stiefel, Entnazifizierung, S. 255 f.
[68] Vgl. Report on Denazification, US-Division on Intelligence, 10. Februar 1948. In: NA, 60258-2/033.2.

initiieren, in deren Rahmen 41 216 »Minderbelastete« (8,5 Prozent) von Sühnefolgen befreit werden sollten. Das in Aussicht genommene Stichjahr 1919, wie es aus den Gesetzen in Westdeutschland übernommen war, war gewiß fragwürdig, denn 1938 hatte dieser Jahrgang immerhin ein Alter von 19 Jahren, und gerade unter ihnen befanden sich zweifellos nicht wenige, die dem Nationalsozialismus noch nicht abgeschworen hatten. Andererseits waren von dieser Gruppe nur 1965 als »Belastete« eingestuft, und zwar nicht zuletzt deshalb, weil die Achtzehn- bis Neunzehnjährigen nach dem Anschluß in der Regel zum Militärdienst eingezogen worden waren, was eine politische Betätigung weitgehend unmöglich gemacht hatte.

Die vom Nationalrat beschlossene Jugendamnestie kam am 27. Februar 1948 vor den Alliierten Rat, der sich nicht zum ersten Mal mit Amnestievorschlägen zu befassen hatte. Bereits im August 1947 war eine Studentenamnestie zur Debatte gestanden, die von den westlichen Besatzungsmächten unterstützt, von der sowjetischen aber beharrlich abgelehnt worden war. Im Oktober 1947 schlugen die drei westlichen Alliierten dann von sich aus eine Jugendamnestie vor, von der aber als gefährlich angesehene Personen ausgenommen bleiben sollten. Nach Meinung des sowjetischen Vertreters war aber eine Amnestie noch verfrüht. Die westlichen Alliierten wollten jedoch keine weitere Verzögerung hinnehmen und erklärten, die österreichische Regierung solle aufgefordert werden, einen Gesetzesentwurf vorzulegen[69].

Als der vom Nationalrat gebilligte Entwurf zur Jugendamnestie schließlich vor den Alliierten Rat kam, rechneten alle mit langwierigen Auseinandersetzungen. Tatsächlich überschüttete der sowjetische Vertreter seine Kollegen zunächst auch mit einem Schwall von Kritik an der Verschleppung der Entnazifizierung durch die österreichische Regierung. Doch dann legte er, der acht Monate lang die Bemühungen der drei westlichen Alliierten um eine Studenten- und eine Jugendamnestie blockiert hatte, zur allgemeinen Überraschung einen umfassenden Amnestievorschlag für alle Minderbelasteten auf den Tisch, den die Vertreter der westlichen Alliierten schließlich billigten.

Bereits vier Tage nach dieser entscheidenden Sitzung des Alliierten Rates brachten Vertreter der Volkspartei und der Soziali-

---

[69] Report of the United States High Commissioner, U.S. Element Allied Commission for Austria, März 1948, S. 13, ebenda.

stischen Partei im Nationalrat einen Antrag auf vollständige Amnestierung der Minderbelasteten ein, bei dessen Begründung die Abgeordneten ihre Genugtuung nicht verhehlten: »Als im Frühjahr 1945 der Nationalsozialismus zusammenbrach, da entstand aus der Frage, was mit den Anhängern dieser Lehre geschehen sollte, das sogenannte Naziproblem. Schon damals wurde die Forderung erhoben, dieses Problem nur nach dem Grundsatz von Recht und Gerechtigkeit so rasch als möglich zu lösen. Dies entsprach den Prinzipien eines Rechtsstaates, den es aufzubauen galt. Es ist allgemein bekannt, daß sich das erste Nationalsozialistengesetz nicht bewährt hat und auch seine Novellierung im Jahre 1946 infolge Einflußnahme außerösterreichischer Stellen nicht den Erfordernissen entsprach. Die Folgen auf wirtschaftlichem und sozialem Gebiete haben wir nunmehr fast drei Jahre lang gesehen. Es ist auf die Dauer untragbar, daß es in einer Demokratie Bürger zweiten Ranges gibt. Mit Genugtuung haben wir nun Kenntnis erhalten, daß sich der Alliierte Rat in seiner Sitzung vom 27. Februar 1948 mit diesem Problem eingehend befaßt hat und einer totalen Amnestie der Minderbelasteten absolut freundlich gegenübersteht.«[70] Die in Aussicht genommene Amnestieregelung war für Regierung und Nationalrat ein großer Erfolg, war doch schon im Gesetzesvorschlag von 1946 die Beendigung der Sühnefolgen für Minderbelastete zum 30. April 1948 vorgesehen gewesen. Auf Druck des Alliierten Rates war diese Frist seinerzeit um zwei Jahre, bis zum 30. April 1950, verlängert worden. Mit dem Amnestiegesetz war nun der ursprüngliche, von den österreichischen Parteien angestrebte Endtermin trotz aller Schwierigkeiten beinahe pünktlich eingehalten worden.

Nach der Sitzung des Alliierten Rates am 27. Februar 1948 war der Damm gebrochen, nun ging es Schlag auf Schlag. Innerhalb eines Vierteljahres wurde das Jugendamnestiegesetz – dem jetzt freilich keine große Bedeutung mehr zukam – vom Alliierten Rat genehmigt. Die Minderbelastetenamnestie wurde am 21. April vom Nationalrat beschlossen und am 28. Mai vom Alliierten Rat einstimmig genehmigt. Sie hatte weitreichende Auswirkungen, denn mehr als 90 Prozent der registrierten Nationalsozialisten profitierten davon. Für nicht weniger als 487 067 Personen war so die politische Säuberung beendet, die im »Verbotsgesetz« und in den anderen Sondergesetzen festge-

---

[70] Wiener Zeitung vom 4. März 1948.

legten Sühnefolgen galten für sie nicht mehr. Sie wurden den anderen Bundesbürgern in jeder Hinsicht gleichgestellt. Damit war man der innenpolitischen Befriedung und Normalisierung ein großes Stück nähergekommen. Übrig blieben die etwa 43 000 »Belasteten«, der eigentliche Kern der ehemaligen nationalsozialistischen Bewegung in Österreich. Auch deren Zahl verringerte sich aber durch weitere Amnestien nach und nach[71].

Damit war die Entnazifizierung als Massenaktion beendet. Die politische Auseinandersetzung um diesen Problemkreis trat im Frühjahr 1948 in ein neues Stadium. Die Säuberung hatte aufgehört, ein wirklich brennendes Problem für Wirtschaft und Gesellschaft zu sein, politisch blieb sie jedoch bis in die fünfziger Jahre ein heiß umkämpftes Thema. Die Wende kam erst 1955 mit dem Staatsvertrag und dem Abzug der Besatzungstruppen; danach konnte man auf der Basis der wiedergewonnenen Souveränität einen Schlußpunkt hinter dieses Kapitel setzen. Am 14. März 1957, zwölf Jahre nach dem Zusammenbruch des Nationalsozialismus, beschloß der Nationalrat eine Abschlußamnestie, mit der die Sondergesetze aufgehoben und die letzten noch offenen Aspekte dieser Frage gelöst wurden.

Der »Erfolg« der Entnazifizierung

Über »Erfolg« oder »Mißerfolg« der Entnazifizierung ist damals und später viel debattiert worden, wobei immer auch auf deren Doppelnatur verwiesen wurde, nämlich zugleich politische Säuberung und Rehabilitierung zu sein. Aber ebenso wie in Deutschland – vielleicht sogar noch stärker – kann auch die Entnazifizierung in Österreich nicht als einmalige, punktuelle Maßnahme, sondern muß als Prozeß gesehen werden. Dies schon deswegen, weil die Entnazifizierung nicht von einer einzigen, autonomen politischen Instanz ausging, sondern das Ergebnis der Auseinandersetzungen zwischen den vier Alliierten und den drei österreichischen politischen Parteien gewesen ist. Vor dem Hintergrund der Veränderung der innenpolitischen und außenpolitischen Situation, vor allem der politischen Verhärtung zwischen den Alliierten, durchlief die Entnazifizierung mehrere Stadien, die in dieser Form gewiß nicht von allen gewollt, aber durchaus vorgezeichnet waren.

[71] Zu den Folgen der Minderbelastetenamnestie vgl. Stiefel, Entnazifizierung, S. 309.

Die Maßnahmen von 1945/46 glichen einem energischen Schlag auf den Tisch. Es sollte *tabula rasa* gemacht, mit aller Härte vorgegangen werden. Es war die Zeit der Massenentlassungen, der Absetzungen, des Vermögensentzugs, der Verhaftungen und Internierungen. Obwohl die ersten Entnazifizierungsgesetze später als unvollkommen und unzureichend bezeichnet wurden, fiel in diese erste Periode der weitaus größte Teil aller Sanktionen und politisch-juristischen Maßnahmen. Das war allein schon im Hinblick auf die Opfer des Faschismus und mit Rücksicht auf das Leid, das der Nationalsozialismus über die Bevölkerung gebracht hatte, unbedingt geboten. Außerdem mußte die österreichische Regierung gegenüber den Alliierten ihre Entschlossenheit zur Lösung der »Nazifrage« demonstrieren, um ihren Souveränitätsanspruch im ganzen Land durchsetzen zu können. Und schließlich empfahl es sich auch, zum Schutz der neuerrichteten Demokratie die als gefährlich erachteten Nationalsozialisten aus wichtigen Positionen zu entfernen.

Alle politischen Parteien waren sich freilich von Anfang an darüber einig, daß diese Maßnahmen, außer in wenigen schweren Fällen, zeitlich begrenzt zu sein hatten. Bereits 1946 beschloß daher der Nationalrat eine Novellierung des »Verbotsgesetzes«, die auf eine Wiedereingliederung der Masse der ehemaligen Nationalsozialisten zielte. Die spezielle politische Konstellation in Österreich 1946/47, vor allem das frostige Klima zwischen den Alliierten, ließ diese Entwicklung aber noch nicht zu. Im Gegenteil, sie warf die Entnazifizierung wieder in ihr erstes, politisch bereits überholtes Stadium zurück und führte zu einer Verschärfung, als in den deutschen Besatzungszonen bereits Erleichterungen ins Auge gefaßt wurden.

Dennoch trat die Entnazifizierung 1946/47 in eine neue Phase, und zwar aus einer dem Entnazifizierungsprozeß inhärenten »Logik«. Nach der Bestrafung erfolgte in der Regel eine Abmilderung der Maßnahmen bis hin zur Amnestie. Diese Politik wurde von österreichischer Seite bereits ab Juli 1946 ernsthaft betrieben, erreichte mit der Minderbelastetenamnestie ihren Höhepunkt und wurde bis zum Jahr 1957 (NS-Amnestie) weiterverfolgt. Diese laxe Durchführung der Entnazifizierung, die sich stark von den ursprünglich propagierten Grundsätzen unterschied, kann nicht als ein »Scheitern« betrachtet werden, sie lag im Wesen der Entnazifizierung. War erst einmal ein gewisses, mehr oder weniger zufriedenstellendes Ergebnis erzielt, so war der Abbruch dieser Maßnahmen durch zeitliche Begrenzung oder Amnestie von vornherein als Teil der Entnazifizierung vorgesehen. Nicht zu vergessen sind dabei die Grenzen der politischen Säuberung in Österreich nach 1945. Sie waren gezogen durch das Postulat der Rechtsstaatlichkeit, durch die demokratische Regierungsform und die Notwendigkeit des wirtschaftlichen Wiederaufbaus. Das waren aber keine »natürlichen Grenzen«, sondern Grenzen, die gewissermaßen zum politischen Grundbestand der Zweiten Republik gehörten.

Die augenfälligste Grenze der Entnazifizierung lag in dem allgemeinen Wunsch nach wirtschaftlichem Wiederaufbau. Wohl wäre es möglich gewesen, etwa ein Sechstel der berufstätigen Bevölkerung aus dem Arbeitsprozeß auszugliedern oder diese Personen nur zu minderen Diensten heranzuziehen. Als Preis dafür hätte Österreich einen zusätzlichen wirtschaftlichen Rückschlag hinnehmen müssen, der Wiederaufbau (ohnehin schon behindert durch die Abschneidung traditioneller Wirtschaftsbeziehungen, durch die Besatzungspolitik und durch Reparationsfragen wie die des »deutschen Eigentums«) wäre noch mühseliger gewesen. Das war jedoch nicht nur wegen der wirtschaftlichen, sondern auch wegen der politischen Stabilisierung Österreichs unerwünscht. Eine weitere Grenze der Entnazifizierung lag schließlich in der notwendigen politischen Reintegration der ehemaligen Nationalsozialisten in ein demokratisches System – in dem »Demokratieproblem der Entnazifizierung« –, die diese Personengruppe nach 1948 von politisch Geächteten zu wahlpolitisch Umworbenen werden ließ.

Es lag also im Wesen der Entnazifizierung, daß sie sich den politischen Konstellationen und den Rahmenbedingungen wirtschaftlicher und sozialer Prozesse entsprechend wandelte: von Härte zu Milde, Amnestie und Reintegration, und man könnte hinzufügen, auch zu einer gewissen Tabuisierung und Verdrängung. Es waren daher nicht allein die Entnazifizierungsmaßnahmen, die die Entnazifizierung etwa allein zuwege gebracht hätten. Die Entnazifizierung im Sinne einer Abkehr der Bevölkerung vom Nationalsozialismus war bis zum Kriegsende bereits weitgehend erfolgt, nicht nur infolge der militärischen Niederlage, sondern auch wegen des gegen Kriegsende immer brutaler werdenden Terrorregimes der Nationalsozialisten. Eine politische Umorientierungsmaßnahme im Sinne einer speziellen, auf die ehemaligen Nationalsozialisten ausgerichteten Umschulung war die Entnazifizierung aber nicht. Wer bis zum

Zusammenbruch des Dritten Reiches nichts über den wahren Charakter des NS-Regimes gelernt hatte, der lernte es auch später nicht.

Hans Woller
»Ausgebliebene Säuberung«?
Die Abrechnung mit dem Faschismus in Italien

I.

Dino Grandi, der zeitweilige Außenminister des faschistischen
Italien, hat nach Kriegsende einmal von einer »kannibalischen
Passion« gesprochen, die Italien bei der Betrachtung der eigenen Vergangenheit erfülle[1]. Diese Äußerung ist gewiß stark
übertrieben; Grandis bittere Enttäuschung darüber, daß er, der
eigentliche Drahtzieher beim Sturz Mussolinis, nach der Entmachtung des faschistischen Diktators nicht zum Zuge gekommen war und gesellschaftlich geächtet blieb, drückt sich in ihr
ebenso aus wie seine ungezügelte Lust an überzogener Polemik.
Die Zuspitzung trifft die Wirklichkeit aber immerhin insofern,
als tatsächlich viele italienische Intellektuelle dazu neigen, selbst
die ruhmreichen Kapitel ihrer Geschichte seit der staatlichen
Einigung in der zweiten Hälfte des 19. Jahrhunderts in ein ne-
gatives Licht zu setzen. »Unser Risorgimento ist eine ausgebliebene Revolution, der Sieg im Ersten Weltkrieg ein verstümmel-
ter Sieg, die Resistenza eine verratene Revolution«, so ironisier-
te der große Historiker Pietro Scoppola diese kritisch-selbst-
quälerische Tendenz, die auf eine nie ganz vollzogene Aussöh-
nung mit dem Nationalstaat schließen läßt[2].

Auch die *epurazione*, die italienische Variante des überall in
Europa gemachten Versuchs, die Aktivisten, Nutznießer und
Steigbügelhalter der verbrecherischen faschistischen Regime
und Bewegungen aufzuspüren, vor Gericht bzw. justizähnlichen Einrichtungen zur Verantwortung zu ziehen und aus leitenden Positionen in Staat und Gesellschaft zu entfernen, ist
leidenschaftlich kritisiert und hemmungslos verspottet worden.

---

[1] Zit. nach Joachim Fest, Im Gegenlicht. Eine italienische Reise. Berlin 1988, S. 322.
Die vorliegende Studie basiert auf den Recherchen zu einem großangelegten For-
schungsprojekt ›Die Abrechnung mit dem Faschismus in Italien 1943–1946‹, das in
einigen Jahren abgeschlossen werden soll. Ein kleiner Teil davon ist bereits als Einleitung zu einer Dokumentation über ›Die Anfänge der politischen Säuberung in Italien
1943–1945‹ in den Vierteljahrsheften für Zeitgeschichte 38 (1990) 1 publiziert worden.
[2] Pietro Scoppola, L'antifascismo come presupposto. In: Jader Jacobelli (Hrsg.), Il
fascismo e gli storici oggi. Rom, Bari 1988, S. 104.

Gerade prominente Vertreter des Antifaschismus zögerten nach 1945 nicht, tausend Unzulänglichkeiten und Gebrechen der politischen Säuberung und der justitiellen Strafverfolgung zu beklagen und die Verantwortung dafür den regierenden bürgerlichen Parteien aufzubürden, die ohnehin als Totengräber der Resistenza galten und tatsächlich nie viel Gefallen an der Abrechnung mit dem Faschismus gefunden hatten. Ferruccio Parri etwa, der legendäre Widerstandskämpfer und spätere Ministerpräsident, hielt die *epurazione* für eine »Farce«, der antifaschistische Historiker Carlo Ragghianti sah in ihr eine »Komödie des Schweigens und der Unantastbarkeit«, und für den Gründer der angesehenen antifaschistischen Zeitschrift ›Il ponte‹, Piero Calamandrei, war die Entfaschisierung ein »Meisterwerk juristischer Ungeschicklichkeit«[3].

Zeitgenössische Schlagworte wie diese bestimmen noch fast fünfzig Jahre nach den Ereignissen die immer wieder einmal aufflackernde öffentliche Debatte über die *epurazione*, und selbst die historische Forschung lebt noch von den Urteilen aus erster Hand, von Einschätzungen handelnder Zeitgenossen, die – zum einen – erst nach vielen Enttäuschungen zu der Einsicht fanden, daß zwischen Schuld und Sühne immer dann ein schreiendes Mißverhältnis herrscht, wenn Gewalt und Verbrechen nicht von einzelnen, sondern von Staaten, Regierungen oder ganzen Gruppen der Bevölkerung begangen werden, und die – zum anderen – auch weit eher an Schuldzuweisungen im politischen Alltagsgeschäft als an abgewogener Analyse interessiert waren. *Epurazione mancata* (ausgebliebene Säuberung) heißt das in der wissenschaftlichen Literatur dominierende Schlagwort, das sich offenbar glänzend bewährt hat, denn kaum jemand scheint ein Bedürfnis nach Rückgewinnung historischer Authentizität zu verspüren[4].

II.

Italien war das erste Land, in dem der Faschismus an die Macht gelangte, und Italien war das einzige Land, in dem der Faschismus nicht nur einige Jahre, sondern in seiner gesamten, mehr als

---

[3] Die Zitate finden sich in La Resa dei Conti. In: Storia illustrata, Mai 1987, Nr. 354, S. 92.
[4] Die Formel *epurazione mancata* taucht in zahlreichen Studien auf. Vgl. ebenda, S. 92–101, und James Edward Miller, The United States and Italy, 1940–1950. The Politics and Diplomacy of Stabilization. Chapel Hill, London 1986, S. 133–137.

zwanzigjährigen Epoche zu herrschen vermochte; nirgends sonst, von Hitler-Deutschland abgesehen, war der Grad der faschistischen Erfassung und Infizierung höher als im Mutterland des Faschismus. Italien war aber andererseits auch das erste Land, das die Herrschaft des Faschismus abschüttelte, und es war auch das einzige Land, wo dies aus eigener Kraft vor der militärischen Besetzung und Unterwerfung durch die Streitkräfte der Anti-Hitler-Koalition gelang.

Es kann nicht überraschen, daß der hohe Grad langjähriger Kontamination die politische Säuberung erschwerte. Nach Lage der Dinge hatte nur eine hoffnungslos kleine Minderheit die innere Freiheit, die Verantwortlichen für faschistische Schandtaten vor Gericht zu stellen und hineinzuleuchten in den juristisch kaum je eindeutig faßbaren Tatbestand der politisch-moralischen Mithaftung für gesellschaftliche Verbrechen und Missetaten. Paradoxerweise vermochte aber auch die Entmachtung Mussolinis der *epurazione* keinen Schwung zu geben. Im Gegenteil, die Selbstbefreiung vom Diktator hat die Selbstreinigung vom Faschismus sogar behindert. Mussolini war ja nicht von der antifaschistischen Opposition gestürzt worden; der Staatsstreich vom 25. Juli 1943 war vielmehr das Werk von konservativen, eng mit dem Faschismus verbündeten Kräften im Königshaus, im Heer sowie in der höheren Beamtenschaft und die Tat von ernüchterten Faschisten gewesen, denen es damit gelang, die Kontinuität des monarchischen Staates zu wahren und ihre herausgehobenen Stellungen zu behaupten. Die erste Säuberungsinitiative lag in Italien also – anders als in Deutschland, Frankreich oder in Südosteuropa – nicht bei den Besatzungsmächten oder nationalen Befreiungsbewegungen, sondern ausgerechnet bei denen, die das geringste Interesse an einer durchgreifenden Säuberung und schonungslosen Strafverfolgung hatten, weil sie nach Rang und Einfluß im Faschismus zu deren ersten Opfern hätten zählen müssen. Diesen Beharrungskräften lag nicht an einer wirklichen Überwindung des alten Regimes, sondern – so könnte man sagen – lediglich an einem Faschismus ohne Mussolini[5].

Mit Pietro Badoglio gelangte im Juli 1943 die herausragende Figur dieser Kräfte an die Spitze der neuen Regierung. Der

---

[5] Vgl. Giacomo Zanussi, Guerra e catastrofe d'Italia. Rom 1948, S. 75; L'Italia dei quarantacinque giorni. 1943: 25 luglio – 8 settembre. Mailand 1969; Ruggero Zangrandi, 1943: 25 luglio – 8 settembre. Mailand 1964; Gianfranco Bianchi, 25 luglio. Crollo di un regime. Mailand 1966.

Marschall hatte sich zwar nach seiner Entlassung als Chef des Generalstabes der italienischen Streitkräfte im Jahre 1940 durch persönliche Friedensinitiativen, bissige Bemerkungen über den Duce und lose Kontakte zu oppositionellen Zirkeln einen Hauch von antifaschistischem Image zuzulegen vermocht, eine politisch weiße Weste aber hatte er nicht. Badoglio war Partei-mitglied gewesen und hatte vom Faschismus zahlreiche Ehrun-gen und Sinekuren empfangen; vor allem aber war er führend an der faschistischen Eroberungspolitik der dreißiger Jahre be-teiligt gewesen, namentlich an der Freibeuterei in Abessinien, die ihm auch den Ehrentitel »Duca di Addis Abeba« einge-bracht hatte, den er noch als Ministerpräsident führte[6]. Kaum weniger fragwürdig war die politische Vergangenheit der übri-gen Kabinettsmitglieder; einige hatten sich in den zurückliegen-den Jahren innerlich zwar vom Faschismus abgewandt, der eine oder andere mochte sich sogar den Positionen der gemäßigten Opposition angenähert haben. Aber kein einziger konnte als wirklicher Antifaschist gelten, fast alle hätte man sich ebensogut am Kabinettstisch Mussolinis vorstellen können. Der entmach-tete Duce nickte denn auch beifällig, als er in der Gefangen-schaft die Liste der neuen Minister überflog. Es handle sich um eine »gute Regierung«, meinte er[7].

Luigi Salvatorellis Allzweckbehauptung »In Italia non accade mai nulla«[8], in Italien geschieht nie etwas, hätte sich in dieser Situation vielleicht erstmals bewahrheitet, hätte der Sturz Mus-solinis nicht auch politische und soziale Kräfte freigesetzt, die ganz andere Ziele verfolgten als die den monarchischen Staat tragende konservativ-faschistische Allianz um Badoglio. Diese Kräfte und das Umfeld, in dem sie sich entfalten konnten, hatte der Faschismus überwiegend selbst »produziert«. Die faschisti-sche Autarkie- und Industriepolitik, die Sozialpolitik des Re-gimes und die ständige propagandistische Inanspruchnahme hatten in manchen Bereichen zumal der norditalienischen Ge-sellschaft eine schleichende Revolutionierung bewirkt; nament-

---

[6] Zu Badoglio vgl. Piero Pieri und Giorgio Rochat, Pietro Badoglio. Turin 1974 und die Memoiren von Badoglio, Italien im Zweiten Weltkrieg Erinnerungen und Doku-mente. München, Leipzig 1947.
[7] Zit. nach Zangrandi, 1943, S. 158; zur Regierung Badoglio vgl. auch Mario Misso-ri, Governi. Alte Cariche dello Stato e Prefetti del Regno d'Italia. Rom 1978, S. 152 bis 155.
[8] Zit. nach Ennio Di Nolfo, Le paure e le speranze degli italiani (1943–1953). Mailand 1986, S. 122.

lich die vom Regime umworbene Arbeiterschaft gewann nach den verheerenden Niederlagen in den zwanziger Jahren wieder an Selbstbewußtsein und begann ihre Ansprüche auf Mitgestaltung von Staat und Gesellschaft anzumelden. Aber auch im rückständigen Süditalien war die Zeit nicht stehengeblieben; Propagandakampagnen und Kriegsmobilisierung hatten gelegentlich selbst die Landarbeiterschaft im Süden aus Apathie und Lethargie gerissen und ein Bewußtsein dafür geschaffen, daß Privilegien und Besitzansprüche von Großgrundbesitzern, Adeligen und Mafia-Bossen nicht auf ewig Bestand haben mußten. Überall im Land hatten sich so schon vor 1943 diffuse Erneuerungskräfte formiert, die auf politische Mitsprache und gesellschaftliche Emanzipation drängten – auf die Befriedigung von Bedürfnissen mithin, die der Faschismus zum Teil selbst hervorgerufen hatte, aber nicht hatte stillen können[9].

Systemsprengende Wirkung entfalteten diese Kräfte zunächst ebensowenig wie die kleinen Kader der politischen Oppositionsgruppen, die nach den Rückschlägen der zwanziger und dreißiger Jahre erst langsam wieder zu neuem Mut und neuer Geschlossenheit fanden. Wie diese waren sie aber gleichsam der politische Sauerteig in der breiten Absetzbewegung vom Faschismus, die nach dem Kriegseintritt Italiens 1940 alle Schichten der Gesellschaft erfaßte und 1942/43 um so größere Dynamik erlangte, je weniger sich die stupenden Mißerfolge an der Front, das eklatante Versagen und die Verantwortungslosigkeit der faschistischen Führung im Krieg leugnen ließen. Die ganze Hohlheit des Regimes wurde freilich erst am 25. Juli 1943 offenbar, als nicht nur das Millionenheer der Parteigenossen, sondern auch die Spitzengarnitur des Regimes die Sache des Faschismus kampflos verloren gab und das Heil in der Flucht oder in der devoten Anpassung an die neuen Verhältnisse suchte – auch diejenigen Funktionäre, die noch kurz zuvor das Land mit martialischen Sprüchen von bedingungsloser Treue zum Duce und fanatischer Opferbereitschaft traktiert hatten. Damit war die einst breite plebiszitäre Legitimation des faschistischen Re-

[9] Vgl. u.a. Traute Rafalski, Italienischer Faschismus in der Weltwirtschaftskrise (1925–1936). Wirtschaft, Gesellschaft und Politik auf der Schwelle zur Moderne. Opladen 1984; Renzo De Felice, Mussolini il duce. Bd. 1: Gli anni del consenso 1929 a 1936. Turin 1974, S. 156 f.; Sommario di Statistiche Storiche 1926–1985. Hrsg. vom Istituto Centrale di Statistica. Tivoli 1986, passim; Roland Sarti, Fascist Modernization in Italy: Traditional or Revolutionary? In: The American Historical Review 75 (1970), S. 1029–1045.

gimes restlos aufgebraucht; vollständiger und endgültiger hätte die moralische und politische Abdankung des Faschismus kaum sein können.

Die Erneuerungs- und Absetzbewegung erhielt so in den Tagen und Wochen des antifaschistischen Begeisterungstaumels nach dem Sturz des Faschismus immer größeren Zulauf[10] und gewann schließlich auch schärfere politische Konturen, als sich im Herbst 1943 die nun ebenfalls im Aufwind befindlichen antifaschistischen Parteien energisch an ihre Spitze setzten. Über die Vorhöfe der Macht kam die Erneuerungs- und Absetzbewegung dennoch nicht hinaus; dafür war das Bündnis zu heterogen. Die Parteien hatten zwar in der dreifachen Frontstellung gegen die deutsche Besatzungsherrschaft, die neofaschistische Regierung von Salò und den monarchischen Staat die Kraft zur Bildung eines Allparteienpaktes der Resistenza gefunden. Die programmatischen und ideologischen Gegensätze, die zwischen ihnen bestanden, waren damit aber nicht ausgeräumt, sie waren gewissermaßen nur in das Kleingedruckte verbannt worden. Während die konservativen Kräfte, namentlich die liberale Partei und Teile der Democrazia Cristiana, der königlichen Regierung Badoglio ein gewisses Wohlwollen entgegenbrachten und in Anlehnung an Benedetto Croce im Faschismus eine Krankheit erblickten, von welcher sich Italien durch die Entmachtung des Diktators schon weitgehend selbst geheilt hatte und der Roßkur einer Säuberung nicht mehr bedurfte, pochten die Linksparteien auf die schleunige Ablösung Badoglios durch eine demokratisch legitimierte Regierung, den Sturz des Hauses Savoyen und einen tiefgreifenden Umbau von Staat und Gesellschaft. Dazu gehörte selbstverständlich auch eine radikale Selbstreinigung, und die Konzepte, die die politische Linke dafür entwarf, ließen die Entschlossenheit erkennen, auf den *stato totalitario* mit einer *epurazione totalitaria* zu antworten[11].

Der Dualismus, ja der Antagonismus dieser Kräfte – der Resistenza und der konservativ-faschistischen Allianz um Badoglio – stellte bis zur Befreiung Roms im Juni 1944 die gesamte italienische Politik in ein schwer entwirrbares Neben- und Gegen-

---

[10] Zu den Reaktionen auf den Sturz Mussolinis und den Forderungen, die in Demonstrationen und Streiks erhoben wurden, vgl. die in ›L'Italia dei quarantacinque giorni‹ abgedruckten Dokumente.

[11] Zu den säuberungspolitischen Vorstellungen der Parteien vgl. Elisa Bizzarri, Lucio D'Angelo, Lamberto Mercuri, Sandro Mercuri, Sandro Setta und Giuseppe Sircana, Epurazione e stampa di partito (1943–46). Neapel 1982.

einander von Altem und Neuem. Er gab auch der *epurazione* ihre besondere Prägung. Der Allparteienpakt vermochte zwar die Tendenz zur Bewahrung des Status quo ohne Mussolini, die in Italien von Beginn an in der politischen Säuberung steckte, nicht aufzuheben, Badoglio konnte sich andererseits den Forderungen der Resistenza auf die Dauer auch nicht ganz entziehen. Dem neuen Regierungschef stand klar vor Augen, daß er gewisse Zugeständnisse an die antifaschistische Erneuerungs- und Absetzbewegung machen mußte; nur so konnte er hoffen, die ungeheuere Kluft zwischen Staat und Gesellschaft zu überbrücken, die sich in der Endphase des Faschismus aufgetan hatte. Badoglio war zwar weitgehend frei von säuberungspolitischen Ambitionen, in der behutsamen Demontage der faschistischen Herrschaft und dem vorsichtigen Beginn einer politischen Säuberung sah er jedoch eine Chance, sein verfallendes Prestige wiederherzustellen und der Sklerose des monarchischen Staates entgegenzuwirken.

Italien rückte so noch im Sommer 1943, also zu einer Zeit, als das Land offiziell noch mit Deutschland verbündet war, fast unmerklich, aber doch stetig von der faschistischen Vergangenheit ab. Die Auflösung der faschistischen Partei, des Großrates, des Parlaments und des (dem deutschen Volksgerichtshof vergleichbaren) Tribunale speciale per la difesa dello Stato, die der neue Ministerrat auf seiner ersten Sitzung am 27. Juli beschloß[12], war nur der erste Schritt; bald folgten weitere, wie etwa die Einberufung zahlreicher Parteifunktionäre zum Militärdienst, die Zähmung der Miliz, die Einsetzung einer Expertenkommission, die die Vermögensverhältnisse führender Faschisten durchleuchten und unrechtmäßig erworbene Besitztümer beschlagnahmen sollte, und schließlich die Verhaftung zahlreicher hochrangiger Parteileute, Minister und Generale wie etwa Achille Starace, des führenden Parteisekretärs, Enzo Galbiati, des Chefs der Miliz, und Giuseppe Bottai. Der einstige Parteisekretär Ettore Muti, wegen seiner Unerschrockenheit als Flieger eine der populärsten Figuren im Faschismus, fand bei dieser spektakulären Verhaftungsaktion den Tod[13].

[12] Vgl. Protokoll der Kabinettssitzung vom 27. Juli 1943. In: Archivio Centrale dello Stato (ACS), Verbali del Consiglio dei Ministri, 27. Juli 1943.
[13] Vgl. dazu Regio Decreto-Legge, 2. August 1943, Nr. 705: Scioglimento della Camera dei fasci e delle corporazioni. In: Gazzetta Ufficiale del Regno d'Italia, Nr. 180, 5. August 1943. Vgl. u. a. Carmine Senise, Quando ero Capo della Polizia 1940–1943. Rom 1946, S. 235–239; Giacomo Carboni, Memorie segrete 1935–1948. »Più che il dovere«. Florenz 1955, S. 227–231 und 238 ff.

Auch in der Presse kehrte bald ein neuer, liberaler Ton ein, und selbstverständlich mußten die großen faschistischen Parteiblätter ihr Erscheinen einstellen. Badoglio behielt allerdings die Zensur bei. Das neue Regime zögerte auch nicht, ganze Auflagen von Zeitungen und Zeitschriften beschlagnahmen zu lassen, wenn sich die Redakteure zu weit vorgewagt hatten, und in Regierungskreisen dachte niemand daran, die traditionsreichen, vom Faschismus verbotenen Oppositionszeitungen wie ›L'Avanti‹ und ›L'Unità‹ wieder zuzulassen. Andererseits setzte die neue Regierung aber in den Chefredaktionen aller Zeitungen die Ablösung der alten, oft von Mussolini selbst ausgesuchten Parteigünstlinge durch. Deren Nachfolger boten gewiß keine ausreichende Garantie dafür, daß die Presse nun eine Tribüne freier Diskussion und Berichterstattung werden konnte, ein Klimaumschwung war aber deutlich zu spüren. Schon bei einem flüchtigen Durchblättern des ›Corriere della sera‹ oder des ›Resto del Carlino‹ zeigt sich, daß die großen Worte ebenso verschwanden wie die bombastischen Erfolgsbilanzen und die meist gefälschten Stimmen aus dem Ausland, die die Errungenschaften des Faschismus hymnisch gefeiert hatten[14].

In den Universitäten und Schulen begannen sich ebenfalls Wandlungen und personelle Revirements anzubahnen. Nicht daß nun sogleich alle Professoren und Assistenten, die Anfang der dreißiger Jahre den Eid auf Mussolini geleistet hatten, Berufsverbot erhielten. Der neue Minister für die Educazione Nazionale, Leonardo Severi, setzte aber doch einige bemerkenswerte Zeichen. Schon gleich zu Beginn seiner Tätigkeit sorgte er für Aufsehen, als er an Benedetto Croce, den vom Faschismus an den Rand des akademischen Lebens gedrängten und mit einer Mauer des Schweigens umgebenen Philosophen, ein Telegramm richtete, das nur als Rehabilitierung verstanden werden konnte. Der neue Minister kündigte außerdem an, Institute und Lehrstühle aufzulösen, die vom Faschismus gegründet worden waren, die politische Haltung der Professorenschaft zum untergegangenen Regime überprüfen und die Berufungspolitik der zurückliegenden Jahre durchleuchten zu lassen. Trennen wollte man sich von den Denunzianten und Parteispitzeln, vor allem aber von den Lehrstuhlinhabern und Dozenten, die ihre Posten faschistischer Protektion verdankten, hohe Partei- und Staats-

[14] Vgl. Pier Fausto Palumbo, Il Governo dei Quarantacinque Giorni e Diario della resistenza a Roma. Rom 1967, S. 46 und 77.

ämter bekleidet und ihre Wissenschaft in den Dienst des Faschismus gestellt hatten. Schließlich löste Severi die Rektoren der großen Universitäten durch untadelige Antifaschisten ab. So übernahm der renommierte Jurist Piero Calamandrei das Rektorat in Florenz, Luigi Einaudi, der spätere Staatspräsident, leitete die Universität in Turin; Concetto Marchesi, ein Kommunist, trat an die Spitze der Universität Padua, und Adolfo Omodeo, ein Historiker, wurde Rektor in Neapel[15].

Die personelle Erneuerung machte auch vor den Präfekturen und Rathäusern nicht halt[16], wo in den ersten sechs Wochen nach dem 25. Juli wohl mehr als ein Drittel der alten Amtsinhaber entlassen wurde[17]. In den übrigen Behörden blieb es noch weitgehend ruhig, nur da und dort bildeten sich spontane Säuberungskommissionen, die aber wohl mehr durch ihre Existenz als durch aktives Handeln von sich reden machten. Einschneidenden Charakter hatten die Maßnahmen, die Badoglio im Sommer 1943 auf Druck der antifaschistischen Opposition ergriff, gewiß nicht. Alles war auf Augenblickswirkung bedacht und Stückwerk. In den führenden Positionen der Verwaltung saß noch immer die alte Kaste. Nichts war unternommen worden gegen faschistische Verbrecher, die etwa den Sozialistenführer Giacomo Matteotti oder den Kopf der liberaldemokratischen Opposition, Giovanni Amendola, auf dem Gewissen hatten. Selbst die Schikaneure und Peiniger der Straflager und Verbannungsinseln liefen noch frei herum. Und doch: In den opportunistischen Zugeständnissen lag ein gewisses Element des Wandels und der Distanzierung vom Faschismus. Von der Regierung ging, ohne daß dies beabsichtigt gewesen wäre, immerhin eine latente Zugriffsdrohung aus. Dauerhaften Schutz

[15] Ebenda, S. 56 f.

[16] Zur politischen Säuberung unter den Präfekten und Bürgermeistern vgl. u. a. Paolo Monelli, Roma 1943. Rom 1945, S. 211; Senise, Quando ero Capo della Polizia, S. 214 f.; Giuseppe Rossini, L'Epurazione e la ›continuità‹ dello Stato. In: Ders. (Hrsg.), Democrazia Cristiana e Costituente nella società del Dopoguerra. Il progetto Democratico–cristiano e le altre proposte. Rom 1980, S. 726–729; vgl. auch einen nicht näher bezeichneten Bericht der Militärregierung von Neapel und Kampanien vom 15. November 1943. In: National Archives, Washington (NA), Record Group (RG) 331, Public Safety, 10000/143/1591.

[17] Die auf die Auswertung von Mario Missori, Governi, Alte Cariche dello Stato e Prefetti gestützte These, daß etwa ein Drittel der amtierenden Präfekten entlassen wurde, weicht z. T. stark von den Ergebnissen ab, die in L'Italia dei quarantacinque giorni, S. 179–189 präsentiert werden, erscheint aber insgesamt – auch nach der Durchsicht der Akten der Militärregierung – glaubhaft.

durften sich die belasteten Parteigenossen von ihr jedenfalls nicht erwarten.

Nach dem Waffenstillstand mit den Alliierten vom 8. September 1943, der gleichzeitigen Landung alliierter Streitkräfte bei Salerno und der Flucht von König und Ministerpräsident aus dem von der deutschen Wehrmacht umzingelten Rom kam die von der Regierung Badoglio so überaus vorsichtig begonnene Säuberungs- und Abbrucharbeit vorübergehend ganz zum Erliegen. Nördlich der Linie Salerno – Foggia gaben die Wehrmacht und die von Hitler installierte, als revidierte Neuauflage des Faschismus geplante Republik von Salò den Ton an, südlich davon die britisch-amerikanische Militärregierung, die der in das süditalienische Brindisi geflüchteten Regierung Badoglio zunächst in nur vier Provinzen – im Regno del Sud (Königreich des Südens) am Stiefelabsatz der Apenninenhalbinsel – gewisse Souveränitätsrechte einräumte[18]. Nach einer ersten Konsolidierung der anfangs überaus prekären Lage, die nach der Flucht von König und Ministerpräsident entstanden war, setzte Badoglio sein behutsames Säuberungswerk jedoch fort – gegen den dezidierten Willen des Königs, der darin eine schnöde Anpassung an vorübergehende antifaschistische Launen der Straße erblickte, eines königlichen Ministerpräsidenten unwürdig und obendrein gefährlich, weil sie der Krone die zahlreichen treuen Monarchisten unter den Faschisten zu entfremden drohte. »Es muß (...) unter allen Umständen die Entlassung von Angehörigen der ehemaligen faschistischen Partei aufhören, die zur allgemeinen Regel geworden ist«, so hatte der König in einem Memorandum vom 16. August 1943 geschrieben, das den Regierungschef unausgesprochen vor die Alternative stellte, die behutsame Abrechnung mit dem Faschismus einzustellen oder sein Amt niederzulegen. »Die innerhalb der verschiedenen Ministerien in übertriebener Zahl errichteten (Säuberungs-)Kommissionen haben eine sehr ungünstige Aufnahme beim gesunden Teil des Volkes gefunden und können den Verdacht nähren, daß alle Zweige der staatlichen Verwaltung verdorben sind (...). Wenn eine solche Politik fortgesetzt werden sollte, so würde man – implizit – absurderweise auch das Verhalten des

---

[18] Zum »Regno del Sud« vgl. Silvio Bertoldi, Contro Salò. Vita e morte del Regno del Sud. Mailand 1984; Agostino degli Espinosa, Il Regno del Sud. Rom 1973 und die Tagebücher von Harold Macmillan, War Diaries. Politics and War in the Mediterranean. January 1943–May 1945. London 1984 und Edgar R. Rosen, Königreich des Südens. Italien 1943/44. Göttingen 1988.

Königs verurteilen. Die große Masse der Anständigen unter den Angehörigen der Organisationen der ehemaligen faschistischen Partei, die sich schlagartig und ohne besonderen Grund ihrer Ämter enthoben sah, wird so leicht dazu verleitet, sich den radikalen Parteien in die Arme zu werfen. Dadurch werden die Probleme weiter verschärft, die in Zukunft jede Regierung, die die Ordnung aufrecht erhalten will, vorfinden wird.«[19]

Der Regierungschef hatte zwingende Gründe, sich über das säuberungspolitische Veto des Königs hinwegzusetzen, denn nach der Kapitulation nahm der Säuberungsdruck der antifaschistischen Opposition weiter zu. Diese bewahrte sich ein feines Gespür dafür, was bloß auf Effekt und was auf dauerhafte Wirkung angelegt war. Von den allein taktischen Notwendigkeiten entspringenden Halbheiten Badoglios ließ sie sich nicht beeindrucken. Noch wichtiger aber war, daß die Alliierten unablässig an die Erfordernisse einer politischen Säuberung erinnerten und in Sizilien wie in den befreiten Regionen Süditaliens auch selbst mit der Verhaftung von faschistischen Übeltätern und der Säuberung des öffentlichen Dienstes begannen, obwohl sie dafür so gut wie nicht gerüstet waren.

Da der alliierte Entschluß zur Eroberung Italiens erst in der zweiten Kriegshälfte gefallen war, war Italien in den Planungen der alliierten Stäbe lange ignoriert worden. Von einigen, politisch meist einflußlosen italienischen Emigranten abgesehen, hatte es in Washington und London kaum jemand der Mühe wert befunden, die Ursachen von Aufstieg und Fall des Faschismus zu analysieren. In den Schubladen fanden sich also nur wenige Studien, aus denen sich Maßstäbe für das Vorgehen der Militärregierung in Italien gewinnen ließen. Italien stand hier verständlicherweise ganz im Schatten Hitler-Deutschlands, dessen zu äußerster Kraftentfaltung fähiges Herrschaftssystem als die eigentliche tödliche Bedrohung der demokratisch verfaßten westlichen Welt betrachtet wurde und deshalb ganze Abteilungen etwa im State Department oder im Foreign Office zu lebhaftem Nachdenken über Wurzeln, Wesen und Wirklichkeit der »deutschen Gefahr« veranlaßte – vor allem über die Frage, welche Konsequenzen zu ziehen seien, um ein neuerliches Aufleben zu verhindern[20]. Die Faschisten seien Gangster, die die

[19] Zit. nach Dino Grandi, 25 luglio – Quarant'anni dopo. Bologna 1983, S. 408.

[20] Zur Bildung und Vorbereitung der alliierten Militärregierung vgl. etwa Gregory Dale Black, The United States and Italy, 1943–1946. The Drift toward Containment.

Macht an sich gerissen hätten, das italienische Volk hingegen gleiche einem »good boy«, der sich mit dieser »Bande« eingelassen habe. So schlicht wie diese, in amerikanischen Zeitungen am Vorabend der Invasion in Sizilien oft zu findende Vorstellung vom Faschismus war auch das alliierte Sofortprogramm zur politischen Säuberung in Italien. Es gelte, so lautete die Quintessenz der maßgeblichen Direktive der Combined Chiefs of Staff vom 28. Juni 1943, die Gangster zu vertreiben, der »good boy« werde sich dann schon wieder artig betragen[21]. Weiterreichende Demokratisierungs- und Umerziehungsprogramme, wie sie zwei Jahre später im besetzten Deutschland mit einigem Erfolg zur Anwendung kamen, oder strukturelle Weichenstellungen in zentralen gesellschaftlichen und staatlichen Bereichen, wie im Erziehungs- und Pressewesen, wurden zunächst nicht einmal ins Auge gefaßt.

Neben den ersten, noch recht unkoordinierten Säuberungsmaßnahmen waren es vor allem die Bestimmungen des am 29. September 1943 unterzeichneten »Langen Waffenstillstandes« und der Moskauer Drei-Mächte-Erklärung vom 1. November 1943, die die italienische Regierung davon überzeugten, daß die Alliierten ihre säuberungspolitischen Halbheiten wohl kaum hinnehmen würden[22]. Namentlich die ›Deklaration über Italien‹, die zu den wichtigsten Ergebnissen der Moskauer Konferenz der Außenminister der UdSSR, der Vereinigten Staaten und Großbritanniens gehörte, mußte Badoglio zu denken geben. In ihrer Präambel hieß es, daß der »Politik der Alliierten gegenüber Italien das Hauptprinzip zugrunde« liege, »den Faschismus und alle seine verhängnisvollen Einflüsse und Folgen vollständig auszumerzen und dem italienischen Volk die uneingeschränkte Möglichkeit zu gewähren, Regierungs- und andere Institutionen zu bilden, die auf den Prinzipien der Demokratie beruhen«. Zur Realisierung dieser Politik sei es notwendig, »daß die italienische Regierung durch die Einbeziehung von

University of Kansas Press 1974, S. 12 ff.; vgl. auch Miller, The United States, S. 40 ff. und Charles R.S. Harris, Allied Military Administration of Italy 1943–1945. London 1957, S. 4 und 24 f.

[21] Die Direktive vom 28. Juni 1943 findet sich in: Harry L. Coles und Albert K. Weinberg, Civil Affairs. Soldiers become Governors. Washington D. C., 1964, S. 177 ff. Vgl. auch Black, United States and Italy, S. 13.

[22] Der »lange Waffenstillstand« vom 29. September 1943 ist abgedruckt in: La Nascita della Repubblica. Mostra storico–documentaria a cura dell'Archivio Centrale dello Stato. Rom 1987, S. 64–69; die Moskauer Erklärung vom 1. November 1943 findet sich in: Foreign Relations of the United States (FRUS), 1943, I, S. 759 f.

Vertretern jener Schichten des italienischen Volkes, die immer gegen den Faschismus aufgetreten sind, demokratischer gestaltet wird«. Ferner müßten »alle vom faschistischen Regime gebildeten Institutionen und Organisationen« beseitigt und alle faschistischen und profaschistischen Elemente aus der Verwaltung sowie aus Institutionen und Einrichtungen öffentlichen Charakters entfernt werden[23].

Sollte Badoglio die Entwicklung nicht ganz aus den Händen gleiten und wollte er sein noch immer von der faschistischen Vergangenheit getrübtes Image verbessern, so mußte er auf seiner Flucht nach vorne an Tempo zulegen und weitere säuberungspolitische Initiativen ergreifen. Die wichtigste davon war am 28. Dezember 1943 der Erlaß eines ersten umfassenden *epurazione*-Gesetzes, das ausschließlich auf die Personalsäuberung im öffentlichen Dienst zielte[24]. »Dieses Gesetz betrifft«, hieß es dazu in einem Bericht des amerikanischen Geheimdienstes, »die Amtsenthebung von Personen, die unter folgende Kategorien fallen: a) Führende Faschisten (...), b) alle Alten Kämpfer (einschließlich Squadristen, Beteiligte am Marsch auf Rom etc.) und c) Faschisten, die die persönlichen Freiheitsrechte außer Kraft gesetzt haben«[25]. Die individuelle Untersuchung der Belasteten oblag im Falle der leitenden staatlichen Beamten dem Ministerrat, im Falle der niederen staatlichen Beamten den einzelnen Ministerien und im Falle von Angehörigen der regionalen und kommunalen Verwaltungen einer »Commissione provinciale«, an deren Spitze der Präfekt stand; weiter gehörten ihr zwei Richter, ein dekorierter Kriegsversehrter mit einwandfreiem Leumund und ein politisch Verfolgter an. Diese justizähnlichen Organe hatten das Recht, Ermittlungen anzustellen, Zeugen

[23] Anlage 4 zum Geheimprotokoll der Moskauer Konferenz, 19.–30. Oktober 1943, zit. nach: Die Sowjetunion auf internationalen Konferenzen während des Großen Vaterländischen Krieges 1941 bis 1945. Bd. 1: Die Moskauer Konferenz der Außenminister der UdSSR, der USA und Großbritanniens (19.–30. Oktober 1943). Moskau, Berlin 1988, S. 305f.

[24] Regio Decreto-Legge, 28. Dezember 1943, Nr. 29/B: Defascistizzazione delle amministrazioni dello Stato, degli Enti Locali e parastatali, degli Enti comunque sottoposti a vigilanza o tutela dello Stato e delle Aziende Private esercenti servizi pubblici o di interesse nazionale, in: Gazzetta Ufficiale del Regno d'Italia, Nr. 6/B, 29. Dezember 1943.

[25] OSS-Studie vom 17. März 1945: Treatment of former Fascists by the Italian Government. An analysis of the process of defascistization in Italy from July 1943 to March 1945. In: NA, RG 226, R+A No. 2688; abgedruckt in: Vierteljahrshefte für Zeitgeschichte 38 (1990), S. 156–190. Das Dokument ist dort mit einer kurzen Einleitung des Autors versehen.

unter Eid zu vernehmen und Einsicht in Verwaltungs- und Gerichtsakten zu verlangen. Ihre Urteilssprüche bildeten die Grundlage für die Entscheidungen der zuständigen Verwaltungschefs über Verbleib oder Nicht-Verbleib im Amt. Nichts zu befürchten hatten neben den vielen kleinen Parteigenossen u. a. auch ranghohe Faschisten, die sich politisch nicht hervorgetan hatten, sowie Squadristen und Teilnehmer am Marsch auf Rom, die 1922 noch nicht 18 Jahre alt gewesen waren und danach nicht aktiv für die Partei gearbeitet hatten. Die wichtigste »Freistellung« betraf Faschisten, die sich »im Kampf gegen den deutschen Feind« hervorgetan hatten, und Parteimitglieder ohne faschistische Meriten, die wegen ihrer speziellen Fertigkeiten unentbehrlich erschienen.

Nach den Vorstellungen des Gesetzgebers sollte die *epurazione* in den unter italienischer Verwaltung stehenden Gebieten – das hieß im Dezember 1943 in den vier Provinzen des Königreichs des Südens – schon drei Monate nach dem Erlaß der Direktive abgeschlossen sein, in den übrigen noch unter alliierter Kuratel stehenden Regionen drei Monate nach ihrem offiziellen »Wiederanschluß«. Ähnlich optimistisch über die Dauer der Säuberung war man 1945/46 im besetzten Deutschland, als man sich dort die Köpfe über die ersten Säuberungsgesetze zerbrach und wenigstens partiell zu vergleichbaren Regelungen fand. Hier wie dort sollten die führenden Repräsentanten des überwundenen Systems – ganz gleich, ob sie sich im Sinne des Strafgesetzbuches schuldig gemacht hatten oder nicht – ihre Stellungen im öffentlichen Leben verlieren, und in beiden Ländern setzte sich die Auffassung durch, daß die eigentliche Ratio der Säuberung weder rein rechtlicher, noch rein politischer Natur war. Die Konsequenz daraus waren hier wie dort justizähnliche Verfahren mit politischer Stoßrichtung, in denen geklärt werden sollte, wer für den Neuaufbau von Staat und Gesellschaft in Frage kam und wer nicht.

Damit sind die Gemeinsamkeiten zwischen dem Gesetz vom 28. Dezember 1943 und den Säuberungsbestimmungen im besetzten Deutschland, namentlich dem Befreiungsgesetz der US-Zone[26], das Vorbild für die Westzonen war, auch schon erschöpft. Im weiteren Vergleich springen vor allem drei gravierende Unterschiede und – nebenbei bemerkt – die Tatsache ins Auge, daß man weder in Italien noch im besetzten West-

---

[26] Vgl. dazu den Beitrag von Klaus-Dietmar Henke in diesem Band.

deutschland gesetzliche Regelungen finden konnte, die den beiden Grunderfordernissen der politischen Säuberung, Gerechtigkeit und Praktikabilität, gleichermaßen Genüge getan hätten. Die Belasteten verloren in Westdeutschland, anders als in Italien, automatisch und nicht erst nach langwierigen Ermittlungen und Verfahren ihre Stellungen im öffentlichen Leben; in den meisten Fällen stand die Entlassung also in Deutschland nicht am Ende, sondern schon am Beginn des Verfahrens. Konnte man darin noch einen gewissen Vorzug der deutschen Regelungen erblicken, so wurde er dadurch wieder aufgehoben, daß in Deutschland auch die große Masse der kleinen Mitläufer ein Säuberungsverfahren hinter sich bringen mußte; diese unsinnige, von den Amerikanern verfügte Ausweitung des Kreises der Betroffenen ruinierte einerseits das öffentliche Ansehen der deutschen Spruchkammern und lenkte sie andererseits von ihrer Hauptaufgabe, der Bestrafung von Schuldigen, ab. Wo man in Deutschland entschieden zu viel tat, tat man in Italien entschieden zu wenig. Der dritte Unterschied schließlich bezieht sich auf die öffentliche Kontrolle der justizähnlichen Verfahren. Während man im besetzten Deutschland die politischen Parteien maßgeblich an den Spruchkammern beteiligte, ja sie – so könnte man zugespitzt sagen – zu Herren des Verfahrens bestimmte, legte man in Italien die *epurazione* fatalerweise in die Hände der Organe, die es zu säubern galt, nämlich der Verwaltung selbst. Dies war denn auch die eigentliche Schwachstelle des Säuberungsgesetzes vom 28. Dezember 1943.

Großen politischen Nutzen vermochte Badoglio aus seiner Flucht nach vorne nicht zu ziehen, denn das Gesetz vom 28. Dezember 1943 war nicht nur kein Paukenschlag, sondern ein glatter Fehlschlag. In manchen Behörden traf die ›Gazzetta Ufficiale‹, die für die Verbreitung des Gesetzestextes zu sorgen hatte, erst nach Monaten ein, in anderen überhaupt nicht. Einige Bestimmungen waren so mißverständlich formuliert, daß bald eine Flut von Nachfragen über die Regierungszentrale hereinbrach; wieder andere ließen sich schlechterdings nicht anwenden, weil der Gesetzgeber einfachste Grundregeln der Verwaltungskunst mißachtet hatte. Vieles roch aber auch nach blanker Obstruktion der Beamtenschaft, die sich gegen Eingriffe von außen energisch zur Wehr setzte[27]. Im Grunde – und der

---

[27] Vgl. dazu Ministero delle Comunicazioni an Presidenza del Consiglio dei Ministri (PCM), 12. Januar 1944; Außenministerium an PCM, 23. Januar 1944; Land- und

Erlaß des Gesetzes vermochte darüber nicht hinwegzutäuschen – fehlte der politische Wille zur Säuberung, das war das Entscheidende. Badoglios Konzept, zum Neuen hinüberzuleiten, ohne das Alte zu zerstören, glich der Quadratur des Kreises und mußte scheitern.

So machte Badoglio immer neue kleine Zugeständnisse an den Antifaschismus, die aber – wegen ihres halbherzigen Charakters – an der Grundrichtung seiner Politik nichts änderten. Dazu gehörte im Frühjahr 1944 die Berufung zunächst des Sozialisten Tito Zaniboni, der in den zwanziger Jahren ein Attentat auf Mussolini verübt hatte, dann des früheren Außenministers Carlo Sforza in das neu geschaffene Amt eines Hochkommissars für die *epurazione nazionale dal fascismo*[28], der sich vor allem um die bis dahin vernachlässigt gebliebene justitielle Ahndung faschistischer Verbrechen kümmern sollte. Damit existierte zwar eine eigene Institution zur Strafverfolgung, ihre rechtlichen Kompetenzen aber waren so unklar, ihre personelle und materielle Ausstattung war so unzureichend und ihr Stellenwert in der Regierung so gering, daß von ihr zunächst kaum etwas zu erwarten war. Wieder einmal handelte es sich also um einen ganz von den Erfordernissen propagandistischer Verwertbarkeit diktierten Schachzug, der Großes verhieß, nach Lage der Dinge aber nur Kleines hervorbringen konnte.

Den größten Rückhalt fanden die italienischen Säuberungsprotagonisten bei den Alliierten. Die Militärregierung ließ keine Gelegenheit verstreichen, die Versäumnisse der italienischen Regierung zu kritisieren und sie zu entschlossenerem Handeln aufzufordern. Auch die Säuberungserfolge, die die Militärregierung nach den ersten, noch recht unsicheren Schritten in Sizilien, Kalabrien und Apulien erzielte, wirkten wie eine ständige Mahnung an die italienische Regierung, endlich ernst zu machen. Das Säuberungsverfahren, das die Militärregierung dabei schließlich 1944 entwickelte, zeichnete sich durch ein erstaunli-

Forstwirtschaftsministerium an PCM, 8. Januar 1944. In: ACS, PCM, Gabinetto 1944–1947, 1/7 10124, sottofasc. 22–23; vgl. die Stellungnahme von Noël Mason MacFarlane vor dem Acvisory Council for Italy am 19. Mai 1944. In: NA, RG 331, Chief Commissioner, 10000/136/228.

[28] Vgl. Lamberto Mercuri, L'Epurazione in Italia 1943–1948. Cuneo 1988, S. 34 und 36, und die etwas irreführenden Angaben von Marcello Flores, L'epurazione. In: L'Italia dalla liberazione alla repubblica. Atti del Convegno internazionale organizzato a Firenze il 26–28 marzo 1976 con il concorso della Regione Toscana. Mailand 1977, S. 414.

ches Maß an Pragmatismus aus und unterschied sich von der später im besetzten Deutschland (namentlich in der amerikanischen Besatzungszone) ins Werk gesetzten Hauruckmethode vor allem in dreierlei Hinsicht: Das italienische Modell vermied die heillose Überdehnung der pauschalen Belastungskategorien, deren Erfüllung automatisch die Entlassung aus dem öffentlichen Dienst nach sich zog. Ihm lag außerdem – anders als in Deutschland – die Einsicht zugrunde, daß die *epurazione* vor allem eine Sache der Italiener selbst war; die alliierte Militärregierung drängte und ermunterte, griff aber nur dort direkt ein, wo Eile geboten war oder wo die italienische Regierung sich außerstande zeigte, ihren Direktiven Geltung zu verschaffen. Und schließlich stand das alliierte Säuberungsverfahren – angesichts der »good boy«- und »Gangster«-Theorie über den Faschismus wenig verwunderlich – mehr im Zeichen einer gewissen Unschuldsvermutung, während im besetzten Deutschland verständlicherweise eher das Gegenteil galt[29].

Ziel der Alliierten sei es, so hieß es in der maßgebenden Direktive, die für die Tage unmittelbar nach dem Einmarsch in eine Region galt, »das Land – während wir durchziehen – von den wichtigsten Faschisten und von denjenigen zu befreien, die von der republikanischen Regierung [von Salò] in ihre Ämter gebracht worden sind«[30]. Die alliierten Offiziere waren dabei gehalten, schnell zu handeln und keinen großen administrativen Aufwand, wie etwa Ausgabe und Prüfung von Fragebogen, zu treiben. Die ersten Maßnahmen sollten sich ausschließlich auf gefährliche Faschisten und Spitzenfunktionäre beziehen. »Wholesale sacking of officials« sei zu vermeiden, weil man damit nur ein Chaos in der Verwaltung riskiere[31].

Nach dieser »somewhat rough and ready operation«[32] sollte auch in den noch von den Alliierten verwalteten Regionen in

---

[29] Zur Säuberungspraxis der Alliierten 1943/44 vgl. u. a. Coles u. Weinberg, Civil Affairs, S. 373, 383; AMGOT, HQ. Sicily, Monatsbericht für September 1943. In: NA, RG 331, Adjutant, box 28, 10000/101/501; HQ. Allied Military Government, Monatsberichte für Oktober, November, Dezember 1943, ebenda; Educational Division, Tätigkeitsbericht für September 1943–Februar 1944, ebenda, Chief Commissioner, box 33. Vgl. auch HQ., Allied Commission, Civil Affairs Section, 27. November 1944: Defascism, ebenda, Civil Affairs, box 19, 10000/105/906.
[30] HQ., Allied Control Commission, Executive Memorandum, Nr. 67, 5. Juli 1944. In: NA, RG 331, Civil Affairs, box 19, 10000/105/906.
[31] HQ., Allied Commission, Civil Affairs Section, 27. November 1944: Defascism, ebenda.
[32] Ellery W. Stone an Bonomi, 16. November 1944, ebenda.

Frontnähe das italienische Säuberungsverfahren etabliert werden. Das gelang freilich nur in den seltensten Fällen, weil die Autorität der italienischen Regierung 1944/45 kaum über die Stadtmauern Roms hinausreichte. Die Alliierten sahen sich deshalb gezwungen, weiter selbst tätig zu bleiben; es dürfe kein säuberungspolitisches Vakuum entstehen, so lautete die Begründung, da sonst antifaschistische Gruppen, die auf eine Abrechnung brannten, die Sache in die Hand nähmen[33]. Die daraufhin im Herbst 1944 erlassene General Order Nr. 35 kann als Pendant zu einer grundlegenden amerikanischen Säuberungsdirektive bezeichnet werden, die etwa neun Monate später, am 7. Juli 1945, in der amerikanischen Besatzungszone Deutschlands in Kraft gesetzt wurde. Wie diese kam sie nach einer gewissen *trial and error*-Phase zur Anwendung; wie diese bezog sie sich vor allem auf den öffentlichen Dienst, und wie diese bildete sie gleichsam das Vorspiel für Säuberungsregelungen, die dann von den Besetzten selbst getroffen wurden. Im Unterschied zur amerikanischen Juli-Direktive, die im besetzten Deutschland zu einer verheerenden Entlassungswelle von Beamten und Angestellten führte, kannte die General Order Nr. 35 aber keine automatischen Entlassungsgründe und sah außerdem von vornherein die Mitwirkung von Regimegegnern vor. Jeder Fall sollte einzeln geprüft werden – auf der Grundlage eines Fragebogens mit zwölf Fragen und von italienischen Säuberungskommissionen, die am besten zu beurteilen vermochten, wer weiterhin im öffentlichen Leben geduldet werden konnte. Dabei sollte strengstens darauf geachtet werden, daß die Säuberungsverfahren von keiner Seite zu einer »vindictive or unfair action« mißbraucht würden. Behutsamkeit, so hieß es in einer internen Anweisung, sei vor allem dort geboten, wo alliierte Interessen berührt waren oder die Funktionstüchtigkeit der italienischen Verwaltung gefährdet zu werden drohte[34].

In solchen Fällen zögerten die Alliierten tatsächlich nicht, sich über ihre eigenen Vorsätze hinwegzusetzen, und sie scheuten sich auch nicht, wichtigen Garanten der staatlichen Kontinuität wie den Mitgliedern des Königshauses oder des Generalstabes ein Verfahren zu ersparen, das nur in einem Scherbenge-

---

[33] Vgl. Aufzeichnung über eine Besprechung zwischen Sforza und Col. Gerald Upjohn, 30. September 1944, ebenda, 10000/105/819.

[34] HQ., Allied Commission, 28. November 1944. Epuration in Occupied Territory, ebenda, Civil Affairs, box 19, 10000/105/906; General Order, Nr. 35: Order as to the suspension of Fascist officials and employees, ebenda.

richt über die italienische Führung enden konnte, von welchem der deutsche Feind profitiert hätte[35]. Die Alliierten schufen damit gleichsam einen den italienischen *epurazione*-Beauftragten unzugänglichen Tabubereich, dessen bloße Existenz die Glaubwürdigkeit des Säuberungsverfahrens beeinträchtigte. Denn was war davon zu halten, wenn die italienischen Hochkommissare aus Gründen der von den Alliierten definierten Staatsräson die diskreditierten Spitzen des Staates unangetastet lassen mußten, zugleich aber die Entlassung untergeordneter Funktionäre und Beamter betreiben sollten?

Aus dieser Lässigkeit im Umgang mit den eigenen Säuberungsgrundsätzen wird in dem wenigen, was die italienische Forschung bisher zur Aufhellung der Geschichte der *epurazione* getan hat, fast durchgängig der Schluß gezogen, die Alliierten hätten die politische Säuberung gehemmt, ohne alliierte Vorbehalte wäre mehr erreicht worden. Geht man den Dingen auf den Grund, erweisen sich solche Urteile als weit überzogen. Den wenigen alliierten Schutzinterventionen steht nämlich eine Vielzahl von säuberungspolitischen Aktivitäten gegenüber, die die Alliierten als Antreiber, nicht als Bremser zeigen. Die Zahl der Entlassungen war im alliierten Machtbereich ungleich höher als im italienischen; Tausende und aber Tausende wanderten darüber hinaus in schnell improvisierte Lager und Gefängnisse, und ohne ständigen alliierten Druck wäre die italienische Regierung anfangs bei der *epurazione* gewiß noch viel zurückhaltender gewesen. Nur so ist es auch zu erklären, daß die (im Sommer und Herbst 1944 von der italienischen Regierung dann doch intensivierte) Abrechnung mit dem Faschismus Stetigkeit und Dynamik verlor, als die Alliierten ab Herbst 1944 im Rahmen eines »New Deal« für Italien die Besatzungsherrschaft lockerten und sich aus der politischen Säuberung langsam zurückzogen. Italien geriet zu diesem Zeitpunkt gewissermaßen in den toten Winkel alliierter Aufmerksamkeit; aller Reform-, Umerziehungs- und Säuberungseifer richtete sich nun auf Deutschland.

Ganz anderen inneren Gesetzen als die *epurazione* im Königreich des Südens und die Säuberung im alliierten Besatzungsgebiet folgte übrigens die dritte Variante der Abrechnung mit dem

[35] Vgl. Zangrandi, 1943, S. 861–867, und Vanna Vailati, 1943–1944. La Storia Nascosta. Documenti inglesi segreti che non sono mai stati pubblicati. Turin 1986, S. 412 bis 417.

Faschismus in Italien, nämlich der Versuch der faschistischen Regierung von Salò, den von Hitler-Deutschland wiedererweckten Faschismus durch exemplarische Bestrafung von »Verrätern« und Ersetzung von ideologisch Wankelmütigen, Defätisten und Zauderern durch dynamische Fanatiker zu kräftigen. Der Gedanke, ein Strafgericht zu halten unter denen, die ihn am 25. Juli 1943 »verraten« oder sich sang- und klanglos aus dem Staub gemacht hatten, war Mussolini vor allem von seinem deutschen Bündnispartner Hitler nahegebracht worden, der in der unnachsichtigen Vergeltung eine Grundvoraussetzung für einen erfolgreichen Wiederaufbau des Faschismus erblickte. Der Duce selbst zögerte zunächst noch, und zwar nicht, weil er die dazu nötige Portion brutaler Rohheit nicht besessen hätte, sondern weil er sich noch nicht klar geworden war über die Konturen des neuen faschistischen Regimes und die innenpolitischen Bündnisse, auf denen es basieren sollte. Schließlich überzeugte er sich aber von der Notwendigkeit, daß wer A (zum Neuaufbau an der Seite Deutschlands) sagte, auch B (zur Vergeltung) sagen mußte. Er war es seinem Mythos schuldig, die Verantwortlichen für seinen Sturz namhaft zu machen, seine deutschen Waffenbrüder bestanden darauf, und der radikale Flügel des Faschismus, dem der neue Staat von Salò das bißchen Dynamik, das ihn trug, vor allem verdankte, dürstete ebenfalls nach Rache.

Die faschistische Selbstreinigung begann im Herbst 1943 mit der Entlassung aller Präfekten, die sich am 25. Juli mit den neuen Verhältnissen arrangiert hatten oder ihr Amt der Regierung Badoglio verdankten, und gipfelte im Januar 1944 in dem pompös inszenierten, jeder rechtlichen Grundlage entbehrenden Prozeß gegen die Hauptverschwörer des 25. Juli, in dem fünf alte Weggefährten Mussolinis (darunter sein Schwiegersohn Galeazzo Ciano), die sich im Großrat gegen ihn gestellt hatten, zum Tode verurteilt und hingerichtet wurden. Nach dieser prozessualen Farce flaute das Interesse an einer Abrechnung rasch ab. Bis auf die Provinzebene drangen die Vergeltungsaktionen überhaupt nicht durch; die Sondertribunale, die in allen Provinzen gebildet werden sollten, leiteten zwar da und dort Ermittlungen ein, lösten sich dann aber – ohne tätig geworden zu sein – wieder auf; vielfach hatten sie überhaupt nur auf dem Papier existiert. Schon im Sommer 1944 war die Abrechnung in administrativem Klein-Klein versackt, größere Aufmerksamkeit erregte lediglich noch das groß angekündigte Verfahren gegen die Spitzen der Streitkräfte, die – so lautete die Anklage – durch die Kapitulation am 8. September 1943 die Ehre Italiens befleckt hatten; vier Admiräle wurden dabei zum Tode verurteilt, zwei Urteile sogar vollstreckt[36]. Letztlich bewirkte die Abrechnung des Faschismus mit einem Teil seiner selbst wohl das genaue Gegenteil dessen, was angestrebt wurde: Sie reduzierte den Kreis der faschistischen Aktivisten, schadete durch ihre unnachsichtige Härte gegen Ciano dem Ansehen Mussolinis in der breiten Öffentlichkeit und beschleunigte so den Untergang des Faschismus eher, als daß sie ihn aufhalten konnte.

III.

Nach den langen Monaten des Dualismus zwischen Antifaschismus und monarchischem Staat bahnte sich im Juni 1944 mit der Befreiung Roms, dem Rückzug des politisch untragbar gewordenen Königs in das Privatleben und der Ablösung Badoglios durch den Ministerpräsidenten der vorfaschistischen Zeit, Ivanoe Bonomi, eine Tendenzwende an[37]. Den Kurs der Regierung bestimmten nun nicht mehr die konservativen Kräfte, die das Land von Mussolini befreit hatten und deshalb dagegen gefeit waren, die ersten Opfer der Säuberung zu werden. Tempo und Richtung der Politik gaben jetzt die im Allparteienpakt der Resistenza vertretenen Parteien an, die trotz fortbestehender Meinungsverschiedenheiten die Regierung bildeten und sich auf ein Aktionsprogramm einigten, das die Bezeichnung »antifaschistisch« verdiente. Nichts zeigte deutlicher, daß die Beharrungskräfte in das Hintertreffen geraten waren, als der Erlaß eines neuen Abrechnungsgesetzes am 27. Juli 1944[38], das den

[36] Vgl. Bericht über die Exekution des Grafen Ciano und Genossen, 11. Januar 1944. In: Akten zur deutschen auswärtigen Politik, 1918–1945. Serie E: 1941–1945, Band VII, 1. Oktober 1943 bis 30. April 1944. Göttingen 1979, S. 329f.; vgl. auch Giuseppe Bottai, Diario 1944–1948. Mailand 1988, und Ermanno Amicucci, I 600 giorni di Mussolini. Rom 1948, S. 93.

[37] Zum Regierungswechsel im Juni 1944 vgl. FRUS, 1944, III, S. 1122–1130.

[38] Decreto Legislativo Luogotenenziale, 27. Juli 1944, Nr. 159: Sanzioni contro il fascismo. In: Gazzetta Ufficiale del Regno d'Italia, Nr. 41, 29. Juli 1944, Serie Speciale. Das Gesetz vom 27. Juli 1944 knüpft in wesentlichen Teilen an Bestimmungen an, die sich bereits in einer wichtigen Säuberungsdirektive vom 26. Mai 1944 finden. Das Mai-Gesetz war noch von der Regierung Badoglio erlassen worden, allerdings von der zweiten Regierung Badoglio, der bereits führende Vertreter des Antifaschismus angehörten. Es wird hier nur deshalb nicht in den Mittelpunkt der Betrachtung gerückt,

Willen zur radikalen Säuberung im öffentlichen Dienst und die Entschlossenheit zur Ahndung faschistischer Verbrechen bekundete. Ein Jahr nach dem Sturz des Duce fiel damit auch der offizielle staatliche Trennungsstrich gegenüber der faschistischen Vergangenheit so dick aus wie der, den die überwiegende Mehrheit der Gesellschaft für sich längst gezogen hatte.

Das Gesetz sah härteste Strafen für die Mitglieder der faschistischen Regierung und andere führende Parteifunktionäre vor, hielt aber im wesentlichen an dem Rechtsgrundsatz »nulla poena sine lege« fest, weil – so Sforza – der Faschismus ein Verbrecherregime gewesen und es deshalb ausreichend sei, die faschistische Prominenz im Rahmen der geltenden Gesetze zu bestrafen[39]. Diejenigen, die »beschuldigt werden, die Verfassung außer Kraft gesetzt, die Grundrechte der Menschen zerstört, das faschistische Regime errichtet, das Schicksal des Vaterlandes gefährdet und verraten und es in die augenblickliche Katastrophe gestürzt zu haben«, so heißt es in dem Gesetz, »werden mit lebenslanger Haft, in besonders schweren Fällen mit dem Tod bestraft.« Zu ihrer Aburteilung wurde mit Genehmigung der Alliierten eigens eine »Alta Corte di Giustizia« eingerichtet, die eine ähnliche Funktion erfüllte wie der Internationale Militärgerichtshof in Nürnberg. Zur Verantwortung zu ziehen waren darüber hinaus Rädelsführer von gewalttätigen Squadristenkommandos, die Urheber des Marsches auf Rom, die Drahtzieher des Staatsstreiches vom 3. Januar 1925 und alle, die durch »relevante Taten« dazu beigetragen hatten, das Regime am Leben zu erhalten. Diese Gruppen sollten sich vor Schwurgerichten mit einem beträchtlichen Anteil von politisch einwandfreien Laienrichtern verantworten.

Die neue Direktive zog außerdem in den Bestimmungen über die Personalsäuberung im öffentlichen Dienst den Kreis der Betroffenen ungleich weiter als das von Badoglio inspirierte Dezember-Gesetz. Nun sollten nicht mehr nur alle Squadristen, Alte Kämpfer und hohen Funktionäre überprüft werden, unter das neue Gesetz fiel auch das riesige Heer der Beamten

weil es – angesichts der historischen Großereignisse im Juni 1944 wie der Befreiung Roms, dem Rückzug des Königs und der Bildung einer antifaschistischen Regierung – in der Praxis eigentlich folgenlos blieb. Vgl. Regio Decreto-Legge, 26. Mai 1944, Nr. 134: Punizione dei delitti e degli illeciti del fascismo. In: Gazzetta Ufficiale del Regno d'Italia, Nr. 32, 31. Mai 1944, Serie Speciale.

[39] Undatierte Zusammenfassung einer Erklärung von Sforza. In: ACS, Alto Commissariato per le sanzioni contro il fascismo, Titolo I, Nr. 4.

und Angestellten, die mit der neofaschistischen Regierung von Salò nach Norden gezogen waren (und zwar ganz gleich, ob sie dem Ruf Mussolinis aus innerer Überzeugung, aus schierer wirtschaftlicher Notwendigkeit oder unter Zwang gefolgt waren) und die Gruppe derer, die sich durch ihr Verhalten im Faschismus diskreditiert hatten und somit »unwürdig« erschienen, dem Vaterland weiter zu dienen – also auch der kleine Amtsdiener, der sein Amt der Fürsprache der Partei verdankte, der Hausmeister, der den Faschisten herausgekehrt hatte, und der Sekretär, der bei Umzügen in der ersten Reihe marschiert war. Sie alle, Schwerbelastete und harmlose Mitläufer gleichermaßen, hatten sich einem Säuberungsverfahren zu stellen: die Beschäftigten der Ministerien und Zentralverwaltungen vor einer vom Behördenchef gebildeten Kommission, die aus einem Richter, einem hochrangigen Angehörigen der Behörde und einem Delegierten des Hochkommissariats bestand, die Beschäftigten der regionalen und kommunalen Verwaltungen vor von den Präfekten nominierten Kommissionen, denen ein Richter, ein Angestellter der Präfektur und ein politischer Vertrauter des Hochkommissars angehörten. Ferner sah die Juli-Direktive im Falle von faschistischen Verbrechen die Aufhebung der üblichen Verjährungsfristen, die Annullierung von faschistischen Amnestien und Strafnachlässen und die Revision von politisch motivierten Urteilen vor, seien es Freisprüche oder offenkundig nicht angemessene Strafen für belastete Faschisten.

Schließlich regelte das Gesetz auch die Kompetenzen des Hochkommissariats neu. Dieses war nun nicht mehr allein für die Strafverfolgung von faschistischen Verbrechen verantwortlich, in seine Zuständigkeit fiel auch das Recht zur Beschlagnahme von Besitz, der auf politisch anstößige Weise erworben worden war, die Requisition und Verwaltung des immensen Parteivermögens und nicht zuletzt die Säuberung des öffentlichen Dienstes. Die Kompetenz- und Machtfülle des Hochkommissars war also ungleich größer als zuvor, und zwar nicht zuletzt deshalb, weil ihm die Juli-Direktive auch das Recht einräumte, direkt auf die Arbeit der Säuberungskommissionen in den Zentralverwaltungen und in den Provinzen einzuwirken. Erstmals war damit die Säuberung nicht mehr die alleinige Sache der Behörden, die gesäubert werden sollten; die Mitwirkung des Hochkommissariats gewährleistete wenigstens ein gewisses Maß an öffentlich-politischer Kontrolle und brachte das gesamte Verfahren aus dem Netzwerk bürokratischer Klientelsbindungen heraus, das es bis dahin umgeben hatte[40]. Die eigentliche Schwachstelle des *epurazione*-Gesetzes vom 28. Dezember 1943 war so beseitigt, zugleich war aber durch die Überdehnung der Belastungskategorien eine neue, nicht weniger schwerwiegende geschaffen worden.

Gleichwohl begann im Juli 1944 ein neuer Abschnitt in der Geschichte der *epurazione*. Er sah zwar ebenfalls noch so viele Versäumnisse und Obstruktionsversuche, daß sich daraus ohne Mühe eine »chronique scandaleuse« zusammenstellen ließe, die einmal mehr zeigte, wie resistent die italienische Gesellschaft gegen säuberungspolitische Eingriffe war: Die *epurazione*-Kommissionen konnten ihre Arbeit häufig erst nach erheblichen Verzögerungen beginnen; fast überall mangelte es an unbelasteten Richtern, die die Kommissionen hätten leiten können; nicht selten hatte der Hochkommissar größte Mühe, geeignete Antifaschisten zu finden, die er als Vertraute in die Kommissionen entsenden konnte. Außerdem fehlte es an Tagungsräumen oder an Geld, um Räume zu mieten. Lähmend wirkte auch die hohe Fluktuation im Säuberungsapparat; ungezählte Male zogen sich schon ernannte Richter wieder zurück, gaben Laienrichter auf oder mußten Kommissionen aufgelöst werden, weil Faschisten dort mitgewirkt hatten, weil sie das Säuberungsgesetz falsch ausgelegt hatten oder weil sie einfach nichts finden wollten. Typisch für die Schwierigkeiten beim Aufbau des Apparates war das Trauerspiel der Säuberungskommission für die Universitäten. Der als Leiter vorgesehene Richter war zunächst einen Monat lang überhaupt nicht zu finden; als man ihn endlich gefunden hatte, lehnte er ab. Der zweite Kandidat, allem Anschein nach an der Aufgabe nicht interessiert, ihr vielleicht auch nicht gewachsen, übernahm schließlich den Vorsitz, legte ihn aber kurz darauf wieder nieder. Nach einer längeren Pause begann er die Arbeit erneut, um sie gleich wieder einzustellen[41].

Im Unterschied zur Ära Badoglio erschöpfte sich die politische Säuberung nun aber nicht mehr in Untätigkeit oder in halbherzigen Zugeständnissen an antifaschistische Zeitbedürfnisse. Sforza und seine beiden wichtigsten Mitarbeiter Mario Berlinguer von der kämpferischen Aktionspartei und Mauro

---

[40] Wie Anm. 38.
[41] Vgl. Ministero della Pubblica Istruzione an Sforza, 27. September 1944. In: ACS, Alto Commissariato per le sanzioni contro il fascismo, Titolo III, Nr. 0–2.

Scoccimarro, nach Palmiro Togliatti der zweite Mann der kommunistischen Partei, setzten ihren ganzen Ehrgeiz daran, das bis dahin weitgehend ineffiziente Hochkommissariat in ein wirkungsvolles Abrechnungsinstrument zu verwandeln. In der zweiten Jahreshälfte 1944 bauten sie trotz aller Schwierigkeiten immerhin etwa 160 funktionsfähige *epurazione*-Kommissionen auf, die Tausende von Fällen prüften und Hunderte von Entlassungen erwirkten; in rund 3000 Fällen kam es gar nicht erst zu einem Verfahren, weil die Betroffenen von sich aus die Konsequenzen zogen oder aus anderen Gründen ausschieden. Auch die Bilanz bei der Strafverfolgung von belasteten Faschisten konnte sich sehen lassen. Das Hochkommissariat untersuchte bis Ende 1944 über 3000 Fälle und übergab mehr als ein Drittel davon den zuständigen Gerichten. Außerdem durchleuchteten Sforza und seine Mitstreiter die düstersten Aspekte der faschistischen Rechtsprechung und erklärten die skandalös milden Urteile gegen diejenigen Faschisten für »inexistent«, die in den zwanziger und dreißiger Jahren beherzte Regimegegner wie etwa Giacomo Matteotti, Giovanni Amendola und Don Minzoni ermordet hatten. Und schließlich gelang es ihnen in weit über 200 Fällen auch, faschistische Amnestien zu widerrufen, die regimetreuen Verbrechern zugutegekommen waren[42].

Mit größtem Nachdruck kümmerte sich das Hochkommissariat um die Säuberung der höheren Beamtenschaft. Diese Gruppen, so Sforza zu einem alliierten Offizier, sollten besonders gründlich überprüft werden, weil sie so lange unter faschistischer Kontrolle gearbeitet hatten, »daß sie praktisch alle Dinge unweigerlich nur von dem einzigen Standpunkt aus, den sie kennen (...), betrachten, nämlich vom faschistischen«[43]. Das etwas schwerfällige Verfahren gemäß Gesetz vom 27. Juli schien dafür keine ausreichende Gewähr zu bieten, und so schuf man eine Art von Ausnahmegesetz für Ministerialbeamte, das der Regierung das Recht gab, sämtliche höheren Beamten vor Abschluß des Säuberungsverfahrens in den Ruhestand zu versetzen. Allem Anschein nach machte die Regierung davon auch großzügig Gebrauch, denn schon im Januar 1945 konnte Ministerpräsident Bonomi im Kabinett verkünden: Die vorliegen-

---

[42] Vgl. Sforza an Bonomi, 5. Januar 1945. In: ACS, PCM, Gab. 1944–1947, 1/7 10124, sottofasc. 0–4.6 Vgl. auch Abschlußbericht von Scoccimarro, 3. Januar 1945. In: NA, RG 331, Civil Affairs, box 19, 10000/105/889.

[43] Notiz über ein Gespräch zwischen Sforza und Upjohn, 16. September 1944. In: NA, RG 331, Civil Affairs, 10000/105/819.

den Daten berechtigten zu der »Behauptung, daß die höchsten Stellen der staatlichen Verwaltung nun fast ganz gereinigt sind und dort binnen kurzem (...) kein einziger Belasteter mehr zu finden sein wird«[44].

Ausdruck des neubelebten Säuberungswillens war auch die Errichtung der erwähnten Alta Corte di Giustizia, der die Aufgabe übertragen worden war, die Regimeprominenz zur Rechenschaft zu ziehen. Dieser rein italienische Gerichtshof nahm im September 1944 seine Tätigkeit auf und verurteilte bis zu seiner Quasi-Auflösung im Oktober 1945 in 16 großen Verfahren zahlreiche hochrangige Faschisten zu empfindlichen Haftstrafen (sechs von ihnen zu lebenslänglicher), vier sogar zum Tode: unter ihnen den Botschafter in Berlin, Filippo Anfuso, den brutalen Polizeichef von Rom, Pietro Caruso, und den berüchtigten Bandenführer Pietro Koch[45]. »Bei der Bewältigung dieser umfangreichen Arbeit«, so das Fazit der Alta Corte di Giustizia in ihrem vorläufigen Abschlußbericht vom 22. Oktober 1945, »hat die Alta Corte Gelegenheit gehabt, die vielfältigen Aktivitäten des faschistischen Regimes in ihren wichtigsten Erscheinungsformen zu durchleuchten und zu verurteilen, nämlich in der Außenpolitik (im Verfahren *Suvich-Jacomoni*); der Innenpolitik *(Federzoni)*; der Volksbildung und des Schulwesens *(Bottai)*; der Ausbeutung gewerkschaftlicher und korporativer Organisationen *(Biagi* und *Rossoni)*; der Vergeudung von öffentlichen Mitteln und der Gewinnsucht *(Benini)*; in der Vergiftung, dem Sittenverfall und der Zersetzung des Heeres *(Roatta, Emanuele, Pentimalli)*; in den verschiedenen Formen des militärischen Verrates *(Azzolini, Caruso, Koch, Scarpato)*; im politischen Verrat und in den verschiedenen Varianten von Apologie und Propaganda (Ezio Maria *Gray)*«[46].

---

[44] Protokoll der Kabinettssitzung vom 30. Januar 1945. In: ACS, Verbali del Consiglio dei Ministri, 30. Januar 1945; zur gesetzlichen Sonderregelung für die höhere Beamtenschaft vgl. den diesbezüglichen Schriftwechsel zwischen italienischen Stellen und der alliierten Militärregierung. In: NA, RG 331, Civil Affairs, 10000/105/848 und die Aufzeichnungen über Gespräche zwischen Scoccimarro und Upjohn vom 2. September, 4. September 1944 und 3. Januar 1945 sowie zwischen Sforza und Upjohn vom 16. September 1944, ebenda, 10000/105/819. Der Text der gesetzlichen Sonderregelung vom 11. Oktober 1944 findet sich in: Gazzetta Ufficiale del Regno d'Italia, Nr. 72, 24. Oktober 1944, Serie Speciale.

[45] Vgl. dazu den Bericht der Alta Corte vom 22. Oktober 1945. In: ACS, PCM, Gab. 1944–1947, 1/7 10124, sottofasc. 11.16. Die Alta Corte stellte im Oktober 1945 ihre Arbeit weitgehend ein; danach beschränkte sich ihre Tätigkeit auf die Säuberung der Senatoren.

[46] Ebenda.

Die Hoffnungen und Erwartungen großer Teile der antifaschistischen Öffentlichkeit, die Alta Corte könne zur wichtigsten Instanz der Abrechnung mit dem Faschismus werden, erfüllten sich dennoch nicht. Die alliierte Sicherheitsreserve, die
die Spitzen des monarchischen Staates schützte, hemmte natürlich auch den obersten Gerichtshof[47]. Außerdem mußte keiner
derjenigen, die über Jahre hin das Gesicht des Faschismus bestimmt hatten, vor seine Schranken treten: Giuseppe Bottai
diente mittlerweile in der französischen Fremdenlegion[48], Dino
Grandi saß im sicheren portugiesischen Exil[49], Galeazzo Ciano
war hingerichtet worden[50], Roberto Farinacci befehligte in der
Republik von Salò eine schwarze Brigade[51], und der von seinen
deutschen Verbündeten reinthronisierte Duce höhnte nur über
die Anklagen, die ihm der Gerichtshof in Rom entgegenschleu-
derte.

Solche und zahlreiche weitere Schwierigkeiten vergleichbarer
Art, die den Abrechnungsprozeß zunehmend belasteten[52], hätten sich vielleicht überwinden lassen, wären die Regierungspar-
teien weiter bereit gewesen, ihre partikularen Interessen den
Geboten antifaschistischer Eintracht unterzuordnen. Im Herbst
1944 aber war der Vorrat an Gemeinsamkeiten schon weitgehend aufgezehrt. »Ein auffallendes Kennzeichen der allgemeinen politischen Situation, das sich im Oktober herausgebildet
hat, ist«, so hieß es in einem Monatsbericht des Innenministeriums, der auf den in Rom eingegangenen Präfektenberichten
basierte, »die Schwächung des gemeinsamen Nenners Antifaschismus, der alle antifaschistischen Parteien verbunden (...)
und sie zu einer Übereinkunft über ein gemeinsames politisches
Aktionsprogramm veranlaßt hat.« An die Stelle der antifaschistischen Solidarität seien mittlerweile grimmige Auseinandersetzungen über die Programme der einzelnen Parteien und »insbesondere über die wichtigsten und brennendsten Probleme ge-

[47] Vgl. S. 165 f.

[48] Vgl. die Tagebücher von Bottai, Diario 1944–1948.

[49] Vgl. Dino Grandi, Il mio paese. Riccordi autobiografici. Bologna 1985, S. 657 f.

[50] Vgl. Frederick W. Deakin, Die brutale Freundschaft. Hitler, Mussolini und der
Untergang des italienischen Faschismus. Köln, Berlin 1964, S. 729 ff.

[51] Vgl. Simona Colarizi, La seconda guerra mondiale e la Repubblica. Turin 1984,
S. 260.

[52] Zu den Problemen, die bei der Säuberung auftauchten, vgl. etwa den Brief von
Sforza an Bonomi, 5. Januar 1945. In: ACS, PCM, Gab. 1944–1947, 1/7 10124, sotto-
fasc. 0–4.6, sowie den Abschlußbericht von Scoccimarro vom 3. Januar 1945. In: ACS,
Alto Commissariato per le sanzioni contro il fascismo, Titolo II, Nr. 1.

treten, d.h. über Fragen der Behandlung der ehemaligen Gefolgschaft des untergegangenen Regimes, der künftigen Staatsform und der sozialen Reformen, die die Arbeiter und die Bauern am meisten interessieren«[53].

Die letztlich doch ganz unterschiedlichen Ansichten über den Umgang mit der personellen Hinterlassenschaft des Faschismus traten also im Herbst 1944 offen zutage, und der daraus resultierende Dauerstreit zwischen den Parteien wirkte wie ein Katalysator für den Zerfall des Allparteienpaktes der Resistenza. Die Liberalen und große Teile der Democrazia Cristiana widersetzten sich immer entschiedener einem harten Vorgehen gegen die Millionen belasteter Faschisten, die als Wähler und Funktionäre unentbehrlich waren, wenn die Sache der bürgerlichen Parteien vorankommen sollte. Hinzu kam, daß viele führende Männer dieser Parteien nach 1922 weitgehend verschont geblieben waren; zeitweise hatten sie sogar mit dem Regime zusammengearbeitet, so daß es ihnen meist schwerfiel, wesentliche Elemente totalitärer Herrschaft, die es im Faschismus trotz aller Unterschiede zum ungleich radikaleren Nationalsozialismus ja auch gegeben hat, zu erkennen und entsprechend entschieden zu reagieren. Aufgrund ihrer eigenen Erfahrungen erblickten sie in den Faschisten vielfach nicht Feinde, sondern besiegte Gegner, die man – von Straftätern abgesehen – so nachsichtig zu behandeln suchte, wie man dies sonst nach »normalen« Regierungswechseln den Vertretern einer unterlegenen Partei gegenüber zu tun gewöhnt war. »Man muß, zunächst, einer Anwandlung widerstehen«, so meinte etwa Benedetto Croce, der Wortführer der liberalen Partei, »der viele ausgesetzt sind, der Verführung zur Rache. Denn die Rache ist notwendigerweise gleichermaßen böse und dumm und schädigt den, der sich dazu hinreißen läßt, mehr als den, der sie erleidet. Man muß sich auch vor dem Gefühl hüten, Gerechtigkeit üben zu wollen, indem man Vergehen gegen die Moral bestraft. Diese Aufgabe pflegte man früher Gott vorzubehalten (...), aber gewiß obliegt es nicht den Menschen, in diesen Belangen über die Menschen zu richten.«[54]

War nach den ersten Säuberungsmaßnahmen 1943/44 schon ein schwaches Zittern durch das bürgerliche Lager gelaufen, so verstärkte sich dieses zu einem Beben, als die *epurazione* nach

[53] Monatsbericht des Innenministeriums, Direzione Generale Pubblica Sicurezza, für Oktober 1944. In: ACS, Ministero dell'Interno, Gab. 1944–1946, busta 49, fasc. 3978.
[54] Benedetto Croce, Scritti e discorsi politici (1943–1947). Bd. 1, Bari 1973, S. 47.

der Tendenzwende im Sommer 1944 an Tempo und Stetigkeit gewann. Würde sie nicht immer weitere Kreise ziehen und von den Linkskräften nicht schließlich als Instrument revolutionärer Umgestaltung von Staat und Gesellschaft mißbraucht werden? Solche Befürchtungen fanden in der Realität tatsächlich manche Stützen – und zwar nicht nur in der hohen Quote der legalen Entlassungen in der Ministerialbürokratie und der ständigen Entlassungsdrohung, die den gesamten öffentlichen Dienst verunsicherte. Anlaß zur Besorgnis boten auch die Dominanz der Linksparteien im Säuberungsapparat, die dort – um das mindeste zu sagen – nicht immer mit großem Fingerspitzengefühl agierten, und die sich häufenden Meldungen über ungesetzliche Säuberungen und spontane Abrechnungen, denen schon 1944 Tausende von belasteten Faschisten und harmlosen Mitläufern zum Opfer fielen. Alarmierend waren ferner die zahlreichen Fälle von illegaler Landnahme vor allem in Süditalien, die ebenfalls mit Erfordernissen der politischen Säuberung begründet wurden. Entsetztes Kopfschütteln im bürgerlichen Lager ernteten schließlich die im Sommer und Herbst 1944 konkretere Formen gewinnenden Vorbereitungen der norditalienischen Resistenza für den Aufbau von Sondergerichten, die unmittelbar nach der Befreiung mit der Strafverfolgung belasteter Faschisten beginnen sollten. »Der Haß, der sich gegen die Faschisten angestaut hat«, so beschrieb im Herbst 1944 ein Richter die Situation in Piemont, »ist grenzenlos (...) Das Verlangen nach Gerechtigkeit hat sich in gereizte Vergeltungssucht verwandelt; von vielen Seiten propagiert man die heilige Notwendigkeit, kurzen Prozeß zu machen, was man – wenn schon nicht der Menge – wenigstens Volkstribunalen anvertrauen möchte.«[55]

Um diesem ungestümen »Verlangen nach Gerechtigkeit« entgegenzukommen und es zugleich in einigermaßen geordnete Bahnen zu lenken, hatte die oberitalienische Resistenza schon im August 1944 beschlossen, sofort nach der Befreiung in jeder Provinz »Schwurgerichte« genannte Volkstribunale einzurich-

---

[55] Domenico Peretti-Griva an den Minister für Grazia e Giustizia, 27. Oktober 1944; zit. nach Alessandro Galante Garrone, Documenti sull'organizzazione clandestina della giustizia. In: Il movimento di liberazione in Italia, Nr. 6, 1950, S. 23. Zu den Besetzungen von Grund und Boden vgl. Paolo Spriano, Storia del Partito comunista italiano. Bd. V: La Resistenza. Togliatti e il partito nuovo. Turin 1975, S. 494; Spriano (S. 431) zitiert auch einen Brief von De Gasperi an Sturzo, 12. November 1944, in welchem De Gasperi schreibt, er habe Angst vor einer »dittatura social-comunista«.

ten, die der Befriedigung des »revolutionären Volksempfindens« ein Mindestmaß an Rechtsförmigkeit verleihen sollten. Diese Volksgerichte der Resistenza hatten mit den traditionellen, heillos korrumpierten Organen der Justiz und deren Funktionsweise kaum etwas gemein; sie bildeten eine von der ordentlichen Rechtsprechung gänzlich unabhängige Gerichtsbarkeit. Der revolutionäre Bruch mit den traditionellen Regeln kam nicht nur in der Tatsache zum Ausdruck, daß die Etablierung und Zusammensetzung der neuen Gerichte allein Sache der örtlichen Befreiungskomitees war. Er äußerte sich auch in der Übertragung der Aufgaben der Staatsanwaltschaft auf von der Resistenza gebildete *commissioni di giustizia,* die zugleich als eine Art politische Polizei fungierten, und er fand seinen Niederschlag in der Bestimmung, daß eine Berufung gegen die Urteile der ersten Instanz nicht möglich war[56].

Gewiß, diese weitreichenden Pläne waren in den Reihen des Antifaschismus nicht unumstritten. Bürgerliche Kräfte und eine einflußreiche Gruppe von Juristen in Piemont, die dem dortigen Befreiungskomitee angehörte oder in engster Beziehung zu ihm stand, favorisierten den Gedanken, den traditionellen Schwurgerichten die Behandlung von Faschisten und Kollaborateuren zu übertragen, und ein dritter Flügel des Antifaschismus hätte einen Mittelweg vorgezogen. Ihm mißfiel die Absicht, in Gestalt der Volkstribunale eine neue Gerichtsbarkeit zu schaffen, ebenso wie die Vorstellung, die ordentliche Justiz mit der Abrechnung mit dem Faschismus zu befassen. Diesen Gruppen wäre es am liebsten gewesen, vorübergehend die Kriegsgerichte der Partisanenverbände mit der Ahndung faschistischer Verbrechen zu betrauen[57]. Definitiv entschieden war im Herbst 1944 noch nichts, aber es deutete sich zum Leidwesen breiter bürgerlicher Schichten doch schon an, daß letztlich die radikale Richtung des Antifaschismus die Oberhand gewinnen, daß in der Stunde der Befreiung die Stunde von Revolutionstribunalen schlagen würde.

Die kommunistische Partei, die wichtigste Kraft des Antifaschismus, hatte den Radikalismus der oberitalienischen Resi-

---

[56] Vgl. Gaetano Grassi (Hrsg.), »Verso il governo del popolo«. Atti e documenti del CLNAI 1943/1946. Mailand 1977, S. 157 ff.; Guido Neppi Modona (Hrsg.), Giustizia penale e guerra di liberazione. Mailand 1984, S. 16–19; Galante Garrone, Documenti sull'organizzazione clandestina della giustizia, S. 10–29.
[57] Vgl. Neppi Modona, Giustizia penale, S. 18.

stenza zunächst nach Kräften angeheizt. Typisch dafür waren etwa Togliattis hartherziger Kommentar zur Ermordnung des Philosophen Giovanni Gentile durch kommunistische Partisanen (»Wer die Zivilisation verrät und sich in den Dienst der Barbarei stellt, der muß mit dem Leben bezahlen.«[58]) und seine schroffe Erwiderung auf einige prominente Juristen, die auf die strikte Respektierung rechtsstaatlicher Gepflogenheiten auch im Rahmen der *epurazione* pochten. Das alles sei »juristischer Schwachsinn«, so der Führer der kommunistischen Partei in der süditalienischen Ausgabe des Parteiorgans ›L'Unità‹ vom 7. Mai 1944: »Die Säuberung, d.h. die Austilgung des Faschismus, wird entweder mit juristischen Methoden (im guten und richtigen Sinn des Wortes und nicht im Zeichen von Spitzfindigkeit und reaktionärer Dummheit) oder mit proletarischen Mitteln gemacht.« Im Herbst 1944 begann sich dieser radikale Ton zu ändern, und namentlich in der Führung bestanden bald nur noch die wenigsten auf tiefgreifenden Säuberungsmaßnahmen.

Für diese Volte der kommunistischen Partei gab es triftige Gründe. Die Forderung nach Säuberung war in den eigenen Reihen auf zunehmend heftigeren Widerstand gestoßen, zumal bei denen, die selbst auf eine faschistische Vergangenheit zurückblickten. Winston Churchill hat einmal davon gesprochen, daß Italien die Rückkehr in den Kreis der freien Nationen vor allem der kämpferischen Resistenza zu verdanken habe; sie habe das Retourbillet erworben. Solche Rehabilitierungsoptionen besaßen im Kleinen auch viele Faschisten, die jahrelang Parteimitglied gewesen waren und Parteiämter bekleidet hatten, dann aber 1943 doch noch auf die richtige Seite traten. Die vor 1922 ja eigentlich nicht existente kommunistische Partei hätte sich den nun erst beginnenden Weg zu einer Massenpartei selbst verlegt, wenn sie sich für diese Kräfte nicht geöffnet oder sie mit ständigen Säuberungsforderungen irritiert hätte. Daß dies ein ganz existentielles Problem für den Partito comunista italiano (PCI) war, ergibt sich allein schon aus dem Hinweis, daß die Quote der ehemaligen Faschisten in seinen Reihen in manchen Regionen 50 Prozent erreichte[59].

[58] Zit. nach Spriano, Storia del Partito comunista italiano. Bd. V, S. 351.
[59] In der sardischen Provinz Nuoro etwa bestand der PCI zu 50 Prozent aus ehemaligen Faschisten; die Quote der Faschisten in der Sozialistischen Partei betrug 30 Prozent. Vgl. dazu Ministero dell'Interno, Direzione Generale Pubblica Sicurezza, Divisione Affari Generali e Riservati, Monatsbericht für Oktober 1944. In: ACS, Ministero dell'Interno, Gab. 1944–1946, busta 49, fasc. 3978.

Die Fortsetzung der politischen Säuberung verbot sich aber nicht nur aus Rücksicht auf die Antifaschisten mit Vergangenheit. Ähnlich lagen die Dinge im Hinblick auf die politisch am meisten belasteten Mittelschichten, die in Togliattis Konzept der Schaffung eines *partito nuovo* eine besondere Rolle spielten. Ausschlaggebend für den Rückzug der kommunistischen Partei aber war, daß die bürgerlichen Parteien damit drohten, den aus der Resistenza hervorgegangenen Allparteienpakt gegen den Faschismus scheitern zu lassen, wenn die Linksparteien ihre säuberungspolitischen Radikalforderungen nicht merklich herabstuften[60]. Der Bruch des Allparteienpaktes hätte die kommunistische Partei aber weit mehr gekostet als nur ein paar Ministersessel, nämlich die dreifache Chance, ihr Image eines sektiererischen Außenseiters abzustreifen, sich als vertrauenswürdige Regierungspartei zu profilieren und als führende Kraft in Staat und Gesellschaft zu etablieren. Letztlich stand die gerade erst im Bündnis mit den anderen Parteien erworbene politisch-gesellschaftliche Akkreditierung auf dem Spiel.

Stehen in Fragen von solcher Bedeutung politisch Opportunes und moralisch Gebotenes gegeneinander, dann bleibt in der Regel die Moral auf der Strecke. So war es auch hier, wie sich in der Sitzung des Zentralkomitees der Kommunistischen Partei Mitte Dezember 1944 in aller Deutlichkeit zeigte: Mauro Scoccimarro, ein Mann von untadeligen antifaschistischen Referenzen und der einzige führende Genosse, der nicht nur wohlklingende Reden über die Notwendigkeit einer unnachsichtigen Selbstreinigung gehalten, sondern sich in der zermürbenden Kleinroutine des Säuberungsapparates aufgerieben und dabei Beachtliches geleistet hatte, stand plötzlich ganz allein und mußte sich herbe Kritik gefallen lassen. Der einflußreiche Gewerkschaftsführer, Giuseppe Di Vittorio, hielt Scoccimarro vor, daß es ihm nicht gelungen sei, »gemäß der Parteilinie zu agieren«. Der PCI sei eine »breite nationale Volkspartei; durch die Säuberung sind wir aber als Elemente erschienen, die unbarmherzig alle diejenigen bestrafen wollten, und es sind Millionen, die sich in irgendeiner Weise faschistisch betätigt haben.« Celeste Negarville, der Chefredakteur des Parteiorgans, hieb in dieselbe Kerbe und äußerte die Meinung, »daß wir den

---

[60] Zur Regierungskrise im Herbst 1944 vgl. u. a. Giulio Andreotti, Concerto a se voci. Storia segreta di una crisi. Rom 1945; Finanzminister Marcello Soleri an Bonomi 12. November 1944. In: ACS, PCM, Gab. 1944–1947, 1/7 10124, sottofasc. 32–50.6 vgl. auch Soleri an Scoccimarro, 11. November 1944, ebenda.

Hauptakzent unserer Politik in Richtung auf eine Verteidigung der Gruppen verändern müssen, die vom Faschismus getäuscht worden sind. Wir müssen auf eine Bestrafung der ›großen Tiere‹ und auf eine Amnestie für den Rest zielen.« Der stockkonservative Badoglio hatte ein Jahr zuvor nicht sehr viel anders argumentiert, und mit ganz ähnlichen Forderungen trat im Herbst/Winter 1944 die populistisch-rechtsradikale Bewegung »Uomo qualunque« hervor, die sich ebenfalls als Anwältin der kleinen Faschisten empfahl[61].

Obwohl Togliatti wußte, daß die Linie der Partei Scoccimarro immer heilig gewesen war, rührte er keinen Finger, um seinen zweiten Mann gegen die ebenso ungerechten wie zynischen Vorwürfe in Schutz zu nehmen. Er hatte wie immer das letzte Wort: »Im Hinblick auf die Säuberung«, so faßte er die Grundsätze der hinfort geltenden Politik zusammen, »muß man die unter schwierigsten Umständen erzielten Erfolge anerkennen, aber gleichzeitig müssen wir uns darüber klar sein, daß dadurch auch einige Elemente unserer Politik der Gewinnung der Mittelschichten gelitten haben. Wir müssen auf diesem Gebiet einer Revision unterziehen, was notwendig ist, und uns dabei vergegenwärtigen, daß wir unter allen Umständen die Mittelschichten erreichen müssen.«[62] Im Klartext hieß das: Verzicht auf eine durchgreifende Säuberung und wenigstens partielle Preisgabe eines der kardinalen Anliegen des Antifaschismus. Danach war in den Führungsetagen der kommunistischen Partei von *epurazione* kaum noch die Rede.

IV.

Der doppelte Rückzug im Spätherbst 1944, der Rückzug der kommunistischen Partei und der alliierten Militärregierung, hatte für die Abrechnung mit dem Faschismus um so fatalere Folgen, als er mit einem dritten Rückzug, dem der Sozialisten und der Aktionspartei aus der im Dezember 1944 umgebildeten Regierung Bonomi, zusammenfiel. Diese beiden Parteien, die im Allparteienpakt der Resistenza als die vehementesten Befürworter einer radikalen Selbstreinigung gelten konnten, hatten

[61] Protokoll der Sitzung der »Direzione« vom 16.–18. Dezember 1944. In: Istituto Gramsci, Fondo PCI 1943–1946, Verbali della Direzione 1944–1946.
[62] Ebenda.

diesen weitreichenden Schritt nicht zuletzt deshalb getan, weil ihnen das Tempo des reformerischen Umbaus von Staat und Gesellschaft zu langsam erschien und weil in ihren Augen namentlich auch die *epurazione* nicht entschlossen genug vorangetrieben wurde. Von außen, durch die Mobilisierung der Straße, so hofften sie, ließe sich mehr bewirken als im Kabinett, wo nun diejenigen unter sich waren, die der Säuberung und Strafverfolgung keinen größeren politischen Stellenwert einräumten.

Der letztlich also dreifache Rückzug nahm der gerade erst anlaufenden *epurazione* sehr viel an Schwung, ja eigentlich bedeutete er fast schon deren politisches Ende – und das zu einem Zeitpunkt, als der Faschismus seine Herrschaft immerhin noch über ganz Norditalien behauptete und längst nicht besiegt war. Am spürbarsten machte sich die nun zur Regierungspolitik erhobene Tendenz zur politischen Marginalisierung der *epurazione* natürlich im administrativen Herzstück der Abrechnung mit dem Faschismus bemerkbar, im Hochkommissariat, wo Sforza und Scoccimarro, die beiden wichtigsten Männer, ihren Abschied nahmen. Keiner von beiden konnte gleichwertig ersetzt werden, das Amt des Hochkommissars blieb sogar sechs Monate vakant. Das sagte alles über den Säuberungselan der neuen Regierung.

Der Rest wäre wohl kleinmütige Schadensabwicklung gewesen, hätten die heftigen Kämpfe zur Befreiung Norditaliens nicht noch einmal elementare Abrechnungsenergien freigesetzt, die sich auch durch noch so geschickte Partei- und Kabinettspolitik nicht eindämmen ließen. Im Norden tobten 1944/45 drei Kriege gleichzeitig: der Zweite Weltkrieg, ein erbitterter Bürgerkrieg zwischen Faschisten und Antifaschisten und ein Klassenkrieg der proletarischen Schichten gegen ihre »bourgeoisen Ausbeuter«[63]. In den außer Rand und Band geratenen Verhältnissen dieses dreifachen Krieges kam es zu einer Renaissance des blutigen *squadrismo* der zwanziger Jahre, zu unvorstellbaren Grausamkeiten gegen Angehörige der Resistenza und zu zahlreichen brutalen Willkürakten gegen Unschuldige. Die Liste der *conti aperti* (offenen Rechnungen) war hier ungleich länger, der Abrechnungsbedarf ungleich größer als im Süden.

---

[63] Vgl. Claudio Pavone, La guerra civile. In: Pier Paolo Foggio (Hrsg.), La Repubblica sociale italiana 1943–45. Atti del convegno, Brescia 4–5 ottobre 1985. Brescia 1986, S. 395–414. Vgl. dazu auch Pietro Di Loreto, Togliatti e la »doppiezza«. Il Pci tra democrazia e insurrezione (1944–49). Bologna 1991.

und nichts war den hitzköpfigen, von keiner Partei zu kontrollierenden Partisanen lieber, als sich an die Spitze dieser unbändigen Bewegung zu setzen, dorthin, wo die *conti aperti* nicht in langwierigen Gerichtsverfahren, sondern sofort und gewissermaßen mit gleicher Münze beglichen wurden. Schwerpunkte dieser spontanen Racheaktionen waren industrielle Zentren, wo die Arbeiteropposition nie ganz verstummt war, ländliche Gegenden, in denen in den frühen zwanziger Jahren der besonders brutale Agrarfaschismus gewütet hatte, und Landstriche, wo der Squadrismus der letzten Stunde sein Unwesen getrieben hatte. Hier regierte oft tagelang blindwütiger Terror. Faschisten und Kollaborateure waren nicht einmal in Gefängnissen ihres Lebens sicher, brachiale Vorhuten der Partisanen drangen selbst dort noch ein und richteten ihre Feinde.

So könnte man fast sagen, daß das Drama der *epurazione* in Italien zwischen 1943 und 1945/46 im Grunde nur aus zwei Abschnitten bestand – einem langen halbherzigen Prolog, der mit dem dreifachen Rückzug im Herbst 1944 zu Ende ging, und einem kurzen blutigen Epilog, der mit der Befreiung Norditaliens begann und an Radikalität alles bisher im modernen Italien Dagewesene weit übertraf. Diese unerhörte Radikalität hatte freilich auch andere Gründe als das durch moralische und juristische Rücksichtnahmen kaum gedämpfte, zum Teil gewiß berechtigte Bedürfnis nach Abrechnung mit dem Faschismus generell und mit den Salò-Kollaborateuren im besonderen. Spontane klassenkämpferische Unbedingtheit spielte dabei ebenso eine Rolle wie die Auseinandersetzung um die Machtverteilung in der Zeit nach Mussolini. Und wer wollte leugnen, daß sich in dem brutalen Rache- und Vergeltungstaumel der Endphase des Krieges auch viel an anarchistischer Zerstörungswut und antifaschistisch kaschierter Kriminalität Luft verschaffte – nicht nur auf Seiten des untergehenden Faschismus, sondern auch bei den Partisanen, die sich ja mitnichten nur großen nationalen Zielen verpflichtet fühlten? Eine ernsthafte Überlegung ist schließlich auch die Frage wert, ob die Radikalität des Epilogs nicht auch durch die Eigentümlichkeit der faktischen Beendigung der Säuberung vor dem Ende des Faschismus mitbewirkt worden ist, ob sich in der Radikalität nicht auch eine zuvor politisch nicht recht zum Zuge kommende, gleichsam vagabundierende Abrechnungsbereitschaft äußerte. Wo das Vertrauen in den Säuberungswillen von Staat und Parteien fehlte, nahm man die Sache selber in die Hand, und wo die justitielle und bürokratische

Abrechnung weit hinter den Erwartungen zurückblieb, fühlte sich mancher berechtigt, selbst zu richten.

Die Zahl der Opfer dieser spontanen Racheaktionen ist nicht genau zu ermitteln, in der italienischen Zeitgeschichtsschreibung auch heftig umstritten. Die Angaben im wissenschaftlichen Schrifttum und in der zeitgenössischen Presse basieren überwiegend auf Schätzungen und schwanken je nach politischem Standort des Autors zwischen 7000 und 300000 Opfern[64]. Ein einigermaßen exaktes Bild läßt sich aus der allgemeinen Sterbestatistik gewinnen: Danach lag die Zahl der Morde in den Jahren vor 1943 zwischen 450 und 800. 1943 stieg sie auf rund 2100, 1944 schnellte sie auf fast 12000 hoch. 1945 nahm die Zahl der Morde geringfügig ab (10000), 1946 betrug sie immerhin noch 3000. In den folgenden Jahren sank sie dann auf 1300 (1947) und 1100 (1948)[65]. Bei aller Behutsamkeit in der Interpretation dieser Daten, insbesondere eingedenk der Tatsache, daß in gesellschaftlichen Umbruchsphasen die Quote der Kriminalität nach aller Erfahrung steigt und daß ein erheblicher Teil der Morde natürlich auf das Konto von Faschisten ging, wird man die Behauptung wagen dürfen, daß im Rahmen der Abrechnung mit dem Faschismus in den Jahren 1943–1946 10000 bis 15000 Menschen ihr Leben ließen; unter ihnen Mussolini, seine Geliebte Clara Petacci, die Granden der faschistischen Partei Roberto Farinacci, Alessandro Pavolini und Achille Starace, zahlreiche Provinzbonzen und viele kleine Funktionäre, Spitzel und Denunzianten.

Verschwindend gering war demgegenüber die Zahl derjeni-

[64] Vgl. Paul Sérant, Die politischen Säuberungen in Westeuropa. Oldenburg, Hamburg 1966, S. 237.

[65] Vgl. Le cause di morte in Italia nel decennio 1939–1943. Hrsg. vom Istituto Centrale di Statistica. Rom 1950, S. 6 f. und Cause di morte negli anni 1943–1948. Hrsg. vom Istituto Centrale di Statistica. Rom 1952, Serie III, Bd. 1, S. 38–41, 58–61, 68–71, 78–81, 98–101, 190–193, 210–213. Vgl. dazu auch Paul Ginsborg, Storia d'Italia dal dopoguerra a oggi. Società e politica 1943–1988. Turin 1989, S. 87; Carlo Simiani, I »Giustiziati Fascisti« dell'Aprile 1945. Mailand 1945; vgl. auch das Gespräch zwischen Claudio Pavone und Guido Crainz. In: Politica ed Economia, November 1990, S. 3–10, und der Aufsatz von Claudio Pavone über La guerra civile. In: Poggio, La Repubblica sociale italiana, S. 395–415. Die überraschend hohe Zahl der Tötungen im Jahr 1944 ist nicht überwiegend mit dem Abrechnungsbedürfnis gegenüber Faschisten zu erklären. Eine große Rolle spielten hier wohl vor allem die zahlreichen Konflikte zwischen alliierten Soldaten (die seit September fast stationär blieben und überall südlich der Goten-Linie standen) und der einheimischen Bevölkerung; 1945, als die Alliierten ihre Truppen drastisch reduzierten, fiel diese Tötungsursache nicht mehr so stark ins Gewicht.

gen, die von Gerichten zum Tode verurteilt und dann auch hingerichtet wurden. Zwar proklamierte die oberitalienische Resistenza Ende April 1945 tatsächlich ein Gesetz über die Errichtung von Volkstribunalen, das die Handschrift der radikalen Richtung des Antifaschismus verriet und Faschisten und Kollaborateuren nichts Gutes verhieß[66]. Diese Tribunale kamen aber nur in wenigen Provinzen zustande, und selbst dort, wo man sie einzurichten vermochte, mußten sie sich bald – und oft unverrichteter Dinge – wieder auflösen. In den ersten Maitagen trat nämlich ein staatliches Gesetz in Kraft, das den antifaschistischen Gestaltungsambitionen enge Grenzen zog, ohne aber zunächst die Erwartungen der Resistenza zu enttäuschen. Die Strafverfolgung von Faschisten und Kollaborateuren war danach in der ersten Instanz Sache von neu zu schaffenden »Sonderschwurgerichten« (Corti straordinarie di Assise), die von beiden etwas hatten: von antifaschistischen Volkstribunalen ebenso wie von Organen der traditionellen Justiz[67]. Diese »Zwitter«-Gerichte funktionierten allem Anschein nach überraschend gut und fällten in der Regel auch so harte Urteile, daß sich in den Reihen des Antifaschismus kaum eine kritische Stimme erhob: In ganz Italien dürfte es 1945/46 zu mehr als 10000 Prozessen gekommen sein, in denen wohl zwischen 500 und 1000 Todesurteile und Tausende von langjährigen Haftstrafen verhängt wurden. Die Ernüchterung folgte dann freilich in der zweiten Instanz, d. h. vor den Schranken der Kassationshöfe, die dem Einfluß der Resistenza völlig entzogen waren und die erstinstanzlichen Urteile systematisch herabstuften; von den verhängten Todesurteilen wurden so bis Ende 1945 nur 40 bis 50 vollstreckt[68].

[66] Vgl. Decreto sui poteri giurisdizionali del CLNAI, 25. April 1945. In: Grassi, Verso il governo del popolo, S. 324–328; Guido Neppi Modona, L'Attività legislativa del CLNRP. In: Giorgio Agosti (Hrsg.), Aspetti della Resistenza in Piemonte. Turin 1977, S. 307–374.

[67] Vgl. Decreto Legislativo Luogotenenziale, 22. April 1944, Nr. 142: Istituzione di Corti straordinarie di Assise per i reati di collaborazione con i tedeschi. In: Supplemento ordinario alla Gazzetta Ufficiale, Nr. 49, 24. April 1945; Gaetano Grassi, Documenti sull'attività di Aurelio Becca a Milano nel periodo successivo alla Liberazione. In: Rivista giuridica del lavoro e della previdenza sociale, Januar–April 1974, S. 5–20; Francesco Rigano, Partecipazione popolare e giustizia penale nella Resistenza. In: Rivista Trimestrale di Diritto e procedura civile, März 1980, S. 594–614; Guido Jesu, I processi per collaborazione in Friuli. In: Storia contemporanea in Friuli Nr. 7, 1976, S. 205–273.

[68] Vgl. State Department, Incoming Telegrams aus Rom, 16. November 1945. In: NA, RG 58, 865.00/11–16.45; vgl. auch Zara Algardi, Processi ai fascisti. Florenz

Die große Zahl der Opfer der spontanen Abrechnung wirft Fragen nach Recht und Moral auf, und es versteht sich von selbst, daß viele Antworten darauf einseitig ausfallen und politisch mißbraucht werden. Eine wissenschaftliche Antwort auf diese bohrenden Fragen kann es aber nicht geben, schon gar nicht dann, wenn große Partien des Problems noch ganz im dunkeln liegen und zentrale Aspekte noch längst nicht geklärt sind. Wie hoch war beispielsweise der Anteil rein kriminell motivierter Morde? Ist es angemessen, von krimineller Motivation zu sprechen, wenn die tödliche Abrechnung im Namen einer gesellschaftlichen Utopie erfolgte, wenn sie als Sühne für vorausgegangene, weit zurückliegende Taten verstanden wurde, zumal in einer Gesellschaft, in der das archaische »Auge um Auge« noch weitgehend akzeptiert war? In wie vielen Fällen handelte es sich um Tötungen vor, unmittelbar nach oder im Rahmen von militärischen Kämpfen? War in der Endphase des Krieges, als die alten Autoritäten ihre Macht verloren und die neuen ihre Autorität noch nicht behauptet hatten, nicht überhaupt ein staats- und rechtsfreier Raum entstanden? Lag das staatliche Gewaltmonopol nicht gewissermaßen fragmentiert auf der Straße, und konnten sich nicht viele berufen fühlen, danach zu greifen: die von legalistischen Fesseln fast ganz befreiten Volkstribunale und die »Sonderschwurgerichte«, die unter dem Druck einer erregten Öffentlichkeit hastig Urteile fällten, ebenso wie die Befreiungskomitees, die etwa die Hinrichtung Mussolinis mit den Worten rechtfertigten, man habe lediglich ein Urteil vollstreckt, das die Geschichte längst gesprochen hatte? Rechtsstaatlichen Grundsätzen genügte weder das eine noch das andere Verfahren, und selbstverständlich waren auch die kurzen Prozesse der Partisanen weit davon entfernt[69].

Der Trennungsstrich zur faschistischen Vergangenheit, den die Gesellschaft längst gezogen hatte, hatte sich also in den Wirren der Befreiung in eine breite blutige Verbrechensspur

1958, S. 11. Vgl. auch Rolando Balugani, La Repubblica Sociale Italiana a Modena. I processi ai gerarchi repubblichini. Modena 1991.

[69] Zur Problematik, daß viele Tötungen durch offizielle und halb-offizielle Äußerungen von Politikern, durch Proklamationen und Entscheidungen von Befreiungskomitees gedeckt waren, vgl. Grassi, Verso il governo del popolo, S. 309ff., 323–328, 331, 334f. (Hinrichtung Mussolini); vgl. auch Pietro Secchia, Il Partito Comunista italiano e la guerra di Liberazione 1943–1945. Mailand 1973, S. 1040; auch Togliatti ließ sich im Frühjahr 1945 zu starken Worten über die Säuberung hinreißen; vgl. Spriano, Storia del Partito comunista italiano, Bd. V., S. 514.

verwandelt. Atemloser Schrecken und Abscheu erfüllten viele, als sich das ganze Ausmaß der Abrechnungsopfer erahnen ließ. An eine systematische Säuberung war danach nicht mehr zu denken; niemand hatte noch größeres Interesse daran, die Abrechnung mit dem Faschismus fortzusetzen, auch nicht die Linke, deren Anhängerschaft das beispiellose Blutbad angerichtet und die damit die innere Legitimation für weitere Säuberungsforderungen verloren hatte. Es ist deshalb auch kein Zufall, daß die Beendigung der *epurazione* mit den Namen der Führer der Parteien verbunden ist, die anfangs am nachdrücklichsten für eine radikale Austilgung des Faschismus eingetreten waren: mit den Namen von Pietro Nenni und Palmiro Togliatti.

Der Führer der Sozialisten regte im Herbst 1945 als Hochkommissar für die *epurazione* zwei neue Gesetze (5. Oktober und 9. November 1945) an, die den Kreis der von der Säuberung Betroffenen ganz erheblich reduzierten, die Kompetenz des Hochkommissariats drastisch beschnitten und die Corti straordinarie di Assise in Instanzen der regulären Gerichtsbarkeit verwandelten. »Das fundamentale Kriterium ist«, so hieß es in einem Rundschreiben des Hochkommissariats über das Gesetz vom 9. November, »die Initiative in den Säuberungsverfahren den zuständigen Verwaltungen zurückzugeben und den Säuberungskommissionen in den Provinzen sowie dem Hochkommissariat ein nachgeordnetes Initiativrecht einzuräumen, das nur dann ausgeübt werden soll, wenn sich die Aktivität der Verwaltungen als unzureichend erweist.«[70] Die Verantwortung für die Abrechnung mit dem Faschismus lag nun wieder – wie in der Ära Badoglio – bei der Verwaltung selbst und bei den heillos kompromittierten Organen der traditionellen Justiz. Damit war natürlich auch das Hochkommissariat überflüssig geworden; es wurde im Frühjahr 1946 aufgelöst, seine verminderten Befugnisse gingen auf ein beim Regierungschef ressortierendes »Ufficio« über.

Der Kreis schloß sich schließlich, als Togliatti 1946 ein großzügiges Amnestiegesetz initiierte, das zahlreichen belasteten Fa-

---

[70] Zit. nach Rossini, L'Epurazione e la ›continuità‹ dello Stato, S. 857f.; vgl. auch Decreto Legislativo Luogotenenziale, 9. November 1945, Nr. 702: Epurazione delle pubbliche Amministrazioni, revisione degli albi delle professioni, arti e mestieri ed epurazione delle aziende private. In: Gazzetta Ufficiale del Regno d'Italia, Nr. 136, 13. November 1945, und Decreto Legislativo Luogotenenziale, 5. Oktober 1945, Nr. 625: Modificazioni alle norme sulle sanzioni contro il fascismo, ebenda, Nr. 123, 13. Oktober 1945.

schisten die Rückkehr in ein bürgerliches Leben erlaubte. Die Amnestie sollte der »Befriedung und Versöhnung aller guten Italiener« dienen und vor allem kleinen Faschisten und solchen zugute kommen, die »weniger schwere Verbrechen« begangen hatten. Diejenigen aber, so Togliatti in der Begründung der Amnestie, die – zumal in führender Position – »Verbrechen gegen das verratene und ins Verderben gestürzte Vaterland, gegen die demokratischen Freiheiten, gegen ihre Mitbürger oder gegen die elementarsten menschlichen Verpflichtungen begangen haben, Verbrechen, deren Spuren noch lange nicht beseitigt sind, müssen auch weiterhin mit der ganzen Härte des Gesetzes bestraft werden. Eine Nichtanerkennung dieses Erfordernisses würde (...) dazu beitragen, Haß und Groll zu schüren, was gewiß unangenehme Konsequenzen für alle hätte.«[71]

Die Hintergründe der am 22. Juni 1946 in Kraft getretenen Amnestie sind noch längst nicht aufgehellt. Allem Anschein nach hatte Togliatti aber zunächst nicht daran gedacht, die Amnestie auch auf belastete Faschisten auszudehnen. Ihm war es um Straffreiheit für die Träger der spontanen Abrechnung, also die Partisanen, gegangen; die war freilich in der komplizierten Koalition mit den bürgerlichen Parteien nur zu erreichen, wenn auch die Faschisten von der Amnestie profitieren würden[72]. Vieles spricht außerdem dafür, daß Togliatti die Gesetzestreue der italienischen Justiz überschätzt, daß er – um es anders zu formulieren – nicht damit gerechnet hatte, wie skandalös großzügig die Justiz die Bestimmungen der Amnestie auslegen würde[73]. Nach dem 22. Juni gab es jedenfalls kein Halten mehr: Innerhalb weniger Monate leerten sich Gefängnisse und Lager. Die Tore öffneten sich für Minister, Staatssekretäre, Chefredakteure von großen Tageszeitungen und Richter an faschistischen Sondergerichten. Für fast alle fand (oder erfand) die Justiz, namentlich die zweite Instanz, die vom antifaschistischen Zeitgeist gänzlich unberührt war, irgendwelche Milderungsgründe.

---

[71] Begründung des Amnestiegesetzes und Text des Gesetzes finden sich in: Gazzetta Ufficiale della Repubblica Italiana, Edizione Straordinaria, Nr. 137, 23. Juni 1946.
[72] Mario Bracci, Come nacque l'amnistia. In: Il ponte, Nr. 11–12, November–Dezember 1947, S. 1103; vgl. auch Algardi, Processi ai fascisti, S. 16–22; Protokoll der Kabinettssitzung vom 21. Juni 1946. In: ACS, Verbali del Consiglio dei Ministri, 21. Juni 1946; Relazione e Decreto Presidenziale, 22. Juni 1946, Nr. 4: Amnistia e indulto per reati comuni, politici e militari. In: Gazzetta Ufficiale della Repubblica Italiana, Edizione Straordinaria, Nr. 137, 23. Juni 1946.
[73] Vgl. Algardi, Processi ai fascisti, S. 18–23.

Viele, die nun amnestiert wurden, waren zu langjährigen Haftstrafen verurteilt, nicht wenige sahen der Vollstreckung der Todesstrafe entgegen, der eine oder andere saß sogar aufgrund eines Urteils der Alta Corte di Giustizia, des höchsten Organs der Abrechnung mit dem Faschismus, ein. Auch diese Urteile wurden umstandslos aufgehoben. Von den etwa 40000–50000 Häftlingen, die Mitte 1946 die Strafanstalten bevölkerten, kamen so bis Ende 1946 etwa 90 Prozent frei; mit den restlichen 4000 mußte sich die Justiz z.T. noch bis in die fünfziger Jahre hinein beschäftigen[74].

V.

Das überstürzte Ende der Abrechnung mit dem Faschismus und die anstößige Rehabilitierung zahlreicher Belasteter ließen in der Öffentlichkeit den Eindruck entstehen, die *epurazione* sei gescheitert, die säuberungswilligen Kräfte hätten ihre Ziele weit verfehlt. Gerade prominente Vertreter des Antifaschismus haben – wie einleitend erwähnt – das angebliche Scheitern der *epurazione* mit Hohn und Spott kommentiert und damit der Verwandlung dieses bloßen Eindrucks zum allgemein akzeptierten Schlagwort *epurazione mancata* (ausgebliebene Säuberung) kräftig Vorschub geleistet. In solchen Zuspitzungen, so will es scheinen, äußert sich freilich mehr als nur ehrliche Empörung über einen Fehlschlag. In ihnen schwingt auch ein beträchtliches Maß an Verlegenheit, ja an schlechtem Gewissen mit, weil die Linksparteien selbst – sei es aus machtpolitischer Opportunität, sei es aus Rücksichtnahme auf Teile der eigenen Gefolgschaft, sei es, weil auch sie zu der Überzeugung gekommen waren, daß der noch kaum gefestigte demokratische Staat selbst um den Preis der Schonung von prominenten Faschisten von der drückenden Last der Entfaschisierung befreit werden mußte – die großen säuberungspolitischen Ziele preisgegeben hatten, die zwar nach Lage der Dinge kaum zu erreichen waren, aber zu den Kardinalforderungen des Antifaschismus zählten und vor allem der eigenen kämpferischen Basis sehr am Herzen lagen. Hinter dem polemischen Vordergrundlärm verbirgt sich schließlich wohl auch die Absicht der Linksparteien, zumal der

[74] Ebenda, S. 19; Alessandro Sardi, ... Ma, non s'imprigiona la storia. Rom 1958, S. 423–431; Pier Giuseppe Murgia, Il vento del Nord. Mailand 1975, S. 160.

Kommunisten, von der peinlichen Tatsache abzulenken, daß auch sie, die Parteien des revolutionären Bruchs mit der Vergangenheit, wie die Democrazia Cristiana zahlreiche inkriminierte Parteigenossen aufnahmen und so ebenfalls als »Kontinuitätsschleusen«[75] zwischen dem Faschismus und der neu heraufziehenden Zeit fungierten.

Keine Frage, vielen Faschisten ist es gelungen, sich der Säuberung und Strafverfolgung zu entziehen, und zweifellos sind manche gesellschaftlichen Bereiche von der *epurazione* gänzlich unberührt geblieben; in der Privatwirtschaft etwa wurde die Säuberung nur als Drohung empfunden, kaum je als Realität spürbar. Die forcierte, der Ablenkung dienende Polemik hat aber auch manche respektablen Erfolge und Errungenschaften in Vergessenheit geraten lassen, die im Rahmen der *epurazione* erzielt wurden. Dazu gehörte nicht nur die weitgehende Ausschaltung der Spitzengarnitur der Partei in den Wirren der Befreiung und in den Wochen nach der Amnestie, in denen wohl noch einmal Dutzende aus der Haft entlassener Faschisten getötet wurden, sondern auch die Entlassung von einigen Zehntausend Angehörigen des öffentlichen Dienstes und von Großbetrieben von nationaler Bedeutung; diese verloren ihre Posten meist nur vorübergehend, in vielen Fällen aber auch dauerhaft. Denn Amnestie hieß nicht Amnesie, und der »juristischen« Rehabilitierung durch die Säuberungskommissionen und Gerichte folgte nicht automatisch die gesellschaftliche Resozialisierung in den Betrieben und Behörden, wo man die Untaten und Schikanen der verhaßten Kollegen noch längst nicht vergessen hatte. Namentlich in den »roten« Stadtverwaltungen Norditaliens und in den industriellen Großbetrieben wie Fiat und Pirelli, wo starke Gewerkschaften das Werksklima bestimmten, hatten die ehemaligen Faschisten einen schweren Stand[76]. Viele blieben dort auch nach Beendigung ihrer politischen Säuberung geächtet, und für manche war diese Form der dauerhaften sozialen Ausgrenzung die eigentliche Sühne für ihre Verstrickung in den Faschismus.

[75] Zum Begriff vgl. Lutz Niethammer, Zum Wandel der Kontinuitätsdiskussion. In: Ludolf Herbst (Hrsg.), Westdeutschland 1945–1955. Unterwerfung, Kontrolle Integration. München 1986, S. 78.
[76] Die Problematik der Tötungen nach der Amnestie bzw. der Nichtwiedereinstellung nach der juristischen Rehabilitierung ist noch längst nicht hinreichend erforscht Hinweise auf diese Thematik finden sich in: Dino Mengozzi, L'Epurazione nella città del ›Duce‹, 1943–1948. Rom 1983, und bei Sardi, Ma, non s' imprigiona la storia.

Vor allem im administrativen System dürfte es zu einem tiefgreifenden Elitenwechsel gekommen sein. Die wissenschaftliche Forschung ist allerdings noch längst nicht so weit fortgeschritten, daß sich schon genau abschätzen ließe, in welchen Sektoren der Einschnitt besonders tief ging, wie stark etwa die Richter, die Staatsanwälte oder die Quästoren betroffen waren. Besonders groß war der Wechsel allem Anschein nach bei den Präfekten und Bürgermeistern, die in den befreiten Provinzen systematisch entlassen und oft durch entschiedene Antifaschisten ersetzt wurden; aber auch in der Ministerialbürokratie wurde ein neuer Anfang gemacht, hier mußten wohl mehr als 50 Prozent, gelegentlich sogar zwei Drittel der Amtsinhaber aus der faschistischen Zeit ihre Posten räumen. »Die Säuberung ist vielleicht langsam gewesen«, so hieß es in einem wohl doch zu wohlwollenden internen Memorandum der alliierten Militärregierung vom 27. Juli 1945, »was teilweise darauf zurückzuführen ist, daß man sorgfältig vorgegangen ist. Der Geist aber, in dem sie ausgeführt wurde, war ausgezeichnet. Im Ganzen war sie effektiv, und sie hat auch keine Ressentiments zurückgelassen.«[77]

Erfolg oder Mißerfolg von politischer Säuberung bemißt sich freilich nie allein an der Quote der Entlassungen, an der Effizienz und Effektivität der Säuberungsmaschinerie. Noch bedeutsamer als die verhängten Sanktionen war vielleicht, daß die Säuberungskommissionen, Schwurgerichte und Volkstribunale überhaupt den Versuch machten, die Verbrechen des Faschismus, die Korruption der Bonzen und die Schäbigkeit der Denunzianten ans Licht zu bringen und damit eine Art von gesellschaftlicher Gewissenserforschung mittels Aufklärung einzuleiten – und zwar nicht nur in der Regierungszentrale, sondern in jeder Region und noch im kleinsten Provinznest und lange bevor eine engagierte Öffentlichkeit ein brennendes Bedürfnis nach Bewältigung der Vergangenheit entdeckte. Hunderttausende waren als Richter und Schöffen, Zeugen und Angeklagte, Ermittler und Beobachter in diesen beispiellosen Prozeß der Ermittlung einer Gesellschaft gegen sich selbst involviert und

---

[77] Memorandum von Lt. Col. White, 27. Juli 1945. In: Coles u. Weinberg, Civil Affairs, S. 477. Zur Quote der Entlassungen im öffentlichen Dienst vgl. auch Civil Affairs Section, Monatsbericht für März 1945 (In: NA, RG 331, Civil Affairs, box 5) und die periodische Berichterstattung der italienischen Stellen an die alliierte Militärregierung, ebenda, box 19, 10000/105/900. Vgl. auch die Rede von Upjohn am 6. April 1945 vor dem Advisory Council für Italien. Ebenda, Chief Commissioner, box 23.

gewannen dabei eine so genaue Vorstellung vom Ausmaß der faschistischen Verbrechen und vom Wesen des dahingegangenen Regimes, daß nur noch den ewig Unbelehrbaren der Sinn nach einer Wiederholung des faschistischen Experiments stand.

In einer Bilanz der politischen Säuberung sind neben solchen unmittelbaren Auswirkungen schließlich auch die nicht minder bedeutsamen Langzeitwirkungen in Anschlag zu bringen, die sich aus der massenhaften existentiellen Erfahrung von Lynchjustiz, Volkstribunalen und Entlassungen ergaben. Wer den blutigen Terror, die meist mit Verhaftung und Entlassung verbundene Demütigung und die oft Jahre währende Unsicherheit über das berufliche Schicksal miterlebt hatte, am eigenen Leib, in der Familie oder im Kollegenkreis, der blieb wohl kaum der alte, selbst wenn er dann schließlich wieder in das bürgerliche Leben zurückfand. Die Prägekraft solcher Erfahrungen ist schwer zu bestimmen, die Frage nach der Diskontinuität innerhalb einer äußerlich ungebrochen scheinenden Kontinuität[78] noch kaum gestellt, geschweige denn beantwortet. Anzunehmen ist aber doch, daß diese Erfahrungen zusammen mit der Aufzehrung nationalistischer Leidenschaften im Krieg, der Selbstentzauberung des Faschismus durch klägliches Scheitern, der öffentlichen Ächtung der faschistischen Ideologie und der festen Verankerung demokratischer Normen in der Verfassung wie im öffentlichen Leben am meisten dazu beigetragen haben, daß die Geschichte Italiens 1945 nach einer mehr als dreißigjährigen Kriegs- und Krisenzeit eine alles in allem glückliche Wendung nahm.

So haben die so oft geschmähten Protagonisten der politischen Säuberung letztlich doch mehr erreicht, als ihnen selbst und den Zeitgenossen bewußt geworden ist. Es ist deshalb an der Zeit, das gängige Schlagwort von der *epurazione mancata* fallenzulassen und sich damit die Chance für eine gerechtere Beurteilung der politischen Säuberung in Italien zurückzugewinnen. Denn so einfache Antworten auf komplexe Fragen hält die Geschichte selten bereit.

[78] Vgl. dazu der Beitrag von Klaus-Dietmar Henke in diesem Band.

Henry Rousso
L'Épuration
Die politische Säuberung in Frankreich

Wie in anderen besetzten Ländern auch, aber vielleicht noch nachdrücklicher als dort, haben die politischen Säuberungen nach Kriegsende die französische Gesellschaft, die schon durch vier Jahre NS-Herrschaft ins Wanken geraten war, in ihren Grundfesten erschüttert. Seit einem halben Jahrhundert sind der *épuration* zahlreiche Untersuchungen gewidmet worden, dennoch weiß man noch immer recht wenig darüber. Die politische Geschichte der *libération* 1944/45 wurde von der Geschichtsschreibung ausführlich behandelt, doch Arbeiten, welche die politischen Säuberungen als soziales, kulturelles oder geistiges Phänomen erforschen oder versuchen, deren Bedeutung gar in die Geschichte einzuordnen, sind selten. Trug die politische Säuberung zur Erneuerung der Eliten in Politik, Verwaltung und Wirtschaft bei? Oder ist sie gescheitert und blieben allzu viele Personen, die sich mit der Besatzungsmacht oder dem Vichy-Regime eingelassen hatten, unangetastet? Hat die Säuberung vielleicht nach dem Trauma, das schon die Besatzungszeit darstellte, zu neuerlichen Brüchen im politischen und sozialen Leben Frankreichs geführt?

Die folgende Studie hat nicht den Ehrgeiz, alle diese Fragen zu beantworten, sie will aber wenigstens einige Konturen zeichnen[1]. Eigentlich wollte sie nur eine zusammenfassende Darstellung der politischen Säuberungen in Frankreich geben, um einen Vergleich mit den anderen in diesem Band behandelten Ländern zu ermöglichen. Aber bei der Lektüre der neuesten Werke hierzu bin ich auf einen zweifachen Mangel gestoßen: Zum einen scheint das Zahlenmaterial zur Säuberung, wie es seit einigen Jahren vorliegt, durch neue Forschungen in Frage gestellt zu werden, ein Eindruck, der sich noch verstärkt, wenn man sich nochmals bestimmte Quellen vornimmt, die von den

[1] Ich danke Jean Astruc von der Bibliothek des Institut d'histoire du temps présent (IHTP), der mir bei der Dokumentation sehr geholfen hat, sowie Jean-Pierre Azéma, Professor am Institut d'Etudes politiques in Paris, und Denis Peschanski, wissenschaftlicher Mitarbeiter am IHTP, für die aufmerksame Lektüre der vorliegenden Studie.

Historikern, die sich zuerst mit dem Problem beschäftigten, verwendet wurden. Sobald man angesichts der Säuberungen, die heute in den Ländern des ehemaligen kommunistischen Blocks stattfinden, versucht, den engen Blickwinkel zu erweitern, verfestigt sich außerdem das Gefühl, daß – selbst wenn diese Vorgänge wenig mit jenen am Ende des Zweiten Weltkriegs zu tun haben – die Historiker offenbar nicht genügend über Funktion und Zielsetzung von Säuberungsprozessen nachgedacht haben.

Diese Untersuchung hat deshalb drei Ziele: einmal, einen allgemeinen, notwendigerweise unvollständigen Überblick zu geben, um den Vergleich mit Säuberungen in anderen Ländern zu ermöglichen; zweitens, Kritik an den vorgelegten Zahlen über die angeblich von der *épuration* Betroffenen anzumelden; schließlich wird der Versuch unternommen, die politische Säuberung als eine Übergangsphase zu begreifen, die sowohl mit dem Krieg als auch mit den inneren Auseinandersetzungen des Landes eng verwoben ist.

Vichy, der Faschismus und die Kollaboration: Wo ansetzen mit der Säuberung?

Worum ging es?[2] Die militärische Niederlage, die Besetzung eines Teils des Landes nach dem Waffenstillstand im Juni 1940 sowie die Etablierung des Vichy-Regimes einen Monat später haben in der französischen Gesellschaft zu vielfältigen Brüchen und Rissen geführt. Wenn die Säuberung schwer durchzuführen war und tiefe Wunden hinterließ, dann auch deshalb, weil die Taten, die sie ahnden sollte, doppelter Natur waren: Einige bezogen sich auf den Tatbestand der Kapitulation vor dem Feind und den der Kollaboration mit ihm während des Krieges, andere wiederum waren Ausfluß ideologischer Grundentscheidungen, die republikanischen Prinzipien und demokratischen Werten direkt zuwiderliefen. Vielfach war beides eng miteinander verschränkt.

---

[2] Die Literatur über Vichy und die Kollaboration ist beträchtlich. Die neuesten Veröffentlichungen finden sich in den 1989 erschienenen bibliographischen Essays im Bulletin de l'Institut d'histoire du temps présent, Nr. 35–39. Außer den hier in den Fußnoten zitierten Arbeiten über die politische Säuberung in Frankreich finden sich weitere Werke in der Bibliographie von Claude Lévy und Dominique Veillon, in: Bulletin de l'Institut d'histoire du temps présent, Nr. 4 (Juni 1981), S. 24ff.

Erstes Objekt der *épuration* war das aus der militärischen Niederlage geborene Regime. Vom Sommer 1940 an hatte die Regierung von Vichy eine aktive Politik der Kollaboration des Staates *(collaboration d'État)* mit den Deutschen betrieben. Bis zu dem Moment, als die Nationalsozialisten 1944 selbst die Kontrolle über das Land übernahmen, bedeutete diese Politik weniger eine aktive Hinwendung zum Nationalsozialismus (obwohl es immer einige in diesem Regime gab, die mit der Hitlerschen Weltanschauung liebäugelten), als eine strategische Option, die vier Jahre lang trotz großer interner Meinungsverschiedenheiten recht und schlecht durchgehalten wurde. Diese Entscheidung wurde durch die völlige Abhängigkeit vom Sieger und zugleich von der Illusion diktiert, Frankreich könne um den Preis enormer Zugeständnisse seine politische und territoriale Souveränität wahren; hinter ihr stand aber auch die Überzeugung, Deutschland habe den militärischen Sieg in Europa bereits in der Tasche oder stehe kurz davor, den alten Kontinent zu dominieren. Unter solchen Auspizien mußte die französische Regierung über die Stellung Frankreichs in einer künftigen »Pax germanica« verhandeln.

Die Entscheidung zur Kollaboration bedeutete also nicht nur bloße Kapitulation vor dem Feind, sondern sie war Ausdruck einer bestimmten Konzeption, einer spezifischen Vorstellung vom »nationalen Interesse«, genährt von dem (mitunter gerechtfertigten) Gedanken, die Konflikte zwischen den verschiedenen Institutionen der deutschen Besatzungsmacht würden den Franzosen einen gewissen Handlungsspielraum lassen. Diese Staatskollaboration fand ihren Niederschlag in der Wirtschaftspolitik, die weitgehend im Zeichen der deutschen Bedürfnisse stand, und sie ermöglichte es den Deutschen auch, sich auf die Mithilfe der französischen Verwaltung, die geradezu als Transmissionsriemen der Besatzungsmacht erschien, zu stützen. Auch die französische Polizei wurde in den Dienst von Unterdrückung und Verfolgung gestellt, schließlich hatten Vichy und die Nationalsozialisten ja gemeinsame Feinde; mitunter erhielt die Polizei sogar militärische Verstärkung.

Die Staatskollaboration hatte freilich von Anfang an auch noch eine ganz andere Dimension, denn die Vichy-Regierung gab sich keineswegs damit zufrieden, nur die Niederlage zu verwalten. Vom Sommer 1940 an betrieb sie eine Politik der *Révolution nationale* mit dem Ziel, das demokratische System auf brutale Weise zu zerschlagen und durch einen autoritären

Staat zu ersetzen, der nicht auf den universellen Werten von 1789 beruhte, sondern auf ordnungspolitischen Vorstellungen: die Nation als höchstes Gut, Gemeinschaft statt Klassenkampf, die Familie als Urzelle der Gesellschaft. Diese Kulturrevolution, deren Parole *Travail, Famille, Patrie* den republikanischen Dreiklang *Liberté, Egalité, Fraternité* verdrängte, war nicht eigentlich faschistisch. Dennoch hatte sie mit Faschismus und Nationalsozialismus vieles gemein: eine hierarchische Ordnung, die auf Personenkult basierte, Antikommunismus, Antisemitismus, Ablehnung des Freimaurertums und eine Politik der Ausgrenzung bestimmter Gruppen, die gesetzlich verankert war und auch praktiziert wurde. Durch seine Haltung nach außen wie durch die im Innern machte das Vichy-Regime Frankreich zu einem Vasallen des nationalsozialistischen Deutschland. Ein Movens der *épuration* schien also klar: Es ging darum, ein Regime zu richten und zu verurteilen, das 1944 in den Augen der Résistance wie nach der Auffassung eines Großteils der Franzosen nur ein Anhängsel des Nationalsozialismus gewesen war. Man muß in diesem Zusammenhang aber auch erwähnen, daß die Vichy-Regierung getreu ihrer Ausgrenzungsideologie sehr früh Säuberungen politischer und rassistischer Natur in Gang gesetzt hatte, von denen Zehntausende von Menschen betroffen wurden: Soldaten, Dissidenten, politische Opponenten, Widerstandskämpfer, französische wie ausländische Juden und Freimaurer, die natürlich ein großes Interesse an einer durchgreifenden Abrechnung hatten.

Existenz und Orientierung der Vichy-Regierung boten drei weiteren Formen der Kollaboration, die von ihrem Wesen, ihrer Reichweite und ihren Folgen her ganz unterschiedlich waren, Legitimation und Protektion höchster Stellen. Mehrere zehntausend Franzosen ließen sich auf ideologische Kollaboration, *collaborationnisme,* ein, indem sie in Parteien mitarbeiteten, die sich offen zum Nationalsozialismus bekannten, oder Mitglieder in deutschen Organisationen wie der Waffen-SS oder dem SD wurden. Ein nicht unbedeutender Teil der Intellektuellen in Journalismus und Literatur trug dazu bei, in einer an sich dafür empfänglichen Öffentlichkeit den Mythos eines deutschen Europa zu verbreiten. Dieses lautstarke Wirken spielte damals eine große Rolle für das Denken der Franzosen und erklärt zum Teil, weshalb gerade den Säuberungsprozessen gegen Intellektuelle (für die der gegen Robert Brasillach zum

Archetypus wurde) ein so hoher Stellenwert beigemessen wurde[3].

Die ökonomische Kollaboration betraf weite Teile des Finanzwesens, der Industrie und der Landwirtschaft, da Frankreich für die deutsche Wirtschaft das Land mit den reichsten Ressourcen war. Es ist schwierig, diese Art der Kollaboration genau zu erfassen, aber sie spielte bei den Unternehmen eine Rolle, die, wollten sie überleben, gezwungen waren, für die deutsche Kriegswirtschaft zu arbeiten. Darunter befanden sich solche, die möglichst schnell hohe Gewinne erzielen wollten, wie auch solche, die glaubten, die europäischen Märkte würden in der Nachkriegszeit von Deutschland beherrscht, und die deshalb mit den großen deutschen Konzernen Verhandlungen über eine mittelfristige wirtschaftliche und finanzielle Abstimmung führten. Hierbei engagierten sich vor allem Unternehmer und Manager zentraler Großkonzerne und Großbanken, aber auch zahlreiche Nutznießer des Schwarzen Marktes. An die 40 000 Arbeiter gingen außerdem freiwillig nach Deutschland – vor der Gründung des »Service de travail obligatoire« 1942 –, um höhere Löhne zu bekommen oder Arbeitsplätze zu finden, die ihnen 1940/41 in Frankreich nicht geboten werden konnten. Obgleich rein von materiellen Interessen bestimmt und oft frei von ideologischen Erwägungen und Neigungen, stellten die verschiedenen Formen der Wirtschaftskollaboration die für die politische Säuberung Verantwortlichen vor große Probleme: Wie sollte man zwischen wirtschaftlicher Notwendigkeit und zynischer Gewinnsucht unterscheiden? Keineswegs alle Unternehmer wurden zu Kollaborateuren, dennoch wurden aber beinahe alle in irgendeiner Form unmittelbar mit dem Phänomen der Kollaboration konfrontiert.

Über die Kollaboration von einzelnen, die dritte der erwähnten Kollaborationsformen, wissen wir nach wie vor am wenigsten. Angehörige der Résistance und Juden wurden zuhauf denunziert. Aber wurden solche Taten nicht aufgewogen von den gleichzeitigen Aktionen von Widerstandskämpfern oder vom Mut derer, die Verfolgten Schutz gewährten? Waren die Denunziationen zahlreicher und schwerwiegender als in Friedenszeiten, wenn man einmal von den schrecklichen Folgen absieht, die sie während der NS-Herrschaft nach sich ziehen konnten? Noch heute ist es schwierig, diese Fragen zu beantworten. Mil-

---

[3] Vgl. Pierre Assouline, L'épuration des intellectuels. Brüssel 1985.

lionen Franzosen lebten Tag für Tag eng mit den Besatzern zusammen. Diese ungewohnte Situation, mit der kein Franzose – sieht man einmal von Nordfrankreich ab, das bereits zwei Besetzungen, nämlich 1870 und 1914, hinter sich hatte – vertraut war, schuf zahlreiche psychologische, soziale und kulturelle Bindungen, von denen einige – die *collaboration horizontale* etwa – die Gemüter heftig erregten. Wie alle anderen Völker, die unter einer Besatzungsmacht leben, konnten sich auch die Französinnen und Franzosen während jener vier Jahre nicht der Notwendigkeit entziehen, »mit dem Feind zu leben«. Sie konnten nicht alle nach London ins Exil gehen oder die Deutschen einfach ignorieren, wie die sublimen Heroen der Erzählung ›Das Schweigen des Meeres‹ von Vercors.

So kam es zu tausend unvermeidlichen Kompromissen, zu Schwächen und ambivalentem Verhalten, die die individuelle Kollaboration vor allem ausmachten. Im Milieu einer Kleinstadt oder eines Dorfes waren sie oft sichtbarer und greifbarer als irgendwelche politischen Handlungen im engeren Sinne. Entsprechend heftig war dann auch der Groll, den diese Art der Kollaboration dort hervorrief. Die manchmal brutale und ungerechte Bestrafung solcher Kollaborateure hat in den ersten Wochen der Befreiung die bestehenden Ressentiments in den einzelnen Milieus noch verstärkt und die Risiken weiter erhöht, die sozialen Bindungen nachhaltig zu zerrütten.

Diese zusammenfassende Typologie der Kollaboration sollte freilich nicht vergessen machen, daß damals im Denken der Regierenden, der Angehörigen der Résistance, der Richter und der Franzosen überhaupt Unterscheidungen wie die hier getroffenen nicht mit derselben Eindeutigkeit vorgenommen werden konnten, wie das heute im Rückblick möglich ist. Ganz im Gegenteil, eines der großen Probleme der *épuration* war es ja gerade, die verschiedenen Arten von Vergehen und Verbrechen auseinanderzuhalten und dabei gleichzeitig den Erfordernissen von Recht und Gerechtigkeit einerseits und der äußerst angespannten Lage der Jahre 1944/45 andererseits Rechnung zu tragen.

Die Rahmenbedingungen der *libération*

Die Befreiung Frankreichs, *la libération de France,* war eine Übergangsphase zwischen einer brutalen Besatzungsperiode und einer schrittweisen Vertreibung der Besatzer, zwischen

Krieg und Frieden, zwischen der Herrschaft einer triumphierenden und der Herrschaft einer besiegten Macht, ein Übergang von einem autoritären Regime zur Wiederherstellung der Demokratie. Es war ein ganz außergewöhnlicher Moment – er prägte sich tief in das kollektive Bewußtsein der Menschen ein –, in dem sich eine unbeschreibliche Gelöstheit nach einer rascher als erwartet vollzogenen Befreiung, eine singulär heftige Gewalttätigkeit im Volk, eine unbestimmte Angst vor einem Krieg, der sich hinzog, und eine immer noch ungewisse Zukunftsperspektive miteinander verbanden.

Dieser besondere historische Moment löste die Zeitspanne allgemeiner Gewalttätigkeit ab, die während der Besatzungszeit geherrscht hatte. Ihm waren außerdem von schrecklicher Angst erfüllte Monate vorausgegangen, der Winter 1943/44 nämlich, in dem die Franzosen sich auf einen langen und blutigen Befreiungskampf eingestellt hatten. Man darf ferner nicht vergessen – und das ist wesentlich –, daß die schärfste Periode der politischen Säuberung, der Herbst 1944, noch im Krieg stattfand, zu einer Zeit also, als sich auf französischem Boden verschiedene fremde Armeen gegenüberstanden. Im Süden und in Zentralfrankreich hatte die *libération* den Charakter von »Volksaufständen«, bei denen der Feind meist nicht die zurückweichenden deutschen Streitkräfte waren, sondern bewaffnete Einheiten der Vichy-Miliz oder andere Kollaborateure. Vergessen wir ferner nicht, daß die Befreiung lokal wie national einem Wettlauf verschiedener Kräfte ähnelte: zwischen dem »Gouvernement provisoire de la République française« (GPRF) General de Gaulles, der kommunistischen Partei und ihren bewaffneten Organen, anderen Widerstandsbewegungen, insbesondere dem »Mouvement de libération nationale«, und, nicht zu vergessen, auch den Amerikanern, die zwar ihre Absicht aufgegeben hatten, in Frankreich eine Militärverwaltung einzurichten, die aber trotzdem nicht nur Beobachter waren, sondern ebenfalls einen wichtigen Part in diesem Drama zu spielen hatten.

Die Gewalttätigkeit, die mit der Befreiung einherging, war nicht nur aus dem Augenblick geboren, sondern speiste sich auch aus einer langen historischen Tradition, jener der revolutionären Jahre zwischen 1789 und 1793, aber auch der Pariser Kommune. Für die Akteure war die *libération* tatsächlich auch so etwas wie eine revolutionäre Situation; manche wünschten sie herbei, anderen graute es davor. Zukunftsangst und existentielle Sorgen der Bevölkerung waren ein weiteres Merkmal dieser Periode. Sie rührten in erster Linie von den hartnäckigen wirtschaftlichen Nöten und der Nahrungsmittelknappheit, die von den Franzosen der Besatzungsmacht angelastet wurden. Tatsächlich war die wirtschaftliche Lage 1944/45 katastrophal: Von sechs Lokomotiven war nur eine, von drei Lastwagen nur einer fahrtauglich; die Industrieproduktion war auf ganze 38 Prozent der Quote von 1938 gesunken, und die Versorgungsschwierigkeiten in den Städten waren viel größer als während der Okkupation[4]. Die aus solchen Existenzproblemen resultierenden Rachegefühle schafften sich in der Suche nach »Verantwortlichen« Luft, was die Ressentiments der Bevölkerung gegen tatsächliche oder vermeintliche Kollaborateure nur noch anwachsen ließ.

Ein anderer wichtiger Faktor muß ebenfalls in unsere Überlegungen einbezogen werden: die örtlich und zeitlich ganz unterschiedliche Ausprägung der *épuration,* die sich aus der Abfolge der Ereignisse ergab. Während der Kämpfe im Herbst 1944 und danach hatten die Säuberungen ein anderes Gesicht als nach der endgültigen Wiedergewinnung der Staatsautorität und der Etablierung der Zentralgewalt in Paris. Bei der Rückkehr der Deportierten im April 1945 lebte die Atmosphäre des heißen Herbstes 1944 wieder auf und prägte das Klima, in dem verschiedene Prozesse geführt wurden, etwa der gegen Pétain im August oder der gegen Laval im Oktober 1945. Von 1946 an schließlich, als die Vierte Republik ihre Verfassung erhielt, kühlten die Leidenschaften zwar ab, doch kam es zu neuerlichen heftigen Debatten zwischen den Anhängern eines scharfen und den Befürwortern eines eher nachsichtigen Kurses, als es an die Vorbereitung der Amnestiegesetze ging; sie wurden zwischen 1947 und 1953, in einer Zeit scharfer internationaler Spannungen, verabschiedet[5].

Auch verlief die Säuberung von Ort zu Ort sehr unterschiedlich; sie hatte in Gegenden, in denen der Widerstand stark gewesen war, nicht dieselben Formen und die gleiche Intensität wie dort, wo er – etwa in den Städten und deren Umgebung – weniger einflußreich gewesen war. Die *épuration* fiel zudem in jenen Departements ganz anders aus, durch die die Armeen der Alliierten vorstießen, als in jenen, die untangiert blieben. Ob-

[4] Zit. bei Jean-Pierre Rioux, La France de la Quatrième République. Bd. 1: L'Ardeur et la nécessité. Paris 1980, S. 30 ff.

[5] Hierzu Henry Rousso, Le syndrome de Vichy de 1944 à nos jours. Paris 1990 (1. Aufl. 1987), S. 66 ff.

wohl das so ist, gibt es keine einfachen Ursache-Wirkungs-Relationen zwischen dem Grad der *épuration* (etwa der Anzahl der Toten) und der Präsenz oder Nicht-Präsenz besonders entschlossener Widerstandsgruppen in manchen Gegenden. Allerdings hat deren Anwesenheit die Art der Säuberung bestimmt: Exekutionen ohne Gerichtsurteil waren dort oftmals häufiger als anderswo, gleichzeitig aber war dort die gerichtliche Abrechnung gewöhnlich weniger intensiv.

Schließlich waren die Säuberungen – und das ist das Wesentliche – wichtiger Gegenstand politischer Rivalitäten zwischen der kommunistischen und der nicht-kommunistischen Résistance, zwischen den »Résistants de l'interieur« und den »Français libres« in London und Algier, und dies trotz der zwischen 1943 und 1944 in gewisser Weise erreichten einheitlichen Linie der verschiedenen Gruppen. Ebenso wurde die Säuberung durch die Konkurrenz zwischen den örtlichen, aus der Résistance hervorgegangenen Organen und der Zentralregierung (deren Wiederherstellung nicht ohne Schwierigkeiten verlief) beeinflußt[6]. Diese Spannungen, die je nach Region von bloßen Unstimmigkeiten bis zu heftigen Auseinandersetzungen reichten, zeigten sich besonders bei den Institutionen, die von der provisorischen Regierung eingerichtet worden waren, um sich in den befreiten Landesteilen Geltung zu verschaffen. Die beiden wichtigsten waren die Regionalkommissare der Republik (»Commissaires régionaux de la République«) und die Befreiungskomitees in den Departements (»Comités departementaux de libération«). Erstere repräsentierten die Zentralgewalt in den vom Vichy-Regime errichteten regionalen Präfekturen und besaßen alle Prärogativen des Staates, insbesondere bei der politischen Säuberung. Die *comités* waren als Gremien zur »Beratung« und Unterstützung der Regionalkommissare der Republik geschaffen worden und hatten die Aufgabe, den bewaffneten Kampf zu koordinieren und die für die *épuration* notwendigen Strukturen zu schaffen. Sie waren im allgemeinen aus Widerstandskämpfern, Vertretern der politischen Parteien und der wichtigsten Gewerkschaften zusammengesetzt, ganz nach dem Vorbild des

---

[6] Vgl. Comité d'histoire de la deuxième guerre mondiale, La libération de la France. Paris 1976; Charles-Louis Foulon, Le pouvoir en province à la libération. Paris 1975. Die neuesten Arbeiten wurden im Rahmen einer Untersuchung und eines Kolloquiums des Institut d'histoire du temps présent ›Les pouvoirs en France à la libération‹ in Sèvres, 13./14. Dezember 1989, vorgetragen. Sie werden demnächst unter der Herausgeberschaft von Philippe Buton erscheinen.

»Conseil national de la Résistance«. Tatsächlich wurden aber viele Befreiungskomitees von der kommunistischen Partei kontrolliert[7]. Dieser institutionelle Dualismus sowie manifeste ideologische Rivalitäten haben den Charakter der politischen Säuberung von Ort zu Ort und von Region zu Region maßgeblich mitbestimmt.

Die »wilden« oder außergerichtlichen Säuberungen

Seit 1944 ist dieser Aspekt der Säuberung Gegenstand heftigster Kontroversen. Zahlreiche Autoren besonders der extremen Rechten haben behauptet, die »wilden« oder »summarischen« Säuberungen hätten binnen weniger Wochen über 100 000 Todesopfer gefordert, sie hätten ein wahres Blutbad angerichtet, das jenem von den Nationalsozialisten und ihren Kollaborateuren verschuldeten gleichkomme und es sogar noch übertreffe. Weiter behaupten diese Autoren, die Tötungen gingen weitgehend auf das Konto der Kommunisten. Die These von den »100 000 Toten« wurde im November 1944 von Adrien Tixier lanciert, dem Innenminister der provisorischen Regierung, der zu den antikommunistischen Sozialisten gehörte. Gegner der *épuration* griffen sie auf, während andere Autoren mit Hochrechnungsmethoden arbeiteten, ein amerikanischer Journalist etwa, der mit Bezug auf angebliche »amerikanische Militärquellen« behauptete, allein in der südfranzösischen Mittelmeerregion habe es 50 000 Hinrichtungen gegeben[8]. Keiner dieser Autoren, Tixier eingeschlossen, verfügte jedoch über zuverlässige und überprüfbare Quellen. 1948 und 1952 veröffentlichte die französische Regierung zwei Untersuchungen, die auf Quellen der Präfekturen beruhten. Beide sprachen von ungefähr 10 000 »außergerichtlichen« Exekutionen; mehr als die Hälfte davon hätten vor der Befreiung stattgefunden. Diese Zahl wurde auch von General de Gaulle oft genannt, namentlich in seinen ›Mémoires de guerre‹. 1959 erhöhte Robert Aron die Gesamtzahl der Hinrichtungen wieder auf 30 000 bis 40 000, wobei er sich auf offizielle, aber nicht verläßliche Quellen stützte, die mit den

[7] Vgl. Philippe Buton, Le Parti communiste français à la libération. Stratégie et implantation. 2 Bde, Diss. Universität Paris I. 1988.

[8] Peter Novick, The Resistance versus Vichy. The Purge of Collaborators in Liberated France. London 1968. Die Angaben finden sich auf S. 317 der französischen Ausgabe (Paris 1985); alle weiteren Zitate stammen aus dieser Ausgabe.

Opfern der Säuberung auch gleich die Opfer der Nationalsozialisten verbuchten[9].

In den fünfziger Jahren brachte das »Comité d'histoire de la deuxième guerre mondiale« eine umfassende Untersuchung auf den Weg, die Departement für Departement prüfte und sich dabei auf die verschiedensten Quellen stützte: Polizei- und Gendarmerieberichte, Standesamtsregister, Zeugenaussagen usw. Ende der siebziger Jahre vom »Institut d'histoire du temps présent« wiederaufgenommen, deckt sie bis heute 76 von 90 Departements ab, also vier Fünftel des Landes. Die dabei erzielten Ergebnisse kommen den Angaben der Regierung von 1944 und 1952 sehr nahe. Danach setzt sich die Zahl der ohne jedes Gerichtsverfahren Getöteten folgendermaßen zusammen:

Zwischen 1943 und dem 6. Juni 1944:	2004
Zwischen dem 6. Juni 1944 und der Befreiung der Departements:	4025
Nach der Befreiung der Departements (August-November 1944):	1259
Datum unbekannt	18
	7306

Marcel Baudot, der die Ergebnisse ausgewertet hat, kommt zu der Auffassung, daß die Untersuchung der bisher noch nicht berücksichtigten Departements die offiziellen Ziffern, die 9000 bis 10000 Exekutionen ohne vorheriges Verfahren nennen, nicht wesentlich modifizieren wird; hastigen Hochrechnungen sei zu mißtrauen[10].

[9] Robert Aron, Histoire de la libération de la France, juin 1944 – mai 1945. Paris 1959.

[10] Zu dieser Untersuchung vgl. Comité d'histoire de la deuxième guerre mondiale: Statistique de la répression à la libération. In: Bulletin spécial (Juli 1967); Marcel Baudot, La Résistance française face aux problèmes de répression et d'épuration. In: Revue d'histoire de la deuxième guerre mondiale 8 (Januar 1971), S. 23ff., sowie ders., La répression de la collaboration et l'épuration politique, administrative et économique. In: La Libération de la France, S. 759–783, und ders., L'Épuration: bilan chiffré. In: Bulletin de l'Institut d'histoire du temps présent, Nr. 25 (September 1986), S. 37ff. Die noch nicht erforschten 14 Departements bzw. die Departements, zu denen noch keine Zahlen veröffentlicht wurden, sind: Creuse, Hérault, Indre-et-Loire, Landes, Loire-Atlantique, Loiret, Lot-et-Garonne, Oise, Pas-de-Calais, Bas-Rhin, Haut-Rhin, Savoie, Seine-et-Marne, Haute-Vienne, darunter also einige sehr bevölkerungsreiche Departements (Pas-de-Calais, Haut- und Bas-Rhin) oder solche, in denen die Aktivitäten der Résistance erheblich waren (Haute-Vienne, Savoie).

Diese Bilanz erfordert einige Anmerkungen. Zunächst ist es wichtig hervorzuheben, daß mehr als 80 Prozent der »summarischen« Exekutionen in die Okkupationszeit oder in die Zeit der Kämpfe im Zuge der *libération* fielen. Anders ausgedrückt: Die Vorstellung, es habe neben der legalen Säuberung weitreichende »wilde Säuberungen« gegeben, entspricht nicht der Realität. 1000 bis 2000 solcher Exekutionen fanden zwischen der Befreiung der Departements und Ende Herbst 1944 statt, jenem Zeitpunkt also, an dem diese Hinrichtungen praktisch aufhörten. Beispielsweise wurden von 208 »wilden« Hinrichtungen im Departement Seine (Paris und die nähere Umgebung) nur 57 nach der Befreiung der Hauptstadt am 25. August 1944 vollzogen. Und es spricht sehr viel dafür, daß in der Hauptstadt selbst nur sehr wenige Exekutionen stattgefunden haben[11].

Die zweite Bemerkung zur Gesamtzahl der in Selbstjustiz Getöteten bezieht sich auf die Opfer. Nach der erwähnten Untersuchung sind unter ihnen ziemlich viele Polizisten und Helfershelfer der Nationalsozialisten, gegen die von der Résistance seit 1943 eine Serie von Attentaten verübt worden war. Die Ermordung des bekannten Radio-Mannes Philippe Henriot etwa, Staatssekretär für Propaganda und wüster Nazi-Anhänger, am 28. Juni könnte als eine solche »summarische« Exekution qualifiziert werden, obwohl es sich eindeutig um eine Kriegshandlung (oder Guerilla-Aktion) handelte. Zu diesen Hinrichtungen müssen wir auch jene zählen, die von den Standgerichten (Cours martiales) angeordnet wurden, die im Kampfgebiet tätig waren und aus Männern der gaullistischen »Forces françaises de l'intérieur« (FFI) und den kommunistischen »Francs tireurs partisans« (FTP) zusammengesetzt waren und deren Urteile keine Rechtsgrundlage im strengen Sinne des Begriffes hatten. Der berühmteste Fall in diesem Zusammenhang ist in den Ereignissen von Grand-Bornand in der Nähe des Sees von Annecy zu sehen. Hier wurden 97 Angehörige der Miliz beschuldigt, »die Waffen gegen Frankreich erhoben zu haben«, und von einem improvisierten Kriegsgericht abgeurteilt, das sich auf den Artikel 75 des Strafgesetzbuches (geheime Zusammenarbeit mit dem Feind) berief. 76 Milizionäre wurden am 23. August 1944, nur wenige Tage nach der Befreiung des Departements Haute-Savoie, hingerichtet.

Hierbei handelte es sich eindeutig um Exekutionen außerhalb

[11] Vgl. Baudot, L'Épuration: bilan chiffré.

der Legalität, da diese »Cours martiales« Sondergerichte waren. Diese Hinrichtungen waren jedoch eine Antwort auf das Massaker, das am 26. März desselben Jahres auf dem Plateau des Glières (das auch in dieser Gegend liegt) stattgefunden hatte und bei dem die Deutschen mit Hilfe der Miliz an die 200 Partisanen umgebracht hatten. Zum anderen ist es wahrscheinlich, daß die Miliz-Mitglieder, wären sie vor ordentlichen Gerichten zur Verantwortung gezogen worden, angesichts der auf ihnen lastenden Straftaten ebenfalls zum Tode verurteilt worden wären. Tatsächlich hatten die provisorische Regierung und General de Gaulle unmißverständlich klargemacht, welches Schicksal die Milizionäre Vichys und alle diejenigen erwartete, die mit der Waffe in der Hand im Kampf gegen die Résistance gefaßt würden. Nach den Forschungsergebnissen des »Comité d'histoire de la deuxième guerre mondiale« wurden von den etwa 10 000 »außergerichtlichen« Exekutionen ungefähr 1000 nach Urteilen der beschriebenen Art (gefällt von »Cours martiales« oder von »Tribunaux militaire d'urgences«) vorgenommen, die von den offiziellen Stellen der provisorischen Regierung und den Regionalkommissaren der Republik, die diese repräsentierten, auch mehr oder weniger geduldet wurden.

Zu summarischen Exekutionen kam es nicht zuletzt deswegen, weil sich die gesetzlichen Instanzen zu langsam bildeten, zu milde vorgingen oder weil zum Tode Verurteilte in den Genuß einer Begnadigung kamen. Dort, wo ordentliche Gerichte rasch an die Arbeit gingen, war die außergerichtliche Säuberung begrenzt, da, wo die Mühlen des Gesetzes zu langsam mahlten, gewann die Selbstjustiz an Bedeutung. So gesehen, waren die »wilden« Säuberungen nur eine andere Form der inneren Auseinandersetzungen, die tragische, aber logische Folge des »französisch-französischen Krieges«, der seit Juni 1940 das Land zerriß und zwischen 1943 und 1944 erst richtig zum Ausbruch kam. Daniel Mayer, der sozialistische Führer der Résistance, erinnerte schon 1952, während der Debatte über die Amnestie-Gesetzgebung, daran, daß die illegalen Exekutionen in einer Zeit vollzogen worden waren, »in der der nationale Aufstand gegen den gemeinsamen Feind Pflicht jedes Bürgers« gewesen sei[12]. Und zu diesem Feind zählten für die Résistance Deutsche wie Franzosen gleichermaßen.

[12] Journal officiel, Débats parlementaires, Assemblée nationale, Sitzung vom 21. Oktober 1952, S. 4253.

Schließlich ist darauf aufmerksam zu machen, daß die »wilden« Exekutionen auch aus der gewaltigen Unordnung resultieren, die der Befreiung des Landes vorausging und die ihr folgte. Zweifellos gehörten zu den Opfern der »wilden« Säuberung auch unschuldige Menschen und drittrangige Kollaborateure; manche wurden auch von Leuten umgebracht, die mit der Résistance gar nichts zu tun hatten. Einige Widerstandskämpfer wurden von ihren Vorgesetzten außerdem wegen Plünderei, Vergewaltigung oder Kriegsverbrechen hingerichtet. Das ist darauf zurückzuführen, daß die »Forces françaises de l'intérieur« als eine der provisorischen Regierung unterstellte Armee betrachtet wurden, aber mehr noch darauf, daß ihre Führer genauso wie die der kommunistischen »Francs tireurs« normalerweise wirklich den Versuch unternahmen, die Hinrichtungen ohne gültiges Gerichtsurteil zu begrenzen oder zumindest zu überwachen, denn schließlich bestand ihr Hauptanliegen in der Wiederherstellung der politischen und sozialen Ordnung. Zahlreiche Widerstandskämpfer, vielleicht 1000, wurden zwischen 1944 und 1953 überdies zu Recht oder Unrecht deswegen verurteilt, weil sie sich unter dem Deckmantel des Widerstandskampfes Übergriffe hatten zuschulden kommen lassen. Einige von ihnen wurden sogar hingerichtet[13].

Geschorene Frauen

Zu den dramatischsten Erscheinungen der »wilden« oder außergerichtlichen Abrechnungen gehörte es, Frauen den Kopf kahlzuscheren. Wir wissen nicht, wie viele Frauen dieses Schicksal erlitten und warum. Es ist jedoch bekannt, daß diese Praktiken seit 1943, zweifellos auch schon vorher, angewandt wurden und in den ersten Monaten nach der Befreiung besonders häufig waren. Sie richteten sich gegen Frauen, die Beziehungen zu deutschen Soldaten unterhalten hatten (von den Franzosen »horizontale Kollaboration« genannt). Auch Prostituierte und Frauen, die nichts als freundschaftliche Beziehungen zu deutschen Soldaten gepflegt hatten, mußten diese Prozedur über sich ergehen lassen, ganz genauso Frauen, die mit den Nationalsozialisten kollaboriert oder Résistance-Kämpfer de-

---

[13] Vgl. Baudot, La répression de la collaboration, S. 762; Rousso, Le syndrome de Vichy, S. 47.

nunziert hatten. Überall im Land wurden Frauen in dieser Weise regelrecht an den Pranger gestellt: Wir wissen von solchen Vorkommnissen in den Departements Meuse oder Bouches-du-Rhône, in Savoyen, in Paris und in der Bretagne[14]. Meistens handelte es sich dabei um spontane und völlig unkontrollierte »volkstümliche« Aktionen. Manchmal wurden diese Scherungen *(la tonte)* aber sogar behördlicherseits in Szene gesetzt. Jacques Bounin etwa, ehemaliger Regionalkommissar der Republik in Montpellier, berichtet in seinen Memoiren, er selbst habe bei einem Treffen mit den FFI ohne jede Gefühlsregung die Initiative ergriffen, gerade so, als handele es sich dabei um eine gewöhnliche Polizeimaßnahme: »Es wird vorgeschlagen: Frauen, die mit Deutschen geschlafen haben, sind der Sittenpolizei vorzuführen; nach venerologischer Untersuchung werden sie geschoren und registriert.«[15] Tatsächlich scheinen diese Frauen, ganz gleich, worin ihr »Verbrechen« bestand, oftmals Prostituierten gleichgesetzt worden zu sein, woraus sich ein guter Vorwand für die Anwendung des traditionellen Scherens, eine angeblich vorbeugende Maßnahme, ableiten ließ[16]. Diese nur gegen Frauen gerichtete Gewalttat, die sie körperlich demütigte und die ganz gezielt auf ihre Andersgeschlechtlichkeit verwies (männliche Kollaborateure wurden manchmal geschlagen oder gedemütigt, aber niemals wegen ihres Geschlechts), stand in einer alten Tradition, bei der Ehebrecherinnen öffentlich angeprangert und durch die Straßen der Stadt geführt wurden, oft auf einem Pferd oder einem Esel[17].

Das tragische und schändliche Phänomen der »geschorenen Frauen« unterstreicht die Ersatzfunktion, die manche Aspekte der Säuberungen in Wirklichkeit hatten. Aus zahlreichen Augenzeugenberichten wissen wir aber auch, daß diese Art der Behandlung von Frauen vielerorts zu einer deutlichen Besänftigung des Volkszorns führte. Und genau dies war der Grund, weshalb die Säuberungen der ersten Wochen dort, wo Frauen geschoren wurden, weniger blutig abliefen als anderswo. Außerdem wurden Frauen, die diese öffentliche Demütigung erlitten hatten, nur selten hingerichtet. Denn entgegen mancher Le-

---

[14] Sophie Bernard, Le discours sur les »tondues«. Mémoire de maîtrise. Univ. Aix-en-Provence 1988.

[15] Jacques Bounin, Beaucoup d'imprudences. Paris 1974, S. 155 f.

[16] Bernard, Le discours, S. 32.

[17] Jean-Marie Guillon, La libération du Var. Résistance et nouveaux pouvoirs. In: Cahiers de l'Institut d'histoire du temps présent 15 (Juni 1990), S. 13.

gende wurden durchaus auch Frauen exekutiert; die Untersuchung des »Comité d'histoire« etwa ermittelte einige Fälle im Morbihan und in den Ardennen. Schließlich bleibt festzuhalten, daß die Frauen ausgerechnet zu dem Zeitpunkt Opfer geschlechtsspezifischer Repression wurden, als ihr Status in der französischen Gesellschaft einen grundlegenden Wandel zum Besseren erfuhr. Im Oktober 1944 wurde ihnen nämlich per Dekret das Wahlrecht zugesprochen. Anders als männliche Kollaborateure oder Männer, die sexuelle Beziehungen zu deutschen Frauen (oder Männern) gehabt hatten, waren nur ähnlich handelnde Frauen dem Vorwurf ausgesetzt, die Nation »betrogen« und mittels ihres Körpers »besudelt« zu haben, ganz als ob dieser der französischen Nation gehörte. Deswegen sei hier die berühmte Antwort der Schauspielerin Arletty an die Richter eines Säuberungsausschusses, die ihr die Liaison mit einem deutschen Offizier vorwarfen, in Erinnerung gerufen: »Mein Herz«, sagte sie, »gehört Frankreich, aber mein Hintern gehört mir.«

Es liegt auf der Hand, daß diese spezifische Art von Diskriminierung den Charakter einer kollektiven Buße hatte. Allein den Frauen wollte man in ihren intimen Beziehungen nicht das Recht zugestehen, einen Unterschied zwischen staatsbürgerlich-öffentlichem Verhalten – wie etwa bei der wirtschaftlichen Kollaboration der Prostituierten und der ideologischen Kollaboration von Denunziantinnen oder aktiven Résistance-Gegnerinnen – und privatem Verhalten zu machen, wie es in Liebesbeziehungen zu Besatzern zum Ausdruck kam[18]. Das war der Mechanismus, mit dem der Exorzismus des Faktums betrieben wurde, daß die meisten Franzosen beiderlei Geschlechts im öffentlichen wie im privaten Leben meist gar nicht anders konnten, als die Nation durch die harmlosesten Handlungen zu »betrügen« und zu »verraten«.

Die justitielle Säuberung

1. Politische und juristische Grundlagen

Die Diskussion über die juristischen Grundlagen, die politisch-soziale Rechtfertigung und die Legitimität der *épuration* begann in Algier, wo seit dem 3. Juni 1943 das »Comité français de

---

[18] Lucia Reggiani, Les tondues. Cortèges de barbarie à la libération (1944). Manuskript 1988. Im Archiv des IHTP, RF 517.

libération nationale« seinen Sitz hatte. Dort wurde am 20. März 1944 auch Pierre Pucheu, Staatssekretär des Inneren der Vichy-Regierung, hingerichtet. Er gilt gemeinhin als der erste Franzose, der »justitiell gesäubert« wurde. Es empfiehlt sich, kurz an die Prinzipien und Spezifika der Debatte zu erinnern, in deren Verlauf der Versuch gemacht wurde, mehrere gegensätzliche Gesichtspunkte miteinander in Einklang zu bringen. Zunächst mußte einfach der Notwendigkeit entsprochen werden, die Leute zu bestrafen, die für Verhaftungen, Tötungen und Deportationen sowohl einer sehr großen Anzahl von Widerstandskämpfern wie auch von anderen Franzosen verantwortlich waren, die vom Vichy-Regime zu Parias gestempelt worden waren: Juden, Freimaurer, politische Oppositionelle jeglicher Couleur. Außerdem sollte die *épuration* dafür sorgen, daß künftig jeder, der Vichy gedient hatte (ganz gleich, ob er dadurch mit den Besatzern kollaboriert hatte oder nicht), aus verantwortlichen Positionen entfernt werden konnte. Darüber waren sich die meisten Gruppen der Résistance einig, zumal sie wußten, daß die öffentliche Meinung bei Kriegsende strenge Bestrafungen fordern würde.

Alle Angehörigen der Résistance waren sich auch der Tatsache bewußt, daß die *épuration* für alle Gruppen, die nach der Befreiung an der Regierung beteiligt sein wollten, zu einem zentralen Kriterium der Legitimation werden würde; die Kommunisten (aber nicht nur sie) waren besonders entschlossene Befürworter einer radikalen Säuberung. Für die anderen hingegen, besonders für die Gaullisten, die christlichen Demokraten und für einen Teil der Sozialisten stand immer fest, daß die Säuberung unbedingt im Zeichen der Wiederaufrichtung der Republik und des Rechtsstaates vorzunehmen war, was die Verkündung von rückwirkenden Gesetzen und die Einrichtung von Sondergerichten natürlich zu einer delikaten Frage werden ließ, kompliziert noch dadurch, daß die justitielle Säuberung summarische Exekutionen und andere Formen der Selbstjustiz um jeden Preis verhindern sollte. Die Säuberung sollte schließlich den Prinzipien von Recht und Gerechtigkeit und nicht den Faustregeln politischer Rache folgen. Gerade die Verfolgung wegen »Meinungsdelikten« wäre republikanischen Werten, die es wiederherzustellen galt, besonders eklatant zuwidergelaufen. Bei der Fixierung der kaum auf einen Nenner zu bringenden Säuberungsprinzipien gab es unvermeidlich auch eher technische Schwierigkeiten: Das vor 1940 geltende Strafgesetzbuch sah weder die Besatzung durch eine fremde Macht noch eine Bürgerkriegssituation vor, und die Beamten, die in ihrer großen Mehrzahl dem Vichy-Regime gedient hatten, boten in den Augen der neuen Regierung nicht gerade eine Garantie unbedingter Verläßlichkeit. Außerdem schränkte die chaotische Lage des Landes unmittelbar nach der Befreiung die Ausübung einer geordneten und objektiven Rechtsprechung stark ein. Andererseits war es aber natürlich auch nicht möglich, das Ende der Feindseligkeiten und die Rückkehr zur Normalität einfach abzuwarten, bevor man zu Säuberungen schritt.

So wurden die Kollaborateure eher als »Vaterlandsverräter«, denn als Anhänger von Faschismus oder Nationalsozialismus verurteilt. Dies war nicht unproblematisch, denn während der Okkupationszeit standen sich zwei verschiedene Auffassungen von Legitimität und »nationalem Interesse« gegenüber. Wiederholt wurden deshalb von der neuen Regierung und vor allem von Justizminister Pierre-Henri Teitgen die Prinzipien der Säuberung und die extensive Auslegung des Begriffes »Verrat« erläutert und gerechtfertigt. Danach hatten die Kollaborateure durch die Zusammenarbeit mit dem Feind nicht nur Frankreich als souveränen Staat, sondern »Frankreich in seiner Seele« verraten. Jenseits der juristischen Bestimmungen ging es darum, den Vorrang bestimmter Werte zu bekräftigen:

»Frankreich, das ist zuvörderst eine Tradition, eine Kultur, eine Sendung, die die Seele dieses Landes ausmacht. Diese Seele entstand aus dem Erbe des christlichen Humanismus, aus dem von uns allen geteilten Glauben an ein natürliches Recht, das die Menschen, die Familien, die Regierungen, die Nationen, die Staaten bestimmt und das alle erkennen läßt ..., was gut, was schlecht, was ehrenvoll ist ... Sie ist aus diesem fundamentalen Glauben an die Überordnung des Menschen ... über die gesellschaftlichen Institutionen geboren, aus der Überzeugung vom Vorrang des Menschen sogar vor dem Staat, denn in unserer französischen Sicht steht der Staat im Dienste des Menschen und nicht der Mensch im Dienste des Staates. Diese französische Tradition, diese französische Sendung, die uns alle beseelt, rührt aus den fundamentalen Grundeigenschaften der Menschen jeglicher Hautfarbe, aller Rassen, aller Nationen und jeglichen Glaubens, der Menschen aller Länder und jeglichen Horizonts. Die Sendung gründet in diesem universellen Sinn ... Es führte die Hinnahme der Politik der Kollaboration nun aber dazu, daß alle diese Werte in Vergessenheit gerieten ... Es war ein Verrat an Frankreich gerade da, wo seine essentielle Kraft steckt. Was sie [die Kollaborateure] getan haben, war kein politischer Irrtum, kein politischer Fehler, es war die Leugnung der Existenzgrundlage unseres Landes, und dieses Verbrechen hat der Artikel 75 des Strafgesetzbuches im Auge.«[19]

Zwar erst im April 1946, also lange nach Formulierung der Säuberungsprinzipien gehalten, geht aus dieser Rede eines im Widerstand wurzelnden Theoretikers der *épuration* doch ganz deutlich hervor, daß die Résistance sich als Antwort auf die Barbarei und das totalitäre System des Nazismus verstand, auch indem sie dem Begriff der »Nation«, ganz in der republikanischen Tradition, sehr weit interpretierte.

Drei wichtige Modifizierungen und eine Neuerung wurden an den geltenden, aus der Zeit vor dem Krieg stammenden Gesetzen vorgenommen[20]. Die Strafverfolgung basierte auf den Artikeln 75 bis 86 des französischen Strafgesetzbuchs, von denen einige – glücklicherweise – 1939, am Vorabend des Krieges, geändert und verschärft worden waren. Diese Artikel verboten Handlungen, die »der Verteidigung des Landes schaden«, »Zusammenarbeit mit dem Feind« und »Angriffe auf die äußere Sicherheit des Staates«. Zu diesen Verbrechen, und hierin bestand die erste Modifikation, wurden auch Denunziationen gezählt, die in den Reihen der Résistance eine große Anzahl von Opfern gefordert hatten. Als zweite Modifikation wurden auch Aktivitäten gegen die Verbündeten »Frankreichs im Krieg«, also die Amerikaner, Engländer und Sowjets, zu diesen Straftatbeständen gezählt. Dies ermöglichte es beispielsweise, Personen zu bestrafen, die sich freiwillig zur Waffen-SS gemeldet und an der Ostfront gekämpft hatten. Diese Modifikationen waren ihrerseits aus einer wegweisenden Grundentscheidung abgeleitet, die die verschiedenen Regierungen zwischen dem 16. Juni 1940 und dem 25. August 1944 (also nicht nur das »Vichy-Regime«, dessen Geburtsurkunde vom 10. Juli 1940 datierte) nur als *autorités de facto,* nicht aber als legale Regierungen definierte. Beamte und Minister der Vichy-Regierung, die nicht durch Übereifer, nicht durch irgendwelche persönlichen Initiativen schul-

---

[19] Pierre-Henri Teitgen, Les Cours de Justice. Conférence du 5 avril 1946, Paris 1946, S. 16.
[20] Zu den juristischen Grundlagen der Säuberungen vgl. Novick, The Resistance versus Vichy, S. 229. Vorzuziehen ist freilich die äußerst genaue Untersuchung, die sich in dem von Emile Garcon herausgegebenen Code pénal annoté, Nouvelle édition, Librairie du Recueil Sirey, 1952, Bd. I: Artikel 1 bis Artikel 294, S. 244–414, findet.

dig geworden waren und die auch keine Verbrechen nach Artikel 75 begangen hatten, durften also eigentlich nicht strafrechtlich belangt werden. Aber sie konnten sich auch nicht darauf berufen, und darin bestand die dritte Modifikation, lediglich Befehle ausgeführt zu haben und deshalb auch nicht darauf hoffen, straffrei auszugehen. Das führte zu der wichtigsten Neuerung im Gesamttableau der gesetzlichen Grundlagen der justitiellen Säuberung: Durch einen Erlaß vom 26. August 1944 wurde eine als *dégradation nationale* bezeichnete Strafe für alle die eingeführt, die sich der sogenannten »nationalen Würdelosigkeit« (*indignité nationale*) schuldig gemacht hatten. Es handelte sich dabei um kein Verbrechen im juristischen Sinn, sondern um ein anstößiges Verhalten, mit dem der Bürger durch die Mitwirkung an Handlungen des Regimes und seiner Organisationen, durch seine Mitgliedschaft in kollaborierenden Parteien oder etwa durch Veröffentlichungen in der von den Deutschen kontrollierten Presse sich selbst aus dem Kreise der Nation ausgeschlossen hatte. Als Strafe dafür war vor allem der Verlust der bürgerlichen Ehrenrechte vorgesehen, was zum Beispiel durch den Entzug des aktiven und passiven Wahlrechts zum Ausdruck kommen konnte. Ähnliche Sanktionen wurden außerdem gegen alle verhängt, die gerichtlich verurteilt worden waren, gegen alle Abgeordneten, die für die Generalvollmachten Pétains gestimmt hatten, und ferner gegen alle Minister und Staatssekretäre der Vichy-Regierung.

2. Die Organe der justitiellen Säuberung

Es erwies sich bald als unmöglich, ganz auf die Einrichtung einer Sondergerichtsbarkeit zu verzichten. Vier verschiedene Tribunale hatten sich schließlich mit der justitiellen Säuberung zu befassen:

a. Spezielle Gerichtshöfe (»Cours de Justice«), die durch Erlaß vom 26. Juni 1944 ins Leben gerufen wurden und auf Wunsch General de Gaulles entstanden, der vermeiden wollte, daß die Behandlung von Kollaborationsvergehen allein den Militärtribunalen überlassen würde, die an sich als einzige die Kompetenz besaßen, im Krieg begangene, unter Artikel 75 fallende Verbrechen abzuurteilen. Die »Cours de Justice« setzten sich nach dem Muster der Schwurgerichte aus einem Richter und vier Schöffen (im französischen Rechtssystem für die Aburteilung von Verbrechen zuständig) zusammen. Die Schöffen wurden von den Befreiungskomitees in den Departements unter den Personen ausgesucht, die »ihr Nationalgefühl unter Beweis gestellt hatten«. Das war einer der am meisten umstrittenen Punkte, denn wo diese staatsloyalen Schöffen tatsächlich zur einen oder anderen Gruppe der Résistance gehört hatten, da konnte es scheinen, als seien sie Richter und Kläger zugleich. Diese Gerichte sprachen wie die Schwurgerichte Recht »im Namen des französischen Volkes«, hatten also eine stärkere Legitimität als die Militärgerichte. Die Aktenprüfung und die Entscheidung über eine Anklageerhebung wurden nicht, wie in Frankreich sonst üblich, einem unabhängigen Untersuchungsrichter übertragen, sondern dem Staatsanwalt. Das ermöglichte es den staatlichen Stellen, das Verfahren der Anklageerhebung weitgehend zu kontrollieren. Eine gewaltige Neuerung bestand darin, daß auch Frauen Geschworene sein konnten. Die Gerichtshöfe hatten das Recht, sämtliche Strafen zu verhängen, die auch von den Schwurgerichten ausgesprochen werden konnten (Todesstrafe, Zwangsarbeit, Zuchthaus, Gefängnis). Dazu kamen die bei einer *dégradation nationale* vorgesehenen Strafen, die im Zusammenhang mit ergangenen Todes- oder Gefängnisstrafen gewissermaßen automatisch zu verhängen waren. In Fällen, wo diese Strafe gesondert, nicht mit solchen Verurteilungen gekoppelt, verhängt wurde, nahmen die Gerichtshöfe de facto die Rolle von Zivilkammern wahr. Durch ein Gesetz vom Juli 1946 wurden die »Cours de Justice« aufgelöst, setzten ihre Tätigkeit jedoch bis zum 31. Januar 1951 fort. Danach wurden die Akten den ständigen Militärgerichten übergeben; Fälle, in die Minderjährige im Alter von 18 bis 21 Jahren verwickelt waren, wurden an Jugendgerichte überwiesen[21].

b. Die Zivilkammern (»Chambres civiques«) wurden durch Erlaß vom 28. August 1944 eingerichtet und den »Cours de Justice« angegliedert. Ihre Aufgabe war es, über Fälle von »nationaler Würdelosigkeit« zu befinden, wobei sie aber nur zwei Sprüche fällen konnten: Freispruch oder *dégradation nationale;* bei der »Degradierung« handelte es sich um eine lebenslang oder befristet verhängte Strafe, die sofort aufgehoben wurde, wenn jemand Widerstandshandlungen (*faits de résistance*) nachweisen konnte. Die Zivilkammern wurden am 31. Dezember 1949 aufgelöst.

[21] Diese Einteilung wird im ›Code pénal annoté‹ erwähnt, war aber nie Gegenstand einer genauen historischen Untersuchung; wesentliches über die Arbeit der Gerichte für Minderjährige ist deshalb noch unbekannt.

c. Auch die Militärtribunale waren mit vielen wichtigen Kollaborationsfällen befaßt, zumal in der ersten Hälfte des Jahres 1944, ehe die »Cours de Justice« eingerichtet worden waren. Dafür war die Militärgerichtsbarkeit insofern zuständig, als Frankreich sich offiziell nach wie vor im Kriegszustand befand und weil zahlreiche Kollaborateure nach Kämpfen mit den FFI gefangengenommen worden waren. Die Militärgerichte hatten nach Auflösung der »Cours de Justice«, zwischen 1951 und 1954, ferner die letzten Kollaborationsfälle zu erledigen. Außerdem waren sie für die Ahndung von Kriegsverbrechen zuständig, die die Besatzungsmächte begangen hatten; sie verurteilten Tausende von Deutschen sowie einige Italiener, Österreicher, Polen, Ungarn usw. (vgl. die folgenden Tabellen). Außer den Militärgerichten gab es noch die »legalen« Standgerichte, die sich mit bestimmten *épuration*-Fällen in den Kampfgebieten und ganz besonders auch dort befaßten, wo es eine starke Résistance gab. In der Praxis ist es freilich oft sehr schwierig, zwischen »improvisierten« Standgerichten oder militärischen Schnellgerichten (»Tribunaux militaires d'urgence«) zu unterscheiden, die beide als »außergerichtliche« Organe justitieller Säuberung und nicht als legale Militärgerichte gelten können. In der schwierigen Situation des Herbstes 1944 bleibt die Definition militärischer und politischer Autorität manchmal höchst unklar.

d. Ein Erlaß vom 18. November 1944 schließlich rief ein Sondergericht, den »Haute-Cour de Justice«, ins Leben, das aus drei Richtern und 24 Geschworenen bestand, die von Abgeordneten der Verfassunggebenden Nationalversammlung aus zwei Listen ausgewählt wurden: Die eine führte 50 Parlamentarier auf, die am 1. September 1939 dem Parlament angehört hatten – ausgenommen waren jene Abgeordneten, die für die Generalvollmacht Pétains gestimmt hatten –, auf der anderen Liste waren die Namen verschiedener Persönlichkeiten der Résistance oder ihr nahestehender Personen verzeichnet.

Aufs ganze gesehen haben diese Einrichtungen zu einem Gutteil ihr Ziel erreicht. Sie haben zu vermeiden gewußt, daß die justitielle Säuberung – wenigstens den Formen, wenn schon nicht immer dem Inhalt nach – zu einem bloßen Racheakt und zu politischer Siegerjustiz wurde. Ohne der eigentlichen Bilanz vorgreifen zu wollen, sei hier das Urteil eines ausländischen Beobachters zitiert, der vom alliierten Oberkommando beauftragt worden war, die *épuration* in Frankreich unter die Lupe zu nehmen und festzustellen, ob sich aus den französischen Erfahrungen Lehren für die Säuberung Italiens vom Faschismus ziehen ließen. Nach einer zwischen dem 26. Dezember 1944 und dem 22. Januar 1945, also gleich zu Beginn der *épuration* durchgeführten Untersuchung kam der amerikanische Offizier Palmieri zu positiven Ergebnissen. »Wenn man aus Italien kommt, erscheint einem das von den Franzosen angewandte Säuberungs-System sorgfältiger, schneller, aber weniger büro-kratisiert als das italienische.«[22] Über die »Cours de Justice« schrieb er: »Man muß zugeben, daß die Einrichtung der Ge-richtshöfe von einer sehr zu lobenden Voraussicht, von einer exzeptionell exakten Wahrnehmung der Ereignisse zeugt, die sich nach der Befreiung in Frankreich abgespielt haben.«[23] Der amerikanische Major würdigte auch die Kompetenz der Richter und die rasche Prozeßführung, was ziemlich erstaunlich ist, wenn man weiß, daß eines der größten Probleme bei den Säube-rungen der eklatante Mangel an professionellen Richtern gewe-sen ist. Andererseits kritisierte der amerikanische Beobachter das System der Zivilkammern und empfahl dringend, sich hier an einem in Italien angewandten Verfahren zu orientieren. Er war übrigens auch höchst erstaunt darüber, daß die von ihm befragten Franzosen sich so kritisch über die *épuration* in Frankreich äußerten[24].

3. Versuch einer Zahlenbilanz

a. Der »Haute-Cour de Justice«

Insgesamt sind vom Haute-Cour 108 Minister, Staatssekretäre, Generalsekretäre, Generaldelegierte, Generalkommissare und Generalgouverneure verurteilt worden, die den Regierungen zwischen dem 16. Juni 1940 und dem 25. August 1944 angehör-ten, ferner ein Staatsoberhaupt (Pétain) und ein Regierungschef (Laval)[25]:

---

[22] Report on French System of Epuration and the Prosecution of Crimes of Col-laboration, by Major E. L. Palmieri, Allied Control Commission, Italy, vom 10. Fe-bruar 1945, 39 Seiten, (hier S. 1), in: National Archives Washington, Record Group 331, box 19, 10000/105/896. Ich danke Hans Woller für die Überlassung dieses Doku-ments, das sich auch im Archiv des Instituts für Zeitgeschichte, München, findet.

[23] Ebenda, S. 4.

[24] Ebenda, S. 26.

[25] Vgl. vor allem die vollständige Liste bei Novick, The Resistance versus Vichy.

Vor der Verurteilung Verstorbene		8
Keine Verfahrenseröffnung		42
Freisprüche		3
Dégradation nationale (als Hauptstrafe)		15
– davon vollzogen	8	
– davon ausgesetzt wegen Beteiligung an der Résistance	7	
Gefängnisstrafe		14
– davon lebenslänglich	1	
– davon befristet	10	
– davon befristet und in Abwesenheit verurteilt	3	
Zwangsarbeit		8
– davon lebenslänglich	1	
– davon lebenslänglich und in Abwesenheit verurteilt	1	
– davon befristet	5	
– davon befristet und in Abwesenheit verurteilt	1	
Todesstrafe		18
– davon vollstreckt (Laval, Darnand, de Brinon)	3	
– davon umgewandelt (darunter Pétain)	5	
– davon in Abwesenheit verurteilt	10	
gesamt		108

b. Die »Cours de Justice« und die »Chambres civiques«

Die justitielle Säuberung durch die »Cours de Justice« und die Zivilkammern sollte eigentlich viel leichter statistisch zu belegen sein als die »wilde« Säuberung, denn schließlich basierte sie auf staatlichen Entscheidungen. Seit dem Erscheinen des Buches von Peter Novick im Jahr 1968, der die offiziellen zeitgenössischen Quellen analysiert hat, glaubte man auch tatsächlich, die Bilanz der justitiellen Säuberungen sei definitiv gezogen. Davon kann aber keine Rede sein. Erstens hat die erwähnte, vom »Institut d'histoire contemporaine« wiederaufgenommene Untersuchung des »Comité d'histoire« neue Gesichtspunkte zutage gefördert, deren Bedeutung nicht genügend Aufmerksamkeit geschenkt worden ist, auch von denen nicht, die mit dieser Arbeit betraut waren. Zweitens ergeben sich bei aufmerksamer Lektüre der Schlußfolgerungen, die Novick zog, Widersprüche; Irrtümer und Lücken treten in der Statistik zutage, die vom Autor präsentiert wird. Im begrenzten Rahmen

215

dieses Aufsatzes kann es nicht darum gehen, auf der Grundlage von Primärquellen neue Zahlen vorzulegen, aber doch wenigstens darum, das zu kritisieren, was die Historiker bisher mit den von ihnen benutzten Dokumenten gemacht haben. Das ist um so notwendiger, als die Pionier-Studie Novicks seit mehr als 20 Jahren von vielen anderen Historikern zitiert wird, ohne daß jemals dessen Quellen überprüft worden wären; so haben sich die Fehler perpetuiert[26].

Vereinfacht gesagt, gibt es drei Quellengruppen, aus denen ein einigermaßen zuverlässiger Aufschluß über die Gesamtergebnisse der justitiellen Säuberungen zu gewinnen ist: Bei der ersten handelt es sich um eine Gesamtübersicht über die Aktivitäten der »Cours de Justice« und der Zivilkammern bis zum 31. Dezember 1948, die in einem mehrseitigen Artikel der ›Cahiers français d'information‹, einer Publikation der Regierung, veröffentlicht wurde, der aber die Herkunft der aufgeführten Statistiken nicht klarmacht[27]. Der Artikel enthält zahlreiche Details über die 27 Gerichtsbezirke, denen die »Cours« zugeordnet waren; hier werden aber nur die Gesamtzahlen wiedergegeben:

1. Anzahl der Verfahren, in die oftmals auch mehrere Personen verwickelt waren

Von den Cours de Justices durchgeführte Verfahren	50 095
Von den Chambres civiques durchgeführte Verfahren	67 965
Summe der durchgeführten Verfahren	118 060
Niedergeschlagene Verfahren (Cours und Chambres)	45 017
Gesamtzahl aller Verfahren	163 077

[26] Vgl. die ersten Artikel von Marcel Baudot, Jean-Pierre Rioux, L'épuration en France (1944–1945). In: L'histoire 5 (Oktober 1978), meine eigenen Arbeiten, darunter ›Le syndrome de Vichy‹, und die zahlreicher anderer Historiker.

[27] Cahiers français d'information 128 (15. März 1949), S. 3ff. Diese Darstellung übernimmt Novick, The Resistance versus Vichy, S. 330f.

2. Anzahl der Personen, die im Rahmen der 50095 vor den Cours de Justice durchgeführten Verfahren belangt wurden

---

Freisprüche	8503
Todesurteile	7037
– davon in Abwesenheit 4397	
– davon in Gegenwart des Angeklagten,	
jedoch umgewandelt 1849	
– davon vollstreckt 791	
Lebenslange Zwangsarbeit (Abwesenheits-urteile nicht gesondert angegeben)	2777
Befristete Zwangsarbeit (Abwesenheitsur-teile nicht gesondert angegeben)	10434
Zuchthaus (Abwesenheitsurteile nicht ge-sondert angegeben)	2173
Gefängnisstrafen	23516
dégradation nationale (als Hauptstrafe)	692

Summe der vor Gericht gestellten Personen	55532

---

3. Anzahl der Personen, die im Rahmen der 67965 vor den Chambres civiques durchgeführten Verfahren belangt wurden

---

Dégradation nationale	48436
Dégradation nationale, aber aufgehoben wegen Widerstandshandlungen	8929
Freisprüche	19881

Summe der vor Gericht gestellten Personen	77296

Gesamtzahl aller vor Gericht gestellten Personen (aus den Übersichten 2. und 3.)	132828

Nach diesen Daten kam es in 118060 von 163077 Verfahren zu Verurteilungen, von denen im ganzen 132828 Personen betroffen waren. Die Strafen verteilten sich im einzelnen folgendermaßen:

Freispruch, Freilassung oder Aufhebung der Strafe	37 413
zum Tod Verurteilte, davon 791 hingerichtet	7 037
Zwangsarbeit, Zuchthaus, Gefängnis	39 200
Dégradation nationale	49 178
gesamt	132 828

Diese Quelle – die im übrigen nur bis zum 31. Dezember 1948 reicht – ist von großem Interesse, denn sie bietet eine der genauesten Statistiken, die jemals veröffentlicht wurden. Ein gewisses Problem besteht darin, daß diese Angaben manchmal im Widerspruch zu anderen, später veröffentlichten Zahlen stehen.

Die zweite Quellengrundlage sind die verschiedenen Erklärungen des Justizministers in Parlamentsdebatten zwischen 1951 und 1954, besonders in jenen über die Amnestiegesetze[28]. Diese sind im allgemeinen äußerst knapp gehalten und schweigen sich über die Herkunft der angegebenen Zahlen wie die Additionsmethoden aus. Von einigen Abschreibfehlern abgesehen, finden sich jedoch dieselben Zahlen, die offensichtlich aus ein und derselben Quelle stammen, in der 1952 erschienenen Ausgabe des kommentierten Strafgesetzbuches[29]. Von dieser Statistik soll hier erstmalig ausführlich Gebrauch gemacht werden; sie wird in gleicher Weise präsentiert wie die schon zitierten Statistiken. Sie gibt die definitive Bilanz der Tätigkeit der »Cours de Justice« und der »Chambres civiques« bis zum 31. Januar 1951 wieder.

1. Anzahl der Verfahren, in die oftmals auch mehrere Personen verwickelt waren

Von den Cours de Justice durchgeführte Verfahren	57 954
Von den Chambres civiques durchgeführte Verfahren	69 797

---

[28] Schriftliche Anfrage des Abgeordneten Paul Estèbe und Antwort des Ministers zu Todesstrafen und Zwangsarbeit. In: Journal officiel, Sitzung vom 12. Dezember 1941, S. 9100. Schriftliche Anfrage des Abgeordneten Jacques Isorni und Antwort des Ministers zur Gesamtanzahl der Strafen während der Säuberungen. Ebenda, Sitzung vom 11. Juli 1952, S. 3939. Der Beitrag Isornis in der Debatte über die Amnestie, ebenda, Sitzung vom 21. Oktober 1952, S. 4248. Die schriftliche Anfrage Léotards und die Antwort des Ministers, ebenda, Sitzung vom 23. März 1954, S. 1213.

[29] Code pénal annoté, S. 266.

Summe der durchgeführten Verfahren	127751

Vor dem Prozeß eingestellte Verfahren[30]	140001
Nach dem Prozeß eingestellte Verfahren	43501

Summe der eingestellten Verfahren	183512

Gesamtzahl aller Verfahren	311263[31]

2. Anzahl der Personen, die im Rahmen der 57954 vor den Cours de Justice durchgeführten Verfahren belangt wurden

Freisprüche		6724
Todesstrafen		6753
– davon in Abwesenheit	3910	
– davon in Gegenwart des Angeklagten, umgewandelt	2086	
– davon vollstreckt	767	
Lebenslange Zwangsarbeit		2702
– davon in Abwesenheit	454	
– davon in Gegenwart des Angeklagten	2248	
Befristete Zwangsarbeit		10637
– davon in Abwesenheit	1773	
– davon in Gegenwart des Angeklagten	8864	
Zuchthaus		2044
– davon in Abwesenheit	88	
– davon in Gegenwart des Angeklagten	1956	
Gefängnisstrafen	22883	
Dégradation nationale (als Hauptstrafe)		3578
– davon in Abwesenheit	19	
– davon in Gegenwart des Angeklagten	3559	

Summe der vor Gericht gestellten Personen	55331

[30] Ebenda. Dies ist die einzige Quelle, die diese Art von Fällen erwähnt.

[31] Der ›Code pénal annoté‹ nennt mit denselben Elementen eine Zahl von insgesamt 311516 Fällen. Dies ist einer der zahlreichen Rechen- und Abschreibfehler, die in den meisten zitierten Quellen zu finden sind.

3. Anzahl der Personen, die im Rahmen der 69 797 vor den Chambres civiques durchgeführten Verfahren belangt wurden

Dégradation nationale, lebenslang		14 701
– davon in Abwesenheit	4 755	
– davon in Gegenwart des Angeklagten	9 946	
Dégradation nationale, befristet		31 944
– davon in Abwesenheit	1 327	
– davon in Gegenwart des Angeklagten	30 617	

Summe der *dégradations nationales*	46 645[32]
Verurteilungen, aber Aufhebung wegen Widerstandshandlungen	3 184
Freisprüche	19 453

Summe aller abgeurteilten Personen	69 282

Gesamtzahl aller von Cours de Justice und Chambres civiques abgeurteilten Personen (aus den Übersichten 2. und 3.)	124 613

Nach dieser zweiten Quelle wurden also mindestens 311 263 Verfahren durch die »Cours« und »Chambres« eröffnet. 183 512 davon wurden eingestellt, 127 751 führten zu einer Strafverfolgung. Diese letzte Zahl betrifft im ganzen 124 613 Personen. Die Strafen verteilen sich im einzelnen folgendermaßen:

Freisprüche, Freilassungen, Aufhebung der Strafe	29 361
Todesurteile, davon 767 vollstreckt	6 763
Zwangsarbeit, Zuchthaus, Gefängnis	38 266
Dégradation nationale	50 223[33]

Die dritte Quelle besteht aus den Untersuchungen des »Comité d'histoire de la deuxième guerre mondiale« und des »Institut d'histoire du temps présent« für die einzelnen Departements.

[32] Der ›Code pénal annoté‹ nennt die Zahl von 46 145. Ich habe mich lieber auf die von Jacques Isorni in der Sitzung der Nationalversammlung vom 21. Oktober 1952 genannten Zahlen über die Strafen der *dégradation nationale* gestützt, deren Addition 46 645 ergibt. Den Autoren des ›Code pénal annoté‹ ist auch hier ein Rechen- oder Abschreibefehler unterlaufen.

[33] Die Gesamtsumme, die der ›Code pénal annoté‹ nennt, liegt bei 49 723, man beachte jedoch den Hinweis der Fußnote 32 auf die Fehler in diesem Werk.

Sie ist deshalb von besonderem Interesse, weil es sich bei den Erhebungen um lokale und regionale Basisdaten und nicht um Statistiken der Zentralverwaltung handelt. Ihr Defizit besteht darin, daß nur 76 der 90 französischen Departements berücksichtigt sind, wobei wichtige Departements wie vor allem Haut-Rhin mit der Stadt Colmar fehlen, dessen Gerichtshöfe aus verschiedenen Gründen nach Paris und Douai die meisten, nämlich mehr als 10 000 Fälle, behandelt haben[34]. Trotz ihrer Unvollständigkeit kommt diese Untersuchung zu interessanten Schlußfolgerungen nicht nur hinsichtlich der schon behandelten »summarischen« Exekutionen, sondern auch in Bezug auf die Hinrichtungen nach Gerichtsurteil, wenn wir etwa lesen, es habe »1393 Hinrichtungen nach rechtskräftigen Urteilen« gegeben, von denen »694 durch die Militärjustiz und 699 von den Cours de Justice verhängt wurden«[35].

Dies sind also die drei wichtigsten Quellen, über die wir heute verfügen. Vergleicht man sie miteinander, so ergeben sich einige Fragen. Zunächst scheint es, als hätten die Historiker bisher niemals die in der zweiten Quelle zitierte Zahl von 311 263 Verfahren ermittelt, die wir als die Gesamtzahl der Verfahren ansehen können, die von den Säuberungskomitees, der Polizei, der Armee oder der Gendarmerie der Justiz übergeben worden sind. Diese Zahl ist in zweifacher Hinsicht von Bedeutung. Sie vermittelt zunächst einmal eine Vorstellung von der Gesamtzahl der Menschen, vielleicht 340 000, auf denen die Bedrohung lastete, von einem Tag auf den anderen bestraft zu werden. Diese Ziffer gibt selbstverständlich nicht die Zahl tatsächlicher oder potentieller »Kollaborateure« an, aber sie verweist doch auf das gesellschaftliche Ausmaß der *épuration* in den Städten und Dörfern. Den Kontext jener Zeit in Rechnung gestellt und die Legenden berücksichtigt, die aus den Franzosen die reinsten Denunzianten gemacht haben, kann man annehmen, daß diese Zahl gleichwohl ein wenig überhöht ist. Andererseits kann man aus der Statistik entnehmen, daß 45 Prozent der Verfahren vor und 15 Prozent nach einer Voruntersuchung beigelegt worden sind. Anders gesagt, 60 Prozent der Verfahren waren überhaupt keine oder wurden von den Richtern, die auf die Strafverfolgung verzichteten, als nicht weiter erheblich angesehen. Das bedeutet, daß es trotz des manchmal ungeordne-

---

[34] Cahiers français d'information.
[35] Baudot, L'Épuration: bilan chiffré, S. 52.

ten Charakters der *épuration* und trotz aller Schwierigkeiten sehr wohl eine Art von »Sicherheitssieb« bei der justitiellen Säuberung gegeben hat, das eine dämpfende Funktion hatte und die schlimmsten Ungerechtigkeiten, so gut es ging, von den Betroffenen fernhielt. Auch wenn dem nach den Statistiken und allen greifbaren Quellen so ist, bedeutet das nicht, daß einzelnen nicht immer wieder Unrecht widerfahren wäre.

Im übrigen, und das ist meine zweite Bemerkung, enthalten alle Quellen Fehler und Ungenauigkeiten bei den Additionen und Transkriptionen. Außerdem sind sie mit unerklärlichen Widersprüchen behaftet: Wie kommt es zum Beispiel, daß in der zweiten Quelle (1951–1954), die an sich die vollständigste und detaillierteste ist, die Zahl der verurteilten *Personen* (124613) *niedriger* ist als die Anzahl der Verfahren, die zur Anklage kamen (127751)? Aus der ersten Tabelle (1948) geht hervor, daß die Zahl der angeklagten Personen viel größer (was auch logischer ist) war als die Anzahl der untersuchten Fälle. Wie kommt es, daß allen – Abgeordneten, Juristen, Ministern und schließlich Historikern –, die diese Zahlen unermüdlich wiederholt haben, dieses Problem nicht aufgefallen ist, daß sie es zumindest nicht zu erklären versuchten? Die Unstimmigkeit könnte sich einfach durch die Weitergabe von nicht registrierten Akten erklären, sie könnte aber auch auf Irrtümern, fatalen Irrtümern, beruhen.

Die Quellen weisen aber auch untereinander schwerwiegende Widersprüche auf. Die erste (1948) und die zweite Quelle (1951–54) stimmen beispielsweise nicht überein, obwohl beide aus dem Justizministerium stammen. Die Quelle von 1948 spricht von 791 vollzogenen Hinrichtungen, während die zweite, die *später* Bilanz zieht, die Zahl 767 nennt. Warum haben gerade die Historiker stereotyp immer wieder diese letzte Zahl zitiert? Daß sie aus späterer Zeit stammt, garantiert noch nicht, daß sie korrekt ist. Jedenfalls hat kein Historiker versucht, die eigentümlichen Differenzen zwischen den Zahlen von 1948 und denen von 1951–54 zu erklären, übrigens auch nicht die Tatsache, daß die Anzahl der verurteilten Personen in den Quellen von 1948 höher (132828) ist als in den Quellen von 1951–54 (124613), obwohl die *épuration* doch lange über den Dezember 1948 hinaus fortgeführt wurde[36].

---

[36] Novick, Resistance versus Vichy, nennt beide Quellen, ohne diesen wichtigen Unterschied zu erklären.

Die letzte Anmerkung ist vielleicht die wichtigste: Keine unserer Quellen, mit Ausnahme der letzten, vermittelt uns nämlich eine genaue Vorstellung von dem, was auf dem Sektor der Militärgerichtsbarkeit geschah.

c. Die Militärgerichtsbarkeit

Alle in den Statistiken des Justizministeriums genannten Zahlen beziehen sich allein auf die »Cours de Justice« und die »Chambres civiques«. Keines dieser Dokumente erwähnt die Arbeit der Militärtribunale. Seltsam daran ist, daß diese Gerichte schon bestanden, ehe die Gerichtshöfe und Zivilkammern eingerichtet wurden, und daß sie außerdem nach 1951, wie erwähnt, die von den »Cours de Justice« noch nicht erledigten Fälle übernahmen. In den offiziellen Statistiken findet sich auch keine Bilanz der Standgerichte, die schon in den ersten Monaten nach der Befreiung ihre Arbeit aufnahmen. Hier scheint es eine Art »schwarzes Loch« zu geben, das sich vielleicht daraus erklärt, daß die Standgerichte und Militärtribunale dem Verteidigungs- und nicht dem Justizministerium unterstanden. Auf einer Sitzung der Nationalversammlung antwortete der Justizminister beispielsweise dem Abgeordneten Léotard: »Es fällt nicht in die Kompetenz des Justizministers, zu den Fragen Stellung zu nehmen, die sich auf die Organisation und Arbeit der Militärtribunale beziehen, weshalb er den verehrten Abgeordneten bittet, sich an den Herrn Verteidigungsminister zu wenden.«[37] Es sieht nicht so aus, als hätten die »verehrten Abgeordneten« jemals eine solche Frage an den Verteidigungsminister gerichtet. Noch erstaunlicher ist, wie der Abgeordnete Jacques Isorni, Verteidiger Pétains und heftiger Gegner der Säuberungen, während der Debatten über die Amnestiegesetze den ganzen Problemkreis mit einer kleinen Anspielung evozieren konnte: »Wenn man die 766 Hinrichtungen, die aufgrund von Urteilen der Standgerichte vorgenommen wurden, nicht mitzählt, dann sieht die endgültige Bilanz der Cours de Justice folgendermaßen aus (...)«. Isorni zitierte danach auch genau jene offiziellen Zahlen, die in der zweiten Quelle genannt wurden. Und er zog daraus den Schluß: »In dieser Bilanz sind Urteile der Militärgerichte nicht enthalten, weil es oft sehr schwierig ist herauszufinden, wann diese Organe von sich aus Urteile gefällt haben und

---

[37] Journal officiel, Sitzung vom 23. März 1954, S. 1213.

wann sie angerufen wurden, jene in absentia ergangenen Urteile zu revidieren, die von den Cours de Justice verhängt worden waren.«[38]

Eigenartigerweise ist wiederum kein Historiker auf die Anspielung Isornis über die »766 Hinrichtungen der Standgerichte« eingegangen, und er selbst hat diese Information auch nicht gegen die Regierung verwandt. Es gibt nur vereinzelte wissenschaftliche Untersuchungen über die alles andere als nebensächliche Rolle der Militärgerichte, deren Urteile später in beträchtlicher Zahl von der Strafkammer des Kassationshofes aufgehoben worden sind[39]. Die Militärgerichte haben sich bis 1954 und in manchen Fällen sogar darüber hinaus mit einer ganzen Reihe von wichtigen Fällen befaßt. Doch nicht nur das, sie waren auch für die Aburteilung sämtlicher »Kriegsverbrechen« zuständig – 20 127, wenn man einer 1947 veröffentlichten Zahl Glauben schenken will[40] –, die von der Besatzungsmacht verübt worden waren.

Der einzige Historiker, der eine zuverlässige Bewertung der Arbeit dieser Tribunale vorgenommen hat, ist Marcel Baudot[41]. Für die 76 Departements, die er untersucht hat, nennt Baudot eine Ziffer von 694 Kollaborateuren, die nach einem rechtskräftigen Urteil der Militärtribunale hingerichtet wurden. Er gibt aber nicht an, wieviele Fälle untersucht worden sind, und in wievielen Fällen auf andere Strafen als die Todesstrafe erkannt wurde. Diese Ziffer hat eine ähnliche Größenordnung wie die von Jacques Isorni genannte Zahl von 766 Hinrichtungen.

Um die Aktivitäten der Militärgerichte zu veranschaulichen, sollen hier als Beispiele die Ergebnisse dreier Departements herausgegriffen werden, die der Untersuchung des »Komitees für die Geschichte des Zweiten Weltkriegs« entnommen sind[42]. Im Departement Bouches-du-Rhône gab es keine Standgerichte, doch verhandelten Militärtribunale gegen insgesamt 1234 Personen. 619 von ihnen wurden freigesprochen, 615 verurteilt

[38] Ebenda, Sitzung vom 21. Oktober 1952, S. 4248.

[39] Robert Aron ist einer der wenigen, die sich genauer mit dieser Frage beschäftigt haben, allerdings ohne Zahlen anzugeben. Vgl. Aron, Histoire de l'épuration, Bd. 2. Paris 1969, S. 52 ff.

[40] Touffet, Crimes de guerre et recherche des criminels de guerre. In: Recueil de droit pénal Juni 1947, zit. im Code pénal annoté, S. 276.

[41] Marcel Baudot, L'épuration: bilan chiffré.

[42] Untersuchungen der Mitarbeiter des Comité d'histoire de la deuxième guerre mondiale (CHGM) und des IHTP: Gaillard (Bouches-du-Rhône, 1977), Rougeron (Allier, 1980), Mouthon (Haute-Savoie, 1980). Vgl. Baudot, L'épuration, und Archiv des IHTP.

(105 zum Tode, von denen fünf auch hingerichtet wurden, 510 zu Gefängnisstrafen, Zwangsarbeit usw.). Im selben Departement verhandelten die »Cours de Justice« und die »Chambres civiques« gegen 4801 Personen. 2313 davon wurden freigesprochen, 3722 verurteilt (589 zum Tode; 33 wurden hingerichtet). Das bedeutet, daß in diesem Departement 20 Prozent der 6035 Personen, gegen die verhandelt wurde, vor einem Militärgericht standen; wahrlich keine *quantité négligeable.* Im Departement Haute-Savoie gab es keine Militärtribunale. Standgerichte aber haben dort über 101 Personen zu Gericht gesessen, die alle zum Tode verurteilt und exekutiert wurden. Als letztes Beispiel schließlich das Departement Allier, in dem Standgerichte und Militärtribunale elf Personen zum Tode verurteilten, von denen wiederum neun hingerichtet wurden.

An diesen Beispielen erkennt man, wie unterschiedlich die Gegebenheiten in den einzelnen Regionen waren und wie kompliziert und bedeutsam die Phänomene sind, die mit der Militärgerichtsbarkeit zusammenhängen. Eine gründliche Analyse qualitativer wie quantitativer Natur über diese Militärgerichte würde es ermöglichen, die Scheidelinie besser zu erkennen, die diese von jenen militärischen »Schnellgerichten« trennt, welche als ungesetzlich angesehen werden und deren Ergebnisse zur »außergerichtlichen« oder »summarischen« Säuberung geschlagen werden. Eine penible Untersuchung der Militärtribunale könnte eines Tages dazu führen, daß die Gesamtbilanz der justitiellen Säuberungen nach oben zu korrigieren ist: Allein bei den Hinrichtungen, die aufgrund eines legal zustandegekommenen Todesurteils vollzogen wurden, müßte sich die allgemein verbreitete Zahl *verdoppeln,* denn zu den 767 (oder 791) nach einer Verurteilung durch die »Cours de Justice« Hingerichteten kämen – wenn man den hier zitierten übereinstimmenden Zahlen glaubt – ungefähr weitere 700 Hinrichtungen hinzu, die nach einem Urteil der Militärgerichte vollzogen wurden. Insgesamt kämen wir so auf insgesamt 1500 Personen, die nach einem gesetzeskonformen Urteil exekutiert wurden. Und was ist mit der Zahl der Gefängnisstrafen, der Freisprüche, mit dem Gesamtumfang der von den Militärgerichten untersuchten Fälle? Trotz aller dieser Erwägungen ist es wichtig zu unterstreichen, daß die Größenordnung insgesamt, von der heutzutage ausgegangen wird, nicht von Grund auf umgeworfen werden muß: Die Säuberungen, legale und illegale, haben im ganzen 10000 bis 11000 Tote gefordert und zwischen 1944 und 1947 wohl mehr als 40 000 Menschen ins Gefängnis gebracht. Dennoch beeinträchtigen die erwähnten ungeklärten Fragen und Forschungslücken das Bild, das wir von der *épuration* haben.

Die Säuberung der Verwaltung

Parallel zur justitiellen Säuberung entwickelte sich sehr rasch eine andere Variante der Säuberung, die zum Ziel hatte, diejenigen zu bestrafen, die sich im Rahmen ihrer beruflichen Tätigkeit der Kollaboration mit dem Feind schuldig gemacht hatten, und zugleich Personen aus wichtigen Positionen in den Verwaltungen, den Unternehmen und sonstigen Bereichen des öffentlichen Lebens zu entfernen, die bei der Wiederherstellung einer demokratischen Ordnung nicht erwünscht waren. Die Situation der Beamten war besonders prekär, da das Regime von Vichy scheinbar auf gesetzlichem Boden gestanden hatte. Von 1943 an gehörten administrative Säuberungen ausdrücklich zu dem Katalog von Maßnahmen, die gegen das Vichy-Regime ergriffen werden sollten. Ein Erlaß der provisorischen Regierung vom 27. Juni 1944 legte die Grundlagen dieses Teils der *épuration* fest. Er zielte auf Personen, welche »die Unternehmungen des Feindes begünstigt« hatten, die der »Kriegsanstrengung Frankreichs und seiner Verbündeten entgegengearbeitet hatten«, also auf alle, die sich der Résistance widersetzt hatten, sodann auf alle, die »die verfassungsmäßigen Einrichtungen oder die grundlegenden Freiheiten des Bürgers verletzt« hatten; und schließlich richtete die *épuration* sich gegen alle jene, die »wissentlich materiellen Gewinn« aus ihrer Beteiligung an den vom 16. Juni 1940 bis zum 25. August 1944 amtierenden Regierungen gezogen hatten. Mit diesen Bestimmungen ließ sich ein sehr großer Prozentsatz von Managern und Funktionären, ließen sich namentlich alle Staatsbeamten in den Säuberungsprozeß einbeziehen. Eine extensive Interpretation dieser Bestimmungen fügte sich nicht nur in den allgemeinen Kontext der *libération*, sie nahm überdies alte Traditionen wieder auf: Seit 1789 hatte Frankreich mehrere Säuberungswellen erlebt, besonders unter dem Konvent, während der Hundert Tage und auch zu Beginn der Dritten Republik, von der Vichy-Regierung vorgenommene Säuberungen natürlich nicht zu vergessen[43].

---

[43] Claude Goyard, La notion d'épuration administrative. In: Paul Gerbod u.a., Les épurations administratives XIXe et XXe siècles. Genf 1977, S. 5ff.

In der Praxis stieß der Säuberungserlaß für die Verwaltung freilich umgehend mit einem entgegengesetzten Prinzip zusammen, das sich ganz an einer raschen Wiederherstellung der öffentlichen Ordnung orientierte. Das geht beispielsweise aus einem Rundschreiben an die Kommissare der Republik hervor, das die *épuration* in den Präfektur- und Departementsverwaltungen betraf. Dort heißt es: »Zwar ist es richtig, seine Unnachgiebigkeit unter Beweis zu stellen, aber doch nur in dem Maße, wie sie der Arbeit der Verwaltungen nicht schadet.«[44] Auch für diesen Bereich der *épuration* gibt es eine nach wie vor lebendige Polemik über die Intensität der administrativen Säuberung und über die Zahl hoher Beamter, die bei der *libération* »gerettet« wurden, um eine gewisse Kontinuität in der Verwaltung aufrechtzuerhalten. Auch hier sind die Zahlen leider oft widersprüchlich.

Nach dem gegenwärtigen Forschungsstand sollen von den insgesamt 850 000 Beamten in den Verwaltungen, öffentlichen Einrichtungen und verstaatlichten Betrieben (Militärs und Angehörige von Militärbehörden ausgenommen) insgesamt 16 113 Personen von den bei den Ministerien eingerichteten Säuberungskommissionen mit Sanktionen belegt worden sein, 6 500 von ihnen mit schärfsten Maßnahmen wie Entlassung, Kündigung oder Versetzung in den Ruhestand. Allein in der öffentlichen Verwaltung im engeren Sinne sollen gegen 11 343 Beamte Säuberungsmaßnahmen ergriffen worden sein, darunter gab es über 6 000 Dienstentlassungen verschiedenster Natur. Diese Gruppe öffentlicher Bediensteter ist also die Hauptzielscheibe der *épuration* gewesen. Bei diesen Angaben handelt es sich freilich um offizielle Zahlen, die von der Regierung zwischen 1948 und 1950 dem Parlament vorgelegt wurden[45]. Ähnlich wie bei der justitiellen Säuberung liegen diese Zahlen mit Sicherheit

[44] Zit. in Etienne Dejonghe u. Daniel Laurent, La libération du Nord et du Pas-de-Calais. Paris 1974, S. 180. Vgl. François Rouquet, Une administration française face à la Seconde Guerre mondiale. Les PTT, Bd. 3: L'Epuration. Diss. Université Toulouse-le-Mirail 1988, S. 137.
[45] Die Zahl 16 113 mit der Aufschlüsselung der Strafen gab der Premierminister in einer schriftlichen Antwort auf die Frage des Abgeordneten Albert Schmitt. In: Journal officiel, Sitzung vom 2. August 1948, S. 5 230. Die Zahl 11 343 nannte der Secrétaire d'État à la Fonction publique auf die Frage des Abgeordneten Louis Rollin. In: Journal officiel, Sitzung vom 25. Januar 1951, S. 408. Im Gegensatz zu dem, was Rouquet, Une administration française, S. 133, hervorhebt, handelt es sich tatsächlich um die Gesamtzahl der Verwaltungsbeamten (ohne staatliche Unternehmen) und nicht nur um die Beamten der »Zentralverwaltung«.

aber eher zu niedrig, allein schon deshalb, weil darin die Beamten, die von den »Cours de Justice« verurteilt und aus dem Dienst entfernt worden waren, nicht berücksichtigt sind.

In einer neueren Arbeit über die Postverwaltung hat François Rouquet als einer der wenigen diese offiziellen Zahlen nicht aufgegriffen, sondern kommt nach Auswertung der Akten des »Présidence du Conseil« aus dem Jahre 1948 zu einer ganz anderen Größenordnung. Leider beziehen sie sich nur auf einige Ministerien und einen Teil der großen Staatsunternehmen.

Bilanz der politischen Säuberung in einem Teil der öffentlichen Verwaltung[46]

	Zahl der Beamten am 1. Juni 1946	Entlassung, Kündigung, Versetzung in den Ruhestand	Andere Sanktionen	Summe sämtlicher Strafen	Anteil pro 1000
Ministerien					
Inneres	95 587	5 646	2 014	7 660	80,13
Veteranen	6 656	284	75	359	53,93
Kolonien	8 025			221	27,53
Justiz	17 493	198	133	331	18,92
Arbeit	16 172	174	86	260	16,07
Finanzen	107 936	797	645	1 442	13,33
Post	221 420	1 238	1 353	2 591	11,70
gesamt	473 289			12 864	
Industrie	29 937	262	183	445	14,86
Eisenbahn	499 700	260	927	1 187	2,37

[46] Rouquet, Une administration française, S. 134. Die Tabelle wurde vereinfacht. Die Gesamtzahl der Beamten des Industrieministeriums, die im Schema von Rouquet nicht verzeichnet sind, stammt aus Henry Rousso, Les élites économiques dans les années quarante. In: Le élite in Francia e in Italia negli anni quaranta. Mélanges de l'École française de Rome 95 (1983–2) und Italia contemporanea 153 (1983). Dieser Aufsatz bezieht sich auf die Gesamtzahl der Beamten im September 1944, also vor der Verringerung der Mitarbeiter, die in diesem Ministerium erheblich war. Auf die Zahlen zur Säuberung in der Industrie und der französischen Eisenbahn (genannt bei Rouquet) wird hier nur zum Vergleich hingewiesen, sie sind aber in der Gesamtsumme nicht enthalten.

Diese Tabelle zeigt, daß bei den sieben aufgeführten Ministerien, die mehr als 55 Prozent aller Beamten beschäftigt hatten, 12 864 Personen mit Sanktionen belegt wurden. Allein das sind mehr von der *épuration* Betroffene als in der offiziellen Zahl von 1951 angegeben, die sich auf die gesamte Verwaltung bezieht. Schon aus diesen Zahlen für einige Teilsektoren erkennt man, daß eine administrative Säuberung wirklich stattgefunden hat, daß sie aber sehr differenziert durchgeführt wurde. Der hohe Anteil der Sanktionen im Innenministerium überrascht nicht, wenn man weiß, welche Rolle die Polizeipräfekten von Vichy bei der Kollaboration gespielt haben. Überraschender ist schon das Sanktionsergebnis im Ministerium der Veteranen. Möglicherweise hatte das Ministerium 1946 bereits Zuständigkeiten verloren, die unter der Besatzung eine Rolle spielten, manche vom Vichy-Regime aufgeblähte Abteilungen waren verkleinert worden; deshalb ist hier die Prozentzahl höher als die absolute Zahl der Sanktionen. Die geringsten Spuren hinterließ die *épuration* in den technischen und wirtschaftlichen Verwaltungen, zwei bis drei Sanktionen auf 1000 Beamte etwa im Industrieministerium, obwohl diese Behörde doch ein Herzstück der ökonomischen Staatskollaboration war (allerdings saßen hier auch zahlreiche Beamte, die die Résistance unterstützten). Das bestätigt die These, daß der Bereich der Wirtschaft, wie noch näher zu zeigen ist, von der Säuberung generell nur wenig berührt wurde.

Die *épuration* der Armee hingegen war sehr scharf, denn nach den von General de Gaulle festgelegten Prinzipien waren die Soldaten nicht nur verpflichtet, mit Vichy und den Deutschen »nicht zu kooperieren«, sie waren »zum Widerstand verpflichtet« (*devoir de résistance*). Darüber hinaus hatten die Streitkräfte der »Waffenstillstandsarmee« von Vichy mehrfach, vor allem in den Kolonien, die Truppen des Freien Frankreich (»Forces françaises libres«) angegriffen. Genaue Informationen über die Säuberung haben wir nur bei den Offizieren des Heeres, die kürzlich Gegenstand einer Untersuchung waren. Von 35 000 Berufsoffizieren, die die Landstreitkräfte 1939 hatten, sind während der Kämpfe 1939/40 2000 gefallen, 10 000 gerieten in Gefangenschaft. Von den übrigen 23 000 stellten sich etwa 6 000 auf die Seite des Freien Frankreich und der Résistance. Die Säuberungskommission der Landstreitkräfte untersuchte insgesamt 10 270 Fälle (beinahe die Hälfte der 1944 aktiven Offiziere); von diesen wurden 6 630 wieder in die Armee aufgenommen, 2570 wurden entlassen (*dégagés des cadres*) und 650 in den Ruhestand versetzt. Nicht weniger als ein Viertel der Offiziere wurde also mit Sanktionen belegt, insgesamt von acht aktiven Offizieren einer. Die Generäle wurden noch schärfer angefaßt, denn von 181 untersuchten Fällen wurden nur bei 39 keine Strafen verhängt[47].

Die Säuberung der Wirtschaft

Die ökonomische Kollaboration war die bedeutendste und zugleich am weitesten verbreitete Form der Kollaboration. Sie wurde aber praktisch nicht geahndet. Während der ersten Monate der *libération* war die Säuberung dieses Sektors noch ein Hauptziel gewesen. Die Kommunistische Partei, aber auch viele andere Gruppen der Résistance verfochten dieses Ziel, um die Unternehmerschaft zu bestrafen und zugleich Bedingungen für eine Wirtschaftsdemokratie (*démocratie économie nouvelle*) zu schaffen, wie das auch im Programm des »Conseil national de la Résistance« gefordert wurde. Aber ähnlich wie bei der Verfolgung der Kollaboration in der Verwaltung geriet auch dieses Ziel bald mit Logik und Ratio des wirtschaftlichen Wiederaufbaus in Kollision. Eine allzu nachsichtige Säuberung enthielt zwar das Risiko, die sozialen Konflikte zu verschärfen, eine allzu stringente *épuration* dagegen würde das Land seiner Wirtschaftselite beraubt haben, die es dringend brauchte. Und gerade die Wirtschaftszweige, die am stärksten kollaboriert hatten – sei es freiwillig oder gezwungen –, waren für den Wiederaufbau des Landes unerläßlich.

In den ersten Wochen der Befreiung befand sich ein Teil des Landes geradezu in einer Atmosphäre des »sozialen Kriegs«. Die Gewerkschaften, besonders die kommunistische CGT (Confédération générale du travail) sowie zahlreiche andere Résistance-Gruppen wollten jetzt in gewisser Weise Rache an der Unternehmerschaft nehmen, die verdächtigt wurde, während der Besatzungszeit die Absicht gehabt zu haben, die sozialen Errungenschaften der Volksfront zu kassieren. Diese Haltung manifestierte sich in der Verhaftung einiger großer Figuren der französischen Unternehmerschaft; am bekanntesten war der

[47] Jacques Vernet, Le réarmement et la réorganisation de l'Armée de terre française (1943–1946). Vincennes 1980, S. 121 ff.

Fall Louis Renault. Der Kurs der CGT und anderer linker Widerstandsgruppen führte auch zu einigen wenigen Besetzungen von Fabriken und Unternehmen (von Berliet in der Gegend von Lyon beispielsweise oder von etwa 22 Unternehmen, darunter die Aciéres du Nord, in Marseille), zum Aufstieg von Arbeiterkomitees zur Leitung von Betrieben (»Comités ouvriers de gestion«) oder auch zur Errichtung von unter Führung der Kommunistischen Partei stehenden »patriotischen Unternehmenskomitees« (»Comités patriotiques d'entreprise«). Absicht dieser »spontan« entstandenen Ausschüsse war es, nicht nur der Kollaboration verdächtigte Unternehmen zu säubern, sondern in einigen Fällen auch verwaiste Positionen zu besetzen; diese Vakanzen hatten sich ergeben, weil sich manche Unternehmer und höhere Angestellte aus Furcht vor Repressalien nicht mehr in ihre Betriebe trauten, wegen der Kriegshandlungen geflohen waren oder sich versteckt hielten. Einige sahen in diesen Besetzungen und Beschlagnahmen auf Initiative der Arbeiterausschüsse Vorformen kommender großer Reformen – Raymond Aubrac etwa, Regionalkommissar der Republik in Marseille. Jahre nach dem Krieg erklärte er nämlich: »Jetzt kann ich es zugeben, die Requirierungen in Marseille gingen auf zwei Illusionen zurück: Ich dachte zunächst an Säuberungen, danach an Strukturreformen.«[48] Der Christdemokrat und Justizminister Pierre-Henri Teitgen dagegen vertrat immer einen entgegengesetzten Standpunkt: »Ich habe nicht das Recht, die Säuberungen für Strukturreformen zu mißbrauchen.«[49] Die Komitees, die die Führung von Betrieben übernommen hatten, wurden schließlich zur Keimzelle der Betriebsräte, die mit Erlaß vom 22. Februar 1945 ins Leben gerufen wurden. Dieses Dekret präzisierte ausdrücklich, es gehe darum, »die Existenz dieser Organe zu legalisieren und sie überall einzuführen«[50].

Diese »wilden« Säuberungen im Bereich der Wirtschaft während der ersten Wochen waren freilich sehr begrenzt. Insgesamt gab es nur etwa 100 Fälle dieser Art, hauptsächlich in Paris und Südfrankreich, in Marseille und Toulouse. Faktisch normalisierte sich die Situation sehr schnell wieder, und von allen Verstaatlichungen, die nach der Befreiung vorgenommen wurden, waren

[48] Zit. bei Guiral, L'épuration administrative dans le Sud-Est, in Paul Gerlod u.a., S. 100.
[49] Zit. bei Rioux, La France de la Quatrième République, S. 60.
[50] Claire Andrieu, Lucette Le Van und Antoine Prost (Hrsg.), Les nationalisations de la libération. De l'utopie au compromis. Paris 1987, S. 98.

nur die von Renault und die bestimmter Sektoren (des Bergbaus etwa) direkt mit einer Säuberungsprozedur verknüpft[51].

Wenn auch die Hoffnung vieler Widerstandskämpfer, eine neue Wirtschaftsdemokratie errichten zu können, nicht auf dem Wege über die *épuration* zu verwirklichen war, so gab es immerhin doch so etwas – wenigstens formal – wie Ansätze zu einer Wirtschaftssäuberung. Ein Erlaß vom 18. Oktober 1944 ordnete die Einrichtung von Komitees in den Departements an, die befugt waren, dubiose Profite zu konfiszieren (»Comités départementaux de confiscation des profits illicites«), ferner die Errichtung regionaler Säuberungskomitees (»Comités régionaux interprofessionnels d'épuration«) sowie auch noch einer Nationalen Kommission (»Commission nationale interprofessionnelle d'épuration«). Die erstgenannten Ausschüsse in den Departements hatten wie schon nach dem Ersten Weltkrieg die Aufgabe, die Bücher der Unternehmen durchzusehen, die während des Krieges und der Okkupation lukrative Finanzoperationen durchgeführt und hohe Gewinne erzielt hatten. Die regionalen Säuberungskomitees waren speziell damit beauftragt, Kollaborationshandlungen im Wirtschaftsleben zu verfolgen. Die Komitees zur Wirtschaftssäuberung waren paritätisch aus Mitgliedern der Arbeiterschaft, der Arbeitgeberschaft und Vertretern des Staates zusammengesetzt. Vorsitzender war ein Richter. Sie waren nur befugt, berufliche Sanktionen zu verhängen (Entlassungen, Verbot, in leitender Stellung zu arbeiten oder Verwaltungsräten anzugehören, usw.) oder die Strafe der *dégradation nationale* zu verhängen, wenn die Beschuldigten noch nicht vor einem »Cours de Justice« oder einer »Chambre civique« gestanden hatten.

Sehr bald aber stieß die *épuration* der Wirtschaft auf vielfältige Schwierigkeiten. Zunächst einmal ging alles sehr langsam vonstatten. Erst von 1946 an konnten die Komitees ihre Arbeit tatsächlich aufnehmen. Zu diesem Zeitpunkt war die öffentliche Meinung bereits geneigter, Milde walten zu lassen und die ganze Prozedur möglichst rasch abzuschließen. Außerdem hatte man allein die Stellung der Betroffenen im Auge, nicht aber ihr Eigentum. So konnte dem Chef eines Unternehmens zwar das Recht aberkannt werden, seinen Betrieb zu leiten, aber er blieb Kapitaleigner oder erhielt, wenn er Aktien hatte, weiterhin sei-

---

[51] Ebenda. Vgl. auch Grégoire Madjarian, Conflits, pouvoirs et société à la libération. Paris 1980.

ne Dividende. So konnte die Wirkung der Sanktionen nicht sehr groß sein. Außerdem waren alle Berufsgruppen ein und demselben Verfahren unterworfen, woraus sich flagrante Ungleichbehandlungen ergaben. So konnte etwa ein Unternehmer von der Unterstützung seines ganzen technischen und juristischen Apparats profitieren, ein Angestellter kaum, ein Arbeiter praktisch nie. Deswegen hatten es die verschiedenen Gremien, die regionalen Komitees, die dem Regionalkommissar der Republik oder dem Präfekt unterstellt waren, oder die Nationale Kommission, die dem Industrieministerium unterstand, mit einer hohen Abwesenheitsrate zu tun; jeder zweite oder dritte Sitzungstermin platzte. In den Komitees kam es außerdem regelmäßig zu ideologischen Konfrontationen, in denen sich zwei grundlegend verschiedene Auffassungen von Sinn und Zweck der Wirtschaftssäuberungen zeigten. Auf der einen Seite standen die Vertreter der Arbeitgeber, die meist die Unterstützung der Fachleute aus den Ministerien hatten (sie spielten bei der Bearbeitung der oft sehr spezialistischen Akten eine entscheidende Rolle). Sie plädierten für ein gemäßigtes Vorgehen und setzten sich immer wieder dafür ein, durch die Verurteilung der Chefs doch nicht die Betriebe zu bestrafen, die bei dem gerade anhebenden wirtschaftlichen Wiederaufbau unersetzlich seien. Auf der anderen Seite standen die Vertreter der Gewerkschaften, vor allem der CGT, die sich für ein, ganz im Sinne der Schaffung einer neuen Wirtschaftsdemokratie, viel radikaleres Vorgehen stark machten. 1947, als die Komitees knapp zwei Drittel der Fälle bearbeitet hatten, führte das Ausscheiden der kommunistischen Minister aus der Regierung und das Ende des Drei-Parteien-Bündnisses zu einer weiteren Verlangsamung der Arbeit der Säuberungskomitees, zumal die Delegierten der CGT nun auf den Bruch zusteuerten.

Das Säuberungskomitee von Paris, eines der wenigen, dessen Arbeit bislang untersucht worden ist, hat beispielsweise 4889 Fälle untersucht, 22 Prozent davon Arbeiter, 12 Prozent Angestellte, 45 Prozent leitende Angestellte und Techniker sowie 21 Prozent Arbeitgeber. Im ganzen belegte das »Comité regionale« 2596 Personen mit Sanktionen und sprach 1681 Beschuldigte frei. Die übrigen Verfahren wurden eingestellt oder an andere Instanzen überwiesen[52]. Das ist eine recht dürftige Bi-

[52] Jean-Pierre Bertin-Maghit, Le comité interprofessionnel d'épuration de Paris. In: La Gazette des Archives 136 (1987), S. 29ff.

lanz, wenn man bedenkt, daß Paris und Umgebung eine ganz zentrale Wirtschaftsregion ist und dort der Großteil der Unternehmen seinen Sitz hat.

Die »Commission nationale interprofessionnelle d'épuration« hat lediglich über 1538 Personen geurteilt. Mehr als 70 Prozent von ihnen gehörten zu Unternehmensleitungen (Präsidenten, Generaldirektoren, Mitglieder von Vorständen und Aufsichtsräten), die übrigen waren zu etwa gleichen Teilen Ingenieure, Angestellte, Arbeiter, Händler und Handwerker[53]. Von diesen 1538 Fällen wurden 1024 eingestellt, 150 an andere Instanzen überwiesen, 323 Personen wurden freigesprochen, und gerade 191 Beschuldigte wurden verurteilt – 45 davon zu *dégradation nationale*. Das ist wahrhaftig eine extrem niedrige Quote, selbst wenn einige herausragende Persönlichkeiten der französischen Unternehmerschaft in diesen Verfahren ihre leitenden Positionen verloren; aber das war nur eine winzige Minderheit[54].

Abschließend sei noch darauf verwiesen, daß die Nationale Kommission von den Betroffenen offenbar als eine so geringe Bedrohung angesehen wurde, daß es die Unternehmensleiter oft selbst waren, die darum baten, dort erscheinen zu können, um von Amts wegen »gesäubert« zu werden. Die »Commission nationale« hat deswegen eine sehr große Anzahl von Unbedenklichkeitszertifikaten ausgestellt, meist ohne jede Prüfung. Das legt den Schluß nahe, daß die Säuberung weit davon entfernt war, die Führungseliten der Wirtschaft zu bestrafen oder hier Erneuerung zu schaffen, sondern im Gegenteil eher dazu da war, den guten Ruf so mancher Person wiederherzustellen. Im übrigen bleibt festzuhalten, daß die *épuration* nach der Befreiung in manchen Berufszweigen unendlich viel moderater gewesen ist als die, die vom Vichy-Regime durchgeführt wurde. In der Filmindustrie etwa, in der insgesamt 60000 Personen arbeiteten, wurden nur 1087 Personen mit Sanktionen belegt (nur 25 Prozent von ihnen mit harten Strafen). Eine Quote, die zehnmal niedriger liegt als die, die sich nach den von Vichy

[53] Vgl. zu dieser Frage Aron, Histoire de l'épuration, Bd. 3, sowie Rousso, Les élites économiques.

[54] Ein interessantes Beispiel ist der von Annie Lacroix-Riz geschilderte Fall einer Banken-Säuberung: Les grandes banques françaises de la collaboration à l'épuration. II: La non-épuration bancaire, 1944–1950. In: Revue d'histoire de la deuxième guerre mondiale 142 (1986), und Claire Andrieu, La banque sous l'occupation. Paradoxes de l'histoire d'une profession. Paris 1990.

gesetzlich angeordneten antisemitischen Ausschlüssen aus dieser Branche ergab[55].

Schlußbetrachtung

Die Gesamtbilanz der *épuration* im befreiten Frankreich fällt auf den ersten Blick sehr unterschiedlich aus. Sie war in den verschiedenen Phasen und Regionen auch sehr uneinheitlich. Sie war auch inkohärent, namentlich deswegen, weil sie die wichtigste Art der Kollaboration, die *collaboration économique*, praktisch außer acht ließ. Und sie war natürlich unvollkommen.

Die im Rahmen der »Endlösung« besonders von den hohen Beamten der Vichy-Regierung begangenen Verbrechen beispielsweise wurden als solche niemals Gegenstand des Säuberungsprozesses. Doch das war in den meisten besetzten Ländern so, fast überall kam der in den Londoner Beschlüssen vom 8. August 1945 definierte Tatbestand der »Verbrechen gegen die Menschlichkeit«, der die Verfolgung der NS-Komplizen und Kollaborateure vorsah, nicht vor den sechziger Jahren, nach dem Prozeß gegen Adolf Eichmann im Jahr 1961, zur Geltung. Es dauerte bis zum Dezember 1964, ehe die Existenz dieses Tatbestandes im französischen Recht anerkannt wurde, dann nämlich, als solche Verbrechen für unverjährbar erklärt wurden. Und nicht vor 1979 wurde die erste Anklage wegen eines Verbrechens gegen die Menschlichkeit erhoben, und zwar gegen einen ehemaligen Beamten der Vichy-Regierung, Jean Leguay, der allerdings starb, bevor das Urteil erging. Klaus Barbie war 1987 der erste, der wegen eines solchen Verbrechens verurteilt wurde. Heute droht noch wenigstens drei Franzosen Anklage und Verurteilung dieser Art: Paul Touvier, Maurice Papon und René Bousquet, dem ehemaligen *Secrétaire général* der Vichy-Polizei. Doch auch von diesen Einzelfällen abgesehen, ist die *épuration* 1991, fast ein halbes Jahrhundert nach den Ereignissen, noch immer ein Thema[56].

In quantitativer Hinsicht war die politische Säuberung alles andere als eine flüchtige Episode: insgesamt ungefähr 11000 Todesopfer, wenn man die »wilde«, außergerichtliche Säube-

---

[55] Vgl. Jean-Pierre Bertin-Maghit, Le cinéma sous l'occupation. Le monde du cinéma français de 1940 à 1946. Paris 1989.
[56] Vgl. Rousso, Le syndrome de Vichy.

rung miteinbezieht, die sich zum großen Teil vor der eigentlichen *libération* abspielte, über 126 000 Menschen, die zwischen September 1944 und April 1945[57] interniert wurden, mehr als 40 000 zu Gefängnisstrafen Verurteilte, über 50 000 mit der *dégradation nationale* bestrafte Personen, mindestens 12 000 entlassene Beamte (wahrscheinlich aber viel mehr). Hinzuzufügen ist jedoch, daß die meisten Verurteilten zwischen 1947 und 1953 amnestiert wurden und nur ein Teil der Strafen auch wirklich verbüßt wurde. 1946 saßen noch 29 179 Menschen im Gefängnis, 1948, nach einer ersten Teilamnestie, fiel diese Zahl auf 18 384. 1954, nach den beiden großen Amnestiegesetzen von 1951 und 1953, gab es nur noch 975 wegen Kollaboration Einsitzende, 1960 noch neun[58].

Angesichts dieser Zahlen müssen zwei allgemein geteilte Auffassungen korrigiert werden. Die Behauptung, Frankreich habe keine politische Säuberung erlebt, stimmt nicht; diese Ansicht machte sich wohl wegen des inkohärenten und unvollständigen Charakters der *épuration* breit. Die Säuberung trug – wenigstens damals – dazu bei, bei den Betroffenen Rachegefühle und bei den Mitgliedern der Résistance wie einem Teil der öffentlichen Meinung ein Gefühl der Frustration entstehen zu lassen, das bis heute lebendig ist.

Zweitens hat man allzusehr der Tendenz nachgegeben, eine klare Linie zwischen »nicht-justitiellen« und »justitiellen« Säuberungen zu ziehen. Aus ethisch-moralischer Perspektive ist das gut zu begreifen, zumal dies seinerzeit auch ein wichtiges Anliegen war. Aus der historischen Rückschau ist diese klare Scheidung nicht mehr so eindeutig vorzunehmen, und zwar aus drei Gründen:

1. Was die Todesopfer, also die radikalste Konsequenz der *épuration*, angeht, so läuft die Scheidelinie doch deutlicher zwischen denen, die *vor* der *libération, also inmitten der Kämpfe*, getötet wurden, und jenen, die *nach dem Herbst 1944* hingerichtet wurden, als es schon gerichtliche Instanzen gab und damit die Möglichkeit, ungerechtfertigte »summarische« Hinrichtungen zu vermeiden und den festgenommenen Kollabora-

---

[57] Diese Zahl nennt Baudot in La répression à la libération, S. 769. Sie soll aus einem »Bericht« vom 28. April 1945 stammen, weitere Hinweise fehlen.

[58] Marie-Danièle Barré, 130 années de statistique pénitentiaire en France. In: Déviance et société 10 (1986) S. 116. Novick, The Resistance versus Vichy, S. 297 f., gibt ziemlich niedrige Zahlen an, die aus verschiedenen Erklärungen der Justizminister vor der Nationalversammlung stammen.

teuren ein Minimum an juristischen Garantien zu gewähren. Wenn man auf der einen Seite also die Zahl der Hinrichtungen ohne vorangegangenes Verfahren nach der Befreiung der Departements (1259 nach der Untersuchung des »Comité d'histoire« in 76 Departements, in ganz Frankreich vielleicht 2000) mit 1000 bis 2000 annimmt, und wenn man weiterhin annimmt, daß nach einer ordnungsgemäßen Verurteilung etwa 1500 Personen exekutiert wurden, dann wird man behaupten dürfen, daß die »wilde« Säuberung nicht schärfer gewesen ist als die justitielle Säuberung im eigentlichen Sinne. Man kann sich sogar fragen, ob es gerechtfertigt ist, für die Zeit vor der Befreiung des Landes überhaupt von »Säuberungen« zu sprechen. Damit würde das immer wieder auch blutige Vorgehen bei mancher Abrechnung während dieser höchst schwierigen Übergangsperiode keineswegs in Abrede gestellt, andererseits aber auch anerkannt, daß die Kämpfer der Résistance gegen die Kollaborateure nun einmal mit der Waffe in der Hand vorgehen mußten.

2. Die Grauzone zwischen den illegalen »Standgerichten« der *maquis,* den »legalen« Standgerichten und den Militärtribunalen, die vor der Errichtung der »Cours de Justice« tätig waren, ist von der Geschichtsschreibung noch längst nicht aufgehellt. Es ist auf jeden Fall schwierig, eine zufriedenstellende Differenzierung vorzunehmen, die die Feststellung ermöglichen würde, daß es bei den verschiedenen Formen der militärischen Gerichtsbarkeit unterschiedliche, klar abgrenzbare »Legalitätsgrade« gegeben hat.

3. Nicht alle sogenannten summarischen Exekutionen gehen auf das Konto einzelner Résistance-Kämpfer oder unbeherrschter Mörder. Viele dieser Tötungen erfolgten durch die Mitglieder der FFI und der FTP, die sicherlich außerhalb des formalen Rechts handelten, also außerhalb der formellen *Legalität,* wie sie zu Friedenszeiten gegeben ist. Doch die *Legitimität* dieser Widerstandskämpfer – man darf weder die schwierigen Zeitumstände noch den instabilen-provisorischen Charakter der neuen politischen Autoritäten vergessen – ist eigentlich auch nicht geringer gewesen als die der »Cours de Justice«, die sich ebenfalls aus Angehörigen der Résistance zusammensetzten, oft sogar aus denselben Personen.

Anders gesagt, die *épuration* – nimmt man den Begriff in seiner traditionellen Bedeutung – ist ein Gesamtkomplex, sie ist ein zusammengehörendes geschichtliches Phänomen. Sowohl in ihrer »illegalen« wie in ihrer legalen Phase wird von der politischen Säuberung im Grunde die Frage nach der Legitimität der Résistance aufgeworfen. Man kann deren Legitimität anerkennen oder sie dem Widerstand absprechen – das ist eine Frage der Ideologie und politischen Überzeugung. Für den Historiker ist es jedenfalls die Legitimität des Widerstandskampfes – eines Kampfes, der gegen die nazistischen Okkupanten und gegen Vichy und seine Kollaborateure geführt wurde, eines Kampfes, aus dem die *nach und nach legalisierte* Macht General de Gaulles hervorgegangen ist und der zwischen 1944 und 1945 ganz verschiedene Formen annehmen konnte –, die auch ein Herzstück des Prozesses der politischen Säuberung ist.

Die Vielfalt der politischen Säuberung erklärt sich letzten Endes auch aus den verschiedenen Funktionen, die sie in der öffentlichen Meinung von damals zu erfüllen hatte, wie kürzlich der Historiker Pierre Laborie in einer mit großer Ausdauer erarbeiteten Untersuchung gezeigt hat[59]. Alle Akteure in diesem Prozeß der *épuration*, die Regierenden, die Widerstandskämpfer, die Richter und auch die meisten Franzosen gehörten einem umfassenden Kosmos an, der sich nicht auf simple politische Zielvorstellungen zweier Randgruppen reduzieren läßt, die entweder in der Résistance engagiert waren oder zur Kollaboration gehörten. Für die französische Gesellschaft als ganzes hatte die Säuberung mehrere Funktionen zu erfüllen, die mit ganz unterschiedlichen, oftmals gegensätzlichen Zielen korrespondierten.

Zunächst hatte die *épuration* eine *Sicherheitsfunktion*: Die Internierungen und die Exekutionen (»summarisch« oder legal) der ersten Monate sollten die Feinde der Résistance daran hindern, ihren Kopf noch einmal zu erheben und nun ihrerseits im befreiten Gebiet eine Guerilla aufzuziehen. Diese Bedrohung gab es wirklch, denn gewisse Gruppen der Kollaboration im Exil hatten geplant, einen »weißen Widerstand« (*maquis blanc*) zu formieren[60].

Die *épuration* hatte ferner eine *Ersatzfunktion,* die dem Bedürfnis eines Teils der Öffentlichkeit nach Gewaltanwendung entsprach. Das Kahlscheren von Frauen hat dieses irrationale Bedürfnis kanalisiert, das sich durch die Gewalttätigkeit der

[59] Ich beziehe mich hier auf die Untersuchung von Pierre Laborie im Institut d'histoire du temps présent: Les pouvoirs en France à la libération.
[60] Vgl. Henry Rousso, Pétain et la fin de la collaboration. Sigmaringen 1944–1945. Brüssel 1984 (1. Aufl. 1980).

deutschen Besatzungsmacht aufgebaut hatte, ebenso wie manche öffentliche Hinrichtung, aus der ein großes Schauspiel gemacht wurde.

Die *épuration* erfüllte sodann die Funktion der *Wiedergutmachung* und der *Wiederherstellung der Gerechtigkeit,* ganz speziell zugunsten der Opfer der Kollaborateure, aber auch für die Nation als ganzes. Die Opfer der »Endlösung« hat sie allerdings ausgeklammert, weil damals nur wenige den spezifischen Charakter dieses Verbrechens begriffen.

Die *épuration* erfüllte eine Rolle bei der Wiederherstellung der sozialen Ordnung. Denn sie ermöglichte es, die Ausbreitung politischer Agitation zu verhindern, die sich wiederum aus den unerhörten Problemen, insbesondere den wirtschaftlichen Schwierigkeiten, nährten.

Die *épuration* erfüllte auch eine *Legitimationsfunktion,* indem sie die Autorität und die Macht derjenigen stärkte, die im Namen der Nation die Säuberungen durchführten. Von daher erklären sich die Rivalitäten zwischen den verschiedenen politischen Gruppierungen, die die Libération trugen, erklärt sich der Wettlauf zwischen einigen Befreiungskomitees in den Departements und den Regionalkommissaren der Republik, die den ganzen Prozeß in den Griff bekommen und den Vorrang des Staates und der Rechtsstaatlichkeit sichern wollten.

Schließlich hat die *épuration* auch eine wichtige Funktion bei der *Wiederherstellung einer nationalen Identität* und der nationalen Rekonstruktion. Hierauf zielte auch die durch die Erlasse von 1944 geschaffene Strafe der *dégradation nationale.* Durch die Ausschaltung derer, die Verrat am Vaterland, an der Nation und an der Republik geübt hatten, konnte Frankreich hoffen, sein künftiges Geschick auf eine wiedergefundene Identität zu gründen. Albert Camus schrieb damals: »Ein Land, das seine politischen Säuberungen versäumt, versäumt es, sich selbst zu erneuern.«[61]

Diese verschiedenen Funktionen der *épuration* haben freilich allein ihrer Natur wegen zu kaum zu bewältigenden Widersprüchen geführt: Wie sollen Recht und Gesetz in einer bürgerkriegsähnlichen Situation und im Angesicht von Feinden, die sich nicht um demokratische Grundsätze scheren, respektiert werden? Das Dilemma bestand darin, daß die Säuberung gerecht sein und zugleich der Rache an den Besiegten Raum lassen

---

[61] Albert Camus in der Zeitschrift ›Combat‹ vom 5. Januar 1945.

sollte. Wie sollte es bewerkstelligt werden, einerseits eine notwendige gründliche Säuberung durchzuführen und diesen Prozeß andererseits wieder zu unterbrechen, um den Bruderkrieg nicht immer weiterzutreiben? Und bis zu welchem Grad der Verantwortlichkeit sollte sie gehen? »Der Säuberung müssen Grenzen gesetzt werden, zeitliche wie inhaltliche. Sonst wird ›fortwährend ein Makelloser immer einen noch Makelloseren finden, der ihn säubert‹, und man wird nie zu einem Ende kommen«, schrieb Yves Farge, Regionalkommissar der Republik in Lyon, der sich nicht durch Zimperlichkeit ausgezeichnet hatte[62]. Manchmal schwebte über den Jahren 1944/45 der Schatten Robespierres und des *terreur* der großen Revolution. Konnte man ungestraft die Wirtschafts-, Verwaltungs- und Regierungseliten entlassen, ohne das Risiko einzugehen, sie nicht durch neue ersetzen zu können? Das Ausbleiben von Wirtschaftssäuberungen und die relative Zurückhaltung bei der *épuration* der Bürokratie erklären sich aus der Notwendigkeit, die Kontinuität des Staates zu garantieren und dem Wiederaufbau bessere Chancen einzuräumen. Hier hatte der Sinn für die Wirklichkeit Vorrang vor politischer Romantik, die Restauration Vorrang vor der Revolution.

War es schließlich nicht gefährlich, die Rekonstruktion nationaler Identität auf ein Ausschlußverfahren zu gründen, so gerechtfertigt dieses auch sein mochte? In einem Land, das seit zweihundert Jahren unter inneren Auseinandersetzungen litt und sich trotz allem im Grunde über die Grundwerte einig war, war die Amnestie letztlich unumgänglich – ebenso unvermeidlich wie das Fortbestehen schlecht vernarbter Wunden und langlebiger Rachegefühle. Die *épuration* konnte Köpfe rollen lassen, aber sie konnte weder die Vergangenheit ungeschehen machen, noch Vichy aus der kollektiven Erinnerung der Franzosen tilgen.

[62] Yves Farge, Rebelles, soldats et citoyens. Carnet d'un Commissaire de la République. Paris 1946, S. 224.

240

Stein U. Larsen
Die Ausschaltung der Quislinge in Norwegen

1933, im Jahr der Machtergreifung der Nationalsozialisten in
Deutschland, fanden sich in Norwegen einige kleinere Splittergruppen zu einer Partei zusammen, die sich »Nasjonal Samling«
nannte. Bei dieser Neugründung handelte es sich um eine typische rechtsradikale Partei, die sich zwar nicht direkt zum Nationalsozialismus bekannte, aber doch in mancher Hinsicht
ähnliche Ziele verfolgte wie die NSDAP in Deutschland. Das
galt etwa für die Absicht, den Marxismus zu vernichten, die
Entschlossenheit, Parteien und Klassenkämpfe zu beseitigen,
und den Vorsatz, ein »reinrassiges« Norwegen zu schaffen und
es zu der einstigen Größe zurückzuführen. An der Spitze dieser
neuen Partei stand mit Vidkun Quisling – anders als in den
meisten ähnlichen Bewegungen und Parteien im übrigen Europa – weder ein politischer Außenseiter noch ein sozialer Parve-
nu. Quisling, der im ländlichen Leben Norwegens tief verwur-
zelte Sohn eines Geistlichen, hatte eine vielversprechende Lauf-
bahn als Berufsoffizier hinter sich und war als Mitglied der
Bauernpartei von 1931 bis 1933 Kriegsminister gewesen, ehe er
die nationale Sammlungsbewegung ins Leben rief und zu großen Erfolgen zu führen versprach. Die hochgespannten Erwartungen zerschlugen sich aber in den Wahlen von 1933, 1934 und
1936, als es keinem einzigen Kandidaten der Partei gelang, ein
Mandat im Parlament, dem Storting, zu erringen. Bald grassier-
te deshalb ein starker Pessimismus in der Nasjonal Samling.
1937 wurden viele Parteimitglieder ausgeschlossen oder verließen die Partei freiwillig, und bei Beginn des Zweiten Weltkrieges hatte Quisling nur noch eine kleine Schar Getreuester um
sich, die überhaupt keine Chancen mehr besaß, auch nur einen
kurzlebigen politischen Aufschwung herbeizuführen[1].

Quislings große Stunde schlug erst 1940, als deutsche Truppen Norwegen besetzten. In geheimen Besprechungen mit Rosenberg, Raeder und zuletzt auch Hitler hatte Quisling schon

---

[1] Die beiden besten Bücher über die Geschichte der Nasjonal Samling und die
Karriere Quislings in leicht zugänglicher Sprache sind: Hans-Dietrich Loock, Quisling, Rosenberg und Terboven. Zur Vorgeschichte und Geschichte der nationalsozialistischen Revolution in Norwegen. Stuttgart 1970, und Oddvar Høidal, Quisling. A
Study in Treason. Oslo 1989.

zuvor viele Informationen über norwegische militärische Installationen an die Deutschen weitergegeben. Er hatte sogar den Vorschlag gemacht, bei einem deutschen Angriff auf Norwegen Hilfestellung zu leisten. In diesem Falle wollte er einen Coup d'état arrangieren und die Deutschen offiziell um Hilfe ersuchen. Zugleich hatte er um finanzielle Unterstützung für seine Partei und seine Zeitung in Oslo gebeten. Im Februar 1940 floß das erste Geld, mit dem er seiner Partei ganz neue Möglichkeiten eröffnen konnte[2].

Am 9. April 1940, als die deutschen Truppen in Oslo einrückten, trat Quisling vor die Mikrofone des Norwegischen Rundfunks und gab bekannt, daß er die politische Macht und alle Regierungsfunktionen übernommen habe. Zugleich verlangte er, daß die norwegischen Streitkräfte die Waffen niederlegten und ihren Widerstand gegen die Wehrmacht einstellten. Beides, die geheimen Besprechungen mit NS-Größen und der Staatsstreich vom April 1940, waren klassische Beispiele von Landesverrat. »Quisling« wurde deshalb über Nacht in der ganzen Welt zum Schimpfwort für landesverräterische Kollaborateure. Die Regierung Quisling hatte aber nur eine Lebensdauer von einer Woche; Hitler schickte sofort den Gauleiter von Essen, Josef Terboven, nach Norwegen, der eine Zivilverwaltung, das Deutsche Reichskommissariat in Norwegen, etablierte. Nach für die Norweger schmählichen Verhandlungen wurde die erste Regierung der Nasjonal Samling ohne Quisling gebildet. Erst am 1. Februar 1942 durfte sich Quisling dann doch noch Ministerpräsident und Chef einer Regierung von Deutschlands Gnaden nennen.

1945 wurde Vidkun Quisling als Führer der Nasjonal Samling und als Regierungschef des Landesverrats angeklagt, am 10. September zum Tode verurteilt; vier Wochen später bestätigte das Oberste Gericht das Urteil, und am 24. Oktober 1945

---

[2] Die bahnbrechende Studie über Quislings Beziehungen zu Deutschland und die Entwicklung im Jahre 1940 stammt von Magne Skodvin, Striden om Okkupasjonsstyret i Norge. Fram til 25. September 1940 (Der Kampf um das Okkupationsregime. Bis zum 25. September 1940), Oslo 1956. Mit diesem Buch wurde die später so genannte Skodvin-Schule der norwegischen Geschichtswissenschaft begründet. Vgl. auch Sverre Hartmann, Kritiske faser i Norges historie under annen verdenskrig (Kritische Phasen norwegischer Geschichte während des Zweiten Weltkrieges). Oslo 1965, sowie ders. und Johan Vogt, Aktstykker om den tyske finanspolitikk i Norge (Dokumente zur deutschen Finanzpolitik in Norwegen). Oslo 1958. Sehr instruktiv ist überdies Hans Frederik Dahls kleine Studie über Quislings Pläne für einen Staatsstreich, in: Historisk Tidsskrift (1976), S. 267–287.

wurde es vollstreckt. Der Quisling-Prozeß war der bekannteste norwegische »Kriegsverbrecher«-Prozeß; lediglich zwei weitere Leiter der Nasjonal Samling wurden zum Tode verurteilt. 22 Todesstrafen galten norwegischen Schergen und Denunzianten. Auch zwölf deutsche »Kriegsverbrecher« wurden hingerichtet[3].

Im Zusammenhang mit der Überwindung des alten Regimes in Norwegen ist die Verwendung des Begriffes »Entnazifizierung« insofern problematisch, als diese in Norwegen mittels Gerichtsverfahren durchgeführt wurde und sich die gesamte Debatte hierüber vor allem um die Anwendung zweier Paragraphen des Strafgesetzbuches drehte, nämlich um den Paragraphen 86 (»Wer im Krieg den Feind unterstützt, ist Landesverräter«) und um den Paragraphen 98 (»Umsturz der Staatsordnung ist Revolution«). Mit dieser dezidiert justitiellen Form der Abrechnung ging es der neuen politischen Elite Norwegens vor allem darum, gerechte Strafen für die verschiedenen Formen der Kollaboration zu verhängen. Nicht so sehr im Vordergrund stand dagegen der Versuch, die ohnehin nur schwach verbreitete norwegische Spielart des Nationalsozialismus auszurotten oder etwa eine »Entnazifizierung« des öffentlichen Lebens im deutschen Verständnis dieses Begriffes durchzuführen. Sie hätte wohl auch kaum Chancen gehabt, da man in Norwegen keine besonders klare Vorstellung vom Nationalsozialismus hatte: man dachte eher in Kategorien wie Verrat oder nicht-nationales, unpatriotisches Verhalten; ein Nazi war eben ein Treuloser, ein Betrüger seines Vaterlandes[4].

Am 9. April 1940, dem Tage der deutschen Besetzung Norwegens, war die Nasjonal Samling eine legale politische Partei, die in den Jahren zuvor, wie andere Parteien auch, an kommu-

[3] Die Protokolle der Verhandlungen vor dem Landgericht und dem Obersten Gerichtshof sind, mit ergänzenden Materialien, abgedruckt als: Straffesak mot Vidkun Abraham Lauritz Jonssøn Quisling. Oslo 1946.

[4] Als eine der jüngsten und dichtesten Abhandlungen über die justitielle Abrechnung in Norwegen vgl. Johs Andenaes, Det vanskelige oppgjøret. Rettsoppgjøret etter Okkupasjonen (Die schwierige Abrechnung. Die justitielle Abrechnung seit der Besetzung). Oslo 1979. Vgl. auf S. 264 ff. die Erörterung, in der der Autor den Unterschied zwischen einer Auseinandersetzung mit dem Nazismus und der Ahndung krimineller Vergehen im Sinne des norwegischen Strafgesetzbuches und der Provisorischen Statuten betont. Andenaes schreibt wörtlich: »Nazismus war nicht illegal in Norwegen.« Vgl. auch Frederik Dahls Zusammenfassung in: Hans Fredrik Dahl, Bernt Hagtvet u. Guri Gjeltues (Hrsg.), Den Norske Nasjonalsosialismen. Nasjonal Samling 1933–45 i tekst og bilder (Der norwegische Nationalsozialismus. Nasjonal Samling 1933–45 in Texten und Bildern). Oslo 1982, S. 212–219.

nalen wie nationalen Wahlen teilgenommen hatte. Zwar hatte sie ähnlich wie die Kommunistische Partei eine revolutionäre Umwälzung der Verfassungsordnung propagiert, jedoch, wie immer ausdrücklich hinzugefügt wurde, innerhalb der Meinungs- und Organisationsfreiheit. Quislings geheime Kontakte und seine Verhandlungen mit höchsten Würdenträgern der NSDAP in Berlin sowie sein Staatsstreich konnten, da davon nur eine Handvoll seiner Vertrauten gewußt hatte, schwerlich als Aktionen der Nasjonal Samling gelten. Seine Selbstinthronisation als Regierungschef und die Bestellung seiner Minister waren gleichfalls ganz Quislings alleiniger Initiative zuzuschreiben; einige Regierungsmitglieder erfuhren von ihrer Ernennung erst aus dem Radio oder bei der Zeitungslektüre. Aber keiner von ihnen, mit Ausnahme von Jonas Lie (später der wohl wildeste »Nazi« des Quisling-Regimes), wies das Angebot, sich an dem Staatsstreich zu beteiligen, zurück, und eine beträchtliche Gruppe von Parteimitgliedern fand sehr rasch den Weg nach Oslo, um die neue Regierung zu unterstützen.

Nachdem Hitler seine Strategie geändert und Quisling zur Aufgabe des eben gewonnenen Amtes des Regierungschefs gezwungen hatte, setzten dieser und seine Parteigenossen alles daran, die Nasjonal Samling zu reorganisieren und zu stärken, um ihre Position von April 1940 wiederzugewinnen. Es konnte also überhaupt keinen Zweifel darüber geben, daß die Quisling-Partei ganz gezielt darauf hinarbeitete, die durch die deutsche Besetzung gegebene Gelegenheit zu nutzen, um ihre politischen Interessen durchzusetzen und ihr revolutionäres Programm zu realisieren. Die politische Revolution wurde also durch deutsche Bajonette ermöglicht – aber war es auch »Landesverrat«?

Als gesetzliche Grundlage zur Strafverfolgung der Vorgänge um Vidkun Quislings Coup d'état und der daran beteiligten Personen diente den norwegischen Gerichten nach Kriegsende das ›Staffeloven‹, das Strafgesetzbuch, von 1902, hier vor allem die erwähnten Paragraphen 88 (Verrat) und 98 (Revolution). Es war klar, daß der Quisling-Prozeß hierauf gründen würde, auch wenn die später eingeführten Strafen (Todesstrafe, wirtschaftliche Sanktionen) im Strafrecht von 1902 nicht vorgesehen waren. Quisling hätte auch nach dem Militärstrafrecht, das ebenfalls aus dem Jahre 1902 datiert, abgeurteilt werden können, weil er seinen Staatsstreich initiierte, während sich das Land im Krieg befand, und noch dazu im Rundfunk die norwegischen Streitkräfte zur Kapitulation aufrief. Das Militärstrafrecht ver-

bot es allerdings, Angeklagte nach der Einstellung der Feindseligkeiten noch zum Tode zu verurteilen.

Ganz gewiß wären auch viele Mitglieder der Nasjonal Samling unter die Bestimmungen des Strafgesetzbuches von 1902
gefallen, zur Aburteilung insbesondere von Parteifunktionären
verschiedener Ebenen und von Personen, die von der Parteiführung in führende öffentliche Ämter gebracht worden waren,
hätten keine Sondergesetze geschaffen werden müssen. Die juristischen Probleme, die bei der Strafverfolgung von Mitgliedern der Nasjonal Samling nach 1945 deshalb entstanden, gehen
vor allem auf zwei Regelungen zurück, die während des Krieges
und unmittelbar danach getroffen worden waren, nämlich die
›Provisoriske Anordninger‹, die Provisorischen Statuten. Diese
vom norwegischen Widerstand und von Exilvertretern in
Stockholm entworfenen Statuten wurden von der norwegischen
Exilregierung in London verabschiedet[5].

Diesen Statuten sprachen einige Juristen aus zwei Gründen
die Legalität ab. Erstens seien sie von Organen erlassen worden,
die ihre Kompetenz überschritten hätten und zweitens verstößen sie gegen die norwegische Verfassung. Das erste Argument
stellte also die Kompetenz der Exilregierung in Abrede, überhaupt Gesetze erlassen zu können. Diese Kompetenz war ihr
aber durch das »Elverums-fullmakten« übertragen worden. Das
war der vom norwegischen Parlament (das sich am Tag de-
deutschen Besetzung in dem Dorf Elverum versammelt hatte)
einmütig gefaßte Beschluß, der Exilregierung bis zu dem Tage
die volle und uneingeschränkte Autorität zu übertragen, an dem
sich wieder ein norwegisches Parlament würde frei versammeln
können. Die zweite Attacke richtete sich gegen die »Nicht-
Verfassungsmäßigkeit« verschiedener Provisorischer Statuten,
die nach der Argumentation ihrer Gegner das in Paragraph 97
der norwegischen Verfassung niedergelegte Rückwirkungsverbot verletzten. Diese Verfassungsbestimmung besagte aus-

---

[5] Die wichtigsten Provisorischen Statuten waren: Die Statuten vom 3. Oktober
1941 über die Wiedereinführung der Todesstrafe und die Weitergeltung der Todesstrafe über das Kriegsende hinaus; die Statuten vom 22. Januar 1942, in denen die Mitgliedschaft in der Nasjonal Samling für illegal erklärt wird; die Statuten vom 26. Februar 1943 über die Säuberung des öffentlichen Dienstes; die Statuten vom 15. Dezember 1944 (die eigentlichen Statuten über den Hochverrat); die Statuten vom 16. Februar 1945 über Organisation und Verfahrensfragen der Prozesse; die Statuten vom 3. August 1945, in denen die Bestimmungen der Statuten vom 12. Dezember 1944 abgemildert wurden; und schließlich das Gesetz vom 3. August 1947, das alle Statuten formell
im »Gesetz über den Hochverrat« zusammenfaßte.

drücklich, daß weder das Parlament noch die Regierung Gesetze und Verordnungen erlassen konnten, die Handlungen für strafwürdig erklärten, die zur Zeit der Tat nicht ungesetzlich waren. Ebenso durfte nach der Verfassung niemand aufgrund von rückwirkenden Gesetzen bestraft werden[6].

Neben solchen juristischen Erwägungen spielte bei der politischen Säuberung auch der hin und hergehende Streit über eine zweifelsfrei allgemeine Definition des politischen Status eine Rolle, in dem sich Norwegen 1940 und in den Jahren bis Kriegsende befunden hatte. Befand sich das Land nach dem Kapitulations- bzw. Waffenstillstandsvertrag vom 10. Juni 1940 im Krieg mit Deutschland oder nicht? Wenn nicht, dann war das Verhalten der norwegischen Bevölkerung an den Prinzipien internationalen Rechts – den Haager Konventionen – zu messen, in denen der allgemeine Rahmen der Beziehungen zwischen der Militärverwaltung einer Besatzungsmacht und der Bevölkerung des besetzten Landes gesetzt wird. Diese Regeln erlaubten durchaus Akte der »Kollaboration« zwischen Norwegern und der deutschen Besatzungsmacht, dieses Verhalten war als legal einzustufen. Befanden sich Norwegen und Deutschland aber im Krieg, so waren Akte der Zusammenarbeit ebenso eindeutig als nicht-legal zu werten.

Knapp zusammengefaßt, lauteten die nach 1945 gegebenen offiziellen Antworten auf diese schwierigen Fragen etwa folgendermaßen: 1. Die norwegische Exilregierung in London hatte die volle verfassungsmäßige Kompetenz, alle Statuten und Gesetze zu erlassen, die sie als rechtmäßige nationale Regierung für erforderlich hielt. Diese Kompetenz konnte sowohl aus der Deklaration von Elverum als auch aus den allgemein akzeptierten Prinzipien einer Notstandsgesetzgebung abgeleitet werden. Außerdem räumte Paragraph 17 der Verfassung dem König (und seinem Kabinett) Regierungs- und Gesetzgebungskompe-

---

[6] Der beste Überblick über diese Debatte findet sich in: Innstilling fra et utvalg nedsatt av Justisdepartementet for å skaffe tilveie material til en innberetning fra Justisdepartementet til Stortinget (Bericht des vom Justizministerium mit dem Auftrag eingesetzten Komitees, Material für einen Bericht an das Parlament zusammenzustellen) vom 11. Januar 1962: Om Landsvikoppgjøret. Gjøvik 1962, S. 471–544, sowie Anhang 2: Literatur zum Säuberungsverfahren. Der Forbundet for Social Oppreisning (Gesellschaft für soziale Rehabilitierung) hat ebenfalls eine Fülle von Material herausgegeben, in dem alle Aspekte der Verfahren diskutiert sind; die bemerkenswerteste Veröffentlichung darunter: Supplement til Okkupasjonshistorien (Anhang zur Geschichte der Okkupation). Oslo 1975–1982; veröffentlicht unter dem Namen des »Instituts für die Geschichte der Okkupation«.

tenz für den Fall ein, daß das Parlament sich nicht versammeln konnte. 2. Die von der Londoner Regierung erlassenen Provisorischen Statuten verstießen nicht gegen das in Paragraph 97 der Verfassung niedergelegte Rückwirkungsverbot. Zum einen wurde diese Rechtsauffassung mit dem Hinweis verteidigt, daß dieses Sonderrecht gerade deshalb geschöpft wurde, um die eher »passiven Mitglieder« der Nasjonal Samling in den Genuß milderer Strafen zu bringen. Ihre Parteimitgliedschaft wäre nämlich auch nach dem Strafrecht von 1902 strafbar gewesen und war keineswegs eine Angelegenheit rückwirkender Straftatbestände[7]. Zum zweiten wurde argumentiert, die Einführung rückwirkender Statuten sei Teil des Rechts zur Notstandsgesetzgebung, über das jede Exilregierung verfüge. Unerwartete und unvorhersehbare große Gefahren für das Land heraufbeschwörende Handlungen mußten von Rechts wegen gebrandmarkt und verboten werden, auch wenn es im Moment solche Handlungen keine spezifische und detaillierte justitielle Handhabe gab. 3. Was die Frage des Kriegszustandes anging, so wurde erklärt, es habe überhaupt kein Zweifel daran bestehen können, daß sich das Land im Krieg mit Deutschland befunden habe. Schließlich habe der König und seine Regierung den Krieg gegen den Feind mit allen ihm in England und anderswo zur Verfügung stehenden militärischen und nicht-militärischen Mitteln fortgesetzt. Die Existenz der Exilregierung und eines Widerstands in der norwegischen »Heimat-Front« sei außerdem von allen drei Seiten anerkannt worden: von der Nasjonal Samling, von den Deutschen und von der Regierung in London. Die formelle Waffenstillstandserklärung vom 10. Juni 1940 habe sich nur auf die praktischen Maßnahmen der Internierung von Truppen und des Gefangenenaustausches in genau bezeichneten örtlichen Kampfzonen bezogen – keineswegs auf die gesamten Kriegsanstrengungen Norwegens. Auf dieses Faktum hätten sich zwischen dem 10. Juni 1940 und dem 8. Mai 1945 sowohl die deutschen Stellen wie auch die Quisling-Regierung wiederholt bezogen, ja sie hätten selbst Stellungnahmen herausgegeben, in denen von dem »weitergehenden Krieg zwischen Deutschland und Norwegen« die Rede war, den andauernden Kriegszustand also selbst bestätigt[8].

---

[7] Siehe hierzu insbesondere Frede Castberg, Juridiske Stridsspørsmål i Norges Politiske Historie (Juristische Kontroversen in Norwegens politischer Geschichte). Oslo 1961, S. 60f., sowie Andenaes, Det vanskelige oppgjøret, S. 91–97 und S. 114–124.

[8] Das Instrument des »Verfassungsnotstandsrecht« hat in Norwegen eine besondere

Die Verfolgung der Kollaborateure

Kurz nach der Kapitulation der deutschen Truppen in Norwegen begann die Heimat-Front (unterstützt von Leuten mit Polizeitraining, die aus dem neutralen Schweden kamen, und einigen Kräften aus der regulären Polizei), Personen zu verhaften und zu internieren, die der Kollaboration, des Landesverrats oder Kriegsverbrechen verdächtig waren. Die Pläne dazu waren seit langem in London vorbereitet worden, und dank der detaillierten Register in Stockholm und England sowie der unversehrt in Oslo beschlagnahmten Mitgliederkartei der Nasjonal Samling war es kein Problem, die Gesuchten ausfindig zu machen und in Gewahrsam zu bringen. Einige wenige entkamen zwar nach Schweden oder anderswohin, normalerweise kehrten sie aber nach einigen Monaten freiwillig nach Hause zurück oder wurden nach Norwegen ausgeliefert. Einige deutsche Kriegsverbrecher versuchten, in den großen Kriegsgefangenenlagern der Besatzungstruppen als einfache Wehrmachtsoldaten unterzutauchen, wurden aber von ehemaligen norwegischen politischen Häftlingen oder von ihren einstigen norwegischen Kollegen entdeckt und angezeigt.

Die umfangreiche Verhaftungswelle von einfachen Mitgliedern der Nasjonal Samling wurde zum einen mit Verdunkelungsgefahr gerechtfertigt, zum anderen mit dem Argument, sie vor einer »Nacht der langen Messer« schützen zu müssen. Die Folgen einer derart umfassenden Verhaftungsaktion für die einzelnen Betroffenen waren natürlich über die unmittelbare Festnahme hinaus gravierend. Später wurde dann auch wiederholt kritisch darauf hingewiesen, daß diese Pauschalaktion auch solche Verhafteten in unbilliger Weise stigmatisierte, die später vor Gericht freigesprochen wurden. Trotzdem behielten sie das soziale Brandmal als Kompromittierte und Verdächtige

rechtliche Tradition. Frede Castberg hat diese Doktrin entwickelt in: Konstitusjonell nødrett. Utredning avgitt etter oppdrag av Stortingets Presidentskap (Verfassungsnotstandsrecht). (Bericht im Auftrag des Parlamentspräsidiums), Dokument Nr. 2, Oslo 1953. Der »Notstand« wurde schließlich zum Dauerzustand durch das Gesetz vom 15. Dezember 1950, das dem König (also der Regierung) das verbriefte Recht einräumte, sich »in Notstandssituationen nicht-legal« zu verhalten. Das typische Argumentationsmuster der Nasjonal Samling z. B. in: Justus Lex (Pseudonym), Var Norge faktisk og rettslig i krig etter 10. Juni 1940? (Befand sich Norwegen nach dem 10. Juni 1940 faktisch und juristisch im Krieg?). Oslo 1948. Jüngst hierzu: Magne Skodvin, Krig og Okkupasjon 1939–1945 (Krieg und Besetzung 1939–1945). Oslo 1990.

und hatten deshalb später mit großen Schwierigkeiten zu kämpfen[9].

Tatsächlich wurden 37150 Personen – über ein Drittel sämtlicher Internierter bzw. polizeilich Gesuchter – später gerichtlich entlastet oder das Verfahren gegen sie wurde eingestellt – vielleicht ein Indiz für den anfänglichen Übereifer, jeden Verdächtigen zu fassen und nur ja niemanden zu übersehen. Viele Frauen etwa, die einen deutschen Freund gehabt hatten (oder auch nur in diesem Verdacht standen), wurden eingesperrt und oftmals sehr rauh angefaßt. Da diese Art der »Kollaboration« aber unter keine strafrechtliche Bestimmung fiel, mußten sie bald wieder entlassen werden. Frauen, die Kinder von deutschen Soldaten oder deutschen Zivilbediensteten hatten, kamen in Speziallager. Dahinter stand in der Regel die Absicht, sie zu schützen und sie später wieder mit ihren deutschen Gefährten zusammenzubringen, nachdem diese mit ihren Einheiten wieder nach Deutschland zurückgekehrt waren[10].

Die »Rettsoppgjøret«, wie die nach 1945 ausgeführten Gerichtsverfahren in Norwegen genannt wurden, sind statistisch und juristisch erfaßt und ausführlich dokumentiert. Die Verfahren waren ein Vorgang, der in der norwegischen Geschichte in dieser Größenordnung keine Parallele hat. In sämtlichen Medien, in Ämtern und Betrieben, im Parlament, in allen Winkeln der norwegischen Gesellschaft war die »Diskussion über den Rettsoppgjøret« viele Jahre lang *das* heißdiskutierte Kardinalthema. Um dem großen Interesse an diesen Verfahren nachzukommen, veröffentlichte das Justizministerium darüber 1962 eine umfassende, detaillierte Dokumentation[11].

[9] Es gibt viele Berichte über die schlimmen Erfahrungen, die Mitglieder der Samling bei ihren Internierungen machen mußten. Erwähnt wird das beispielsweise bei Albert Wiesener, Lys over landsvikoppgjøret. Det må ikke gå mørklagt over i historien (Licht auf die Säuberungsverfahren. Sie sollen nicht unaufgeklärt in die Geschichte eingehen). Oslo 1985, S. 49. Einen sehr persönlichen Bericht gibt Chr. Benneche, Landsvikoppgjøret og meg. Protest og Kritikk (Das Verfahren und ich. Protest und Kritik). Stavanger 1953, S. 48–68.
[10] Die Diskussion über die »tyskerbarna« (deutsche Besatzungskinder) hat in den letzten Jahren einige Aufmerksamkeit gefunden, da viele dieser Kinder, auch »Lebensborn«-Kinder, versucht haben, ihre norwegischen Familien ausfindig zu machen.
[11] Vgl. »Innstilling« (wie Anm. 6). Die von der Exilregierung angestellten Untersuchungen über die politische Entwicklung in Norwegen während der vierziger Jahre sind veröffentlicht in: Instilling fra Undersøkelseskommisjonen av 1945 (Bericht der Untersuchungskommission von 1945). Band I–V, Oslo 1946/47. Die Untersuchung der militärischen Entwicklung 1940 ist dokumentiert in: NOU (Bericht der norwegischen Regierung) 1979: 47. Rapport fra den militaere undersøkelseskommisjon av

Tabelle 1: Bilanz des »Rettsoppgjøret«[12]

Art des Urteils	Verhandlung wegen Landesverrats		Verhandlungen gegen Ausländer/ Kriegsverbrecher	
Todesstrafe,	30	(0,03%)	15	(4,3%)
Gefängnisstrafe,	17000	(18,3%)	66	(19,0%)
andere Strafen	3450	(3,7%)	0	
Freiwillige Übernahme einer Gefängnisstrafe ohne Prozeß	3120	(3,4%)	0	
Freiwillige Übernahme einer Strafe ohne Prozeß	25180	(27,1%)	0	
Entlastung, Einstellung des Verfahrens, Anklage fallengelassen	1375	(1,5%)	5	(1,4%)
	5500	(5,9%)	0	
Freispruch wegen mangelnder oder unzureichender Beweise	37150	(40%)	261	(75,2%)
gesamt	92805	(99,9%)	347	(99,9%)

Die Zahlen zeigen, daß nur 81 Deutsche (von über einer halben Million, die während der fünf Kriegsjahre in Norwegen eingesetzt waren) wegen »Kriegsverbrechen« verurteilt wurden; gegen insgesamt 2700 waren Ermittlungsverfahren anhängig gewesen. Diese geringe Anzahl Verurteilter beweist, daß die Verantwortung für das, was Deutschland Norwegen während des Krieges angetan hatte, nicht den »lokalen« Wehrmachtskommandos oder den deutschen »Zivil«-Behörden in Norwegen aufgebürdet wurde, sondern ganz überwiegend den Spitzen des

1946, avgitt 1950 (Bericht der 1946 eingesetzten militärischen Untersuchungskommission von 1950). Oslo 1979.
[12] Diese Tabelle aus ›Instilling‹ (wie Anm. 6), S. 110.

NS-Regimes, die später vom Internationalen Militärtribunal in Nürnberg und in anderen Prozessen in Deutschland verurteilt worden sind. Was die Deutschen in Norwegen angerichtet hatten, ging im großen und ganzen als Begleiterscheinung »legaler Kriegführung« einer Besatzungsmacht durch[13]. Dies bedeutete aber auch, daß ein großer Teil der Verantwortung für die meisten Untaten während der fünfjährigen Okkupation auf die norwegischen Kollaborateure fiel, vor allem auf die Mitglieder der Nasjonal Samling.

Die Verfolgung der Mitglieder der Nasjonal Samling

Ein an der Universität Bergen durchgeführtes wissenschaftliches Projekt hat für die gesamte Zeit der Existenz der Nasjonal Samling 54651 Mitglieder ermittelt[14]. Diese Zahl umfaßt sowohl deren Jugendorganisation (NSUF) wie die eigentliche Parteiorganisation. Das »Instilling om Landsvikoppgjøret« weist die Zahl von Parteimitgliedern, die nach 1945 eine Strafe erhielten, mit 45212 aus, so daß eine Diskrepanz von etwa 9000 Personen zwischen der Zahl der Gesamtmitgliedschaft und der Zahl derer bleibt, gegen die ermittelt wurde bzw. die eine Strafe erhielten.

Nach der Statistik der Nasjonal Samling hatte deren Jugendorganisation Anfang 1945 ungefähr 5500 Mitglieder[15]. Sie

[13] Einer der brutalsten Gestapo-Funktionäre (Abt. IV bis 1. 2. 1945) in Norwegen war der SS-Sturmbannführer Hermann Gustav Hellmuth Reinhard (Patzschke). Er konnte sich seinem Verfahren zunächst entziehen, 1967 wurde er in Baden-Baden vor Gericht gestellt, erhielt für verschiedene Morde aber nur fünf Jahre Gefängnis. Vgl. Odd Bergfald, Hellmuth Reinhard. Soldat eller moder? (Soldat oder Mörder?). Oslo 1967. Gegen den Gestapo-Führer Oskar Hans (Abt. I) lautete die Anklage, er habe die Exekution von mindestens 215 norwegischen Patrioten befohlen. Einige von ihnen wurden auf direkten Befehl des Sipo-Führers Fehlis umgebracht, aber einige Morde könnten auch auf Hans' eigene Initiative zurückgehen. Hans wurde vom norwegischen Obersten Gerichtshof freigesprochen, da er lediglich Befehle ausgeführt habe (Der Gerichtshof konnte keine ausreichenden juristischen Gründe finden, um ihn zu verurteilen!). 1947 konnte er Norwegen ohne Strafe verlassen. Vgl. ›Instilling‹, S. 266 f. Die Spitzen der »deutschen Zivilverwaltung«, also des Reichskommissariats und der Sipo, begingen Selbstmord: Josef Terboven, Willhelm Rediess, Heinrich Fehlis und Ernst Josef Albert Weiner.
[14] Eine mit einigen Tabellen versehene knappe Skizze des Projekts in: Stein U. Larsen, Bernt Hagtvet und Jan Petter Myklebust (Hrsg.), Who were the Fascists? Social Roots of European Fascism 1918–1945. Bergen 1980, S. 595–666.
[15] Die Zahlen für die NSUF finden sich in den norwegischen Parlamentsberichten, Nr. 92, 1945/46, S. 106.

waren unter 18 Jahre alt und entsprechend den Richtlinien des Generalstaatsanwaltes von den Strafverfolgungsmaßnahmen gegen die Nasjonal Samling nicht betroffen. Die 5500 NSUF-Mitglieder dürften sich in der Gesamtzahl der 37150 freigesprochenen Personen finden. Von den verbleibenden 3500 NS-Mitgliedern brachten es einige vielleicht fertig, die Polizei davon zu überzeugen, daß ihre Art der Mitgliedschaft keinen Anhaltspunkt bot, gegen sie vorzugehen. Das war dann erfolgversprechend, wenn der Betroffene nachzuweisen vermochte, daß er überhaupt nie Parteimitglied gewesen war oder nicht gewußt hatte, daß er als Mitglied geführt wurde. In solchen seltenen Fällen verfolgte bereits die Polizei die Angelegenheit nicht weiter. Doch normalerweise wurde die Masse solcher Fälle dennoch vor Gericht gebracht, dort aber dann die Anklage zurückgezogen. Einige der statistisch erfaßten 54651 Parteimitglieder waren im Mai 1945 auch schon gestorben. Doppelnennungen und andere Fehler kommen dazu. Als Fazit läßt sich aber sagen, daß nach dem Krieg praktisch alle Mitglieder der Nasjonal Samling vor Gericht gestellt worden sind.

Es war mehr als schwierig für einen erfaßten »NSler«, seinem Prozeß zu entkommen. Die norwegische Heimat-Front betrachtete schon die bloße Parteimitgliedschaft als so gravierenden Fall von Kollaboration mit dem Feind, daß jedes einzelne eingeschriebene Mitglied dafür verurteilt werden sollte, auch unabhängig davon, wie stark seine Unterstützung der Nasjonal Samling in der Praxis tatsächlich gewesen war. »Entnazifizierung« hieß für Norwegen also die vollständige justitielle Belangung jedes einzelnen Mitgliedes. Nur noch in den Niederlanden genügte die bloße Parteimitgliedschaft für eine Verurteilung, und nur dort wurde die Verfolgung von Parteizugehörigkeit ähnlich weit getrieben wie in Norwegen[16].

---

[16] Vgl. Jan Bank, The Legacy of Nazism and Post War Politics in the Nederlands, demnächst (1992) in Stein U. Larsen und Bernt Hagtvet (Hrsg.), Modern Europe after Fascism. Ein Standardwerk auch: Henry J. Mason, The Purge of the Dutch Quislings. Emergency Justice in the Netherlands. Den Haag 1952.

Tabelle 2: Sanktionen gegen Mitglieder und Nicht-Mitglieder der Nasjonal Samling

		NS-Mitglieder	Nicht-Mitglieder
Gesamtzahl der Angeklagten	92 805	51 212 (55,2 %)	41 593 (44,8 %)
Anzahl der Verfahrenseinstellungen	37 150	5 500 (14,8 %)	31 650 (85,2 %)

Die Tabelle zeigt eindeutig, daß Nicht-Parteimitglieder am ehesten mit einer Niederschlagung des Verfahrens rechnen konnten. Blieben 85,2 Prozent der Parteilosen von einem Verfahren verschont, so nur ganze 14,8 Prozent der Mitgliedschaft der Nasjonal Samling. Unter den nach polizeilicher oder gerichtlicher Prüfung von weiterer Verfolgung Ausgenommenen finden sich etwa 10 000 Frauen, die der schon erwähnten intimen Beziehungen zum deutschen Besatzungspersonal verdächtig waren. Unter den übrigen nicht weiter Belangten gibt es die unterschiedlichsten Gruppen: Angehörige des Freiwilligen Arbeitsdienstes oder Leute, die mit den Deutschen Geschäfte gemacht hatten; außerdem natürlich alle möglichen Betroffenen, die Opfer einer bloßen Verdächtigung durch Nachbarn geworden waren, oder solche, die aufgrund von allerlei obskuren Informationen zur Rechenschaft gezogen wurden, die die Heimat-Front in fünf Kriegsjahren angesammelt hatte.

Eigentlich konnte nur das Alter ein Parteimitglied vor dem Gerichtsverfahren »retten«. Das Konzept, die Vorstellung vom »Mitläufer« – die Inkarnation jeglicher Variante des »harmlosen« Partei-Mitgliedes –, wie er in der deutschen Entnazifizierung vorkommt, gab es bei der politischen Säuberung in Norwegen nicht. War jemand Mitglied der Nasjonal Samling gewesen, dann gab es dafür keine Entschuldigung; er war per definitionem ein Verräter, kam vor Gericht und hatte die entsprechenden strafrechtlichen Folgen zu tragen.

Arrangiert man das verfügbare Zahlenmaterial etwas anders, so erhält man einen besseren Eindruck davon, worum es beim »Rettsoppgjøret« gegen die Mitglieder der Nasjonal Samling ging, welche und wieviel verschiedene Tatbestände im Spiel waren[17].

[17] Aus ›Instilling‹, Tabelle III, S. 117.

Tabelle 3: Einfach- und Mehrfachbelastung von Mitgliedern und Nicht-Mitgliedern des Nasjonal Samling

	Mitglieder		Nicht-Mitglieder	
Einfache Mitgliedschaft	25 848	(57,2%)	–	–
Mitglied sowie eine weitere »Aktivität«	10 305*	(22,8%)	Eine »Aktivität« 6058	(79,9%)
Mitglied sowie zwei weitere »Aktivitäten«	5 192	(11,5%)	Zwei »Aktivitäten« 1240	(16,4%)
Mitglied sowie drei oder mehr weitere »Aktivitäten«	3 871	(8,6%)	Drei oder mehr »Aktivitäten« 282	(3,7%)
gesamt	45 216	(100%)	7580	(100%)

* Diese Zahl enthält 9 Personen mehr als Tabelle III der Originalquelle.

57,2 Prozent der Parteimitglieder, die vor Gericht gestellt wurden, hatten sich also nichts anderes zuschulden kommen lassen, als einfaches »passives« Parteimitglied gewesen zu sein. Freilich waren sie das Machtpotential Quislings und der wichtigste Beweis für seine politische Verankerung im norwegischen Volk gewesen. Die Parteimitglieder waren das Gewicht, das er in die Wagschale werfen konnte, wenn er mit Hitler zusammentraf oder seine Kräfte mit Reichskommissar Terboven maß.

Für die zweite Gruppe der Parteimitglieder, die wegen einer zusätzlichen »Aktivität« im Sinne des Regimes angeklagt waren, findet sich eine interessante Aufstellung darüber, was alles unter solche Aktivitäten fiel[18].

---

[18] Auswertung derselben Tabelle. Zur Definition der einzelnen Kategorien vgl. ebenda, S. 108. Die Eingruppierung habe ich folgendermaßen vorgenommen: 1,2,3 zu A; 4,5 zu B; 6,7,8,9 zu C; 10 entspricht D, 11 wie E, 14 wie F.

Tabelle 4: Gerichtsrelevante »Aktivitäten« von Mitgliedern der Nasjonal Samling

	Mitglieder		Nicht-Mitglieder	
A. Führende Positionen in der Nasjonal Samling; Stellungen als Propagandisten der Partei; Angebote, ein öffentliches Amt zu übernehmen	3 089	(30%)	52	(0,9%)
B. Aktivität im paramilitärischen »Hird«; Beschäftigung beim Arbeitsdienst; Gefängnispersonal; Soldat in der Waffen-SS	4 307	(41,8%)	1 126	(18,8%)
C. Mitglied der deutschen Polizei; Tätigkeit als Agent oder Informant für die Sicherheitspolizei oder die Wehrmacht; Beteiligung an Folter	909	(8,8%)	768	(12,8%)
D. Ökonomische Kollaboration, »ökonomischer Opportunismus«	328	(3,2%)	1 931	(32,3%)
E. Beschäftigung bei der Organisation Todt oder dem Reichskommissariat	1 295	(12,6%)	1 899	(31,7%)
F. Andere Aktivitäten	368	(3,6%)	211	(3,5%)
gesamt	10 296*	(100%)	5 987	(100%)

* Vgl. die Anmerkung zu Tabelle 3.

Von den 22,8 Prozent »aktiven« Parteimitgliedern waren also 41,8 Prozent in militärischen oder paramilitärischen Einheiten, im Hird, der norwegischen Version der SA, oder in den Formationen der Waffen-SS tätig gewesen. Es waren meist junge, oftmals auch ideologisch überzeugte Menschen, die für ihre Ziele auf die Straße gingen oder sich freiwillig an die Ostfront meldeten. Unter ihnen finden sich auch Arbeitsdienstführer oder Aufsichtspersonal in den von der Wehrmacht kontrollierten Lagern für russische oder serbische Kriegsgefangene. Ein weiteres knappes Drittel dieser »Aktivisten« gehörte zur Parteielite oder war mit direkter Unterstützung der Nasjonal Samling in öffentliche Ämter gelangt. Diese Gruppe könnte als die Gruppe der politisch-ideologisch Verantwortlichen charakterisiert werden. Sie legten die Parteilinie fest und repräsentierten in vielerlei Stellungen die Politik der Nasjonal Samling. Die 8,8 Prozent (909 Personen) verurteilter Aktivisten gingen direkt gegen ihre eigenen Landsleute vor und waren in alle möglichen schmutzigen und brutalen Machenschaften verwickelt, die für norwegische Patrioten die schlimmsten Konsequenzen hatten. 12,6 Prozent füllten irgendwelche nützliche Stellungen im mehr zivilen Spektrum der Besatzungstätigkeit aus; und nur ganze 3,6 Prozent wurden wegen privater »ökonomischer Kollaboration« in der einen oder anderen Form verurteilt.

Wirft man einen Blick auf die nicht in der Nasjonal Samling eingeschriebenen Personen, so zeigt sich, daß nur eine sehr kleine Zahl wegen der Übernahme einer öffentlichen Position verurteilt wurde. Beinahe zwei Drittel wurde wegen opportunistischem Verhalten in irgendeiner Form belangt, entweder wegen unmittelbarer wirtschaftlicher Kollaboration oder dafür, daß sie eine Beschäftigung bei den Deutschen angetreten hatten. 18 Prozent waren beim Arbeitsdienst oder in militärischen Verbänden tätig gewesen, während 12,8 Prozent an den am meisten verwerflichen Aktivitäten, im Dienste von Gestapo und Sipo, teilgenommen hatten.

Aus diesen Zahlen der Tabelle ergibt sich, daß von den Mitgliedern der Nasjonal Samling nur ein ziemlich kleiner Prozentsatz (8,8 Prozent) in der schlimmsten Form kollaboriert hatte. Ähnlich war es bei den Nicht-Parteimitgliedern, auch wenn hier der Prozentsatz etwas höher (12,8 Prozent) lag. Aber die Deutschen brauchten auch gar keine sehr große Anzahl von Männern und Frauen, um die Bevölkerung des besetzten Landes mit schlimmsten Terrormaßnahmen zu bedrohen und einzuschüchtern, denn schließlich standen im Hintergrund die deutsche Armee und die rücksichtslosen SS- und Polizeikräfte. Der Hauptunterschied zwischen den Kollaborateuren in der Nasjonal Samling und den Kollaborateuren ohne Parteimitgliedschaft bestand darin, daß erstere auf dem politischen und militärischen Feld besonders ausgeprägt war, während letztere vor allem Protagonisten »wirtschaftlicher« und »praktischer Kollaboration« waren.

Tabelle 5: Verurteilungen von Parteimitgliedern und Nicht-Parteimitgliedern aufgrund von zwei »Aktivitäten«

	Mitglieder		Nicht-Partei-mitglieder	
A. Führende Positionen in der Nasjonal Samling; Stellungen als Propagandisten der Partei; Angebote, ein öffentliches Amt zu übernehmen	3 279	(31,6%)	363	(14,6%)
B. Aktivität im paramilitärischen »Hird«; Beschäftigung beim Arbeitsdienst; Gefängnispersonal; Soldat in der Waffen-SS	4 362	(42,0%)	674	(27,1%)
C. Mitglied der deutschen Polizei; Tätigkeit als Agent oder Informant für die Sicherheitspolizei oder die Wehrmacht; Beteiligung an Folter	1 489	(14,3%)	668	(27,0%)
D. Ökonomische Kollaboration, »ökonomischer Opportunismus«	167	(1,6%)	271	(11,0%)

E. Beschäftigung bei der Organisation Todt oder dem Reichskommissariat	700	(6,7%)	544	(21,9%)
F. Andere Aktivitäten	358	(3,4%)	160	(6,5%)
Summe	10 385	(100%)	2 480	(100%)

Vergleicht man den Befund, der sich aus der Tabelle 4 ergibt, mit dem der Tabelle 5, so läßt sich erkennen, daß die prozentualen Ergebnisse bei den Parteimitgliedern einander in etwa entsprechen; bei den verwerflichsten Tatbeständen ist bei den Mitgliedern jedoch ein Anstieg auf 14,3 Prozent festzustellen (1489 Personen). Bei den Kollaborateuren ohne Mitgliedschaft dagegen ist ein drastischer Unterschied zwischen jenen mit einer und jenen mit zwei »Aktivitäten« festzustellen. Die unter A, B und C aufgeführten Tatbestände sind bei letzteren viel höher als bei ersteren, D und E viel niedriger.

Versucht man, dieses empirische Resultat zu interpretieren, so wird man sagen können, daß Personen, die mehr als eine »Aktivität der Kollaboration« auf dem Kerbholz hatten[19], dazu neigten, mehr in »häßliche« und militante Betätigungen verwickelt zu sein als andere. Das heißt, daß jemand, der ein prinzipiell eifriger Kollaborateur gewesen ist und an vielen Aktivitäten beteiligt war, auch die schlimmsten nicht gescheut hat. Man könnte von einem »Geflecht kollaborationistischer Aktivitäten« sprechen: Wurde jemand in eine kollaborationistische Aktivität verwickelt, so schlitterte er leicht auch in die nächste. Beging er die zweite, dann war es nicht weit hin bis zur dritten usw.[20].

Eine solche typische »Karriere« durchliefen beispielsweise viele junge Mitglieder der NSUF, die sich freiwillig zur Waffen-SS meldeten und dann an die Front kamen. Während der militärischen Ausbildung wurden sie von ihren Vorgesetzten oder von Gleichaltrigen indoktriniert. Nach dem Fronteinsatz »schnappte« sie entweder die Nasjonal Samling oder sie wurden

---

[19] Zur Zahl der Personen, denen mehr als »eine Aktivität« vorgeworfen wurde, vgl. ›Instilling‹, Tabelle III, S. 117.

[20] Auf die genaue Darlegung der etwas komplizierten Art der Auswertung der ›Instilling‹-Tabelle kann hier nicht näher eingegangen werden.

von der Sicherheitspolizei angeheuert und so in deren Geschäfte hineingezogen. Normalerweise gab es für die jungen Leute die Option des »ökonomischen Opportunismus« nicht, und sie wurden auch nur selten Angestellte beim Reichskommissariat oder Arbeiter in der Organisation Todt. Ein Kollaborateur, der nicht der Nasjonal Samling angehörte, wurde vielleicht direkt als Spitzel geworben, aber auch er konnte rasch in dieselbe Dynamik von sich nach und nach beschleunigenden kollaborationistischen Handlungen geraten. Er mochte erst durch einen Vertrag mit dem Reichskommissariat oder der Wehrmacht gewonnen worden sein und später auf das Feld der abstoßenderen Tätigkeiten als Informant oder ähnliches geraten sein; vielleicht war dabei auch eine »Belohnung« in Form einer öffentlichen Position herausgesprungen.

Das Geflecht des Kollaborationismus ähnelt sehr den typischen Mechanismen terroristischer oder geheimer paramilitärischer Rekrutierung in modernen Gesellschaften. Ist eine Person definitiv rekrutiert und hat sie ihre ersten, meist kriminellen »Test-Aktivitäten« bestanden, verliert sie den Kontakt zum normalen Leben außerhalb der Gruppe und wird tiefer und tiefer in das »terroristische Netz« gezogen; ihre Gruppenzugehörigkeit legitimiert sie durch immer schwerere kriminelle Handlungen[21].

Tabelle 6: Im Zuge der Säuberung verhängte Gefängnisstrafen[22]

Strafmaß	Anzahl der Verurteilten	
21 Tage – 90 Tage	651	(4,4%)
90 Tage – 6 Monate	1 841	(12,5%)
6 Monate – 1 Jahr	2 810	(19,1%)
1 Jahr – 3 Jahre	4 834	(32,8%)
3 Jahre – 5 Jahre	3 057	(20,8%)
5 Jahre – 8 Jahre	958	(6,5%)
8 Jahre oder mehr	506	(3,4%)
lebenslänglich	72	(0,5%)
gesamt	14 729	(100%)

[21] Vgl. zu den hier angeschnittenen Verhaltensmustern etwa Klaus Wasmund, Zur politischen Sozialisation in terroristischen Gruppen. In: ders. (Hrsg.), Jugendliche – Neue Bewußtseinsformen und politische Verhaltensweise. Stuttgart 1982, S. 143–171.
[22] Diese Tabelle ist aus den Daten der Tabelle V in ›Instilling‹, S. 116, erarbeitet.

Zu den nahezu 15 000 Verurteilten kommen noch 2 489 Personen, die eine Gefängnisstrafe ohne vorherige Gerichtsverhandlung auf sich nahmen, und 25 Fälle, in denen die Todesstrafe verhängt wurde. Bei den Wirtschaftsstrafen konnten dreierlei Sanktionen verhängt werden: Geldstrafen, Vermögenskonfiszierung und Schadensersatzzahlung. Die erste Form der ökonomischen Sanktion war schon im Strafgesetzbuch von 1902 vorgesehen. Die zweite war in den Provisorischen Statuten festgelegt und zielte auf die Einziehung aller während der Okkupationszeit unrechtmäßig erzielten Gewinne. Personen, die beschlagnahmte Vermögen von geflohenen Norwegern oder von verfolgten Juden eindeutig unter Wert erworben hatten, mußten diese Besitztümer, so sie noch vorhanden waren, zurückgeben oder Entschädigung in voller Höhe leisten. Wer allein aufgrund seiner Mitgliedschaft in der Nasjonal Samling in öffentliche Positionen gelangt oder außer der Reihe befördert worden war, mußte seinen auf diese Weise zusätzlich gemachten Verdienst zurückerstatten. Die dritte Art der Wirtschaftsstrafe war ebenfalls in den Provisorischen Statuten definiert; sie wurde bald ein heftig diskutierter Streitpunkt. Die Heimat-Front hatte nämlich verlangt, daß die Nasjonal Samling-Mitglieder für den gesamten Schaden aufkommen sollten, der von der Partei während des Krieges angerichtet worden war. Auch die »passiven« Mitglieder sollten zahlen, ungeachtet ihres nur begrenzten Eintretens für die Partei und ihrer nicht gerade tiefen Verstrickung in deren Angelegenheiten.

Es waren vor allem zwei Probleme, die sich bei der Zumessung der Wirtschaftssanktionen stellten: einmal, die Schwierigkeit zu bestimmen, wie groß der Schaden war, den die Quisling-Partei insgesamt verursacht hatte, zum anderen, ganz einfach die Zahlungsfähigkeit des einzelnen Betroffenen. Um einen praktikablen Weg der Sanktionszumessung zu finden, wurde das staatliche »Erstatningsdirektoratet« (»Kompensationsamt«) errichtet, das über die Kompetenz verfügte, den Sühnebetrag in jedem einzelnen Fall festzusetzen sowie die festgesetzte Summe einzuziehen. Die Mitarbeiter dieses Amtes gingen, begleitet von einer lokalen Polizeistreife, in die Häuser der Betroffenen und schätzten deren Habe und Vermögen. Einige Vermögenswerte wurden dabei sofort beschlagnahmt, die Guthaben der Nasjonal Samling-Mitglieder bei Banken, Versicherungen usw. blokkiert und registriert. Dies scheint im allgemeinen jedoch recht unsystematisch erfolgt zu sein, ausgenommen in solchen Fällen, in denen das Strafrecht das ganz genaue Strafmaß beim Vermögensentzug vorschrieb.

Tabelle 7: Wirtschaftssanktionen in Millionen Norwegischer Kronen[23]

	Festgelegte Gesamtsumme	bezahlt
Strafen	51,7 (17,9)	45,4 (87,8%)
Konfiszierungen	165,0 (57,2)	75,1 (45,5%)
Entschädigungen	73,1	57,7 (78,9%)
gesamt	289,8	178,2 (61,4%)

Angemessene Sühne?

Die Frage ist nun, wie der Säuberungsprozeß in Norwegen und sein Ergebnis zu beurteilen sind. Waren die Verfahren im großen und ganzen fair, genügten sie rechtsstaatlichen Ansprüchen oder waren sie, wie manche meinten, »Siegerjustiz«, waren die Urteile den innenpolitisch Unterlegenen von den historischen Siegern diktiert? Es gibt wenigstens drei Methoden, um den Charakter der norwegischen Säuberungsverfahren zu bestimmen. Man kann die Urteile an den Taten der Verurteilten messen, die Verfahren mit denen vergleichen, die in anderen Ländern etwa zur selben Zeit stattfanden, und schließlich, drittens, untersuchen, wie die davon betroffenen Personen und die öffentliche Meinung die Säuberungsurteile aufnahmen. Entsprach die Methode, die Quislinge zur Rechenschaft zu ziehen, also dem Rechts- und Gerechtigkeitsgefühl der norwegischen Gesellschaft?

Beginnt man mit den in Tabelle 6 aufgelisteten Gefängnisstrafen, so ist es natürlich schwierig, zu einer überzeugenden Generalaussage zu kommen. Dazu müßte man sich jeden einzelnen Fall in seiner ganzen Komplexität vornehmen. Waren vier Jahre Gefängnis eine gerechte Strafe für einen 18jährigen, der sich

[23] Diese Tabelle ist eine Komprimierung der Tabelle auf S. 96 f. des Beretning om Erstatningsdirektoratets virksomhet. In: Parlamentsberichte, Nr. 47, 1953.

freiwillig an die Ostfront gemeldet hatte? Besonders im Falle von jungen Mädchen, die sich als Krankenschwestern dem Roten Kreuz angeschlossen hatten, waren viele der Meinung, deren relativ harte Bestrafung stehe in keinem Verhältnis zu dem politischen Schaden, den sie angerichtet hatten. Auch die in Tabelle 7 aufgeführte Summe von über 70 Millionen Kronen Entschädigungszahlungen durch verurteilte Nasjonal-Samling-Mitglieder kann kaum in Beziehung zu dem tatsächlichen Gesamtschaden gesetzt werden, der sich schlechterdings nicht ermitteln ließ, wie ein ebenso interessantes wie erfolgloses Experiment des Finanzministeriums zeigte[24]. Dieser Tatbestand ergibt sich auch aus einem »Gegen-Bericht«, der in den sechziger Jahren von ehemaligen Mitgliedern der Nasjonal Samling vorgelegt wurde[25]. Vielleicht hätte man 1945 das ganze Konzept der »Kollektivhaftung für den entstandenen Schaden« besser in der Schublade gelassen. Durch höhere Geldstrafen für Nasjonal-Samling-Mitglieder wäre der gleiche Effekt zu erreichen gewesen. Allerdings wäre es dann schwieriger gewesen, auch die »passiven« Mitglieder zur Kasse zu bitten. Sich einer im Strafgesetz definierten Sühne zu bedienen, wäre natürlich die ehrlichste und klarste Lösung gewesen; da man die einfachen Parteimitglieder aber nicht ohne weiteres bestrafen konnte, brauchte man eben ein anderes justitielles Konzept, um auch gegen diesen Kreis ökonomische Sanktionen verhängen zu können[26].

Was den internationalen Vergleich angeht, so sind norwegische Juristen bald zu dem Urteil gekommen, daß das Verfahren

[24] Der »Gesamtschaden« wurde vom Finanzministerium im Staatshaushalt 1945 genannt. Der Text auch in: § 104. Mere lys over Rettsoppgjøret (Mehr Licht auf die Verfahren). Hrsg. vom Forbundet for Social Oppreisning. Bei dem Versuch, die Gesamtkosten des Krieges in Norwegen zu berechnen (also der von Deutschland angerichtete wirtschaftliche Schaden), kam man auf eine Zahl von 12440 Millionen Kronen, zuzüglich 5000 Millionen Kronen Verluste aufgrund der zerrissenen Wirtschaftsbeziehungen. Siehe Odd Aukrust und Ole Jacob Bjerve, Hva Krigen kostet Norge (Wieviel der Krieg in Norwegen gekostet hat). Oslo 1945. Der der Nasjonal Samling zugeschriebene Schaden in Höhe von 218 Millionen Kronen erscheint so als ein vergleichsweise geringer Betrag.
[25] Vgl. dazu allgemein § 104. Mere lys (wie Anm. 24).
[26] Eine sehr wichtige Entscheidung in diesem Zusammenhang war das sogenannte »Stephanson-dommen« (Stephanson-Verdikt) vom 27. August 1945; Berufung am 8. September 1945, veröffentlicht in: Riksadvokatens Meddelelsesblad (September 1945) 4, S. 2–28. Vgl. auch die Erörterung bei Andenaes, Det vanskelige oppgjøret, S. 125–134. Von den vielen Gegenstellungnahmen u.a. Arne Bergsvik, Vi er ikke forbrytere (Wir sind keine Kriminellen). Oslo 1950, S. 210 ff.

fair gewesen und die Urteile doch recht mild ausgefallen seien. Es kamen nur sehr wenige Unregelmäßigkeiten vor, und es ergingen vergleichsweise wenige Todesstrafen. Auch in anderen Ländern waren rückwirkende Straftatbestände eingeführt und Sondergesetze erlassen worden. Norwegische Rechtsgelehrte, die die Säuberungsprozesse im eigenen Land mit denen im übrigen Europa verglichen haben, meinten, die praktisch ohne irgendwelchen Rechtsmißbrauch und politische Einmischungen ablaufenden Verfahren in Norwegen seien mit der größtmöglichen Nüchternheit gehandhabt worden, und das, obwohl der Säuberungsprozeß, in dessen Verlauf unerbittlich jedem einzelnen Parteimitglied hinterhergeforscht wurde, so umfassend wie nirgends sonst angelegt war.

Aber ganz auf den juristisch-technischen Gang der Verfahren abgestellte Vergleiche sind nicht nur schwierig, sondern auch problematisch. Schließlich unterschied sich die politische Situation in anderen europäischen Ländern stark von der in Norwegen. Die Holländer beispielsweise hatten viel mehr unter dem Krieg gelitten, besonders in der Schlußphase, als ein Teil des Landes bereits befreit war. Auch die Lage Dänemarks war in den letzten Kriegsjahren viel schwieriger als die Norwegens. Deswegen führt der Vergleich mit der sehr viel höheren Zahl von Todesurteilen, die dort gefällt wurden, auch kaum weiter. Wie läßt sich dann die verbreitete Meinung untermauern, der Säuberungsprozeß in Norwegen sei relativ »mild« gewesen?[27]

Wendet man sich den Ansichten zu, die von der norwegischen Bevölkerung hinsichtlich Härte und Fairness der justitiellen Säuberung geäußert wurden, so ergeben sich ähnliche Probleme wie beim Vergleich mit den Verfahren in anderen Ländern. Zunächst einmal fielen die Urteile 1945 und 1946 schärfer aus als in den Jahren danach, doch die Öffentlichkeit »akzeptierte« beides. Sie war in Nachsichtige und »hard-liner« gespalten und blieb es auch; irgendein kräftiger Impuls ging weder von dem einen, noch von dem anderen Lager aus. Es gab Stimmen, die meinten, die Urteile seien zu hart – insbesondere gegen die einfachen »Mitläufer« –, andere hielten mit der Auffassung dagegen, wären die Strafen weniger scharf gewesen, dann wären andere Formen der Sühne, die gesellschaftliche Ächtung oder gar Abrechnungen in Form von Lynchjustiz, wahrscheinlich

[27] Noch gibt es für Norwegen keine so bedeutende Studie wie etwa für Dänemark die von Ditlev Tamm, Retsoppgjøret efter besaettelsen. Kopenhagen 1984.

drastischer ausgefallen und ins Kraut geschossen. Aber streng rechtlichem Denken entsprach das natürlich nicht, scharfe Urteile zu verhängen, um – möglicherweise – noch gravierendere Abrechnungen zu verhindern oder radikalen Gruppierungen den Wind aus den Segeln zu nehmen. Gerade strengste Rechtsstaatlichkeit war es aber, was von den norwegischen Verantwortlichen wieder und wieder als Stärke und eigentliches Wesen des »Rettsoppgjøret« herausgestellt wurde.

Gleichwohl kann man die Bedeutung der damals existierenden Vorstellung von einem generalpräventiven Effekt der Säuberungsprozedur kaum überschätzen. Es herrschte einfach die Überzeugung, wenn die Strafen nicht hart genug ausfielen, würden sie den beabsichtigten Zweck verfehlen, nämlich einer ähnlichen Art von faschistischer Bewegung und Kollaboration für alle Zukunft vorzubeugen. Diese Sicht ist freilich ebenfalls nicht ganz unproblematisch. War es 1945 und später wirklich realistisch, an die Möglichkeit zu glauben, es könne sich in absehbarer Zukunft ein ähnliches Phänomen entwickeln wie die Nasjonal Samling oder es könne zu einer neuerlichen Kollaboration mit einem äußeren Feind kommen? Welche Gruppe oder Schicht kam überhaupt in Frage, wenn man an eine solche Möglichkeit dachte? Nach 1948 und insbesondere im Zeichen des Kalten Krieges kamen dafür am ehesten die Kommunisten in Frage, gerade die also, die zuvor eine noch schärfere Behandlung der Nasjonal-Samling-Mitglieder gefordert hatten. Falls sie bei der Bestimmung ihres klassenkämpferischen Kurses auch an die Abrechnung mit den Quislingen gedacht haben sollten, konnten gerade die Kommunisten aber wohl kaum durch eine härtere Gangart abgeschreckt werden. Daran zeigt sich, daß es nicht so ganz stimmig war, den ungeheuer umfassenden, noch das kleinste Licht in der Nasjonal Samling erfassenden Säuberungsprozeß mit dem Argument zu begründen und zu verteidigen, es handele sich dabei um eine Aktion, mit der einer in der Zukunft vielleicht drohenden ähnlich schädlichen Entwicklung der Riegel vorgeschoben werden solle[28].

Ein besonderes, konzeptionell neues Sanktionsinstrument der Säuberung, das durch die Provisorischen Statuten festgelegt

[28] Der präventive Effekt der Säuberung wurde in den ersten Jahren des Säuberungsprozesses des öfteren betont. Vgl. Johs Andenaes, Straff og Lovlydighet (Strafe und Gesetzestreue). Oslo 1974. Es ist sehr fraglich, ob man die präventive Wirkung etwa des Verkehrs- oder Steuerstrafrechts ohne weiteres auch für »politische Verbrechen« in einer singulären historischen Situation annehmen kann.

worden war, bestand in der Aberkennung wesentlicher staatsbürgerlicher Rechte. Wer mit dem Feind kollaboriert hatte, sollte künftig nicht über die normalen Bürgerrechte verfügen dürfen. Für diese Art des Vertrauensentzugs standen neun genau festgelegte Sanktionen zur Verfügung: a. Verlust des aktiven Wahlrechts; b. Verlust des Rechts, Militärdienst zu leisten; c. Verlust der Stellung im öffentlichen Dienst; d. Aberkennung des Rechts, künftig im Staatsdienst tätig zu sein; e. Verbot der Tätigkeit in bestimmten Berufen; f. Entzug von Gewerbezulassungen; g. Verlust einer herausgehobenen Stellung in Betrieben, Verbänden, Vereinen usw.; h. Aberkennung des Rechts, solche Positionen künftig wahrzunehmen; i. Aberkennung des Rechts auf den Besitz von privatem oder in Wirtschaftsunternehmen investiertem Vermögen, von Grundbesitz usw.[29]

Diese gesetzlichen Bestimmungen waren viel zu einschneidend und weitreichend, um extensiv Anwendung finden zu können. Wären sie tatsächlich konsequent angewandt worden, so wären die Existenzen vieler Parteimitglieder vernichtet worden. Den meisten Mitgliedern wurden denn auch nur die beiden ersten Sanktionen auferlegt; die übrigen Strafen kamen viel seltener in Anwendung. Lediglich 48 Personen wurden mit sämtlichen neun Sanktionen belegt. Angesichts der offenkundigen Unmöglichkeit, von derart scharfen Maßnahmen umfassend Gebrauch zu machen, änderte auch die Regierung bald ihre Rechtspolitik, indem sie die Möglichkeit zur Aberkennung bürgerlicher Rechte ganz wesentlich einschränkte und schon ergangene Entscheidungen weithin rückgängig machte. Infolge dieser Umorientierung konnten wirklich drastische Konsequenzen vermieden werden. Die Mehrzahl der 48 mit sämtlichen Sanktionen belegten Personen saß während der Zeit, in der sie diesen Einschränkungen unterworfen war, übrigens im Gefängnis. Als sie dann entlassen wurden, waren diese Strafen wegen der Amnestien bereits erlassen oder nicht mehr anwendbar[30].

---

[29] Vgl. Provisoriske Anordninger M. V. 1940–45 (Provisorische Statuten). London 1945, S. 207.

[30] Das wird im sogenannten »Schwedischen Bericht« betont: Den norska Rättsuppgörelsen. Responsum och Utredning (Das norwegische Rettsoppgjøret. Antworten und Untersuchungen). Stockholm 1956. Auf S. 150 geht er unter Bezug auf die Tatsache, daß etwa 250000 Norweger während des Krieges für die Deutschen gearbeitet haben, auf die Problematik der Entziehung des Wahlrechts als Strafe bei der politischen Säuberung ein. Jene seien gewiß Wähler der Arbeiterpartei gewesen, so daß die sozialistische Mehrheit in den Wahlen wohl verlorengegangen wäre.

Bei der Lektüre von Gerichtsurteilen verschiedener Art ist man manchmal doch überrascht, ja es stellt sich ein Gefühl des Unbehagens ein darüber, wie die Schuldsprüche letztlich zustandekamen. Am Beispiel einiger dem ›Riksadvokatens Meddelelsesblad‹ entnommener Fälle sei das etwas näher erläutert. Dabei muß man freilich immer im Gedächtnis behalten, daß diese Urteile in der erhitzten Atmosphäre am Ende von fünf Jahren Leiden und Krieg gefällt wurden und daß das »Rettsoppgjøret« eine Herausforderung für die norwegische Polizei und Justiz gewesen ist, wie sie bislang ganz unbekannt gewesen war.

Sieht man sich zunächst den Fall einer Person an, die »ideologisch konsequent« gewesen ist, deren Handlungslogik sie also ganz besonders für eine sehr harte Reaktion des Gerichts prädestinierte. Die fragliche Person war 1933 in die Nasjonal Samling eingetreten, als die Partei ganz legal an Wahlen und Wahlkämpfen teilgenommen hatte. Sie war auch nach Quislings Staatsstreich vom 9. April 1940 nicht aus der Partei ausgetreten, sondern hatte sich aktiv an der Stärkung der Partei beteiligt, wobei sie einiges Geschick in der Propaganda und bei der Gewinnung neuer Mitglieder an den Tag legte. Dieses Mitglied hatte auf Drängen der Osloer Zentrale eine Liste mit »Feinden der Partei und der Neuordnung« zusammengestellt und der norwegischen Polizei oder dem SD sogar Namen von Leuten hinterbracht, von denen es wußte, daß sie die Parteiplakate abgerissen hatten, oder Personen denunziert, die offen gegen die Nasjonal Samling Stellung genommen hatten. Diese Person war außerdem Propagandaleiter im Büro des Gauleiters und damit Mitglied der mittleren bzw. unteren Ebene der Parteielite gewesen. Schließlich hatte sie an ihrem Wohnort einen einflußreichen Posten in der Gemeindeverwaltung bekleidet, wodurch sie in der Lage gewesen war, auch etwas Geld, sowie es die Parteileitung in Oslo verlangt hatte, an den norwegischen Ableger der Waffen-SS fließen zu lassen.

Nach 1945 bekam so ein Mann normalerweise eine Haftstrafe von drei bis fünf Jahren Gefängnis, dazu eine Geldstrafe, ferner Einzug seines Gehalts als Propagandaleiter sowie die Auflage zu einer Entschädigungszahlung; dazu kamen noch die ersten sieben der neuen Sanktionen, die im Zuge der Aberkennung der bürgerlichen Rechte verhängt werden konnten. Diese strenge Strafe, so das Gericht, sei auch deshalb gerechtfertigt, weil der Angeklagte, ein erwachsener Mann, ein besonders gefährliches

Element sei, der sich über zwölf Jahre nicht von seiner Partei getrennt habe[31].

Dieser Mann ist wohl das typische Beispiel eines überzeugten Nasjonal-Samling-Mitgliedes. Er stand als solches einsatzfreudig und loyal zur Partei, der er sich 1933 angeschlossen hatte, nachdem er den Glauben an alle anderen Parteien verloren und sich davon überzeugt hatte, die Quisling-Partei werde als einzige in der Lage sein, die politischen Probleme Norwegens zu meistern. Wie war in solchen Fällen zu einer »gerechten Entscheidung« zu kommen? In vielen Fällen tendierten die Gerichte dazu, die »Alten Kämpfer« schwerer zu bestrafen als diejenigen, die erst nach der deutschen Okkupation in die Partei eingetreten waren. Der überzeugte Glaube an die Ideologie der Nasjonal Samling und die langjährige Treue zur Partei galten als besonders verwerflich und verlangten in den Augen der meisten Richter eine viel schärfere Strafe als das Verhalten von Leuten, die erst nach dem 9. April 1940 zur Nasjonal Samling gestoßen waren.

Genausogut hätte man freilich auch genau entgegengesetzte Argumente geltend machen können: »Alte Kämpfer« hatten eine viel mildere Behandlung verdient, da sie doch ideologisch konsequent zu ihrer einstigen politischen Entscheidung standen. Von einem langjährigen Mitglied konnte man billigerweise nicht erwarten, daß es der Nasjonal Samling den Rücken kehrte oder sich ihr entzog, wenn ihm die Partei Verantwortung übertragen wollte; war das nicht weniger verwerflich, als »Jøssingslisten«[32] geschrieben zu haben? Bestand sein »Fehler« im Grunde nicht darin, die verkehrte Alternative gewählt zu haben, als er frei entscheiden konnte? Wurde er, als der Krieg nach Norwegen kam, nicht Opfer einer viel früher getroffenen Fehlentscheidung, für die es doch einige gute Gründe gegeben hatte? Und war es wirklich im Sinne einer vernünftigen »Entnazifizierung«, die Opportunisten weniger hart anzufassen, die der Partei erst später beigetreten waren und damit bar jeder ideologi-

---

[31] Vgl. Riksadvokatens Meddelelsesblad (April 1946) 16, S. 34–37.

[32] »Jøssingliste« war die Art von Aufstellung, die der örtliche »lagfører« (Ortsleiter) auf Anordnung des Generalsekretärs der Nasjonal Samling zusammenzustellen hatte. Darin sollten die schärfsten Widersacher der »Neuordnung« aufgeführt sein. Diese Listen waren aber nur eine unter mehreren Möglichkeiten politischer Beurteilung, zu der die lokalen Führer und Mitglieder der Nasjonal Samling angehalten waren. Diese Listen wurden bei der Auswahl von Geiseln gelegentlich von der Gestapo herangezogen; einige unter diesen wurden auch erschossen.

schen Überzeugung eine günstige Gelegenheit beim Schopfe packten, um raschen Gewinn zu machen oder eine gut dotierte Stellung zu ergattern?

Eine ähnliche Problematik der Entscheidungsfindung zeigt sich am Beispiel der freiwilligen Krankenschwestern beim Deutschen Roten Kreuz[33]. Eine Schwester erhielt beispielsweise drei Jahre Gefängnis, mußte 2000 Kronen Entschädigung zahlen und verlor unter anderem das Wahlrecht, ihre Stellung im öffentlichen Dienst sowie das Recht, weiter dort tätig zu sein. Sie war 1942 der Nasjonal Samling beigetreten und schließlich beim Roten Kreuz gelandet, wo sie, in Deutschland und Italien, bis 1945 gearbeitet hatte. Das Gericht war der Ansicht, die Krankenschwester habe aktiv zur »Unterstützung des Feindes« beigetragen, weil sie zu Diensten an der Front eingeteilt gewesen war und feindliche Soldaten gepflegt hatte. Deshalb solle sie nach denselben Maßstäben beurteilt und genauso streng bestraft werden wie die Freiwilligen der Waffen-SS. Die Frau betonte, ihr Motiv, sich freiwillig zu melden, habe ausschließlich in dem humanen Beweggrund bestanden, Kranken und Verwundeten zu helfen, und zwar ohne Ansehen ihrer Nationalität. Sie sah sich keineswegs als »Frontkämpfer« und wandte sich deshalb mit dem Ersuchen, milder beurteilt zu werden, an den Obersten Gerichtshof, der sie freilich zurückwies[34].

Die Gruppe von Kollaborateuren, die am härtesten angefaßt wurde, waren die »Frontkjemperne«, die norwegischen Freiwilligen in der Waffen-SS, die an der Ostfront gekämpft hatten. Deren »Unterstützung des Feindes« unterlag keinerlei Zweifel, schließlich hatten die meisten von ihnen unter deutschen Offizieren in deutschen Divisionen gekämpft, anfangs in deutscher Uniform; einige hatten sogar den Eid auf Hitler geleistet. Keiner von ihnen aber hatte gegen norwegische Truppen oder in der Heimat gekämpft. Die meisten von ihnen waren um die zwanzig Jahre alt gewesen, einige hatten sich freiwillig gemeldet, als sie noch nicht einmal achtzehn Jahre alt gewesen waren.

Quislings ständige Aufrufe, sich freiwillig zur Waffen-SS zu melden, sollten zum einen Hitler zeigen, daß die jungen Norweger auch härteste Belastungen nicht scheuten. Auf der ande-

---

[33] Vgl. Riksadvokatens Meddelelsesblad (Dezember 1945) 10, S. 29 ff., sowie ebenda (Dezember 1946) 24, S. 38 ff.

[34] Mit der Veröffentlichung der Memoiren von Hanna Kvanmo, Dommen (Urteil). Oslo 1990, wurde das Schicksal der Rote-Kreuz-Schwestern einer breiteren Öffentlichkeit bekannt.

ren Seite war Quisling daran gelegen, in Erwartung seiner zukünftigen Herrschaft über das Land die norwegische Armee zu reorganisieren, deren Träger die Korps erfahrener, ideologisch zuverlässiger Veteranen der Waffen-SS sein sollten. Die Nasjonal-Samling-Mitglieder standen so unter dem fortwährenden Druck Quislings und seiner führenden Funktionäre, sich freiwillig zu melden; außerdem war das Wort vom »Kreuzzug gegen den Bolschewismus« ein Kampfbegriff, der noch aus Politik und Propaganda der norwegischen nicht-sozialistischen Parteien der zwanziger und dreißiger Jahre nachhallte.

Die Freiwilligen der Waffen-SS traf das Gesetz mit voller Härte, insbesondere 1945 und 1946. Doch die scharfen Sanktionen hingen weniger mit dem zusammen, was die einzelnen tatsächlich getan hatten, als vielmehr mit der Dauer ihres Engagements bei der Waffen-SS. Ein Grund für die unnachsichtige Härte der Gerichte mag in dem Gefühl gelegen haben, die SS-Veteranen stellten noch immer eine manifeste Gefahr dar. Einige vermuteten auch, die SS-Leute und der Hird hätten insgeheim einen harten Kern von zu allem Entschlossenen gebildet, die nach der deutschen Kapitulation einen Bürgerkrieg vom Zaun brechen würden. Viele Norweger hatten außerdem erlebt, in welcher Weise sich einige der Waffen-SS-Männer als Gefängnispersonal betätigt hatten[35].

Junge Norweger waren unter zwei Einflüsse geraten, ehe sie für solche Taten disponibel wurden. Einmal war das der breite Antikommunismus der Zwischenkriegszeit, der bis zum offenen Haß gegen den Kommunismus, insbesondere dessen norwegischer Spielart, reichte und der es für viele durchaus gerechtfertigt erscheinen ließ, sich als Freiwillige an die Ostfront zu melden. Die andere Art der Beeinflussung rührte von dem starken Druck der Nasjonal-Samling-Führer her, für die Partei auch das Äußerste zu wagen, wenn es sein mußte, sogar das Leben[36]. Tatsächlich entstand nach dem Krieg eine Art heroischer Mystizismus um den »Frontkämpfer«, der sich aus den

[35] Vgl. Riksadvokatens Meddelelsesblad (Oktober 1945) 5, wo Richter Solem dazu Stellung nahm, wie SS-Freiwillige bestraft werden sollten.

[36] Das Buch von Svein Blindheim, Nordmenn under Hitlers Fane. Dei norske frontkjemparane (Norweger unter Hitlers Banner. Die norwegischen Frontkämpfer). Oslo 1977, ist die erste Gesamtdarstellung zur Geschichte der SS-Formationen aus Norwegen. Der Nasjonal-Samling-Autor Karl Holter hat in einer anschaulichen Biographie (Frontkjempere. Oslo 1951) das Leben der norwegischen Freiwilligen an der Ostfront geschildert. Siehe auch Frode Halle, Fra Finnland til Kaukasus. Oslo 1972.

schweren Verlusten im Krieg, ihrem oftmals furchtlosen, ja herausfordernden Auftreten vor Gericht speiste und dazu führte, daß sie von der norwegischen Bevölkerung lange nicht in gleichem Maße als ehrlose Subjekte angesehen wurden wie andere Kollaborateure.

Entnazifizierung im öffentlichen Dienst

Zentrales Anliegen einer revolutionären Partei wie der Nasjonal Samling war es natürlich, den öffentlichen Sektor wie auch die privaten Organisationen in ihrem Sinne umzugestalten. Leider gibt es kaum Studien etwa über die Nazifizierung von Firmen und Verbänden, so daß man bei der Analyse von Nazifizierung und »Entnazifizierung« auf enorme Schwierigkeiten stößt. Eine große Schwelle, solche Nazifizierungen durchzusetzen, war für die Nasjonal Samling die Präsenz der Deutschen und die vom Reichskommissariat oder der Wehrmacht ausgehenden Restriktionen. Die Deutschen engten die Handlungsfreiheit der Nasjonal Samling sehr stark ein und brachen dabei eine Reihe geräuschvoller Konflikte vom Zaun, die letztlich eine optimale Ausbeutung der norwegischen Ressourcen verhinderten. So blieb die Nazifizierung des nicht-öffentlichen Bereichs ziemlich oberflächlich; in die größten Gesellschaften wurden neue Generaldirektoren berufen, einige Firmen erhielten neue Direktoren, und das eine oder andere Unternehmen wurde auf Empfehlung der örtlichen Parteiorganisation geschlossen. Als die Nasjonal Samling aber mit Plänen zur Schaffung eines korporativen Staates herauskam, verwarfen sie die Deutschen wegen der dagegen sofort spürbar werdenden Opposition aus allen Branchen und Verbänden der Industrie.

Zur Nazifizierung des öffentlichen Sektors schlug die Partei vor allem zwei Wege ein. Zum einen drängte sie die leitenden Beamten, in die Partei einzutreten, zum anderen schuf sie neue Positionen oder entließ Beamte, die sich gegen die »Neuordnung« stellten, und besetzte deren Stellen dann mit ergebenen Parteigenossen.

Tabelle 8: Grad der »Nazifizierung« des öffentlichen Dienstes am 9. April 1940[37]

	Beamte insgesamt	Parteimitglieder
Beamte der oberen Ränge	4844	356 (7,3%)
Beamte der unteren Ränge	34905	1872 (5,4%)
gesamt	39749	2228 (5,6%)

Bis zum April 1940 waren nur ganze 5,6 Prozent der Beamtenschaft Anhänger der »Neuordnung« geworden. Die folgende Übersicht zeigt die Verhältnisse bei denen, die während der Besatzungszeit – als die Nasjonal Samling alle Hebel ihrer Nazifizierungsbemühungen in Bewegung setzen konnte – neu in den öffentlichen Dienst traten[38].

Tabelle 9: Grad der »Nazifizierung« der während der Besatzungszeit in den öffentlichen Dienst eingetretenen Beamten

	Beamte insgesamt	Parteimitglieder	Nicht-Parteimitglieder
Beamte der höheren Ränge	1204	533 (44,3%)	55 (4,6%)
Beamte der unteren Ränge	17329	2476 (13,9%)	1017 (5,7%)
gesamt	19033	3009 (15,8%)	1072 (5,6%)

Der Anteil von Parteimitgliedern unter den Neueingestellten betrug in der Okkupationszeit also 15,8 Prozent, wobei auffällt, daß sich unter den neuen höheren Beamten immerhin 44,3 Prozent Mitglieder der Nasjonal Samling befanden, was natürlich darauf zurückzuführen ist, daß die Partei nichts unversucht ließ, sich die Loyalität der Spitzen des öffentlichen Dienstes zu sichern.

[37] Siehe ›NS-Medlemmer og andre i statstjenesten som viste unasjonalt forhold under okkupasjonen‹ (NS-Mitglieder und andere Staatsbedienstete, die während der Okkupation unpatriotisches Verhalten gezeigt haben). In: Statistiske Meldinger Nr. 12 (1953), S. 351–362 (von Signy Arctander).
[38] Die Zahlen aus Tabelle 8, Tabelle 9 und Tabelle 10 ebenda, S. 356 und S. 358.

Da nach dem Krieg fast ausnahmslos jedes Parteimitglied seinen Posten im öffentlichen Dienst verlor, ergibt sich aus den Resultaten der Entnazifizierung ein ziemlich exaktes Bild des Nazifizierungsgrades vor 1945; die Quote der Parteimitglieder ist hier nahezu identisch mit der Quote der Entlassenen.

Tabelle 10: Ergebnis der »Entnazifizierung« des öffentlichen Dienstes nach 1945

	Beamte insgesamt	Parteimitglieder
Beamte der höheren Ränge	3 947	630 (16,0%)
Beamte der unteren Ränge	43 024	3 377 (7,8%)
gesamt	46 971	4 007 (8,5%)

Die Gesamtzahl der Parteimitglieder unter den Beamten (8,5 Prozent) war nicht sehr hoch, aber die Durchsetzung der höheren Beamtenschaft mit Mitgliedern der Nasjonal Samling (16 Prozent) war doch so stark – beinahe jeder fünfte war Parteigenosse –, daß Quisling damit über ein wirkungsvolles Instrument verfügte, um seine Vorstellungen zu verwirklichen.

Tabelle 11: Nazifizierung und »Entnazifizierung« in den einzelnen Sektoren des öffentlichen Dienstes[39]

Ministerium für Kultur und Propaganda (von der Nasjonal Samling gegründet)	92,3%
Ministerium für Polizei und Justiz (von der Nasjonal Samling reorganisiert)	38,3%
Ministerium für Kirche und Erziehung	26,4%
Allgemeine Polizei	40,5%
Landpolizei	49,3%
Kirche	4,6%
Universitäten, Gymnasien, usw.	3,3%
Andere staatliche Schulen	9,0%
Landkreisverwaltungen	26,2%
Gerichte	9,7%
Behörden des Landwirtschaftsministeriums	25,4%
Behörden des Post- und Fernmeldeministeriums	8,0%

[39] Das Zahlenmaterial aus Tabelle 11 ebenda, S. 359 ff.

An diesen Quoten läßt sich gut ablesen, wo die Nasjonal Samling mit der »Neuordnung« ansetzte und welche Erfolge sie damit in den einzelnen Sektoren erzielen konnte. Eines der attraktivsten Ziele wäre an sich die personelle Durchdringung des Finanzministeriums gewesen, aber hier zögerten die Deutschen, der Nasjonal Samling freie Hand bei der Personalpolitik zu geben. Das Verteidigungsministerium und das Außenministerium, die Quisling ganz gewiß zu gerne kommandiert hätte, hatte man von vornherein abgeschrieben.

Nach dem 8. Mai 1945 wurde die »Entnazifizierung« des öffentlichen Dienstes – alle Belasteten wurden suspendiert – ziemlich rasch durchgeführt, auch wenn sich der Abschluß mancher Einzelfälle bis zur Urteilsverkündung eine gewisse Zeit hinziehen konnte. Für die meisten Entlassenen war der definitive Ausschluß aus dem öffentlichen Dienst ein schwerer Schlag, von dem sich viele nicht mehr erholten. Nur ganz wenige, ausschließlich »passive« Nasjonal-Samling-Mitglieder, entgingen dem Entlassungsurteil. Da nützte auch die oft gehörte Behauptung nichts, man sei von vorgesetzten Beamten zum Parteibeitritt genötigt worden. Für einige »passive« Mitglieder der Nasjonal Samling, die im Herbst 1940 eingetreten waren, gab es die Möglichkeit, in den Dienst zurückzukehren, vorausgesetzt, daß sie in den letzten Kriegsjahren patriotische Loyalität oder aktiven Widerstand gegen die Partei an den Tag gelegt hatten[40].

»Realpolitik« und die Wedel-Theorie

Im Sommer 1814 hatte Norwegen einen sehr kurzen Krieg gegen die Schweden geführt und nach wenigen Wochen Kampf aufgegeben. Das Land war gezwungen worden, eine politische Union mit Schweden einzugehen. Von einer Partei – der Unionspartei – wurde diese Entwicklung als unabänderliche Tatsache betrachtet; ihr Führer war Graf Wedel gewesen, der die Niederlage als unausweichlich akzeptiert und sich in der klaren Erkenntnis der Überlegenheit der schwedischen Waffen und

---

[40] Bei unseren Interviews mit ehemaligen Samling-Mitgliedern haben wir auch festgestellt, daß sich die einzelnen norwegischen Behörden bei der Wiedereinstellung »Ehemaliger« unterschiedlich verhalten haben, so daß man durchaus zwischen liberalen und unnachgiebigen Verwaltungszweigen unterscheiden kann.

des schwedischen Potentials mit der gegebenen Lage arrangiert hatte. In Wedel sahen nach 1945 viele Funktionäre der Nasjonal Samling ein Symbol; sie waren der Ansicht, daß eine direkte Parallele zwischen ihm und der Situation, in der er sich befunden hatte, und der Lage ihres Führers Vidkun Quisling vorlag – mit dem Unterschied nur, daß Wedel als eine verdiente Persönlichkeit der norwegischen Geschichte und Politik[41] galt, während Quisling verfemt war. Viele Mitglieder der Nasjonal Samling wiesen die Definition ihrer Aktivitäten im Krieg als »Verrat« energisch von sich und bezogen sich stattdessen auf das historische Beispiel von 1814 als einen Musterfall, was in der aussichtslosen militärischen Lage von 1940 und danach unter »Realpolitik« zu verstehen gewesen wäre. Hätte Hitler den Krieg gewonnen, so argumentierten sie, dann hätte Quisling denselben Platz in Politik und Geschichte eingenommen wie Graf Wedel; nichts als Pech, daß der Krieg anders ausgegangen sei[42].

Der Zweite Weltkrieg konnte nun aber schwerlich mit einem lokal begrenzten Krieg des 19. Jahrhunderts verglichen werden. Schließlich hatte sich die totalitäre Ideologie der Hitler-Partei gegen fast alle der mühsam genug errungenen demokratischen Rechte und Freiheiten der westlichen Gesellschaften gerichtet. Deshalb ging auch die Kollaboration mit einem solchen Regime ihrem Charakter nach weit über einfache »Realpolitik« oder über ein temporäres Arrangieren mit der stärksten europäischen Militärmacht hinaus. Die Welle der Beitritte zur Nasjonal Samling erreichte gegen Ende 1940 und 1941, als Hitler seine größten Kriegserfolge feierte, ihren Höhepunkt und flaute vor dem großen Zusammenbruch in Stalingrad im Januar 1943 stark ab[43]. Die Mehrzahl der Nasjonal-Samling-Mitglieder konnte deshalb später für sich in Anspruch nehmen, daß sie der Partei beigetreten waren, als Hitlers Sieg wahrscheinlich schien und als die Notwendigkeit am größten war, eine »freundlich gesonnene Regierung« zu etablieren, die als »Puffer« dienen und die

[41] Zu Graf Hermann Wedel Jarlsberg vgl. unter vielen Beschreibungen seiner damaligen Rolle v.a. Sverre Steen, Fra norsk historie (Aus der Geschichte Norwegens). Oslo 1966, S. 13 f.

[42] In zwei Interviews, die ich mit ihm führte, bezeichnete der frühere Generalsekretär der Nasjonal Samling und Kultusminister Rolf Jørgen Fuglesang das Beispiel Wedels als mit dem Quislings vergleichbar. Er erzählte außerdem, er studiere Wedels Lebensweg, um daraus Argumente für seine eigene Biographie zu gewinnen; er starb, bevor er sie zu Ende führen konnte. Vgl. auch Benneche, Landsvikoppgjøret, S. 36 f.

[43] Vgl. die Tabellen in Larsen, Hagtvet u. Myklebust, Fascists, S. 601, 605, 609.

Beziehung zwischen der norwegischen Bevölkerung und den Wehrmachtseinheiten erträglich gestalten konnte. Verhielten sie sich nicht ganz nach der Wedel-Theorie, also in realistischer Erkenntnis der eigenen Möglichkeiten und in gutem Glauben?

Andererseits war es natürlich ein klassisches Zeichen von Opportunismus, sich dem mutmaßlichen Sieger dann anzuschließen, wenn dessen Sieg sicher schien. Einer der schärfsten Vorwürfe an Quisling war es später auch, daß er nach dem totalen Scheitern seiner Politik vor 1940 seine Chance erst mit Hitlers Angriff auf Norwegen gekommen sah. Der Staatsstreich vom 9. April 1940 und die Vorgänge um das »Staatsakten« am 1. Februar 1942 wurden als pure Konjunkturreiterei betrachtet, mit der er die lange ersehnte Macht gewinnen wollte, der er im freien Spiel demokratischer Politik vergeblich nachgejagt hatte. Gleiches ließ sich auch von seinen Anhängern sagen, die darauf spekulierten, daß Quisling auch ihnen den entsprechenden Anteil an Macht und Gewinn sichern würde.

Diese beiden Perspektiven konnten nach 1945 nie miteinander versöhnt werden: einerseits, die Nasjonal Samling als »Puffer« bei dem Bestreben, »Realpolitik« zu betreiben, andererseits die Quisling-Partei als Kardinalbeispiel für politischen Verrat. Die autochthone Form des norwegischen Nazismus und die Kollaboration mit den Deutschen waren in allen Gerichtsverfahren gegen die Mitglieder der Nasjonal Samling auf das engste ineinander verwoben; die Wedel-Theorie blieb so vollkommen einflußlos. So gesehen kam man bei der »Entnazifizierung« in Norwegen zu eindeutigen Schlüssen. Dabei blieb natürlich das Gefühl dafür auf der Strecke, daß es nicht damit getan war, Nazismus als Kollaborationismus zu verdammen, und zu glauben, mit der Beendigung der Kollaboration sei der Nazismus schon beseitigt. Es gab Formen der Kollaboration und Erscheinungen von Opportunismus, die mit Nazismus – einem viel umfassenderen politischen Phänomen als das bloßer Kollaboration – wenig oder gar nichts zu tun hatten. Aber wahrscheinlich ist es der einfachste Weg, die Ächtung des Nazismus grundsätzlich mit anderen verdammenswerten Konsequenzen seiner Existenz zu koppeln: Nazismus – Kollaboration, Nazismus – Rassismus, Nazismus – Völkermord. Der Preis dieser simplen Strategie ist freilich der Verlust analytischer Klarheit. Außerdem wird damit einer Reihe von Menschen Unrecht getan, die in einer stürmischen Periode der Geschichte in schwierige Wasser hinausgetrieben wurden.

Unter den vielen Anläufen ehemaliger Nasjonal-Samling-Mitglieder, gegen das »Rettsoppgjøret« anzugehen, spielte der Versuch eine große Rolle, Öffentlichkeit wie Politik davon zu überzeugen, daß das ganze Verfahren auf einer fehlerhaften Grundlage beruhe. Es verletze freiheitliche Grundprinzipien, denn es könne nicht angehen, daß die gleichen Personen, die an dem einen Tag das Säuberungsgesetz verfaßten, am nächsten Tag das Urteil sprächen. Damit wollten die einstigen Mitglieder der Nasjonal-Samling zeigen, daß zahlreiche Personen in höchsten Positionen des Säuberungsprozesses niemals an der justitiellen Auseinandersetzung mit den Quislingen hätten beteiligt sein dürfen.

Hintergrund dieser Forderung[44] war, daß das Provisorische Statut, die Grundlage der gesamten »Entnazifizierung«, während des Winters 1943 von einem von der Heimat-Front bestimmten Komitee abgefaßt worden war. Ein Mitglied des Ausschusses wurde nach dem 8. Mai 1945 Vorsitzender Richter des Strafgerichts für den Osloer Raum (»Eidsivating«), ein anderes als Generalstaatsanwalt bestellt, und ein drittes erhielt das Amt des Chefs des Erstattungs-Direktorats. Die Hauptfigur der Heimat-Front war bereits Vorsitzender Richter des Obersten Gerichtshofes, hatte die Personalvorschläge also wohl gesehen und gutgeheißen. Noch dazu war einer der aktivsten Führer der Heimat-Front zum Justizminister ernannt worden und für den gesamten Säuberungsprozeß verantwortlich. Wieder ein anderer war Richter des Obersten Gerichtshofes.

Wie sollten diese Leute in der Lage sein, in einem fairen Prozeß zu einem unparteiischen und vernünftigen Urteil zu gelangen? Hätten sie nicht lieber beiseitetreten und die schwierige Aufgabe der Abrechnung weniger befangenen Leuten überlassen sollen? Nach dem scharf geführten Quisling-Prozeß war solche Kritik besonders laut zu hören. Doch wie alle anderen Einwände dieser Art – »Nicht-Verfassungsmäßigkeit« der Provisorischen Statuten, unhaltbare juristische Definition von »Kriegszustand«, die angeblich positive Funktion der Nasjonal Samling als »Puffer« –, so stieß auch der Vorwurf der Nichtzu-

---

[44] Gustav Smedal, Patriotisme og landssvik (Patriotismus oder Verrat). Oslo 1950, S. 137 ff., geht auf diese Frage ein. Zur Führung der Heimat-Front vgl. Ole Kristian Grimes, Hjemmefrontens ledelse (Die Führerschaft der Heimatfront). Oslo 1977, S. 164 ff.

lässigkeit einer Verquickung der Funktionen von Gesetzgeber und Richter auf taube Ohren. Das »Rettsoppgjøret« wurde nach Plan durchgeführt. Bis 1952 waren die meisten Fälle entschieden, und die norwegische Gesellschaft konnte mit dem Vergessen beginnen und anfangen, über andere Fragen nachzudenken und zu debattieren.

Norwegen erlebte nach dem Krieg eine lange Periode wirtschaftlichen Wachstums, und die meisten der früheren Mitglieder der Nasjonal Samling wurden nach und nach in die Gesellschaft eines modernen Sozialstaates integriert[45]. Es gab aber eine kleine Gruppe hartnäckiger ehemaliger Nasjonal-Samling-Mitglieder, die nicht nachließen, die Wiederaufnahme ihres Falles und soziale Rehabilitierung[46] zu verlangen – bis heute ohne Erfolg. Schafften sie es, im Fernsehen oder in anderen Medien Aufmerksamkeit zu erregen, dann wurden sie entweder lächerlich gemacht oder Ziel vernichtender Angriffe. Weshalb halten sie nicht still, fragen dann die meisten ihrer Landsleute. Warum lassen sie die Erinnerung an Krieg und Kollaboration nicht vergehen? Gibt es vielleicht naheliegende, in ihrer sozialen Lage zu suchende Gründe dafür, unbeabsichtigte längerfristige Folgen der politischen Säuberung, die Gesetzgebern, Richtern und Staatsanwälten nicht klar wurden, die aber zutagetreten, wenn man ihnen nachspürt?

Langfristige Wirkungen und soziale Konsequenzen der »Entnazifizierung«

Im Juli 1952 wurde das Erstattungs-Direktorat abgeschafft. Mit drei Gesetzen vom 9. Juli 1948, 28. Juli 1949 und vom 22. Mai 1953 setzte die norwegische Regierung die ergangenen Strafen

---

[45] In dem Interview-Projekt des Instituts für vergleichende Politikwissenschaft der Universität Bergen wurde den Mitgliedern der Nasjonal Samling die Frage gestellt, wann sie wieder in den normalen Arbeitsprozeß eingegliedert gewesen seien. Die meisten nannten das Jahr 1953, wogegen einige meinten, sie hätten nie mehr eine »normale Beschäftigung« gefunden, und andere sagten, sie hätten keine Probleme damit gehabt.

[46] Im November 1949 wurde zu diesem Zweck die »Forbundet for Sosial Oppreisning« (Vereinigung für soziale Rehabilitierung) gegründet. Sie wurde aber kein besonderer organisatorischer Erfolg, da sie von den 50000 potentiellen Mitgliedern nicht mehr als 1500 gewinnen konnte. Siehe Georg Øvsthus, Dom og Oppreisning (Strafe und Rehabilitierung). In: Rolf Danielsen und Stein U. Larsen (Hrsg.), Fra ide til Dom (Von der Idee zum Urteil). Oslo 1976, S. 215–256.

herab, im Oktober 1957 wurden die letzten zu lebenslanger Haft Verurteilten freigelassen. Der Säuberungsprozeß war an seinem Ende angelangt – oder doch nicht? 1946 machte das neue Meinungsforschungsinstitut in Oslo eine Umfrage, deren zentrale Frage lautete: »Sind Sie mit dem Säuberungsprozeß zufrieden, wie er seit der Befreiung durchgeführt wird?«[47] 34 Prozent der Befragten zeigten sich zufrieden, 48 Prozent in verschiedener Hinsicht unzufrieden, 18 Prozent äußerten keine Meinung. Frauen waren unzufriedener als Männer, die Jüngeren unzufriedener als die Älteren, die unteren Einkommensgruppen unzufriedener als die höheren. Bei den Wählern der verschiedenen Parteien waren die der Kommunisten am wenigsten mit der Säuberung einverstanden (67 Prozent), bei den Wählern der Sozialdemokratie waren es 49 Prozent. Diese beiden Parteien waren die Hauptgegner der Nasjonal Samling gewesen, und man darf vermuten, daß sie deswegen für eine strengere Bestrafung plädierten. Interessant ist, daß es bei den Wählern der Bauernpartei nicht weniger als 54 Prozent mit der »Entnazifizierung« Unzufriedene gab, diese also damit hinter den Wählern der Kommunisten auf Platz zwei lagen. Vermutlich lag das daran, daß ihnen die Säuberung viel zu streng gewesen war.

In einer anderen Erhebung von 1946 wurde gefragt[48], ob diejenigen, die ihre Strafe wegen Landesverrats verbüßt hatten, wieder am Arbeitsprozeß teilnehmen sollten wie jeder andre auch. 55 Prozent der Befragten befürworteten das, 39 Prozent waren dagegen. 1972[49] antworteten auf dieselbe Frage 84,5 Prozent (1982: 81 Prozent) mit Ja und nur 6,4 Prozent (1982: 13 Prozent[50]) mit Nein. Zusammenfassend läßt sich feststellen, daß die Norweger schon während der Zeit der Entnazifizierung bereit waren, die Quislinge nicht zu diskriminieren; heute gilt das für die große Mehrheit der Bevölkerung. Aber es gibt auch eine nicht unbedeutende, bei etwa 10 Prozent liegende Minderheit, die den Mitgliedern der Nasjonal Samling und den Kollaborateuren nicht vergeben kann.

Mit Hilfe von Umfragen lassen sich aber noch andere Per-

[47] Norsk Gallup Institutt, Ukens Gallup, Nr. 9, 31. 5. 1946, Tabelle 1 (Sample: 2100 Befragte).

[48] Ebenda, Nr. 22, 13. 9. 1946, Tabelle 1.

[49] Sosiologisk Omnibuss, Institut für Soziologie der Universität Bergen, Interviews von Gallup, April 1972, Frage 26 (Sample: 1919 Befragte).

[50] Norsk Opinionsinstitutt/Aftenposten, Mai 1981, Frage 214 (Sample: 1005 Befragte).

spektiven ausloten. 1972 wurde beispielsweise in einer Meinungserhebung[51] die Frage gestellt: »Kennen Sie in Ihrer Nachbarschaft Personen, die während des Krieges Mitglieder der Nasjonal Samling waren?« 27,4 Prozent der Befragten antworteten, sie kennten ein oder mehr Mitglieder, 11,9 Prozent konnten vier oder mehr Parteimitglieder nennen; zehn Jahre später fiel das Resultat genau gleich aus. Es konnten also vierzig Jahre nach dem Machtantritt Quislings noch weit über ein Drittel der norwegischen Bevölkerung frühere Mitglieder der Nasjonal Samling nennen; bei den unter 30jährigen waren es 17 Prozent, bei den 60jährigen und älteren dagegen 39 Prozent[52].

Diese Zahlen zeigen, daß die Erinnerung an den Nazismus bei vielen nicht vergangen ist. Vielleicht ist deshalb auch der Schluß erlaubt, daß die Säuberungsprozesse von einschneidender Wirkung auf die Gesellschaft waren. Es war praktisch unmöglich, als Parteimitglied in der Anonymität der Masse unterzutauchen und eine neue Existenz zu beginnen. Insgesamt dürfte man mit der Annahme wohl kaum fehlgehen, daß die norwegische Bevölkerung tatsächlich eine umfassende Säuberung wünschte, die *sämtliche* Mitglieder der Nasjonal Samling ihrer Strafe zuführte, daß aber die Masse der »Passiven« und »Nichtideologischen« mit dem Denkzettel einer nur geringfügigen Sanktion davonkommen sollte. Deren langfristige Wirkung war freilich nicht vorhersehbar gewesen. Die milderen Urteile ließen sich gewiß aushalten, als viel härtere Strafe erwies sich für die Betroffenen die mit der stabilen kollektiven Erinnerung der Gesellschaft einhergehende soziale Ausgrenzung. Auch die unschuldigen Kinder der Nasjonal-Samling-Mitglieder haben das bitter zu spüren bekommen.

Doch nicht einmal unter solch massivem Druck ergab sich bei den Bestraften ein Sinneswandel. Aus einer Befragung[53] von 480

[51] Sosiologisk Omnibuss, Institut für Soziologie der Universität Bergen, Interviews von Gallup, Dezember 1970, Frage 148 (Sample: 1600 Befragte).
[52] Norsk Opinionsinstitutt/Aftenposten, Mai 1981, Frage 225 (Sample: 1005 Befragte).
[53] Das Interview-Projekt wurde 1972/73 durchgeführt, wobei wir insgesamt 483 Rückantworten (45 Prozent) erhielten. Die Ermittlung der Adressen war nicht immer einfach und folgte oft dem »Schneeballsystem«. Wir erhielten auf diese Weise zwar kein völlig korrektes, »repräsentatives« Sample. Trotzdem gelangten wir im Laufe der Untersuchung zu der Überzeugung, aufgrund der Verteilung nach Wohnort, Alters- und Berufsgruppen seien wir zu einem in etwa realistischen Bild der Haupttendenzen innerhalb der Gruppe der ehemaligen Mitglieder der Nasjonal Samling und ihrer Angehörigen gelangt.

ehemaligen Parteimitgliedern im Jahre 1973 ergab sich, daß 89 Prozent der Befragten ihre Mitgliedschaft in der Nasjonal Samling *nicht* bedauerten, nur 8 Prozent äußerten sich in gegenteiligem Sinne. So darf man viel eher vermuten, daß sich im Prozeß der Entnazifizierung die ideologische Motivation »eingekapselt« hat. Vielen Parteimitgliedern fiel es schwer, nach der Säuberung wieder Fuß zu fassen. Mehr als ein Drittel der 480 Befragten gab an, dabei große bis sehr große Probleme gehabt zu haben. Von denen, die angaben, keine Schwierigkeiten gehabt zu haben, war ein hoher Prozentsatz Bauern, die keine neue Arbeit zu finden brauchten[54]. Eine andere, an beide Ehepartner gerichtete Frage zielte darauf zu erfahren, ob sich beim Umgang mit Nicht-Parteimitgliedern Probleme ergeben haben. Nicht weniger als 40 Prozent bejahten das[55]. Genausoviele räumten ein, daß auch noch ihre Kinder wegen der Nasjonal-Samling-Mitgliedschaft der Eltern mit sozialer Ächtung und Ausgrenzung zu kämpfen gehabt hätten[56].

Solche einschneidenden langfristigen Effekte der politischen Säuberung waren 1945 nicht vorauszusehen gewesen. Was das Verfahren selbst angeht, so wird man sagen können, daß die wirklichen Quislinge, die eindeutigen Verräter sowie die opportunistischen Kollaborateure, tatsächlich ausgeschaltet worden sind. Außerdem ist dadurch die nationale Solidarität und die Verfassungstreue stärker in der Gesellschaft verankert worden. Vielleicht spricht auch die Vergeblichkeit aller Versuche, Quislings »Ideen« zu revitalisieren, dafür, daß die Art des norwegischen Reinigungsprozesses insgesamt ein erfolgreicher generalpräventiver Akt gewesen ist.

[54] 37 Personen antworteten, ihre Stellenbewerbung sei aufgrund ihrer Mitgliedschaft in der Nasjonal Samling abschlägig beschieden worden (7,7 Prozent); 19 Befragte (4 Prozent) antworteten, sie seien für viele Positionen qualifiziert gewesen, hätten sich dafür aber nicht bewerben dürfen; 10 sagten, sie hätten ihre Berufserlaubnis als Ärzte oder Rechtsanwälte verloren (2,5 Prozent), der Rest der Antworten lautete so oder so ähnlich: »... bekam nur kleine Aushilfsjobs«, »bekam (unberechtigter Weise) gesagt, ich sei zu alt«, »konnte eine Beschäftigung nur über alte Samling-Kontakte bekommen«.

[55] 1955 scheint das Jahr gewesen zu sein, von dem an »normaler Kontakt mit Leuten, die nicht Mitglieder der Nasjonal Samling gewesen waren«, einfacher zu werden begann.

[56] Unter den erwähnten Schwierigkeiten waren: Probleme in der Schule (Schläge von Mitschülern und Lehrern); Ablehnung durch den örtlichen Geistlichen, zur Konfirmation zugelassen zu werden; Angst und häufige Krankheiten; Schwierigkeiten der Eltern, Anstellungen zu bekommen, in denen ausreichend zu verdienen war, um den Kindern eine gute Ausbildung zu ermöglichen; Kinder mußten es vermeiden, zu Freunden über Vater und Mutter zu sprechen; Beschimpfungen.

Peter Romijn und Gerhard Hirschfeld
Die Ahndung der Kollaboration in den Niederlanden

Der Umgang mit Kollaborateuren und »Kriegsverbrechern«
nach 1945 ist in den Niederlanden bis heute ein Thema der
politisch-intellektuellen Debatte. 1985 erklärte beispielsweise
ein bekannter holländischer Politikwissenschaftler, die niederländische Gesellschaft sei nie wirklich mit den Problemen fer-
tiggeworden, die sich aus der Bestrafung der Kollaborateure
ergeben hätten[1]. Ebenso wie in anderen europäischen Ländern,
so hat auch in den Niederlanden nicht nur die Art und Weise
der Abrechnung selbst, sondern auch deren spätere Beurteilung
die Emotionen hohe Wellen schlagen lassen. Dabei bildeten
sich, grob gesprochen, zwei Denkweisen heraus: Die einen zeigen sich darüber enttäuscht, daß es der Nachkriegsjustiz nicht
gelungen war, sämtliche Kollaborateure hart und gerecht zu
bestrafen; die anderen klagen darüber, daß die Säuberung zu
scharf gewesen sei. Seit Anfang der sechziger Jahre haben sich
die Niederländer – insbesondere auf Fragen der jüngeren Gene-
ration – kritischer als zuvor mit dem Verhalten der Bevölkerung
während des Krieges beschäftigt. Auch ist der Verdacht nicht
ohne weiteres von der Hand zu weisen, diese Emotionen rührten letztlich aus Schuldgefühlen her: Denn beweist nicht allein
schon die unerhörte Verbreitung kollaborationistischen Verhaltens in allen Schichten, daß die niederländische Gesellschaft als
ganze versagt hat vor der Aufgabe, sich den Nationalsozialisten
mutig entgegenzustellen? Und wird diese Annahme nicht insbesondere durch die hohe Zahl der aus Holland deportierten
jüdischen Bürger belegt?[2]

[1] Hans Daalder, De Tweede Wereldoorlog en de binnenlandse politiek. In:
D. Barnouw u.a. (Hrsg.), 1940–1945: Onverwerkt verleden? Utrecht 1985,
S. 27–44.
[2] In den Niederlanden betrug die Zahl der ermordeten Juden 102000; dies entspricht etwa 75 Prozent der jüdischen Bevölkerung vor dem Kriege (zum Vergleich:
Frankreich 25 Prozent, Belgien 35 Prozent). Hierzu J.C.H. Blom, De vervolging van
de Joden in Nederland in internationaal vergelijkend perspectief. In: De Gids 5//7 (Juli
1987), S. 494–507; Gerhard Hirschfeld, Niederlande. In: Wolfgang Benz (Hrsg.), Dimension des Völkermords. Die Zahl der jüdischen Opfer des Nationalsozialismus.
München 1991, S. 137–165.

I.

Die wichtigste der verschiedenen niederländischen Organisationen, die nationalsozialistischem Gedankengut anhingen, war die 1931 in Utrecht gegründete Nationaal Socialistische Beweging (NSB). An der Spitze dieser Partei, deren Anhänger sich überwiegend aus dem städtischen und ländlichen Kleinbürgertum rekrutierten, stand Anton A. Mussert (1894–1946), ein exzentrischer Wasserbauingenieur, der sich zu hohen Ämtern berufen fühlte. Spektakuläre Erfolge waren der neuen Partei nicht beschieden, in den Provinzwahlen von 1935 und in den Parlamentswahlen von 1937 erzielte sie aber mit 7,9 bzw. 4,2 Prozent der Stimmen gewisse Achtungserfolge, die die traditionellen Parteien und Großverbände zu erhöhter Wachsamkeit veranlaßten. So sprach etwa die Regierung ein Machtwort und verbot den staatlichen Beamten, Mitglied in der NSB zu werden[3].

In der Anfangsphase orientierte sich die NSB vor allem am italienischen Faschismus. Als ihr politisches Ziel proklamierte sie die Schaffung der »nationalen Einheit« unter einer strengen Führerschaft. Musserts Bewegung wollte das demokratische, von Koalitionsregierungen dominierte politische System abschaffen, das sich in ihren Augen als unfähig erwiesen hatte, der wirtschaftlichen Misere und dem moralischen Niedergang zu steuern. Seit der Mitte der dreißiger Jahre aber entfaltete die Hitlersche NSDAP eine immer stärkere Wirkung auf die NSB. Ab 1936 unterstützte Mussert die Außenpolitik des Deutschen Reiches, gab sich als Anhänger der Rassentheorie und verfocht das nazistische Führerprinzip. Dieser Kurswechsel und die deutliche Hinwendung zum deutschen Nationalsozialismus wurden seiner Partei nicht honoriert. In allen Lagern regte sich Unmut über die holländische Kopie Hitlers und seiner NSDAP, was sich nicht zuletzt in einem Rückgang der Mitgliederzahlen der NSB niederschlug.

---

[3] Hierzu und zu dem folgenden Gerhard Hirschfeld, Fremdherrschaft und Kollaboration. Die Niederlande unter deutscher Besatzung 1940–1945. Stuttgart 1984, Kap. VI, bes. S. 159–168.

Tabelle 1: Entwicklung der Mitgliederzahl der National-Sozialistischen Bewegung von 1932–1943[4]

1932	1 000
1933	20 225
1934	–
1935	46 848
1936	42 299
1937	33 076
1938	30 988
1939	26 579
1940	51 580
1941	72 252
1942	67 079
1943	63 381

Von diesen Rückschlägen erholte sich die Mussert-Partei erst wieder nach der deutschen Besetzung 1940. Ein Jahr danach, als alle Versuche des deutschen Reichskommissars Dr. Arthur Seyß-Inquart fehlgeschlagen waren, die politische Unterstützung der politischen Elite des Landes oder die einer größeren Gruppe der niederländischen Bevölkerung zu gewinnen, war die NSB die einzige von der deutschen Besatzungsmacht zugelassene Partei und damit die dominierende autochthone Kraft in dem, was von niederländischer Innenpolitik noch übriggeblieben war. Dennoch gelang es ihr nie, denselben Status zu erlangen wie etwa die Nasjonal Samling und ihr Führer Quisling in Norwegen, der es schließlich zum Regierungschef brachte. Über den Rang des Chefs eines beratenden Kabinetts kam Mussert nie hinaus, obwohl der NSB-Führer unter den Bedingungen deutscher Besatzung immer stärker bemüht war, Anschluß an den nationalsozialistischen Zeitgeist zu finden und schließlich sogar einen Treueid auf Hitler als den germanischen Führer leistete. Immerhin wurde die NSB zum wichtigsten Rekrutierungspotential für Beamte, Polizisten und Journalisten, die die Positionen der ausgeschalteten Gegner der »Neuen Ordnung« einnahmen. Bereits seit dem Mai 1940, unter dem Eindruck der

[4] Angaben nach J.F. Vos, Het ledenverloop van de Nationaal-Socialistische Beweging in Nederland. Ms.Economische Hogeschool Rotterdam 1971, S. 61.

Siege der Wehrmacht, hatten sich viele Opportunisten zur NSB gesellt, die sich von einer Mitgliedschaft in der Bewegung nicht ohne Grund persönliche Vorteile erhofften[5].

Angesichts der deutschen Übermacht, aber auch der imponierenden Erfolge der deutschen Wehrmacht in den Jahren 1940 und 1941 war es kein Wunder, daß sich in der NSB starke, der Ideologie der SS zuneigende Tendenzen bemerkbar machten, die Musserts Schaukelpolitik, seine Anlehnung an Hitler bei gleichzeitiger Wahrung der Unabhängigkeit und Eigenstaatlichkeit der Niederlande, zunehmend in Frage stellten. Die holländischen SS-Sympathisanten hielten die Politik des Führers der NSB für kleinbürgerlich und nationalistisch. Sie strebten dieselben pangermanischen Ziele an wie ihr deutsches Vorbild und standen deswegen der NS-Ideologie viel näher als das durchschnittliche NSB-Mitglied. Mit etwa 4000 Mitgliedern erreichte die SS in Holland 1944 ihre größte Stärke[6].

Trotz ihrer relativen Stärke und des Rückenwindes durch die deutsche Besetzung seit Mai 1940 blieb die Mussert-Partei in der Gesellschaft weitgehend isoliert. Für die Masse der niederländischen Bevölkerung war NSB ein Synonym für Kollaboration, Unterdrückung und Terror. Während des Krieges und unmittelbar danach war das Interesse an den Absichten und Motiven der Kollaborateure verständlicherweise sehr gering. Sie galten bei vielen Landsleuten samt und sonders als Schurken und Schufte, die nichts anderes im Sinn gehabt hatten, als das Volk im Verein mit der deutschen Besatzungsmacht, die in den Niederlanden wirklich abstoßende Züge trug, zu ruinieren; sie zu ächten und auszuschalten, das war alles, was nach der Befreiung zählte.

Die Gesamtzahl holländischer Kriegsfreiwilliger, also die militärische Spielart der Kollaboration, wird auf 22000 bis 25000 Mann geschätzt, von denen etwa 4000 bis 6000 gefallen oder vermißt sind. Diese Freiwilligen waren keineswegs alle überzeugte Anhänger der NS-Ideologie; nur 2800 von ihnen gehörten zur politischen SS. Die meisten Soldaten, die sich freiwillig gemeldet hatten, wollten vor allem gegen den »Bolschewismus« kämpfen, andere waren Abenteurer oder hatten diesen Schritt getan, um irgendwelchen privaten Schwierigkeiten zu

---

[5] Vgl. Hirschfeld, Fremdherrschaft, S. 177–184.

[6] N.K.C.A.In't Veld, The SS in Relation to the Netherlands. In: The Netherlands. Journal of Sociology 13 (1977), S. 125–139.

entkommen[7]. Was die administrative und institutionelle Kollaboration angeht, so versuchte Reichskommissar Seyß-Inquart aus ganz praktischen Erwägungen, sich so viel von den holländischen Verwaltungsstrukturen zunutze zu machen wie irgend möglich. Den Deutschen stand klar vor Augen, daß es ausgeschlossen war, die bestehenden Behörden durch neue zu ersetzen, schon weil die NSB gar nicht genug qualifizierte Mitglieder hatte, um so viele neue Positionen zu besetzen. So war Seyß-Inquart ganz besonders daran gelegen, die beamteten Amtschefs der Ministerien, die Generalsekretäre, möglichst in ihren Positionen zu halten, weil ihm bewußt war, daß sich auf diese Weise die deutsche Politik noch am ehesten umsetzen ließ. Die in London residierende Exilregierung hatte im übrigen, wohl in der Erwartung, damit Schlimmeres zu verhindern, Anweisungen hinterlassen, nach denen alle Angehörigen des öffentlichen Dienstes im Interesse der Bevölkerung auf ihren Posten zu bleiben hatten – es sei denn, die Besatzungsmacht würde sich Verletzungen des Völkerrechts schuldig machen.

Solche Verletzungen stellten sich aber bald in großem Umfange ein, beispielsweise mit der Diskriminierung und dann der Deportierung jüdischer Bürger, die allgemeines Entsetzen auslösten, das Ende Februar 1941 zu den berühmten Streikaktionen in Amsterdam und Umgebung sowie, später, zur Unterstützung von jüdischen »Untergetauchten« (*onderduikers*) führte; vom Reichskommissariat wurden die Streiks und Demonstrationen mit unnachsichtiger Härte niedergeschlagen. Auch bei der Nazifizierung der Verwaltung und anderer Institutionen wie auch infolge von Besatzungsmaßnahmen kam es zu massenhaften Verletzungen des Völkerrechts. Trotz dieser klaren Verstöße gegen Recht und humane Gesittung blieben viele Beamte (darunter keine Geringeren als die Generalsekretäre des Innenministeriums und des Wirtschaftsministeriums) auf ihren Posten. Sie hofften – und sagten das auch –, das Land damit gegen die brutale Willkür der Okkupanten schützen zu können. Dieser Kurs der Anpassung und Kooperation wurde von der Bevölkerung freilich bald nur noch als Kollaboration betrachtet, und zwar vor allem in der zweiten Kriegshälfte, als das Regime von Seyß-Inquart zu immer brachialeren Methoden griff[8].

[7] Vgl. ders., De SS en Nederland. Documenten uit SS-archieven, 1935–1945. 2 Bde, Den Haag 1976, hier: Band 1, Inleiding, S. 407f.

[8] Hierzu Hirschfeld, Fremdherrschaft, S. 86–100.

Die Deutschen versuchten während der Besatzungszeit, die holländischen Behörden und Institutionen nach und nach mit Nationalsozialisten und deren Sympathisanten zu besetzen. Auf Regierungsebene war dieses Vorgehen auch einigermaßen erfolgreich, denn die entscheidenden Ämter wurden alle in ihrem Sinne umbesetzt, die Stufe darunter immer noch systematisch mit NSB-Anhängern durchsetzt. Außerdem wurde die Presse strenger Zensur unterworfen und weitgehend in ein Instrument der Besatzungsmacht verwandelt[9]. Im gesellschaftlich-kulturellen Bereich dagegen waren der Nazifizierungspolitik keine sehr eindrucksvollen Erfolge beschieden. Traditionelle niederländische Einrichtungen, zumeist kirchlich-religiös verankert, versuchten häufig, die nazistische Einflußnahme mit Hilfe der Kirchen zu blockieren, die in den Niederlanden viel größeren Bekennermut bewiesen als in anderen Ländern Europas. Wo solchen Durchdringungsambitionen trotzdem Erfolg beschieden war und NSB-Galionsfiguren oktroyiert wurden, da liefen den öffentlichen Einrichtungen die Mitglieder normalerweise in Scharen davon.

Solche Resistenz-Optionen hatte die niederländische Wirtschaft naturgemäß nur in viel geringerem Maße. Nachdem die Wehrmacht in Holland einmarschiert war, blieb der einheimischen Wirtschaft kaum eine andere Wahl, als mit der neuen Lage irgendwie zurechtzukommen. Gewachsene Importbeziehungen waren zerstört, Exportmärkte verloren, die Verbindungen zu den Kolonien gekappt. Sowohl das Generalsekretariat des Wirtschaftsministeriums als auch die maßgeblichen Wirtschaftsführer entschieden sich deshalb dafür, sich der Wirtschaftspolitik der Besatzungsmacht anzupassen, um Rohstofflieferungen, Nahrungsmittelversorgung und damit letztlich die Beschäftigung der Bevölkerung zu sichern. Diese Eliten waren meist der Auffassung, Deutschland habe den Krieg bereits für sich entschieden, und man müsse sich, um zu überleben, mit den neuen Gegebenheiten arrangieren. Dies fiel ihnen um so leichter, als manche autoritären Ordnungsvorstellungen des Dritten Reiches durchaus nach ihrem Geschmack waren und Hitler 1940 den Holländern für den Fall den gleichen Lebens-

---

[9] Zur Presse vgl. die neue Untersuchung von Frank van Vree, De Nederlandse pers en Duitsland 1930–1939. Een studie over de vorming van de publieke opinie. Groningen 1988; Madelon de Keizer, Het Parool 1940–1945. Verzetsblad in oorlogstijd. Amsterdam 1991; René Vos, Niet voor publicatie. De legale Nederlandse pers tijdens de Duitse bezetting. Amsterdam 1988.

standard wie den Deutschen garantierte, daß sie sich zur Kooperation mit dem Reich bereitfänden.

Das Ergebnis war, daß die holländische Produktion nicht nur dem eigenen Bedarf, sondern auch der deutschen Kriegswirtschaft zugutekam. Zunächst arbeitete etwa ein Drittel der niederländischen Industrie für deutsche Auftraggeber, 1944 war es jedoch über die Hälfte der Gesamtkapazität. Kriegswichtige Aufträge wurden etwa von Werften und anderen Betriebe übernommen, außerdem waren rund 300 000 holländische Arbeitskräfte für kürzere oder längere Zeit in Deutschland beschäftigt. Dieses Verhalten der Wirtschaft, das leicht als Willfährigkeit ausgelegt werden konnte, rief manche Kritik und Vorwürfe wegen kollaborationistischen Verhaltens hervor. Insgesamt wurde die Politik der Anpassung an deutsche Forderungen und Bedürfnisse aber doch als nackte Überlebensnotwendigkeit angesehen, der man (ohne dabei auch gleich seine antinationalsozialistische Grundeinstellung über Bord zu werfen) kaum entrinnen konnte. Einige führende Industrielle versuchten aus der neuen Situation für sich freilich handfeste strategische Vorteile zu schlagen, die nichts mehr mit der zwingenden Notwendigkeit eines Sich-Arrangierens zu tun hatten. Sie betrieben eine Reorganisation des Wirtschaftslebens von Grund auf, um dem angeblichen »Chaos« gegenzusteuern und ein Führungsinstrument für den gesamten Wirtschaftsprozeß zu schaffen. Angeregt von den deutschen Behörden, gründeten sie eine Industrieorganisation unter staatlicher Aufsicht, bei der auch die Besatzungsmacht ein maßgebliches Wort mitzusprechen hatte[10].

II.

Daß die Mitglieder der NSB und andere Kollaborateure nichts Gutes zu erwarten hatten, falls die Machtverhältnisse sich einmal änderten, darüber konnte sich niemand täuschen, der die Stimmung in den besetzten Niederlanden einigermaßen kannte. Die Entschlossenheit zu einer scharfen Abrechnung wurde größer, je länger die Besatzung dauerte und je deutlicher sich jede Art von Zusammenarbeit mit der Besatzungsmacht als schändliche Kollaboration entlarvte. Am vehementesten verliehen diesem Wunsch nach Abrechnung mit den Kollaborateuren die

[10] Hirschfeld, Fremdherrschaft, S. 117–154.

illegale Presse und die legitime Regierung Ausdruck, die zwei Tage vor der Kapitulation des Landes im Mai 1940 nach London ins Exil gegangen war, um – auf die Kolonien gestützt – den Krieg auf der Seite der Alliierten fortzusetzen. Sie ließ natürlich nichts unversucht, die mit dem Feind verbündeten Landsleute als ruchlose Verräter zu brandmarken. Die Exilregierung beschäftigte sich auch bereits sehr eingehend mit der Frage, welche Schritte zu tun seien, um die Kollaborateure und NSB-Mitglieder zur Verantwortung zu ziehen und sie dauerhaft auszuschalten bzw. für eine gewisse Übergangszeit unter Quarantäne zu stellen. Im Vordergrund ihrer Bemühungen stand zunächst, die schlimmen Befürchtungen vor einer massenhaften Lynchjustiz nicht Wirklichkeit werden zu lassen. Die Londoner Exilregierung griff deshalb eine Forderung der Heimat-Front auf und gab grünes Licht für Massenverhaftungen, die neben dem Strafcharakter auch eine Schutzfunktion hatten. Verhaftet werden sollten gemäß einer staatlichen Anweisung etwa alle jene, die Kollaborationsverbrechen begangen hatten oder des Hochverrats verdächtig waren, ferner diejenigen, die Verfolgte verraten und von der Besatzung profitiert hatten, außerdem alle Mitglieder von Organisationen, die mit den Deutschen auf irgendeine Weise zusammengearbeitet hatten[11].

Als es im Spätsommer 1944 an der Heimat-Front dann ernst wurde, hatten diese Anweisungen allerdings wenig Einfluß auf das Vorgehen der örtlichen Widerstandsgruppen, welche die Verhaftungen vor allem vornahmen. Die in London festgelegten Verhaftungskategorien waren so weit gefaßt, daß sie zumindest in der Anfangsphase einem recht fadenscheinigen legalistischen Mäntelchen für ein Verfahren glichen, bei dem reine Willkür regierte. Letztlich verhaftete der örtliche Widerstand, wen er wollte.

Die Befreiung der Niederlande von der deutschen Besatzungsherrschaft begann recht spektakulär, und zwar am 5. September 1944, dem »Dolle Dinsdag« (dem »verrückten Dienstag«). Auf die voreilige Nachricht des niederländischen Dienstes der BBC von einer Befreiung der südniederländischen Stadt Breda hin flüchteten Zehntausende von Mitgliedern der nationalsozialistischen Bewegung in den Niederlanden und deren Familienangehörige über die deutsche Grenze. Obwohl Reste

---

[11] Peter Romijn, Snel, streng en rechtvaardig. Politiek beleid inzake de bestraffing en reclassering van »foute« Nederlanders, 1945–1955. Houten 1989, S. 41–48.

der NSB noch bis zur endgültigen Kapitulation der Deutschen als versprengte Kader in einigen Städten und Gemeinden weiter existierten, war mit dem »Dolle Dinsdag« ein vorläufiger Schlußstrich unter den organisierten Faschismus in den Niederlanden gezogen[12].

Zugleich führten die militärischen Erfolge der Alliierten im Süden des Landes zu ersten Massenfestnahmen von tatsächlichen oder vermeintlichen Kollaborateuren. Die Arretierungen wurden im allgemeinen von Einheiten der von London aus geführten Militärbehörden (*Militair Gezag*), die sich als Vorkommandos der Exilregierung verstanden, sowie von örtlichen Widerstandsgruppen vorgenommen. Erste offizielle Angaben vom Dezember 1944 sprachen von etwa 12000 bis 15000 Personen, die nach ihrer Festnahme in ehemaligen Konzentrationslagern, Schulen, Wehrmachtsgebäuden und an ähnlichen Orten untergebracht wurden. Vermutlich lag die Zahl der in dieser Zeit zumeist unter dem Vorwurf des Verrates oder der Kollaboration Verhafteten jedoch weitaus höher. Vorsichtige Schätzungen belaufen sich auf eine Zahl von 20000 bis 25000 Niederländern, die vor Kriegsende ohne Gerichtsverfahren arretiert wurden[13].

Nach der bedingungslosen Kapitulation der deutschen Wehrmacht – für die deutschen Truppen in den Niederlanden unterzeichnete General Blaskowitz die Kapitulationsurkunde bereits am 6. Mai 1945 – kam es zu weiteren Massenverhaftungen. Die Zahl der im Zuge der wahllosen Verhaftungen insgesamt zeitweilig internierten Personen liegt bei insgesamt mindestens 120000, vielleicht sogar bei 150000 Niederländern. Amtlichen Angaben zufolge erreichte die Verhaftungswelle am 15. Oktober 1945 ihren Höhepunkt; an diesem Tag befanden sich 96044 Menschen, 72321 Männer und 23723 Frauen, im Gewahrsam militärischer oder ziviler Organisationen[14]. Bezogen auf eine Bevölkerungszahl von ca. 9,2 Millionen (Anfang Januar 1945) bedeutete dies, daß etwa jeder 70. Niederländer ein Opfer der »wilden Säuberungen« wurde; von 100000 Personen waren damit zwischen 1400 und 1700 zeitweise festgesetzt.

[12] Zu den Ereignissen des »Dolle Dinsdag« siehe Louis de Jong, Het Koninkrijk der Nederlanden in de Tweede Wereldoorlog. 13 Bde, Den Haag 1968–1988, hier: Bd. 10a (Het laatste Jaar I), S. 180–248.
[13] Romijn, Snel, streng en rechtvaardig, S. 53, S. 279, Anm. 16.
[14] Angaben nach Verslag der Werkzaamheden van de Stichting Toezicht Politieke Delinquenten over de jaren 1945 tot en met 1947. Den Haag 1948, S. 10.

Tabelle 2: Anzahl der registrierten Internierten zwischen März und Dezember 1945[15]

März	5 130
April	15 073
Mai	24 946
Juni	47 844
Juli	78 215
August	90 097
September	94 405
Oktober	96 044
November	94 353
Dezember	92 486

Die Masseninternierungen verliefen im allgemeinen ohne größere Gewaltanwendung. Allerdings sind Informationen über die Ereignisse in den letzten Tagen der Besatzung nur sehr spärlich, zumal die Betroffenen auf beiden Seiten später wenig Anlaß hatten, von diesen Vorkommnissen zu berichten. Auffällig ist hier der Unterschied zum befreiten Belgien, wo es in den ersten Tagen nach der deutschen Kapitulation zu zahllosen Fällen von Lynchjustiz kam. So wurde im Jahre 1945 allein aus der Provinz Gent von 449 Anschlägen auf sogenannte Quislinge berichtet[16].

In den Niederlanden kam es zu größeren Ausschreitungen vor allem gegenüber den sogenannten »Soldatenliebchen«, den *moffenmeiden,* also Frauen, die Umgang mit deutschen Soldaten gepflegt hatten. Als Strafaktionen hatten diese oft ein Scheren der Haare, nicht selten auch Teeren und Federn über sich ergehen zu lassen. Die Volkswut gegen Kollaborateure kanalisierte sich in einer Weise, die mitunter auch von manchen lokalen Behörden geschickt ausgenutzt wurde, obwohl sich der organisierte Widerstand wie die niederländischen Militärbehörden gewöhnlich strikt gegen derartige »Bestrafungen« wandten. So erschienen beispielsweise auf der Insel Texel am 11. Mai 1945 Maueranschläge, auf denen der Kommandant der dortigen

[15] Zahlen nach internen Rundschreiben des niederländischen Justizministeriums (Archief van het directoraat-generaal voor de bijzondere rechtspleging van het ministerie van Justitie –DGBR). Algemeen Rijksarchief, Den Haag.
[16] Vgl. Henry L. Mason, The Purge of Dutch Quislings. Emergency Justice in the Netherlands. Den Haag 1952, S. 42.

niederländischen Widerstandsorganisationen dieses *kaalknip-pen* (Kahlscheren) untersagte[17].

Allgemein hat sich heute die Auffassung durchgesetzt, daß die mehr oder weniger »wilden« Massenverhaftungen von Kollaborateuren, die anfangs unter erbärmlichen Bedingungen festgehalten wurden, als eine Art Ersatzhandlung anzusehen sind, die letztlich ein unabsehbares Blutvergießen verhindert haben; so kam es im Zuge der Befreiung zu relativ wenig politisch motivierten Tötungen auf eigene Faust. Im ganzen Land lassen sich nur zehn Fälle von Lynchjustiz belegen, wogegen in den Internierungslagern im Laufe des ersten Jahres nach der Befreiung ungefähr 40 Personen durch das Aufsichtspersonal zu Tode kamen oder in den Selbstmord getrieben wurden. Die Lebensverhältnisse in den Lagern blieben noch lange Zeit katastrophal, nicht zuletzt auch infolge der absolut desolaten Situation der Niederlande nach dem verheerenden Winter von 1944/45[18].

Recht bald schon entwickelte sich die schiere Zahl der Internierten zu einem starken Argument für einen moderaten Kurs bei der Bestrafung der Kollaborateure. Die holländische Regierung hielt angesichts der völligen Verarmung des Landes die umfangreichen Internierungen für schlicht zu teuer. Außerdem wollte sie die Soldaten, die die Lager bewachten, so bald als möglich nach Indonesien schicken, wo sich ein Kolonialkrieg entwickelte. Schließlich fürchtete man negative Stimmen aus dem Ausland. Im Sommer 1945 erklärte der (amtierende stellvertretende) Außenminister J. H. van Roijen beispielsweise im Kabinett, die Alliierten hätten bereits ihre Besorgnis über die Zustände in den Lagern zum Ausdruck gebracht; außerdem sähen sie nicht die Notwendigkeit, so viele Personen in Haft zu halten[19]. Nicht zuletzt wuchsen auch Bedenken über die längerfristigen sozialen Auswirkungen einer so umfassenden Internierung.

Bereits im August 1945 wies Professor F. Duynstee, ein Berater des Justizministeriums, in der Presse darauf hin, man beschwöre durch die Schaffung einer unweigerlich auf Vergeltung sinnenden Klasse von Parias eine ungeheure Bedrohung für die künftige soziale Stabilität herauf. Außerdem ließ Duynstee, der

---

[17] Siehe Abbildung Nr. 192 in Louis de Jong, Het Koninkrijk, Bd. 10b, Teil 2, S. 1429.

[18] Vgl. Mason, The Purge, S. 48–53.

[19] Notulen van de ministerraad, 1945. In: Algemeen Rijksarchief, Den Haag.

auch prominentes Mitglied der Katholischen Volkspartei war, seine Auffassung durchblicken, nach der die internierten Nationalsozialisten leicht kommunistischen Einflüssen verfallen könnten. Er schlug vor, die weniger gefährlichen Delinquenten freizulassen, und diesen Schritt mit einem Programm zu deren sozialer Reintegration zu verbinden[20].

III.

Die Phase der »wilden« Massenverhaftungen ging schon bald nach der Befreiung wieder zu Ende. Eine neue Regierung »der Reform und des Wiederaufbaus« wurde gebildet, die sich seit Juni 1945 energisch darum bemühte, das allgemeine Bedürfnis nach Ahndung der nationalsozialistischen Untaten und der Kollaborationsverbrechen sowie das Verlangen nach einer politischen Säuberung in rechtsstaatliche Bahnen zu lenken. Wieder konnte dabei an Planungen und Gesetze der Londoner Exilregierung angeknüpft werden, die nun allerdings – anders als die Anweisungen zu den Massenverhaftungen – auch wirklich beachtet wurden. Den Exilplanungen lagen zwei Prämissen zugrunde: Die Verfolgung von Kollaborationsverbrechen und von Hochverrat war nicht Sache der ordentlichen Justiz; mit dieser schwierigen Aufgabe sollte sich ein neu zu schaffender Strang der Gerichtsbarkeit befassen. Das herkömmliche Strafgesetzbuch reichte wegen des komplizierten Tatbestandes der Kollaboration während des Dritten Reiches für die Verfolgung der Kollaborateure nicht hin; es galt, ein besonderes Strafrecht zu schaffen, das der besonderen historischen Situation besser gerecht zu werden versprach als das überkommene Strafrecht.

Hervorstechendes Merkmal des neuen Strafrechts war die Schaffung rückwirkender Straftatbestände, denn nur so konnte man – dies die herrschende Meinung – auf totalen Krieg und Besatzung eine angemessene Antwort geben. Das neue Sonderstrafrecht sah eine erhebliche Verschärfung der Strafen vor. Außerdem erweiterte es den existierenden Straftatbestand »Hilfeleistung für den Feind« um den Tatbestand zweier neuer »Verbrechen«, nämlich die Denunziation und den Verrat politisch Verfolgter sowie das Nutznießertum; beides sollte scharfe

---

[20] Het Binnenhof, 4. August 1945; ausführlich hierzu Romijn, Snel, streng en rechtvaardig, S. 178.

Sanktionen nach sich ziehen. Schließlich führte das neue Strafrecht auch die 1870 abgeschaffte Todesstrafe wieder ein[21].

Der neue Strang der Gerichtsbarkeit bestand aus zweierlei Arten von Sondergerichten. Der erste Gerichtstyp, die »besonderen Gerichtshöfe«, die für die schweren Vergehen wie Hochverrat und Kollaborationsverbrechen zuständig waren, setzte sich aus ordentlichen Richtern zusammen, folgte weitgehend den üblichen Vorschriften der Strafprozeßordnung und war insofern noch weitgehend traditionskonform. Gleiches ließ sich von dem anderen Gerichtstyp, den Volkstribunalen, nicht sagen. Diese waren in der niederländischen Rechtstradition ohne Beispiel; besetzt mit Laienrichtern »patriotischer Gesinnung«, sollten lediglich Präsident und Sekretär zwingend Juristen sein. Der Heimat-Front hatte die Einrichtung der Volksgerichte natürlich ganz besonders am Herzen gelegen, galt es doch, dem verbreiteten Bedürfnis nach einer Art von plebiszitärer Mitwirkung des Volkes bei der Bestrafung von Kollaborateuren so weit wie möglich entgegenzukommen.

Die vor allem von Juristen heftig kritisierten Volkstribunale waren als Disziplinarkammern der gesamten Gesellschaft für die Ahndung von anstößigem Verhalten einzelner während der Zeit der deutschen Besatzung gedacht; sie befaßten sich mit *attitude crimes* und *opinion crimes,* die nicht als im engeren Sinne kriminell zu betrachten waren und nicht unter das Strafrecht fielen. Vor den Volkstribunalen hatte sich etwa zu verantworten, wer mit einem Deutschen in der Öffentlichkeit gespeist, wer deutsche Freunde hatte, wer mit dem Hitler-Gruß gegrüßt oder eine nationalsozialistische Zeitung abonniert hatte, außerdem die Mitglieder und Sympathisanten der NSB. Als härteste Strafen konnten die Volksgerichte maximal zehn Jahre Gefängnis und totalen Vermögenseinzug verhängen.

Die Volksgerichte, insgesamt 19, nahmen ihre Arbeit im Juli 1945 auf und blieben bis 1948 in Funktion, ehe ihre Aufgaben von der ordentlichen Justiz übernommen wurden. Zwei Jahre länger existierten die fünf im September 1945 eingerichteten besonderen Gerichtshöfe, deren Kompetenzen erst 1950 auf die Justizbehörden übergingen. Schon bei den ersten Verfahren zeigte sich, daß die Trennung der Befugnisse von Volkstribuna-

---

[21] Hierzu und zum folgenden siehe Mason, The Purge, Kap. III, sowie A.D. Belifante, In plaats van bijlt esdag. De geschiedenis van de bijzondere rechtspleging na de Tweede Wereldoorlog. Assen 1978.

len und besonderen Gerichtshöfen zwar auf dem Papier, nicht aber in der Praxis möglich war. An sich hätten sich nämlich viele Angeklagte vor beiden neuen Instanzen verantworten müssen, was sich aber schon angesichts der Überlastung der Sondergerichte als gänzlich unmöglich erwies. So sanken die Volksgerichte in der Praxis bald zu Unterabteilungen der besonderen Gerichtshöfe herab, die sich mit den weniger schweren Fällen von Kollaboration befassen mußten.

Nicht weniger deutlich trat ebenfalls schon in der Frühphase zutage, daß die gerichtliche Ahndung von Kollaboration durch eine völlig ungenügende Aktenlage und vor allem durch eine geradezu unglaubliche Anzahl von Verfahren schwer behindert war. Die Ermittlungskompetenz lag zunächst bei der niederländischen Militärverwaltung, dann beim politischen Untersuchungsdienst, der dem Justizministerium unterstellt war. Im Arbeitsbereich dieser Dienste fielen ungefähr 450 000 Fallakten (ungefähr 5 Prozent der Gesamtbevölkerung) an, auf deren Basis dann in über 200 000 Einzelfällen ein formelles Ermittlungsverfahren durchgeführt wurde.

Tabelle 3: Ermittlungsverfahren gegen Kollaborateure[22]

Zahl der Einwohner (1946)	Fallakten über Kollaborateure	Zahl der Ermittlungen	Anzahl von NSB-Mitgliedern an der Bevölkerung (Januar 1942)
9 302 301	451 735 (= 5% der Bevölkerung)	200 532 (=3% der Bevölkerung)	0,75%

Diese Übersicht zeigt, daß die Anzahl der Ermittlungsverfahren viel größer war als die der NSB-Mitglieder. Dabei muß man aber berücksichtigen, daß es in der Mussert-Partei eine erhebliche Fluktuation gab, und Personen, die einmal als pro-nazistisch oder auch nur als extrem deutschfreundlich gegolten hatten, diesen Ruf nicht mehr loswurden – gleichgültig, ob sie bei der NSB geblieben waren oder nicht. Dieses Odium klebte wie Pech an ihren Fersen und brachte sie normalerweise in immer neue Schwierigkeiten.

[22] Angaben nach Verslag Werkzaamheden Stichting Toezicht (wie Anm. 14), S. 11.

Die statistischen Unterlagen des Justizministeriums über die eingeleiteten rechtlichen Maßnahmen gegen Kollaborateure sind leider sehr unvollständig. Die dafür verantwortliche Abteilung des Ministeriums begann sich erst im Laufe des Jahres 1946 richtig darum zu kümmern und stellte die Arbeiten daran 1949 wieder ein, als die allgemeinen Säuberungen teilweise schon an die ordentlichen Gerichte abgegeben waren. Dies vorausgeschickt, ergeben sich folgende Ziffern: 14562 Personen wurden von Sondergerichten, 49920 von Tribunalen verurteilt. Ungefähr zwei Drittel der Tribunalsurteile (39719) und etwa die Hälfte der Entscheidungen der Sondergerichte (7657) ergingen zwischen Juli 1946 und Januar 1948, die übrigen nach diesem Zeitpunkt. Von den insgesamt 14562 von Sondergerichten Verurteilten erhielten 154 die Todesstrafe, 14332 Personen eine Gefängnisstrafe, und zwar 148 lebenslänglich, 578 zwischen 15 und 20 Jahre Haft, 1158 zwischen zehn und 15 Jahre, 4589 zwischen fünf und zehn Jahre, 3623 zwischen drei und fünf Jahre, 2218 Haft von einem Jahr bis zu drei Jahren; nur 201 Verurteilte kamen mit weniger als einem Jahr Haft davon[23].

Tabelle 4: Strafmaß und zeitliche Abfolge der Urteile[24] (einschließlich Verurteilungen in absentia)

	Todes- urteile	Voll- streckung	lebens- länglich	15 Jahre und länger
1945	4	–	2	
1946	39	4	21	121
1947	25	15	18	78
1948	29	5	28	119
1949	28	11	36	126
1950	25	2	31	110
1951	4	–	13	28
1952 und später	–	2	–	3
	154	40	149	585

[23] Alle Zahlen nach den vorliegenden Angaben des niederländischen Justizministeriums (DGBR); vgl. auch Romijn, Snel, streng en rechtvaardig, S. 172.

[24] Angaben nach: De Handelingen van de Tweede Kamer der Staaten-Generaal en de daarbij behorende bijlagen en stukken (HTK), 1959–1960, Bijlage 2057.

Aus dieser Übersicht ist zu entnehmen, daß die Härte der Urteile zwischen 1946 und 1950 ziemlich konstant blieb, die Gerichtsentscheidungen also mit wachsendem Abstand zur Befreiung 1945 nicht milder wurden. Zunächst hatte man bevorzugt die leichteren Fälle behandelt, bei denen sich das Strafmaß vermutlich mehr oder weniger mit der Zeit decken würde, die die Betroffenen zwischen Internierung und Urteilsverkündung bereits einsaßen. Nach etwa einem Jahr wandten sich die Richter dann dem eigentlichen politischen Verbrechen zu. Im November 1945 stand der frühere NSB-Führer Anton A. Mussert im Haag vor Gericht. Er versuchte, sich gegen die Anklage bedingungsloser und ideologisch bestimmter Kollaboration zur Wehr zu setzen und betonte seine taktischen und strategischen Erwägungen, indem er vor Gericht beteuerte, er habe für ein starkes und unabhängiges Holland im Verband einer von Deutschland geführten Liga »germanischer« Nationen gekämpft. Auf diese Weise, so nahm Mussert für sich in Anspruch, habe er versucht, die Gefahr einer totalen Annexion der Niederlande – wie sie Himmlers SS geplant habe – durch das Deutsche Reich abzuwenden. Der Kassationshof wies diese Argumentation aber zurück und befand ihn des Hochverrats für schuldig. Dabei stellte das Gericht ausdrücklich fest, die Motive Musserts seien möglicherweise nicht verwerflich, die Resultate seiner Politik aber gleichwohl verheerend gewesen[25]. In einer Reihe von 1945 und 1946 gegen NSB-Führer geführten Prozessen wurde immer wieder die schwere politische Verantwortung der Beschuldigten herausgestellt. Sie hätten ihre Anhänger zum Hochverrat angestiftet, deswegen sollten sie für lange Zeit oder für immer aus der niederländischen Gesellschaft entfernt werden. Als sich die politischen Emotionen dann langsam zu legen begannen, konzentrierten sich die Sondergerichte auf Gewaltverbrechen im engeren Sinne, auf die eindeutige Komplizenschaft mit dem Terrorapparat, auf die Mitwirkung bei Deportationen, auf die Henker in der deutschen Polizei, kurz, auf im politischen Kontext verübte Gewalttaten. Im engeren Sinne politische Delinquenten (beispielsweise Funktionäre der NSB und ihrer Organisationen) und weniger gravierende Delikte kamen mehr und mehr vor die Tribunale, die als Höchststrafe zehn Jahre Haft verhängen konnten.

[25] Rijksinstituut voor Oorlogsdocumentatie (RIOD), Amsterdam (Hrsg.), Het Proces Mussert, Serie Bronnenpublicaties Nr. 4, Processen Nr. 3. Den Haag 1948, S. 298.

Die Freiwilligen der Waffen-SS galten anfangs als besonders üble Verbrecher. In der ersten Sitzung des Sonderkassationshofes, der Berufungsinstanz der besonderen Gerichtshöfe, schlug einer der Richter sogar vor, über diese generell die Todesstrafe zu verhängen. Auch die Sondergerichte verurteilten 1945 und 1946 mehrere dieser Freiwilligen zum Tode oder zu lebenslänglicher Haft, doch wurden diese Urteile in der Berufung abgemildert. Trotzdem erhielten SS-Freiwillige durchschnittlich immer noch acht bis zehn Jahre Gefängnis und wurden damit härter zur Rechenschaft gezogen als Soldaten, die sich zur Wehrmacht, Marine oder Luftwaffe gemeldet hatten[26].

Nach der Befreiung stand die holländische Justiz auch vor der Frage, in welchem Maß ökonomische Kollaboration bestraft werden sollte. War jegliche Wirtschaftsbeziehung mit den Deutschen eine strafbare »Unterstützung des Feindes«? 1945 ordnete die niederländische Militäradministration zunächst die Verhaftung Dutzender Industrieller an, doch die Regierung verfügte ihre Freilassung bis zu einer gründlichen allgemeinen Untersuchung dieses Aspektes der Kollaboration. Erst im Juni 1947 hatte man einen ausreichenden Überblick über dieses komplizierte Feld gewonnen, um mit Untersuchungsverfahren gegen einzelne Unternehmen beginnen zu können. In der Zwischenzeit war sich die Rechtsprechung ihrerseits durchaus der Schwierigkeiten bewußt geworden, die in der »ökonomischen Kollaboration« stecken konnten. Die anfängliche Strenge, mit der Fälle von wirtschaftlicher Kollaboration geahndet wurden, ließ schon nach wenigen Jahren nach. Verfolgt wurden vor allem jene, die umfangreiche oder militärisch bedeutsame Aufträge angenommen hatten bzw. nichts unversucht gelassen hatten, solche Aufträge zu bekommen, und die aufgrund ihrer NSB-Mitgliedschaft wirkliche Nutznießer gewesen waren; schließlich auch Manager, die militärischen Befehlen Folge geleistet hatten.

Unter den Prominenten der NSB traf die Todesstrafe nur Mussert selbst und den Journalisten Max Blokzijl, einen besonders scharfen Propagandisten, der vor allem wegen seiner von Radio Hilversum seit 1941 ausgestrahlten politischen Hetzkommentare traurige Berühmtheit erlangt hatte[27]. Zwei andere,

[26] Hierzu Belifante, In plaats van bijltjesdag, S. 346 f.
[27] Hierzu RIOD, Max Blokzijl. Zijn berechting en veroordeling. Serie Bronnenpublicaties Nr. 1, Processen Nr. 1. Den Haag 1946; René Kok, Max Blokzijl, stem van het Nationaal-Socialisme. Amsterdam 1988.

die mit Sicherheit das gleiche Schicksal erwartet hätte, begingen Selbstmord. Die übrigen zum Tode Verurteilten waren Polizeibeamte, Verräter von Juden oder Widerständlern sowie andere Henker im Dienste der Besatzungsmacht, an deren Händen unzweifelhaft Blut klebte. Als die Exilregierung die Wiedereinführung der Todesstrafe wegen politischer Delikte beschloß, geschah das in der Erwartung, daß nur über die schlimmsten Verräter das Todesurteil verhängt würde. Die nach 1945 amtierenden Regierungen dachten ebenso. So schrieb der erste Justizminister nach dem Krieg, H. Kolfschoten, in einem Memorandum, daß mehr als 40 bis 60 Exekutionen die öffentliche Moral verletzen würden[28]. Tatsächlich wurden denn auch nur etwa ein Drittel der Todesurteile vollstreckt, insgesamt 40. Von den Hingerichteten waren fünf deutsche Staatsbürger, unter ihnen der Höhere SS- und Polizeiführer und zugleich Generalkommissar für das Sicherheitswesen Hanns Albin Rauter, der Himmlers verlängerter Arm im Haag gewesen war und mit äußerster Brutalität gegen den Widerstand und die Juden in den Niederlanden vorgegangen war; Rauter wurde 1945 an die Niederlande ausgeliefert, im Februar 1949 zum Tode verurteilt und einen Monat später hingerichtet[29].

Die meisten Todesurteile gegen Kollaborateure und deutsche Kriegsverbrecher wurden nach und nach in lebenslange Haftstrafen umgewandelt. Zwischen 1947 und 1952 sorgten die Justizminister dafür, eine Politik der Begnadigung auch für diejenigen in die Praxis umzusetzen, die zu langjährigem Freiheitsentzug verurteilt worden waren. Trotz der zahlreichen sehr heftigen Proteste der Öffentlichkeit wurden Haftstrafen immer wieder pauschal herabgesetzt. Hätte man das nicht getan, wären noch 1965 Dutzende von Kollaborateuren inhaftiert gewesen, Hunderte von ihnen nicht vor 1960 freigekommen. Die tatsächliche Entwicklung sah aber ganz anders aus: Im Oktober 1947 saßen 18 000 politische Delinquenten ein, im Januar 1950 noch ungefähr 3 000, im November 1955 noch 365, im Mai 1959 nurmehr 49. Im Januar 1964 befanden sich noch vier Verurteilte, allesamt Deutsche, in Haft; 1989 wurden die letzten beiden Häftlinge entlassen[30].

[28] Text des Memorandums in Belifante, In plaats van bijltjesdag, S. 568–579.
[29] Zu Rauter vgl. RIOD, Het Proces Rauter. Serie Bronnenpublicaties, Processen Nr. 5. Den Haag 1952.
[30] Hierzu Romijn, Snel, streng en rechtvaardig, S. 235–246.

Tabelle 5: Die Entlassung politischer Häftlinge[31]

Januar	1947	33 819	Januar	1950	± 3 000
Februar		30 873	Januar	1951	± 1 300
März		28 290	November	1953	616
April		27 306	November	1954	464
Mai		24 702	November	1955	365
Juni		22 603	Oktober	1956	290
Juli		21 042	Mai	1959	49
August		19 680	Januar	1964	4
Oktober		17 628	Januar	1966 bis 1979	3
Januar	1948	13 027	Januar	1979 bis 1989	2
Januar	1949	± 5 000			

Die Politik der Gnadenerweise führte in Holland zu einer erbitterten Debatte. Während die Regierung den Weg der Milde und Nachsicht gegenüber den ehemaligen Kollaborateuren verfolgte, widersetzten sich manche aus dem Kreis der ehemaligen Widerstandskämpfer vehement diesem Kurs, von dem gerade die nach ihrer Ansicht gefährlichsten Subjekte profitierten. Die kämpferische Königin Wilhelmine, die 1940 mit der Regierung ins Exil gegangen war und dabei den Kampf mit dem Nationalsozialismus als »Kampf zwischen Gott und dem Gewissen einerseits und den finsteren Mächten (...) andererseits« bezeichnet hatte, beriet 1946 und 1947 mehrmals mit dem Justizminister, der einige Todesstrafen zur Umwandlung vorgelegt hatte. Sie weigerte sich, ihre Unterschrift – wie es die Verfassung verlangte – unter diese Vorschläge zu setzen. Generalstaatsanwalt Zaaijer und seine Mitarbeiter gerieten mit dem Minister ebenfalls in einen offenen Streit, da dieser natürlich an seiner politischen Linie festzuhalten gedachte[32].

Königin Juliana, die 1948 Wilhelmine nachfolgte, hatte eine andere Einstellung zu den Gnadenerweisen für zum Tode Verurteilte als ihre Mutter. Ihr religiös motivierter Widerwille gegenüber Hinrichtungen veranlaßte sie dazu, einige von der Regierung gewünschte Todesurteile zunächst nicht zu billigen, auch wenn sie damit einen Verfassungskonflikt heraufbeschwor. Das hatte freilich zur Folge, daß Willy Lages (von 1941 bis 1945 Chef der Sicherheitspolizei und des SD in Amsterdam,

---

[31] Alle Angaben nach: De Handelingen van de Tweede Kamer (wie Anm. 24).
[32] Romijn, Snel, streng en rechtvaardig, S. 235–246.

der als Hauptverantwortlicher für die Deportation von 70 000 Amsterdamer Juden galt und deshalb im September 1949 zum Tode verurteilt wurde) und einige andere Deutsche, die sich Verbrechen gegen die Menschlichkeit schuldig gemacht hatten, in den Genuß der Begnadigungspolitik kamen. 1951 verabschiedete das niederländische Parlament ein Gesetz, nach dem eine in lebenslängliche Haft umgewandelte Todesstrafe auch wirklich lebenslängliches Gefängnis für den Verurteilten zu bedeuten hatte. Nach der wegen dessen Gesundheitszustand 1964 vorgezogenen Entlassung von Willy Lages, waren noch drei weitere Deutsche in Haft: Ferdinand Hugo Aus der Fünten, SS-Hauptsturmführer und einer der Hauptverantwortlichen für die Deportation von mehr als 100 000 Juden aus den Niederlanden, Franz Fischer, ein für seinen Sadismus berüchtigter SS-Sturmbannführer, und schließlich Johann Kotälla, der stellvertretende Leiter des Konzentrationslagers Amersfoort, die zusammen mit Lages im Kriegsverbrechergefängnis von Breda einsaßen. Kotälla starb 1979 in der Haft, und die übriggebliebenen zwei der »Vier von Breda« blieben bis 1989 hinter Schloß und Riegel, als das Parlament gegen erhebliche Widerstände der Öffentlichkeit ihre Freilassung beschloß; beide starben wenige Monate danach.

Die Tribunale und Sondergerichte verhängten nicht nur Haftstrafen und andere Sanktionen, in fast 39 000 Fällen koppelten sie diese auch noch mit dem Entzug der bürgerlichen Ehrenrechte (Aberkennung des Wahlrechts oder des Rechts, bestimmte Positionen zu bekleiden oder in der Armee zu dienen); im Laufe der fünfziger Jahre wurden diese Rechte aber wiederhergestellt. Eine weitere schwere Sanktion stellte die Aberkennung der holländischen Staatsbürgerschaft dar. Sie traf alle Bürger (einschließlich ihrer Familien!), die im deutschen Militär- oder Staatsdienst gewesen waren, insgesamt immerhin etwa 40 000 Menschen. Ein Gesetz aus dem Jahre 1954 eröffnete dann die Möglichkeit, sich erneut um die holländische Staatsbürgerschaft zu bewerben; einige tausend machten davon zögernd Gebrauch[33].

Daß das Problem der Abrechnung mit Kollaboration und Faschismus in den Niederlanden handhabbare Dimensionen gewann und sich die überfüllten Lager und Gefängnisse schnell leerten, hatte seinen Grund in Anordnungen der Regierung

[33] Ebenda, S. 247–256.

vom Oktober und November 1945, nach denen es möglich war, die Fälle harmloser Kollaborateure außerhalb der Gerichte, in einer Art Schlichtung, zu regeln. Der springende Punkt bei dieser Regelung war, daß der Generalstaatsanwalt bei den fünf besonderen Gerichtshöfen ohne Verhandlung ein Verfahren niederschlagen und damit den politischen Delinquenten aus der Haft entlassen konnte, wenn er der Meinung war, die Beweislage lasse auf einen Fall von nur unerheblicher oder leichter Kollaboration schließen. In der Regel verhängte der General- staatsanwalt dabei kleinere Strafen wie Geldbußen, die Be- schlagnahme von Gegenständen des täglichen Gebrauchs (Fahr- räder, Radios), den Verlust gewisser staatsbürgerlicher Rechte, oder er verpflichtete den Beschuldigten, bestimmte Auflagen zu beachten, etwa sich an bestimmten Orten nicht zu zeigen und – ganz generell – sich stets als »ein guter niederländischer Staats- bürger« zu erweisen. Hielt der Betroffene sich nicht an diese Pflichten oder weigerte er sich, diesen Weg mitzugehen, mußte er mit weiterer Internierung und einem womöglich langwieri- gen Verfahren vor einem Sondergericht rechnen[34].

Neben den jeweiligen Strafen aus diesem System von Sanktio- nen, die der Generalstaatsanwalt verhängen konnte, wurde den Betroffenen fast immer auch die Pflicht auferlegt, sich in die Obhut einer eigens für diesen Zweck geschaffenen Institution zu begeben, die die entlassenen politischen Gefangenen über- wachen und ihnen die Rückkehr in ein bürgerliches Leben er- leichtern sollte: die »Stiftung zur Überwachung politischer De- linquenten« (Stichting Toezicht Politieke Delinquenten = STPD). Diese im September 1945 errichtete private Institution, die in der Geschichte der politischen Säuberungen in Europa ihresgleichen sucht und wohl nur in einem Land mit soviel Bürgersinn wie Holland geschaffen werden und auch funktio- nieren konnte, genoß die Unterstützung von Abgeordneten der meisten politischen Parteien, prominenten Richtern, von Kir- chen- und Gewerkschaftsführern und zunehmend auch von prominenten Angehörigen der Widerstandsbewegung. In den ersten Jahren ihres Bestehens (1951 wurde die STPD aufgelöst) gewann diese Einrichtung erheblichen Einfluß auf die Regie- rung und insbesondere das Justizministerium. Der Gedanke, der hinter der Schaffung dieser Institution stand, war ebenso

---

[34] Zu dem System der außergerichtlichen Schlichtung vgl. Mason, The Purge, S. 79 bis 84.

einfach wie effektiv: Ohne Gerichtsverfahren aus der Haft entlassene »politische Delinquenten« kamen fast immer unter die Aufsicht dieser Überwachungsinstitution, und falls sich der Entlassene nicht den Erwartungen entsprechend führte, erging Meldung an die Staatsanwaltschaft. Die Arbeit der Überwachungsorganisation wurde (in der niederländischen Tradition der Gesellschaften für die Nachsorge und Resozialisierung von entlassenen Häftlingen stehend) von Freiwilligen getragen. Im Januar 1948, auf dem Höhepunkt ihrer Tätigkeit, zählte man nahezu 17000 freiwillige Personen im Aufsichtsdienst, etwa 42000 politische Delinquenten sowie 320 Bedienstete dieser privaten Institution[35]. Die ganze Zeit ihrer Tätigkeit über drängte die STPD die Regierung dazu, auf dem Wege der Gesetzgebung Bedingungen zu schaffen, die es den Betroffenen erlaubten, eine passable Unterkunft und einen vernünftigen Beruf zu finden und so letztlich wieder in die Gesellschaft zurückkehren zu können. Gleichzeitig machte die STPD ihren »Klienten« aber auch deutlich, daß sie wegen ihrer Unterstützung des Nationalsozialismus durchaus eine gewisse Strafe verdient hatten; ihre Rückkehr in die Gesellschaft sei relativ elegant zu bewerkstelligen, wenn jeder einzelne von ihnen bereit sei, sich künftig als »guter Staatsbürger« (genau dies die Bedingung, um schließlich aller Auflagen ledig zu werden) zu führen.

Insgesamt waren es ungefähr 90000 Personen, die – mit oder ohne Gerichtsverfahren – aus der Internierung freikamen und unter die normalerweise drei Jahre dauernde Aufsicht der STPD gestellt wurden. Außerdem betreute diese Gesellschaft auch schwerere Fälle, etwa Menschen, die auf der Straße standen, nachdem sie ihre Gefängnisstrafe wegen Kollaboration abgesessen hatten. Von Frühjahr 1946 ab erlaubte das nicht-gerichtliche Verfahren die allmähliche Entlassung von Tausenden sogenannter »leichter Fälle« (*lichte gevallen*). So konnten sich die besonderen Gerichtshöfe und Säuberungstribunale, die seit der zweiten Jahreshälfte 1945 arbeiteten, auf die Aburteilung der verbliebenen schwerwiegenden Fälle konzentrieren.

[35] Angaben nach: Verslag Werkzaamheden Stichting Toezicht, S. 17–31. Unter den freiwilligen Betreuern waren ca. ein Drittel Frauen; 11000 waren jünger als 25 Jahre, 6000 zwischen 26 und 30 Jahren.

Tabelle 6: Anzahl der politischen Gefangenen (A) in Internierungslagern (B) im Jahr 1946[36]

	A	B
Januar	86963	106
Februar	78440	105
März	77885	100
April	76173	102
Mai	72801	102
Juni	70740	98
Juli	65304	103
August	57707	95
September	51717	94
Oktober	44860	91
November	40474	85
Dezember	36667	73

IV.

Neben der gerichtlichen Verfolgung der Kollaboration stand auch in den Niederlanden der bürokratische Typus der politischen Säuberung. Zur Regelung von Entlassungen aus einflußreichen Positionen in Staat und Gesellschaft erließ die Regierung während des Londoner Exils und danach eine Reihe von einschlägigen Bestimmungen, die sich anfangs fast ausschließlich auf den öffentlichen Dienst bezogen. Wer sich politisch kompromittiert hatte, so lautete die in Dekretform gebrachte Faustregel, der müsse gehen, damit das Vertrauen in die Verwaltung wiederhergestellt werde. Eile sei bei diesem Vorgehen dringend geboten, hieß es weiter. Die Säuberung konnte nicht den Sondergerichten übertragen werden, die ohnehin schon unter der Last der Abrechnung zusammenzubrechen drohten.

Diese Grobdefinition erwies sich aber schon bald als nicht ausreichend. Es zeigte sich, daß es bei der Säuberung des öffentlichen Dienstes allein nicht sein Bewenden haben konnte, sondern die ganze Gesellschaft in allen ihren Verästelungen überprüft werden mußte. Es sollten schließlich alle jene entfernt werden, die während der Besetzung die Standards patriotischen Verhaltens verletzt hatten, wie sie sich in den verschiedenen

[36] Wie Anm. 15.

Gruppen der Gesellschaft (vor allem in den Berufsgruppen) entwickelt hatten. Die Aufgabe, die Böcke von den Schafen zu trennen, sollte Säuberungskommissionen übertragen werden, die in den einzelnen gesellschaftlichen Sektoren (meist ohne staatliche Beteiligung) zu bilden waren, also letztlich Standesorganen mit Disziplinarkompetenz glichen; daß dies eine nur schwer lösbare Aufgabe war, ergibt sich allein schon aus dem Hinweis, daß Berufsgruppen ihre politischen Standards, so sie überhaupt welche besitzen, nicht zu kodifizieren pflegen.

Im Herbst 1944, nach der Befreiung der südlichen Provinzen Hollands, war man von der Errichtung solcher Standesorgane noch weit entfernt. Die politische Säuberung stand in der Anfangsphase ganz im Zeichen des Kompetenzgerangels zwischen Militärverwaltung, Bürgermeistern und dem örtlichen Widerstand, wobei es vor allem um die Frage ging, wer für die Säuberung zuständig sein sollte. Die Konsequenz dieses Drei-Instanzen-Streits war eine komplette Verwirrung. Innenminister Louis Beel bemühte sich energisch, mittels einiger ergänzender Säuberungserlasse vom Mai, August und Oktober 1945 Klarheit zu schaffen. Diese betrafen, erstens, diejenigen, die sich illoyal gegenüber der Krone gezeigt hatten, zweitens die Mitglieder und Sympathisanten von nationalsozialistischen Organisationen, drittens den Kreis derjenigen, die sich während der Besatzungszeit so betragen hatten, daß mit guten Gründen anzunehmen war, sie seien nicht vertrauenswürdig genug, um am Wiederaufbau des Landes mitzuwirken; viertens betrafen die Direktiven alle jene, die »in anderer Hinsicht« nicht das angemessene Verhalten während der Okkupation gezeigt hatten. Wer gegen eine dieser recht vagen Bestimmungen verstoßen hatte, mußte mit ehrenhafter oder unehrenhafter Entlassung rechnen oder hatte den zeitweiligen oder definitiven Ausschluß von Beförderungen bzw. eine Kürzung seines Gehalts hinzunehmen[37].

Neben der Vagheit vieler Bestimmungen war es die größte Schwäche der Gesetze, daß nicht bindend geregelt war, wie der Säuberungsapparat beschaffen sein sollte, der sie umzusetzen hatte. Die einzelnen Fachminister konnten im Rahmen der Säuberungsgesetze in ihren Ressorts so vorgehen, wie sie es für richtig hielten. Vorgeschrieben war ihnen nur, vor der definiti-

---

[37] Zum »Zuiveringsbesluit« vom 2. 8. 1945 sowie der nachfolgenden Diskussion über seine Anwendung siehe Mason, The Purge, S. 90 f.

ven Entlassung eines Beschuldigten müsse ein beratendes Gremium gehört werden. Diese unbestimmten Regelungen waren eine Quelle anhaltenden Streits, denn zuviel war in das Benehmen der Minister gestellt, die in einem Fall so und im nächsten anders entschieden. Zu zahlreich waren auch die Verstöße gegen den traditionellen Komment im öffentlichen Dienst, der den Angestellten und Beamten erhebliche Rechte garantierte, und zu groß war die Rechtsunsicherheit der Betroffenen, die in vielen Fällen vor ihrer Entlassung nicht einmal gehört wurden.

Louis de Jong schätzt, daß es zum Zeitpunkt der Befreiung etwa 380 000 Angehörige des öffentlichen Dienstes gab, von denen etwa 32 000 mit einem Verfahren zur Prüfung ihrer politischen Zuverlässigkeit überzogen wurden. Davon wurden 11 500 als Kollaborateure unehrenhaft und 6000 ehrenhaft entlassen, 6000 Beamte erhielten Disziplinarstrafen[38]. Diese Prozeduren und Verfahren kosteten so viel Zeit, waren so umfassend und beschworen so kontroverse interne und öffentliche Dispute herauf, daß Willem Schermerhorn, der erste Premierminister nach dem Krieg, die von ihm grundsätzlich befürwortete politische Säuberung schließlich zu einem »Krebsgeschwür der Gesellschaft« erklärte[39].

Tabelle 7: Säuberungsentscheidungen des Zentralamts für die politische Säuberung des öffentlichen Dienstes[40]

1945	20. Oktober	bis	1. November	783
	1. November	bis	30. November	1476
	1. Dezember	bis	31. Dezember	2337
1946	1. Januar	bis	31. Januar	2842
	1. Februar	bis	15. März	3105
	16. März	bis	15. April	2895
	16. April	bis	15. Mai	2254
	16. Mai	bis	15. Juni	1932
	16. Juni	bis	15. Juli	1253
	16. Juli	bis	15. August	1448

[38] Louis de Jong, Het Koninkrijk, Bd. 12, Teil 1, S. 349.
[39] Radioansprache Schermerhorns vom 27. 6. 1945. In: Keesings Historisch Archief 1. 7. 1945, 6345–6349
[40] Alle Angaben nach Ministerie van Binnenlandse Zaken, Het archief van het Centraal Orgaan op de Zuivering van het Overheidspersoneel.

16. August	bis	15. September	1437
16. September	bis	15. Oktober	802
16. Oktober	bis	15. November	436
16. Dezember	bis	15. Januar 1947	152

| Summe | 24 381 |

Unter den aus politischen Gründen Entlassenen waren 509 der ungefähr 950 Bürgermeister. Nicht weniger als 435 von ihnen wurden unehrenhaft entlassen. Nach der Ablösung der von den Deutschen ernannten Provinzgouverneure blieben vier übrig, die von der Besatzungsmacht nicht ausgewechselt worden waren. Drei von ihnen wurden unehrenhaft entlassen, dem vierten wurde gestattet, bis zu seiner Pensionierung im Amt zu bleiben. Die Generalsekretäre des Innenministeriums und des Wirtschaftsministeriums während des Krieges, K.J. Frederiks und H.M. Hirschfeld, wurden, da sie das Vertrauen der Öffentlichkeit verloren hatten, ebenfalls (ehrenhaft) entlassen; nur letzterer hatte mit seiner Berufung gegen diese Entscheidung Erfolg.

Beim Aufspüren von untergetauchten Personen, bei der Deportation von Juden und der Bekämpfung des Widerstands hatten sich die Okkupanten in hohem Maße der einheimischen Polizei bedient. Deren Säuberung wird allgemein als ein Fehlschlag beurteilt, auch wenn die verantwortlichen Kommissionen versuchten, in ihrem Urteil die schwierige Lage der niederländischen Polizisten unter deutschem Kuratel zu berücksichtigen. Daneben spielte auch die pragmatische Überlegung eine Rolle, die Polizeiorganisation nicht durch die Entlassung sämtlicher Betroffener zu zerstören. Die meisten Polizisten, die in den Terror der Besatzungsmacht verwickelt waren, wurden deshalb nicht entlassen, sondern nur disziplinarisch belangt[41].

Die politische Säuberung in den übrigen Bereichen der holländischen Gesellschaft folgte zunächst weitgehend denselben Regeln wie die Säuberung des öffentlichen Dienstes. Recht bald kam es freilich zu Ausnahmeregelungen, also der Errichtung der schon erwähnten Standesorgane mit Disziplinarkompetenz, die teils mit, teils ohne »zunftfremde« Beteiligung zu arbeiten begannen. Im Justizwesen etwa mußten sich die betroffenen Richter vor einem vom Justizminister ernannten Kollegium von

---

[41] Zur Kollaboration der niederländischen Polizei vgl. Hirschfeld, Fremdherrschaft, S. 105–116.

untadeligen Richtern mit patriotischen Reverenzen verantworten; dieses Kollegium befand in der Regel über Entlassung oder Verbleib, hatte aber im Spezialfall der Richter, die während der deutschen Besatzungszeit ernannt worden waren, nur beratende Kompetenz. Hier lag das Entlassungsrecht beim Justizminister, der davon auch reichlich Gebrauch machte. Alles in allem scheint die Säuberung im Justizwesen recht gut funktioniert zu haben, lediglich der Oberste Gerichtshof, der in den Augen vieler den deutschen Besatzern gegenüber nicht genügend Standfestigkeit bewiesen hatte, war gegen säuberungspolitische Eingriffe von außen weitgehend resistent und hatte deshalb auch größte Mühe, sein einstiges Ansehen als oberster Hüter von Recht und Gesetz wiederzuerlangen[42].

Großes Augenmaß erforderte die Ahndung dessen, was sich hinter dem Begriff der »wirtschaftlichen Kollaboration« verbirgt. Die Regierung traf deshalb auch keine präzise Regelung, sondern stellte die Urteilsbildung ganz in die Verantwortung der örtlichen Säuberungskommissionen, die die Betroffenen am besten zu beurteilen vermochten. Arbeiter und Angestellte, die sich irgendwie anstößig verhalten hatten, wurden in der Regel von Prüfungskommissionen ohne juristische Basis beurteilt, die nach der Befreiung oft spontan entstanden waren und sich vorwiegend aus Protagonisten des Widerstandes zusammensetzten; diese Grobarbeit war innerhalb weniger Wochen erledigt, während sich die Prüfung der Manager und großen Wirtschaftsführer oft lange hinzog. Diese mußten vor staatlichen Kommissionen Rechenschaft über ihr Verhalten ablegen; 1947 existierten 50 solcher Prüfungsstellen, die nach ähnlichem Muster funktionierten wie ordentliche Gerichte. An ihrer Spitze standen Juristen, sie konnten Zeugen hören und für Ermittlungen die Polizei einschalten. Außerdem hatte der Betroffene die Möglichkeit, vor einer zentralen Säuberungskommission Einspruch gegen das Urteil der ersten Instanz einzulegen. Erst wenn diese Zentralinstanz ein Urteil billigte, war es rechtskräftig und konnte vollstreckt werden; erst danach konnte der Verurteilte mit Berufsverbot oder Geldstrafen belegt werden[43].

Die Säuberung des Pressewesens lag der Regierung besonders am Herzen. Sie hatte aus der seit 1940 währenden Dauerindoktrination der Gesellschaft mit nationalsozialistischem Gedan-

[42] Zur Rolle des »Hoge Raad« vgl. ebenda, S. 100–105.
[43] Hierzu Mason, The Purge, S. 97–104.

kengut und der daraus in vielen Fällen resultierenden Aufwei-
chung der Grundregeln humanen Verhaltens den Schluß gezogen, der Aufbau einer wirklich unabhängigen, nur der Wahrheit
verpflichteten Presse sei eine unabdingbare Voraussetzung für
einen erfolgreichen Wiederaufbau des Staates. Der erste Schritt
dazu war eine rigide Lizenzierungspolitik; nur die Untergrund-
zeitungen des Widerstandes, die in der Besatzungszeit die Fah-
ne der Freiheit hochgehalten hatten, und die von den Deutschen
verbotenen Blätter durften erscheinen, während Zeitungen, die
noch nach dem 1. Januar 1943 erschienen, einzustellen waren.
Der zweite Schritt, der freilich erst 1945/46 getan werden konnte, bestand in einer gründlichen Überprüfung aller Journalisten
und Verleger. Vom Staat benannte Säuberungskommissionen
mit im Widerstand gegen die deutschen Besetzer bewährten
Journalisten an der Spitze nahmen sich dieser Aufgabe an und
verhängten so drastische Strafen wie langjährige Berufsverbote
und die Enteignung von Druckereien[44].

Neben anderen Berufsgruppen wie Ärzten, Rechtsanwälten
und Künstlern bezog sich die Säuberung schließlich auch auf die
Studenten. Diese waren 1943 aufgefordert worden, eine Loyali-
tätserklärung gegenüber dem Nationalsozialismus zu unterzeich-
nen; wer die Unterzeichnung verweigert hatte, kam fast automatisch zum Arbeitseinsatz nach Deutschland, die »Unterzeichner«
hingegen, nur 15 Prozent der Studenten, durften im allgemeinen
ihr Studium fortsetzen. Nach der Befreiung bildeten sich an allen
Universitäten spontane Säuberungsausschüsse aus bekannten patriotischen Professoren und standhaft gebliebenen Studenten, die
sich bei ihren Überprüfungen fast überall von dem Grundsatz
leiten ließen, daß die »Unterzeichner« zeitweise (in der Regel zwei
Jahre) vom Studium ausgeschlossen werden sollten – ungeachtet
der Tatsache, daß viele Professoren ihre Studenten zur Loyalitäts-
bekundung ermuntert hatten, um ihnen den Weg in den Fremd-
arbeitereinsatz in Deutschland zu ersparen[45].

Trotz dieser Ungereimtheiten, die sich aus dem Schwarz-
Weiß-Schema der Beurteilung ergaben, erhob die Regierung die
spontane, in der Praxis entstandene Faustregel zur Grundlinie
ihrer Politik. »Unterzeichner«, NSB-Mitglieder und Freiwillige
der Waffen-SS mußten also für einige Jahre ihr Studium unterbrechen. Erst 1947 beugte sich die Regierung den sich überall

[44] Vgl. Louis de Jong, Het Koninkrijk, Bd. 12, Teil 1, S. 440–446.
[45] Vgl. Mason, The Purge, S. 117–120.

erhebenden Protesten gegen die Ungerechtigkeiten, die in dem Verfahren steckten, und hob alle Sanktionen auf, die gegen »Unterzeichner« bis dahin verhängt worden waren.

Angesichts der vielen, gleichzeitig auf verschiedenen Ebenen und in unterschiedlichen gesellschaftlichen Bereichen durchgeführten Säuberungsverfahren[46] ist es kaum möglich, exakte Antworten auf die Frage nach den Auswirkungen der spontanen und der staatlichen Säuberung nach der Befreiung zu geben. Soviel aber läßt sich sagen: Wegen des Vorwurfs »wirtschaftlicher Kollaboration« hatten sich mehr als 4300 Personen zu verantworten. Die Säuberungsausschüsse an den Universitäten überprüften 2500 Studenten und 120 Professoren, das Säuberungskomitee für die Presse etwa 1000 Journalisten und Verleger. Vor das zur Säuberung des kulturellen Bereichs eingerichtete sogenannte Ehrengericht wurden 600 Künstler gestellt, 200 Ärzte und 63 Rechtsanwälte hatten vor ihren jeweiligen Standeskommissionen zu erscheinen. Der »Hohe Rat des Gerichtswesens« untersuchte die Vergangenheit von 413 Richtern und Angestellten bei den Gerichten – nicht jedoch, wie erwähnt, das höchst umstrittene Verhalten des Obersten Gerichtshofes während der Okkupationszeit. Schließlich wurden auch 444 Angehörige der Streitkräfte entlassen, 87 Personen verloren ihre Orden und Kriegsauszeichnungen.

V.

Die Ahndung der Kollaboration in den Niederlanden hat, wie erwähnt, zweierlei Kritik hervorgerufen: erstens die Kritik derer, die sie als zu mild und nicht prinzipiell genug betrachteten[47], zweitens die Kritik derjenigen, die auf die Opfer und

[46] Zu den Säuberungen von Ärzten und Anwälten siehe N.K.C.A. In't Veld, De zuivering van artsen en advocaten. Een bijdrage tot de geschiedsschrijving van de zuivering van het vrije beroep. Den Haag 1983; zu den Verfahren gegen Künstler siehe ders., De ereraden voor de kunst en de zuivering van de kunstenaars. Den Haag 1981.

[47] Ein besonders dunkles Kapitel ist der Fall des Kunstsammlers und Millionärs Pieter Menten, dem im Juni 1976 zur Last gelegt wurde, an der Ermordung von etwa 200 polnischen Juden mitgewirkt zu haben. Menten war 1949 in höchster Instanz zu acht Monaten Gefängnis verurteilt worden. Eine Strafkammer in Rotterdam verurteilte Menten 1980 wegen Beihilfe zum Mord zu zehn Jahren Gefängnis; das Urteil wurde 1981 vom Obersten Gerichtshof der Niederlande bestätigt. Durch Mentens Beziehungen zu einflußreichen Politikern wurde sein Fall erneut (nach den Ereignissen Anfang der fünfziger Jahre) zu einer Streitfrage der niederländischen Innenpolitik. Vgl. hierzu J.C.H. Blom u.a., De affaire Menten 1945–1976. Den Haag 1979.

Ungerechtigkeiten der Säuberung hinwiesen und diese als logische Konsequenz einer zu wenig kontrollierten Säuberungswut anprangerten. In der Tat regierten in den Niederlanden, wie anderswo auch, vor allem in der ersten »wilden« Phase bei der Festsetzung eines Urteils häufig der Zufall oder die reine Willkür. Ebenso häufig kam es zu eklatanten Verstößen gegen rechtsstaatliche Grundsätze. Private und geschäftliche Motive flossen in die Entscheidungen ein, und auch hier gab es ausreichend Belege für die Richtigkeit des Schlagwortes, man hänge die Kleinen, während man die Großen laufen lasse. Es kommt hinzu, daß die Widerstandsbewegung eine kompromißlose Säuberung forderte und teilweise auch zu realisieren versuchte; sie wollte noch den kleinsten und harmlosesten Kollaborateur zu gravierenden Strafen verurteilt sehen. Der unbändige Drang nach Vergeltung war angesichts der Leidensgeschichte des niederländischen Volkes gewiß verständlich, andererseits war er aber auch die Ursache zahlreicher Ungerechtigkeiten. Gegen diese erhob sich schon bald nach Kriegsende ein Sturm der Entrüstung, und zwar durchaus auch aus den Reihen des Widerstandes selbst.

Sind in all dem, so könnte man fragen, nicht einfach nur die sprichwörtlichen Späne zu sehen, die immer dort fallen, wo gehobelt wird, zumal dann, wenn es so gründlich und gewissenhaft geschieht, wie in den Niederlanden? Wie man dies auch beantworten mag – Erscheinungen wie Willkür, Korruption und Durchstecherei, aber auch das Gefühl einer unzulänglichen Bestrafung bleiben in der kollektiven Erinnerung an die politische Säuberung engstens miteinander verknüpft. Das heißt freilich nicht, in den Niederlanden habe eine Art von kollektivem Unvermögen zu radikaler Selbstreinigung die Oberhand behalten. Im Gegenteil, letzten Endes gelang es der Regierung – mit der weitgehenden Unterstützung der gesellschaftlichen Eliten –, eine wirkungsvolle, aber zugleich doch relativ gemäßigte Bestrafung der Kollaborateure durchzusetzen. Diese gebremste Radikalität ergab sich schon aus den schieren Dimensionen des Problems, doch mindestens ebenso aus der Einsicht in die Notwendigkeit, sobald wie möglich rechtsstaatliche Verhältnisse zu schaffen, auf denen allein die Ordnung der Nachkriegszeit gründen konnte.

MARGIT SZÖLLÖSI-JANZE
»Pfeilkreuzler, Landesverräter und andere Volksfeinde«
Generalabrechnung in Ungarn

Mitte Juni 1949 erfuhr die ungarische Öffentlichkeit von der
Verhaftung einer »trotzkistischen Spionagegruppe«, an deren
Spitze ausgerechnet der radikale Kommunist László Rajk stehen sollte. Rajk, ZK- und Politbüromitglied, Innenminister von
1946 bis 1948 und Außenminister seit August 1948, wurde drei
Monate später nach einem stalinistischen Schauprozeß zum Tode verurteilt und am 15. Oktober desselben Jahres hingerichtet.
Aufschlußreich ist die Anklageschrift: »Hinter den Plänen
Rajks und seiner Konsorten stand derselbe amerikanische Imperialismus, der in seinen deutschen und österreichischen Besatzungszonen bereits seine Kettenhunde gesammelt hat. Jene
ehemaligen Pfeilkreuzler, faschistischen Horthy-Offiziere,
Gendarmen, die damit rechnen, daß sie wieder wie im Jahre
1944 bis zu den Knien im Blut des arbeitenden ungarischen
Volkes waten und wieder – diesmal nicht im Interesse des deutschen Faschismus, sondern in dem der amerikanischen Imperia-
listen – Ungarn feilbieten können, um damit alle Erfolge der
Befreiung und des Wiederaufbaus zunichte zu machen.«[1]
Dieses ideologische Konstrukt, das Titoismus, Trotzkismus,
Faschismus und Imperialismus als Drahtzieher bzw. Verbünde-
te gegen die Volksdemokratie bezeichnete, bedeutete den Tod
für Rajk und seine Mitangeklagten. Man verurteilte sie wegen
volksfeindlicher Vergehen, Spionage, Verrat, Mithilfe bei den
Kriegsvorbereitungen der imperialistischen Mächte und Angriff
auf die demokratische Staatsordnung[2]. Schauplatz des blutigen
Schauspiels war das Budapester Volksgericht unter demselben
Vorsitzenden Richter, der im März 1946 den Pfeilkreuzler-
Führer Ferenc Szálasi und die Mitglieder seiner Regierung zum

---

[1] László Rajk und Komplicen vor dem Volksgericht. Mit einem Vorwort von Kurt
Hager. Berlin (Ost), 2. Auflage 1950, S. 38. Die Anklageschrift datiert vom 6. 9. 1949.
Aus propagandistischen Gründen wurde der »Prozeßbericht« nicht nur veröffentlicht,
sondern auch in mehrere Fremdsprachen übersetzt.
[2] Ebenda, S. 372ff. Das Volksgericht verurteilte von den acht Angeklagten drei zum
Tode, zwei zu lebenslänglichem und einen zu neun Jahren Zuchthaus. Zwei Angeklagte wurden dem Militärgericht überantwortet und ebenfalls zum Tode verurteilt.

Tod durch den Strang verurteilt hatte[3]. Der Rajk-Prozeß markiert nicht nur den endgültigen Abschluß einer Entwicklung, die 1944/45 mit dem Versuch begonnen hatte, den militärischen Zusammenbruch Ungarns zum Aufbau eines demokratischen Staatswesens zu nutzen. Terminologische, institutionelle und personelle Kontinuitäten sind vielmehr Indikatoren für die These, daß in Ungarn die Abrechnung mit Faschismus und Kollaboration zunächst parallel zur schrittweisen kommunistischen Machtübernahme lief, dann aber bald von ihr verdrängt bzw. umfunktioniert wurde. Dies mag der Grund dafür sein, daß das Thema bisher in der ungarischen Historiographie nicht behandelt, ja geradezu tabuisiert wurde. Es mangelt nicht nur an einschlägigen Quellenveröffentlichungen, sondern sogar an Informationen zu grundlegenden Sachverhalten, so daß die nachfolgenden Ausführungen in manchem lückenhaft bleiben müssen.

Horthy-Regime und Pfeilkreuzler-Bewegung

Die Eroberung Ungarns durch die Rote Armee (23. September 1944 – 4. April 1945) bedeutete das Ende der kurzlebigen faschistischen Diktatur der Pfeilkreuzler oder Hungaristen, wie sie sich selber nannten. Der militärische Zusammenbruch zerstörte aber auch die politischen und gesellschaftlichen Grundlagen des vorangegangenen Horthy-Regimes[4]. Zwar ist in der orthodoxen marxistisch-leninistischen Geschichtswissenschaft früherer Jahre häufig der Begriff des »Horthy-Faschismus« zu finden, doch ist diese Bezeichnung nicht zutreffend. Das nach seinem langjährigen Staatsoberhaupt, dem Reichsverweser Nikolaus von Horthy (1920–1944), benannte politische System

[3] Dr. Péter Jánko führte auch im sog. »Verschwörerprozeß« 1947 den Vorsitz, der das endgültige politische Aus für die Kleinlandwirtepartei einleitete. Vgl. Yehuda Lahav, Der Weg der Kommunistischen Partei Ungarns zur Macht. Bd. 2, München 1985, S. 112.

[4] Im folgenden nach Margit Szöllösi-Janze, Die Pfeilkreuzlerbewegung in Ungarn. Historischer Kontext, Entwicklung und Herrschaft, München 1989; dies., Horthy-Ungarn und die Pfeilkreuzlerbewegung. In: Geschichte und Gesellschaft 12 (1986), S. 163–182; Magyarország története 8, 1918/19–1945 (Geschichte Ungarns 1918/19 bis 1945). Hrsg. von György Ránki. 3. verb. Auflage Budapest 1984; Carlile A. Macartney, October Fifteenth. A History of Modern Hungary 1929–1945. 2 Bde, Edinburgh 1957.

wies vielmehr nahezu idealtypisch die Kennzeichen[5] eines konservativ-autoritären Regimes auf: einen »begrenzten Pluralismus« in Regierung und Parlament, eine hinsichtlich der sozialen Trägerschichten wie des politischen Erscheinungsbildes eindeutig traditionale Prägung sowie eine weitgehende Entpolitisierung bzw. politische Passivität breiter Bevölkerungsschichten. Das ausschlaggebende politische Gewicht lag beim Reichsverweser und der ihm verantwortlichen Regierung, die sich im Parlament auf die überwältigende Mehrheit der von oben gebildeten Regierungspartei stützte. Ein mehrmals verschärftes restriktives Wahlrecht und der Druck von Verwaltung und Ordnungskräften schlossen gezielt die Unterschichten von der politischen Partizipation aus. Auf der andern Seite gab es ein unabhängiges Gerichtswesen, freie, wenn auch in ihrem Spielraum beschränkte Gewerkschaften, regelmäßig abgehaltene Wahlen sowie ein formales Mehrparteiensystem, in dem auch die Sozialdemokratie ihren Platz hatte. Die Oppositionsparteien hatten jedoch nie eine reelle Chance, an die Schaltstellen der Macht zu gelangen, die fest in den Händen der regimetragenden Eliten blieben.

Ungarn war in der Zwischenkriegszeit mit einem in der Landwirtschaft tätigen Bevölkerungsanteil von fast 52 Prozent (1930) noch überwiegend agrarisch strukturiert. Es dominierte eine schmale Magnatenschicht mit ihren für die Horthy-Ära charakteristischen Latifundien. Die Normen des Adels strahlten gesellschaftlich weit aus, nicht zuletzt auch auf die wenigen führenden Familien in Industrie und Hochfinanz, mit denen der Hochadel wirtschaftlich und familiär eigentümlich eng verflochten war. Die Bürokratie, der dritte Faktor im Machtkartell, rekrutierte sich im Kern aus dem niederen Adel, der ihr Standesbewußtsein maßgeblich prägte. Die politische Bedeutung der Beamtenschaft war groß: zum einen, weil der Zugang zu den wichtigen Positionen in Regierung, Ministerien und Regionen (Komitate) über die Verwaltung führte; zum anderen, weil die Regierungspartei ihren fehlenden Parteiapparat durch die regionale und lokale Administration ersetzte und so durchschlagenden Einfluß ausüben konnte.

Die Machtbasis des Horthy-Regimes beruhte also auf heterogenen Gruppen, die durch einen relativ diffusen politischen

---

[5] Vgl. Juan J. Linz, An Authoritarian Regime. Spain. In: Erik Allardt und Stein Rokkan (Hg.), Mass Politics. Studies in Political Sociology. New York 1970, S. 253 ff.

Konsens zusammengehalten wurden. Wenn allerdings Teile dieser Gruppen ausscherten, weil sie ihre Interessen nicht mehr vertreten sahen, war das System gleichsam von innen gefährdet; von außen wurde seine labile Machtbalance in Frage gestellt, wenn systemextern neue Bewegungen entstanden, die sich nicht integrieren ließen.

In den dreißiger Jahren geriet das politisch wie gesellschaftlich traditional-konservativ geprägte Regime in Bewegung. Außenpolitisch versprach die Anlehnung an Hitler, die nach dem Ersten Weltkrieg verlorenen Landesteile zurückgewinnen zu können. Die territoriale Revisionspolitik in Hitlers Fahrwasser war erfolgreich: Die vier Gebietsrestitutionen von 1938 bis 1941 mußten jedoch politisch und wirtschaftlich durch wachsende Abhängigkeit von Deutschland teuer erkauft werden. Ungarn verfing sich schließlich in Hitlers Kriegspolitik und trat 1941 an der Seite der Achsenmächte in den Zweiten Weltkrieg ein.

Aber auch im Innern geriet das Horthy-Regime in zweifacher Hinsicht unter politischen Druck. Bedroht vom gesellschaftlichen Abstieg, formierten sich die mittleren und kleinen Beamten und Offiziere zum Protest. Sie fühlten sich von den adelig-konservativen Führungsgruppen politisch und sozial benachteiligt und drängten aus dem Verwaltungsapparat des Systems heraus zur Macht. Damit spaltete sich die politische Elite in eine hochkonservative »alte Rechte« und eine radikale »neue Rechte«. Äußeres Zeichen der »Wachablösung« war im September 1932 die Ernennung von Gyula Gömbös zum Ministerpräsidenten. Von den altkonservativen Eliten zwar erfolgreich »eingerahmt« und politisch neutralisiert, verkörperte er den Machtanspruch der »neuen Rechten«. In Anlehnung an Mussolini zielte Gömbös auf die Transformation der Klassengesellschaft in eine korporativ organisierte »Volksgemeinschaft«. Sein Versuch, eine Diktatur nach typisch autoritärem Muster aus dem Apparat des Systems heraus aufzubauen und die Regierungspartei in eine staatstragende Funktionärs- und Massenpartei umzuformen, wurde oft als »Faschismus von oben« oder, etwas salopp, als »Salon-« oder »Gentlemanfaschismus« bezeichnet. Gömbös wie die »neue Rechte« insgesamt vermochten jedoch nicht, sich endgültig aus dem traditional-autoritären Kontext des Horthy-Systems zu lösen, das durch eine politische Mobilisierung der Massen in Frage gestellt werden mußte.

Der »Faschismus von unten« formierte sich dagegen außerhalb der Machtstrukturen des Regimes. Seit Mitte der dreißiger Jahre gelang es den Pfeilkreuzlern, durch sozialrevolutionäre Forderungen und radikales Auftreten die verschiedensten, mit den politischen Verhältnissen unzufriedenen Gruppen zu sammeln. Der ehemalige Generalstabsoffizier Ferenc Szálasi organisierte trotz erheblicher staatlicher Repressionen eine systemsprengende Massenbewegung. Entscheidend war, daß diese nicht nur kleine Selbständige wie Handwerker und Händler sowie die agrarproletarischen Schichten in der fernen Provinzen ansprach, sondern im politischen Zentrum des Landes, in Budapest, auch aus den Reihen der Arbeiterschaft Zulauf fand. Im Vordergrund standen politisch bisher nicht organisierte un- und angelernte Arbeiter und Tagelöhner häufig ländlicher Herkunft sowie subproletarische »Lumpenelemente«; die Pfeilkreuzpartei konnte jedoch auch im organisierten Industrieproletariat Fuß fassen. Sie sprengte als einzige Massenintegrationspartei modernen Typs die starren Strukturen des Horthy-Systems.

Auf dem Höhepunkt ihrer Entwicklung, 1939/40, hatten die Pfeilkreuzler landesweit etwa 250 000 bis 300 000 Parteimitglieder und gewannen bei den Parlamentswahlen im Mai 1939 49 der 295 Mandate. Dies kam unter den gegebenen Verhältnissen des restriktiven ungarischen Mehrheitswahlrechts einem politischen Erdrutsch gleich. Die Regierungspartei mit ihren 178 Sitzen war zwar nicht gefährdet, wenngleich sich auch in ihren Reihen das politische Gewicht signifikant von der konservativen »alten« auf die »neue Rechte« verlagerte. Hinter den 49 Mandaten der Pfeilkreuzler standen jedoch 25 Prozent der ungarischen Wähler, hinter den Regierungsabgeordneten 50 Prozent, d.h. die tatsächlichen Kräfteverhältnisse lagen nicht so weit auseinander, wie es die Sitzverteilung suggeriert. Das Regime geriet dadurch zwar in eine Krise, wurde aber nicht funktionsuntüchtig. Das Parlament war nur ein politischer Nebenschauplatz, während der Reichsverweser und die Männer seines Vertrauens in Regierung, Ministerialbürokratie und Armeeführung die zentralen Machtpositionen innehatten. In den engen Kreis der politischen Entscheidungsträger, der sich durch den Ausnahmezustand in den Jahren des Zweiten Weltkriegs noch weiter begrenzte, konnten die Pfeilkreuzler nie vordringen.

Es war der plebejische Massenanhang der Pfeilkreuzler, der ihren genuinen »Faschismus von unten« von der »neuen Rechten« unterschied, wenngleich sich ihre Ansichten und Forderungen oftmals deckten. Allerdings war die gegenseitige Abneigung, ja Feindschaft groß und gipfelte im unversöhnlichen persönlichen Haß ihrer Führer. Die »Gentlemen« der neuen Rechten verachteten die gewalttätigen Aktionen der Pfeilkreuzler, ihr sozialrevolutionäres, normensprengendes Auftreten, ihre Anhänger, die sie als politisiertes »Gesindel« abqualifizierten. Umgekehrt verhöhnte Szálasi die »Konjunkturritter« mit den gebügelten Hosen, die als Kopf ohne Körper einer Partei ohne Mitglieder vorstünden und allenfalls einen »Pseudonationalsozialismus« verträten.

Mit Miklós Kállay übernahm 1942 ein profilierter Exponent der Konservativen die Regierungsverantwortung, der das Land durch Kontaktversuche mit den westlichen Alliierten vorsichtig wieder aus dem Krieg herausführen wollte. Hitler ließ daraufhin das unzuverlässige Ungarn im März 1944 militärisch besetzen und ernannte einen deutschen »Reichsbevollmächtigten«, der mit Horthy als Staatsoberhaupt die Bildung einer Kollaborationsregierung einleitete. Ihre Minister unter dem Premier Döme Sztójay, dem langjährigen ungarischen Gesandten in Berlin, zählten zur »neuen Rechten« oder waren mit Szálasi zerstrittene Nationalsozialisten ohne nennenswerten Parteianhang. Explizit ausgeschlossen waren die Pfeilkreuzler, die zur »Spießbürgerregierung« von deutschen Gnaden zunächst verächtlich auf Distanz gingen. Politisch maßgebend waren die Besatzer, die Ungarn nun völlig in die deutsche Kriegswirtschaft integrierten und mit Hilfe von Gestapo, SS und ungarischen Behörden den Kampf an der »inneren Front« eröffneten. Die Säuberungen ergriffen Politik, Wirtschaft, Kultur und Verwaltung. Bis in den Juli 1944 hinein konnte Eichmann die Deportation von rund 437000 ungarischen Juden außerhalb der Hauptstadt Budapest nach Auschwitz organisieren. Erst danach befreite sich Horthy aus seiner politischen Passivität, stoppte die Verschleppung der Juden und arbeitete darauf hin, die Besatzer und ihre Kollaborationsregierung möglichst bald loszuwerden.

Der Kriegsaustritt und der anschließende Frontwechsel Rumäniens boten Ende August 1944 den geeigneten Anlaß, eine »unpolitische« Regierung aus Fachleuten und Militärs unter Generaloberst Lakatos einzusetzen. Damit leitete der Reichsverweser einen konservativen Kurswechsel ein, der sich nicht zuletzt auch in einer Säuberung des Beamtenapparats von den sogenannten »März-Männern« niederschlug. Das Ausmaß des

Revirements überstieg nach Angaben informierter Beobachter[6] das der vorangegangenen Marionettenregierung erheblich. Eine erste politische Säuberung von Faschismus und Kollaboration fand also bereits im September 1944 statt, als Ungarn immer noch militärischer Bündnispartner der Achsenmächte war.

Die Stunde der Pfeilkreuzler Szálasis[7] schlug erst am 15. Oktober, als Horthys geheime Waffenstillstandsverhandlungen in Moskau ruchbar wurden. Der Hungaristenführer kündigte dem Reichsverweser wegen Verrats die Loyalität auf und übernahm mit Hilfe der SS in einem Putsch die Macht. Als »Führer der Nation« setzte er den Krieg an deutscher Seite fort und bildete eine Koalitionsregierung aus Politikern aller Rechtsparteien einschließlich des rechten Flügels der alten Regierungspartei. Während die Rote Armee das Land von Südosten her eroberte und kurz vor Weihnachten 1944 Regierung und Rumpfparlament zur Flucht nach Westungarn zwang, versuchten die Pfeilkreuzler, das militärische und gesellschaftliche Ende der Horthy-Ära zum Aufbau eines nationalsozialistischen Herrschaftssystems zu nutzen. Für die Budapester Juden bedeutete dies Ghettoisierung und Terrorisierung durch Pfeilkreuzler-Banden sowie die Überstellung an die Deutschen zur Zwangsarbeit in den berüchtigten »Todesmärschen«; 50 000 Menschen fielen diesen Aktionen zum Opfer. Alle politischen Gegner wurden verfolgt, die obersten politikrelevanten Positionen des Beamtenapparats erneut gesäubert. Mit dem endgültigen Zusammenbruch der deutschen Front in Ungarn flohen Regierung und Parteispitze, aber auch andere konservative und rechtsgerichtete Politiker Ende März 1945 nach Deutschland.

Die Anfänge der Volksdemokratie

Mit dem Zurückweichen der deutschen Front entstanden seit Oktober 1944 in den befreiten Landesteilen die ersten Ansätze neuen politischen Lebens[8]. Die Rahmenbedingungen setzte das am 20. Januar 1945 unterzeichnete Waffenstillstandsabkom-

[6] Vgl. dazu Macartney, October Fifteenth, Bd. 2, S. 326 f.

[7] Vgl. ausführlich Szöllösi-Janze, Pfeilkreuzlerbewegung, S. 311 ff.

[8] Vgl. dazu die Monographie von Mihály Korom, Magyarország Ideiglenes Nemzeti Kormánya és a fegyverszünet (1944–1945) (Die Provisorische Nationalregierung Ungarns und der Waffenstillstand 1944–1945). Budapest 1981.

men[9]. Demnach unterstand Ungarn bis zum Abschluß eines Friedensvertrags (Paris, 10. Februar 1947) als besiegter Feindstaat einer Alliierten Kontrollkommission unter Vorsitz der Sowjetunion. Noch vor der Unterzeichnung des Abkommens konstituierte sich am 21. Dezember 1944 in Debrecen eine Provisorische Nationalversammlung, die am Tag darauf eine zuvor mit Moskau abgestimmte Exekutive wählte[10]. Der politische Neubeginn wurde von der »Ungarischen Nationalen Unabhängigkeitsfront« getragen, einem am 3. Dezember in Szeged offiziell proklamierten Bündnis aus Demokratisch-Bürgerlicher Partei, Unabhängiger Kleinlandwirtepartei, Nationaler Bauernpartei, Sozialdemokratischer Partei, Ungarischer Kommunistischer Partei und freien Gewerkschaften[11]. Diese Parteien stellten nicht nur alle 230 Abgeordneten der Provisorischen Nationalversammlung, sondern auch die Regierung unter dem parteilosen General Béla Dálnoki Miklós[12]. Damit institutionalisierte sich die im Mai 1944 im Widerstand gegründete »Ungarische Front«, die sich als antifaschistische, demokratische Aktionseinheit gegen die deutsche Besatzung und ihre einheimischen Helfer verstand[13].

[9] Das Waffenstillstandsabkommen wurde zunächst am 17.3. als Verordnung 525/1945 M.E. und am 16.9. 1945 als Gesetz V/1945 verkündet; vgl. Két év hatályos jogszabályai 1945–1946. Hrsg. von Ferenc Bacsó u.a. (Rechtswirksame Gesetze und Verordnungen aus zwei Jahren, 1945–1946; im folgenden: KEHJ). Bd. 1, Budapest 1947, S. 3–8. Vgl. dazu auch Klaus-Detlev Grothusen, Außenpolitik. In: Südosteuropa-Handbuch 5: Ungarn. Göttingen 1987, S. 119f.

[10] Vgl. Charles Gati, The Democratic Interlude in Post-War Hungary. In: Survey 28 (1984) 2, S. 120ff.

[11] Vgl. A Magyar Népfront története. Dokumentumok, 1935–1976. Bd. 2, Nr. 141, S. 9f. (Geschichte der Ungarischen Volksfront. Dokumente, 1935–1976; im folgenden: MNT); zur Geschichte der ungarischen Parteien vgl. Adalbert Toth, Ungarn. In: Frank Wende (Hrsg.), Lexikon zur Geschichte der Parteien in Europa. Stuttgart 1981, S. 731–773.

[12] Vgl. dazu George Schöpflin, Domestic Politics. In: Südosteuropa-Handbuch 5, 1987, S. 68f., sowie Götz Mavius, Wahlergebnisse. Ebenda, S. 677. In der Provisorischen Nationalversammlung (bis 29.11. 1945) entfielen auf die Kommunisten 71, auf die Sozialdemokraten und die freien Gewerkschaften 38 bzw. 19 Mandate. Kleinlandwirte und Nationale Bauernpartei hatten 55 bzw. 16, die Bürgerlichen Demokraten zwölf Abgeordnete. 19 Abgeordnete waren parteilos. Mit den 104 Budapester Abgeordneten und den 160 Vertretern Transdanubiens erhöhte sich später die Zahl der Mandate auf 494. In der Provisorischen Regierung stellten Kommunisten, Sozialdemokraten und Kleinlandwirte je zwei Minister, einer gehörte der Bauernpartei an; vier Regierungsmitglieder waren parteilos.

[13] MNT/1, Nr. 117, S. 429ff.: Aufruf der demokratischen Parteien an die ungarische Nation, Juni 1944. Vgl. dazu auch das Vorwort der Herausgeber, S. 13ff. sowie Korom, wie Anm. 8, S. 78ff.

Die Abrechnung mit Faschismus und Kollaboration war nicht nur unstrittiger Konsens der Frontparteien, sondern auch eine Voraussetzung des Waffenstillstands. Moskaus Interesse an diesem Thema war groß. Als die ungarische Delegation am 3. Januar 1945 zu den Verhandlungen eintraf, interessierte sich Molotow – neben der Reorganisation der Armee und der Bodenreform – vor allem für die Säuberung des Landes von »faschistischen Elementen«[14]. Das Waffenstillstandsabkommen schrieb die aktive Mithilfe Ungarns bei der Verfolgung, Verhaftung und Verurteilung von »Kriegsverbrechern« fest. Zudem wurde die Regierung verpflichtet, umgehend »alle hitlerfreundlichen oder anderen faschistischen politischen, militärischen und paramilitärischen Organisationen« aufzulösen; dasselbe galt für Vereinigungen, die eine den Alliierten feindliche Propaganda betrieben hatten[15].

Das am 3. Dezember 1944 veröffentlichte Programm der Unabhängigkeitsfront war demgegenüber erheblich konkreter. Es formulierte als primäre Ziele des demokratischen Wiederaufbaus u. a. die Verhaftung und Enteignung der »Landesverräter und verantwortlichen Kriegsverbrecher« und ihre Aburteilung durch eigens zu errichtende Volksgerichte, die Auflösung »sämtlicher faschistischer, volksfeindlicher, in deutschem Sold stehender Organisationen«, die Säuberung von Verwaltung, Gerichtswesen und Streitkräften von »Pfeilkreuzlern, Landesverrätern und anderen volksfeindlichen Elementen« sowie die Aufhebung reaktionärer Gesetze und Verordnungen. Die »faschistische Seuche, der volksfeindliche Geist, der Rassen- und Völkerhaß« sollten aus Presse, Erziehungswesen, Kultur und öffentlichem Leben verschwinden. Zur Durchführung der Bodenreform war nach den Vorstellungen der Front in erster Linie der Grundbesitz der Landesverräter und Kriegsverbrecher, der Mitglieder des nazistischen deutschen »Volksbunds« sowie von Angehörigen der Waffen-SS entschädigungslos heranzuziehen[16].

In der Unabhängigkeitsfront dominierte die organisierte Arbeiterbewegung nicht nur quantitativ; ihr entstammten drei der sechs Bündnispartner. Die Kommunisten bestimmten von Anfang an auch die inhaltlichen Positionen. So war das Programm

[14] Dazu ebenda, S. 472.
[15] KEHJ, 1947, S. 6.
[16] Vgl. MNT/2, Nr. 142, S. 10–14.

der Front die fast wortgetreue Kopie des KP-Entwurfs vom 30. November[17]. Wenn die veröffentlichten Dokumente der anderen Frontparteien ein zutreffendes Bild zeichnen[18], hatten diese entweder gar keine konkreten Zukunftsplanungen entworfen oder standen in engem Dialog mit den Kommunisten, die seit Ende September 1944 präzise Nachkriegskonzeptionen erstellten. Unabhängig voneinander skizzierten die illegale Parteiführung in Budapest[19] und die Moskauer Exilgruppe[20] die Grundzüge einer Volksrepublik auf der Basis eines demokratischen Frontbündnisses, wie es der VII. Kongreß der Komintern 1935 formuliert hatte. In beiden Programmen nahm die Säuberung der gesellschaftlichen und staatlichen Institutionen von Faschisten, Reaktionären und »Volksfeinden« eine wichtige Stellung ein. Der ausführlichere Moskauer Plan berücksichtigte jedoch in seinen weniger radikalen Formulierungen auch jene konservativen Kräfte hinter Horthy, die zu Waffenstillstandsverhandlungen bereit waren, um sie in das Frontbündnis einzubeziehen[21]. Während das Budapester Aktionsprogramm wegen der sehr späten Eroberung der Hauptstadt (Pest: 18. Januar, Buda: 13. Februar 1945) nicht zum Zuge kam, befand sich das Moskauer Konzept nach seiner Billigung durch Dimitrow und später durch Stalin und Molotow im Gepäck der Ende Oktober 1944 heimkehrenden Exilgruppe. Es wurde am 30. November unter dem Titel »Programm zum demokratischen Wiederaufbau und Aufstieg Ungarns. Der Vorschlag der MKP« veröffentlicht und ging über das Programm der Unabhängigkeitsfront schließlich in die Regierungserklärung vom 22. Dezember 1944 ein[22].

Die Abrechnung mit Faschisten und anderen »Volksfeinden«

[17] ›Programm zum demokratischen Wiederaufbau und Aufstieg Ungarns. Entwurf der MKP‹. In: Sándor Balogh und Lajos Izsák (Hrsg.), Pártok es pártprogramok Magyarországon (1944–1948) (Parteien und Parteiprogramme in Ungarn 1944–1948). Budapest, 2. Auflage 1979, S. 161–164; zusammenfassend auch Schöpflin, Domestic Politics, S. 68f.

[18] Vgl. dazu die Quellen in: Balogh u. Izsák, wie Anm. 17.

[19] ›Was wünscht das ungarische Volk nach dem Ende des Krieges?‹ Budapest, 2. 10. 1944. In: MNT/1, Nr. 128, S. 455–458; vgl. auch Korom, wie Anm. 8, S. 237ff.

[20] Vgl. ebenda, S. 243ff., 262ff.; auch Bennett Kovrig, Communism in Hungary. From Kun to Kádár. Stanford 1979, S. 157f.

[21] Zu Moskaus wechselnder Haltung gegenüber Horthy vgl. Gati, Democratic Interlude, S. 107ff.

[22] Die Regierungserklärung entsprach einem Anfang Dezember in Moskau abgestimmten Text. Vgl. dazu ebenda, S. 123; Korom, wie Anm. 8, S. 427ff.

sowie die Säuberung des Staatsapparats waren damit zu einer der wichtigsten innenpolitischen Aufgaben geworden. Sie rangierte gleich hinter den außenpolitisch-militärischen Erfordernissen, die sich der Regierung nach dem verlorenen Krieg stellten. Die Formulierungen der Erklärung hoben geschickt die antifaschistische, gegen Deutsche und Pfeilkreuzler gerichtete Aktion hervor und zielten bewußt auf die Integration der konservativen Horthy-Eliten in den demokratischen Wiederaufbau. Die »vollständige Liquidierung der feudalen Strukturen« und konkrete Maßnahmen gegen die »Reaktionäre« in Staat und Gesellschaft, die im Budapester Aktionsprogramm eine erhebliche Rolle gespielt hatten, wurden nicht einmal angedeutet[23].

Die Nationalkomitees

Es ist allerdings fraglich, welchen konkreten Einfluß die zurückhaltenden Formulierungen der Regierungserklärung auf die Situation vor Ort hatten. Gerade in den ersten Nachkriegsmonaten war die lokale Ebene von überragender Bedeutung, zumal sich die provisorische Zentralgewalt erst spät bildete und nur langsam konsolidierte. Zeitgenossen verfolgten erschüttert, wie sich mit dem Vormarsch der Roten Armee »täglich, stündlich, in jeder Minute und Sekunde der historische Moment wiederholte: der Zusammenbruch des Staates und seine Wiedergeburt[24]«. Die sowjetischen Militärkommandanturen in allen Städten und größeren Gemeinden bemühten sich aus verschiedenen Gründen um die Wiederherstellung des alten Verwaltungsapparats. Horthys im Lande verbliebene Beamte wurden aufgefordert, ihre Tätigkeit wiederaufzunehmen[25]. Gleichzeitig bildeten sich im Vakuum des zusammengebrochenen Gemeinwesens auf kommunaler Ebene »Volks-« oder anders bezeich-

[23] Ebenda, S. 429. Strittige Punkte des Moskauer KP-Programms und des Front-Programms wie Verstaatlichungen, staatliche Kontrollen von Kartellen, Banken usw. wurden ebenfalls nicht in die Regierungserklärung übernommen.

[24] Imre Kovács, Im Schatten der Sowjets. Zürich 1948, S. 227.

[25] Vgl. Korom, wie Anm. 8, S. 273 ff. Auch das Waffenstillstandsabkommen hielt in Punkt 17 daran fest, 50–100 km hinter der Front die bisherige Zivilverwaltung wiederherzustellen. Sie war verpflichtet, die Anweisungen des »Alliierten (Sowjetischen) Oberbefehlshabers« und der Alliierten Kontrollkommission auszuführen. Vgl. Gesetz V/1945, in: KEHJ, 1947, S. 6.

nete Komitees mit exekutiven und legislativen Funktionen. Die Initiative ging meist von den Arbeiterparteien, aber auch von parteilosen Einzelpersönlichkeiten aus, bis sie sich um die Vertreter der anderen Frontparteien ergänzten[26]. Das Komitee der Stadt Szeged setzte bereits Anfang November alle seit März 1944 getroffenen Maßnahmen außer Kraft, legalisierte die politischen Aktivitäten der Linksparteien und begann mit der Säuberung der Bürokratie. Drei Wochen später wurde die Errichtung des ersten ungarischen Volksgerichts zur Aburteilung internierter Faschisten beschlossen[27].

Die für die politischen Kräfteverhältnisse zentrale Rolle der lokalen Ebene hatten als erste die Kommunisten erkannt und festgeschrieben. In Umsetzung des Volksfrontgedankens hieß es in ihrem Aktionsprogramm vom 30. November: »Im Kampf gegen die deutschen Unterdrücker und ihre ungarischen Helfershelfer, zur Zerschmetterung der faschistischen und feudalen Reaktion und zur Absicherung der demokratischen Umgestaltung sind in den Städten und Gemeinden Nationalkomitees aus den Beauftragten der demokratischen Parteien und erprobten hitlerfeindlichen Patrioten zu bilden. Die Nationalkomitees sind die örtlichen Organe der Ungarischen Nationalen Unabhängigkeitsfront, welche die demokratischen, patriotischen Kräfte vereint und den Kampf für ein demokratisches Volks-Ungarn führt.«[28]

Das Programm der Unabhängigkeitsfront übernahm diesen Passus mit nur geringfügigen stilistischen Abweichungen[29]. Am selben Tag konstituierte sich in Szeged das erste offizielle Nationalkomitee durch einfache Umbenennung[30]. 1945 gab es landesweit 3200 bis 3400 Komitees[31]. Sie waren paritätisch (im allgemeinen durch je drei Abgeordnete) mit Vertretern der Frontparteien und der Gewerkschaften besetzt. Rein quantitativ war den Arbeiterparteien die Mehrheit sicher, doch konnte

---

[26] Vgl. Sándor Balogh u.a., A magyar népi demokrácia története 1944–1962 (Geschichte der ungarischen Volksdemokratie 1944–1962). Budapest 1978, S. 15 f.; Korom, wie Anm. 8, S. 305 f. Einige Ortschaften wiederbelebten die Organe der Räterepublik 1919; vgl. Kovács, Im Schatten der Sowjets, S. 229 f.

[27] Vgl. ebenda, S. 296 f.

[28] Vgl. Balogh u. Izsák, wie Anm. 17, S. 164.

[29] Vgl. MNT/2, Nr. 142, S. 14.

[30] Vgl. Balogh u.a., wie Anm. 26, S. 15 f.; Korom, wie Anm. 8, S. 305 f.; auch Lahav, Der Weg, Bd. 1, S. 104 ff.

[31] József Varga, Schuldige Nation oder Vasall wider Willen? Beiträge zur Zeitgeschichte Ungarns und des Donauraums. Bd. 2: 1939–1949. Wien 1989, S. 263.

die Situation vor Ort sehr unterschiedlich sein. Die Nationalkomitees entwickelten sich nicht durchgängig zu einem gefügigen Instrument in den Händen der besonders auf dem Land schwachen Kommunisten, so daß sich diese, ebenso wie die Kleinlandwirte aus entgegengesetzten Erwägungen, zunehmend auf die Zentralgewalt stützten und die Bedeutung der örtlichen Komitees zurückdrängten[32]. Ein erster Schritt war Anfang Januar 1945 die Regierungsverordnung 14/1945 M.E. über die Neuordnung der Verwaltung, wonach die Nationalkomitees nicht in den Staats- und Verwaltungsapparat integriert werden sollten[33].

Angesichts der anfangs ganz fehlenden Zentralgewalt bzw. der vorerst sehr lockeren Verbindung zur Provisorischen Regierung fiel den lokalen Komitees eine wichtige Rolle bei der politischen Abrechnung mit der Vergangenheit zu. Sie war örtlich bereits in vollem Gange, bevor Budapest ex post entsprechende Verordnungen und Gesetze erließ. Ein exaktes Bild der Säuberungs- und Vergeltungsmaßnahmen ohne gesetzliche Grundlage wurde nie ermittelt, ebensowenig die Zahl der Opfer dieser »wilden« Aktionen; vieles ging in der Masse der gewalttätigen Übergriffe von Besatzungssoldaten und der in die Sowjetunion verschleppten Zwangsarbeiter und Kriegsgefangenen – rund 600 000 Menschen[34] – unter. Zeitzeugen berichten von persönlichen Racheakten, Morden, polizeilichen Internierungen und öffentlichen Hinrichtungen von »Faschisten« und Exponenten des alten Regimes. In einigen Städten und Gemeinden errichteten die Nationalkomitees eine eigene politische Polizei aus Arbeitern und Agrarproletariern[35]. Lokale Tribunale verkündeten und vollstreckten »Volksurteile«, die sich zu Plünderungen und regelrechten Pogromen entwickeln konnten, wegen

---

[32] Dazu ausführlich Lahav, Der Weg, Bd. 1, S. 105 ff.; Kovács, Im Schatten der Sowjets, S. 228 f.

[33] KEHJ, 1947, S. 152 f. Die Verordnung 1030/1945 M.E. vom 26. 4. 1945 konkretisierte die Aufgaben der Komitees; ebenda, S. 153 ff. Vgl. auch A Magyar állam szervei 1944–1950 (Die Organe des ungarischen Staates 1944–1950; im folgenden: MASz). Hrsg. von Gábor Verö. 2 Bände, Budapest 1985, Bd. 2, S. 515 f.

[34] Berechnet nach ungarischen Angaben; vgl. Das Schicksal der Deutschen in Ungarn. Hrsg. vom Bundesministerium für Vertriebene, Flüchtlinge und Kriegsgeschädigte (= Dokumentation der Vertreibung der Deutschen aus Ost-Mitteleuropa, Bd. II). Düsseldorf 1956, S. 44 E; auch Kovrig, Communism in Hungary, S. 162.

[35] Ernö Gergely, A demokratikus rendörség megalakulása (1944–1945) (Die Entstehung der demokratischen Polizei 1944–1945). In: A magyar munkásmozgalmi múzeum évkönyve 1971–1972, S. 215.

ihres »proletarischen« Charakters aber nicht geahndet wurden. Hinzu kamen die soziale Ächtung und Isolierung kompromittierter Personen in der Gemeinde. Allerdings waren die örtlichen Verhältnisse sehr unterschiedlich, so daß Verallgemeinerungen schwerfallen. Neben sehr radikalen gab es zurückhaltendere Nationalkomitees, und es sind auch Fälle bekannt, in denen sich die Volksurteile gegen ortsansässige Kommunisten richteten[36].

Forderungen wurden laut, die Kompetenzen der Komitees einzugrenzen und gesetzlich zu regeln sowie Übergriffe zu ahnden[37]. Die Anordnungen der Zentralregierung hinkten der Wirklichkeit hinterher und dienten häufig nur ihrer nachträglichen Legalisierung. So wurde beispielsweise das im Waffenstillstandsabkommen geforderte Verbot sämtlicher faschistischer Organisationen erst am 17. März 1945 durch die Verordnung 529/1945 M. E. geregelt[38], was natürlich nicht heißt, daß sie bis dahin ungestört tätig sein konnten; de facto waren sie längst zerschlagen. Allerdings enthielt die Verordnung auch eine präzise Aufzählung der verbotenen Parteien und Vereinigungen, um die wilden Aktionen zu kanalisieren. Unter den 25 Namen befanden sich nun aber nicht nur die Pfeilkreuz- und andere nationalsozialistische Parteien, ihnen zugeordnete Vereine wie der Ostfrontkämpferbund oder ideologisch »eindeutige« Gesellschaften wie das Judenforschungsinstitut oder die Ungarische Wissenschaftliche Rassenschutzgesellschaft. Aufgelöst wurden auch die alte Regierungspartei, die konservativen bis rechtsradikalen Geheimgesellschaften der Horthy-Zeit und Verbände wie die Nationale Vereinigung Ungarischer Ärzte oder die Nationale Vereinigung Ungarischer Rechtsanwälte, deren faschistischer Charakter eher fraglich ist. Die Maßnahmen dienten also auch dazu, die gesellschaftlichen Stützen des alten Systems zu beseitigen. Weitherzig ausgelegt wurde ferner die Verordnung 530/1945 M. E. vom selben Tag »zur Vernichtung faschistischer und antisowjetischer Presseprodukte« in Buchhandel, Bibliotheken und Privatbesitz[39].

[36] Vgl. dazu Kovács, Im Schatten der Sowjets, S. 288 f.; Kovrig, Communism in Hungary, S. 162; Lahav, Der Weg, Bd. 2, S. 32 ff.; Varga, Schuldige Nation, S. 241; Sándor Balogh, Parlamenti és pártharcok Magyarországon 1945–1947 (Parlaments- und Parteienkämpfe in Ungarn 1945–1947). Budapest 1975, S. 123.
[37] Vgl. z. B. MNT/2, Nr. 152, S. 46 ff.
[38] KEHJ, 1947, S. 122 f.
[39] Ebenda, S. 125 f.; Kovács, Im Schatten der Sowjets, S. 245.

Die Volksgerichte

Die Kommunisten hatten in der Unabhängigkeitsfront zur Aburteilung von »Verrätern und verantwortlichen Kriegsverbrechern«[40] eine Neuerung im ungarischen Rechtswesen durchgesetzt: die Aufstellung von Volksgerichten. Diese dienten letztlich dazu, eine revolutionäre Alternative zu den personell noch weitgehend unangetasteten ordentlichen Gerichten mit ihren festen Prozeßordnungen und Verfahrensregeln zu bilden. Nachdem örtliche Volkstribunale bereits ohne gesetzliche Grundlage – meist gegen Offiziere und Wachen von jüdischen Arbeitsdiensteinheiten[41] – vorgingen, legalisierte die Verordnung 81/1945 M.E. vom 25. Januar 1945 ihre Tätigkeit bzw. schuf verbindliche Richtlinien. Die Praxis machte drei Ergänzungsverordnungen notwendig, die schließlich zusammengefaßt und am 16. September von der Provisorischen Nationalversammlung als Gesetz VII/1945 verabschiedet wurden[42].

Die Volksgerichte, die in den Komitaten bzw. Komitatsstädten und in Budapest errichtet wurden, waren demnach politische Laiengerichte. Unter dem Vorsitz eines vom Justizminister ernannten, selbst nicht stimmberechtigten Berufsrichters urteilten fünf Delegierte der in der Unabhängigkeitsfront verbundenen Parteien. Seit Mai 1945 entsandten auch die Gewerkschaften einen Laienrichter[43]. Die Anklage vertrat ein sog. »Volksanwalt«. Die Kompetenzen der Volksgerichte erstreckten sich auf Zivilisten und Militärangehörige (einschließlich Polizei und Gendarmerie) sowie auf ausländische Staatsbürger. Sie stellten nicht nur die Schuld, sondern auch die Strafe des Angeklagten fest, die von Berufsverboten und Geldstrafen bis zur Todesstrafe reichen konnte. Übergeordnete Berufungsinstanz war der sog. »Landesrat der Volksgerichte« aus mehreren Kammern mit

---

[40] Vgl. die Dokumente bei Balogh u. Izsák, wie Anm. 17, S. 162; MNT/2, S. 11.

[41] Randolph L. Braham, The Politics of Genocide. The Holocaust in Hungary. Bd. 2, New York 1981, S. 1164.

[42] Vgl. KEHJ, 1947, S. 18–36; zusammenfassend Jenö Lévai, The War Crimes Trials Relating to Hungary. In: Randolph L. Braham (Hrsg.), Hungarian-Jewish Studies. Bd. 2, New York 1969, S. 253–296; MASz, 1985, S. 519ff., 534ff.; Braham, Politics of Genocide, S. 1163ff.

[43] 1947 verloren Gewerkschaften und die aus der Koalition gedrängten Bürgerlichen Demokraten wieder das Recht, einen Vertreter in die Volksgerichte zu entsenden. Bei der Vereinigung der beiden Arbeiterparteien am 12. Juni 1948 stellte die Partei der Ungarischen Werktätigen zwei der vier Parteidelegierten. Vgl. MASz, 1985, S. 520.

je fünf, später sechs rechtskundigen Vertretern der Frontparteien unter einem vom Justizminister ernannten Vorsitzenden.

Die Volksgerichte ahndeten politisch definierte »Kriegsverbrechen« und »volksfeindliche Straftaten«. Die in elf Punkten umschriebenen Kriegsverbrechen betrafen alle politischen und propagandistischen Aktivitäten zum Eintritt Ungarns in den Zweiten Weltkrieg seit 1939 bzw. zur Fortführung des Krieges an der Seite der Achsenmächte. Darunter fielen Tatbestände, die von ungesetzlichen Gewaltakten und Morden bis zur Verhinderung eines Waffenstillstands reichten. Als Kriegsverbrecher galten folglich alle, die zur Machtergreifung und Herrschaftssicherung der Pfeilkreuzler beigetragen hatten, indem sie beispielsweise eine führende Stellung in Regierung, Verwaltung oder Armee übernommen hatten, deutschen militärischen Formationen beigetreten waren oder öffentlich zur Fortsetzung des Krieges aufgerufen hatten. Das Strafmaß sah die Todesstrafe für Schuldige in verantwortlichen Positionen (Minister, Abgeordnete, hohe Beamte und Offiziere u.ä.) sowie mehrjährige Zuchthaus- und Gefängnisstrafen für Personen in nichtleitenden Stellungen vor.

Die weniger präzise umrissenen »volksfeindlichen Straftaten« bezogen sich in sieben Punkten auf reaktionäre, »faschistenfreundliche« bzw. »demokratiefeindliche« Verhaltensweisen. Das Strafmaß war insgesamt niedriger als die Sanktionen gegen Kriegsverbrecher. Als Volksfeinde galten z.B. profilierte Mitglieder faschistischer Parteien oder Beamte, die fortgesetzt eine »volksfeindliche, faschistenfreundliche Tätigkeit im Amt« entfaltet hatten. Verurteilt wurden aber auch Personen, die antifaschistische Meinungsäußerungen verhindert oder öffentlich demokratiefeindliche Maßnahmen gefordert bzw. gutgeheißen hatten.

Die nachfolgenden Verordnungen brachten gewisse Veränderungen im Strafmaß (z.B. Einführung von Zwangsarbeit, Wegfall der Internierung), Präzisierungen und Ergänzungen. Während sich ihre Formulierungen bei der Beschreibung der Tatbestände allein schon durch die Wahl des Präteritums auf die Zeit des Weltkriegs, des Horthy- oder Szálasi-Regimes bezogen, läßt sich an der Verordnung 6750 vom 16. August 1945 der Schritt von der Abrechnung mit der Vergangenheit hin zur strafrechtlichen Gestaltung der politischen Gegenwart nachvollziehen. Demnach galt der Beamte eines volksfeindlichen Vergehens für schuldig, der durch sein Verhalten die störungsfreie Durchführung der Regierungsanweisungen gefährdete oder den demokratischen Neuaufbau des Landes wesentlich behinderte[44]. Die bewußt offen gehaltene Definition des »Volksfeinds« kam in den Worten von Staatssekretär Kálmán Kovács deutlich zum Ausdruck, als er am 13. September 1945 in der Provisorischen Nationalversammlung den Regierungsentwurf zum Volksgerichtsgesetz VII/1945 vorstellte: Ein Vergehen gegen das Volk erkläre sich von selbst; die Vertreter des Volkes in den Volksgerichten wüßten, was gegen das Volk gerichtet sei[45]. Zu diesem Zeitpunkt zielte die Stoßrichtung der Gerichte längst nicht mehr nur auf Funktionsträger des Horthy- und Szálasi-Regimes, sondern explizit auch auf die »reaktionären Feinde« der Volksdemokratie[46].

Am 16. Februar 1945 veröffentlichte die Provisorische Regierung eine Liste mit den Namen ungarischer Kriegsverbrecher im obigen Sinne; eine zweite folgte wenige Tage später[47]. Die ersten Volksgerichtsverfahren betrafen Vergehen von Kommandeuren und Bewachern jüdischer Arbeitsdiensteinheiten sowie von Pfeilkreuzler-Banden. Dabei tauchte das Problem auf, daß zahlreiche Angeklagte minderjährig waren, da sich in den Monaten des Szálasi-Regimes der Großteil der erwachsenen Männer an der Front befunden hatte[48]. Im Mai 1945 stand im ersten größeren Prozeß Zoltán Meskó vor Gericht, der 1932 eine der ersten »nationalsozialistischen« Parteien in Ungarn gegründet, jedoch nie eine amtliche oder führende politische Funktion innegehabt hatte. Seine Strafe von zunächst fünf Jahren wurde nach Einspruch des Anklägers in lebenslänglich umgewandelt[49]. Die vor der Roten Armee nach Deutschland geflohenen Mitglieder der Sztójay- und Szálasi-Regierung sowie andere rechtsradikale Spitzenpolitiker, insgesamt rund 390 Personen, wurden im Oktober 1945 von den Amerikanern an Ungarn ausgeliefert. Die Regierung hatte ursprünglich die Überga-

[44] KEHJ, 1947, S. 36.
[45] Nemzetgyülési Napló (Sitzungsprotokolle der Nationalversammlung), 8. Sitzung, 13. 9. 1945, zit. nach Anna Wessely, Overcoming the Fascist Legacy in Hungary. Ms. 1985, S. 6. Der Aufsatz erscheint demnächst in: Bernt Hagtvet u. Stein U. Larsen (Hrsg.), Modern Europe after Fascism. 1944–1980's.
[46] Vgl. ebenda, S. 7.
[47] Magyarország történeti kronológiája IV: 1944–1970. (Historische Chronologie Ungarns IV: 1944–1970; im folgenden: MTK IV). Hrsg. von Kálmán Benda. 2. verb. Aufl. Budapest 1983, S. 1016.
[48] Vgl. dazu Lévai, War Crimes Trials, S. 266.
[49] Braham, Politics of Genocide, S. 1164.

be von 483 ungarischen und 38 deutschen Kriegsverbrechern verlangt. Die Amerikaner verweigerten die Auslieferung der Deutschen, überstellten aber die drei 1944/45 für Ungarn entscheidenden Männer (Becher, Veesenmayer, Winkelmann) als Zeugen für die anstehenden Prozesse[50].

Vom November 1945 bis März 1946 fanden in Budapest die spektakulär inszenierten Volksgerichtsprozesse gegen die Hauptkriegsverbrecher statt[51]. Dabei wurde grundsätzlich nach drei Zeiträumen unterschieden, nämlich die Jahre der Horthy-Ära bis zur deutschen Besetzung, die Zeit vom 19. März bis zum 15. Oktober 1944 und schließlich die Monate des Szálasi-Regimes. Die gesetzlichen Regelungen der ersten Periode wurden formell und materiell anerkannt, nicht jedoch die nur formell korrekten der Zeit von März bis Oktober 1944. Die Gesetze und Verordnungen der Szálasi-Herrschaft galten formell wie materiell als ungültig[52]. Das Budapester Volksgericht verurteilte nach einer Prozeßdauer von nur wenigen Tagen bis zu drei Wochen fünf ehemalige Ministerpräsidenten, zehn Minister, zwei Staatssekretäre und zwei führende Funktionäre der Pfeilkreuzler zum Tod, einen Minister zu lebenslänglicher Haft.

Den Anfang machte der Prozeß gegen László Bárdossy (29. 10.–3. 11. 1945), der das Land als Ministerpräsident in den Krieg gegen die Sowjetunion geführt hatte und für zwei Judenmassaker in besetzten Gebieten verantwortlich gemacht wurde[53]. Es folgte das Verfahren gegen Béla Imrédy (14.–23. 11. 1945), in dessen Amtszeit die ersten beiden Judengesetze von 1938 und 1939 fielen; er hatte außerdem enge Verbindungen zum Dritten Reich geknüpft und war zeitweilig Wirtschaftsminister der Sztójay-Regierung gewesen[54]. Ihm schloß sich der Prozeß gegen den Publizisten und Kultusminister der Szálasi-Regierung, Ferenc Rajniss, an (28. 11.–7. 12. 1945), der im Vorfeld des Pfeilkreuzler-Putsches eine maßgebliche Rolle gespielt hatte. Den für die Judendeportation Verantwortlichen der Sztójay-Regierung, Innenminister Andor Jaross und seinen Staats-

[50] Vgl. ebenda, S. 1164f., 1181, Anm. 63.

[51] Im folgenden nach ebenda, S. 1165ff.; MTK IV, 1983, S. 1023ff.; Elek Karsai, Itél a nép (Es urteilt das Volk). Budapest 1977; Lévai, War Crimes Trials, S. 269ff.

[52] Ebenda, S. 267.

[53] Aus propagandistischen Gründen wurden von einigen Prozessen kurze Dokumentationen veröffentlicht; vgl. Ferenc Ábráhám und Endre Kussinszky (Hrsg.), A Bárdossy per. A vád, a vallomások és az itélet (Der Bárdossy-Prozeß. Die Anklage, die Zeugenaussagen und das Urteil). Budapest 1945.

[54] Vgl. dies., Az Imrédy per. (Der Imrédy-Prozeß). Budapest 1945.

sekretären László Baky und László Endre, wurde vom 18. 12. 1945 bis 7. 1. 1946 der Prozeß gemacht. Gleichzeitig begannen die Verfahren gegen einzelne Minister der Szálasi-Regierung, gegen Justizminister László Budinszky (5.–12. 12. 1945) und Landwirtschaftsminister Fidél Pálffy (12.–15. 12. 1945).

Im Massenprozeß (5. 2.–1. 3. 1946) gegen die restlichen Regierungsmitglieder und Spitzenfunktionäre (Ferenc Szálasi, Károly Beregfy, Sándor Csia, József Gera, Gábor Kemény, Jenö Szöllösi) zielte die Anklage vor allem darauf ab, daß ihr Putsch gegen Horthys Waffenstillstandsbemühungen das Land in den vollständigen Ruin geführt habe[55]. Den Abschluß bildete der Massenprozeß (14.–22. 3. 1946) gegen die restlichen Mitglieder der Kollaborationsregierung Sztójay (Döme Sztójay, Antal Kunder, Jenö Rátz, Lajos Remény-Schneller, Lajos Szász; die beiden Letztgenannten gehörten auch dem Szálasi-Kabinett an). Ihnen wurde der Ausverkauf der nationalen Interessen an das Dritte Reich und die willfährige Erfüllung deutscher Forderungen einschließlich der »Endlösung« zur Last gelegt.

Parallel zu den Massenprozessen fand eine Reihe weniger spektakulärer Verfahren gegen Einzelpersonen statt[56], so z. B. gegen einige hohe Offiziere in Armee, Gendarmerie und Sicherheitsdienst im Zusammenhang mit der Ermordung oder Deportation von Juden. Wie diese endeten auch die Prozesse gegen den Volksbund-Führer Franz Basch, gegen Szálasis Organisationschef und Minister Emil Kovarcz, gegen seinen Propagandaminister Ferenc Kassai-Schallmeyer, gegen den Journalisten Kálmán Hubay, zuerst Weggefährte, dann Rivale Szálasis, und gegen Sztójays Pressechef Mihály Kolosváry-Borcsa mit Todesurteilen. Andere Funktionsträger des Sztójay- und des Szálasi-Regimes erhielten lebenslange Freiheitsstrafen.

Es ist aufgrund der lückenhaften Forschungs- und Quellenlage bis jetzt kaum möglich, sich über das Ausmaß der Prozesse und die Arbeitsweise der Volksgerichte ein adäquates Bild zu verschaffen. Ungarische Historiker kritisierten noch vor der demokratischen Wende Ende der achtziger Jahre die »peculiarly false dramaturgy« der Hauptverfahren aus einer politisch

---

[55] Vgl. dies., A Szálasi per (Der Szálasi-Prozeß). Budapest 1946. In jüngster Zeit erschien eine weitere Dokumentation aus dem 36 dickleibige Bände umfassenden Bestand des Volksgerichtsprozesses gegen Szálasi, die auch Auszüge seines in der Haft verfaßten Tagebuchs enthält: Elek Karsai und László Karsai (Hrsg.), A Szálasi per. Budapest 1988.

[56] Braham, Politics of Genocide, S. 1167.

problematischen »showy mixture of evidence and political speeches«[57]. Die vage Definition der »Volksfeinde« erlaubte jedenfalls eine kontinuierliche Ausweitung der verfolgten Straftatbestände auf alle politischen Gegner der sozialistischen Transformierung Ungarns. Die rechtliche Grundlage bot das Gesetz VII/1946 »zum strafrechtlichen Schutz der demokratischen Staatsordnung und Republik« vom 23. März 1946, das die Behandlung derartiger Vergehen einem Sondersenat der Volksgerichte übertrug[58]. Gleichzeitig wurden rechtsstaatliche Beschränkungen abgebaut. So entfiel z.B. im Februar 1946 die zeitliche Begrenzung der Untersuchungshaft; fünf Monate später wurden Rechtsanwälte von den Volksgerichten ausgeschlossen[59]. Zur selben Zeit forderte die Kleinlandwirtepartei die Abschaffung der Volksgerichte und die Wiedereinführung der Geschworenengerichte[60]. Im Frühjahr 1947 funktionierten die Volksgerichte bereits als gefügige Werkzeuge zur Aburteilung der republikfeindlichen »Verschwörer« unter den Konservativen und Kleinlandwirten[61]. Der anfangs zitierte Rajk-Prozeß 1949 stellte einen Höhe- und Wendepunkt dar. Das stalinistische Regime war danach soweit konsolidiert, daß es auf »revolutionäre« Gerichte verzichten konnte. Seit 1950 wurden sie schrittweise abgebaut. Mit dem 1. Januar 1952 übernahmen ordentliche Gerichte endgültig ihre Kompetenzen[62].

Über Anzahl und Höhe der Schuldsprüche, den Kreis der Betroffenen und die Arbeitsweise der Volksgerichte liegen nur wenige, zudem unzuverlässige und zum Teil widersprüchliche Angaben vor. In den Quellen finden sich sowohl Klagen über das zu moderate Vorgehen der Gerichte wie auch über ihre Rachsucht und überzogenen Strafen[63]. Ein genaues Bild wird sich erst zeichnen lassen, wenn im Zuge der Reformen in Osteuropa auch die bisher verschlossenen Akten der Volksgerichte kritisch ausgewertet werden können. Nur punktuell lassen sich empirisch belegbare Aussagen treffen, die über den Einzelfall hinausgehen. So ergibt eine Auswertung der in den fünfziger

[57] Wessely, Overcoming, S. 8.
[58] KEHJ, 1947, S. 63–65.
[59] Wessely, Overcoming, S. 7.
[60] Varga, Schuldige Nation, S. 288.
[61] MTK IV, 1983, S. 1034, 1036.
[62] Lévai, War Crimes Trials, S. 278; MASz, 1985, S. 520; Braham, Politics of Genocide, S. 1168, 1182, Anm. 75.
[63] Vgl. Lahav, Der Weg, Bd. 1, S. 116 f.

Jahren unter der Leitung von Theodor Schieder herausgegebenen Dokumentation zur Vertreibung der Deutschen, daß, da die Führer des deutschen Volksbunds geflohen und die Mitglieder der Waffen-SS noch in Gefangenschaft waren, man »alle irgendwie im Volksbund hervorgetretenen Personen« vor Volksgerichte stellte. Es gab Fälle, in denen die Angehörigen der Belasteten ohne jede Rechtsgrundlage verurteilt wurden. Da ein großer Teil der Personenkarteien des Volksbunds gefunden worden war, blieben nur wenige Mitglieder auf freiem Fuß[64].

Die Kommunisten klagten von Anfang an über ein zu nachsichtiges Vorgehen und forcierten das Tempo der Verfahren und die Ausweitung der Straftatbestände. Am 12. April 1945 beispielsweise attackierte ihre Zeitung ›Szabad Nép‹ die Volksgerichte als Karikatur ihrer selbst; sie sollten nur zwei Arten von Strafen verhängen können, Tod oder lebenslange Zwangsarbeit, »und auch so sei die Demokratie noch zu human zu diesen faschistischen Bestien«[65]. Mitte September 1945 trat János Kádár vor der Provisorischen Nationalversammlung dafür ein, die Berufungsmöglichkeiten bei Volksgerichtsprozessen aus Zeitgründen aufzuheben. Er kritisierte weiter, daß in den ersten sechs Monaten nur gegen 29 Prozent, nämlich gegen 901 der 3174 den Volksgerichten übergebenen Personen (1180 Pfeilkreuzler, 829 Volksbund-Mitglieder, 1165 »sonstige Kriegsverbrecher«) ein Verfahren eröffnet worden sei; davon seien lediglich 282 Personen schuldig gesprochen worden[66].

Am 1. März 1948 waren nach offiziellen Zahlen des Justizministeriums[67] noch 8042 Verfahren anhängig. Von den bereits abgeschlossenen 31472 Prozessen hatten 9245 mit Freispruch geendet, 5954 waren eingestellt worden. 8041 der insgesamt 19273 Urteile lauteten auf Haftstrafen unter einem Jahr, 6110 auf Haftstrafen von einem bis zu fünf Jahren, 934 von fünf bis zu zehn Jahren. 372 Personen verbüßten zehn bis fünfzehn Jahre Zuchthaus, 120 lebenslängliche Zuchthausstrafen. Mit drei

---

[64] Das Schicksal der Deutschen in Ungarn, S. 56 E.

[65] Zit. nach Lahav, Der Weg, Bd. 1, S. 117.

[66] Nemzetgyülési Napló, 8. Sitzung, 13. 9. 1945, zit. nach Wessely, Overcoming, S. 7.

[67] Zit. nach Lévai, War Crimes Trials, S. 277. Den genauen Fundort der Quelle gibt Lévai nicht an, so daß immer noch quellenkritische Vorbehalte zu machen sind. Die Zahlen decken sich jedoch, von einigen Abweichungen abgesehen, in etwa mit den Angaben, die Imre Kovács, bis zu seiner Flucht 1947 Abgeordneter und Generalsekretär bzw. Vizepräsident der Nationalen Bauernpartei, in seinen Memoiren machte; vgl. Kovács, Im Schatten der Sowjets, S. 239.

bis fünf Jahren Zwangsarbeit wurden 210, mit fünf bis fünfzehn Jahren Zwangsarbeit 1466 Angeklagte bestraft; 41 erhielten lebenslängliche Zwangsarbeit. Insgesamt wurden 322 Todesurteile gefällt, davon 146 vollstreckt und der Rest später in lebenslängliche Freiheitsstrafen umgewandelt. Die Zahl der Vermögenskonfiszierungen belief sich auf rund 3000.

Allerdings bleibt neben der Frage nach der Zuverlässigkeit der Daten offen, wie sich der Kreis der Betroffenen genau zusammensetzte, d.h. wer zu welchem Zeitpunkt als »Volksfeind« betrachtet und strafrechtlich verfolgt wurde. Festzuhalten ist, daß sämtliche Regierungsmitglieder und Spitzenpolitiker der Sztójay- und der Szálasi-Regierung einschließlich der direkt für die Judendeportationen Verantwortlichen zum Tode verurteilt wurden. Damit war die politische Führungsschicht der extremen Rechten vernichtet. Wenn man weiter die hohe Zahl derer einkalkuliert, die vor der Roten Armee aus Ungarn geflohen waren und als überzeugte Antikommunisten rechtsradikaler oder konservativer Provenienz nicht in ihre Heimat zurückkehrten, dann wird deutlich, daß es die politische Elite des Horthy-Systems, von einigen Relikten abgesehen, nach 1945 nicht mehr gab[68].

Die Säuberung der Beamtenschaft: Rechtfertigungsausschüsse und »B-Listen«

Noch vor der offiziellen Einführung der Volksgerichte wurden am 4. Januar 1945 durch Verordnung 15/1945 M.E. sogenannte »Rechtfertigungsausschüsse« eingerichtet, um das politische Verhalten der Staatsbediensteten zu überprüfen. Auch in diesem Fall waren bereits zuvor lokale Säuberungsausschüsse tätig, die nicht nur ohne gesetzliche Grundlage vorgingen, sondern über den öffentlichen Dienst hinaus auch die Privatangestellten, Handelsgehilfen und Streitkräfte durchleuchteten[69]. Die Provisorische Nationalversammlung war von der hohen politischen Bedeutung einer demokratischen Verwaltung überzeugt, gehörte die Bürokratie doch zweifelsohne zu den gesellschaftlichen

---

[68] Wegen der immer noch erheblichen Popularität des geflohenen Reichsverwesers wurde auf eine Auslieferung Horthys an Ungarn verzichtet.

[69] Pál Schönwald, Igazoló eljárások 1945–1948 (Rechtfertigungsverfahren 1945–1948). In: A magyar munkásmozgalmi múzeum évkönyve 1971/72, S. 258.

Trägern des Horthy-Regimes. Sie griff deshalb die Forderung der Unabhängigkeitsfront auf, Administration, Rechtswesen und Streitkräfte von Pfeilkreuzlern, Kollaborateuren und »anderen volksfeindlichen Elementen« zu säubern[70]. Die Zentralregierung ging in ihrer eilig erlassenen Verordnung[71] von dem Gedanken aus, daß man Personen nicht im öffentlichen Dienst beschäftigen könne, die nach dem 1. September 1939 – also noch vor Ungarns Eintritt in den Zweiten Weltkrieg – »die Interessen des ungarischen Volkes verletzt« hätten. Diese sehr interpretationsfähige Formulierung wurde nur wenig konkretisiert. Demnach galt das Verlassen des Arbeitsplatzes beim Einmarsch der Roten Armee explizit als rechtfertigungsbedürftig. Nachsichtig sollten jedoch Beamte behandelt werden, die während der deutschen Besetzung im Amt geblieben und nur aus Angst, nicht aus politischen Gründen, vor den Sowjettruppen geflohen waren.

Alle Beamten in der Staats-, Komitats- oder Kommunalverwaltung sowie alle Beschäftigten in öffentlichen Einrichtungen und Betrieben mußten schriftlich über ihre politische Tätigkeit in den vergangenen sechs Jahren berichten, insbesondere darüber, wie sie sich bei der Durchführung volksfeindlicher Gesetze und Verordnungen verhalten hatten. Im Falle unwahrer oder lückenhafter Angaben drohte für drei Jahre die Entfernung aus dem Dienst ohne Versorgungsansprüche.

Für die Durchführung der Verfahren war der Obergespan als Vertreter der Zentralregierung im Komitat verantwortlich: Er errichtete auf Kreisebene siebenköpfige Rechtfertigungsausschüsse aus je einem Delegierten der fünf Frontparteien, einem Juristen und einem Vertreter der betroffenen Behörde. Mindestens acht Tage vor der angesetzten Verhandlung veröffentlichte der Ausschußvorsitzende die Namen der zu Überprüfenden und rief die Bevölkerung auf, vergangene oder gegenwärtige Verstöße gegen die Volksinteressen mündlich oder schriftlich anzuzeigen. Im Zweifelsfalle konnten in den nichtöffentlichen Sitzungen vereidigte Zeugen angehört, schriftliche Beweise ausgewertet und Verhöre vorgenommen werden, so daß der Ausschuß Gerichtscharakter annahm. Wenn nichts gegen den Beamten vorlag, wurde er als »gerechtfertigt« freigesprochen. An-

[70] Vgl. ebenda, S. 249f.; Balogh u. Izsák, wie Anm. 17, S. 162; MNT/2, Nr. 1–2, S. 11.
[71] Im folgenden nach Schönwald, wie Anm. 69, S. 252ff.

dernfalls wurde der Beamte je nach Schwere des Vergehens gerügt, versetzt, nicht befördert, zurückgestuft oder von Führungspositionen ausgeschlossen. Bei Verdacht auf ein Kriegsverbrechen verlor er seine Stellung und wurde ohne Berufungsmöglichkeit dem Volksgericht überantwortet. Gegen die Strafversetzung oder Rückstufung konnte beim zuständigen Ressortminister Einspruch erhoben werden.

Bereits die rein juristische Seite der Verfahren wies zahlreiche Mängel und Lücken auf, so daß man eine Flut von Folgeverordnungen, Ergänzungen, Präzisierungen und Korrekturen nachschieben mußte. Noch im Januar 1945 führte die Verordnung 77/1945 M.E. die Möglichkeit einer »vorläufigen« Rechtfertigung ein, falls Angaben mangels Akten und Zeugen nicht überprüft werden konnten. Problematischer jedoch war, daß nicht definiert wurde, welches Verhalten welche Interessen des ungarischen Volks verletzte, ferner, daß das Berufungsverfahren nicht präzise geregelt und daß der Zeitpunkt, bis zu welchem die Rechtfertigungsausschüsse errichtet sein sollten, nicht vorgeschrieben war. Folglich fehlte einerseits die Rechtssicherheit, andererseits wurden die Ausschüsse häufig auch erst sehr spät, nach entsprechendem Druck von oben, aufgestellt. Je nach politischer Ausrichtung der Entscheidungsträger gab es große Unterschiede auf regionaler wie auf Ressortebene[72], d.h. die Verfahren kamen in einzelnen Komitaten und Ressorts, z.B. im Gerichts- und Unterrichtswesen, nur zögernd in Gang. Die Erfahrungen bei der Überprüfung der Eisenbahner zeigten zudem, daß sich die Mehrheit der Bediensteten nicht aktiv an den Verfahren beteiligte, sondern zurückhaltend reagierte. In der Nationalbank wurden die Sprüche der Ausschüsse in einigen Fällen nicht beachtet oder durch organisatorische Tricks umgangen. Als besonders resistent erwiesen sich die Kunst- und Wissenschaftsverwaltungen, die vom parteilosen Kultusminister (Graf Géza Teleki) gedeckt wurden.

Noch schwieriger gestalteten sich die Verfahren in der Armee mit ihrem Horthy-treuen Offizierskorps[73]. Das Ausschußprinzip wurde am 27. Januar 1945 auf den militärischen Bereich übertragen (Verordnung 20.056/1945 H.M.), doch überprüften

[72] Vgl. dazu ebenda, S. 255f.; Sándor Balogh, A Magyar Kommunista Párt értelmiségi politikájának felszabadulás utáni történetéböl (Aus der Geschichte der Politik der Ungarischen Kommunistischen Partei gegenüber den Akademikern nach der Befreiung). In: Századok 99 (1965), S. 462.
[73] Schönwald, wie Anm. 69, S. 257f.

hier Offiziere ihre Standesgenossen: Eine Kommission unter Vorsitz von Ministerpräsident General Dálnoki Miklós, bestehend aus dem Justiz-, dem Verteidigungsminister und den anderen Regierungsmitgliedern mit militärischem Rang, rechtfertigte die hohen Offiziere. Auch in den anderen Ausschüssen besaßen die Militärs das Übergewicht. Zwar bewirkte schon einen Monat darauf eine weitere Verordnung (20.085/1945 H.M. vom 27. Februar), daß die Kommission für die Prüfung der hohen Offiziere immerhin mit zwei Delegierten der politischen Parteien und zwei vom Ministerrat ernannten Offizieren, die anderen Ausschüsse mit zwei Parteivertretern und drei Offizieren besetzt wurden. Die Kritik an der Dominanz der Militärs jedoch hielt an.

Die kommunistische Presse griff derartige Fälle auf und übte öffentlich Druck aus, um die Ausschußarbeit an den bürokratischen Vefahrensregeln vorbei zu beschleunigen und insbesondere das Maß der verhängten Sanktionen zu verschärfen. Dabei wurden die aufgedeckten Mißstände nicht zuletzt deshalb instrumentalisiert, um die Säuberung des Staatsapparats von Pfeilkreuzlern und Kollaborateuren zur Beseitigung der »Reaktion« ganz allgemein auszuweiten und propagandistisch auszunutzen. Auf ihrer Landeskonferenz am 20. und 21. Mai 1945 eröffnete die KP ihren verschärften Kampf gegen die »faschistische Reaktion«, wobei sie vorläufig an den Rechtfertigungsausschüssen festhielt[74]. Diese offenkundige Funktionalisierung für Propagandazwecke verhinderte bis heute ein wahrheitsgetreues Bild über die Durchführung der Verfahren und den Kreis der Betroffenen, denn alle historischen Untersuchungen beruhten bisher nicht auf Archivmaterial, sondern auf der Auswertung der zeitgenössischen Presse. Der Verdacht, daß mit Hilfe der Ausschüsse unliebsame politische Kräfte außer- wie innerhalb des demokratischen Lagers aus wichtigen Positionen verdrängt wurden, liegt zu nahe. Festzuhalten ist auf jeden Fall, daß es im öffentlichen Dienst und in der Armee erhebliche Widerstände gegen die eingeleiteten Maßnahmen gab.

Neben der KP drängten insbesondere die Nationalkomitees der großen Städte[75] auf eine Forcierung der Verfahren. Das Debrecener Komitee kritisierte ihre Langsamkeit und Nach-

---

[74] Kampf um den Neuaufbau, 20./21. 5. 1945, zit. nach Balogh, wie Anm. 72, S. 461, 463.
[75] Im folgenden nach Schönwald, wie Anm. 69, S. 259f.

sichtigkeit, da bis zum 22. März die meisten Personen »gerecht-fertigt« und nur 8 Prozent verurteilt worden seien. In Szentes beschloß das Komitee, sämtliche Sprüche zu überprüfen und gegebenenfalls neu zu verhandeln. Das Budapester Nationalko-mitee schließlich nahm entgegen dem Wortlaut der Verordnung alle dort dem Obergespan übertragenen Kompetenzen selbst wahr, dehnte eigenmächtig den zu überprüfenden Zeitraum auf die gesamte politische Vergangenheit der Beamten aus, ver-schärfte die Sanktionen und schlug vor, die Gewerkschaften in die Ausschüsse einzubeziehen und ihre Verhandlungen öffent-lich abzuhalten. Dieses Komitee, das mit dem Kultusministe-rium wegen der Rechtfertigung der auf ihre Autonomie po-chenden Universitätsprofessoren in Dauerfehde lag, bereitete mit seinen Forderungen den Weg für die grundlegende Neufas-sung der Verordnung am 2. Mai 1945.

Die Verordnung 1080/1945 M.E.[76] war für die konkrete Durchführung der Rechtfertigungsverfahren richtungweisend, denn sie definierte die gegen die Volksinteressen verstoßenden Handlungen. Dazu zählten im besonderen die Mitgliedschaft in einer faschistischen Partei oder deren Unterstützung sowie die bloße Bejahung ihrer Ziele, weiter die Propaganda für den Ein-tritt in den Krieg oder seine Fortsetzung an der Seite der Ach-senmächte, Volksverhetzung sowie die direkte oder indirekte Beteiligung an der gesetzlichen Vorbereitung oder Durchfüh-rung antijüdischer Maßnahmen. Während die Eingrenzung des Überprüfungszeitraums ganz entfiel, erweiterte sich der Kreis der zu säubernden Institutionen auf alle staatlich unterstützten Industrie- und Handelsunternehmen sowie auf alle leitenden Positionen von gesellschaftlichen Organisationen und Wohl-fahrtseinrichtungen. Gleichzeitig erhielten die Gewerkschaften Sitz und Stimme in den Ausschüssen, für die nun in bestimmten Fällen auch das jeweilige Nationalkomitee verantwortlich war. Eine Reihe präziser Zeitvorgaben machte eine Verschleppung der jetzt öffentlichen Verfahren unmöglich. Hinzu kam eine erhebliche Verschärfung der Sanktionen, die nun auch die Ver-setzung in den Ruhestand und die Kündigung bei Verlust aller Versorgungsansprüche zuließen. In diesen beiden Fällen war das Budapester Volksgericht die zuständige Berufungsinstanz, doch erforderte das immer noch weitgehend ungeklärte Beru-

[76] KEHJ, 1947, S. 189–194; zusammenfassend auch Schönwald, wie Anm. 69, S. 260 ff.

fungsverfahren bereits zwei Monate später eine Ergänzungsverordnung (4080/1945 M.E. vom 1.7.)[77]. Einem Gekündigten war der öffentliche Dienst verschlossen, im privaten Sektor kamen leitende Tätigkeiten nicht mehr in Frage. In begründeten Fällen konnte bereits der Rechtfertigungsausschuß eine Internierung anordnen.

Die Mai-Verordnung regelte die Säuberungsmaßnahmen im öffentlichen Dienst grundsätzlich, präzisierte die zu ahndenden Tatbestände und verschärfte Verfahrensmodus und Sanktionen, wie es die Nationalkomitees und die Kommunistische Partei aufgrund der bisherigen Erfahrungen gefordert hatten. Nicht geklärt wurde jedoch, welches Strafmaß bei welchen Verstößen gegen die Volksinteressen zu verhängen war, so daß in der Rechtspraxis nach wie vor Ungewißheit herrschte. Einzig eine im Juni nachgeschobene Ergänzungsverordnung (3300/1945 M.E. vom 19.6.)[78] schrieb unmißverständlich vor, daß Personen, die mit dem Szálasi-Regime freiwillig nach Westungarn oder später nach Deutschland geflohen, inzwischen aber zurückgekehrt waren, unverzüglich aus dem öffentlichen Dienst entfernt werden mußten. Die Ausschüsse blieben damit ein Feld für den Machtkampf der Parteien, Gewerkschaften und Nationalkomitees.

Einen Sonderfall stellte nur die ehemalige Gendarmerie dar. Bereits im Januar 1945 hatte die Regierung ihre Auflösung beschlossen, doch wurde das zugrunde gelegte Kollektivschuldprinzip Ursache für monatelange Meinungsverschiedenheiten des Ministerrats[79]. Die schließlich am 10. Mai erlassene Auflösungsverordnung 1690/1945 M.E.[80] stellte fest, die Gendarmerie habe »den vergangenen volksfeindlichen Regierungen mit bedingungslosem Gehorsam gedient«, demokratische Bewegungen verfolgt und gegen die ungarischen Arbeiter und Bauern unzählige Gewalttakte verübt. Die Gendarmen wurden ohne Versorgungsansprüche entlassen. Auflösung und kollektive Schuldzuweisung implizierten, daß grundsätzlich keine Rechtfertigungsverfahren vorgesehen waren. Nur in besonderen Fäl-

---

[77] KEHJ, 1947, S. 194–197.

[78] Ebenda, S. 197 f. Die Verordnung wurde bereits knappe sechs Monate später erneut modifziert (11.400/1945 M.E. vom 1. 12.); vgl. ebenda, S. 198.

[79] Vgl. Gergely, wie Anm. 35, S. 224 f. Zum Aufbau der neuen Polizei vgl. ebenda, passim.

[80] KEHJ, 1947, S. 296–300; zusammenfassend Schönwald, wie Anm. 69, S. 263 f.; Gergely, wie Anm. 35, S. 225 f.

len konnte ein Verfahren vor einem dem Innenminister zuge-
ordneten Sonderausschuß eingeleitet werden, der nur zwei
Sprüche, »gerechtfertigt« oder »nicht gerechtfertigt«, fällen
durfte. Eine Rechtfertigung war de facto allerdings kaum möglich, denn sie war explizit auf höchst unwahrscheinliche Fälle
wie aktive Beteiligung im Widerstand oder Unterstützung demokratischer Organisationen beschränkt.

Die große Bedeutung der Mai-Verordnung 1080/1945 lag vor
allem darin, daß sie als Muster vom öffentlichen Dienst auf
andere gesellschaftliche Bereiche übertragen wurde. Vom Mai
1945 bis Januar 1946 verfügte die Regierung analoge Verfahren
für die freien akademischen Berufe (Ärzte, Tierärzte, Apotheker, Ingenieure, Journalisten und Schauspieler), für Rechtsanwälte und Notare, Händler und Handwerker, Privatangestellte,
Studenten sowie abschließend für die Mitglieder und Funktionäre der Sportvereine und -verbände[81]. Auch hier hatte das Budapester Nationalkomitee den Vorreiter gespielt und bereits im
April 1945 ohne Rechtsgrundlage die Angestellten von 25 Banken und Unternehmen vor Rechtfertigungsausschüsse zitiert[82].
In allen Fällen waren zeitlich begrenzte oder unbegrenzte Be-
rufs- bzw. Studienverbote bei Verlust aller Rechte und Versorgungsansprüche vorgesehen. Allerdings wurde das antifaschistische Prinzip nicht erst in der politischen Praxis, sondern schon
im Verordnungstext durchlöchert, indem man den gesellschaftlichen Bedarf an bestimmten Berufen berücksichtigte. Handwerker und Händler verloren bereits im Falle einer Verwarnung
ihr aktives und passives Wahlrecht für die Handwerks- und
Handelskammer und für andere Berufsverbände; Ärzte, Tierärzte, Apotheker und Ingenieure durften dagegen nur im Aus-
nahmefall von der Ausübung ihres Berufs ausgeschlossen werden. Statt dessen war es möglich, sie zu schlecht oder gar nicht
honorierten öffentlichen Dienstleistungen zu verpflichten.

Ende Oktober 1948 wurden die Rechtfertigungsausschüsse
durch Verordnung aufgehoben. Ihre Tätigkeit abschließend zu
beurteilen ist schwierig. Ziel der schrittweisen Ausweitung der
Verfahren war zweifellos »die Filtrierung der gesamten erwach-

---

[81] Vgl. die Verordnungen 1146 vom 4. 5., 1410 vom 8. 5., 3140 vom 16. 6., 4100 vom
1. 7., 8500 vom 26. 9. 1945 sowie 700 vom 23. 1. 1946. In: KEHJ, 1947, S. 200–209. Die
Studenten von Universitäten und Hochschulen wurden vor eigene dreiköpfige Ausschüsse (je ein Vertreter des örtlichen Nationalkomitees, der Universität und des
Fachs) zitiert.
[82] Schönwald, wie Anm. 69, S. 267.

senen Bevölkerung«[83]. Das verfügbare Zahlenmaterial ist lückenhaft: Einigen Quellen zufolge konnten sich 1945 2 bis 5 Prozent der Überprüften »nicht rechtfertigen«[84]. Eine parlamentarische Anfrage der Kommunisten ergab, daß im Jahr 1945 von den 50 795 Verfahren in Budapest 1686 mit dem Verlust des Arbeitsplatzes endeten, anders ausgedrückt: In 3,3 Prozent der Fälle wurde das maximale Strafmaß verhängt[85]. Über den Anteil der weniger gravierenden Schuldsprüche ist damit allerdings nichts ausgesagt.

Daß die Arbeit der Rechtfertigungsausschüsse Gegenstand des parteipolitischen Machtkampfes war und auf den Widerstand der Behörden und Standesorganisationen[86] stieß, wurde bereits erwähnt. Allerdings ließ mit den Wahlen zur Nationalversammlung vom 4. November 1945 der politische Druck hinter den Verfahren merklich nach, die damit auch an Bedeutung verloren[87]. Den wenigen diesbezüglichen Aussagen der marxistisch-leninistischen Geschichtswissenschaft zufolge lag das nicht in erster Linie daran, daß die Ausschüsse volksfeindliche Tatbestände etwa nicht aufdecken konnten. Problematisch sei vielmehr gewesen, daß gegen die politische Vergangenheit vieler Beamter keine Einwände bestanden, daß sich jedoch, so der sozialdemokratische Justizminister im November 1945, »ihre Amtstätigkeit in Hinblick auf den demokratischen Neuaufbau des Landes als schädlich erweise«[88].

Mit den Wahlen vom 4. November 1945, die der Kleinlandwirtepartei die absolute Mehrheit (57 Prozent) und den enttäuschten Kommunisten nur knappe 17 Prozent der Stimmen bescherten (Sozialdemokraten: 17,4 Prozent; Nationale Bauernpartei: 6,9 Prozent)[89], gewannen die Säuberungen des öf-

[83] MASz, 1935, S. 259.

[84] Schönwald, wie Anm. 69, S. 270.

[85] Nemzetgyülési Napló I. Budapest 1946, S. 117 f., zit. nach Balogh, wie Anm. 72, S. 463.

[86] Seit ihrer Parteikonferenz im Mai 1945 startete die KP eine gezielte Kampagne, die Intelligenz aus ihrem konservativen Rahmen zu brechen und für sich zu gewinnen. Ein Mittel war die Auszehrung und Entmachtung der alten Standesorganisationen durch die gewerkschaftliche Organisierung der Akademiker, die bereits 1945 zur Selbstauflösung zahlreicher Berufsverbände führte. Vgl. ausführlich ebenda, S. 174 ff.

[87] Ebenda, S. 463.

[88] Schönwald, wie Anm. 69, S. 270.

[89] Mavius, Wahlergebnisse, S. 677. Eine parlamentarische Regierungsbildung durch die Kleinlandwirte verhinderte Druck von oben; die neue Koalitionsregierung entsprach dem Front-Prinzip.

fentlichen Dienstes eine neue politische Dimension. Zielgruppe, Instrumentarium und Vorgehensweise änderten sich, nachdem die bisherigen Maßnahmen nicht die von kommunistischer Seite gewünschten Ergebnisse gebracht hatten. Bereits am 22. November entstand im Zentralkomitee der KP ein erster Entwurf[90], der vorsah, alle »rechtsgerichteten« Beamten und Angestellten im öffentlichen Dienst durch eine sog. »B-Liste« abzubauen. Nun sollten auch jene entlassen werden, die von den Rechtfertigungsausschüssen nicht freigesprochen worden waren, d. h. auch die bloß Verwarnten mußten mit der äußersten Konsequenz rechnen. Generalsekretär Mátyás Rákosi faßte die neue Strategie am selben Tag mit den Worten zusammen, man solle »in erster Linie die Reaktionäre verabschieden«. Diese politische Stoßrichtung ergänzte das Politbüro am 31. Januar 1946 um das wirtschaftliche Argument, daß ein Personalabbau im öffentlichen Dienst aus finanziellen Gründen »dringende Notwendigkeit« geworden sei. Gleichzeitig wies es den neuen kommunistischen Innenminister Imre Nagy an, den Anteil von Parteimitgliedern in seinem Ministerium zu verstärken und vier sog. »fliegende Ausschüsse« zur Überprüfung der Tätigkeit der Komitatsverwaltungen einzurichten. Die Obergespane sollten gezielt Kommunisten, Sozialdemokraten und Gewerkschafter in die vakanten Stellen bringen. Ziel war explizit die Entfesselung einer landesweiten Kampagne, um auf die Regierung und besonders die Kleinlandwirte Druck auszuüben. Die Parole der politischen Polizei für das Jahr 1946 lautete denn auch, nach der Liquidierung der Pfeilkreuzler nun mit dem gnadenlosen Kampf gegen die »Reaktion« zu beginnen[91].

Die Sozialdemokraten wie auch die Bauernpartei[92] unterstützten das B-Listen-Konzept unter Betonung der wirtschaftlichen Argumente, obwohl eine Reihe von Abgeordneten die geplanten Maßnahmen mit Argwohn betrachtete. Nachdem der von ihrer Partei gestellte Ministerpräsident zugestimmt hatte, mußten auch die anfangs ablehnenden Kleinlandwirte einlen-

[90] Im folgenden nach Sándor Balogh, A baloldali erök küzdelme a közigazgatás demokratizálásáért. Az 1946. évi bélista végrehajtása és revíziója (Der Kampf der Linken für die Demokratisierung der Verwaltung. Die Durchführung und Revision der B-Listen 1946; der Aufsatz wurde leicht gekürzt als Kapitel 6 in Baloghs einschlägige Monographie von 1975 (wie Anm. 36), S. 206–216, übernommen.) In: Párttörténeti Közlemények 20 (1974) 2, S. 55–87. Einen Überblick auch bei ders., wie Anm. 72, S. 463–467.

[91] Szabadság, 16. 2. 1946, zit. nach Gergely, wie Anm. 35, S. 247.

[92] Vgl. Balogh, wie Anm. 90, S. 62 ff.

ken. Allerdings zielten sie auf einen Personalabbau durch die Entlassung fachunkundiger Beamter, was de facto überwiegend Personen betraf, die erst nach der Befreiung auf Druck der Linksparteien in die Verwaltung gelangt waren. Die B-Listen dienten damit von Anbeginn als Waffe im Machtkampf der Parteien, doch konnte es auf der Ebene der Nationalkomitees durchaus zu unterschiedlichen Konstellationen kommen: So sprachen sich z. B. im Nationalkomitee von Érd die Sozialdemokraten gemeinsam mit den Kleinlandwirten prinzipiell gegen die B-Listen-Säuberungen aus.

Der machtpolitische Kampf um die B-Listen entschied sich mit der Bildung des sog. »Linksblocks« aus Kommunisten, Sozialdemokraten, Bauernpartei und Gewerkschaften gegen »die Reaktion«. Am 5. März 1946 verweigerten die Blockparteien jede weitere Zusammenarbeit mit dem »reaktionären rechten Flügel« der Kleinlandwirtepartei. Unterstützt von organisierten Massendemonstrationen, verlangten sie in diesem Zusammenhang auch die Säuberung des öffentlichen Dienstes von »reaktionären« Beamten. Gefordert wurden weiter die Forcierung der Bodenreform, die staatliche Kontrolle des Bankwesens sowie die Verstaatlichung der Bergwerke, Energieunternehmen und der wichtigsten schwerindustriellen Betriebe[93]. Eine Woche später lenkten die Kleinlandwirte unter massivem Druck ein: Sie akzeptierten grundsätzlich die Forderungen des Linksblocks, schlossen 20 Abgeordnete aus der Partei aus und engagierten sich auch für eine weitgehende Säuberung der Verwaltung von »demokratiefeindlichen Elementen«[94]. Bereits am 8. März hatte das Politbüro der KP beschlossen, den zurückhaltenden Imre Nagy durch den radikalen László Rajk als Innenminister abzulösen. Mit Rajk sicherte sich die Partei endgültig einen umfassenden Zugriff auf Polizei, Presse, gesellschaftliche Vereinigungen sowie auf die lokale und regionale Verwaltung[95].

Aufgrund der Abmachung des Linksblocks mit der Kleinlandwirtepartei vom 12. März 1946 wurden der sozialdemokratische Justizminister und der von den Kleinlandwirten gestellte Finanzminister beauftragt, eine B-Listen-Verordnung zu entwerfen. Sie lag nach wenigen Tagen vor und stieß bei den Blockparteien auf heftigste Kritik, da sie Richter, Staatsanwälte

---

[93] Vgl. die öffentliche Erklärung des Linksblocks in: MNT/2, Nr. 162, S. 85 f.
[94] Ebenda, S. 89–91.
[95] Vgl. Kovrig, Communism in Hungary, S. 192.

und alle gewählten Amtsträger von der Säuberung ausnahm und die Gewerkschaften nicht an den Prüfungen beteiligte[96]. Sozialdemokraten und Bauernpartei schlossen sich den Attacken der Kommunisten an, die den Entwurf für »völlig unannehmbar« hielten[97]. Unter dem Druck öffentlicher Demonstrationen setzten sich am 19. Mai schließlich die Linksparteien mit der Verordnung 5000/1946 M.E. »über die Wiederherstellung des Haushaltsgleichgewichts« durch[98].

Die Zahl der Beschäftigten in den Staats-, Komitats- und Kommunalverwaltungen, bei Bahn, Post, staatlichen Bergwerken und Betrieben sowie generell in allen öffentlichen Einrichtungen sollte bis zum 15. September 1946, also knapp vier Monate später, auf 90 Prozent des Standes im Haushaltsjahr 1937/38 reduziert werden. Für Lehrer, Armee und Polizei[99] galten gesonderte Regelungen. Zu entlassen waren zuerst alle, deren Verbleiben im Amt »dem demokratischen Wiederaufbau des Landes nicht erheblich diene«, sowie jene, denen zur Erfüllung ihrer Aufgaben die nötige Sachkenntnis oder Sorgfalt fehle. Von den erst nach der Bildung der Provisorischen Nationalversammlung eingetretenen Beamten durften allerdings höchstens 10 Prozent verabschiedet werden. Dreiköpfige Kommissionen aus je einem Vertreter des Ministerpräsidenten, des betroffenen Ressortministers und des Gewerkschaftsrats stellten die »B-Listen« mit den Namen der zu Entlassenden zusammen. Vorschlags- bzw. Anhörungsrecht hatten nicht nur die Minister, sondern auch Obergespane, Gewerkschaften und Nationalkomitees. Feste Fristen garantierten eine zügige Durchführung. Da es sich de jure um Sparmaßnahmen handelte, brauchten die Entlassungen nicht begründet zu werden; Einspruchsmöglichkeiten gab es ebenfalls nicht.

Bereits vor der demokratischen Wende in Ungarn wurde eingeräumt, daß die B-Listen-Verordnung »ein hervorragendes Mittel zur Entfernung politisch unerwünschter Personen war, wenn gegen sie keine konkreten Einwände bestanden«[100]. Vorteilhaft sei vor allem gewesen, daß die Entscheidungen nicht mit

[96] Ebenda, S. 193; Balogh, wie Anm. 90, S. 67.

[97] Ebenda, S. 67ff.

[98] KEHJ, 1947, S. 237–242. Eine entsprechende Vereinbarung der Parteien war am 6.5. getroffen worden; vgl. Balogh u.a., wie Anm. 26, S. 71.

[99] Zur Polizei vgl. Balogh, wie Anm. 90, S. 82ff.

[100] MASz, 1985, S. 259.

stichhaltigen Beweisen belegt werden mußten[101]. Die Zusammensetzung der Kommissionen gewährleistete in allen Ressorts unter Leitung der Blockparteien (Inneres, Justiz, Industrie, Handel, Verkehr, Wohlfahrt) eine Mehrheit der Linken. Hinzu kam ihr Übergewicht in den Führungspositionen von Komitats- und Stadtverwaltungen: Sie stellten im April 1946 20 der 35 Obergespane, 21 der 25 Untergespane und 51 der 56 Bürgermeister. Allerdings waren die Säuberungsmaßnahmen Wochen vor Erscheinen der Verordnung bereits in vollem Gang. Die Weichen stellte nicht zuletzt Innenminister Rajks Entscheidung, all jene, die von den »Volksbewegungen« aufgefordert wurden, ihre Stellung aufzugeben, als entlassen zu betrachten[102].

Natürlich waren Ausmaß und Stoßrichtung bei der konkreten Durchführung der Maßnahmen je nach den politischen Kräfteverhältnissen in den Ressorts bzw. in den Regionen verschieden[103]. Es gab Fälle, in denen Amtsvorsteher nur nach dem Kriterium der Fachkenntnisse vorgingen oder sich überhaupt weigerten, Mitarbeiter zur Entlassung vorzuschlagen. Beschwerden über krasse Fehlentscheidungen und gar Gewalttätigkeiten wurden bekannt. Außerdem entzweiten sich die beiden Arbeiterparteien. Jede versuchte, die Besetzung der Kommissionen zu beeinflussen, ihre Gefolgsleute vor der Entlassung zu bewahren bzw. die des politischen Konkurrenten ohne Begründungszwang auszuschalten. Allen Parteien war die hohe Bedeutung der B-Listen für ihre politisch-gesellschaftliche Ausgangsposition im verschärften Machtkampf bewußt. Nach Angaben des Gewerkschaftsrats wurden bis Oktober 1946 im Zuge der B-Listen-Aktion rund 60 000 Beamte und Angestellte aus dem öffentlichen Dienst entlassen[104]. Die Volkszählung von 1941 hatte, bezogen auf das Gebiet von Trianon-Ungarn, eine Zahl von knapp 210 000 Erwerbstätigen im öffentlichen Sektor (ohne Bahn, Post usw.) ergeben[105], so daß man auch ohne statistische Daten über kriegsbedingte Abgänge und Neueinstellungen das ungefähre Ausmaß der Maßnahmen abschätzen kann.

Wenn es nun auch übertrieben wäre zu behaupten, daß sich damit die Kommunisten des gesamten Staatsapparates bemäch-

[101] Schönwald, wie Anm. 69, S. 271 f.
[102] Balogh, wie Anm. 90, S. 70 ff., besonders Anm. 57 und 58.
[103] Ausführlich vgl. z. B. ebenda, S. 74 ff.
[104] Gazdasági és Statisztikai Közlöny, Oktober 1946, zit. nach ebenda, S. 76.
[105] Szöllösi-Janze, Pfeilkreuzlerbewegung, S. 41.

tigt hätten, so stellten die B-Listen doch einen wichtigen Schritt in dieser Richtung dar[106]. Fälle wie im Komitat Abaúj, wo die Sparmaßnahmen sämtliche Kommunisten aus dem öffentlichen Dienst entfernten[107], blieben die Ausnahme. Auf der anderen Seite[108] erfaßten die B-Listen fast alle Notare auf Kreisebene, in zwei Kreisen des Komitats Pest gar die gesamte Verwaltung. Die Bürgerlich-Demokratische Partei sah das »schutzlose Bürgertum« einem »schweren Angriff von innen« ausgesetzt, und die Kleinlandwirte sammelten im Juli und August 1946 in rund 100 Städten und Gemeinden zahlreiche Beispiele für Unregelmäßigkeiten. Auch innerhalb der Linksparteien formierten sich die Kritiker: Teile der Nationalen Bauernpartei dachten ernsthaft daran, aus dem Linksblock auszutreten. Den Sozialdemokraten fiel ebenfalls auf, daß sie in der Verwaltung erheblich an Stärke eingebüßt hatten.

Die antikommunistischen Spannungen in der Unabhängigkeitsfront nahmen bis zum Sommer derart zu, daß eine partielle Revision der Säuberungsmaßnahmen unumgänglich wurde, zumal Rákosi selbst auf einer ZK-Sitzung am 2. August 1946 eingestand, daß die B-Listen-Kommissionen an mehreren Stellen »ein bißchen zu weit gegangen« seien. Eine Reihe von Verordnungen modifizierte die Maßnahmen im Sinne der nichtkommunistischen Parteien[109]. Die wichtigste Änderung brachte Verordnung 9050/1946 M. E. vom 6. 8.[110], nach der die 10 Prozent der Entlassungen auf eine eventuelle Wiedereinstellung hin überprüft werden konnten. Zwischen den Parteien war verabredet, daß 40 Prozent dieser Fälle positiv zu entscheiden waren. Davon sollte die eine Hälfte auf Gefolgsleute der Kleinlandwirte, die andere auf die Linksparteien entfallen[111]. Auf Druck der Kleinlandwirte wie der Sozialdemokraten wurde die Revision nochmals erweitert (Verordnung 11.000/1946 M.E. vom 24. 9.)[112], doch steht fest, daß trotz dieser Zugeständnisse fraglos die Kommunisten den größten politischen Gewinn zu verzeichnen hatten. Besonders eklatant und folgenschwer war dies

[106] Vgl. Lahav, Der Weg, Bd. 1, 1985, S. 112 ff.; Kovrig, Communism in Hungary, S. 193.
[107] Balogh, wie Anm. 90, S. 80 f.
[108] Ebenda, S. 77 ff.
[109] Vgl. KEHJ, 1947, S. 242–249.
[110] Ebenda, S. 248 f.
[111] Balogh, wie Anm. 90, S. 79.
[112] KEHJ, 1947, S. 245–247.

zweifellos in der ohnehin bereits kommunistisch dominierten Polizei, bei der sich nach gezieltem Personalabbau die Kräfteverhältnisse noch weiter zuungunsten der nichtkommunistischen Parteien verschoben[113]. Insgesamt seien die Stellungen der »bürgerlichen Rechten bzw. der Kleinlandwirtepartei« auf unterer und mittlerer Verwaltungsebene »spürbar geschwächt« worden[114], lautete das Fazit der ungarischen marxistischen Historiographie. Vom ursprünglichen Zweck einer Säuberung des administrativen Apparats von »Faschisten« oder »Reaktionären« hatten sich die Maßnahmen weit entfernt; allenfalls in der Propaganda war davon noch die Rede.

Diskriminierung und Vertreibung der Ungarndeutschen

Die Verwässerung des Faschismusbegriffs bzw. seine terminologische Verdrängung durch Begriffe wie »Reaktionär« und »Demokratiefeind« schon im Laufe des Jahres 1945 sind Indikatoren dafür, daß die Maßnahmen zunehmend anderen politischen Zwecken dienten. Die Säuberung des Beamtenapparats durch B-Listen zielte bereits ziemlich unverhohlen auf eine Veränderung der politischen Kräfteverhältnisse. Unter dem Etikett »Abrechnung mit Faschismus und Kollaboration« liefen jedoch auch die Diskriminierung und anschließende Vertreibung der Ungarndeutschen von 1946 bis 1948, die kollektiv als »Fünfte Kolonne Hitlers« unter dem schweren Verdacht des Landesverrats standen.

Ansatz- und Ausgangspunkt bildete dabei die Bodenreform vom 15. März 1945, die als einschneidende Strukturreform nicht nur das Ende des feudalen Großgrundbesitzes bedeuten, sondern zugleich auch ein entscheidendes Element einer radikalen »Entnazifizierung« darstellen sollte. In diesem Fall war es die Nationale Bauernpartei, die am 14. Januar 1945 einen ersten Entwurf veröffentlichte, dem sich die Kommunisten vier Tage später offiziell anschlossen[115]. Unter den anderen Frontparteien war die seit Jahrzehnten diskutierte, jedoch nie realisierte Bodenreform ebenfalls unumstritten. Das Konzept der Bauernpartei enthielt bereits die grundlegenden Fixpunkte der Reform,

---

[113] Vgl. ausführlich mit Zahlen Balogh, wie Anm. 90, S. 83 ff.
[114] Ebenda, S. 86 und S. 80 f.
[115] Vgl. die Dokumente in: MNT/2, Nr. 146, S. 32–37.

nämlich u. a. die Aufteilung von »Herrschaftsgütern« des Adels über 100 Katasterjoch (1 Kj = 0,58 ha) gegen Entschädigung; dagegen sollten Bauerngüter bis zu einer Größe von 200 Kj erhalten bleiben. Der Grundbesitz der »Landesverräter, Pfeilkreuzler-Führer, Volksbund-Mitglieder und der anderen Feinde des ungarischen Volks«[116] war unabhängig von seiner Größe entschädigungslos zu beschlagnahmen.

In der Bodenreformverordnung 600/1945 M. E. vom 15. März, die erst sechs Monate später von der Provisorischen Nationalversammlung als Gesetz VI/1945 verabschiedet wurde[117], erhielt diese antifaschistische Zielsetzung einen hervorragenden Stellenwert. Entschädigungslos enteignet wurde der Grundbesitz aller Mitglieder des deutschen Volksbunds, der »führenden Pfeilkreuzler, Nationalsozialisten und Faschisten« in Parteien und gesellschaftlichen Vereinigungen vom stellvertretenden Ortsgruppenführer an aufwärts, der Angehörigen der faschistischen Selbstschutztruppen sowie der »Landesverräter, Kriegsverbrecher und Volksfeinde«. Unter diese mehrdeutige Kategorie fielen alle, die die Interessen des deutschen Faschismus zum Schaden des ungarischen Volks unterstützt oder ihren früher magyarisierten Familiennamen wieder durch einen deutschen ersetzt hatten. Damit erschien, wie früh bemerkt wurde, neben Kriegsverbrechen und volksfeindlichem Verhalten nun die »Untreue« gegenüber dem Magyarentum als dritte große Verfehlungsgruppe faschistischen Verhaltens, d. h. Staatstreue wurde mit Assimilation gleichgesetzt.

Die in der Verordnung und ihren Ausführungsbestimmungen[118] nur latente Stoßrichtung gegen die ungarndeutsche Minderheit konkretisierte sich am 1. Juli 1945 in der Verordnung 3820[119]. Demnach wurden in Kreisen, in denen ein »beträchtlicher Teil« der Bevölkerung »eine hitlerische (volksbundfreundliche, faschistische, pfeilkreuzlerische usw.) Haltung« gezeigt hatten, dreiköpfige Kommissionen zur Überprüfung der »nationalen Treue« eingerichtet. Diese Ausschüsse aus einem vom Innenminister ernannten Juristen, einem magyarischen und einem deutschen Vertreter einer demokratischen Widerstandsbe-

---

[116] Ebenda, S. 33.
[117] KEHJ, 1947, S. 8–17; auszugsweise in deutscher Übersetzung: Das Schicksal der Deutschen in Ungarn, S. 76E–78E.
[118] Vgl. ebenda, S. 49Ef., 79E–82E.
[119] KEHJ, 1947, S. 127–131; in deutscher Übersetzung: Das Schicksal der Deutschen in Ungarn, S. 83E–90E, zusammenfassend ebenda, S. 50Eff.

346

wegung teilen die Überprüften nach vier Verfehlungskategorien ein, wobei die Einstufung in die ersten beiden Gruppen gleichzeitig als Enteignungsbeschluß galt. Personen der Kategorie 1 – führende Mitglieder einer »Hitler-Organisation« – wurden interniert, ihre Familien an den Internierungsort umgesiedelt. Ebenso verfuhr man mit den Angehörigen der Waffen-SS, denen man die Freiwilligkeit ihres Beitritts unterstellte, obwohl bekanntermaßen der größte Teil mit Hilfe ungarischer Militärdienststellen zwangsrekrutiert worden war[120]. In Gruppe 2 befanden sich alle einfachen Parteimitglieder; ihnen gleichgestellt wurden jene, die die Magyarisierung ihres Namens rückgängig gemacht hatten. Sie waren zu öffentlichen Arbeitsdiensten verpflichtet und konnten, wenn dieser nicht am Wohnort zu leisten war, mit ihren Familien an den Einsatzort umgesiedelt werden, wobei sie über ihre bewegliche Habe frei verfügen durften.

Die Personen der Kategorie 3, die zwar nicht Mitglieder einer Hitler-Organisation gewesen waren, deren Ziele jedoch unterstützt hatten, mußten ihren Grundbesitz der staatlichen Siedlungsaktion zur Verfügung stellen, d.h. er konnte vom Volkswohlfahrtsamt gegen Immobilien in anderen Landesteilen ausgetauscht werden. Also war auch in diesem Fall mit einer Umsiedlung zu rechnen. Gruppe 4 umfaßte alle sonstigen Personen, die, wenn sie »ihre Vaterlandstreue und demokratische Gesinnung nicht unter Beweis gestellt«, also nicht aktiv Widerstand geleistet hatten, immerhin verpflichtet waren, die zwangsweise Evakuierten der ersten drei Gruppen vor der Umsiedlung in ihren Häusern aufzunehmen.

Nun galt diese Kategorisierungsverordnung, die ein Raster zur Erfassung und Bestrafung individueller Vergehen aufzustellen schien, theoretisch auch für die Pfeilkreuzler, doch betraf sie in der Durchführungspraxis nur die deutsche Minderheit. Sie diente nicht dazu, einzelne Kriegs- oder »volksfeindliche« Verbrechen zu ahnden, was ja die Aufgabe der Volksgerichte war. Internierung, Enteignung und Binnenumsiedlung zielten vielmehr unzweideutig darauf, die deutschen Siedlungsgemeinschaften und ihre ökonomischen Lebensgrundlagen aufzulösen. Bemerkenswert ist hier wie bei der anschließenden Ausweisung, daß politische Säuberung und Sühne mit wirtschaftlich-sozialen, nationalitätenpolitischen und schließlich sogar außen-

---

[120] Vgl. ebenda, S. 52 E.

politischen Zwecken verkoppelt wurden. Nach § 1 der Kategorisierungsverordnung diente der Grundbesitz der in den Gruppen 1 bis 3 erfaßten Personen explizit der Ansiedlung von ungarischen Flüchtlingen, die aus den Nachbarstaaten geflohen oder vertrieben worden waren.

Der Wirkungszusammenhang zwischen der Vertreibung der Deutschen aus Ungarn einerseits und der Magyaren aus der Slowakei andererseits ist bis heute in der geschichtswissenschaftlichen Literatur in seiner Relevanz kaum erkannt bzw. nur ungenügend erforscht worden[121]. Dies gilt weniger für die diplomatischen Vorgänge[122] als für die ungarische Innenpolitik, die wegen der fehlenden Erschließung zentraler Quellenbestände bis heute nur in einigen regional- und lokalhistorischen Studien bruchstückhaft und widersprüchlich rekonstruiert worden ist. Aus dem diffusen Bild ergibt sich jedoch, daß hinter der zuerst von der Nationalen Bauernpartei lancierten und vehement vertretenen Parole »Hinaus mit den schwäbischen Volksverrätern!« letztlich als »archimedische[r] Punkt« die Nationalitätenpolitik der Tschechoslowakei stand[123].

Am 29. Dezember 1945 verfügte die Verordnung 12.330/1945 M.E.[124], daß diejenigen ungarischen Staatsbürger nach Deutschland »umzusiedeln« seien, die sich bei der letzten Volkszählung (1941) zur deutschen Nationalität oder Muttersprache bekannt oder die Magyarisierung ihres Namens rückgängig gemacht hatten oder die Mitglied des Volksbunds oder einer bewaffneten deutschen Formation (SS) gewesen waren. Mit diesen Formulierungen wurde die deutsche Minderheit als Kollektiv unter Strafe gestellt. Die amtliche Volkszählung von

---

[121] Vgl. Kathrin Sitzler u. Gerhard Seewann, Nationalitätenpolitik und Geschichtsschreibung. Zur Reinterpretation der Geschichte der deutschen Minderheit Ungarns in den Jahren 1938–1948. In: Südosteuropa 37 (1988), S. 142–170, besonders S. 162 ff.

[122] Vgl. Sándor Balogh, A népi demokratikus Magyarország külpolitikája 1945–1947. A fegyverszünettöl a békeszerzödésig (Die Außenpolitik des volksdemokratischen Ungarn 1945–1947. Vom Waffenstillstand bis zum Friedensvertrag). Budapest 1982. Die in diesem Zusammenhang interessierenden Kapitel erschienen auch in deutscher Übersetzung: Das ungarisch-tschechoslowakische Abkommen über den Bevölkerungsaustausch vom 27. Februar 1946. In: Annales Universitatis Scientiarum Budapestinensis de Rolando Eötvös nominatae, sect. hist. 21 (1981), S. 367–404; Die Aussiedlung der Bevölkerung deutscher Nationalität aus Ungarn nach dem 2. Weltkrieg. Ebenda 22 (1982) S. 221–250.

[123] Sitzler u. Seewann, Nationalitätenpolitik, S. 165, 167.

[124] KEHJ, 1947, S. 131 f.; in deutscher Übersetzung: Das Schicksal der Deutschen in Ungarn, S. 91E–93E. Die Durchführungsverordnung 70010/1946 B.M. vom 4. 1. 1946 vgl. ebenda, S. 94E–104E.

1941 hatte auf dem Gebiet von Trianon-Ungarn rund 477000 Personen deutscher Muttersprache erfaßt und darüber hinaus – zum ersten und letzten Mal – auch nach der Nationalität gefragt, um neben dem objektiven Merkmal der Sprache das subjektive Bekenntnis zur Volksgruppe zu ermitteln. Zur deutschen Nationalität bekannten sich rund 300000 Personen. Nach dem August 1940 regermanisierten rund 26000 Ungarndeutsche ihre Namen. Der Volksbund hatte im Herbst 1942 auf dem Höhepunkt seiner Entwicklung in Ungarn einschließlich der restituierten Gebiete rund 200000 Mitglieder, mit seinen angeschlossenen Organisationen (Frauen, Jugend) zusammen 300000; damit erfaßte er gute 40 Prozent der insgesamt knapp 720000 Angehörigen der deutschen Minderheit im vergrößerten Ungarn. Umgerechnet auf das Gebiet Trianon-Ungarns nennen Schätzungen rund 150000 Volksbund-Mitglieder. Der SS gehörten rund 100000 Ungarndeutsche an, von denen viele im Krieg fielen oder in Gefangenschaft gerieten. Unter den 60000 bis 70000 Deutschen, die mit dem Rückzug der Wehrmacht Ungarn verließen, befanden sich zahlreiche Volksbund- und SS-Mitglieder und ihre Familien. Auch wenn man es unterläßt, die Volksbund-Mitgliedschaft differenziert zu betrachten, kann man also nicht davon ausgehen, daß sich die in Ungarn zurückgebliebenen Deutschen überwiegend aus »Faschisten« und »Verrätern« zusammensetzten[125].

Formal fußte die Ausweisung auf Artikel XIII des Potsdamer Abkommens, wo von der »Überführung der deutschen Bevölkerung Polens, der Tschechoslowakei und Ungarns oder Teilen dieser Bevölkerung nach Deutschland« die Rede war. Dabei fiel die Sonderstellung Ungarns auf, das als einziger ehemaliger Verbündeter Deutschlands in die Aktion eingeschlossen war, während über die Deutschen in Rumänien oder in Jugoslawien keine Vereinbarungen getroffen wurden. Schon früh stellte sich die Frage, »wie weit die ungarische Regierung selbst auf die entsprechenden Beschlüsse Einfluß zu nehmen versucht« hat[126].

[125] Vgl. Balogh, Aussiedlung, S. 228, 247, Anm. 56; Béla Bellér, A magyarországi németek rövid története (Kurze Geschichte der Ungarndeutschen). Budapest 1981, S. 178, 186;Das Schicksal der Deutschen in Ungarn, S. 5E, 11E; dort auch zur Problematik der statistischen Erfassung der deutschen Minderheit, bei der man eher von 500–600000 Personen ausgehen sollte, sowie insbesondere zur Frage nach der deutschen Nationalität, die von vielen als Staatsangehörigkeit mißverstanden wurde, so daß sich aus der Zahl keine tragfähigen Aussagen zum Selbstverständnis der Volksgruppe ableiten lassen.
[126] Ebenda, S. 59E.

Die lange vertretene Auffassung, die Aussiedlung sei der nur eingeschränkt souveränen ungarischen Regierung durch das Potsdamer Protokoll und die Alliierte Kontrollkommission aufgezwungen worden, wurde bereits Mitte der achtziger Jahre von wichtigen Vertretern der ungarischen Historiographie als »Potsdam-Legende« entlarvt[127]. Eine Reihe von Quellen spricht vielmehr für den Umstand, daß Ungarn selbst »eine zumindest sehr aktive, wenn nicht sogar initiative Rolle« in der Aussiedlungsfrage spielte[128]. Bezugspunkt war die Politik der Tschechoslowakei, deren Londoner Exilregierung seit 1943 nicht nur die Initiative für die Vertreibung der Deutschen aus Ostmitteleuropa ergriffen, sondern auch ein Junktim zwischen der Ausweisung der Ungarndeutschen und der Aussiedlung der insgesamt 700 000 Magyaren aus der Slowakei hergestellt hatte. In ihrem Bemühen, einen homogenen tschechoslowakischen Nationalstaat ohne Minderheiten zu schaffen, setzte die Prager Regierung vor und nach Potsdam Budapest unter erheblichen Druck: Durch massive Diskriminierung der Slowakeimagyaren im eigenen Land versuchte sie, die beschlossene Ausweisung der Ungarndeutschen dazu zu nutzen, an ihrer Stelle die eigene ungarische Minderheit im Mutterland unterzubringen. In der Wahl der Mittel ging Prag dabei sehr weit: illegale Vertreibungsaktionen über die Grenze nach Ungarn, Enteignung von Grund und Boden (ab Februar 1945) und der Klein- und Mittelbetriebe (ab April/Mai 1945), schrittweiser Entzug der bürgerlichen und politischen Rechte sowie der Staatsbürgerschaft, Schließung der ungarischen Schulen, Einführung einer Arbeitsdienstpflicht (Oktober 1945) und, daraus abgeleitet, Deportationen von rund 45 000 Magyaren nach Böhmen (ab September 1946)[129]. Die Alliierten verweigerten ihre Zustimmung zur Aussiedlung der Slowakeimagyaren, befürworteten aber direkte Verhandlungen zwischen Prag und Budapest über einen Bevölkerungsaustausch. Diese mündeten nach großen Schwierigkeiten am 27. Februar 1946 in ein entsprechendes Abkommen[130].

Sowohl die ungarische Regierungskoalition wie auch die

---

[127] Vgl. Sitzler u. Seewann, Nationalitätenpolitik, S. 159 ff.

[128] Ausführlich ebenda, S. 164 f., Zitat S. 165.

[129] Dazu zusammenfassend ebenda, S. 166; ausführlich Balogh, Abkommen, S. 369 ff., besonders S. 372 ff.

[130] Bei der Durchführung des Abkommens siedelten schließlich bis April 1948 rund 73 000 Slowaken von Ungarn in die Tschechoslowakei und rund 94 000 Magyaren aus der Slowakei nach Ungarn über; vgl. ebenda, S. 399.

Presse orientierten sich in der Frage der Ausweisung der Ungarndeutschen seit April 1945 zunehmend an den Maßnahmen Prags gegen die ungarische Minderheit, ohne diesen Zusammenhang nach außen deutlich werden zu lassen[131]. Von April bis Juli 1945 wandte sich die Regierung wegen der Aussiedlung der Slowakeimagyaren nicht weniger als siebenundzwanzigmal an die Alliierte Kontrollkommission. Im Mai bzw. Juli informierte sie diese von ihrer Absicht, 300000 bzw. 200000 Ungarndeutsche auszuweisen. Ansatzpunkt war die Mitgliedschaft im Volksbund bzw. die »Untreue« gegenüber Ungarn, worunter diejenigen fielen, die sich bei der Volkszählung von 1941 zur deutschen Nationalität bekannt oder ihren früher magyarisierten deutschen Familiennamen wieder angenommen hatten. Der Vertreibungsbeschluß von Potsdam bewirkte, daß das Kollektivschuldprinzip, von dem die Parteien zuvor aus Angst abgerückt waren, es könnte sonst auch auf die magyarische Minderheit in der Slowakei angewandt werden, nun gegenüber den Deutschen in der Presse wieder dominierte. »90% unserer Schwaben waren gemeine Vaterlandsverräter«, lautete eine Parole der vom 23. August 1945 an lancierten kommunistischen Pressekampagne. Sie konstruierte eine akute faschistische Bedrohung der ungarischen Volksdemokratie durch die verräterischen Volksbundanhänger und drängte auf eine rasche Durchführung der Potsdamer Beschlüsse.

Die vom Innenministerium vorbereitete Ausweisungsverordnung ging schließlich von einer Zahl aus, die doppelt so hoch war wie die, die das Außenministerium im Sommer genannt hatte. Zwar hatte der Alliierte Kontrollrat in Deutschland im November im Zusammenhang mit der Bestimmung der künftigen Auffanggebiete eine Zahl von 500000 Ungarndeutschen festgesetzt, doch ist es in der Tat wenig wahrscheinlich, daß dies ohne ungarische Vorbereitungsmaterialien geschah. Vielmehr korrespondiert diese Zahl auffällig mit der zu dieser Zeit aktuellen Annahme, daß rund 500000 Slowakeimagyaren nach Ungarn umgesiedelt werden sollten und irgendwo unterzubringen waren. Es war der kommunistische Innenminister Imre Nagy, der in der Verordnung das Kollektivschuldprinzip durchsetzte, und zwar gegen die Abmachungen der Frontparteien vom Mai 1945 und gegen die Meinung des Außenministeriums, das

---

[131] Im folgenden nach Sitzler u. Seewann, Nationalitätenpolitik, S. 160, 167 ff.; Balogh, Aussiedlung, S. 231 ff.

mehrfach gegen die kollektive Verantwortung ganzer Nationalitäten protestiert hatte[132]. Mit der propagierten Abrechnung der Volksdemokratie mit Faschismus und Kollaboration hatten derartige Berechnungen und Manöver offenkundig nichts zu tun.

Diese Aussage gilt erst recht für die Durchführung von Bodenreform, Kategorisierung und Ausweisung, zumal sich die öffentliche Verwaltung noch in der Reorganisation befand, Kompetenzen nicht klar abgegrenzt und Willkürmaßnahmen an der Tagesordnung waren. Die verfügbaren Quellen zeigen, daß schon die unscharfe Terminologie (z.B. »Förderer« von faschistischen Zielen) breite Auslegungsmöglichkeiten schuf, so daß die Behandlung der deutschen Minderheit sehr unterschiedlich und von Zufällen abhängig war. Die in der Bodenreformverordnung verkoppelten politischen und wirtschaftlichen Zwecke lösten sich in der Praxis zunehmend auf: Die örtlichen Bodenbeanspruchungskommissionen, die das Land beschlagnahmten und verteilten, orientierten sich primär an der momentanen Nachfrage. Dabei berücksichtigten sie nicht unbedingt die Einstufungskategorien, ja sie ließen sie zunehmend ganz außer Betracht, so daß »politische und wirtschaftliche Aktionen eher neben- als miteinander« liefen[133]. Während unmittelbar nach dem Regimewechsel fast nur Volksbund-Mitglieder von ihrem Hof verjagt wurden und sich nach der Ernte im Sommer 1945 noch eine zweite Enteignungswelle klar abgrenzen läßt, ist die nachfolgende Zeit dadurch gekennzeichnet, daß die »Höfe ihre Besitzer je nach der Menge der anfallenden Neusiedler [wechselten], wobei die politische Einstufung der Deutschen eine immer geringere Rolle spielte«[134]. Ab Januar 1946 wurde nicht mehr umgesiedelt, sondern ausgewiesen, wobei die Transporte in einer ersten Phase (Januar–Juni 1946, August–Dezember 1946) in die amerikanische, in einer zweiten Phase (ab August 1947) in die sowjetische Besatzungszone gingen[135].

[132] Vgl. Sitzler u. Seewann, Nationalitätenpolitik, S. 161, 169; Das Schicksal der Deutschen in Ungarn, S. 60Ef.

[133] Ebenda, S. 53E.

[134] Ebenda, S. 57E. Die Aussage beruht auf der Auswertung der für die Dokumentation gesammelten Quellen.

[135] Vgl. ebenda, S. 62Ef. Schätzungen der Zahl der vertriebenen Ungarndeutschen nennen nach Abschluß der Aktion für die amerikanische Zone rund 150000 und für die sowjetische Zone rund 50000 Personen. Vgl. zusammenfassend Sitzler u. Seewann, Nationalitätenpolitik, S. 168, Anm. 67.

Die Ergebnisse der Überprüfungskommissionen spielten auch bei der Ausweisung offenbar eine geringe Rolle, zumal sie sehr langsam arbeiteten und bis Mitte November 1945 erst 20000 Untersuchungen abgeschlossen hatten[136]. Die regionale Erfassung der auszusiedelnden Gemeinden war politisch-strategisch bestimmt, d.h. die ersten Transporte wurden in und um Budapest zusammengestellt; es folgte das Grenzgebiet zu Österreich. Spätestens ab August 1946 brach die Systematik zusammen: Einzelne Ortschaften wurden vollständig ausgesiedelt, andere nur teilweise, wieder andere blieben verschont[137]. Festzuhalten ist das erkennbare Bemühen, »die Nationalitätenproportion grundlegend zu verändern«, indem die Bevölkerung rein oder mehrheitlich deutscher Gemeinden oft geschlossen ausgewiesen wurde[138].

Wenn schon diese nationalitätenpolitischen Maßnahmen mit dem propagierten Ziel einer Bestrafung »faschistischer« und »verräterischer« Volksdeutscher wenig zu tun hatten, so gilt dies erst recht für die weitere Entwicklung, als die Ausweisung zunehmend ein Mittel der Enteignungspolitik wurde. Da man für die Bodenreform und für die ungarischen Flüchtlinge und Ausgesiedelten Land benötigte, wurden häufig wohlhabende deutsche Bauern mit großen Höfen, unabhängig von ihrer früheren politischen Haltung, ausgewiesen. Diese hatten dem Volksbund im allgemeinen gerade nicht angehört bzw. ihm skeptisch bis feindlich gegenüber gestanden[139]. Der Volksbund rekrutierte sich vor allem aus sozial wenig angesehenen Gruppen wie armen Bauern und nichtorganisierten Arbeitern, die sich über ihr Engagement einen sozialen Aufstieg versprachen[140]. Diese proletarischen Schichten jedoch wollten die Kommunisten, die seit 1946 verstärkt nach dem Klassenstandpunkt vorgingen, vor der Aussiedlung bewahren. Ziel war einerseits, sie politisch für sich zu gewinnen, andererseits, möglichst viele grundbesitzende und vermögende Bauern als potentielle Gegner der sozialistischen Umformung Ungarns als »Faschisten« auszuschalten und ins Ausland loszuwerden. So wurden häufig eher die unpolitischen oder sogar antifaschistischen Ungarndeutschen ausgewiesen als die ehemaligen Volksbund-

[136] Balogh, Aussiedlung, S. 232.
[137] Das Schicksal der Deutschen in Ungarn, S. 63E, 65E.
[138] Sitzler u. Seewann, Nationalitätenpolitik, S. 170.
[139] Vgl. dazu ebenda, S. 169.
[140] Das Schicksal der Deutschen in Ungarn, S. 27Ef.

Mitglieder, die als Industrie- oder Landarbeiter von der Vertreibung ausgenommen wurden. Ähnlich verfuhr man mit Belasteten, die ihren Besitz freiwillig dem Staat überschrieben oder rasch auf Arbeitsplätze in Industrie und besonders Bergbau überwechselten. Umgekehrt wurde z. B. ausgerechnet das Gebiet von Bonyhád für die Ansiedlung vertriebener Magyaren vorgesehen, in dem die deutsche »Treuebewegung« 1943/44 aus konservativen, kirchlich inspirierten Gründen ihre Aktivitäten gegen den Volksbund und die SS-Rekrutierungen entfaltet hatte[141]. Die vermeintliche Abrechnung mit Faschismus und Kollaboration diente nun der Machterweiterung der Kommunisten.

Welchen Zwecken dienten die antifaschistischen Maßnahmen?

Die politisch durchsichtige Handhabung der Maßnahmen gegen die deutsche Minderheit wirft Fragen auch hinsichtlich der Pfeilkreuzler auf. Natürlich wurde ihre politische Spitze in den spektakulären Volksgerichtsprozessen verurteilt und öffentlich hingerichtet. Aber schon die weniger exponierte zweite und dritte Führungsgarde, die großenteils ebenfalls außer Landes geflohen war, wurde nicht ausgeliefert und kehrte selbstverständlich freiwillig nicht zurück. In Ungarn geblieben war das Gros der einfachen Parteimitglieder, die sich wesentlich aus sozialrevolutionär gestimmten kleinstbäuerlichen, proletarischen und subproletarischen Schichten rekrutierten. Die Kommunisten, die während der Horthy-Ära in der Illegalität nur dreistellige Mitgliederzahlen aufgewiesen hatten, mußten sich nun auch als quantitativer Machtfaktor etablieren. Dabei umwarben sie neben der Intelligenz gezielt die agrar- und industrieproletarischen Schichten als ihre natürliche soziale Rekrutierungsbasis. Sie griffen ohne Hemmungen auch auf ehemalige Pfeilkreuzler zurück, die gerade wegen ihrer politischen Vergangenheit, aber auch ihrer grundsätzlichen Bereitschaft zu radikalem sozialen Wandel, gut für die Zwecke der Partei handhabbar waren.

Bereits im Sommer 1945 entstand deshalb unter den Parteien und in der jüdischen Bevölkerung Unruhe. Die Zeitung der Kleinlandwirte veröffentlichte im August den Wortlaut der Erklärung, den ehemalige Pfeilkreuzler bei ihrem KP-Eintritt un-

---

[141] Vgl. dazu ebenda, S. 64Ef.; Sitzler u. Seewann, Nationalitätenpolitik, S. 169f.; Bellér, wie Anm. 125, S. 183f.; Balogh, Aussiedlung, S. 238, 242.

terschreiben mußten: »Ich, der Unterzeichnende, erkläre, daß ich vom ... bis ... Mitglied der Pfeilkreuzpartei war. Ich gesehe, daß das eine volksfeindliche Tat war und daß ich mich geirrt habe. Ich will den Fehler wiedergutmachen und verpflichte mich, meine ganze Zeit und meine ganze Kraft in den Dienst des Kampfes für die Volksdemokratie zu stellen. Ich versichere, ein treuer Kämpfer der Ortsgruppe Szeged der Kommunistischen Partei zu sein.«[142] Auch ausländischen Beobachtern war klar, daß die Kommunisten damit eine »unschätzbare Parteimacht«[143] gewonnen hatten. Diese »kleinen Pfeilkreuzler«, die politisch keinen Einfluß ausübten und vorbehaltlos alle Anweisungen befolgten, um sich vor Säuberungen und Strafaktionen zu retten, halfen mit, die Mitgliederzahl der KP von 30000 im Februar 1945 auf das Fünffache drei Monate später und auf über 500000 im Oktober desselben Jahres hochschnellen zu lassen[144]. Die Massenaktionen ihrer proletarischen Basis glitten der Partei in der Anfangszeit gar nicht so selten aus der Hand: Die Gewalttätigkeiten im Anschluß an Demonstrationen und Streiks gingen in einigen Fällen nahtlos vom Antikapitalismus zum Antisemitismus über, wobei die offizielle Version, es hätten sich »faschistische Provokateure« eingeschlichen, zu kurz greift[145].

Auch die großen gesellschaftlichen Strukturreformen der Nachkriegszeit, die Bodenreform und die 1946 einsetzenden Verstaatlichungen, denen immer wieder neben der modernisierenden auch eine antifaschistische Stoßrichtung zugeschrieben wurde, betrafen die Pfeilkreuzler nur am Rande oder gar nicht, da ihre soziale Basis eben nicht im Großgrundbesitz lag. Die entschädigungslose Enteignung der »Landesverräter und Volksfeinde« (rund 43000 Grundbesitzer) im Zuge der Bodenreform erbrachte deshalb auch nur eine Fläche von einer halben Million Katasterjoch, also bloß 12 pro Person[146]. Auf noch viel weniger Sympathien trafen die Pfeilkreuzler in »Großkapital« und Hochfinanz. Die großen Bankiers- und Industriellenfami-

[142] Kis Ujság, 24. 8. 1945, zit. nach Lahav, Der Weg, Bd. 1, S. 233f.
[143] World Today, Mai 1946, S. 75, zit. ebenda, S. 235.
[144] Die Mitgliederentwicklung der KP vgl. ebenda, S. 239f., 381; vgl. auch Balogh u.a., wie Anm. 26, S. 44f.; Bennett Kovrig, The Hungarian Socialist Workers' Party (MSZMP). In: Südosteuropa-Handbuch 5. Ungarn, S. 157ff.
[145] Vgl. ausführlich Lahav, Der Weg, Bd. 2, S. 32ff., Bd. 1, S. 234; Balogh u.a., wie Anm. 26, S. 178.
[146] Vgl. ebenda, S. 36.

lien Ungarns waren überwiegend jüdischer Abstammung und wollten mit den vehement antisemitischen Pfeilkreuzlern nie etwas zu tun haben; sie waren vielmehr eine Stütze des hochkonservativen Regimes. Nach Kriegsende gab es eine »Großbourgeoisie« allenfalls in Relikten. Einige reiche Juden hatten sich zur Zeit der deutschen Okkupation freigekauft und Ungarn verlassen; ihr in die Hände der Deutschen gefallener Besitz wurde 1945/46 der Sowjetunion überschrieben[147]. Andere wurden deportiert und kamen in Konzentrationslagern um.

Im Beamtenapparat waren die Pfeilkreuzler gleichfalls nur schwach verankert. Die Säuberungen betrafen auch hier vor allem die ehemaligen Träger des Horthy-Systems, die sicherlich durch die Monate der Kollaboration politisch teilweise kompromittiert waren, die man als Rechtskonservative, Rechtsradikale, Nationalisten oder auch als autoritäre »Salonfaschisten«, nicht jedoch als genuine Faschisten bezeichnen kann. Die Maßnahmen waren aber vor allem auch geeignet, die Reste der hochkonservativen Horthy-Eliten zu treffen, die 1944 gegen die Fortsetzung des Krieges an deutscher Seite gearbeitet hatten. Ihre führenden Exponenten wurden noch 1945 aus der Regierung gedrängt. Nicht umsonst argumentierte die kommunistische Zeitung ›Szabad Nép‹ im September 1945, »man müsse einen anderen Maßstab gegenüber den Pfeilkreuzlern armer, proletarischer Herkunft anlegen, die irregeführt wurden ... Wir geben zu, daß wir leichter dem ›kleinen‹ Pfeilkreuzler, dem irregeführten Bauern oder Arbeiter verzeihen können als z.B. Miklós Kállay, der zwar niemals zur Pfeilkreuzpartei zählte, doch für die Katastrophe, die das Land heimsuchte, eine hundertmal größere Verantwortung trägt[148]«.

Nun war gerade Ministerpräsident Kállay Exponent jener Konservativen gewesen, die das Land vorsichtig – freiwillig an der Seite der Westalliierten – aus dem Krieg herausführen wollten und die nach innen den Pfeilkreuzlern keinen Raum ließen. Daß in diesem Zitat die »Schuld« an Ungarns Ruin auf die Konservativen übergegangen war, hatte Signalwirkung. Die Säuberungen wurden in der Folge ausgedehnt auf alle politischen Kräfte, die sich der Transformierung des Landes in einen sozialistischen Staat stalinistischer Prägung widersetzten. Dabei diente der Faschismusvorwurf bzw. die vermeintliche Gefahr

---

[147] KEHJ, 1947, S. 134–136.
[148] Szabad Nép, 5. 9. 1945, zit. nach Lahav, Der Weg, Bd. 1, S. 234.

einer faschistischen Reaktion als willkommener Vorwand. So begründete Innenminister Rajk im Juli 1946 sein Verbot von rund 1500 Vereinen und kirchlichen Jugendorganisationen bezeichnenderweise damit, daß er ihrem möglichen Mißbrauch zu einer Reorganisierung faschistischer Verbände zuvorkommen wolle[149]. Der Linksblock bildete sich im März 1946 gegen die »Reaktion« des rechten Flügels der Kleinlandwirtepartei. Die 1946/47 aufgedeckte vermeintliche »faschistische Verschwörung« wurde ebenfalls den Kleinlandwirten zugeschrieben[50]. Die sprichwörtliche »Salamitaktik« der ungarischen Kommunisten schaltete so nacheinander die Opposition der Konservativen, Kleinlandwirte, Bürgerlichen und Sozialdemokraten in allen gesellschaftlichen Bereichen aus. Rákosis Leute wandten sich schließlich auch gegen die eigenen Reihen: Mit dem eingangs zitierten Prozeß gegen den loyalen Kommunisten Rajk war ein Höhepunkt stalinistischer Perversion erreicht.

[149] MTK IV, 1983, S. 1029; Wessely, Overcoming, S. 10.
[150] Balogh, wie Anm. 36, S. 224, 232, 246 f.

I.

Nach der Zerschlagung und Aufteilung Jugoslawiens entstand im April 1941 der »Unabhängige Staat Kroatien« (NDH = Nezavisna Država Hrvatska), der neben den kroatischen Kerngebieten (Kroatien, Slawonien und fast ganz Dalmatien) auch Bosnien und die Herzegowina sowie Syrmien (Srem) umfaßte. Der neue Staat hatte etwa 6,5 Millionen Einwohner, davon ungefähr 3,4 Millionen Kroaten, etwa 1,9 Millionen Serben, 700 000 Muslime, 150 000 Deutsche sowie eine Anzahl kleinerer ethnischer Minderheiten. Italien und Deutschland stationierten Truppen in Kroatien und legten hierzu eine von Nordwesten nach Südosten verlaufende Demarkationslinie fest.

Das Ziel der nationalen Unabhängigkeit wurde bei den Kroaten allgemein vertreten, am radikalsten von einer kleinen extremen Gruppierung, der Ustaša (Ustaša Hrvatska Revolucionarna Organizacija; *ustaša* = der Aufständische), deren Führer Ante Pavelić im April 1941 die Leitung der Staatsgeschäfte übernahm. Die Ustaša war 1929 aus einer Splitterpartei, der Kroatischen Rechtspartei, heraus gegründet worden und hatte ihre Aktivitäten im Untergrund sowie im Ausland, namentlich in Mussolinis Italien, betrieben, wo sie prägende Impulse empfing. Initiator und Führer war der promovierte Jurist, Rechtsanwalt und zeitweilige Abgeordnete im Belgrader Parlament Pavelić (1889–1959). In ihren Methoden war die Ustaša nicht wählerisch, sie erinnerten an den politischen Kampf balkanischer Geheimbünde, deren terroristische Neigungen auch bei der Ustaša Eingang fanden. Die Ideologie hatte das Kroatentum und eine Verklärung des Bauerntums »als Fundament und als Quelle allen und jeden Lebens«, das zusammen mit den anderen Ständen ein »nationales Ganzes«, eine »Volkseinheit« darstelle, zum Kern. Im offiziellen Geschichtsbild wurde auf die historische Eigenständigkeit als Volk und auf das frühere (mittelalterliche) Staatsgebiet als ausschließlich kroatisches Territorium verwiesen.

Die Organisation der Ustaša war militärähnlich. Das höchste Amt hatte der *poglavnik* (= Führer) inne, der an der Spitze eines sogenannten Hauptquartiers stand, dem bis zu zwölf *do-glavnici* (Stellvertreter) und sieben *poglavni pobočnici* (Adjutanten des *poglavnik*) angehörten. Dann folgten die Gliederungen, vom *stožer* (Stabsabteilung) über den *logor* bis zum *tabor,* mit den entsprechenden Rängen der Führer und Unterführer, sowie die Abteilungen für die Frauen und die Jugend. Symbol war der Buchstabe U. Die Ustaša-Organisation verschmolz 1941 mit dem Staatsapparat, der *poglavnik* übernahm zugleich das höchste Staatsamt, das ebenfalls so genannt wurde. Zwar ausschließlich durch die Unterstützung Deutschlands und Italiens an die Macht gekommen, vermochte Pavelić dennoch, anknüpfend an die allgemeine nationale Grundstimmung, breite Teile der kroatischen Bevölkerung für diesen neuen, »eigenständigen« Staat zu gewinnen. Gleiches galt aber nicht für die Ustaša-Bewegung, die nur geringe Resonanz fand, zumal sich Pavelić durch die Abtretung dalmatinischer Gebiete an Italien von Anfang an unglaubwürdig gemacht hatte und niemals wirklich aus dem Schatten seiner beiden Schutzmächte herauszutreten vermochte.

Das Ustaša-Regime wies, nach dem Vorbild des faschistischen Italien und des nationalsozialistischen Deutschland, autoritäre bis totalitäre Züge auf. Wie dort, war das Regime nach dem Führerprinzip organisiert. Das 1942 einberufene Parlament aus ernannten Mitgliedern unterschiedlicher politischer Herkunft blieb bedeutungslos. Die Ustaša wurde zur Staatspartei und überzog mit ihren Gliederungen das gesamte Territorium, wobei die bewaffnete Ustaša-Miliz eine ähnliche Rolle spielte wie die SA und die SS im Deutschen Reich. Die Verwaltung wurde »gesäubert« oder zumindest der Kontrolle der Ustaša-Funktionäre unterworfen, von denen manche ziemlich eigenmächtig auftraten. Hinzu kamen die Gleichschaltung der Presse und Ansätze zu einer Wirtschaftslenkung. Der despotische Charakter trat am stärksten bei dem Ustaša-Aufsichtsdienst UNS (Ustaška nadzorna služba) in Erscheinung, der im Polizei- und im Überwachungswesen ähnlich umfassende Kompetenzen hatte wie in Deutschland das Reichssicherheitshauptamt und der eigenständig über Verhaftungen und das Schicksal der Verhafteten entschied.

Auf die vierjährige Geschichte des Ustaša-Staates wird hier nicht näher eingegangen[1]. Es werden lediglich Aspekte berührt,

---

[1] Hierzu u.a. Ladislaus Hory und Martin Broszat, Der kroatische Ustascha-Staat 1941–1945. Stuttgart 1965; Bogdan Krizman, Ustaše i Treći Reich. 2 Bde, Zagreb 1983; Holm Sundhaussen, Geschichte Jugoslawiens 1918–1980. Stuttgart 1982; Ernst Nolte,

die für das Thema »Abrechnung« von besonderer Relevanz sind.

Nach der Machtübernahme der Ustaša sahen sich vor allem Kommunisten, Juden, Freimaurer und Serben einer scharfen Verfolgung ausgesetzt. Mit Parolen wie »kroatische Rasse«, »kroatisches Blut« und »arische Abstammung« trat ein Chauvinismus in Erscheinung, der sich bei den politisch Verantwortlichen mit markigen Worten äußerte und da und dort zu blutigen Ausschreitungen eskalierte. Das traditionelle Ziel aller extremen Nationalismen, ein homogenes Staatsvolk zu schaffen, ging hier hauptsächlich zu Lasten des serbischen Bevölkerungsteiles.

Einerseits wurden die Serben, soweit sie von alters her auf dem Territorium des NDH-Staates lebten und nicht erst in der Zwischenkriegszeit angesiedelt worden waren, herkunftsmäßig als Kroaten angesehen, die man lediglich ihrem Volkstum wieder zuführen müsse. Der einfachste Weg, dies zu erreichen, bestand in der Konversion zur katholischen Kirche, was Zehntausende auch taten, teils unter unmittelbarem Zwang, teils »freiwillig«, um Zurücksetzungen und Gefährdungen zu entgehen. Dieses für das 20. Jahrhundert merkwürdig anachronistisch anmutende Vorgehen erklärt sich aus der Tatsache, daß neben historisch gewachsenen Unterschieden in der Mentalität und neben der Verwendung unterschiedlicher Alphabete die unterschiedliche Religionszugehörigkeit den Hauptgegensatz zwischen Serben und Kroaten und überdies ein formal nachprüfbares Kriterium darstellte.

Andererseits galten die Serben im neuen Staat insgesamt als unerwünscht, wie sich in den bald beginnenden Diskriminierungen zeigte. Sie wurden als ein Bevölkerungsteil minderen Rechts betrachtet und behandelt, viele von ihnen vertrieben und ermordet. Bis zum September 1941, als sich die deutsche Militärverwaltung in Belgrad einer weiteren Aufnahme widersetzte, waren im deutschen Besatzungsgebiet Serbien insgesamt 118000 Vertriebene und Flüchtlinge serbischer Volkszugehörigkeit aus dem NDH-Staat eingetroffen[2]. Am stärksten wird

Die Krise des liberalen Systems und die faschistischen Bewegungen. München 1968. Die Besetzung der Ministerien wechselte häufig. Weil im Zusammenhang mit der »Abrechnung« zahlreiche Minister genannt werden, ohne deren Ämter und Amtszeiten im einzelnen anzuführen, sei verwiesen auf Karl Kaser, Handbuch der Regierungen Südosteuropas (1833–1980). Bd. 2, Graz 1982.

das ohnehin düstere Bild der *ustaše* und des von ihnen getragenen Staates jedoch durch die blutigen Serbenverfolgungen verdunkelt, die vor allem 1941, besonders in Bosnien und der Herzegowina, zu verzeichnen waren. Dabei kam es zur »Ausrottung und Vernichtung ganzer Dörfer«[3]; insgesamt dürften diese schrecklichen Massaker Tausenden das Leben gekostet haben. Untere Chargen und Formationen der Ustaša, die der Kontrolle entglitten waren, hatten diese Terroraktionen zu verantworten. Der *poglavnik* sah sich deshalb noch 1941 zu einer Säuberung in den eigenen Reihen veranlaßt, ohne daß sich aber diese Ausschreitungen ganz unterbinden ließen. Gegen Greueltaten von Ustaša-Gruppen protestierte auch der deutsche General Glaise von Horstenau[4], der die Politik der kroatischen Regierung heftig kritisierte.

Zu Stätten des Todes wurden auch die neu eingerichteten Konzentrationslager, vor allem Jasenovac, Stara Gradiška und Djakovo, wohin Serben und Juden sowie Regimegegner und politisch Verdächtige gebracht wurden. Diese Vorfälle wurden nach 1945 in Jugoslawien in einer sehr großen Zahl von Veröffentlichungen dargestellt und dokumentiert[5]; »Jasenovac« wurde fast zu einem Synonym für die Brutalität der Serbenverfolgungen. Als problematisch erweisen sich jedoch die Zahlen, die dabei genannt wurden. Die offiziellen Zahlen von jugoslawischer Seite liegen eindeutig zu hoch. Realistische Schätzungen der Zahl derer, die in den Konzentrationslagern ums Leben kamen, belaufen sich auf etwa 60 000 bis 80 000[6]. Darin ist auch die Zahl der ermordeten Juden enthalten, die auf etwa 17 000 geschätzt wird.

Das Verhältnis zwischen Kroaten und Serben hatte sich erst in der Zwischenkriegszeit verschlechtert. Soweit die Gründe dafür überhaupt rational erfaßbar sind, lagen sie hauptsächlich

[2] Klaus Olshausen, Zwischenspiel auf dem Balkan. Stuttgart 1973, S. 226. Andererseits mußte der NDH-Staat mehr als 25 000 Slowenen aus den von Deutschland annektierten Gebieten aufnehmen.

[3] Hory u. Broszat, Ustascha-Staat, S. 102.

[4] Gert Fricke, Kroatien 1941–1944. Der »Unabhängige Staat« in der Sicht des Deutschen Bevollmächtigten Generals in Agram, Glaise v. Horstenau. Freiburg i. Br. 1972

[5] In deutscher Sprache liegen Texte, aus denen die Unmenschlichkeit jener Vorgänge abzulesen ist, vor bei Vladimir Dedijer, Jasenovac – das jugoslawische Auschwitz und der Vatikan. Freiburg i. Br. 1988; das Buch ist freilich sehr tendenziös.

[6] Vgl. Gegen den »Jasenovac-Mythos«. Ein Kapitel jugoslawischer Vergangenheitsbewältigung. In: Osteuropa-Archiv 40 (1990), S. 556–558.

darin, daß das südslawische Königreich (ab 1929 Jugoslawien) von Belgrad aus zentral regiert wurde, wodurch den Serben die Rolle des führenden Staatsvolkes zufiel, das die anderen Völker benachteiligte. Verschiedene Dinge trugen zur weiteren Belastung der Atmosphäre bei: die Dominanz der Serben in Politik und Verwaltung; das polizeistaatliche Einschreiten Belgrads gegen kroatische Selbständigkeitsbestrebungen; die Steuerumverteilung, wodurch sich die Kroaten zurückgesetzt fühlten, weil sie ein hohes Aufkommen erwirtschafteten, bei den Staatsinvestitionen aber nicht angemessen berücksichtigt wurden; schließlich das 1928 von einem serbischen Parlamentsabgeordneten verübte Attentat auf den Führer der kroatischen Bauernpartei und Abgeordneten Stjepan Radić, der seinen Verletzungen erlag.

Die katholische Kirche als National- und Volkskirche war mit dem Kroatentum traditionell verbunden und stand folglich auch dem NDH-Staat positiv gegenüber. Die Ustaša fand bei einer Reihe von Geistlichen und Ordensangehörigen, sogar bei Bischöfen, Beifall. Dieser war freilich nicht ungeteilt, denn andere, wie der Erzbischof Alojzije Stepinac (1898–1960), waren skeptischer und wurden deshalb aus Ustaša-Kreisen heftig kritisiert. Stepinac »befürwortete die staatliche Selbständigkeit der Kroaten, scheint jedoch dem neuen Staatschef Pavelić und dem Ustaša-Regime mit einer Mischung aus Reserviertheit und Ablehnung gegenübergestanden zu haben«[7]. Diese Ablehnung nahm zu, als der Erzbischof immer drängender, 1943 sogar in einem Hirtenbrief, gegen die Verfolgung Andersgläubiger und Angehöriger anderer ethnischer Gruppen protestierte; bereits im November 1941 hatte der Episkopat die Zwangskonversionen zum Katholizismus verurteilt. Schwierigkeiten in der Bewertung der ambivalenten Rolle der Kirche ergeben sich vor allem dadurch, daß manche Geistliche und Ordensangehörige aktiv in der Ustaša mitarbeiteten und hohe Staatsämter bekleideten und so für den Terror gegen Serben und Juden mitverantwortlich waren. Am berüchtigtsten war der Franziskaner Miroslav Filipović als Lagerkommandant von Jasenovac (1942) und von Stara Gradiška (1943). Er war jedoch schon vorher vom Priesteramt suspendiert worden, nachdem eine Ustaša-Einheit, der er als Seelsorger angehörte, ein serbisches Dorf in

[7] Holm Sundhaussen, Stepinac. In: Biographisches Lexikon zur Geschichte Südosteuropas. Bd. 4, München 1981.

Bosnien ausgelöscht hatte; unter dem Decknamen Majstorović übernahm er dann die Leitung der genannten Lager.

1941 wurde die orthodoxe Kirchenorganisation verboten und im Sommer 1942 als »Kroatisch-orthodoxe Kirche« (Hrvatska pravoslavna crkva) unter einem Metropoliten, den das Pavelić-Regime akzeptierte, nämlich Germogen Maksimović, wieder zugelassen. Dahinter stand die Absicht der Staatsführung, eine Distanzierung zum serbischen Patriarchat in Belgrad und eine Orientierung nach Zagreb herbeizuführen.

Anders als die Serben wurden die Muslime vom Ustaša-Staat umworben, weil sie – mehr noch als die seit altersher ansässigen Serben – von ihrer Abstammung her als Kroaten angesehen wurden, denen unter der Türkenherrschaft eine andere Religion aufgezwungen worden war. Obgleich auch sie von Ustaša-Verfolgungen nicht verschont blieben, stellten sie sich mehrheitlich auf die Seite des NDH-Staates, nicht zuletzt, weil sie sich von ihm Schutz vor dem Terror serbischer Partisanen versprachen, dem sie ausgesetzt waren. Die »Deutsche Volksgruppe im Unabhängigen Staat Kroatien« mit Branimir Altgayer (1897–1950) als Volksgruppenführer erhielt im neuen Staat Autonomie-Rechte in Kultur und Selbstverwaltung[8]. Sie war aus dem 1920 ins Leben gerufenen »Schwäbisch-deutschen Kulturbund« hervorgegangen, der sich nach der Neugliederung Jugoslawiens 1941 in zwei Organisationen aufspaltete. Es entstand eine von oben organisierte, nach dem Vorbild der deutschen »Volksgemeinschaft« umgestaltete Volksgruppe, die korporativ die Gesamtheit der deutschen Bevölkerung umfaßte. Diejenigen Volksdeutschen, die sich zur evangelischen Konfession bekannten, bildeten ab 1941 eine eigene »Deutsche Evangelische Kirche im Unabhängigen Staat Kroatien« mit Bischof Dr. Philipp Popp (1893–1945) an der Spitze; ihren Sitz hatte sie in Zagreb.

Die Streitkräfte des neuen Staates bestanden aus der regulären Armee (*domobranstvo* = Heimwehr) und den militärischen Ustaša-Verbänden sowie aus Einheiten, die direkt deutschem Kommando unterstellt und in die Wehrmacht integriert waren. Diese »Legionärsdivisionen«, die wegen des kroatischen Wappens auch als »Schachbrett-Divisionen« bezeichnet wurden, umfaßten drei Infanterie-Divisionen, eine Flieger- und eine Ma-

---

[8] Hierzu Marie-Janine Calić, Die Deutsche Volksgruppe in Kroatien 1941–1944. In: Südostdeutsches Archiv 30/31 (1987–1988), S. 148–175, sowie Valentin Oberkersch, Die Deutschen in Syrmien, Slawonien, Kroatien und Bosnien. Stuttgart 1989.

rine-Legion sowie einige weitere Regimenter. Hinzu kamen die hauptsächlich aus muslimischen Freiwilligen aufgestellten Waffen-SS-Divisionen »Handžar« und »Kama«[9]. An der Ostfront stand, neben Luftwaffen- und Marinetruppen, das »Verstärkte kroatische Infanterieregiment 369«, das in der Masse bei Stalingrad aufgerieben wurde. Aus ihren Resten wurden die genannten drei »Legionärsdivisionen« neu gebildet. Die Ustaša-Einheiten erhielten im Gesamtgefüge der kroatischen Streitkräfte nach 1941 zusehends mehr Gewicht: 1944 umfaßten die *domobrani* ungefähr 40000, die Ustaša-Verbände 114000 Mann; 1945 stiegen letztere auf etwa 200000 Mann[10]. Das Kommando über die *domobrani* hatte das Kriegsministerium (Landwehrministerium), den Ustaša-Verbänden befahl das Innenministerium. Eine Eliteeinheit, die Leibgarde des *poglavnik*, stand unter dessen alleinigem Befehl. Die Volksdeutschen wurden überwiegend in die Waffen-SS-Division »Prinz Eugen« aufgenommen.

Als 1943, nach Stalingrad und dem Sturz Mussolinis, die Niederlage der Wehrmacht absehbar war, verstärkte sich in ganz Jugoslawien der Widerstand gegen die Besatzungsmächte und den Ustaša-Staat, der bereits 1941 eingesetzt hatte. Er ging vor allem von den *četnici* (*četa* = Schar) aus, die sich aus Resten der jugoslawischen Armee bildeten und proserbisch und konservativ-monarchisch eingestellt waren, und von der kommunistischen Partei unter der Führung von Josip Tito, die schon nach dem deutschen Angriff auf die Sowjetunion aktiv in den Partisanenkampf eingegriffen hatte. So entwickelte sich ein Volksund Bürgerkrieg mit komplizierten, sich überschneidenden Frontverläufen, also ein Krieg der *četnici* und der Tito-Partisanen gegen die *ustaše* und die mit ihnen verbündeten deutschen und italienischen Truppen und zugleich ein Krieg der beiden rivalisierenden Partisanenbewegungen gegeneinander, wobei sich nationale, religiöse und weltanschauliche Konflikte gegenseitig verschärften. Die Kämpfe richteten sich in gleicher Weise gegen die kroatische, serbische und muslimische Zivilbevölkerung.

Es war den vorangegangenen Repressionen der *ustaše* gegen die serbische Bevölkerung, aber auch den günstigen Gegeben-

---

[9] Beides sind türkische Wörter und bezeichnen spezielle Dolcharten.

[10] Hans-Werner Neulen, An deutscher Seite. Internationale Freiwillige von Wehrmacht und Waffen-SS. München 1985.

heiten der Bergregionen Bosniens und der Herzegowina zuzu-schreiben, daß die Partisanenbewegungen ihre wichtigsten Re-krutierungs- und Operationsgebiete auf dem Territorium des NDH-Staates fanden. Die Tito-Partisanen gewannen gegen-über den *četnici* bald die Oberhand und erhielten größeren Zu-lauf, auch von Kroaten; die kommunistischen Partisanen hatten eine entschlossene und weitsichtige Führung und ein überzeu-gendes politisches Konzept. Es bestand darin, daß sie sich als »jugoslawisch« verstanden und nationale Feindschaften ablehn-ten. Ihnen ging es um die Schaffung eines homogenen Einheits-staates und die Errichtung einer Staats- und Gesellschaftsord-nung nach sowjetischem Modell, wobei sie dieses Ziel, wie alle kommunistischen Parteien, über eine breite politische Samm-lungsbewegung, eine »Volksfront«, anstrebten. Eine nicht ge-ringe Rolle bei der Gewinnung der kommunistischen Vorherr-schaft spielte Tito, der von den Westmächten und der Sowjet-union ab 1943 als alleiniger Repräsentant des jugoslawischen Widerstands anerkannt und unterstützt wurde. Bereits im No-vember 1942 hatte er in Bihać (Bosnien) den AVNOJ (Antifaši-stičko vijeće narodnog oslobodjenja Jugoslavije; Antifaschisti-scher Rat der Volksbefreiung Jugoslawiens) gebildet, der sich aus Mitgliedern und Sympathisanten der kommunistischen Par-tei zusammensetzte und zunächst als politisches und militäri-sches Lenkungsgremium fungierte, ehe er die Funktion einer Regierung übernahm und maßgeblich die Gestaltung Jugosla-wiens bestimmte.

Mit dem Frontwechsel Rumäniens im August 1944 begann der deutsche Rückzug aus Südosteuropa, wobei die Griechen-land-Armee durch den Westbalkan nach Norden zog. Schon im Oktober eroberten sowjetische Truppen und die »Volksbefrei-ungsarmee« einen kleinen Teil des NDH-Territoriums, nämlich Ostsyrmien; das übrige Gebiet wurde zunächst noch von deut-schen und kroatischen Truppen gehalten. Weite Landstriche und zahlreiche Orte in Bosnien, der Herzegowina sowie an der dalmatinischen Küste standen allerdings bereits unter der Kon-trolle der Partisanen. Im Frühjahr 1945 fiel auch die »Syrmische Front«, und die deutsche Wehrmacht mußte sich in die südlich von Zagreb verlaufende sog. »Zvonimir-Stellung« zurückzie-hen. Am 6. Mai war auch hier nichts mehr zu halten. Nach dem Abzug der deutschen, kroatischen und anderen Verbände ging die Verwaltung überall provisorisch auf »Volksausschüsse« über. Weil die föderative Gliederung Jugoslawiens zum Programm der kommunistischen Partei gehörte, hatten sich, neben dem übergreifenden AVNOJ, Landesräte gebildet. Der Rat für Kroatien (ZAVNOH; Zemaljsko antifašističko vijeće narodnog oslobodjenja Hrvatske), der im Juni 1943 entstanden war, wurde mit der Übernahme der Hauptstadt Zagreb am 8. und 9. Mai 1945 zum obersten politischen und administrativen Organ der Republik Kroatien. Bosnien und die Herzegowina erhielten ebenfalls den Status einer eigenen Republik. Syrmien (Srem) fiel zum größten Teil an die Wojwodina und somit an Serbien.

II.

Mit dem Sieg der jugoslawischen Volksbefreiungsarmee kam es fast überall zu summarischen Hinrichtungen von Militärangehörigen, die auf der gegnerischen Seite gekämpft hatten. Sowohl quantitativ als auch der Härte des Vorgehens nach heben sich dabei die Massaker an *ustaše* und *domobrani* heraus. Diese Vorgänge sind als »Tragödie von Bleiburg« bekannt geworden, wo, etwa 50 km von der slowenischen Grenze entfernt, am 15. Mai 1945 das Gros der kroatischen Verbände kapitulierte. Im österreichischen Bleiburg nahmen die Massenhinrichtungen ihren Anfang; die eigentliche Tragödie spielte sich anschließend weiter südlich auf jugoslawischem Territorium ab.

Angesichts der drohenden Niederlage hatten Armee, Ustaša-Organisation, Angehörige der Administration und andere Teile der Bevölkerung, wer immer sich anschließen wollte, in letzter Minute den Versuch unternommen, außer Landes zu kommen und sich in britischen Gewahrsam zu begeben, um nicht der Tito-Armee in die Hände zu fallen. Auch die Regierung setzte sich nach Norden ab, als Zagreb am 6. Mai aufgegeben werden mußte. Die Streitkräfte und die Ustaša-Angehörigen sowie Muslime aus Bosnien und der Herzegowina wurden im nordkroatischen Raum zusammengezogen, um von dort aus den Marsch durch Slowenien nach Österreich anzutreten. Dies geschah im Rahmen der in eine Flucht übergehenden Rückzugsbewegung der deutschen Wehrmacht und ihrer Hilfstruppen (Kosaken, slowenische Domobrancen, Russisches Korps, Serbisches Freiwilligenkorps) sowie der eigenständig operierenden serbischen *četnici*. Betrachtet man die Menge der nach Norden ziehenden Kroaten – geschätzt werden bis zu 200000 Mann unter Waffen und etwa 100000 Zivilpersonen aus unterschiedlichen Bevölkerungsschichten und Landesteilen –, so kann man von einem Exodus sprechen, der einzig von dem Wunsch getrieben wurde, nicht in die Gewalt der Tito-Armee zu fallen. Teilweise blieben die Kolonnen der Kroaten und auch andere Gruppen dieser riesigen Menschenmasse südlich der österreichisch-slowenischen Alpenübergänge hängen; sie lösten sich auf oder gerieten in Gefangenschaft. Die übrigen nahmen ihren Weg über Dravograd (Unterdraubach) und Poljane in Richtung Kärnten. Sie trafen bei Bleiburg auf britische Verbände, aber auch auf Einheiten der Volksbefreiungsarmee, die in Kärnten eingedrungen waren und sich dort bis Ende Mai 1945 aufhielten. In Bleiburg nahmen die Kroaten am 14. Mai Kontakte mit einem britischen Brigadekommandeur, dem General Patrick Scott, auf, der seinerseits mit einem Kommando der Volksbefreiungsarmee in Verbindung stand und die Bitte um Übernahme in britische Kriegsgefangenschaft und um Asyl für die Flüchtlinge ablehnte. Unter militärischem Druck der Briten und bedroht von Truppen der Volksbefreiungsarmee mußten sich die kroatischen Unterhändler, die Ustaša-Obristen und Domobranen-Generäle Ivo Herečić und Vjekoslav Servatzy und der Ustaša-Oberst Danijel Crlen, mit einer bedingungslosen Kapitulation abfinden, was de facto die Auslieferung an die Tito-Armee bedeutete. Erleichtert wurde dies nur dadurch, daß einer der beiden jugoslawischen Vertreter, der Politische Kommissar Milan Basta, versicherte, die Zivilflüchtlinge würden in ihre Heimat zurückgebracht und die Angehörigen der Streitkräfte als Kriegsgefangene nach den Bestimmungen des Völkerrechts behandelt werden. Er hatte jedoch auch angekündigt – und das verhieß nichts Gutes –, daß man die Offiziere überprüfen werde und daß sie, wenn ihnen Kriegsverbrechen nachzuweisen seien, mit einem Kriegsgerichtsverfahren zu rechnen hätten.

Die Volksbefreiungsarmee trieb die ihr übergebenen Soldaten und Zivilisten hauptsächlich über Dravograd in Richtung Maribor (Marburg an der Drau). Die Briten, die sich ebenfalls an der Rückführung beteiligten, transportierten die in ihren Gewahrsam gelangten Personen im wesentlichen per Eisenbahn über den Karawankenpaß nach Jesenice oder über Bleiburg und Lavamünd in Richtung Maribor, in kleinerem Maß auch über Arnoldstein. Die Übergabe an die jugoslawischen Truppen erfolgte teilweise noch auf österreichischem Boden, teilweise an der Landesgrenze. Nach den Aussagen von Teilnehmern ergaben sich dabei keine Komplikationen, denn die britischen Soldaten ließen die Gefangenen in dem Glauben, sie würden nach Italien gebracht. Was sich anschließend zutrug, läßt sich vor allem dank der Aussagen von Überlebenden rekonstruieren. Die Gefangenen wurden ausgeplündert, in Kolonnen unterschiedlicher Größe zusammengezogen und in Fußmärschen weitergetrieben, wobei es von Anfang an zu Schikanen und zu Erschießungen kam. Der Weg führte in Lager, die im Mai und Juni 1945 in großer Zahl in Slowenien und im nördlichen Kroatien entstanden. Dabei handelte es sich um provisorische Durchgangslager, zum Teil auch um reguläre Lager, in denen auch andere Verhaftete aus dem Land Aufnahme fanden. Soweit nicht schon beim Transport einigermaßen homogene Gruppen gebildet worden waren, erfolgte in den Lagern die Trennung zwischen Militär- und Zivilpersonen, nach nationaler Zugehörigkeit, nach bestimmten Truppenteilen sowie zwischen Offizieren und niederen Dienstgraden. Bei den Kroaten wurde vor allem auf eine Scheidung der *ustaše* von den *domobrani* Wert gelegt. Diese Trennungen waren jedoch nicht immer präzise, so daß sich beispielsweise bei den *ustaše* und *domobrani* immer wieder auch Zivilpersonen sowie Andersnationale befanden.

Schon in Kärnten hatten sich die Befürchtungen der kroatischen Flüchtlinge über das Schicksal, das sie erwartete, bestätigt. Bereits dort, außer Sichtweite der Briten, hatten Exekutionen begonnen. Einzel- und Sammelgräber, das wohl größte in Homberg mit etwa 200 Leichen, zeugen davon. Noch brutaler gingen Partisaneneinheiten im Bereich Triest vor, wo sie sich für einige Wochen auch in britischem Besatzungsgebiet aufhielten. So finden sich in einem der dort freigelegten Massengräber, bei Opicina, neben Deutschen und Italienern Hunderte von Kroaten. Auf jugoslawischem Territorium schließlich nahmen die Exekutionen im Mai und in den folgenden Monaten Dimensionen an, die bis heute nicht überschaubar sind. Über die Erschießungen in den Lagern oder in deren Umkreis, die ziemlich willkürlich vor sich gingen, sowie über die Hinrichtungen auf Märschen und Transporten gibt es viele Augenzeugenberichte[11]. Was aber in anderen Vernichtungsstätten geschah, solchen im eigentlichen Sinne des Wortes, wo es nur wenige Überleben-

[11] Die aussagekräftigsten sind abgedruckt in: John Prcela und Stanko Guldescu (Hrsg.), Operation Slaughterhouse. Eyewitness Accounts of Postwar Massacres in Yugoslavia. Philadelphia 1970.

de gab und die daran Beteiligten schweigen, bleibt weitgehend im dunkeln. Angaben zur Zahl der Opfer und zu ihrer genauen Herkunft sind also nicht möglich.

Eines der wohl größten Massaker ereignete sich im Mai 1945 bei dem nicht weit von der österreichischen Grenze entfernt liegenden Maribor. In die dortigen ausgedehnten Panzergräben wurden ganze Einheiten regelrecht hineingeschossen; übereinstimmend nimmt man an, daß dabei 10000 Menschen (Kroaten, Deutsche und andere) den Tod fanden. Auch in einer ganzen Reihe weiterer Orte dürfte es zu Hinrichtungen gekommen sein, bei denen die Zahl der Opfer in die Tausende geht, unter anderem bei Celje (Cilli), bei Št. Vid (nordwestlich von Ljubljana/Laibach), bei Slovenska Bistrica, bei Škofa Loka und ganz besonders im Kočevski Rog, d.h. im Berggebiet der Gottschee (Kočeve), das als größtes Massengrab für von der Partisanen-Armee Ermordete gilt[12]. Diese Aufzählung ist gewiß nicht vollständig, so fehlen die Namen von Konzentrationslagern, die kurzzeitig in Zagreb (in den Stadtteilen Maksimir und Prečko) und anderswo bestanden und in denen es ebenfalls zu Hinrichtungen und willkürlichen Morden kam. Auf einer von exilkroatischer Seite angefertigten Karte[13] bedecken Hinrichtungsstätten wie ein Netz Slowenien und Nordkroatien. Wegen der noch zu nennenden »Todesmärsche« erstreckte es sich über Slawonien nach Osten bis in die Wojwodina (Westbanat) hinein.

Als besonders geeignet für Massaker solcher Dimension erwiesen sich Höhlen und die schluchtartigen Spalten im Karst; die Leichen verschwanden in der Tiefe, die Öffnungen konnten auf einfache Weise, etwa durch Sprengungen, verschlossen werden. Große Aufmerksamkeit in der kroatischen Öffentlichkeit erregte 1990 die Öffnung der Karstspalte Jazovka (*jaz* = Erdspalte) bei Sošice (in den Žumberaker Bergen, westlich von Zagreb), in der eine so dichte Schicht von in sich zusammengesunkenen Knochen und Schädeln gefunden wurde, daß zuverlässige Schätzungen über die Zahl der Umgekommenen unmöglich sind; viele Tausende werden aber für wahrscheinlich gehalten. Bei den Opfern handelte es sich zum einen wohl um verwundete kroatische Soldaten und Zivilpersonen aus Zagreber Krankenhäusern, die hier beseitigt wurden, um Platz für Verwundete der Volksbefreiungsarmee zu schaffen, aber auch um

---

[12] Vgl. Bor Karapandžić, Kočevje. Tito's Bloodiest Crime. Cleveland 1965.
[13] Prcela u. Guldescu. Operation Slaughterhouse, S. 458.

Personen unterschiedlicher Herkunft, nicht nur Militärangehörige und wohl nicht nur Kroaten, die aus verschiedenen Orten herangebracht worden waren. Weil sich Bewohner aus der Gegend und weitere Zeitzeugen, sogar ein Beteiligter, zu Wort meldeten, treten – zwar immer noch sehr bruchstückhaft – die Zusammenhänge einigermaßen deutlich zutage. Dabei wird bestätigt, was über die damaligen Exekutionen schon früher gemutmaßt wurde: Die Menschen wurden einzeln aneinandergefesselt, unmittelbar an der Karstspalte erschossen und hinuntergestoßen. Nachprüfungen, ob der Tod wirklich eingetreten war, gab es nicht. Die Transporte zur Jazovka dauerten wochenlang[14]. Was über weitere derartige Hinrichtungsstätten sporadisch an Details bekannt wurde, ist so schauderhaft, daß es sich nicht empfiehlt, sie hier wiederzugeben.

Parallel zu diesen umfangreichen Liquidationen begann eine Aktion, die eine weitere Reduzierung der Häftlinge und sonstiger mißliebiger Gruppen bewirkte, nämlich die »Todesmärsche« (*smrtni put;* bei den Kroaten auch *križni put* = Kreuzweg genannt). Leidtragende waren überwiegend deutsche Kriegsgefangene und Kroaten. Von Mai bis August 1945 wurden große Marschkolonnen aus den Lagern in Slowenien und Nordkroatien nach Südosten in Bewegung gesetzt; manchmal ging es über einige Strecken auch per Eisenbahn. Diese Märsche entwickelten sich aus den anfänglichen Zwangsmärschen zu den Lagern in Slowenien und Nordkroatien heraus und stellten gewissermaßen deren Fortsetzung und Erweiterung dar, nur mit dem Unterschied, daß sehr große Entfernungen zurückzulegen waren und nicht mehr primär die Ermordung, sondern die Demütigung und Bestrafung beabsichtigt war. In der Praxis sah es freilich häufig anders aus. Die Routen erstreckten sich über Ostkroatien (Slawonien) etwa entlang der ungarischen Grenze, dann in Richtung Belgrad und in das Westbanat bis in die Nähe der Grenze zu Rumänien. Parallele Marschwege verliefen weiter südlich, ebenfalls auf Belgrad zu. Einige Gruppen zweigten nach Südwesten in Richtung Bosnien ab. Die Karten über die Marschrouten der deutschen Kriegsgefangenen[15] und über die Wege der kroatischen Gefangenen[16] decken sich im großen und

[14] Želimir Žanko und Nikola Šolić, Jazovka. Zagreb 1990.
[15] Zur Geschichte der deutschen Kriegsgefangenen des Zweiten Weltkriegs. Bd. I/1: Die deutschen Kriegsgefangenen in Jugoslawien 1941–1949. München 1962, S. 116f.
[16] Prcela u. Guldescu, Operation Slaughterhouse, S. 183.

ganzen, auch die Beschreibungen des Hergangs gleichen sich. Von kroatischer Seite liegt ein längerer Bericht eines Teilnehmers vor[17], außerdem gibt es Einzelberichte von Kroaten, die später ins Ausland flohen[18]. Sie werden ergänzt durch Erinnerungen von Zeugen, die in der Heimat verblieben sind und nun allmählich ihre Zurückhaltung aufgeben[19]. Durch diese Aussagen werden die früheren Angaben bestätigt. Ein Teilnehmer sagte: »Von 211, die wir aus Karlovac abgeschickt wurden, kehrten nur 17 lebend zurück.«[20] Wer nicht mithalten konnte, wurde umgebracht. Erschießungen erfolgten willkürlich oder aus nichtigen Anlässen. Andere starben vor Entkräftung, an Krankheiten oder als Folge von Mißhandlungen. Zeugen weisen darauf hin, daß durchziehende Kolonnen in manchen Orten von aufgeputschten Bewohnern mißhandelt, daß ihnen Kleidungsstücke, vor allem die Schuhe, abgenommen wurden.

Ziel dieser Märsche war die Wojwodina, wo in der südlichen Batschka und vor allem im Westbanat bereits seit Ende 1944 Konzentrationslager für die dort ansässigen Donauschwaben eingerichtet worden waren. Weitere Lager kamen für die Überlebenden der »Todesmärsche« hinzu. Im Spätsommer 1945 verschob sich offenbar – auf ganz Jugoslawien bezogen – die »Lagerlandschaft« schwerpunktmäßig aus Slowenien und dem nördlichen Kroatien in das Banat. Spätestens hier wurden die Gefangenen individuell verurteilt, meist zu Zwangsarbeit; schwerer Belastete wurden zur polizeilichen Untersuchung und zur Verurteilung in Gefängnisse nach Belgrad und anderswohin gebracht. Ein bestimmter Personenkreis aus den Lagern – jedoch nicht die Deutschen und nur in geringem Maße Kroaten – fiel im August 1945 unter eine Amnestie.

Die »spontanen Abrechnungen« und »wilden« Säuberungen richteten sich pauschal gegen die Angehörigen der bewaffneten bzw. uniformierten Verbände und insbesondere gegen die *ustaše*, wobei auch auf Zivilpersonen keine Rücksicht genommen wurde. Von den Opfern der »Abrechnungen« verloren die meisten schon in der ersten »heißen« Phase nach der Befreiung ihr Leben. Genaue Zahlen fehlen allerdings. Dies liegt in erster Linie daran, daß sich in den Massenexekutionen ein unbändiger

---

[17] Joseph Hečimović, In Tito's Death Marches and Extermination Camps. New York 1962.
[18] Ein Teil davon ist abgedruckt in: Prcela u. Guldescu, Operation Slaughterhouse.
[19] Interview-Folge ab April 1990 in der Zeitschrift ›Start‹, Zagreb.
[20] Start, 23. Jun. 1990.

Vergeltungs- und Abrechnungsdrang äußerte. Bestandsaufnahmen waren gar nicht möglich und wohl auch nicht beabsichtigt. Eine weitere Schwierigkeit liegt darin, aus der Gesamtzahl der Opfer, in die viele Gruppen eingerechnet sind, den Personenkreis herauszufiltern, der aus dem NDH-Staat kam. Die Bewohner dieses Staates müssen naturgemäß insgesamt in Betracht gezogen werden. Wehrmacht und Waffen-SS waren im wesentlichen Objekt einer auf ganz Jugoslawien bezogenen Abrechnung. Dies gilt auch für die italienischen Kriegsgefangenen, auch wenn sie überwiegend nur in Dalmatien im Einsatz gewesen waren. Von der Waffen-SS sind diejenigen Soldaten der Division »Prinz Eugen« zu berücksichtigen, die aus dem kroatischen Raum stammten. Hinzu kamen die in Bosnien und der Herzegowina aufgestellten Waffen-SS-Divisionen »Handžar« und »Kama«, weil sie sich aus muslimischen Angehörigen des NDH-Staates zusammensetzten. Einzubeziehen ist schließlich auch das deutsche Rahmenpersonal kroatischer Militäreinheiten.

Was die Zahlen angeht, so ist bereits die Ausgangssituation unsicher. Im kroatischen »Exodus« im Mai 1945 sollen sich ungefähr 200 000 Militärangehörige und etwa 100 000 Zivilisten auf den Weg gemacht haben. Auch wenn diese Schätzungen überhöht sein mögen und wohl etwa 50 000 Personen im Ausland geblieben sind, wenn des weiteren ein großer Teil unbehelligt in die Herkunftsgebiete zurückkehren konnte, so ist doch eine beträchtliche Zahl nördlich und südlich der Grenze in Gefangenschaft geraten, wo sie das Schlimmste erwartete. In Kroatien schätzte man 1990, daß im engeren und weiteren Zusammenhang mit »Bleiburg« und mit den »Todesmärschen« ca. 60 000 »Quislinge und Kollaborateure« aus dem Territorium des NDH-Staates ums Leben gekommen sind[21].

Für dieses Vorgehen und für die Härte, die sich bei den Massenhinrichtungen und »Todesmärschen« äußerte, gibt es mehrere Gründe. In erster Linie war diese »Abrechnung« Bestandteil und Konsequenz des Partisanen- und Bürgerkrieges, in dem niemand viel Nachsicht erwarten durfte. Angehörige der Besat-

[21] Vladimir Žerjavić, Demografija o Bleiburgu. In: Bleiburg. Otvoreni dossier. Uredio Marko Grčić. Zagreb 2. Auflage 1990, S. 227–232. Daß die »Todesmärsche« verlustreich waren, zeigt analog die Schätzung, daß sie etwa 10 000 deutsche Kriegsgefangenen das Leben kosteten. Zur Geschichte der deutschen Kriegsgefangenen des Zweiten Weltkriegs, Bd. I/1, S. 134.

zungstruppen und ihrer aus dem Land stammenden Verbündeten sowie die militärischen Kräfte des NDH-Staates wurden in diesem Krieg, sobald sie sich ergaben, erschossen oder sonstwie umgebracht; das gleiche Schicksal drohte Partisanen, wenn sie aufgegriffen wurden. In ähnlicher Weise gingen die rivalisierenden Partisanengruppen miteinander um. Die Zivilbevölkerung wurde von keiner Seite geschont. Sie stand einerseits unter der Drohung des berüchtigten »Sühnebefehls« der deutschen Wehrmachtsführung, die die Erschießung von Zivilpersonen als Vergeltung für die Tötung deutscher Soldaten vorsah, wie von Geiselerschießungen seitens italienischer Truppen und hatte andererseits ständig Gewalttaten der Partisanen zu befürchten, die ebenfalls schonungslos vorgingen, wenn auch nur der leiseste Verdacht auf Kollaboration mit dem Feind vorlag. Die schlimmsten Gewaltakte gegen die Bevölkerung trugen sich auf dem Territorium des NDH-Staates zu, erklärlich angesichts des Gegensatzes zwischen Kroaten und Serben und der Terrorakte, die Teile der staatstragenden *ustaše* vorher verübt hatten. Vor diesem Hintergrund war es kein Zufall, daß sich die Erscheinungsformen des Terrors vor und nach 1945 glichen: einerseits die Bluttaten der *ustaše* gegen die serbische Minderheit in Kroatien sowie gegen Serben in Bosnien und der Herzegowina, andererseits die blutigen Abrechnungen von Partisanen – anfänglich von überwiegend serbischen *četnici*, dann zunehmend von Tito-Partisanen – mit Kroaten und Muslimen.

Besonders betroffen von der »Abrechnung« waren »Kollaborateure und Verräter«. Weil die Unabhängigkeit des NDH-Staates von den neuen Machthabern a priori als null und nichtig angesehen wurde, galt jeder, der den militärischen Verbänden dieses Staates angehört hatte, als »Deserteur«. Eine juristische Grundlage dafür boten die Militärstrafgesetze und das Strafgesetzbuch von 1929, in dem die Zusammenarbeit mit einem Feind unter Strafe gestellt war. Maßnahmen gegen »Kollaborateure und Verräter« waren bereits während des Krieges auch auf politischer Ebene angekündigt worden. In dem Abkommen zur Festlegung der künftigen Politik, das Tito am 16. Juni 1944 mit der in London residierenden Exilregierung schloß, verpflichtete sich die Exilregierung, alle »Volksverräter und Kollaborateure« öffentlich zu ächten[22]. Im Lande selbst war wohl ebenfalls an die Bestrafung von Kollaborateuren gedacht, was sich nicht zu-

[22] Sundhaussen, Jugoslawien 1918–1980, S. 138.

letzt daraus schließen läßt, daß unter bestimmten Bedingungen eine Straffreiheit zugesichert wurde. Der AVNOJ erließ im November 1944, bald nachdem er seinen Sitz nach Belgrad verlegt hatte, eine »allgemeine Amnestie«[23] für die *četnici* sowie für die kroatischen und die slowenischen Domobranen; ausgenommen waren Personen, die Verbrechen begangen hatten. Weil aber mit der Gewährung der Amnestie die Auflage verbunden war, sich bis zum 15. Januar 1945 der Partisanenbewegung zu stellen, handelte es sich hierbei auch um eine Maßnahme psychologischer Kriegführung.

Neben den nationalen Spannungen zwischen Serben und Kroaten sind auch die Feindseligkeiten zwischen Serben und Muslimen in Bosnien und der Herzegowina als Ursache für die Brutalität der Abrechnung anzusehen. Die nationale Komponente war jedoch keineswegs allein ausschlaggebend. Die Tito-Bewegung verstand sich ja als über den Volkskämpfern stehend, ihrer Volksbefreiungsarmee gehörten auch Kroaten an, und sie ging auch mit Gegnern serbischer Nationalität (*četnici*, »Kollaborateure« aller Art) rücksichtslos um. Gewiß spielten auch nationalpsychologische Eigenheiten eine Rolle, die der Dissident und frühere Vertraute Titos, Milovan Djilas, der die damaligen Massaker als sinnlose Racheakte bezeichnete[24], in die Worte faßte: »Auf dem Balkan hat Abtrünnigen und Aufrührern schon immer solch ein Schicksal geblüht ...«[25]. In einem Interview, in dem von 20000 bis 30000 Toten als Folge von »Bleiburg« die Rede war, kritisierte er die Zwangsrepatriierungen durch die Briten und erklärte die Exekution so: »Niemand weiß, ob Tito direkte Befehle gegeben hat oder nicht. Doch er war sicher für eine radikale Lösung – aus pragmatischen Gründen, genau wie die Briten pragmatische Gründe hatten, diese Flüchtlinge zurückzuschicken. Jugoslawien befand sich im Zustand des Chaos und der Zerstörung. Eine Zivilverwaltung gab es praktisch nicht. Es gab keine ordentlichen Gerichte. Es gab keine Möglichkeit, die 20000 bis 30000 Fälle zuverlässig zu untersuchen. So war der einfachste Ausweg, sie alle zu erschießen und damit das Problem los zu sein.«[26]

[23] Veröffentlicht im Amtsblatt Službeni list demokratske federativne Jugoslavije, 1. Februar 1945.

[24] Milovan Djilas, Der Krieg der Partisanen. Memoiren 1941–1945. Wien 1978, S. 570.

[25] Zit. bei Sundhaussen, Jugoslawien 1918–1980, S. 136.

[26] George Urban, Gespräche mit Zeitgenossen. Weinheim 1982, S. 201.

III.

Nachdem die Partisanen die Macht übernommen hatten, kam es in vielen Orten zu Festnahmen von Zivilisten und der Volksdeutschen. Betroffen waren davon vor allem Träger der bisherigen Staats- und Gesellschaftsordnung, Polizeiangehörige, Geschäftsleute, katholische Geistliche und Ordensangehörige sowie Anhänger der verschiedenen nichtkommunistischen Gruppen und solche, die als Gegner der neuen Herrschaft angesehen wurden. Man brachte sie entweder gleich um, richtete sie nach Schnellgerichtsverfahren hin oder steckte sie in Gefängnisse und Lager. Auch persönliche Racheakte dürften vorgefallen sein. In dem Maße, wie die im Mai 1944 gebildete Polizeiorganisation OZNA (Organizacija za zaštita naroda) aktiv wurde und sich die neue Administration festigte, nahmen Ermittlungen und Verhaftungen weiter zu. In den kroatischen Gebieten und dort, wo kroatische Minderheiten lebten, setzten die Verhaftungen als unmittelbare Begleiterscheinungen des Machtwechsels bereits im Sommer 1944 ein; nach der Eroberung der restlichen Gebiete durch die Partisanen im Mai 1945 gehörten sie bald zum Alltag[27]. Dies gilt auch für Bosnien und die Herzegowina. Wie brutal es dabei mitunter zuging, wurde erst 1990 wieder deutlich, als sich die kroatische Presse ausführlich mit dem »Geheimnis des Dubrovniker Bleiburg«[28] befaßte: In Dubrovnik waren am 26. Oktober 1944 von einem Kriegsgericht 36 Einwohner zum Tode verurteilt worden. Die Erschießungen fanden auf der nordwestlich von Dubrovnik gelegenen kleinen Insel Daksa statt. Hingerichtet wurden 21 *ustaše*, sechs *četnici*, sechs Gestapo-Leute, drei italienische Faschisten und Agenten. Als deren Berufe wurden Kaufmann, Rechtsanwalt, Polizist, Journalist, Lehrer, Student, Arbeiter, Geistlicher bzw. Ordensmann genannt. Angaben, wie viele Zivilpersonen damals insgesamt verhaftet wurden, liegen nicht vor. Die Situation war so unübersichtlich, daß selbst Schätzungen wenig sinnvoll erscheinen. Über die Zahl der in Schnellverfahren verhängten Todesurteile, die in internen Aufzeichnungen wohl doch festgehalten wurde, ließe sich von offizieller Seite – und allein diese wäre dazu in der Lage – gewiß Näheres erfahren; eine Statistik ist

[27] Vgl. das Anfangskapitel bei Wendelin Gruber, In den Fängen des Roten Drachen. Jestetten 1986.

[28] Suad Ahmetović, Tajna Dubrovačkog Bleiburga. In: Njedelni Vjesnik, Zagreb, 21. Oktober 1990.

aber bisher nicht erstellt worden. Soweit man sich bei den Verhaftungen und Hinrichtungen überhaupt auf gesetzliche Grundlagen stützte, waren diese bis zum Erlaß des Gesetzes »Über Straftaten gegen Volk und Staat« vom 25. August 1945 ziemlich dürftig[29]; man bezog sich überwiegend auf das Strafgesetzbuch von 1929 mit dem Straftatbestand der Zusammenarbeit mit dem Feind und auf einzelne Gesetze »Zum Schutz der nationalen Ehre«, die Anfang 1945 in manchen Teilrepubliken erlassen worden waren.

Im Zusammenhang mit den Massenverhaftungen und Schnellverfahren wurde bald deutlich, daß es sich bei diesen Maßnahmen nicht nur um die Abrechnung mit der Ustaša-Bewegung und um die Bestrafung von »Kollaborateuren« und »Verrätern« ging. Es zeichnete sich bereits ab, daß Tito viel weitergehende Pläne verfolgte, nämlich die Umwälzung der Staats- und Gesellschaftsordnung nach sozialistischen Rezepten. Dafür war die Beseitigung der alten Führungsschichten und der potentiellen Gegner des kommunistischen Systems von entscheidender Bedeutung. Deren Ausschaltung, die außerdem der allgemeinen Einschüchterung diente, bot den neuen Machthabern die Gelegenheit, in wichtigen Bereichen wie etwa der öffentlichen Verwaltung und dem Bildungswesen Anhänger und Sympathisanten des neuen Regimes in Schlüsselpositionen zu bringen[30]. Einen besonderen Stellenwert bei der revolutionären Umgestaltung hatte die personelle Dezimierung der katholischen Geistlichkeit und der Ordensleute sowie die Schließung kirchlicher Einrichtungen. Hinsichtlich des Blutzolls, den die Geistlichen und die männlichen Ordensangehörigen dabei zu entrichten hatten, gibt es einigermaßen zuverlässige Daten. Viele waren bereits während des Krieges Anschlägen von *četnici* und Tito-Partisanen zum Opfer gefallen. 1945 nahm die Zahl um ein Vielfaches zu, was auf das Konto der Tito-Partisanen ging. Eine in der Emigration angefertigte Aufstellung nennt im Kapitel ›Von Kommunisten Ermordete‹ 345 Namen, darunter die zweier Bischöfe[31].

[29] Siehe S. 386.
[30] Auf die weiteren »Säuberungen« dieser Institutionen und anderer Bereiche (bis hin zur Berufsgruppe der Rechtsanwälte) sei in diesem Beitrag nicht eingegangen. Angesichts der Dimensionen der spontanen und der justitiellen Abrechnung spielten sie ohnehin nur eine untergeordnete Rolle.
[31] Ivo Omrčanin, Kroatische Priester, ermordet von Tschetniken und Kommunisten. München 1959. Hier wird deutlich, wie kompliziert es ist, die Opfer von Krieg,

Die politische Stoßrichtung aller dieser Maßnahmen tritt besonders deutlich im Gesetz »Über die Wählerlisten« vom 10. August 1945 zutage[32]; damit wurde mißliebigen Personen – die näher definiert wurden und sich unter dem Stichwort »Kollaboration« fassen ließen – das aktive und passive Wahlrecht entzogen, auch um bei den entscheidenden Parlamentswahlen am 11. November 1945 das Potential derjenigen, die gegen die kommunistisch geführte »Volksfront« eingestellt waren, zu schwächen. Umfangreiche Eingriffe betrafen auch die Wirtschaft. In Gerichtsverfahren, in denen der Vorwurf der »Kollaboration« erhoben wurde, wurden nicht nur Betriebsinhaber und leitende Angestellte strafrechtlich verurteilt, sondern auch die meisten wichtigeren Industriebetriebe enteignet und damit die spätere (Dezember 1946) gesetzliche Verstaatlichung schon weitgehend – im Landesdurchschnitt bis zu 80 Prozent – vorweggenommen[33]. Für Enteignungen wegen »Kollaboration« hatte der AVNOJ bereits am 21. November 1944 eine gesetzliche Grundlage geschaffen. Dieser Erlaß[34] bezog sich, von deutschen Staatsbürgern und vom Vermögen des Deutschen Reiches in Jugoslawien abgesehen, auf Volksdeutsche jugoslawischer Staatsangehörigkeit mit Ausnahme derjenigen (und das waren nicht viele), die aktiv auf der Seite der Partisanen gestanden hatten, sowie auf »Kriegsverbrecher und ihre Helfershelfer ohne Rücksicht auf die Staatsbürgerschaft«. Es folgten am 23. April 1945 ein Gesetz über »Bestrafung der unerlaubten Spekulation und der Wirtschaftssabotage«, am 24. Mai 1945 das Gesetz über »Konfiskation« und dann eine genauere Fassung solcher Delikte im schon erwähnten Gesetz über »Straftaten gegen Volk und Staat« vom 25. August 1945.

Die volksdeutsche Zivilbevölkerung wurde nicht nur im Rah-

Bürgerkrieg und »Abrechnung seitens des Siegers« voneinander abzugrenzen. Deshalb muß bei genauerer Betrachtung die Zahl 345 um einige Dutzend verringert werden. Die Zahl der Geistlichen und Ordensangehörigen, die in Lagern und Gefängnissen festgehalten wurden, war wesentlich höher. Hinsichtlich der ermordeten muslimischen geistlichen Würdenträger fehlt eine Zusammenstellung. Eine veröffentlichte Liste (Ante Beljo, Jugoslavia. Genocide. A Documented Analysis. Sudbury 1985) umfaßt hauptsächlich die 1941–1942 Getöteten.

[32] In deutscher Übersetzung in: Dokumentation der Vertreibung der Deutschen aus Ost-Mitteleuropa. Bd. V: Das Schicksal der Deutschen in Jugoslawien. Bonn 1961, S. 198 E – 207 E.

[33] Hierzu und zum folgenden Werner Markert (Hrsg.), Jugoslawien. Köln 1954, S. 129 f.

[34] Deutsche Übersetzung in: Dokumentation der Vertreibung, Bd. V., S. 18 E – 182 E.

men der allgemeinen »Abrechnung« verfolgt, wofür es wegen der besonderen Nähe zu den deutschen Besatzungstruppen noch eine gewisse Rechtfertigung gegeben haben mochte. Der kommunistischen Staatsführung ging es ebenso um eine »ethnische Flurbereinigung«, um die Beseitigung der deutschen Minderheit in Jugoslawien. Die deutsche Bevölkerung im NDH-Staat war zwar rechtzeitig und bis zu 90 Prozent evakuiert worden, das »Streudeutschtum« in Bosnien schon seit 1942, die deutschen Siedlungen in Slawonien und in Syrmien im Oktober 1944. Etwa 20 000 Menschen waren aber zurückgeblieben, die ein ähnlich grausames Schicksal erlitten wie diejenigen Donauschwaben der Batschka und des Westbanats[35], die nicht mehr evakuiert werden konnten und deshalb zu einem großen Teil ausgelöscht wurden.

Die Behandlung der deutschen Bevölkerung in Kroatien unterschied sich noch in anderer Hinsicht von der Behandlung in der Batschka und im Westbanat, wo zeitweise ein Vernichtungsterror gegen alles Deutsche regierte. Für Slawonien – jedoch nicht für Syrmien – ist ersichtlich, daß es den neuen Machthabern nicht darum ging, die deutsche Bevölkerung kollektiv zu bestrafen und zu vernichten; Vertreibung und Zwangsaussiedlung hatten Vorrang. Zwar kam es auch hier beim Einzug der Partisanen im April 1945 zu Ausschreitungen und Gewalttaten, doch wurden die Deutschen – Männer, Frauen und Kinder – schließlich zusammengetrieben und in das ehemalige Ustaša-KZ Josipovac gesteckt. Nach dessen Schließung (Juli 1945) kamen sie in das Lager Valpovo, von wo aus sie den Weg in das besetzte Deutschland antreten sollten. Die Behandlung der Lagerinsassen war in Slawonien schonender, aber auch hier wird von Quälereien und von Ermordungen berichtet. Sehr hoch war die Sterblichkeit in Folge von Epidemien und der miserablen Versorgung; von den etwa 3300 Insassen des Lagers Valpovo starben bis zum Januar 1946 mindestens 1967. Bereits im Sommer 1945 wurden Transporte (per Eisenbahn) von Volksdeutschen in Richtung Österreich geschickt, dort aber teilweise abgewiesen. Die Rückkehrer brachte man in das Lager Krndija, das im Sommer 1945 in einem ehemaligen deutschen Dorf errichtet worden war. Im Mai 1946 wurden Valpovo und Krndija geschlossen, ein Teil der Festgehaltenen wurde

---

[35] Vgl. Dokumentation der Vertreibung, Bd. V, und Oberkersch, Die Deutschen in Syrmien.

entlassen und nach Österreich abgeschoben. Der Rest wanderte in andere Lager, die bis Ende 1946 aufgelöst wurden. Wer dann noch nicht freigekommen war, wurde in das Banat geschafft.

Auf Syrmien (Srem) hingegen griff der Terror gegen die Volksdeutschen über, der vorher schon im Westbanat und in der Batschka gewütet hatte. Verhaftungen und Einweisungen in Lager, Mißhandlungen und Ermordungen waren an der Tagesordnung. In Indjija wurden am 12. November 1944 64 Frauen, Männer und Kinder getötet[36]. In der Stadt Zemun (Semlin), namentlich im Stadtteil Zemun-Novigrad (Franztal), sind 242 Menschen namentlich bekannt, die in der Nacht vom 3. auf den 4. November 1944 umgebracht und danach wahrscheinlich in die Donau geworfen wurden[37]. Noch weit höher dürfte die Zahl der Todesopfer liegen, die in Ruma zu beklagen waren. Wer die Pogrome in Zemun-Novigrad, Ruma und in anderen Orten überlebte, wurde in das Konzentrationslager Kalvarija (Kalvarienberg in Zemun) gebracht, das bis September 1945 bestand. Danach blieb, nach der kurzzeitigen Existenz eines weiteren Lagers (Bežanija), als zentrale Einrichtung für alle Deutschen aus Syrmien nur noch das Lager Sremska Mitrovica. Hier wie in Kalvarija, die von Davongekommenen beide als »Vernichtungslager« charakterisiert wurden, gab es eine hohe Zahl an Toten. Besonders bitter war der Winter 1945/46, den viele nicht überlebten.

Die ermittelten Zahlen belegen das ganze Ausmaß des Terrors: In Franztal (Zemun-Novigrad) und in Semlin (Zemun) waren nach den ersten Verhaftungen und Ermordungen noch ungefähr 200 Familien übriggeblieben. Sie wurden nach Kalvarija und dann nach Sremska Mitrovica gebracht; von ihnen sind 118 Personen namentlich bekannt, die in Kalvarija umkamen, 75 weitere verloren in Sremska Mitrovica ihr Leben[38]. Einige weitere starben in Gefängnissen. In der gesamten Wojwodina, also auch in Syrmien, hatten diese »Lagerleute« (*logoraši*) bis 1948 den Status von rechtlosen Zwangsarbeitern; danach mußten sie sich noch zu niedersten Arbeiten verpflichten, ehe schließlich die Aussiedlung genehmigt wurde.

[36] Valentin Oberkersch, India – Deutsches Leben in Ostsyrmien 1825–1944. Stuttgart 1978, S. 328 f.

[37] Nikolaus Hefner, Franz Egger und Josef Braschel, Franztal 1816–1944. Salzburg 1984, S. 198–202.

[38] Ebenda, S. 204–206, S. 211–213.

In besonderem Maße waren die Volksdeutschen auch von einigen der genannten Gesetze betroffen, nämlich vom Vermögensentzug durch das Dekret vom 21. November 1944 und durch das Gesetz »Über die Wählerlisten« vom 10. August 1945. Eine noch einschneidendere Maßnahme, nämlich der Entzug der Bürgerrechte, galt in dieser Ausschließlichkeit nur für sie. Diese zunächst nicht veröffentlichte Regelung war ebenfalls am 21. November 1944 getroffen worden, wie aus einer weiteren Anordnung ersichtlich ist, die am 8. Juni 1945 zur Verdeutlichung (»Auslegung«) des genannten Dekretes erging und in der sich ein Passus über die »Entziehung der Bürgerrechte von Personen deutscher Volksangehörigkeit« findet. Die Übergriffe auf die deutsche Bevölkerung der Batschka, des Westbanates und Syrmiens hatten jedoch schon vor dem 21. November 1944 begonnen, als überhaupt noch keine amtliche Regelung, auch nicht die Herabstufung zu mittel- und rechtlosen Personen, erfolgt war.

IV.

Die Massenexekutionen von deutschen, kroatischen und sonstigen militärischen Verbänden, die Tötungen im Rahmen der »Todesmärsche« und die Liquidierungen von Zivilpersonen nach der Machtübernahme erfolgten meist umstandslos ohne irgendwelche Verfahren, die angesichts der großen Masse von Betroffenen auch kaum durchführbar gewesen wären. Im Sommer 1944 war freilich auch schon ein formalisiertes Schnellverfahren etabliert worden, nämlich vor Militärgerichten. Zunächst waren es einfache – fast könnte man sagen – Kommandourteile, die sofort zu vollstrecken waren. Daß dabei keine großen Umstände gemacht wurden, zeigt eine 1990 veröffentlichte Kurzmitteilung des Militärgerichts Zagreb vom 5. September 1945 über eine am 31. Mai 1945 verhängte Todesstrafe; hier heißt es als Begründung nur lapidar: »Volksfeind«[39]. Manchmal wurden das Urteil und die Namen der Hingerichteten veröffentlicht oder durch Aushang bekanntgemacht.

Nach der Kapitulation blieben die Militärgerichte weiter in Funktion. Parallel dazu gab es 1945 die ersten »ordentlichen« Verfahren und groß inszenierten Schauprozesse. Bei den einfa-

[39] Žanko u. Šolić, Jazovka, S. 120.

chen, gewissermaßen verfahrenslosen Verfahren wurden Verhaftete und Gefängnisinsassen ohne besondere Formalitäten einfach abgeurteilt – häufig zum Tod oder zu Zwangsarbeit. Die Urteile wurden nicht veröffentlicht, jedenfalls nicht vollzählig, so daß die Zahl dieser Verfahren nicht zu fassen ist. Lediglich Einzelfälle drangen immer wieder an die Öffentlichkeit; andere Personen, die vor Gericht gestanden hatten, galten einfach als vermißt. Etwas mehr ist über die Verfahren bekannt, die in der Presse behandelt wurden, vor allem über diejenigen, die öffentlich abgehalten wurden. Diese erhielten zunehmend eine gewisse legalistische Fassade, was in der Präzisierung und Differenzierung der Anklagepunkte und in der Zulassung einer mündlichen Verhandlung und eines Verteidigers zum Ausdruck kam, wenn auch der Charakter von politischen Tribunalen nicht zu leugnen war.

Die verfahrenslosen Schnellverfahren fielen zunächst in die Kompetenz der Militärgerichtsbarkeit; in Zagreb war dafür der Gerichtshof der dortigen Stadtkommandantur zuständig. Ab August 1945 gingen sie mit dem Neuaufbau des Gerichtswesens in den Bereich der Zivilgerichtsbarkeit über. Es gibt Hinweise darauf, daß 1945 nicht nur in Zagreb, sondern auch in anderen Städten Kroatiens (wie Osijek und Karlovac) Militärgerichte tätig waren und Todesurteile fällten. Außerdem wurden Kroaten auch in Bosnien und der Herzegowina sowie in Serbien (einschließlich der Wojwodina) – neben den dort laufenden Verfahren gegen Serben und Deutsche – abgeurteilt; in die dortigen Gefängnisse wie Sremska Mitrovica und »Glavnjača« (Belgrad) kamen auch Kroaten, welche die »Todesmärsche« überlebt hatten und nun ihrer Aburteilung harrten. Bei Verfahren, die schon seinerzeit bekanntgemacht wurden, dann vor allem bei den Schauprozessen, sind die näheren Umstände und Hintergründe besser zu erkennen. Angeklagt und verurteilt wurden hier gezielt die Führungskräfte des Ustaša-Staates, Politiker, Generäle und hohe Offiziere, aber auch Volksdeutsche und katholische Geistliche, denen eine Unterstützung des Pavelić-Regimes sowie bestimmte Verbrechen angelastet wurden. Das Zagreber Militärgericht, das diese Verfahren überwiegend durchführte, nahm seine Tätigkeit im Frühjahr 1945 auf und verhängte bereits am 29. Mai 1945 die Todesstrafe gegen sieben Männer und zwei Frauen. Sie waren für schuldig befunden worden, als Mitglieder der Ustaša und als Inhaber verschiedener Funktionen im Polizeidienst und in Konzentrationslagern an der Verschleppung und Ermordung von Zivilisten sowie an Tötungen von Partisanen mitgewirkt zu haben. Unter den Verurteilten befand sich auch die Leiterin der Frauenabteilung des Konzentrationslagers Stara Gradiška. Zwei weitere Angeklagte wurden wegen Diebstahls und Raubes zu Zwangsarbeit verurteilt[40]. Im Juni ging es dann Schlag auf Schlag. Als erste wurden die Domobranen-Generäle und Ustaša-Obristen Josip Metzger, Adolf Sabljak und Vjekoslav Servatzy sowie ein Ustaša-Fähnrich, der einer Wachmannschaft eines Konzentrationslagers angehört hatte, zum Tode verurteilt[41]. Dann ergingen Todesurteile gegen mehrere Regierungsmitglieder, u.a. gegen Ministerpräsident Dr. Nikola Mandić, die Minister Dr. Pavao Canki, Nikola Steinfl, Julie Makanec und Dr. Milan Budak. Bei Budak, der im Juli 1945 in Belgrad hingerichtet wurde, handelte es sich um einen bekannten Romancier, der Botschafter des NDH-Staates in Berlin und kurzzeitig Außenminister gewesen war. Ende Juni wurden weitere 45 Personen zum Tode verurteilt und hingerichtet[42]. Darunter befanden sich der ehemalige Geistliche und KZ-Kommandant Miroslav Filipović-Majstorović, der Franziskaner-Mönch Radoslav Glavaš, der Leiter der Religionsabteilung im Ministerium für Justiz und Kultus sowie Leiter der Ustaša-Seelsorge gewesen war, ferner ein Agent des Überwachungsdienstes UNS. Zu den Verurteilten zählten auch Spitzenvertreter dreier Kirchen, wobei auffällt, daß sie gemeinsam vor Gericht standen: Dr. Philipp Popp, der Bischof der Deutschen Evangelischen Kirche, Germogen Maksimović, der Metropolit der »Kroatischen orthodoxen Kirche« und Ismet Muftić, der Mufti von Zagreb, fielen dieser Generalabrechnung mit Kirche und Religion zum Opfer. Hinzu kamen einige weitere Geistliche; von katholischer Seite sind unter anderen der Ustaša-Seelsorger Ivo Guberina sowie der Religionslehrer Stjepan Kramer zu nennen, von der »Kroatischen orthodoxen Kirche« neben dem Metropoliten Maksimović der Bischof von Sarajevo, Spiridon Mifka, und sechs Geistliche sowie ein Diakon.

Am 31. Juli 1945 wurden auch aus Karlovac Todesurteile gegen eine Gruppe von *ustaše* gemeldet[43]. Am 22. September 1945 erkannte der Militärgerichtshof des Obersten Gerichts von Ju-

[40] Borba, 30. Mai 1945.
[41] Keesing's Archiv der Gegenwart 15 (1945), S. 275 E.
[42] Ebenda, S. 303 D.
[43] Borba, 1. August 1945.

goslawien in Belgrad von 34 angeklagten kroatischen Generälen und Offizieren 33 für schuldig; 17 wurden zum Tode verurteilt[44]. Im November 1945 erklärte ein Volksgericht in Zagreb 14 Mitglieder des Verwaltungsrates der »Ersten kroatischen Sparkasse Zagreb« zu Kriegsverbrechern und fällte ein Todesurteil. Außerdem wurden drei Verwaltungsräte einer Holzfirma zum Tode verurteilt. Weitere Wirtschaftsvertreter standen in Osijek unter Anklage, ein Werksdirektor und sein technischer Leiter, die beide die Todesstrafe erhielten[45]. Auch in Sarajevo (Bosnien) kam es im Dezember 1945 zu einem Verfahren. Es richtete sich gegen fünf Ordensangehörige und zwei Ordensschwestern sowie gegen zwölf weitere Personen[46]. In Gospić lief im Februar 1946 ebenfalls ein Verfahren; dabei wurden Nonnen für schuldig befunden, der Ustaša zugearbeitet zu haben; eine der beiden Angeklagten wurde auch deshalb verurteilt, weil sie im Juli 1945 als Krankenschwester *ustaše* versteckt hatte[47].

Ein Schauprozeß besonderer Art wurde vor dem Obersten Gericht der Volksrepublik Kroatien im September und Oktober 1946 abgehalten. 19 Personen standen unter Anklage: der Ustaša-Oberst Erik Lisak, ehemaliger Staatssekretär im Innenministerium und zuständig für die Polizei, der kroatische Erzbischof Alojzije Stepinac, Ivo Šalić, einer seiner Sekretäre, Dr Pavao Gulin, ein früherer slowenischer *četnik,* der sich 1942 auf die Seite der Kroaten gestellt hatte, sowie eine Reihe von Geistlichen. Die Besonderheit lag darin, daß anfänglich wohl nicht beabsichtigt gewesen war, mit der Spitze der katholischen Kirche Kroatiens »abzurechnen«, sondern diese dem neuen Staat unterzuordnen. Erst als Stepinac sich nicht gefügig machen ließ und sich der Unterdrückung seiner Kirche widersetzte, wurde versucht, diesen zu brechen, indem man ihn als »Kollaborateur« bezeichnete. Die Anklage bemühte sich durch eine Reihe von Einzelpunkten zu beweisen, daß er den Ustaša-Staat und dessen verbrecherische Politik sowie die Ustaša-Organisation unterstützt habe; selbst nach der Kapitulation hätten noch Kontakte zu Nachfolgegruppierungen bestanden. Die politi-

---

[44] Namensliste, in Borba, 23. September 1945.

[45] Keesing's Archiv der Gegenwart 15 (1945), S. 543 B.

[46] Borba, 23. und 24. Dezember 1945. Zumindest die beiden Hauptangeklagten, die Fratres Ivan Čondrić und Franjo Šlafhauser, wurden hingerichtet.

[47] Dokumenti o proturarodnom ratu i zločinima jednog dijelo katoličkog klera. Zagreb 1946. In diesem Buch finden sich Hinweise auf einige weitere Prozesse.

sche Stoßrichtung dieses Prozesses ist aus der Zusammensetzung der Angeklagten ersichtlich: der Erzbischof, Geistliche und ein Ustaša-Oberst, was noch nachträglich auf die enge Verbindung von Ustaša und katholischer Kirche hinweisen sollte. Lisak war, wie Gulin, in Österreich an der Organisierung des Widerstandes gegen den kommunistischen Staat beteiligt gewesen und im September 1945 heimlich nach Kroatien zurückgekehrt. In Zagreb hatte er Verbindung mit Stepinac aufgenommen; die Unterredung hatte jedoch zu keinem Ergebnis geführt. Wenig später hatte Gulin dem Erzbischof einen Brief des im Ausland lebenden Generals Ante Moškov überbracht, der ebenfalls in einer kroatischen Emigrationsorganisation tätig war. Stepinac hattte auf diesen Brief nach Angaben seines Sekretärs Salić nicht reagiert. Obwohl die Verteidigung anführte, daß Stepinac durch sein Engagement im NDH-Staat Tausenden von Menschen das Leben gerettet hatte, wurde der Erzbischof für schuldig befunden. Das am 11. Oktober verkündete Urteil lautete: 16 Jahre Zwangsarbeit für Stepinac, Tod für Lisak und Gulin, Zwangsarbeit für die übrigen; drei Angeklagte wurden freigesprochen[48].

Im Mai und Juni 1947 folgte der Hochverrats- und Kriegsverbrecherprozeß gegen »Slavko Kvaternik und andere«, darunter den früheren diplomatischen Vertreter des Deutschen Reiches in Zagreb, den Gesandten Siegfried Kasche. Es ergingen sieben Todesurteile, und zwar gegen Slavko Kvaternik, den einstigen Stellvertreter des *poglavnik*, Befehlshaber der Streitkräfte und Chef des Sicherheitswesens, ehe er 1942 abgesetzt worden war. Die übrigen Todesstrafen betrafen den früheren Finanzminister Dr. Vladimir Košak, den kurzzeitigen Kriegsminister Friedrih-Miroslav Navratil, Dr. Mehmed Alajbegović, den einstigen Minister für die (vom Krieg) betroffenen Gebiete, Ivan Perčević, früher General und militärischer Berater des *poglavnik*, Dr. Osman Kulenović[49]. Des weiteren kam es 1947 zu Todesurteilen gegen den Ustaša-Funktionär Božidar Cerovski und gegen den stožernik (Ustaša-Abteilungsführer) von Banja Luka, Viktor Gutić. 1948 erging gegen den Gesandten des NDH-Staates

---

[48] Der Ablauf des Prozesses einschließlich der Verhöre wurde in einer offiziellen Buchveröffentlichung bekanntgemacht: Sudjenje Lisaku, Stepincu, Salićiu i družini, ustaško-križarskim zločincima i njihovim pomagačima. Zagreb 1946. Aus der großen Zahl an Sekundärliteratur vgl. Stella Alexander, The Triple Myth. A Life of Archbishop Alojzije Stepinac. New York 1987.

[49] Berichte in der Zeitung Narodni list, Zagreb, 29. Mai bis 8. Juni 1947.

in Sofia, Vladimir Židovec, der 1947 an Jugoslawien ausgeliefert
worden war, das Todesurteil, 1949 gegen den früheren Minister
Živan Kuveždić. 1950 verhandelte das Kreisgericht Zagreb gegen
Branimir Altgayer, den Führer der deutschen Volksgruppe. Er
wurde zum Tode verurteilt und am 15. Mai 1950 hingerichtet[50].

Bei dieser Aufzählung handelt es sich nur um einen Teil der
Verfahren, die nach 1945 stattfanden; andere wurden überhaupt
nicht oder nur in der Lokalpresse bekanntgemacht. Deshalb ist
es kaum möglich, die Zahl dieser Verfahren und die Zahl der
Todesurteile, die dabei ergingen, zu ermitteln. Wenn auch im
April 1986 mit dem Verfahren gegen den ehemaligen Innenminister Andrija Artuković[51] mit sehr großem zeitlichen Abstand
noch ein Kriegsverbrecherprozeß über die Bühne ging, so war
doch die Serie dieser Verfahren, die unter die Rubrik »Abrechnung« einzureihen wären, etwa 1950 ausgelaufen.

Bereits etwa zwei Jahre zuvor wurde deutlich, daß das ursprüngliche Motiv der »Abrechnung« mit der Ustaša-Vergan-
genheit allmählich in den Hintergrund trat, während ein anderer Aspekt, nämlich die Machtfestigung des neuen Regimes und
die Marginalisierung oppositioneller Regungen, immer größere
Bedeutung gewannen. Der Rückbezug auf Ustaša-Beziehungen
diente dabei als willkommener Vorwand für Beschuldigung,
Diskriminierung und Ausschaltung. Damit verschoben sich
auch die Akzente in den Anklagepunkten. Als neues Delikt war
schon 1946 die Zugehörigkeit zu den *križari* (= Kreuzfahrer) in
Erscheinung getreten. Die *križari* waren eine mit ehemaligen
ustaše verbundene Art Widerstandsorganisation, die sich im
Untergrund und im Ausland gegen das neue Regime gebildet
hatte. In ihrer Wirkung dürfen diese Gruppen nicht überbewer-
tet werden, aber ihre bloße Existenz verunsicherte den neuen
Staat und gab ihm zugleich die Gelegenheit, eine weitere, offenbar sehr weitgefaßte Gruppe von wirklichen und potentiellen
Oppositionellen unter Pauschalverdacht zu stellen. Als Beispiel
für die Veränderung in Motivation und Zielsetzung der Gerichtsverfahren sei erwähnt, daß im März 1948 der orthodoxe
Bischof von Sarajevo, Vojslav Nastić, zu elf Jahren Zwangsarbeit verurteilt wurde[52]. Ihm legte man unter anderem Verleum-

[50] Oberkersch, Die Deutschen in Syrmien, S. 472.
[51] Das Urteil wurde jedoch nicht vollstreckt; Artuković verstarb am 16. Januar 1983
in einem Zagreber Gefängnis.
[52] Borba, 28. Februar 1948; Keesing's Archiv der Gegenwart 18/19 (1948/49),
S. 1403 A.

dung des jugoslawischen Staates und der Armee, Mitgliedschaft in einer *križari*-Gruppe und Unterstützung des Pavelić-Regimes zur Last. Dasselbe Strafmaß erhielt der katholische Bischof von Mostar, Peter Čule, der im Juli 1948 zusammen mit fünf Geistlichen und drei Nonnen vor Gericht stand. Die Anklage bezog sich u. a. auf Kontakte mit *križari* und *ustaše*[53]. In einem weiteren Verfahren in Zagreb im Juli 1948 warf man einer Gruppe von Angeklagten neben der Beteiligung an den »Jasenovac-Verbrechen« auch »Spionage«-Tätigkeit vor und begründete diesen Vorwurf mit Geheimbeziehungen zu *križari* im Ausland[54].

Die anfangs in Schnellverfahren gefällten Urteile wurden ab Sommer 1945 sowohl in der Begründung als auch im Strafmaß differenzierter, aber nicht unbedingt gerechter, wie das Beispiel eines Urteiles zeigt, das vom Militärgericht Zagreb am 8. August 1945 gegen einen Volksdeutschen aus Osijek verhängt wurde[55]. Es beruhte auf einer Reihe von Vorwürfen (Mitgliedschaft im Kulturbund, Zugehörigkeit zu der von diesem aufgestellten bewaffneten »Heimwacht«, Begeisterung für Deutschland und Glaube an den deutschen Sieg, Gegnerschaft zur Sowjetunion, unkameradschaftliches Verhalten zu Arbeitern in der Eigenschaft als Geschäftsführer einer Firma) und lautete schließlich auf 15 Jahre Zwangsarbeit und Güterkonfiskation sowie Vertreibung.

Auf dieser Linie einer größeren Präzisierung und Legalisierung der Verfahren lag es auch, daß im August 1945 die Tatbestände und das Strafmaß detaillierter bestimmt wurden und man das Gerichtswesen neu ordnete. Hierzu erging am 25. August 1945 das Gesetz »Über Straftaten gegen Volk und Staat«[56], worin es vor allem um die Absicherung des neu entstandenen Staates Jugoslawien ging. In einzelnen Paragraphen waren auch Tatbestände genannt, die sich auf die Kriegszeit bezogen. Laut Artikel 2 hatte sich derjenige eines Kriegsverbrechens schuldig gemacht, der als Rädelsführer, Organisator, Auftraggeber oder Helfer an den an der Bevölkerung Jugoslawiens begangenen Morden, am Zustandekommen von Todesurteilen und ihrer Vollstreckung, an Verhaftungen und Folterungen, an gewaltsa-

[53] Ebenda, S. 1574 G.
[54] Borba, 13. bis 17. Juli 1948.
[55] Deutsche Übersetzung in: Dokumentation der Vertreibung der Deutschen, Bd. V, S. 259 E.
[56] Deutsche Übersetzung ebenda, S. 234 E – 240 E.

men Aussiedlungen oder Verschleppungen in Konzentrationslager mitgewirkt hatte, wer die Bevölkerung drangsaliert und
zwangsweise denationalisiert, wer sich an Verschleppung zur
Prostitution, an Vergewaltigungen und an Zwangskonversionen beteiligt hatte. Im Artikel 2 fanden sich weitere mögliche
Anklagepunkte, die sich insbesondere auf die Zugehörigkeit zu
Militär- und Polizeiformationen, die politische Zusammenarbeit mit dem Feind sowie die »Durchführung von Requirierungen« und die »Wegnahme von Lebensmitteln und anderen Gü-
tern« bezogen. Ein eigener Artikel betraf Kollaboration auf
wirtschaftlichem Gebiet (»Personen ..., die ihre Industrie-,
Handels-, Transport- oder andere Unternehmen oder ihre
Fachkenntnisse dem Gegner ... zur Verfügung stellten«). Als
Strafe waren Zwangsarbeit von drei und mehr Jahren sowie
Vermögenseinzug, in schweren Fällen die Todesstrafe vorgesehen. Zuständig für diese Verfahren waren zivile Gerichte; bestimmte Fälle blieben aber weiterhin der Militärgerichtsbarkeit
vorbehalten. Die übrigen Gesetze, vor allem das Enteignungs-
dekret vom 21. November 1944, blieben weiter in Kraft. Das
Gesetz »Über Straftaten gegen Volk und Staat« wurde rückwir-
kend angewandt. Im Gesetzestext selbst war dies allein an dem
im Dezember 1947 nachgeschobenen Artikel 3a zu erkennen,
der im Imperfekt von einer begangenen Straftat sprach, während im übrigen Text durchgehend das Präsens verwendet wurde. Dieses Gesetz hatte bis zur Einführung des neuen Strafgesetzbuches (1947 bzw. 1951), in das in wesentlich vereinfachter
Form die Grundtatbestände des Landesverrates und der Kollaboration mit dem Feind eingingen, Gültigkeit[57].

V.

Der Großteil der nach 1945 vor Gericht Gestellten war unmittelbar nach der Kapitulation in jugoslawische Gefangenschaft
geraten oder von Österreich an Jugoslawien überstellt worden.
Eine Gruppe von Prominenten (Mandić, Budak, Canki und
andere) wurde bereits im Mai auf der Turracher Höhe festgenommen und ausgeliefert. Anschließend beantragte die jugosla-

---

[57] Für den Neuaufbau des allgemeinen Gerichtswesens, der parallel dazu erfolgte,
war das Gesetz »Über die Volksgerichte« vom 26. August entscheidend; vgl. die deutsche Übersetzung des Gesetzestextes ebenda, S. 241 E – 252 E.

wische Regierung immer wieder die Auslieferung einzelner Personen. Die Westmächte kamen diesem Begehren in gewissem Maße nach und konzentrierten ihre Fahndungen vor allem auf die Flüchtlingslager (DP-Lager) in Österreich, Italien und Deutschland. Im Internierungslager Wolfsberg (Kärnten), das für NS-Belastete bestimmt war, richtete die britische Besatzungsmacht eine eigene Abteilung für Personen ein, gegen die ein Auslieferungsbegehren lief. Zu den Überstellten gehörten Altgayer, Kasche, Kvaternik und eine ganze Reihe anderer Prominenter bis hin zu Artuković, der 1986 von den Vereinigten Staaten unter präzisen Auflagen ausgeliefert wurde.

Obwohl die Westmächte begründeten Auslieferungsbegehren positiv gegenüberstanden, kam es zu Schwierigkeiten, weil sich die Westmächte von der großen Zahl der Anträge häufig überfordert fühlten. Im Oktober 1947 erklärte sich London zwar bereit, angeforderte Personen festzunehmen, einer Auslieferung wollte die britische Regierung aber nur nach individueller Prüfung zustimmen. 1948 teilte das britische Außenministerium mit, Belgrad habe bis November 1947 die Auslieferung von insgesamt 1800 Personen – jugoslawischer und sonstiger Herkunft, nicht nur Kroaten – verlangt. Die britischen Behörden hätten 400 davon ausfindig gemacht und verhaften lassen, 49 Personen seien ausgeliefert worden, 32 Fälle noch in der Schwebe[58]. Günstiger war die Situation für Italiener, die zur italienischen Stationierungsmacht in Kroatien gehört hatten. Jugoslawien beantragte bis zum Januar 1947 die Auslieferung von 750 italienischen Bürgern. Im Oktober 1946 hatten die Westmächte der italienischen Regierung aber das alleinige Recht zugestanden, über solche Auslieferungsbegehren zu befinden. Rom weigerte sich jedoch, seine Staatsbürger auszuliefern. In den Wirren der Befreiung gelang nicht wenigen Gesuchten die Flucht, an erster Stelle Ante Pavelić, der 1945 in Österreich aufgegriffen worden war und mit Zustimmung der Alliierten Kommandantur in Österreich an Jugoslawien übergeben werden sollte, sich dann aber mit Hilfe kirchlicher Kreise über Italien nach Argentinien in Sicherheit bringen konnte.

In den zahlreichen Verfahren jugoslawischer Gerichte bildeten stets die Vorwürfe »Verrat« und »Kollaboration« die zentralen Anklagepunkte. Schlimmer noch war es, wenn ein Angeklagter, und das war meistens der Fall, vor 1941 Soldat oder

---

[58] Keesing's Archiv der Gegenwart 18/19 (1948/49), S. 1511 B.

Offizier der jugoslawischen Armee gewesen war; diese galten als in den neuen kommunistischen Staat nicht integrierbar. Nicht von ungefähr pflegten bei der Vorstellung der Angeklagten Qualifizierungen wie beispielsweise »Oberst der ehemaligen jugoslawischen Armee« nicht zu fehlen. Andere Anklagen lauteten auf »Kriegsverbrechen«, worunter vieles verstanden werden konnte, von den unmenschlichen Begleiterscheinungen des Partisanenkampfes bis hin zu nachgewiesenen Verbrechen, die symbolisch zusammengefaßt sind in dem Wort »Jasenovac«. Zu diesem Komplex der Ustaša-Verbrechen stellte 1946 eine Regierungskommission Material zusammen[59], das den Vertretern der Anklage wichtige Dienste leistete; selbst die Tatsache, daß Kroaten als Freiwillige an der Ostfront gegen die Sowjetunion gestanden hatten, tauchte in der Liste der Beschuldigungen auf. Anklage wegen Kriegsverbrechen wurde auch gegenüber den »reichsdeutschen« Offizieren der Wehrmacht und der Waffen-SS erhoben; diese Verfahren liefen aber wohl in Serbien ab.

Der Vorwurf der »Kollaboration« war nirgends präzisiert und ließ sich nicht nur auf die Angehörigen der bewaffneten Verbände, sondern auch auf Zivilpersonen beziehen. Aufgrund dieses Kriteriums standen nicht nur Einzelpersonen, sondern ganze Gruppen kollektiv unter Anklage: zuvorderst die Ustaša-Organisation, die als »terroristische Organisation« angesehen und behandelt wurde, dann das reguläre Militär *(domobranstvo)* und schließlich die deutsche Volksgruppe. Bei ihr findet man, abgesehen von der Zugehörigkeit zu militärischen Verbänden wie insbesondere der Waffen-SS, eine weitere Kategorisierung, nämlich die Mitgliedschaft im »Kulturbund« bzw. der Volksgruppen-Organisation. Dies gilt auch für das deutsche Rahmenpersonal kroatischer Militäreinheiten; aus diesem Kreis tauchen noch 1949 bei den Kriegsgefangenen-Prozessen in Vršac (Werschetz) Namen auf.

In den Gerichtsverfahren und großen Schauprozessen verfolgte die neue Staatsführung das Ziel, die Schandtaten des überwundenen verbrecherischen Regimes aufzuzeigen und dessen Repräsentanten zur Verantwortung zu ziehen, an erster

---

[59] Es gab eine Kommission für ganz Jugoslawien (Državna komisija za utvrdjivanje zločina okupatora i njihovih pomagača – Regierungskommission zur Feststellung der Verbrechen der Okkupatoren und ihrer Helfer) sowie speziell für Kroatien eine Landeskommission (Zemaljska komisija Hrvatske za utvrdjivanje zločina okupatora).

Stelle natürlich die Prominenz des NDH-Staates, die *ustaše*. Gegen den im Ausland untergetauchten *poglavnik* Pavelić wurden schwerste Anklagen erhoben, hauptsächlich die Anklage der »Terrorherrschaft« und des Massenmordes[60]. Die deutsche Volksgruppe in Kroatien sollte durch die Hinrichtung des Volksgruppenführers Altgayer (1950), der vergeblich ein Gnadengesuch eingereicht hatte, in toto getroffen werden, während im Prozeß gegen »Kvaternik und andere« das Deutsche Reich, vertreten durch den Gesandten Kasche, symbolisch mit auf der Anklagebank saß. Dies zeigte sich auch am Urteil. Während die Todesurteile der übrigen Angeklagten durch Erschießen zu vollstrecken waren, hatte Kasche durch den Strang zu sterben. Die katholische Kirche wurde im Prozeß gegen den Erzbischof Stepinac unter Anklage gestellt, nachdem bereits der evangelische Bischof Popp und der orthodoxe Metropolit Maksimović sowie der Mufti von Zagreb[61] hingerichtet worden waren. Der Kreis wurde schließlich noch weiter gezogen, als im Prozeß gegen »Kvaternik und andere« angebliche Verbindungen zwischen dem Ustaša-Regime und dem ehemaligen Führer der Bauernpartei, dem im Ausland lebenden Vladimir Maček, aufgezeigt wurden, um auch die vor 1941 einflußreiche Bauernpartei anzuprangern (Maček hatte es 1941 zwar abgelehnt, die Regierung zu übernehmen, aber zur Loyalität gegenüber dem Pavelić-Regime aufgerufen. Trotzdem wurde er auf seinen Landsitz verbannt und sogar einige Monate in Jasenovac festgehalten.).

Gegen Angehörige der italienischen Besatzungsarmee kam ein repräsentativer Prozeß dieser Art schon deshalb nicht zustande, weil die Hauptbelasteten nicht an Jugoslawien ausgeliefert worden waren. In der Liste derer, die als Kriegsverbrecher bezichtigt wurden und ausgeliefert werden sollten, finden sich an erster Stelle die Generäle Mario Roatta und Giuseppe Bastiani, denen unter anderem Geiselerschießungen vorgeworfen wurden. Andererseits standen bei verschiedenen Sammelverfahren auch »italienische Faschisten«, wohl jugoslawische Staatsangehörige italienischer Volkszugehörigkeit, vor Gericht. Der Innenminister Stefanović gab 1954 anläßlich einer »Leistungsbi-

---

[60] Abgedruckt, in: Keesing's Archiv der Gegenwart 15 (1945), S. 312 F.
[61] Am Rande sei erwähnt, daß im Rahmen der »Abrechnung« mit den Muslimen auch das Minarett der Zagreber Moschee zerstört und das Gebäude geschlossen wurde.

lanz« der Polizeiorganisation OZNA bzw. deren Nachfolgeorganisation UDB an, nach 1945 seien 1283 Italiener liquidiert worden[62].

Charakteristisch für die Verfahren war, daß Delikte, die ohne jeden Zweifel als Verbrechen anzusehen waren, mit Quasi-Straftatbeständen gekoppelt wurden, die juristisch fragwürdig oder unhaltbar waren. Typisch war auch, daß Personen, denen ganz unterschiedliche Verbrechen zur Last gelegt wurden, in Sammelverfahren gemeinsam abgeurteilt wurden, um sämtliche Angeklagten kriminalisieren zu können. Wie gerecht und angemessen die Urteile und Strafen, ja die Anklagen überhaupt gewesen sein mögen und wieweit sie objektiven juristischen Kriterien genügten, kann an dieser Stelle nicht eingehend diskutiert werden. Insgesamt wies diese Form der justitiellen Abrechnung aber zweifelsfrei sehr starke Elemente einer klassischen Siegerjustiz auf, bei der Abrechnung und Herrschaftssicherung in eins flossen.

Um die Abrechnungs-, Säuberungs- und Umwälzungsaktionen nicht noch weiter eskalieren zu lassen, mußte die neue Staatsführung schon bald zu Amnestien greifen. Bereits nach den Massenexekutionen der ersten Tage strahlte der Belgrader Rundfunk am 24. und 25. Mai 1945 eine Rede Titos aus, in der er dazu aufforderte, die »unverantwortlichen Tötungen«[63] einzustellen. In welchem Maße diese als Amnestie verstandene Verlautbarung befolgt wurde, läßt sich nicht feststellen. Am 3. August 1945 kam ein »Ukas über allgemeine Amnestie und Begnadigung« heraus[64]. Ausgenommen davon waren *ustaše* und Angehörige der serbischen pro-faschistischen Ljotić-Bewegung sowie das »Russische Freiwilligenkorps«. (Waren diese Gruppen aber nach dem 1. Januar 1942 »zwangsmobilisiert« worden, dann fielen sie ebenfalls unter die Amnestie.) Nicht zu amnestieren waren außerdem Personen, die als Angehörige der genannten Formationen Verbrechen begangen hatten, Mitarbeiter der Gestapo und anderer Polizeiorganisationen, Mitglieder des »Kulturbundes«, höhere Offiziere oder Personen, die sich einem Gerichtsverfahren durch Flucht ins Ausland entzogen hatten. Die im Rahmen der Amnestie verkündeten Begnadigungen

---

[62] Zit. nach Yugoslavia. New York 1957, S. 163.

[63] Nikolai Tolstoy, The Minister and the Massacres. London 1986, S. 389.

[64] Veröffentlicht, in: Službeni list demokratske federativne Jugoslavije, 5. August 1945.

bestanden in einem – je nach Strafmaß gestaffelten – Teilerlaß der Haftzeit. Von dieser Regelung sollen etwa 5000 Personen[65] in ganz Jugoslawien profitiert haben. Zum Jahresanfang 1951 erging eine »Neujahrsamnestie« für Verurteilungen, die im wesentlichen nichts mehr mit der Kriegszeit zu tun hatten; der Tatbestand »Kollaboration« wurde jedoch noch genannt[66].

Größere Versöhnungsgesten oder gar eine umfassende Befriedung blieben aus. Die Abrechnung mit dem überwundenen Regime mußte über Jahrzehnte auf offizielle Weisung hin ignoriert werden, zwar nicht die Hinrichtung der Ustaša-Politiker und der an den Verbrechen in den Konzentrationslagern und bei den Serbenverfolgungen Verantwortlichen, jedoch die ungeheure Dimension, die Willkür und die Grausamkeit dieser Abrechnung. Wenn sie Erwähnung fanden, dann war von einer viel geringeren Zahl an Opfern die Rede. Diese Verluste galten gewissermaßen als Preis, der für den Sieg über den Faschismus und ganz besonders für die Etablierung der neuen sozialistischen Staats- und Gesellschaftsordnung zu bezahlen war. Die neue Staatsführung ließ nichts unversucht, die allgemeine Aufmerksamkeit auf die kriminelle Energie des faschistischen Ustaša-Regimes zu lenken und dessen Verbrechen ausführlich darzustellen. Damit sollte der unabhängige Staat Kroatien insgesamt in ein so düsteres Licht gesetzt werden, daß schließlich der Eindruck einer Kollektivschuld mehr oder weniger aller Kroaten entstehen konnte. Das Feindbild Ustaša wurde nicht nur aus ideologischen Gründen aufrechterhalten, sondern es diente später dazu, aus Kroatien stammende Regimegegner und auch innerparteiliche Abweichler zu inkriminieren. So wurde 1948 der jugoslawische Industrieminister und vorherige kroatische KP-Führer Andrija Hebrang als »Ustaša- und Sowjetagent« verhaftet; man warf ihm vor, er habe während des Krieges der Ustaša zugearbeitet.

Die Erinnerung an »Bleiburg« und den Gesamtvorgang dieser blutigen Abrechnung wurde außerhalb Jugoslawiens von der kroatischen Emigration in zahlreichen Veröffentlichungen[67]

---

[65] Keesing's Archiv der Gegenwart 15 (1945), S. 351.

[66] Ebenda 21 (1951), S. 2756 D. Der amtliche Text (Službeni vesnik presidijuma narodne skupštine FNRJ, 1. Januar 1951, S. 1–29) bringt aber keinen Hinweis auf die Straftatbestände, sondern nur eine sehr lange Namensliste der Amnestierten.

[67] Vgl. Prcela u. Guldescu, Operation Slaughterhouse; Vinko Nikolić, Bleiburg. München 1988, sowie bei Ante Beljo, Jugoslavia. Genocide. A Documented Analysis. Sudbury 1985.

wachgehalten. Unmittelbare Aktualität im westlichen Europa, besonders in Großbritannien, erhielt das Thema in der Kontroverse um die Rolle, die die britische Armee bei der Übergabe der Kroaten an Jugoslawien und der aus dem jugoslawischen Raum geflüchteten Kosaken an die Sowjetunion gespielt hatte. Dieses sensible Thema erhielt einen zusätzlichen Akzent durch die vielbeachteten Veröffentlichungen von Nikolai Tolstoy[68]. Durch diese Diskussionen initiiert, erarbeitete eine Kommission unter Vorsitz des Brigadegenerals Anthony Cowgill zwei Berichte[69], worin unter anderem festgestellt wird, es habe sich kein Hinweis dafür ergeben, daß die britischen Kommandostellen bei der Übergabe der Gefangenen deren anschließende Liquidierung bewußt in Kauf genommen hätten.

Die Gesamtzahl der Opfer dieser Abrechnung in Jugoslawien liegt im Ungewissen. In Kroatien wurde 1990 die These aufgestellt, daß aus dem Territorium des NDH-Staates insgesamt 125 000 »Quislinge und Kollaborateure« umgekommen seien, davon im engeren und weiteren Zusammenhang mit »Bleiburg« und den »Todesmärschen« etwa 60 000 Personen, die übrigen im Verlauf des Krieges[70]. Bei den letzteren handelte es sich um Menschen, die ab 1941 durch die Hand von *četnici* und Tito-Partisanen ihr Leben verloren; der größte Teil wurde 1944 und insbesondere 1945 getötet, so daß von diesen 65 000 Menschen wohl die Mehrzahl ebenfalls zu den Abrechnungsopfern zu zählen ist. Eine Gesamtzahl von ungefähr 100 000 Toten dürfte den Tatsachen nahe kommen, aber wohl die Untergrenze darstellen. Die tatsächliche Zahl der Getöteten liegt vermutlich höher, doch fehlen für eine exakte Berechnung gesicherte Grundlagen. Einen Anhaltspunkt könnte die Schätzung bieten[71], wonach die Kriegsverluste der Kroaten zwischen 197 000 und 240 000 (auf dem gesamten NDH-Territorium sowie aus den außerhalb dieses Territoriums liegenden Streusiedlungen; davon in Bosnien und der Herzegowina etwa 79 000) und die der Muslime zwischen 80 000 und 100 000 betrugen. Hinzu kä-

---

[68] Tolstoy, The Minister and the Massacres.

[69] Anthony Cowgill (u. a.), The Repatriations from Austria in 1945. Report of an Inquiry. London 1990. Ders., The Repatriations from Austria in 1945. The Documented Evidence Reproduced in Full from British, American, German and Yugoslav Sources. London 1990.

[70] Žerjavić, Demografija.

[71] Bogoljub Kočović, Žrtve drugog svetskog rata u Jugoslaviji. London 1985. S. 70, S. 105, S. 108 f.

men die Verluste der Deutschen und anderer Minderheiten. Nimmt man an – wie richtig dies auch immer sein mag – daß diese »Kriegsverluste« überwiegend 1944 und vor allem 1945 entstanden sind, so kommt man wieder auf eine Zahl, die bei 100000 liegen könnte. Doch damit und mit allen anderen wesentlich höheren Zahlenangaben bewegt man sich im Bereich der Spekulation; dasselbe gilt für die Gesamtzahl derer, die sich für kürzere oder längere Zeit in Lagern und Gefängnissen befanden. Wie dem im einzelnen auch sein mag, wohl nirgendwo hat der Abrechnungsfuror im Nachkriegseuropa fürchterlicher gewütet als in Jugoslawien.

Die Autoren dieses Bandes

KLAUS-DIETMAR HENKE: Dr. phil., geb. 1947, wissenschaftlicher Mitarbeiter des Instituts für Zeitgeschichte, München, und stellvertretender Chefredakteur der Vierteljahrshefte für Zeitgeschichte; zuletzt Herausgeber (zusammen mit Martin Broszat und Hans Woller) des Werkes ›Von Stalingrad zur Währungsreform. Zur Sozialgeschichte des Umbruchs in Deutschland‹ (München 3. Aufl. 1990) sowie (zusammen mit Claudio Natoli) des Bandes ›Mit dem Pathos der Nüchternheit. Martin Broszat, das Institut für Zeitgeschichte und die Erforschung des Nationalsozialismus‹ (Frankfurt 1991).

GERHARD HIRSCHFELD: Dr. phil., geb. 1946, von 1978 bis 1989 wissenschaftlicher Mitarbeiter des Deutschen Historischen Instituts in London, seither Direktor der Bibliothek für Zeitgeschichte in Stuttgart; Autor und Herausgeber u. a. von ›Fremdherrschaft und Kollaboration. Die Niederlande unter deutscher Besatzung‹ (Stuttgart 1984; englische Ausgabe 1988, niederländische Ausgabe 1991), ›Collaboration in France. Politics and Culture during the Nazi-Occupation‹ (Oxford 1989; deutsche Ausgabe 1991).

STEIN U. LARSEN Dr. phil., geb. 1938, Professor am Institut für vergleichende Politikwissenschaft der Universität Bergen; Autor und Mitherausgeber u. a. von ›Nazismen og norsk litteratur‹ (Bergen 1975), ›Kirken, Krisen og Kriger‹ (Bergen 1980) und ›Who were the Fascists? Social Roots of European Fascism‹ (Bergen 1980).

PETER ROMIJN: Dr. phil., geb. 1955, wissenschaftlicher Mitarbeiter am Rijksinstituut voor Oorlogsdocumentatie, Amsterdam; Autor u. a. von ›Snel, streng en rechtvaardig. Politiek beleid inzake de bestraffing en reclassering van ›foute‹ Nederlanders, 1945–1955‹ (Houten 1989), Mitherausgeber von Bd. XIV von ›Het Koninkrijk der Nederlanden in de Tweede Wereldoorlog: Reacties‹ (Den Haag 1991).

HENRY ROUSSO: Dr. phil., geb. 1954, Absolvent der Ecole normale supérieure St. Cloud, wissenschaftlicher Mitarbeiter des Institut d'histoire du temps présent (CNRS), Paris; Autor u. a. von ›Pétain et la fin de la collaboration. Sigmaringen, 1944–1945‹ (Brüssel 1984), ›La collaboration‹ (Paris 1987), ›Le syndrome de Vichy de 1944 à nos jours‹ (Paris 1990, englische Ausgabe 1991).

DIETER STIEFEL: Dr. phil., geb. 1946, Universitätsdozent am Institut für Wirtschafts- und Sozialgeschichte der Wirtschaftsuniversität Wien; Autor u. a. von ›Entnazifizierung in Österreich‹ (Wien 1980), ›Die große Krise in einem kleinen Land. Österreichische Finanz- und Wirtschaftspolitik 1929 bis 1938‹ (Wien 1988).

MARGIT SZÖLLÖSI-JANZE: Dr. phil., geb. 1957, wissenschaftliche Mitarbeiterin am Institut für Neuere Geschichte der Universität München; Autorin u.a. von ›Die Pfeilkreuzlerbewegung in Ungarn. Historischer Kontext, Entwicklung und Herrschaft‹ (München 1989) und ›Geschichte der Arbeitsgemeinschaft der Großforschungseinrichtungen, 1958–1980‹ (Frankfurt 1990).

EKKEHARD VÖLKL: Dr. phil., geb. 1940, Professor für Geschichte Ost- und Südosteuropas an der Universität Regensburg; Autor u.a. von ›Rußland und Lateinamerika 1741–1841‹ (Wiesbaden 1968) und ›Der Westbanat 1941–1944‹ (München 1991).

HELGA A. WELSH: Dr. phil., geb. 1952, 1980–1988 Mitarbeiterin des Instituts für Zeitgeschichte, München, derzeit Dozentin am Department of Political Science an der University of Arizona; Autorin u.a. von ›Revolutionärer Wandel auf Befehl? Entnazifizierungs- und Personalpolitik in Thüringen und Sachsen (1945–1948)‹ (München 1989) und mehrerer Beiträge in: Martin Broszat und Hermann Weber (Hrsg.), ›SBZ-Handbuch. Staatliche Verwaltungen, Parteien, gesellschaftliche Organisationen und ihre Führungskräfte in der Sowjetischen Besatzungszone Deutschlands 1945–1949‹ (München 1990).

HANS WOLLER: Dr. phil., geb. 1952, wissenschaftlicher Mitarbeiter des Instituts für Zeitgeschichte, München; Autor u.a. von ›Gesellschaft und Politik in der amerikanischen Besatzungszone. Die Region Ansbach und Fürth‹ (München 1986) und Herausgeber von ›Italien und die Großmächte 1943–1949‹ (München 1988).

Dachauer Hefte

Studien und Dokumente zur Geschichte der nationalsozialistischen Konzentrationslager

Im Auftrag des Comité
International de Dachau, Brüssel,
herausgegeben von
Wolfgang Benz
und Barbara Distel

Umfang bis zu 250 Seiten.
eine Ausgabe jährlich.
im Abonnement DM 19,80
(Einzelpreis DM 22,–)

Verlag Dachauer Hefte
Alte Römerstraße 75
D-8060 Dachau

Jede Ausgabe hat einen
thematischen Schwerpunkt:
Die Befreiung (1985)
Sklavenarbeit im KZ (1986)
Frauen-Verfolgung und Widerstand (1987)
Medizin im NS-Staat (1988)
Die vergessenen Lager (1989)
Erinnern oder Verweigern (1990)
Solidarität und Widerstand (1991)

Deutsche Geschichte der neuesten Zeit

vom 19. Jahrhundert bis zur Gegenwart

Originalausgaben, herausgegeben von Martin Broszat, Wolfgang Benz und Hermann Graml in Verbindung mit dem Institut für Zeitgeschichte, München

Deutsche Geschichte der neuesten Zeit

Peter Burg:
Der Wiener Kongreß
Der Deutsche Bund im europäischen Staatensystem

dtv

Peter Burg:
Der Wiener Kongreß
Der Deutsche Bund
im europäischen
Staatensystem
dtv 4501

Wolfgang Hardtwig:
Vormärz
Der monarchische Staat
und das Bürgertum
dtv 4502

Hagen Schulze:
**Der Weg zum
Nationalstaat**
Soziale Kräfte und
nationale Bewegung
dtv 4503

Michael Stürmer:
Die Reichsgründung
Deutscher National-
staat und europäisches
Gleichgewicht im
Zeitalter Bismarcks
dtv 4504

Wilfried Loth:
Das Kaiserreich
Liberalismus, Feuda-
lismus, Militärstaat
dtv 4505 (i. Vorb.)

Richard H. Tilly:
**Vom Zollverein zum
Industriestaat**
Die wirtschaftlich-
soziale Entwicklung
Deutschlands 1834 bis
1914
dtv 4506

Helga Grebing:
Arbeiterbewegung
Sozialer Protest und
kollektive Interessen-
vertretung bis 1914
dtv 4507

Hermann Glaser:
**Bildungsbürgertum
und Nationalismus**
Politik und Kultur
im Wilhelminischen
Deutschland
dtv 4508 (i. Vorb.)

Wolfgang J. Mommsen:
Imperialismus
Deutsche Kolonial- und
Weltpolitik 1880 – 1914
dtv 4509 (i. Vorb.)

Gunther Mai:
**Das Ende des
Kaiserreichs**
Politik und Kriegführung
im Ersten Weltkrieg
dtv 4510

Deutsche Geschichte
der neuesten Zeit

Klaus Schönhoven:
Reformismus
und Radikalismus
Gespaltene Arbeiterbewegung
im Weimarer Sozialstaat

dtv

Klaus Schönhoven:
**Reformismus und
Radikalismus**
Gespaltene Arbeiter-
bewegung im Weimarer
Sozialstaat
dtv 4511

Horst Möller:
Weimar
Die unvollendete
Demokratie
dtv 4512

Peter Krüger:
Versailles
Deutsche Außenpolitik
zwischen Revisionismus
und Friedenssicherung
dtv 4513

Corona Hepp:
Avantgarde
Moderne Kunst,
Kulturkritik und
Reformbewegungen
nach der Jahrhundert-
wende
dtv 4514

Deutsche Geschichte der neuesten Zeit

vom 19. Jahrhundert bis zur Gegenwart

Deutsche Geschichte
der neuesten Zeit

Ludolf Herbst:
Option für den Westen
Vom Marshallplan bis zum
deutsch-französischen Vertrag

dtv

Deutsche Geschichte
der neuesten Zeit

Martin Broszat:
Die Machtergreifung
Der Aufstieg der NSDAP und die
Zerstörung der Weimarer Republik

dtv